W0238056

Christian August Vulpius wurde am 23. Januar 1762 in Weimar geboren und starb dort am 26. 6. 1827.
Vulpius war seit 1782 literarischer Mitarbeiter an August Ottokar Reichards *Bibliothek der Romane*. Er brachte 1784 die ersten selbständigen Romane auf den Buchmarkt. Er arbeitete später als Privatsekretär des Freiherrn von Soden und des Grafen Egloffstein. Goethe setzte sich mehrfach für Vulpius, seinen Schwager, ein, der zuletzt als Bearbeiter von Stücken und Opern für die Weimarer Bühne tätig war. Mit seinen frühen Ritterromanen wie mit seinem Räuberhauptmann *Rinaldo Rinaldini* (unser Text folgt der von ihm bearbeiteten 5. Auflage) folgte Vulpius populären literarischen Zeitströmungen. Der Roman war überaus erfolgreich.
1797 wird Vulpius Registrator der Herzoglichen Bibliothek, 1800 Sekretär und schließlich 1805 Biliothekar. 1816 verleiht ihm der Herzog den Titel eines Rates.

insel taschenbuch 426

Vulpius

Rinaldo Rinaldini

Christian August Vulpius
Rinaldo Rinaldini der Räuberhauptmann

Romantische Geschichte

Mit Illustrationen

Herausgegeben und mit einem Nachwort versehen von Karl Riha

Insel Verlag

insel taschenbuch 426
1. Auflage 1980
© Insel Verlag Frankfurt am Main
Alle Rechte vorbehalten
Vertrieb durch den Suhrkamp Taschenbuch Verlag
Umschlag nach Entwürfen von Willy Fleckhaus
Satz: LibroSatz, Kriftel
Druck: Ebner Ulm
Printed in Germany

Erster Teil

Nunquam ad liquidum fama perducitur

Q. CURTIUS

Ganz Italien spricht von ihm; die Apenninen und die Täler Siziliens hallen wider von dem Namen Rinaldini. Er lebt in den Canzonetten der Florentiner, in den Gesängen der Kalabresen, und in den Romanzen der Sizilianer. Er ist der Held der Erzählungen in Kalabrien und Sizilien. Am Vesuv und am Ätna unterhält man Rinaldinis Taten. Die geschwätzigen Städtebewohner Kalabriens versammeln sich abends vor ihren Häusern und jeder in der Versammlung weiß ein Geschichtchen von dem *valoroso Capitano Rinaldini* zu erzählen. Es ist ein Vergnügen, sie darinnen wetteifern zu hören. Die Hirten in Siziliens Tälern unterhalten sich wechselseits mit Rinaldinis Abenteuern, und der einsilbige Landmann, der des Tages Last und Hitze trug, wird belebt, wenn er des Abends im Zirkel seiner Bekannten von Rinaldini sprechen kann. Weib und Mädchen, Jünglinge und Knaben hören mit Entzücken ihre Väter und Männer von Rinaldini sprechen. Kein Schlaf kommt in ihre Augen, will der Hausvater bei der Arbeit sie munter erhalten, und erzählt von Rinaldini. Er ist der Held der Erzählungen in den einsamen Wachttürmen der verschlossenen Soldaten an der Küste, und gibt den Seeleuten Stoff zur Unterhaltung, wenn die Langeweile eines müßigen Landlebens oder einer Windstille auf dem Meere sie quält. Von Verdecken wie von Berggipfeln, in Spinnstuben wie in blumigen Tälern ertönen die Canzonetten, die auf Rinaldini gedichtet wurden, und über so manche küßliche Lippe schleicht harmonisch der Sang:

»An der lauten Meeresküste,
In dem Tal, in Feld und Wald,

In der öden Berge Wüste
Such ich deinen Aufenthalt.

Rinaldini! dich zu finden
Eil' ich ängstlich durch die Flur,
Und um mich Verlaßne schwinden
Alle Reize der Natur.«

Sanfte Rosa, die Betrübte,
Die ihn im Gefecht verlor.
Ängstlich weinte die Geliebte,
Die Rinaldo sich erkor.

Sieh, da glänzt' im Mondenschimmer
Hell ein aufgespanntes Rohr.
Rosa sah des Rohrs Geflimmer,
Das in Büschen sich verlor.

»Ach dahin! Ich werd' ihn finden,
Sagt des Herzens Ahnung mir.
Und wenn alle Sterne schwinden,
Zeigt die Liebe Pfade mir.

Saht ihr nicht, ihr hellen Sterne,
Saht ihr nicht den kühnen Mann,
Den ich suche nah und ferne,
Ach! und ihn nicht finden kann?

Husch! und horch! es rauscht dort drüben,
Ha! es pfeift! Das ist sein Ton.
Ja! ich find ihn, meinen Lieben,
Seine Stimme hör' ich schon.« u. s. w.

Wollen wir sie nicht auch hören? – Wenn's gefällig ist, herbei! Hier ist Rinaldini's Geschichte. Die Abenteuer, welche man von ihm erzählt, sind geordnet, wie es die Zeitfolge fordert, und wenn die Erzählung derselben meinen Lesern nur halb soviel Vergnügen macht; nur halb soviel Unterhaltung gewährt, als das bei Kalabriens und Siziliens Bewohnern, als es bei Florentinern und Römern ganz der Fall ist: so werden sie das Buch, zu welchem Neugier oder Langeweile sie führte, nicht unbefriedigt aus den Händen legen. – Das ist es, was ich wünsche!

Geschrieben am Rosalientage 1798; renoviert zur dritten Auflage, an meinem Geburtstage, den 22. Jänner 1800; zur vierten Auflage, an Helenens Namenstage, 1801. Erneuert zur fünften, rechtmäßigen Auflage (die fremden Ausgaben, Nachdrucke, Bearbeitungen und Übersetzungen ungerechnet,) neu bearbeitet, von dem Verfasser. Geschrieben am Tage Mariä Himmelfahrt, 1823.

Erstes Buch

Die Liebe neckt im Aufenthalte
Der Furcht, wie sie im Freien neckt;
Was hat in Höhlen, was im Walde,
Nicht schon ihr Rosenflug bedeckt?

Stürmisch brauste der Wind, tobend wie empörte Meereswogen, über den Nacken der hohen Apenninen, schüttelte die Wipfel hundertjähriger Eichen und beugte das schwankende Gesträuch der Flamme des Feuers zu, an welchem nahe bei einer steilen Felsenwand, in einem kleinen Tale, Rinaldo und Altaverde saßen. Die Nacht war dunkel, dichte Wolken verschleierten den Mond, und kein lächelnder Stern funkelte am Himmel.

ALTAVERDE Ist das doch eine Sturmnacht, wie ich kaum noch eine erlebt habe! – Rinaldo! schläfst du?

RINALDO Ich sollte schlafen? – Ich habe das Wetter gern so wie es jetzt ist. – O! es stürmt hier und dort, um uns, neben uns, in mir, und überall.

ALTAVERDE Hauptmann, du bist nicht mehr der, der du warst.

RINALDO Wohl wahr! – Einst war ich ein unschuldiger Knabe, und jetzt –

ALTAVERDE Bist du verliebt?

RINALDO Bin ich ein Räuberhauptmann?

ALTAVERDE Hat dir das deine Donna angesehen? – Wer hält dich nicht, wenn du dich in großen Städten zeigst, für den reichsten Marchese aus dem edelsten Hause?

RINALDO Und dennoch setzt man Preise auf meinen Kopf.

ALTAVERDE Wer will sie verdienen?

RINALDO Vielleicht selbst einer der Unsrigen.

ALTAVERDE Pfui! So handeln die nicht, die dir den Eid der Treue geschworen haben.

RINALDO O! sie sind Menschen! und *böse* Menschen. Denn *gut* wirst du uns doch alle, beim Teufel! nicht nennen wollen?

ALTAVERDE Daß ich mit dir jetzt darüber stritt! Du hast üble Laune. – Was hilft jetzt das Grübeln und Grillisieren? Nun ist's zu spät.

RINALDO Wehe mir und dir, und uns allen, daß es zu spät ist! – O! Altaverde! welchen Tod werden wir sterben?

ALTAVERDE Den, der uns zugedacht ist. – Der Eingang ins Leben ist ein Pfad, den Könige und Bettler auf gleiche Art betreten. Der Ausgang hat vielerlei Pforten. Ob wir durch die Mittel- oder Seitentür hinauskommen, ist einerlei. Hinaus läßt man uns gewiß. – Hauptmann! seit du verliebt bist, ist mit dir gar nicht zu sprechen. – Wer zog dich unter uns?

RINALDO Mein Schicksal, mein Leichtsinn.

ALTAVERDE So hadere mit diesem, und wüte nicht gegen dich selbst. – Wo du stehst, stehst du nun einmal. *Jetzt* kannst du für dich nichts mehr tun, als aufmerksam sein, *vorsichtig* zu stehen. Stehst du so, so hast du das *deinige* getan. Fällst du, so ist es nicht *deine* Schuld. – Gehe hin und diene einem Staate mit Gut und Blut, mit Leib und Leben, mit Denken, Wissen, Wirken und Wollen, nach allen deinen Kräften, und vermodere, wenn's Glück gut ist, im Kerker unschuldig. Oder, gibt es keine Beispiele? Die alte und neue Geschichte wird dir welche zeigen. Wie so mancher Wohltäter eines Staates starb in Ketten? – Stirbst *du* so, so kannst du wenigstens nicht über Undank klagen.

RINALDO Ich kenne dich, wenn du in's Deraisonnieren kommst.

ALTAVERDE Und ich dich auch, wenn du in's Grübeln kommst. – Mein Deraisonnieren, wie du es nennst, macht mich zum Stoiker. Dein Grübeln taugt nichts, und macht dich unleidlich. – Was wärst du denn jetzt wohl, wenn du in Ostiala geblieben wärst und deines Vaters Ziegen länger gehütet hättet?

RINALDO Was ich jetzt nicht bin. Ein ehrlicher Mensch.

ALTAVERDE Du hast Handlungen ausgeübt, um die dich die edelsten Menschen beneiden müssen.

RINALDO Sie haben keinen Wert. Ein Räuber übte sie aus.

ALTAVERDE Das kann wahrlich den edlen Handlungen nichts von ihrem Werte benehmen! –

RINALDO Wer ein unedles Gewerbe treibt, kann nebenbei kein edles treiben.

ALTAVERDE Verflucht! was du da sagst! – Sind dir nicht Freudentränen geflossen? Hat man dich nicht im Gebete eingeschlossen? Hat man dich nicht gesegnet?

RINALDO Ach! man wußte nicht, daß man einen Räuber segnete.

ALTAVERDE Martere dich nicht selbst ab!

RINALDO O! mein Geschick, hätten sie mich bei meinen Ziegen gelassen! – Ich sage dir, ich kann mich meiner Taten weder rühmen noch freuen, denn, wenn auch einige darunter gut gewesen sein sollten, so waren doch der *bösen weit mehrere,* die mich einst noch zum Rabensteine führen werden.

ALTAVERDE Bist du schon dort? – Laß mich schlafen. – Gute Nacht!

Altaverde schlief wirklich gleich ein. Rinaldo ergriff seufzend seine Gitarre, spielte und sang:

Ach! wie war ich sonst so fröhlich
In der Unschuld Blumental!
Kannte keine bangen Sorgen,
Kannte weder Leid noch Qual.
Frohe Unschuld scherzte traulich,
Scherzte hold und sanft mit mir;
Und umgeben mit Verbrechen,
Sitz' ich jetzo klagend hier.

Heiter blickt' ich sonst zum Himmel,
Selbst, wie er, so klar und rein,
Konnte meine sanfte Seele
Seiner Reinheit Spiegel sein.
Und jetzt finster, wie die Nächte,
Die mein Unmut hier durchwacht,
Hat das Laster meine Seele
Dunkler als die Nacht gemacht.

Von mir floh mit bangem Beben,
Von mir wich mein guter Geist.
Ich empfinde, voll Verzweiflung,
Wie die Ruh sich von mir reißt.
Blumenketten sind zerrissen,
Und des Lasters Fessel drückt,
Ach! mit namenlosen Schmerzen
Nieder, was mich sonst beglückt.

Da schlug eine von den wachsamen Doggen, die vor dem Feuer lagen, an. Altaverde fuhr auf, griff nach dem Rohre, und Rinaldo hatte noch nicht sein *Wer da?* gerufen, als er schon das Zeichen erhielt, es nahe sich einer ihrer Kameraden. Die Hunde schwiegen, und Nikolo trat herzu.

NIKOLO Ich habe euch melden sollen, daß in der Ferne Maultierglocken gehört werden.

ALTAVERDE Ihr liegt doch noch alle bei der Klause?

NIKOLO So ziemlich. – Pietro und Giambattista ausgenommen, die auf's Kundschaften ausgegangen sind, sind die andern dreißig noch alle beisammen.

ALTAVERDE Ist Girolamo bei euch?

NIKOLO Ja. – Er freut sich schon auf die Maultiere.

RINALDO Altaverde! wenn du doch zu ihm gingst. Du kennst Girolamo und weißt, daß Behutsamkeit seine Sache nicht ist. – Schicke mir Cinthio. Ich will ihn hier erwarten. – Ach! wenn ihr Blut schonen könnt, –

ALTAVERDE Ja doch! wenn's sein kann.

Sie gingen. – Rinaldo warf Holz ins Feuer, legte sich unter einen Baum und zog den Mantel über den Kopf. Über ihn dahin brauste wild der Sturm, und laut auf knisterte das dürre Holz im Feuer.

»Ach!« – seufzte er; – »all' ihr Heiligen und guten Engel! beschützt mich! betete ich sonst mit Zuversicht, wenn ich meine Augen schließen wollte. Jetzt kann ich nicht beten und kein Auge schließen. O! daß ich weinen könnte!«

Die Hunde schlugen an. Er warf den Mantel von sich, fuhr auf und griff nach den Pistolen. Die Hunde sprangen einen Menschen an. Rinaldo rief sie zurück, trat näher und sah einen ehrwürdigen Greis, mit weißem Haar und Barte, in einem braunen Gewande, vor sich stehen. Er hielt in der Rechten einen Stab, in der Linken eine ausgelöschte Laterne, und ein kleines Hündchen kroch ängstlich an ihn an.

»Wer bist du?« – redete ihn Rinaldo an, als die Doggen zum Schweigen gebracht waren.

DER GREIS Ich bin unter dem Namen des Bruders *vom Berge Oriolo* bekannt, komme aus dem nächsten Städtchen, wo ich mir, wie gewöhnlich, meinen kleinen, nötigen Proviant bestellt habe, und wandere meiner Klause zu. Der Sturm hat mir das Licht meiner Laterne ausgelöscht, und, so gut ich auch sonst die Gegend kenne, bin ich doch, wie ich jetzt merke, auf einen Abweg geraten. Erlaube mir mein Licht anzuzünden. Ich will mich dann schon wieder finden. – Schlaf wohl!

RINALDO Alter! wofür siehst du mich an?

DER GREIS Ich bin froh, dich bei diesem Feuer gefunden zu haben, weil ich nun wieder Licht habe.

RINALDO Wer glaubst du wohl, daß ich bin?

DER GREIS Es kann mir einerlei sein, zu wissen, wer du bist, oder nicht bist. – Die Menschenkenntnis interessiert mich jetzt nicht mehr.

RINALDO Ich bin in Verlegenheit.

DER GREIS Die Menschen in der Welt sind das gewöhnlich. – Ich beklage dich.

RINALDO Mein Schicksal zwingt mich, in den Tälern der Appeninen umherzuirren. Und Rinaldini, der berüchtigte Räuber, soll diese Täler unsicher machen.

DER GREIS So sagt man.

RINALDO Ich fürchte diesen grausamen Mann.

DER GREIS Grausam soll er eben nicht sein, wie es heißt. Ich bin ihm selbst zu Gefallen gegangen. Ich wollte ihn um einen Sicherheitsbrief für meine Hütte bitten.

RINALDO Irre dich nicht in ihm.

DER GREIS So hat es auch nichts zu sagen. – Die Handvoll Jahre, die ich noch zu leben habe, mag er mir nehmen, wenn es Gottes Wille ist. Er wird sie dereinst doch wieder bezahlen müssen. – Steckt er meine Hütte in Brand, so baue ich eine andere. Geld findet er bei mir nicht. Und schlägt er mir mein Paar Ziegen tot, so beschenken mich die Bauern der Nachbarschaft, die mich lieben, gewiß wieder mit einem Paar andern. – Wie Gott will!

RINALDO Hast du Mangel?

DER GREIS Wer entbehren kann, hat nie Mangel.

RINALDO Ich möchte gern eine gute Handlung ausüben. Nimm diese Börse.

DER GREIS Ich mache nicht gern Schulden, die ich nicht bezahlen kann. Ich brauche auch kein Geld. – Schlaf wohl!

Er ging, und Rinaldo wagte es nicht, ihn länger aufzuhalten. – Er warf sich wieder unter dem Baume nieder. Als die Hunde abermals anschlugen, brach schon der Morgen an, und CINTHIO kam.

CINTHIO Hauptmann, was fehlt dir? Warum willst du nicht mehr gern bei deinen Leuten sein? Du suchst die Einsamkeit, und fällst uns allen auf.

RINALDO Mir selbst am stärksten. – Ich weiß nicht, wie mir ist.

CINTHIO Altaverde nennt dich verliebt.

RINALDO Auch das bin ich.

CINTHIO Nun! Das ist kein Unglück.

RINALDO Vor vier Tagen lustwandelte ich in einem kleinen Tale, und sah ein Mädchen – Ach Cinthio! es war ein Engel – Sie suchte Beeren. Ich sprach mit ihr. Sie sprach mit mir. So spricht die Unschuld mit dem Laster. – Unsre Leute kamen. Ich mußte sie verlassen, habe sie seit der Zeit nicht wieder gesehen, und weiß nicht, wer und wo sie zu finden ist.

CINTHIO So vergiß sie.

RINALDO Kann ich?

CINTHIO Der Mensch kann alles, was er will.

RINALDO Das ist nicht wahr. Sonst könnte ich ein ehrlicher Mann werden.
CINTHIO Mache durch dergleichen Reden die Unsrigen nicht mißmutig. Den Schaden für dich selbst, kannst du berechnen.
Rinaldo streckte sich schweigend unter den Baum und entschlummerte endlich. Als er erwachte, schien die Sonne. Sturm und Wolken waren entflohen. Cinthios Gesellschaft hatte sich um zwei seiner Kameraden vermehrt. Sie saßen mit ihm am Feuer und kochten Schokolade.
CINTHIO Guten Morgen! Hauptmann!
DIE ANDERN Guten Morgen!
RINALDO Ich danke euch. – Gebt mir eine Tasse Schokolade.
GIROLAMO Echte Spanische Schokolade! – Nun, Hauptmann! Altaverde läßt dich grüßen. Die Maultiere haben wir; drei Stück. Sie waren mit der Bagage eines Neapolitanischen Prinzen beladen und wollten nach Florenz, wohin sie nicht gekommen sind. Groß war die Beute eben nicht.
RINALDO Sind Menschen dabei geblieben?
GIROLAMO Alle drei Treiber. – Die Kerle hätten plaudern können. – Es gibt ja mehrere Maultiertreiber in der Welt. – Altaverde teilt jetzt. In einem Kästchen fand er diese Kapsel, die er dir schickt.
Rinaldo nahm, öffnete die Kapsel und fand das Portrait eines schönen Frauenzimmers in Nonnentracht. Auf die Rückseite war das Bild eines jungen Mannes in Uniform gemalt. Die Einfassung war nicht reich, aber geschmackvoll.
Bald darauf kam Altaverde mit einem starken Trupp der Gesellschaft an. Es wurden Gezelte aufgeschlagen, Feuer angemacht; es wurde gekocht und gebraten, gegessen, gespielt, gesungen, getanzt und getrunken.
Rinaldo verabredete mit Altaverde mehrere Sicherheitsmaßregeln, und als die Trupps verteilt und die Posten gehörig besetzt waren, zog sich Rinaldo über den Berg in ein zweites, kleines Tal zurück, wo er sich bei einer Quelle unter einigen Pappeln niederwarf.

Altaverde brachte ihm den Teilungszettel, den er unterzeichnete und gegen Mittag zu seinen lärmenden Kameraden zurückkehrte, wo ihn ein stattliches Mittagsmahl erwartete.

»Hauptmann!« – begann Girolamo – »deine Leute bemerken, daß dir etwas fehlt. Sie wünschen zu wissen, was das ist. Hast du Sehnsucht nach irgend etwas, das dir zu verschaffen ist, so sollst du es haben, und sollten wir es mit Aufopferung unseres Lebens für dich aufsuchen müssen. Sind es aber nur Grillen, die dich plagen, so bitten wir dich, verbanne sie, und mache uns nicht mit dir zugleich mißmutig.«

Einige Augenblicke sah Rinaldo sich schweigend in dem Kreise um, der ihn umgab, dann sprach er: »Habt ihr die Erklärungen der Republiken Venedig, Genua und Lucca gelesen? Sie sind öffentlich bekanntgemacht worden. Ein Preis steht auf meinem Kopfe.«

»Laß ihn stehen, Hauptmann!« – schrien alle, wie aus einem Munde; – »es wird ihn niemand erhalten.«

»Wer will dir ein Haar krümmen« – sagte Girolamo, – »so lange wir bei dir sind?«

Er sprach's und schwang den Säbel. Alle folgten seinem Beispiele und schrien:

»Blut und Leben für dich, Hauptmann! Treue bis in den Tod.«

Altaverde legte den Teilungszettel vor. Man teilte und war zufrieden. – Nach Tische wurde wieder gespielt, gesungen, gelärmt und getanzt.

Rinaldo lag unter einem Baume, als sich ihm Fiorilla, eine Amazone seiner Bande, nahte. Sie setzte sich bei ihm nieder und putzte ihre Pistolen.

SIE Der Preis, den man auf deinen Kopf gesetzt hat, Hauptmann, ist es nicht allein, der dich unmutig macht. Ein Mann, wie du, zittert nicht vor entfernten Dingen. Ich glaube, das, was dich drückt, ist viel näher. – Was dir fehlt, fehlt, glaube ich, deinem Herzen.

ER Dem fehlt freilich so mancherlei!

SIE Vor einem halben Jahre ging es mir ebenso. – Jetzt wird es wohl vorüber sein. – Ich Törin hatte mich damals in dich verliebt.
ER In mich?
SIE Ich dächte doch, du hättest es merken müssen.
Sie warf, als sie das sagte, die Pistolen auf die Erde und stand auf. »Ich dachte schlechterdings«, – setzte sie hinzu, – »ich *müßte* die Geliebte des Hauptmanns sein«; – und ging.
Rinaldo sah ihr nach, erhob sich von seinem unsanften Lager und gab das Zeichen, nach welchem sich seine Leute sogleich um ihn herum versammelten.
»Es ist mein Plan«, – sagte er, – »in die Gebirge von Albonigo zu rücken. Wir brechen sogleich auf. Zieht die Posten ein und lagert euch diesen Abend noch ins Tal der Kapelle St. Giakomo. Morgen Mittag seid ihr in der Ebene der vier Berge von la Cera. Gelingt mir mein Vorhaben, so führen wir einen kühnen Streich aus.«
Alle jauchzten laut auf und packten zusammen. Die Posten wurden eingezogen und Girolamo ging mit dem Vortrab ab. Dann folgte Altaverde mit dem Corps, und Cinthio führte den Nachtrab an. Bei welchem Zuge Rinaldo sein wollte, wußte niemand.
Er nahm seine Guitarre und sein Gewehr und ging in Begleitung zweier Hunde der Gegend zu, nach welcher vorige Nacht der Greis zugegangen war.

Bald fand er einen Fußweg und erblickte, als schon die Schatten länger wurden, zwischen Büschen, nahe an einem Bergrücken, ein kleines Hüttendach. Er ging darauf zu und hatte es noch nicht erreicht, als er den bekannten Greis gewahr ward, der Wurzeln ausgrub.
Sie grüßten einander, wie es schien, beiderseits verlegen. Endlich fragte der Alte, indem er sich zu fassen suchte:
»Hast du die Landstraße noch nicht gefunden?«
»Noch suchte ich sie nicht«; – antwortete Rinaldo. – Aber dich habe ich aufgesucht, um dich um ein Nachtlager zu bitten.«

DER ALTE Du kannst bei mir übernachten, aber – aber zu bequem wirst du eben nicht ruhen.

RINALDO Wer *ruhen* kann, ruht immer bequem. – Ich bin kein Weichling. Du hast gesehen, daß ich vorige Nacht ziemlich hart lag. –

DER ALTE Wenn du vorliebnehmen willst, wie du mich findest, so kannst du mir folgen.

Rinaldo folgte ihm schweigend, und sie kamen in die Klause. – Reinlich und nett war das enge Stübchen, in welches Rinaldo geführt wurde. Ein Paar Tischchen und einige Stühle waren der ganze Hausrat, der hier zu sehen war. Auf dem einen Tische lag eine Lateinische Bibel, und ein Kruzifix stand darauf. Auf dem andern lag ein weibliches Strickzeug. Das fiel Rinaldo anfangs auf, aber, dachte er endlich, es ist wohl auch möglich, daß der Alte selbst strickt. – Indes räumte dieser doch das Strickzeug weg, als er bemerkte, daß sein Gast dasselbe mit größerer als gewöhnlicher Aufmerksamkeit betrachtete. Rinaldo wagte es nicht, ihn zu fragen, ob dies seine eigene Arbeit sei, und der Alte verließ auf einige Zeit die Stube.

Als er mit einer angezündeten Lampe wiederkam, zog Rinaldo ein paar Bouteillen Wein aus den Taschen, setzte sie auf den Tisch und sagte:

»Bei einem Glase Wein wollen wir uns näher kennenlernen.«

»Eine Bekanntschaft« – antwortete der Alte, – »die von ein paar rechtlichen Menschen bei einer Flasche Wein gemacht wird, ist nicht selten so herzlich geworden, als der Wein selbst der herzlichste Trank ist, den der Himmel den Menschen gegeben hat. – Er wird das Beste bei unserer Abendmahlzeit sein, denn ich kann meinem Gaste weiter nichts vorsetzen als ein Stück Käse und Brot, etwas Butter und eine Melone, die ich eben heute erst abgeschnitten habe.«

»Genug, lieber Alter! für uns beide. Auch genug, wenn noch eine dritte Person mit uns speisen sollte?« – sagte Rinaldo.

Der Alte antwortete schnell:

»Eine dritte Person? Ist noch jemand zurück, der dir folgt?«

»Von mir ist niemand zurück. Wenn aber etwa hier« –

»Bei mir wohnt keine Seele, als mein Hündchen und ein paar Turteltauben. – Wie kommst du aber auf die Vermutung, hier außer mir, noch eine Person zu finden?«

Rinaldo schob den Tischkasten auf und zeigte auf das Strickzeug.

»Aha!« – lächelte der Alte. – »Ja, dieses Strickzeug gehört wirklich einer dritten Person, die aber nicht bei mir wohnt. Sie hat es vergessen und diesen Morgen hier liegenlassen.«

Hierauf verließ der Alte seinen Gast, sein frugales Mahl aufzutragen.

Indessen sah sich Rinaldo genauer um und öffnete eine Tür, die in eine kleine Kammer führte. Hier war das Nachtlager des Alten, über welchem ein paar Pistolen zwischen zwei Ölgemälden hingen. Er nahm die Lampe, beleuchtete die Gemälde und fuhr betroffen zurück.

Die Gemälde, die er sah, waren die nämlichen Bildnisse, die ihm diesen Morgen als Beute waren gegeben worden; die Nonne und der Offizier. Den kleineren Portraits waren sie zum Sprechen ähnlich. – Er verließ die Kammer und ging nachdenkend in die Stube zurück.

Der Alte, der sich Donato nannte, trug seine Gerichte auf und setzte sich, als er ein kurzes Gebet recht herzlich gesprochen hatte, mit seinem Gaste zu Tisch.

Sie ließen es sich beide wohl schmecken, und als die erste Bouteille geleert und die zweite schon angebrochen war, kam es zu einer, uns auch nicht gleichgültigen, Unterhaltung.

RINALDO Nun ein Glas auf das Wohlsein der bewußten dritten Person; sie sei nun hier oder nicht!

DONATO Auf ihr Wohlsein! aber hier ist sie nicht.

RINALDO Wo denn?

DONATO Ungefähr eine Stunde von hier, außerhalb dem Gebirge, liegt ein Meierhof. In diesem wohnt das Mädchen, das ihr Strickzeug hier liegenließ. – Sie ist die Pflegetochter des Meiers; ein gutes, harmloses, frohes Geschöpf. Ich liebe sie, wie ein

Vater seine Tochter liebt, und sie ist meiner Liebe, sie ist der Liebe der ganzen Welt wert. – Sie soll leben!

Sie stießen an und tranken. Hierauf folgte eine Pause. – Endlich knüpfte der Alte, den der Wein gesprächig machte, die Unterhaltung wieder an.

DONATO Darf ich nach deinem Vaterlande fragen?

RINALDO Ich bin ein Römer.

DONATO Ein Römer? In Rom selbst geboren?

RINALDO Auf dem Lande.

DONATO Die Hand, Landsmann. Auch ich bin ein geborener Römer. Aber ich freue mich meines Vaterlandes nicht. Es ist ein undankbares Land. – Ich bin schlimm behandelt worden. Selbst die unparteiische Rota und ihre Sprüche konnten mich nicht – Genug! – Hier lebe ich ruhig, und habe meinen Feinden verziehen. Rom kann keine Männer mehr tragen. Sie zu schätzen, weiß es gar nicht. Sie sind ein üppiges, grausames und ungerechtes Volk, diese Römer. – Wie haben sie dich behandelt?

RINALDO Mein Unglück gebar meine eigene Schuld.

DONATO Dieser Vorwurf würde mein Trost sein, wenn ich ihn mir machen könnte. Aber ich habe unschuldig gelitten.

Eben wollte Rinaldo antworten, als man ganz deutlich Menschenstimmen vor der Klause vernahm. Sie kamen immer näher, und endlich wurde an die Tür geklopft.

»Was ist das?« – rief Rinaldo nicht ohne Bestürzung aus.

Donato öffnete ruhig das Fenster und fragte, wer da sei.

»Mach auf!« – schrie man draußen.

»Es stehen Bewaffnete vor der Tür«, – sagte Donato. – Es können Sbirren oder Soldaten sein. Hast du dergleichen Leute zu fürchten, so gehe in diese Kammer. Du kommst leicht aus derselben durch ein Fenster in meinen Garten. Übersteigst du den Zaun und wendest dich rechts, so kommst du zu einem Felsen, in dessen Grotte linker Hand du dich verbergen kannst. – Ich will die Tür sogleich öffnen, daß man nichts argwöhnt.«

Rinaldo lockte seine Hunde zu sich und begab sich in die Kammer. – Donato ging und öffnete die Tür seiner Klause.

Sechs Bewaffnete traten ein und kamen mit ihm in die Stube. – Rinaldo vernahm in der Kammer, was gesprochen wurde.
»Wer bist du?«
»›Ich bin der Klausner Donato.‹«
»Bist du hier allein?«
»›Ich wohne allein hier.‹«
»Kennst du uns?«
»›Wie sollte ich das?‹«
»Fürchtest du uns?«
»›Seid ihr Diener der Gerechtigkeit, so kann ein Unschuldiger euch nicht fürchten.‹«
»Du irrst dich. Wir sind keine Spürhunde der lendenlahmen Justiz. – Wo hast du dein Geld?«
»›In diesem Beutel. – Hier ist er.‹«
»Geh zum Teufel mit deinen paar Lumpenpfennigen! Schaff mehr!«
»›Dies ist mein ganzer Reichtum.‹«
»Kerl! da steht Wein. Du bist kein Bettler. – Schaff mehr Wein her!«
»›Dieser Wein ist ein Geschenk. Ich habe weiter keinen.«‹
»Donnerwetter! Hier haben ihrer zwei gegessen. Du bist nicht allein. Der Schelm hat gelogen. Knebelt den alten Sünder! Er soll beichten.«
»›Seid barmherzig, und«‹ –
»Geld her!«
»›Nehmt, was ihr findet. Geld habe ich nicht.«‹
»Verstockter Schurke! Willst du noch nicht beichten?«
Jetzt fielen die Räuber über Donato her. Er schrie laut auf nach Hilfe, ohne zu wissen oder zu ahnen, woher sie kommen sollte, und Rinaldo riß die Kammertür auf. Er zog eine Pistole und schrie mit donnernder Stimme:
»Was wollt ihr hier?«
»Himmel Element! Der Hauptmann;« – schrie einer aus der Rotte. Alle zogen die Hüte, und ließen bebend den zitternden Klausner los.

Dieser taumelte auf einen Stuhl und wiederholte mit gebrochener Stimme:
»Der Hauptmann?«
»Sind das eure Heldentaten?« – fuhr Rinaldo fort. – »Schändet ihr meinen Namen um elenden Plünderer Handlungen? Seid ihr Rinaldinis Leute? – Habt ihr etwa so großen Mangel, um sogar der Armut ihren letzten Pfennig abzupressen? Ist das eure Tapferkeit, einen wehrlosen Mann zu knebeln? – Wer war der Schurke, der die erste Hand an diesen kraftlosen Greis legte?«
Tiefes Schweigen fesselte die Zungen. Rinaldo fuhr heftiger fort:
»Wer war der Schurke? Nennt ihn mir, oder ich schieße den ersten nieder, der vor mir steht.«
»Paolo war es;« – murmelte der, welcher Rinaldo am nächsten stand. Ohne ein Wort zu sprechen, schoß Rinaldo nach dem genannten Unglücklichen. Der Schuß zerschmetterte ihm den Arm. Er stürzte nieder und seine Kameraden standen ohne Bewegung.
»Warum seid ihr von euerm Zuge abgegangen?« – fragte Rinaldo mit wütendem Blick.
»Wir suchten dich, Hauptmann!« – sagte der eine.
»Habt ihr meinen Wegen nachzuspüren? – Fort, zu dem Corps! Ihr kennt unsere Gesetze, ihr wißt, was ihr getan und verdient habt. –
Nehmt diesen schlechten Menschen mit fort, der nicht zu Rinaldinis Gesellschaft gehört, und erwartet mich und eure Strafe morgen.«
Die Räuber gingen und trugen Paolo davon. Donato blieb zitternd und ohne Sprache auf seinem Stuhle.

Rinaldo nahte sich ihm, ergriff seine Hand, drückte sie und sagte:
»Fasse dich, guter Alter!«
»Öffne dieses Schränkchen« – stammelte Donato; – »und gib mir das runde Gläschen mit den roten Tropfen.«

F. Penzel del. a fec. 1801

Das tat Rinaldo, goß auf sein Verlangen einen Löffel davon voll und gab ihm die Tropfen. Sie waren verschluckt, und Donato schien wieder zu sich zu kommen.

DONATO Du bist also Rinaldini selbst?

RINALDO Leider! der bin ich.

DONATO Ich verdanke dir mein Leben, und kann mich deiner Bekanntschaft doch nicht freuen. Dein Name allein ist schon furchtbar, und du selbst bist schrecklich.

RINALDO Wehe mir! daß es so sein muß.

DONATO Deine Handlung, hier vor meinen Augen, füllt mein Herz mit Schrecken und Entsetzen.

RINALDO Das meinige mit Jammer. – O! daß ich dir und mir diese Szene hätte ersparen können. Aber du kennst diese abscheulichen Menschen nicht. Nur Furcht und Schrecken können sie in Zucht und Ordnung halten.

DONATO Und du fürchtest diese Unmenschen nicht selbst?

RINALDO Und wenn ich sie auch fürchte, so dürften sie das doch nicht glauben.

DONATO Unglücklicher, in welche Verbindung bist du geraten!

RINALDO Freund! zu dem mein Herz mich zieht, du bist meines Vertrauens wert. Dir will ich meine Geschichte erzählen. Nur jetzt nicht, denn sie würde dich zu heftig erschüttern. Jetzt bedarfst du Ruhe. Laß mich dich auf dein Lager bringen. Ich will auf diesem Stuhle den Morgen erwarten.

Er führte Donato auf sein Lager, hüllte sich in seinen Mantel und warf sich auf einen Stuhl. Erst spät nach Mitternacht schlummerte er ein und war mit dem ersten Strahle der Morgensonne wieder wach.

»Ich bin sehr krank!« – seufzte ihm Donato entgegen, als er an sein Lager trat und sich nach seinem Befinden erkundigte.

»Ich wollte dir nützlich sein«, – sagte Rinaldo; – Ich kam hierher, dir Sicherheit zu geben, und bin ohne Schuld der Urheber des Zustandes, der dich trifft, der mir durch die Seele geht. – Verkenne wenigstens meine gute Absicht nicht.«

»Gewiß nicht!« – antwortete Donato mit schwacher Stimme. – Ich danke vielmehr dem Himmel, daß er dich hierher gesendet hat. Sonst hätte ich wahrscheinlich vorige Nacht mein Leben unter Mörderhänden verblutet.«
Hierauf bat er ihn, ihm die Arzneigläser aus dem Schränkchen zu bringen. Rinaldo holte sie herbei. Donato bezeichnete ihm die Mischung der Tropfen derselben, und kaum hatte er einen Löffel davon zu sich genommen, als ein sanfter Schlaf ihm die Augen schloß.
Rinaldo verließ die Klause, ging ins Freie und öffnete Herz und Augen der Pracht der aufgehenden Sonne. – Majestätisch stieg die Königin des Tages im Feuerglanze über die dampfenden Berggipfel empor und senkte ihre erwärmenden Strahlen in das kleine Tal, in welchem Donatos Klause stand. Die Vögel feierten diese Prachterscheinung mit einer Hymne, und Rinaldo bedeckte wehmütig sein Gesicht.
»Auch mir scheint sie, die goldene Sonne!« – seufzte er. – »Auch mir, wie sie allen Guten und Bösen scheint. Ach! und ihre wohltätigen Strahlen sind treffende Blitze für mein schuldiges Herz.«
Da rauschte es dicht bei ihm, an der Hecke. Er schlug die Augen auf, und das schöne Mädchen, das er einige Tage zuvor gesehen, mit dem er gesprochen hatte, stand vor ihm.

Betroffen standen beide einige Augenblicke sprachlos einander gegenüber. Endlich nahm Rinaldo das Wort:
»Bist du das gute Mädchen von dem benachbarten Meierhofe, das zuweilen den Klausner Donato besucht?«
AURELIA Dieses Mädchen bin ich.
RINALDO Wie nennt man dich?
AURELIA Aurelia ist mein Name. – Ihr seid ja wohl eben der Herr, der vor einigen Tagen mit mir sprach, als ich Erdbeeren suchte?
RINALDO Eben dieser. Der Freund deines Freundes Donato.
AURELIA Wo ist er?

RINALDO Er schläft.

AURELIA Er schläft noch? So muß er krank sein.

RINALDO Er ist auch wirklich nicht recht wohl. Eine kleine Schwäche – Es wird keine Folgen haben. Wenn ihn der Schlaf erquickt hat, wird es ihm besser sein. – Wir wollen ihn nicht wecken.

AURELIA Ich will's meinem Vater sagen. Der arme Donato ist alt und schwach. Er braucht Beistand.

RINALDO Diesen wollen wir ihm leisten.

AURELIA Wir? – Kenne ich Euch doch nicht, um in Eurer Gesellschaft allein hier bleiben zu können.

RINALDO Ich bin Donatos Freund.

AURELIA Das muß er mir erst selbst sagen. Bis dahin bleibe ich nicht allein mit Euch hier.

RINALDO Ehrenwort und Schwur! Du hast gar nichts zu fürchten.

AURELIA Wer seid Ihr denn?

RINALDO Ein Reisender.

AURELIA Und haltet Euch schon so lange in dieser Gegend auf?

RINALDO Es gefällt mir hier in den Bergen, wo so schöne Mädchen wohnen.

AURELIA Meint Ihr mich? – Ihr wißt wohl nicht, daß ich außerhalb den Bergen wohne?

RINALDO O ja! Das hat mir Donato gesagt.

Da rauschte es um die Hecke. Rinaldo sah hin und erblickte Cinthio, der ihm winkte. – Aurelia sprang in die Einsiedelei.

»Hauptmann!« sagte Cinthio, – »Deine Gegenwart ist bei uns durchaus notwendig. Es gibt Lärm.«

»Erwarte mich«, – antwortete Rinaldo und ging in die Klause.

»Liebes Mädchen!« – sagte er zu Aurelien, – »bleibe bei Donato.«

SIE Das versteht sich! Zumal da er krank ist.

ER Und wenn er erwacht, sag' ihm, daß ich ihn bald wiedersehen würde.

SIE Wo geht Ihr denn jetzt hin?

ER Mein Bedienter ruft mich zu meinem Gepäck, wo eine kleine

Unordnung vorgegangen ist. – Leb' wohl, liebes Mädchen, und bleib mir gewogen!

SIE Ich soll Euch gewogen bleiben? – Wißt Ihr doch noch nicht, ob ich es bin.

ER Mir sagt es mein Herz.

SIE Glaube ihm nicht. Es macht Euch nur etwas weiß. – Lebt wohl!

Er drückte ihr die Hand und eilte fort. – In Cinthios Begleitung erreichte er den Platz, wo seine Leute sich gelagert hatten.

»Gut, daß du kommst, Hauptmann« – schrien viele Stimmen durcheinander. – »Wir müssen wissen« –

»Still!« – donnerte Rinaldos Antwort. – »Girolamo! lies den fünften und sechsten Punkt unserer Gesetze laut ab!«

Das geschah. – Hierauf erzählte Rinaldo die Szene in der Klause und endigte mit dem Ausrufe: »Nun entscheide unser Vertrag und unser Gesetz!«

»Gnade! Gnade! Gnade für Paolo!« schrien viele Stimmen.

Rinaldo schwieg. – Paolo lag an der Erde, ward eben wieder frisch verbunden, und bat mit schwacher Stimme um Gnade.

Rinaldo schwieg. – Girolamo trat zu ihm und bat für Paolo um Gnade. – Rinaldo sagte kein Wort.

Jetzt trat Fiorilla zu ihm und begann:

»Hauptmann, um der Leiden willen, die mein Herz um deinetwillen erduldet hat, bitte ich um Gnade für Paolo, den ich liebe, um meine Liebe zu dir zu unterdrücken.«

»Ich stehe, wie ihr, unter dem Gesetze«, – antwortete Rinaldo, – »und kann nicht begnadigen«.

»Du sollst nicht mehr unter dem Gesetze stehen«, – schrien alle. – »Du sollst Gesetzgeber sein und Gnade erteilen können.«

»Wenn ihr das wollt« –

»Wir schwören es dir zu!«

»So sei Paolo begnadigt, und seine Gesellen mit ihm. Aber unter der einzigen Bedingung: daß dieser Fall der erste und letzte sei, in welchem ich bei einem solchen Betragen begnadige.«

»Es sei!«
»Übrigens – bestimme ich: daß Paolo und seine Gefährten, die den ehrwürdigen armen Greis mißhandelten, demselben zwei Ziegen, zwei Fässer Wein, ein Dutzend Stück Federvieh geben und ihn demütig um Verzeihung bitten sollen.«
»Bravo! Bravo! – Es lebe der Hauptmann!«

Unter lautem Jubel, unter Musik und Freudengeschrei nahm Rinaldo dann sein Frühstück vor seinem Gezelte ein; sah dem Gewühle eine Weile zu; zeichnete mancherlei in seine Schreibtafel; schrieb einige Orders, die er versiegelte, und ließ dann das Corps zusammenrufen, welches sogleich still und lauschend in einem weiten Kreis um ihn herum stand. Rinaldo blieb auf seinem Sitze und begann:
»Hier Girolamo! gebe ich dir eine Order, die du in Borgo öffnen kannst. Die Lage der Dinge wird bestimmen, ob du dann nach Arezzo gehen wirst, oder nicht. Das Geschäft, welches dich dorthin führen wird, erfordert Vorsicht, die ich dir nicht besonders zu empfehlen brauche. – Dich, Fiorilla, schicke ich nach Bibiena. Höre dort, was man von uns spricht. – Nikolo und Sebastiano durchstreifen die Waldungen zu Bosina. – Dir, Amadeo, empfehle ich die Waldungen bei Anghiarto. – Altaverde nimmt sechs bis acht Mann zu sich und sucht sich der Person des Gerichtsvogts zu Brankolino zu bemächtigen. Diese Order enthält detaillierte Punkte über die Expedition. – Gegen Abend rückt Mattheo mit zwanzig Mann in die südlichen Berggegenden und besetzt den Caprilischen Paß. – Alsotto bleibt mit dreißig Mann, bis auf weitere Order, hier zurück. – Cinthio sucht sich zwölf Mann aus und zieht sich links in das Pappeltal von Oriolo, nach dem Felsenpaß zu. – Aurelia ist das Losungswort. – Die detaschierten Corps lagern sich dann zusammengezogen, womöglich, binnen drei Tagen, in der westlichen Ebene vor dem Marcianischen Forste. – Und nun, ohne Zögern, zur Ausführung meiner Disposition!«
Alles geriet in Tätigkeit. – Rinaldo bepackte seine beiden großen

Hunde mit einigen Arzneien und Victualien und nahm seinen Weg wieder nach Donatos Klause zu.

Aurelia war nicht mehr in der Einsiedelei, aber ein junger Bauernbursch, ein Sohn des benachbarten Meiers, stand neben Donatos Bette, auf welchem dieser erwacht lag und sich, wie er sagte, besser befand.

Donato entfernte seinen jungen Wärter und trug ihm auf, Holz zu suchen. Rinaldo gab dem Alten einige Löffel von den stärkenden Arzneimitteln, die er bei sich hatte, und wagte es nicht, eine Unterhaltung zu eröffnen, die Donato endlich selbst einleitete.

DONATO Ich hoffe bald wieder ganz hergestellt zu sein.

RINALDO Was ich so herzlich wünsche!

DONATO Du kommst vielleicht, Abschied von mir zu nehmen?

RINALDO Glaubst du das?

DONATO Ich wünsche es, aufrichtig gesprochen. – Ich weiß nun, wer du bist, und möchte nicht gern, daß man sagen könnte, ich hätte Bekanntschaft mit dir. – Du weißt, wie das ist. Die Menschen hängen von öffentlichen Meinungen ab. – Ich danke dir die Rettung meines Lebens. Es wird aber auch niemand von mir erfahren, daß der gefürchtete Rinaldini bei mir war, auf dessen Kopf so hohe Preise stehen. – Aurelia hat mich zu ihrem Vertrauten gemacht.

RINALDO Hat sie das?

DONATO Du hättest dem Mädchen nicht sagen sollen, was du ihr gesagt hast.

RINALDO Wenn ich dir nun sage, daß ich sie liebe?

DONATO Darfst du das? – Kannst du glauben, Gegenliebe zu finden, wenn Aurelia erfährt, wer du bist?

RINALDO Wie? Wenn ich meiner Lebensart entsagte, und –

DONATO Das ist zu spät. Aurelien wirst du nicht wieder sprechen. Sie wird in ein Kloster gebracht. – Ich habe das veranstaltet.

RINALDO Wirklich? – Nun, so erwarte auch meine Gegenanstalten.

DONATO Unternimm nichts Räuberhaftes! – Liebst du Aurelien wirklich, wie kannst du sie unglücklich machen wollen? – Du liebst sie aber nicht mit der Reinheit, mit der dieses Mädchen geliebt zu werden verdient. Du darfst, du kannst sie auf keine edle Art lieben, und deine Begierden sind strafbar. – Aurelia muß deinen Blicken entzogen werden. – Oder willst du sie unter deine Bande führen und sie der Gerechtigkeit, die doch über lang oder kurz dich zu finden wissen wird, als eine Mitverbrecherin überliefern? – Unglück genug für dich, daß du das bist, aber das Mädchen laß mit Ehren leben und sterben. – Willst du mich bald verlassen, so wird es mir sehr lieb sein, denn ich erwarte Besuch.

RINALDO Nicht aus Furcht, die ich nicht kenne, sondern aus Gefälligkeit will ich dich verlassen. – Zuvor aber noch die Frage: Wer sind die Personen, deren Bildnisse über deinem Bette hängen? – Sie im Nonnengewande und er in Uniform! –

DONATO Dieses Mannes Besuch, – dessen Bild du hier siehst, – erwarte ich soeben. Er geht nach Florenz, und seine Maultiere sind ihm, mit seinem Gepäck, in dem Gebirge, vermutlich von deinen Leuten, genommen worden. Die Treiber hat man erschossen. Nur ein Maultiertreiber-Junge ist entronnen. Er hat sich zu Aureliens Pflegevater geflüchtet, wo jetzt auch mein Freund ist, dessen Bild du hier siehst.

RINALDO Da er dein Freund ist, so gib ihm dies zurück, was er vielleicht ungern vermißt.

Er gab ihm die Kapsel mit den Bildnissen, die er, wie wir wissen, aus der Beute von dem Gepäck der Maultiere erhalten hatte. Donato nahm, öffnete die Kapsel und erblickte kaum die Bildnisse, als er sie beide küßte.

DONATO Du hast mir ein sehr wertes Geschenk gemacht, das seinen rechten Herrn wiedererhalten soll.

RINALDO Willst du mir seinen Namen nicht nennen? Vielleicht kann ich ihm um Deinetwillen nützlich sein.

Donato wollte antworten, als der Bauernbursch mit einem: »Sie kommen!« hereinsprang.

Gleich nach ihm trat der Mann herein, der soeben der Gegenstand der Unterhaltung war. Er trug Uniform und ein Malteserkreuz. – Mit ihm kamen ein paar Landleute, der Meier, von dem so oft gesprochen wurde, und sein Bruder.

Der Malteser faßte Rinaldo scharf ins Auge, und dieser warf ihm einen Blick zu, auf welchen jener den seinigen von ihm abwandte.

Rinaldo reichte Donato die Hand und verließ mit einem: »Baldige Besserung!« schnell die Einsiedelei.

Der Malteser ging ihm hastig nach. Er trat in die Tür der Klause, als Rinaldo eben zurückblickte, dies sah, und sogleich stehenblieb. – Jener ging jetzt langsam auf ihn zu.

»Mein Herr!« – sagte er, – »wir müssen uns schon irgendwo einmal gesehen haben.«

RINALDO Das ist leicht möglich!

MALTESER Seid Ihr eben der, der sich Donatos Freund nannte und diesen Morgen mit einem Mädchen sprach, das Aurelia heißt?

RINALDO Der bin ich.

MALTESER Darf ich um Euren Namen bitten?

RINALDO Ihr sollt ihn erfahren, wenn Ihr mir zuvor den Eurigen sagt.

MALTESER Mein Name ist weder ein Geheimnis noch eine verdächtige Sache. – Ich bin der Prinz della Roccella.

Ein paar von Rinaldos Leuten brachten jetzt eben die Ziegen, das Federvieh und den Wein, die Paolo dem Klausner gleichsam als Sühngeld geben mußte. Rinaldo überlieferte alles, was gebracht war, dem Bauernburschen und sagte:

»Es gehört dieses meinem Freunde Donato. Er weiß schon davon. Du kannst ihm hernach sagen, daß alles angekommen ist.«

Hierauf wandte er sich wieder zu dem Prinzen, der seine Antwort und seinen Namen erwartete.

RINALDO Da Ihr von dem Meierhofe kommt, auf welchem Aurelia lebt, so sagt mir: Ist sie noch dort?

PRINZ Ich weiß nicht, wie –

RINALDO Wie ich auf diese Frage komme, da Ihr meinen Namen zu hören erwartet?

PRINZ In der Tat! das wollte ich sagen.

RINALDO Wenn es möglich ist, schenkt mir meinen Namen. –

PRINZ Sah ich euch nicht unter dem Namen Marchese Pepoli, vor einem halben Jahr ungefähr, in Florenz. – Wir sprachen uns auf dem Deutschen Hause und Ihr wurdet sehr warm, als man von dem berüchtigten Rinaldini eine Geschichte erzählte, die sehr zu seinem Vorteile gereichte.

Einer von Rinaldos Leuten winkte ihm sehr bedeutend. Er verstand das Zeichen, näherte sich dem Prinzen ganz vertraulich und sagte: »Nun dann! so wißt es: Ich bin Rinaldini selbst«; und eilte davon.

Rinaldo fragte seine Gesellen, was es gäbe, und erhielt zur Antwort: Cinthio finde Bedenken, sich dem Pappeltale bei Oriolo zu nähern, weil sich dort eine Karawane von Reisenden gelagert habe.

Darauf eilte Rinaldo zu Cinthio und fand ihn und sein Kommando in dem Buschwerk eines lustigen Hügels. Er erfuhr von ihm selbst, was er jetzt gehört hatte. – Nach einigem Nachdenken erteilte er ihm folgende Order:

»Wende dich mit unseren Leuten rechts, teile dich nach der Landstraße zu und laß den Weg von Oriolo nach dem Nonnenkloster St. Benedetto nicht aus dem Gesicht. Stößt euch dort etwa ein Wagen auf, in welchem sich ein junges, schönes Mädchen befindet: so wird der Wagen angehalten und das Mädchen für mich geraubt. Mit einbrechender Nacht finden wir uns hier auf diesem Platze wieder.«

Hierauf überzog er sein Gesicht mit einer braunen Farbe, kleidete sich als Jäger an, nahm einen von seinen Gesellen, Severo genannt, auch als Jäger gekleidet, und, wie er, mit einem Doppelrohr, einigen versteckten Terzerolen und einem Hirschfänger bewaffnet, mit sich und ging mit ihm, in Begleitung seiner Doggen, auf das Pappeltal zu.

Als sie auf die Anhöhe kamen, sahen sie in das Tal hinab und erblickten dort ein Gezelt aufgeschlagen, um welches herum Maultiere grasten und einige Menschen hin und her gingen, die ein Feuer angemacht hatten, bei welchem sie ihre Mahlzeit für den Abend zuzubereiten schienen.

Sie lauerten einige Zeit und wurden dann ein paar Damen in dem Gezelte gewahr. – Ein wenig entfernt von dem Gezelte lag abgeladenes Gepäck umher, und Maultiertreiber lagen bei demselben.

Ungefähr vierzig Schritte von dem Lagerplatze rieselte eine Quelle von der Anhöhe hinab in das lustige Tal. Hierher kam mit einem leeren Topfe, Wasser zu schöpfen, ein flinker Bube, der zu der Gesellschaft gehörte. Diesem machte sich Rinaldo sichtbar. Der Bube erschrak und wollte fliehen, Rinaldo aber rief ihm zu:

»Bleib, Bube! – Gehörst du zu jener Gesellschaft?«

»Ja! Zu der Gesellschaft gehöre ich«; – stammelte derselbe.

»Wer sind die Damen unter dem Gezelte?«

»Meine gnädige Frau, die Marchese Altanare und ihre Schwester. – Wir kommen von St. Leo und gedenken nach Florenz zu gehen.«

Rinaldo winkte seinem Gefährten. Dieser folgte ihm, und beide gingen auf das Gezelt zu. – Die Leute der Marchese grüßten sie und gafften sie an. Der Stallmeister der Marchese trat ihnen aus dem Gezelt entgegen, indes die Damen am Eingange lauschten, und redete sie an:

»Wohin aus, liebe Freunde?«

Rinaldo nahm das Wort:

»Ich bin der Förster aus Sarsina, und bin mit meinem Burschen auf dem Heimwege. Da sah ich eure Gesellschaft und dachte, du mußt doch sehen, wer die Herrschaften sind. – Zugleich komme ich auch, Euch einen kleinen Wink zu geben. Seid wachsam und vorsichtig! Rinaldinis Bande haust in diesen Gebirgen.«

»Ach Gott!« – rief die eine von den Damen aus, – »das macht mich sehr ängstlich.«

»Warum das?« – sagte der Stallmeister. – »Wir sind unserer ja genug, um Gewalt mit Gewalt zu vertreiben.«

»Hm!« – lächelte Rinaldo, – »das würde euch wenig helfen: denn Rinaldinis Leute haben, so zu reden, den Teufel im Leibe.«

DIE DAME Aber mein Gott! warum läßt man denn diese Räuber hier so ruhig und ungestört ihr Wesen treiben?

RINALDO Weil man sie fürchtet.

STALLMEISTER Wie stark mag wohl die Bande sein?

RINALDO Wer will das wissen! – Rinaldini ist vogelfrei. Es steht ein Preis auf seinem Kopfe, der gar nicht zu verachten ist. – Unter uns gesagt: Ich schleiche schon seit acht Tagen dem Vogel zu Gefallen herum und möchte gern etwas verdienen. Käm' er mir nur in den Schuß, er sollte gewiß nicht wieder aufstehen.

STALLMEISTER Kennt Ihr ihn denn?

RINALDO Er ist ja genau genug beschrieben worden.

STALLMEISTER Im Grunde, – sagt man, – soll er selbst eigentlich gar kein Herz haben und weder Mut noch persönliche Tapferkeit besitzen. Seine Leute sollen alles für ihn tun.

RINALDO So? – Da sind seine Leute Narren!

STALLMEISTER Ihr meint also, er sei jetzt wirklich hier in der Nähe?

RINALDO Das weiß ich gewiß. Es sind unserer achtzehn, alle Jäger und gute Schützen, die wir ihm auf den Dienst lauern. Haben wir ihn, so teilen wir.

DIE DAME Was bekommt ihr denn, wenn ihr den Galgenstrick liefert?

RINALDO In Venedig, Genua, Lucca und Florenz wird Geld für seinen Kopf gezahlt. Zusammen wirds immer ein Sümmchen von 4 bis 5000 Zechinen ausmachen. – So etwas nimmt unsereiner mit. Die Zeiten sind schlecht. – Aber freilich, Lebensgefahr ist dabei. Einige von uns können auch ins Gras beißen.

DIE DAME Man sollte Truppen gegen den Beutelschneider ausschicken.

RINALDO 's ist auch schon geschehen, Madamchen; aber es hat nichts fruchten wollen. Der Schlaukopf hat Schlupfwinkel, setzt sich auch wohl gar zur Wehr. Davon kann die Miliz von Lucca ein Liedchen singen. Dreihundert Mann wurden von 80 Mann, unter Rinaldinis Anführung, über Stock und Stein gejagt. Sie ließen noch dazu siebzig Tote auf dem Platze und haben es nie wieder versuchen mögen, gegen die Räuber anzurücken.

DIE DAME Es ist erschrecklich, wie weit es so ein solcher Vagabund treiben kann!

RINALDO Jawohl! – Er soll sehr verwegen sein! und auch wohl oft ganz allein einen Streich ausführen, der zum Totlachen ist.

DIE DAME So etwas möchte ich einmal sehen.

RINALDO Gesetzt, Ihr steht hier ganz unbefangen. Neben Euch steht der Herr Stallmeister, und alle eure Leute sind um euer Gezelt herum versammelt – So setzt Rinaldini mit der Rechten dem Herrn Stallmeister die Pistolen auf die Brust, – indes sein Begleiter auf die Umstehenden anschlägt, – und sagt: Ich bitte mir Eure Ringe, Eure Uhr und 300 Stück Zechinen aus; ich bin Rinaldini!

Was er hier als ein Gleichnis sagte, tat er wirklich. Die Marchese schrie laut auf und der Stallmeister taumelte zurück.

STALLMEISTER Herr Förster, keinen Spaß!

RINALDO Kein Spaß, völliger Ernst, Herr Stallmeister!

STALLMEISTER Wie? – Ernst? –

DIE DAME Um Gottes Willen!

RINALDO Ihr wolltet einen Streich zum Totlachen von Rinaldini sehen. Ihr seht ihn jetzt.

DIE DAME Ihr seid wirklich –

RINALDO Ich bin Rinaldini. Nun weiter keine Vorrede. Ich habe Euch Euren Wunsch gewährt, und Ihr gewährt mir den meinigen. Dieses ist der Wunsch nach dem Besitz Eurer Uhr, Eurer Ringe und der kleinen Summe von 300 Zechinen. – Dafür gebe ich Euch eine Sicherheitskarte, und bis nach Florenz werden Euch, wenn Ihr dieselbe vorzeigt, meine Leute kein Haar krümmen.

Am ganzen Leibe zitternd, zog die Marchese ihre Ringe ab und gab ihm Uhr, Börse und die verlangten 300 Zechinen.

Mit einem: »Habt Ihr nun Rinaldini kennengelernt?« ging er davon, und keine Seele getraute sich, ihn zu verfolgen.

Die Nacht brach herein, und seine Gesellen fanden sich an dem bestimmten Ort ein, ohne eine Kutsche gesehen zu haben. – Rinaldo wurde mißmutig und legte sich, nach einer sehr frugalen Abendmahlzeit, unter einer Pappel nieder. Er bedeckte sich mit dem Mantel und schlief bald ein. Seine Gesellen machten Feuer, stellten Wachen aus und legten sich auch zur Ruh, nachdem ihnen Severo Rinaldos Schwank mit der Marchese erzählt hatte.

Gegen Morgen fuhren sie alle zugleich aus dem Schlafe auf, geweckt von wiederholten Schüssen. Sie griffen zum Gewehr und vernahmen das Geschrei ihrer Vorposten:

»Wir sind umringt!«

Sie zeigten auf die benachbarten Bergspitzen und in die Täler, und allenthalben blinkten ihnen Gewehre entgegen.

RINALDO Auf, auf! wir müssen von unseren Leuten herbeiziehen, was wir nur können. Stoßt in die Alarmhörner und ladet eure Gewehre doppelt!

Die Täler erklangen vom Schalle der Hörner und die Echos gaben den Ruf zurück. – Auf einmal ertönte ganz nahe der Schall eines Horns, und bald sahen sie Altaverde mit seinen Gesellen sich ihnen nähern.

»Kameraden! wir sind umgangen! Landmiliz und Truppen rücken gegen uns an. Unsere Kameraden Tonetto und Rispero sind der Miliz in die Hände gefallen.«

Bald darauf hörten sie in der Ferne Hörnerschall, der sich immer mehr näherte, und endlich sahen sie Alsetto mit seinem Corps, der durch das Tal herauf ihnen zuzog.

Jetzt waren sie 69 Mann stark. Alle schrien, wie aus einem Munde:

»Hauptmann! laß uns angreifen.«

Sogleich rief er ihnen zu, sich links zu schwenken, und zog ins Tal hinab.

Sie waren einige hundert Schritte weit marschiert, als sie ein Papier auf der Erde liegen sahen. Altaverde hob es auf und gab es Rinaldo. Dieser entfaltete das Papier und las:
»Im Namen der Regierung wird hierdurch einem jeden von Rinaldinis Bande Verzeihung und Freiheit angeboten, der freiwillig zu den Truppen übergeht und seinen Anführer verläßt. Wer Rinaldinis Kopf mit sich bringt, erhält noch, außer dem Geschenke seiner Freiheit, eine Belohnung von 500 Stück Zechinen.«
Rinaldo steckte das Papier zu sich und sagte:
»Kameraden! dieses Papier verspricht euch Freiheit und Verzeihung, wenn ihr zu den Truppen übergehen, und euch auf Treu und Glauben selbst in ihre Hände liefern wollt.«
»Hat es der Großherzog unterschrieben?« – fragte Alsetto.
»Es ist ein Wisch ohne Ort, ohne Datum und Unterschrift«; – antwortete Rinaldo.
»Daß wir doch Narren wären«, – schrie Altaverde, – »und leichtgläubig auf die Anforderung eines verzagten Unteroffiziers unser Leben in die Schanze schlügen! – Das hat ein Kerl geschrieben, dem es bange wird, gegen uns zu fechten. Kämen wir hinüber, so wüßte kein Teufel etwas von dem Versprechen; man lachte uns aus und knüpfte uns zum Spaße auf, was wir auch verdienten. – Hauptmann! Zerreiß den Wisch in Stücke und laß uns Pfropfe daraus machen. Wir wollen die Versprecher mit ihren Versprechungen auf die Pelze brennen!«
»Kameraden!« – begann Rinaldo, – Meine Meinung ist, uns nach der Grenze des Kirchenstaates zu wenden und uns durch die Miliz in die Marleischen Waldungen zu schlagen.«
»Nur zu! nur darauf los!« – schrien alle.
Sie durchkreuzten das Tal und schlichen sich an dem entgegengesetzten Berge hin. Beinahe hatten sie ihn schon umgangen, als sie, nahe an der Grenze, auf ein Piket Miliz stießen. Dieses griffen sie unvermutet und rasch an und warfen es zurück. Aber nun trafen sie auf ein Detaschement, das, über anderthalbhundert Mann stark, rasch auf sie los rückte.

»Kameraden!« – schrie Rinaldini, – »jetzt wehrt euch wie brave Männer! Mit drei Schritten sind wir über der Grenze, und die Waldungen liegen kaum hundert Schritte weit von uns. – Bekommen sie uns lebendig, so verlieren wir unser Leben auf der Marterbank oder unter Henkershänden. Also laßt uns lieber als brave Männer mit dem Säbel in der Faust sterben. – Aber nur mutig! Wir schlagen uns gewiß durch. – Frisch darauf los!«

Mit dem letzten Worte gab er das Signal mit einem Pistolenschusse, stürzte auf die Soldaten los und seine Gesellen ihm nach. Die Furie, mit der es geschah, machte die Soldaten anfangs bestürzt. Sie fingen wirklich an zu weichen, als einer ihrer Offiziere ihnen ihre Feigheit vorwarf, an die Spitze trat und sie gegen die Wütenden führte.

Nun kam es zu einem fürchterlichen Gemetzel. Alsette stürzte an Rinaldos Seite nieder und drei seiner Gesellen zugleich mit ihm. Altaverde, Cinthio, Severo und Rinaldo fochten wie Löwen.

Es regnete Kugeln, und Hiebe fielen hageldicht. Mit gespaltenem Schädel stürzte Severo, und zwölf seiner Kameraden, von Kugeln und Hieben getroffen, neben ihm. Rinaldo drängte sich mit seinem zusammengeschmolzenen Haufen auf die Flanke der Truppen und erreichte endlich glücklich die Grenze, aber getrennt von den Seinigen. – Hier fielen ihn zwei Dragoner an. Er schoß den einen vom Pferde, und der zweite sprengte zurück. – Matt und kraftlos erreichte Rinaldo den Wald, kroch in einen dichten Busch und sank atemlos, mit hochaufklopfendem Herzen, beinahe ohne Bewußtsein nieder.

Als er wieder zu sich kam, war es hoch am Mittag, und er fühlte sich gequält von brennendem Durste. Er raffte sich auf und wankte tiefer in den Wald hinein bis zu einer Quelle, wo er sich niederwarf und sich erquickte. Er durchsuchte seine Taschen und fand ein paar Stückchen Zwieback, die er mit dem größten Hunger verschluckte. Dann kroch er einem Busche zu und stellte Überlegungen an. – Der Hunger aber trieb ihn bald wieder aus dem Busche. Er machte sich auf, untersuchte sein

Gewehr, füllte seine Feldflasche mit Wasser und schlich weiter fort.
Er war nicht lange gegangen, als er Geräusch vernahm. Er stellte sich auf die Lauer und sah endlich einen Bauer mit einem Korbe ganz ruhig einhergehen. Diesem ging er entgegen und fragte ihn, ob er etwas zu essen bei sich habe?
Der Bauer sah ihn mit großen Augen an und sagte endlich, er trage Käse und Würste in die benachbarte Stadt. Rinaldo bot sich sogleich als Käufer an, nahm so viele Käse und Würste als in seine Jagdtasche gehen wollten und bezahlte sie ohne zu handeln; auch überließ ihm der Bauer ein Brot, da er sah, daß er so gut für seine Victualien bezahlt ward.
»Was gibt's Neues?« – fragte endlich Rinaldo.
»Diesen Morgen« – antwortete der Bauer – »hat's auf der Grenze viel Blut gegeben. – Die Toscanischen Soldaten haben den Spitzbuben Rinaldini erwischt. – Er hat sich mit seinen Leuten wie ein Teufel gewehrt. Sie sind aber alle zusammengehauen und niedergeschossen worden.«
»Rinaldini auch?«
»Auch mit. – Der Spitzbube hatte längst den Galgen verdient. 's ist nur jammerschade, daß sie ihn nicht lebendig bekommen haben und daß er so ehrlich gestorben ist! Aber zum Teufel wird der Kerl doch gefahren sein. Denn er ist ja ohne Absolution in seinen verfluchten Sünden dahingestorben. – Da stirbt unsereiner doch ruhiger und honetter. Nicht wahr?«
»Ei, natürlich! Wir beide sind ja aber auch keine Spitzbuben.«
»Nein«, sagte der Bauer und ging. Als Rinaldo ihn aus dem Gesichte hatte, schlich er waldein und hielt Tafel.

Nach einem kleinen, erquickenden Schlafe machte er sich auf und ging einige Stunden tiefer in den Wald hinein. Auf einmal sah er sich ganz unerwartet auf einem freien Platze, der einige hundert Schritte im Umfange haben mochte. Vor ihm lagen auf einem Hügel die Ruinen eines zerstörten Schlosses.
Er sah sich rund umher um und erblickte kein lebendes Wesen.

Die tiefste Totenstille schien über die Gegend ausgegossen zu sein. Nicht einmal ein Vogel war in der Nähe zu hören. Doch glaubte er Fußtritte in dem Grase zu sehen.
Er ging auf die Trümmer des Schlosses zu und trat in einen geräumigen Hof, der hoch mit Gras bewachsen war. Vor einer verfallenen Kolonnade setzte er sich auf eine umgestürzte Säule und überließ sich sonderbaren Betrachtungen.
Ein Geräusch schreckte ihn auf. Ein Reh jagte vorüber. – Er kam wieder zu sich, stieg auf und näherte sich einer Treppe, die in die oberen Gegenden des Schlosses führte.
Er stieg hinauf und kam in einen großen Saal. – Seine Fußtritte erschallten laut umher. Alles war öde und leblos um ihn her.
Der Saal führte in ein geräumiges Gemach, an dessen Hinterwand er zwei alte hölzerne Türen erblickte, die mit eisernen Riegeln verwahrt waren. Hier blieb er stehen, lauschte und horchte und vernahm nichts als seine eigenen lauten Atemzüge. – Er klopfte an beide Türen an. Alles blieb still.
Endlich zog er den Riegel der einen Tür zurück; sie knarrte auf und er trat in ein leeres Gemach, das er sogleich wieder verließ. – Als er die andere Tür öffnete, fand er auch hier wieder ein leeres Gemach. – Er verriegelte beide Türen und ging wieder zurück.
Jetzt ward er in der einen Ecke des Saals eine schmale Öffnung gewahr. Es war der Eingang in ein leeres Gemach, welches in ein zweites und dieses in ein drittes führte. Hier trat er auf Holz und sah, daß er auf einer verriegelten Falltür stand. Er schob den Riegel zurück, hob die Falltür auf und sah in eine dunkle Tiefe hinab, wohin eine schmale steinerne Treppe führte. Er ließ die Tür nieder, ging zurück und kam wieder in den Hof.
Die Dämmerung brach schon stark herein. Er sah sich nach einem Baume um, erblickte eine majestätische Steineiche, stieg hinauf und suchte in ihren dichten Zweigen sein Nachtlager.

Nach einer beinahe ganz durchwachten Nacht verließ Rinaldo sein hartes Lager, als der Tag anbrach, und machte sich auf den

Weg, Wasser zu suchen, das er auch bald fand. – Als er seinen Durst gestillt und seine Flasche gefüllt hatte, ging er weiter, schnitt aber Merkzeichen in die Bäume, um den Weg zu den Ruinen wieder zurückfinden zu können.
Gegen Mittag nahte er sich der Fahrstraße, die durch den Wald ging, und lagerte sich hinter einem Busche.
Hier hatte er nicht lange gelegen, als er in der Entfernung Menschenstimmen und Glockengeklingel von Maultieren vernahm. Beide näherten sich immer mehr, und endlich kam ein Zug Zigeuner zum Vorschein.
Die Gesellschaft bestand aus drei Männern, zwei alten Weibern, einem Paar erwachsenen Mädchen, vier Kindern, einem bepackten Maultier, zwei Hunden und einigen Murmeltieren.
Sie schienen die Gegend zu kennen, bogen waldein und zogen nach der Quelle zu, die Rinaldo eben verlassen hatte. – Die Hunde witterten ihn kaum, als sie ein schreckliches Gebell erhoben und auf ihn losfuhren. Der eine von den Männern griff nach einer Flinte.
Rinaldo schlug auf die Hunde los und trat aus dem Busche hervor.
»Heda! Wer bist du?« schrie ihm der eine Zigeuner entgegen.
»Ruft eure Hunde zurück«, – rief ihm Rinaldo zu, – »oder ich schieße sie nieder!«
Sie lockten die Hunde an sich, und die Weiber nahmen sie fest. – Rinaldo trat ihnen näher und sagte ganz entschlossen:
»Wir werden schwerlich etwas von einander zu fürchten haben.«
»Wer bist du?« fragte der Zigeuner wieder.
»Ein Mann, der keine Furcht kennt.«
ZIGEUNER Ich weiß nicht, was ich von dir denken soll.
RINALDO Gib mir einen Schluck Likör, wenn du welchen hast.
ZIGEUNER Den kannst du bekommen, wenn du ihn bezahlen willst.
RINALDO Schenk ein!
ZIGEUNER Donnerwetter! Kerl, du kommst mir vor wie einer, der – etwas begangen hat, weshalb er mit der lieben Justiz in Unfrieden lebt.

RINALDO Schenk' ein!

ZIGEUNER Ja, ja, Bursch! Einer von Rinaldinis Bande bist du gewiß?

RINALDO Was geht uns beide Rinaldini an?

ZIGEUNER Mich wenigstens so viel wie ein paar tausend Zechinen, wenn ich seinen Kopf liefern könnte. –

RINALDO Ah so! – Das ist aber zu spät.

ZIGEUNER Zu spät? Ich denke, er wird immer noch früh genug an den Galgen kommen.

RINALDO Nun nicht, da er in dem letzten Gefecht von Toscanischen Soldaten niedergehauen worden ist. Da war ich dabei.

ZIGEUNER Du bist also einer von seiner Bande?

RINALDO Donnerwetter! Sag das noch einmal, und ich schlage dir den Kopf ein. Was denkst du von mir? – Ich bin der Förster des nächsten Grenzorts und war mit meinen Leuten gegen Rinaldini aufgeboten. Ich denke, wir haben einen heißen Tag gehabt, und du Schuft willst da –

ZIGEUNER Nun, nun! Ich bitte um Verzeihung, man kann sich –

RINALDO Raisonniere nicht und schenk ein! – Das ist eins. – Numero zwei: Zeigt eure Pässe vor. Wir haben geschärfte Befehle erhalten, euch Landstreichern auf der Fährte zu sein.

EINE ZIGEUNERIN Ein deliziöses Likörchen! – Für den Herrn Förster, ganz umsonst.

RINALDO Ich nehme nichts geschenkt und kenne meine Pflicht. – Noch eins. Schenk' ein, alte Sibylle!

ZIGEUNERIN Mit Vergnügen, allerliebster Herr Förster!

RINALDO Sind das deine Töchter, alte Nachteule?

ZIGEUNERIN Die kleine ist meine Tochter. Die große ist eine Anverwandte. Eine vater- und mutterlose Waise. – Sie heißt wie ihre Schutzpatronin: Rosalie, ist eine gute Christin, siebzehn Jahre alt und hat ein vortreffliches Herz. – Soll ich noch eins einschenken?

RINALDO Meinetwegen!

ZIGEUNERIN Rosalie! Ein Stückchen Reiskuchen für den Herrn Förster.

ROSALIE Hier, Herr Förster! – Wohl bekomm's

RINALDO Höre Mädchen! bist du denn wirklich getauft?

ZIGEUNERIN Vergebe Euch der Himmel diese Frage! – Zu Macerata ist sie gar schön und christlich getauft worden, wie ihr Taufzeugnis besagt.

ROSALIE Ja, gewiß und wahrhaftig!

RINALDO Nun? Was bin ich schuldig?

ZIGEUNERIN Ah papperlapapp! Nichts. Wir werden dem Herrn Förster doch nicht gar Geld abnehmen.

RINALDO Ich nehme nichts von euch geschenkt. – Sucht eure Pässe herbei. Was habt ihr da alles in den Körben? – Teufel und alle Wetter! Wie kommt ihr denn zu den großen Wachskerzen? Die habt ihr gewiß gestohlen.

ZIGEUNERIN Gott bewahre! Herr Förster, was denkt Ihr von uns? – Wir haben sie gekauft. Wir brauchen dieselben bei Sturmnächten im Walde.

RINALDO Ich will euch zwei Stück davon abkaufen.

ZIGEUNERIN Sie stehen zu Diensten.

RINALDO Das Brot kaufe ich euch auch ab.

ZIGEUNERIN Nach Belieben.

RINALDO Nun macht mir die Rechnung. – Hurtig! und die Pässe heraus! – Wollt ihr mir das ganze Fläschchen Likör lassen?

ZIGEUNERIN Warum nicht?

ZIGEUNER Der Herr Förster taugt gut auf einen Jahrmarkt.

RINALDO Ja, ich kaufe alles, was mir gefällt. Ich kaufe euch auch das Mädchen ab, wenn ihr mir sie lassen wollt, und wenn sie mit mir gehen will. Ich brauche so ein Mädchen in der Wirtschaft.

ROSALIE Wenn ich Lohn bekomme, gehe ich mit.

RINALDO Das versteht sich.

ZIGEUNERIN Ihr könnt das arme Ding bekommen. Aber – es ist eine Bedingung dabei. Ihr fragt nicht weiter nach unsern Pässen.

RINALDO Aha! – Nun, meinetwegen! Aber nehmt euch in acht, daß ihr nicht der Miliz in die Hände fallt. – Es wird heute gestreift.

ZIGEUNERIN So wollen wir machen, daß wir aus dem Walde kommen.

RINALDO Das rate ich euch selbst. – Hier ist Geld für's Mädchen und ein Paar Paoli für meine Zeche.

ZIGEUNERIN Nun, – so bedanken wir uns.

ROSALIE Lebt wohl!

ZIGEUNERIN Führe dich hübsch auf und mache uns keine Schande! – Wie heißt der Ort, wohin Ihr sie führt, Herr Förster?

RINALDO Nach Sarsiglia, wo ich Förster bin. – Die ganze Gegend kennt mich.

ZIGEUNERIN 's ist nur, daß wir wissen, wo wir uns nach dem Mädchen erkundigen können.

RINALDO Schon recht! Gott befohlen!

ROSALIE Nochmals; lebt wohl!

Die Zigeuner machten sich sogleich auf den Weg.

Rosalie nahm ihr Bündelchen, sprang neben Rinaldo her, der den Weg nach den Schloßtrümmern einschlug und war sehr aufgeräumt und munter.

Sie bewunderte die Ruinen, meinte, hier müsse es sich gut für Zigeuner hausen lassen, und warf sich neben Rinaldo nieder, der sich ins Gras streckte.

ER Bist du wirklich gern mit mir gegangen?

SIE Sonst würde ich ja nicht so freudig sein. Das Leben, das ich bisher geführt habe, hat mir schon längst nicht mehr gefallen wollen. Ich hatte mir auch vorgenommen, einmal des Nachts davonzugehen. Nur wußte ich nicht, wohin. – Ach, ein Zigeunermädchen ist gar ein armes Tier! Man muß sich zu vielerlei gebrauchen lassen, hat doch zuweilen kaum das liebe Brot, und wenn man einmal etwa mit langen Fingern erwischt wird, rips! bekommt man zwischen Himmel und Erde Quartier. – Wenn ich aber Eure Wirtschafterin bin –

ER Ich will dich nicht betrügen; du gefällst mir zu sehr. – Ich bin kein Förster.

SIE Heilige Rosalie! Was denn sonst?

ER Jetzt kannst du deine Gesellschaft noch einholen, wenn du nicht Lust hast, bei mir zu bleiben. Ich halte dich nicht zurück. Ich stelle dir alles frei. Und damit du siehst, wie aufrichtig ich gegen dich bin, so will ich sogar so unbesonnen sein, dir zu sagen, wer ich bin. – Ich bin Rinaldini.

SIE Ach, Rinaldini! Wie bin ich erschrocken, – weil – weil – Ihr ein so berühmter Mann seid, und weil ich –

ER Zieh' in Frieden zu deinen Zigeunern zurück! – Hier sind zehn Dukaten. Ich schenke sie dir.

SIE Still! Laßt mich einmal ein wenig nachdenken. – So oder so! – – Hm! – Ich bleibe bei Euch.

ER Nun gut! Du sollst sehen, daß ich für dich sorgen will. Und geht's mir wohl, so soll dir's auch wohl gehen. Fehlen soll dir's an nichts, was ich dir verschaffen kann. – Gib mir deine Hand und versprich mir, bei mir zu bleiben.

SIE Hier ist meine Hand. Ich verspreche es dir.

ER Dein offener Blick nahm mich gleich für dich ein, und da ich dir mein Zutrauen schenke, so kannst du glauben, das ich des deinigen wert zu werden wünsche.

SIE Rinaldini, und wenn du auch ein noch so furchtbarer Mann wärst, ich will mich nicht fürchten. Aber bei dir bleiben will ich, und dir getreu dienen. – Ist es mir doch, als sei ich schon längst um dich herum und mit dir bekannt gewesen.

ER So ist es mir auch. Daher kommt es, daß du mir gefällst und daß ich so viel Zutrauen zu dir habe.

SIE Das ist mir sehr lieb! Je mehr du Zutrauen zu mir hast, desto lieber bin ich bei dir.

ER Ich will mich dir ganz entdecken. – So wie du mich hier siehst, bin ich einem Gefechte mit Toscanischen Truppen entronnen, aus welchem wenige der Meinigen entkommen sein werden. Ich bin jetzt hier ganz allein und sehne mich auch nicht zu dem Überreste meiner Gesellschaft zurück. Vielleicht hat mich das Schicksal zu meinem Glücke von meinen Gesellen getrennt. – Die Toscaner glauben, ich sei auf der Wahlstatt unter den Toten geblieben. Es ist mir sehr lieb, daß sie das glauben.

Vielleicht sahen sie meinen Gesellen, Severo, der mit gespaltenem Schädel neben mir niedersank und einige Ähnlichkeit mit mir hat, für mich an; vielleicht gaben etwa einige der Meinigen, die verwundet gefangen wurden, mich für tot aus, um mich gegen Nachstellungen zu sichern, oder wie dem ist. Genug, ich wünsche, ganz Italien glaube, ich sei tot. – Unter diesen Ruinen will ich einige Tage verweilen, bis die Soldaten wieder entfernt sind, dann wollen wir suchen, uns gewissen Plätzen zu nähern, wo ich Geld vergraben habe. Finden wir deren nur drei unbemerkt, so haben wir zu leben, suchen uns irgendwo einzuschiffen, verlassen Italien und leben mit und beieinander in Ruhe.

SIE Das ist ein herrlicher Plan.

ER Nun wohl! so wollen wir suchen, ihn auszuführen.

So ward das Bündnis geschlossen und mit einem Frühstücke besiegelt.

Nach demselben führte Rinaldo seine Gesellschafterin ins Innere des ehemaligen Schlosses und zündete seine beiden erhandelten Kerzen an, das Terrain zu untersuchen, zu welchem die Treppe unter der bewußten Falltür führte.

Sie stiegen hinab und kamen in ein geräumiges Gewölbe, das gleichsam der Vorhof eines weit größeren war, welches sie durchsuchten und ganz leer fanden. Am Ende desselben kamen sie wieder zu einer Treppe, die aufwärts führte, oben von einer Falltür bedeckt wurde, die unverriegelt war und sich aufheben ließ. Sie kamen in einen kleinen mit Gras bewachsenen Vorhof und drängten sich durch eine schmale Öffnung, die ehemals eine Tür gehabt haben mochte, in ein kleines Gemach, das verschlossene Fensterladen hatte. Sie näherten sich einer verriegelten Seitentür, die sie öffneten, als zwei Ottern nahe an ihnen vorbei zischten. Dann traten sie in ein enges Zimmer, fuhren aber bald wieder zurück, als ein schrecklicher Geruch, wie ein Dampfnebel, ihnen entgegenschlug. – Als Rinaldo wieder eintrat, fand er zwei Körper auf dem Boden, die in Fäulnis übergingen. Sie waren ganz entkleidet und mit geronnenem Blute bedeckt.

»Hier hausen Mörder!« – sagte er, verließ das Gemach und verschloß die Tür.
Die schreckliche Entdeckung machte ihn unruhig. Er wendete sich zu Rosalien und sagte:
»Hier werden wir schwerlich lange bleiben. Ich meinte, diese Trümmer würden nur ein Aufenthalt der Ottern und Eulen sein, und finde, daß sie von Mördern besucht werden.«
Rosalie schauderte zurück. Rinaldo bedachte sich nicht lange und ging mit dem Mädchen wieder dahin, woher sie gekommen waren. Sie eilten ins Freie und waren kaum auf dem offenen Schloßplatze angekommen, als ein Schuß fiel, dessen Kugel zwischen beiden durchfuhr. Rinaldo bedachte sich nicht lange, legte sein Rohr an, und gab Feuer auf den Busch, aus welchem der Schuß kam.
Er vernahm einen lauten Fluch; ein Geräusch, und im Augenblick stand ein Bewaffneter vor ihm, der ihn donnernd anredete:
»Hier keinen Widerstand, wo Batistello ist, der gefürchtete Anführer einer furchtbaren Truppe von Männern, die der Schrecken der ganzen Gegend sind!«
RINALDO Ha! sehe ich dich endlich, gefürchteter Batistello, von dem ich so viel schon gehört habe. Du bist es selbst?
BATISTELLO Ich bin es.
RINALDO Nun so wisse, daß ich dir um kein Haar breit weiche: denn auch ich bin gefürchtet, wie du. – Ich bin Rinaldini, der Unerschrockene.
BATISTELLO Ha! treffen wir uns hier? – Wisse, daß wir mit Worten nicht auseinander kommen. Ich bin eifersüchtig auf deinen Ruhm. Unser Zusammentreffen kann sich nur mit der Unterwerfung des einen von uns beiden enden. – Daß ich mich dir nicht unterwerfen werde, kannst du denken, also greif zum Säbel und laß sehen, ob du ihn zu führen verstehst.
RINALDO Das sollst du erfahren. – Laß aber deine Leute aus dem Hinterhalt treten.
BATISTELLO Ich bin hier jetzt ganz allein. Wer von uns beiden fällt, ist der Erbe des andern.

RINALDO Der meinige ist dieses Mädchen.
BATISTELLO Das wird sich geben. Sie soll ungehindert abziehen und eine gute Zehrung von mir erhalten. Laß deine Leute vortreten!
RINALDO Sie sind über eine halbe Stunde weit von hier entfernt.
BATISTELLO Nun gut, so zieh!
Rinaldo entledigte sich seines Gewehrs und seiner Jagdtasche. Rosalien traten Tränen in die Augen. Rinaldo sah sie nicht, zog und ging auf Batistello los. Dieser empfing ihn mit Kälte und Mut. Es fiel Hieb gegen Hieb, von beiden pariert und wiederholt. Sie hackten ein paar Minuten aufeinander los. Rinaldo wurde immer hitziger. Batistello blieb kalt und bei Fassung. Rinaldo sah und hörte nicht mehr, stürmte immer wütender auf seinen Gegner los, und dieser zog unbemerkt mit der linken Hand ein Terzerol. Die Hand hinter den Rücken gelegt, schoß er es auf Rinaldo ab, und fehlte ihn.
»Ha! Nichtswürdiger!« – schrie Rinaldo ergrimmt, zog eine Pistole aus dem Gürtel, und schoß ihm eine Kugel durch den Kopf. – Batistello fiel. Rosalie schrie laut auf.
Ohne eine Wort zu sprechen, gab der Bandit seinen Geist auf. Rinaldo packte ihn und warf seinen Körper in den Busch, aus welchem er auf ihn geschossen hatte.
Hier lag ein Päckchen. Er hob es auf und gab es Rosalien. – Einen schönen Ring zog er dem Toten vom Finger, und eine Katze, gefüllt mit Goldstücken, riß er ihm vom Leibe.
»Jetzt Rosalie!« – schrie er. – »Auf und davon, ehe des Nichtswürdigen Gesellen kommen!«

Nach einem Wege von anderthalb Stunden fanden sie ein heimliches Örtchen, mitten im tiefsten Walde; einen mit Buschwerk umwachsenen Hügel, an dessen Fuße ein silberheller Quell in den Abhang der Gegend hinabmurmelte. In der Mitte des Hügels war ein freies Plätzchen. Hier ließen sie sich nieder und sprachen über den blutigen Vorfall.
Rinaldo zählte das Gold in der erbeuteten Geldkatze und fand

über 200 Stück Dukaten, einige goldene Schaustücke ungerechnet. Indessen durchstöberte Rosalie das Bündel und fand eine Waldbruderkutte, ein Paar falsche Nasen, einen Bart und Wäsche, die beiden sehr gelegen kam.

Sie nahmen hierauf eine kleine Mahlzeit ein, koseten noch mancherlei miteinander und übernachteten auf dem Flecke, wo sie waren.

Zweites Buch

Der Zufall weilt, wo Liebe weilet,
Er wirkt und schafft, er führt zum Ziel;
Dort wird der süße Raub geteilet,
Und immer kühner wird das Spiel.

Die Sonne war aufgegangen. Unser Pärchen machte sich auf den Weg. – Sie kamen der Landstraße näher und sahen, als sie eben dieselbe wieder verlassen wollten, einen Bauer auf sich zukommen, der bei ihrem Anblicke seine Schritte verdoppelte. Rosalie sprang in den Wald zurück; Rinaldo aber blieb stehen und erwartete die Annäherung des Bauern, der, noch weiter als zehn Schritte von ihm entfernt, ihm laut entgegenjauchzte:
»Sei gegrüßt, du glücklich Wiedergefundener!«
Da erkannte Rinaldo an der Stimme, daß es der wackere Cinthio war, der ihn so froh grüßte.
Sie eilten aufeinander zu und umarmten sich mit Frohlocken. – Rosalie trat schüchtern herbei.

RINALDO Sehe ich dich wieder, braver Cinthio! – Und du bist dem Tode entkommen?

CINTHIO Glücklich! – Ich, Altaverde und der Bube Steffano, wir sind es, glaube ich, nebst dir allein, die von uns allen entkommen sind. Wir dreie, verwundet, aber ich am leichtesten, wurden über die Gebirge getrieben. Bei dem Caprilischen Passe war Matheo mit seinem Kommando von den Soldaten beängstigt worden und zog sich, der Grenze näher zu sein, über die Perlenhöhen. Dort trafen wir uns und erzählten ihm unser Unglück. Es war nicht zu zaudern. Wir griffen einen Milizposten an, ließen acht Mann auf dem Platze und schlugen uns durch, bis in die Waldungen, wo ich dich jetzt so glücklich gefunden habe. Und hier hausen wir.

RINALDO Führe mich zu den braven Burschen. – Ich weiß einen guten Platz für uns.

CINTHIO Wer ist das Mädchen?

RINALDO Sie gehört mir an.

CINTHIO So sei sie gegrüßt und willkommen.

Nun wanderten sie dem Platze zu, wo Matheo und seine Gesellen ihr Lager aufgeschlagen hatten. – Rinaldo wurde mit lautem Jubel empfangen und erzählte die Geschichte seines Kampfs mit Batistello.

»Das war recht, Hauptmann!« schrie Matheo, »daß du den Kerl niederschossest.«

Hierauf beschrieb ihnen Rinaldo die Ruinen, und sie brachen sogleich auf, von denselben Besitz zu nehmen. – Da quartierten sie sich ein und fingen an zu kochen und braten.

Gegen Abend gaben die Wachen Signale. Alle griffen zu den Waffen und zogen einem Trupp von zehn Mann entgegen, die von Batistellos Bande waren. Es kam bald zwischen beiden Parteien zum Handgemenge, die Batistellianer zogen den kürzeren. Sechs Mann blieben auf dem Platze. Die übrigen vier unterwarfen sich, schwuren Rinaldo den Eid der Treue und wurden unter seine Bande aufgenommen.

»Es kommt nicht wenig darauf an«, – sagte Rinaldo, als sie einige Tage unter den Ruinen verlebt hatten, – »zu wissen, wie es in dem Florentinischen steht. Ich habe mich entschlossen, selbst Nachforschungen anzustellen, und werde daher morgen auf einige Zeit von euch gehen. Ihr sollt mich aber bald wiedersehen, hoffe ich. Bis dahin mag Altaverde das Kommando über euch führen. Als Beistände gebe ich ihm Matheo und Cinthio zu.«

Den folgenden Morgen bestieg er, fein gekleidet, ein schönes Pferd, und Rosalie folgte ihm in Bubentracht auf einem Maultiere nach.

Er schlug den Weg nach Oriolo ein, und die Leser können leicht denken, daß er in die Gebirge eilte, seinem Freunde Donato einen Besuch abzustatten.

Die Soldaten waren wieder in ihre Quartiere zurückgekehrt, glaubten Rinaldinis Bande ganz zerstreut zu haben, und die Grenzen waren unbesetzt.

J. Penzel del. & sc.

Es war ein schwüler Morgen, als er sich Donatos Klause näherte. Der Alte saß vor der Tür seiner Einsiedelei, hörte Hufschlag und stand eben auf, dem Geräusch entgegenzugehen, als Rinaldo vor ihm stand. Donato erkannte ihn nicht gleich, denn er hatte sein Gesicht unkenntlich gemacht, dennoch aber hatte er eine gewisse Ahnung, mit der er ihn scharf ins Auge faßte.

RINALDO Gott mit dir! Ich freue mich sehr, dich wohlauf zu sehen, ehrlicher Freund!

DONATO Du kennst mich?

RINALDO Wir kennen uns beide. – Kannst du nicht erraten, wer ich bin?

DONATO Ach! meine Ahnung! – Und du lebst wirklich noch? Man sagt für gewiß dich tot.

RINALDO Desto besser! – Du siehst aber, daß ich noch lebe.

DONATO Was willst du nun hier?

RINALDO Dich will ich noch einmal besuchen, ehe ich Italien verlasse.

DONATO Das willst du? – Und in andern Ländern? –

RINALDO Will ich in der Stille leben, Gutes tun und keine Räuber mehr anführen.

DONATO Segne der Himmel deinen Vorsatz!

RINALDO Jetzt bleibe ich bei dir und verlasse dich vor morgen nicht wieder.

Pferd und Maultiere wurden abgesattelt, die Mantelsäcke in Donatos Stube gebracht, und die Gäste nahmen Quartier. Was sie bei sich hatten, wurde für die Tafel hergegeben, und Rosalie, in ihrer jetzigen Tracht Rosetto genannt, nahm sich der Küche an.

Gegen Abend saßen Donato und Rinaldo vor der Tür und beobachteten den Zug donnerschwangerer Gewitterwolken, die die Gipfel der Berge umhüllten. Flammende Blitze durchkreuzten den schwülen Horizont, und das verdoppelte Echo gab die entfernten Donnerschläge zurück. Nach und nach fielen Tropfen; endlich strömte der Regen herab und trieb sie in die Klause.

– Sie setzten sich an den Tisch, und Rosalie kredenzte den aufgetragenen Wein.

RINALDO Nun, Freund! da es sehr wahrscheinlich ist, daß wir uns jetzt zum letztenmal sprechen, so sage mir: Wo ist Aurelia?

DONATO Ich sage dir, bei Hand und Schwur, sie ist nicht mehr in dieser Gegend.

RINALDO Im Kloster?

DONATO Nein. – Ihr Vater hat sie mit sich genommen.

RINALDO Wer ist ihr Vater?

DONATO Mein Freund, der Mann, den du kennenlerntest, als du letzthin von mir gingst; der Malteser; der Prinz della Roccela.

RINALDO Ach! gewiß: Die Dame im Nonnenschleier ist Aureliens Mutter?

DONATO So ist es. – Sie ging nach der Geburt ihrer Tochter ins Kloster, denn – ihr Liebhaber, der Vater ihres Kindes, ist, wie du weißt, Malteser-Ritter. Der Prinz hat seine Tochter mit sich genommen und wird sie vermählen.

RINALDO Bist du mit ihm verwandt?

DONATO Ich bin sein Oheim

RINALDO Du bist? –

DONATO Ich bin ein verbannter Römer aus einem vornehmen Geschlecht, der dem verderblichen Nepotismus weichen mußte, dessen Anmaßungen er sich widersetzte.

RINALDO Kann ich dir gegen deine Feinde dienen? Willst du sie zur Rechenschaft gezogen sehen? Das Racheschwert lag schon oft in meiner Hand. Oft werden selbst Strafbare strafende Werkzeuge des Himmels.

DONATO Ich habe meinen Feinden verziehen und überlasse meine Rache dem Himmel selbst, ohne ihm vorzugreifen.

RINALDO Mein Anerbieten soll dich nicht beleidigen. – Brauchst du Geld?

DONATO Ich brauche keins. Du hast mich ohnehin neulich, ohne meine Erlaubnis, beschenkt. Wir trinken jetzt von dem Weine, den ich von dir erhielt.

Schweigend leerte Rinaldini sein Glas, und nach einer starken Pause fragte er mit beinahe wehmütiger Stimme:
»Wird Aurelia glücklich sein?«
DONATO Ich hoffe und glaube es. – Fürchtest du nichts, daß du dich so ganz allein in ein Land wagst, wo allenthalben deine Verräter lauern?
RINALDO Ich bin nie ohne Bedeckung, wenn sie auch nicht um mich ist.
DONATO Du bist ein gefürchteter Mensch!
RINALDO Und fürchte mich nur vor mir selbst.
DONATO So ringst du mit einem sehr mächtigen Feinde, den du nie besiegen wirst.

Mit Tagesanbruch verließ Rinaldo seinen Wirt, ließ ihm eine Sicherheitskarte zurück und suchte einen Platz, auf welchem er Geld vergraben hatte, das er auch glücklich wiederfand, und eben war er im Begriff, sein Pferd zu besteigen, als er einen Kapuziner auf sich zukommen sah, den er bald erkannte. Es war Amadeo, der in dieser Verkappung umherschlich und seine Kameraden suchte. Sie bewillkommneten sich beide und hatten sich viel zu erzählen.
Während eines guten Frühstücks, dessen der Pseudo-Kapuziner gar sehr bedurfte, schrieb Rinaldo einen Brief an seine Leute, den er durch Amadeo an Altaverde sendete. Er schrieb:
»Die Umstände zwingen mich weiterzugehen, und ich werde euch so bald nicht wiedersehen können. Wird euch euer jetziger Aufenthalt lästig oder unsicher, so geht in die Apenninen zurück, wo ihr jetzt wieder ruhig sein könnt. Vermehrt die Truppe und seid vorsichtig! Ich bin auf dem Wege, einen großen Streich auszuführen. Vor allen Dingen empfehle ich euch Einigkeit und die gänzliche Vernichtung der Batistellischen Bande.«
Mit dieser Depesche ging Amadeo den bezeichneten Weg zu seinen Kameraden, und Rinaldo schlug die Straße über Benedetto nach Sarsina ein, um nach Cesena zu gehen. Unterwegs traf er auf Nikolo und Sebastiano, die aus den Basinischen Waldun-

gen mit gutem Glück entkommen waren und die Grenze erreicht hatten. Nikolo erhielt von ihm Weisung, seine Gesellen zu finden, und Sebastiano blieb als Kutscher bei ihm. Denn zu Sarsina kaufte er sich vier Zugmaultiere und einen Wagen, weil die Last seines Gepäcks durch seine aufgegrabenen und glücklich gefundenen Schätze immer stärker wurde. Rosalie saß bei ihm in dem Wagen. Er reiste als Graf Dalbrogo weiter.

Zu Cesena fand er einen Bänkelsänger, der Rinaldinis Taten auf einem offenen Platze unter einer bemalten Leinwandtafel absang. Das um ihn herum versammelte Volk hörte diesem Manne mit großer Aufmerksamkeit zu, und Rinaldo drängte sich in den Kreis, zu hören, was man von ihm sang. Eben sang der Bänkelsänger folgende Stanzen:

Da lag er hart verwundet
Und seufzte jämmerlich:
»Ach, wer erbarmt sich meiner?
Wer kommt und rettet mich?

Sind alle meine Leute
So schnell davon geflohn?
Ach, wär' doch hier ein Priester!
Die Zunge stammelt schon.

Er möge meiner Sünden,
Und meiner bangen Qual,
Mich väterlich entbinden,
Und trösten überall!«

Hier zog der Bänkelsänger den Hut vom Kopfe und schrie: »Laßt uns, o laßt uns, meine Christen, ein Vaterunser beten für den armen beichtenden Rinaldini!«
Alle zogen die Hüte ab und falteten die Hände. Rinaldo tat, um nicht aufzufallen, was die andern taten, und betete für sich selbst.

Hierauf warf der Bänkelsänger den Hut unter die Zuhörer und schrie ihnen zu:
»Mai! e io sono un povero Christiano! Selig sind, die da geben!«
Einer hob den Hut auf, und es regnete Kupfermünzen in denselben. Rinaldo warf Silbergeld hinein, das zog ihm von einem Nachbarn ein
»Bravo Christiano!«
zu. – Als der Hut wieder zu seinem Herrn kam, strich dieser das Geld zusammen, steckte es zu sich, setzte den Hut auf und sang fort:

So seufzte Rinaldini
Und sprach im großen Schmerz:
»Ach! brich doch mein getreues,
Zu viel beschwertes Herz!«

Er sprach: »Ach! Jungfrau reine,
Du unbefleckte Magd!
Dich bitt' ich um Erbarmen,
Dir sei mein Leid geklagt.

Erbarme dich des Sünders
Und nimm ihn zu dir auf!«
Drauf gab er mit Verzücken,
Sein böses Leben auf.

Erlös uns, Herr, vom Übel,
Und nimm dich unsrer an,
Damit wir nie betreten
Des Lasters breite Bahn!

Die Zuhörer waren alle erbaut und gerührt, nur Rinaldo nicht, und gingen auseinander. Der Bänkelsänger aber packte seine Herrlichkeiten zusammen und zog auf einen andern Platz, seine Romanze zu wiederholen. Viele folgten ihm nach, die Geschichte noch einmal zu hören.

Rinaldo aber wendete sich zu seinem Nachbarn, der eine Art von Stadtviertelsmeister oder so etwas zu sein schien, und fragte:
»Also ist der Erzräuber Rinaldini wirklich tot?«
»Ja!« – erwiderte dieser – »Gott sei seiner belasteten Seele gnädig! Er ist wirklich tot und geblieben in einem Gefechte gegen die Toscanische Miliz. Sein Kopf steckt vor dem Rathause zu Pienza, dort kann ihn jedermann sehen auf einem Pfahle.«
»Das ist sehr gut!«
»Jawohl! – Er war der Schrecken von ganz Toscana und der Lombardei. – Schade! ewig schade! daß er seine Verstandeskräfte und seine Tapferkeit nicht besser anwendete!«
Ein Franziskaner erbot sich, ein paar Messen für Rinaldini zu lesen, und erhielt Geld. Rinaldo selbst gab ihm etwas dazu und beförderte also seine Exsequien bei lebendigem Leibe.

Als er den folgenden Tag Cesena verlassen wollte, erblickte er den bekannten Malteser, der ihm auf der Straße entgegenkam. Es war unmöglich, ihm auszuweichen. Er faßte sich schnell, ging auf ihn zu, nahm ihn bei der Hand und sagte:
»Prinz! ich bin in Eurer Gewalt.«
»Mein Gott!« – rief dieser verwunderungsvoll aus: – »Seid Ihr es wirklich? Seid Ihr vom Tode auferstanden?«
RINALDO Ihr seht mich lebendig vor Euch.
PRINZ Fürchtet nichts von mir. Ich bin kein Sbirre.
RINALDO Wenn ich Euch einmal in meinem Leben auf irgendeine Art dienen kann –
PRINZ Ohne Umstände! – Seht Euch wohl vor.
RINALDO Man glaubt mich tot und singt mein unglückliches Ende auf allen Straßen ab.
PRINZ Gut für Euch! – Aber daß Ihr hier so öffentlich und allein –
RINALDO Glaubt nicht, daß ich allein bin. In hunderterlei Gestalten umgeben mich die Meinigen. Sich meiner Person zu bemächtigen, würde Blut genug kosten.
PRINZ Wollt Ihr nicht einmal endigen?

RINALDO Das will ich. In Deutschland will ich die Meinigen auseinandergehen lassen, wenn es mir gelingt, dieses Land zu erreichen. – Wohin geht Ihr?
PRINZ Jetzt nach Urbino.
RINALDO Dort sehe ich Euch wieder. – Prinz, erlaubt mir die Frage: Ist Eure Tochter glücklich?
PRINZ Wie? Ihr wißt –
RINALDO Donato hat mir alles gesagt.
PRINZ Ja – sie ist glücklich verheiratet, hoffe ich.
RINALDO Gott segne sie! – Prinz! Eure Maultiere wurden einst von meinen Leuten –
PRINZ Still davon!
RINALDO Ich bitte Euch, nehmt diesen Ring von mir!
PRINZ Als ein Andenken von einem so merkwürdigen Mann, als Ihr seid, nehme ich diesen Ring an.
RINALDO Ich danke Euch! – Und da Ihr viel zu reisen pflegt, so bitte ich Euch, nehmt diese Karte von mir. Meine Leute werden sie allenthalben und unbeschränkt respektieren.
PRINZ Ich nehme auch dieses Euer Geschenk an. –
RINALDO Gehabt Euch wohl und gedenkt meiner!
Er ließ sogleich anspannen und ging auf einem andern Wege weiter.

Er schickte Sebastiano, als er seine Maultiere verkauft hatte, voraus, brachte sein Geld wieder in Sicherheit und zog sich in die Apenninen rechts hinunter.
Hier fand er eine leere Klause, die nicht längst verlassen zu sein schien, wie eine noch ziemlich frische Schrift bezeugte, welche auf dem Tische des einzigen Einsiedlerzimmers lag. In dieser hieß es: »Wer du auch sein magst, der du nach mir diese Klause zu deiner Wohnung wählst, so wünsche ich dir, daß du ebenso glücklich als ich, der ich dieselbe bewohnte und dieses schrieb, dieselbe wieder verlassen magst.«
Rinaldo hatte dieses kaum gelesen, als es ihm einfiel, hier einige Zeit ein Eremitenleben zu führen. Die Kutte war schnell über-

geworfen und Rosalie nahm sich der Haushaltung an; die aber, was besonders Tisch und Keller betraf, weit glänzender war, als ein gewöhnlicher Klausner sie zu haben pflegt.

Er hatte hier einige Tage verlebt und war eben einmal auf seinem Morgenspaziergang, als er auf einen Menschen stieß, der auf einer Anhöhe saß und zeichnete. Diesem nahte er sich, grüßte ihn, redete ihn an und fragte, was er da zeichne?

»Ich zeichne diese Gegend«, antwortete jener – »weil sie in unsern Tagen merkwürdig geworden ist: denn hier ist Rinaldini gefallen. Unter jenem Baume hat er mit gespaltenem Haupte seinen Geist aufgegeben. – Ein Soldat, der mit in dem Gefecht war, hat mir diesen Platz genau bezeichnet. – Ist der Platz gezeichnet, radiere ich ihn und verkaufe ihn illuminiert, wovon ich einen guten Profit zu ziehen hoffe. Eine zweite Platte enthält das Gefecht, das auch Käufer finden wird. – Auf dem ersten Blatt, wo ich das Tal leer lasse, bringe ich neben dem Baume, wo Rinaldini fiel, einen Galgen an, und die Sache wird emblematisch.«

Lächelnd nickte seinem Unternehmen, wie es schien, der Mann, von dem er eben sprach, Beifall und sagte ganz trocken:

»Das gibt eine gute Spekulation!«

Der spekulative Künstler fiel rasch ein:

»So muß es in der Welt gehen! Dergleichen Vorfälle müssen die Kunst ernähren, für welche die Menschen so wenig tun.«

Schnell verließ Rinaldo diesen Spekulanten und wünschte ihm guten Absatz seines Kunstwerks. Heimlich aber ärgerte er sich doch ein wenig über den Galgen, der zum sprechenden Emblem seines Grabmals gemacht werden sollte.

Als er nach seiner Klause zurückkam, hörte er Lärm in derselben. Er lauschte, vernahm drohende Stimmen und hörte Rosalien weinen.

Schnell trat er in das Zimmer, wo Rosalie weinend auf der Bank saß, und zwei Kerle von ziemlich ungeschlachtem Ansehen waren eben damit beschäftigt, ein Wandschränkchen zu erbrechen. Sie waren so sehr auf ihre Arbeit erpicht, daß sie ihn nicht kommen hörten. Er winkte Rosalie, die ihn sah, zu schweigen, trat rasch hinzu, warf den einen Kerl zu Boden und bemächtigte sich einer Pistole des Räubers, die auf dem Tische lag. Rosalie zog schnell eine Stutzbüchse hinter dem Stuhle hervor, sprang auf und legte auf den zweiten Kerl an, der ganz betäubt sein Werkzeug, womit er an Erbrechung des Schrankes gearbeitet hatte, fallen ließ.

Indem Rinaldo dem Unterliegenden die Pistole auf die Brust setzte, rief er dem andern zu:

»Leg deine Waffen ab!«

Rosalie schrie ihm eben diesen Befehl zu und setzte hinzu:

»Leg ab, oder ich schieße dich nieder!«

Beide Räuber wurden entwaffnet und Rinaldo fragte nun ganz gelassen:

»Was habt ihr hier zu tun, und wer seid ihr?«

»Habt Respekt!« antwortete der eine. – »Wir gehören zu Rinaldinis Leuten.«

»Nimmermehr!« sagte Rinaldo. – »Dergleichen erlauben sich Rinaldinis Leute nicht. Ich behaupte, ihr seid Gauner, die Rinaldini ebensowenig als ihr ihn selbst kennt. – Schurken, die ihr seid! stürzt nieder. – Ich – ich selbst bin Rinaldini.«

Beide fielen erschrocken nieder und umfaßten seine Knie:

»Vergebung, Hauptmann!« – stammelte der eine: – »Wir kannten dich nicht. Aber seit drei Tagen gehören wir wirklich zu den Deinigen. Altaverde und Cinthio haben uns selbst geworben. – Wir haben Strafe nach deinen Gesetzen verdient. Züchtige uns nach Wohlgefallen.«

Eben wollte Rinaldo antworten, als die Tür aufging und Cinthio in das Zimmer trat.

»Ihr habt schöne Hechte angeworben!« – rief ihm Rinaldo entgegen.

CINTHIO Zum Teufel! Du hier, Hauptmann! in einer Klausnerkutte? – Da hätte ich dich nicht gesucht. – Wie freue ich mich, dich wiederzusehen! – Was diese Kreuzbeine anbetrifft, so sind sie noch Neulinge. –

RINALDO Kennen aber doch unsere Gesetze?
CINTHIO Die sind ihnen vorgelesen worden.
RINALDO Und sie haben sie beschworen?
CINTHIO Das haben sie.
RINALDO Das Mädchen war allein daheim, und wie ich komme, arbeiten sie daran, den Schrank aufzubrechen.
ROSALIE Und ich zeigte ihnen noch zum Überfluß eine Sicherheitskarte von Rinaldini vor.
RINALDO Wie?
CINTHIO Tausend Schwerenot! und ihr respektiertet diese Karte nicht? – Heda! Kameraden, bindet diese Nichtswürdigen an den Baum dort und schießt sie nieder! Sie haben des Hauptmanns Sicherheitskarte nicht respektiert.
»Alle Wetter! über euch Schnapphähne! Ihr seid schlechte Burschen!« schrien die Räuber durcheinander, die jetzt auf Cinthios Ruf hereintraten, packten die Unglücklichen an, führten sie hinaus, banden sie an den bezeichneten Baum und bliesen ihnen mit acht Kugeln das Lebenslicht aus.
Dieser Vorfall machte, daß Rinaldo die Klause verließ. – Cinthio zog seine Leute zusammen. Sie gingen, zwanzig Köpfe stark, in den Tälern hinab, in die Fortinischen Gebirge, wo Altaverde mit sechzig Leuten stand, weil sie Bewegungen im Kirchenstaate bemerkten, die auf ihre Aufhebung in den Waldungen, wo sie vorher lagen, abzweckten.
Rinaldo ließ sein Gezelt auf der Spitze des höchsten Berges, gegen Belforte zu, aufschlagen, musterte seine Bande und verlegte sie rundherum in die Gebirge bis vor Brandolino. – Man war begierig zu sehen, was er tun würde. Alles blieb ruhig.

Einige Tage darauf kam Altaverde zu ihm. –
»Hauptmann! – sprach er; – es fängt nach und nach an, an Lebensmitteln zu fehlen.«
RINALDO Das ist schlimm!
ALTAVERDE Jawohl! – Deine Leute murmeln auch schon und raisonnieren über ihre Untätigkeit.

RINALDO So müssen wir sie beschäftigen!

ALTAVERDE Natürlich! – Zudem wird auch das Geld bei einigen rar. Sie spielen und verlieren.

RINALDO Gut! – Hier sind zweihundert Zechinen. Diese will ich den Burschen schenken. Beschäftigung sollen sie auch bekommen. Laß diesen Abend das ganze Corps zusammenrücken. Ich will die Rollen verteilen.

Der Abend kam und die Bande versammelte sich in dem bestimmten Tale. – Rinaldo trat in dem Schmucke seiner Hauptmannswürde unter sie und hieß sie einen Kreis um ihn schließen. Dann sprach er:

»Kameraden, euer Proviant geht, wie ich höre, auf die Neige, und es ist billig, daß wir Anstalten treffen, frische Lebensmittel zu erhalten. Bis dies nun mit Klugheit geschehen kann, verteile ich hier zweihundert Stück Zechinen von meinem Eigentum unter euch.«

»Es lebe unser großmütiger Hauptmann!« – jauchzten alle, daß die Berge widerhallten.

Er aber, nachdem er den Hut gezogen und sich wieder bedeckt hatte, sprach weiter:

»Für dieses Geld sucht einstweilen in den benachbarten Orten Proviant einzukaufen. Einige von euch, die der Gegend kundig sind, mögen sich in Eremitenkleidern diesem Geschäfte unterziehen. Sie haben sich deshalb mit Altaverde zu besprechen, der das Ganze ordnen wird. – Binnen fünf bis sechs Tagen werde ich wieder mit euch sprechen und hoffe euch dann zu einem großen Unternehmen anführen zu können. – Cinthio mag sich indessen mit zwölf Mann in die Grenzwaldung, nach der Heerstraße zu, begeben, und kommen Weinladungen, Früchte oder Öl vorüber, so weiß er, was er zu tun hat. Ich gebe ihm hiermit Geld, den armen Fuhrleuten zu bezahlen, was er ihnen abnimmt, und sie unter hohen Drohungen zur Verschwiegenheit zu ermahnen. Wagen und Maultiere mögen den Leuten gelassen werden. Kommt aber ein reicher Müßiggänger, ein Prälat, oder so etwas von dieser Art, euch in den Wurf, so nehmt ihm ab, was er von

Gelde und Geldeswerte bei sich hat. Gegen arme Wanderer und Klausner aber empfehle ich euch nochmals Schonung. Jede Plünderung dieser Art bestrafe ich mit dem Leben, wie ihr wißt. – Nun begebt euch zurück auf eure Plätze und schlaft wohl.«
Er ging und ein lautes Freudengeschrei tönte ihm nach.

Als er in sein Gezelt zurückkam, fand er Rosalie ängstlich und erschrocken im Winkel sitzen.

ER Was ist dir?

SIE Ach! – Ich zittere am ganzen Leibe.

ER Was gibt es?

SIE Eine weiße Gestalt ist hier zweimal vorübergeschlüpft. Sie sah das zweitemal in das Gezelt herein, erhob die Hand und drohte mit dem Finger. – Ich danke Gott, daß du wieder da bist!

Ohne ein Wort zu sprechen, gab Rinaldo das Signal, und es kamen bald einige von seinen Leuten herbei, unter denen auch Cinthio war.

Rinaldo erzählte, was Rosalie gesehen hatte, und befahl sogleich, Wachen um den Berg herum zu stellen; auch schickte er Sebastiano an Altaverde ab, dem er Vorsicht empfehlen und das Geschehene melden ließ.

Alle gingen an ihre Posten und Rinaldo streckte sich auf sein Feldbett, nachdem er noch eine zweite Lampe hatte anzünden lassen.

Eben wollte er sprechen, als die *weiße Gestalt* in das Gezelt trat. – Rosalie schrie laut auf:

»Jesus Maria! da ist sie.«

Rinaldo richtete sich auf und fragte:

»Wer bist du?«

Er wiederholte diese Frage, und als er keine Antwort erhielt, ergriff er seine Pistole, schlug an und sagte:

»Wenn du ein Geist bis, so erwarte diese Kugel.«

Die Figur drohte mit dem Finger. Rinaldo drückte ab. Sein gutes Gewehr versagte. Als er den Hahn wieder aufzog, verschwand die Gestalt am Eingange des Gezelts. Er sprang auf und eilte hinaus. Nichts war zu sehen und zu hören. Gleich darauf fiel im Tale ein Schuß, dann ein zweiter und endlich ein dritter.

Drei seiner Leute hatten Feuer nach einer weißen Gestalt gegeben.

Auf diese Schüsse kam alles in Alarm. Die Hörner ertönten, die Pfeifchen erklangen, und schnell war das Corps beisammen.

Man erzählte sich, was geschehen sei, und ging, als weiter nichts erfolgte, mit verschiedenen Gedanken auseinander.

Rinaldo trank einen Becher Wein, als er in sein Gezelt zurückkam, und Rosalie mußte eben das tun. Dann legten sich beide nieder. Rosalie entschlief bald. Rinaldo aber sprach mit sich selbst:

»Die Geschichte erzählt uns Beispiele, daß dergleichen Erscheinungen berühmten Männern den Untergang weissagten. – Brutus' Gespenst sprach. Diese Erscheinung aber nicht. Sie drohte mit dem Finger. – Mir? – Sie hat ja aber auch Rosalien gedroht, als sie allein im Gezelte war. – Ihr zuerst. Mir später. – Einbildung war es nicht. Unserer fünf haben es gesehen. – Mein gutes Gewehr versagte, das noch nie versagt hat. – Die andern konnten schießen. Sie wissen ihren Mann mit ihren gezogenen Rohren fest zu fassen und trafen nichts. – – Wunderbar! – Doch wozu mache ich mich selbst furchtsam? – Furchtsam? – Das bin ich nicht. Bedenklich? – Nein! auch das will ich nicht sein. Das hätte ich eher sein müssen. Jetzt wär' es zu spät.

Er konnte nicht schlafen, sprang auf, warf seinen Mantel um und ging hinab ins Tal. Er sprach und trank mit seinen Wachen und fing an, über den Vorgang zu scherzen.

Die Sonne ging eben auf. Er weidete seine Augen an dem herrlichen Schauspiel und seufzte:

»Sie geht mir doch nicht mehr so schön auf als damals, da ich noch bei meinen Ziegen war!«

Da kam Nikolo herbeigesprungen und jauchzte:

»Hauptmann, wir haben einen Transport erbeutet, der den reichen Mönchen zu Mangolo gehörte. Deshalb haben wir ihn

nicht bezahlt. – Was das Lustigste bei der Sache ist: Ein Pater, der dabei war, mußte uns allen noch dazu Absolution erteilen. Er gab sie uns mit kläglicher Stimme, und wir ließen ihn ziehen.«
»Der Vorfall wird Aufsehen machen«, – sagte Rinaldo und ging nachdenkend in sein Gezelt zurück, wo Rosalie eben aufgestanden war und Schokolade kochte.

Er setzte sich mit seinem Frühstück vor das Gezelt und überschaute das dampfende Tal. Die Strahlen der Sonne wurden mächtiger, der Nebel entfloh, und die herrliche Fläche lag in ihrer ganzen unbeschreiblichen Schönheit vor seinen Augen. Er überschaute durch sein Fernrohr die Landstraßen und sah sie alle leer. Nur auf der einen schien sich ein Fuhrwerk langsam fortzubewegen. Er befahl Sebastiano zuzusehen, was es dort gebe. Dieser flog davon.
Rinaldo faßte ein schönes, nicht allzu entfernt gelegenes Schloß ins Auge, welches schon längst seine Aufmerksamkeit gereizt hatte, ohne sich selbst ein Warum? deshalb angeben zu können. Dasselbe in der Nähe zu besehen, war jetzt sein Vorsatz. Er kleidete sich in ein grünes, mit Gold besetztes Jagdkleid, setzte einen Federhut auf, nahm sein Doppelrohr und ging in Begleitung eines Windspiels den Berg hinab auf die Straße, die zu dem Schlosse führte.
Rechts lag ein Kloster, besetzt mit wohlgenährten Benediktinern, vor dessen Pforte ein Mönch, in einem Buche lesend, auf und ab spazierte.
Nach einem Morgengruße von beiden Seiten kamen sie ins Gespräch.
RINALDO Ihr seht mich, wie es scheint, verwunderungsvoll an? Warum das?
PATER Ich wundere mich, daß Ihr so allein hier umhergeht, als sei gar nichts zu fürchten.
RINALDO Was sollte denn auch zu fürchten sein?
PATER Ihr wißt das nicht? – Es hausen Räuber in den Gebirgen.
RINALDO Wovon ich noch nichts gehört habe.

PATER Aber es ist Wahrheit. Wir haben es empfunden. Die Räuber haben uns eine Ladung Wein genommen, und P. Bernhard, der dabei war, hat die Spitzbuben noch dazu absolvieren müssen. Eine solche Absolution ist aber erzwungen und folglich ungültig. Auch soll den Buschkleppern der Spaß nicht wohl bekommen.

RINALDO Wieso?

PATER Die bösen Buben sollen von uns nicht allein förmlich exkommuniziert werden, sondern wir werden auch ihr Begehen höhern Orts anzeigen, und es wird bald ein Aufgebot von Mannschaft gegen sie ergehen, die sie aus ihren Schlupfwinkeln jagen wird.

RINALDO Da wird Blut fließen!

PATER Es fließe dessen soviel wie möglich, zum Besten der beraubten Menschheit.

RINALDO Kann ich für Geld und gute Worte ein Frühstück bei Euch bekommen?

PATER Warum das nicht? Wollt Ihr eintreten?

RINALDO Ich will es hier im Freien genießen und mich dann wieder auf den Rückweg machen, weil Ihr mir sagt, die Gegend sei nicht sicher.

Der Pater ging und kam bald mit einem Laienbruder wieder zurück, der eine Flasche Wein und etwas Gebackenes mit sich brachte.

PATER Um Vergebung! Seid Ihr denn nicht hier herum wohnhaft?

RINALDO Ich bin als Gast bei einem Freunde, dessen Schloß nicht weit von hier liegt.

PATER Aha! – Ihr habt also nichts von dem berüchtigten Rinaldini gehört?

RINALDO Und doch! Er soll in einem Gefechte geblieben sein, und zu Cesena habe ich seinen Tod umständlich vernommen.

PATER So sagt man. Indessen wollen doch einige behaupten, dieser Proteus lebe noch. Denn ein wahrer Proteus soll er sein und in tausenderlei Gestalten wandeln.

RINALDO Kennt Ihr ihn nicht?

PATER Gott bewahre! – Indessen, wenn wir gewiß wüßten, wo er anzutreffen wäre, würden wir suchen, von ihm eine Sicherheitskarte für uns und unser Eigentum zu erhandeln.

RINALDO Was müßtet Ihr wohl dafür geben?

PATER Wir böten ihm 100 Zechinen und rückten zu, wenn er mehr forderte.

RINALDO Wenn Ihr aber nun das Geld den Soldaten gäbt, die gegen ihn ausgeschickt würden –

PATER Das würde wenig helfen. Seine Bande wächst gleich wieder an, wenn sie auch zehnmal halb niedergehauen wird. Sie soll ohnehin jetzt über 500 Mann stark sein.

RINALDO Mein Gott! Wovon der Mann nur diese Leute alle ernähren mag?

PATER Vom Raube. Sie stehlen wie die Raben, diese heillosen Buben!

RINALDO Ich dächte aber doch, wenn man es klug anfing, so müßte diesem Unwesen zu steuern sein.

PATER Klug? – Wie das?

RINALDO Es sind nur so *meine* Gedanken –

PATER Ei nun! jeder Mensch kann *kluge* Gedanken haben, er sei Laie oder Priester – Was meintet Ihr wohl, daß zu tun sein könnte?

RINALDO Nach meinen Einsichten muß das die Regierung tun.

PATER Zum Beispiel?

RINALDO Z. B. ein allgemeiner Pardon für Rinaldini und seine Leute –

PATER Gott bewahre!

RINALDO Eine Einladung zur Rückkehr in die Arme der bürgerlichen Gesellschaft –

PATER Gott stehe uns bei! Wer wollte mit solchem Spitzbubenvolke in einer Gesellschaft leben? Man kann ja einen frommen Christen mit gutem Gewissen nicht einmal neben einem solchen Galgenstrick begraben, geschweige denn, daß man ihm sollte zumuten können, neben und mit ihm zu leben. – Nein, damit ist es nichts! – Ihre Sünden kann man diesen Verworfenen allenfalls in der Todesstunde vergeben, wenn sie sich zu Gott bekehren, aber hängen müssen sie ohne Gnade. Sterben sie in ihren Sünden und ohne Absolution, so mag sie der Teufel holen! – Gemeinschaft aber muß man mit solchem Gesindel nicht haben.

RINALDO Ihr wollt ja aber doch selbst in Gemeinschaft mit ihnen treten.

PATER Wir? – Davor bewahre uns Gott!

RINALDO Wollt Ihr nicht eine Sicherheitskarte erkaufen?

PATER Das ist keine Gemeinschaft, sondern Klugheit. Man streckt sich nach der Decke. – Wir kaufen ihnen die Sauvegarde ab und exkommunizieren sie pleniter hintennach. Dergleichen Volk behandelt man wie die Heiden, die nichts von Gott wissen.

RINALDO Gesetzt nun, ich wüßte das, – und ich wär' Rinaldini –

PATER Wovor Euch Gott in Gnaden bewahren wolle!

RINALDO Es ist nur ein Fall –

PATER Nun ja doch! Aber –

RINALDO So würde ich, – als Rinaldini, versteht sich –

PATER Ja, ja!

RINALDO So würde ich euch Herren schlimm über die Kronen kommen.

PATER Es ist gut, daß es Rinaldini nicht weiß!

RINALDO Jawohl!

PATER Denn er soll ein rachgieriger Bursche sein! – Vielleicht aber lebt er doch wohl gar nicht mehr.

RINALDO Das ist sehr wahrscheinlich. – Zu Pienza soll sein Kopf auf einem Pfahle stecken, sagt man.

PATER So? – Aber ich fürchte seine Nachfolger ebensosehr wie ihn selbst.

RINALDO Wer weiß auch, ob sie seinen Kopf haben.

PATER Kopf? Hm! daran kann nun so viel eben nicht sein. Er war ja in seiner Jugend bloß ein Ziegenhirt.

RINALDO Deshalb kann ihn aber doch die Natur besser als manchen Prälaten bedacht haben.

PATER Er hat keine Studia gehabt. Natur tuts nicht allein. – Ihr habt doch studiert?

RINALDO Auf drei hohen Schulen.

PATER Habt Vermögen?

RINALDO Ich bin reich!

PATER Reichtum ist eine Gabe Gottes. Wen er lieb hat, dem gibt er Geld, und – notabene! – Verstandeskräfte, dasselbe wohl anzuwenden. – Wir sind eben so reich nicht, als wir scheinen. Der Schein blendet. Zu leben haben wir, aber – Überfluß ist nicht da.

RINALDO Taugt auch nichts! Er macht faul, träge, untätig, erschlafft und entnervt. – Euer Wein ist gut.

PATER O ja! Wir haben ein gutes Glas Wein – für Fremde. Für uns selbst wächst so etwas nicht. Da tuts etwas Geringeres auch.

RINALDO So trinkt mit mir!

PATER Danke!

RINALDO Ohne Umstände!

PATER Nun – wenn Ihr darauf besteht – wenn Ihr es durchaus haben wollt, so – Euer Wohlergehen, edler Herr!

RINALDO Wohl bekomm' es! – Weil wir denn so wohlgemut hier beisammen sind, so wollen wir noch eine Flasche in Compagnie leeren. – Nicht?

PATER Je nun! ich –

RINALDO Ihr trinkt ja doch auch gern?

PATER *Libenter?* Das eben nicht, aber –

RINALDO Keine Umstände! – Sagt mir doch, wem gehört denn das schöne Schloß dort drüben?

PATER Seit nicht gar langer Zeit gehört es einem gewissen Baron Rovezzo, der es gekauft hat. Vorher gehörte es der Familie Altieri.

RINALDO Der Baron bewohnt es?

PATER Er bewohnt es nebst seiner jungen, liebenswürdigen Gemahlin. Sie sind nicht lange miteinander vermählt. Sie soll eine stille, christliche Dame sein. Der Baron ist ein wenig wild, ein Jagdteufel, und reitet, wie man sagt, auf Tod und

Leben. – Was ich sagen wollte! Dürfte ich auch um Euren Namen bitten?

RINALDO Graf Dalbrogo.

PATER Dalbrogo? – Dalbrogo? – Ein Geschlecht aus –

RINALDO Aus der Italienischen Schweiz.

PATER Aha! Aus der Schweiz! – So so! –

Indem sie so sprachen, kam Sebastiano einhergeschlichen und näherte sich beiden. Rinaldo gab ihm einen Wink, den dieser verstand.

RINALDO Wandersmann, wohinaus?

SEBASTIANO In die Berge, wo ich wohne.

RINALDO Seid ihr dort sicher?

SEBASTIANO Warum nicht?

RINALDO Man spricht von Räubern.

SEBASTIANO Wo sie nichts finden, können sie nichts nehmen. Wir haben nicht viel zum Besten. Hinter solchen Mauern, wie hier, steckt mehr.

PATER Ach Gott! was sagt ihr, ihr unverständiger Mensch! – Das wenige, was bei uns zu finden ist, ist Kirchengut. – Was uns selbst betrifft, so ist bei uns nichts zu suchen und zu finden als die liebe christliche Armut.

SEBASTIANO Die euch aber recht wohl nährt. – Adio!

PATER Hört einmal an! – Der Kerl sieht mir verdächtig aus. – Er gehört vielleicht gar selbst zu der infernalischen Räuberbande.

RINALDO Die Gebirgsbewohner sind meist wilden Ansehens. –

Indem ertönte die Glocke. Der Pater eilte ins Chor. Rinaldo bezahlte seine Zeche und nahm seinen Weg gerade auf das Schloß zu.

Eine hohe Mauer umfing das Innere eines schönen Gartens, nahe an dem Schlosse. Eine Gittertür fand Rinaldo offen und ging in den Garten.

Er nahte sich eben einem Boskett, als er ein Frauenzimmer gewahr ward, das kaum ein Geräusch von Fußtritten hinter sich vernahm, als es sich herumdrehte. – Sie erblickte Rinaldo und schrie laut auf. Dieser erkannte sie sogleich und nahte sich ihr.

ER Ist es möglich? Darf ich meinen Augen trauen? Ist es Phantasie oder Wirklichkeit? – Aurelia! die schöne Aurelia hier? – Hier? in diesem Schlosse?

SIE Es ist das Schloß meines Gemahls.

ER Gemahls? Also wirklich verheiratet?

SIE Ja. – Leider!

ER Wie? – Tränen in Aureliens Augen?

SIE O! diese Zeugen meines Unglücks, die mich überall hin durch dies Leben begleiten werden, können Euch mein Leid erklären.

ER Aurelia! – Unglücklich verheiratet?

SIE Ach Gott!

ER Ach! wenn der gute, alte Donato –

SIE O! daß man mich bei ihm in seiner Einöde gelassen hätte! Daß ich auf dem Meierhofe meines Pflegevaters geblieben wär! Wie glücklich wär ich noch! Mein guter Vater meinte es auch gut, er wollte mich glücklich machen, aber ich bin es nicht.

ER Sollte Aurelia vielleicht den Stoff zu ihrem Unglück mit sich hierher genommen haben?

SIE Wie meint Ihr das? – Mein Herz war frei. Unschuldig und rein war ich, als ich zu meinem Gemahl kam. – Mein Vater gab mir eine sehr große Aussteuer. Nach dieser hat mein Mann gefreit. – Ach! Freund meines guten Donato! sprecht Ihr diesen ehrwürdigen Alten, so sagt ihm, wie unglücklich ich bin.

ER Wollt Ihr Euch mir ganz anvertrauen?

SIE Mein Vater kennt Euch auch, und –

ER Was hat Euch Euer Vater von mir gesagt? Wißt Ihr, wer ich bin?

SIE Als ich mich nach Euch erkundigte, nannte er Euch einen berühmten Mann, aber Euren Namen sagte er mir nicht.

ER Nehmt mich für den Graf Dalbrogo. Und ihr wißt doch, daß ich Euers Vaters Freund bin? Noch vor kurzem haben wir zu

Cesena freundschaftlich unsere Ringe gewechselt. Hat er Euch davon nichts gesagt?

SIE Ich habe ihn lange nicht gesehen und gesprochen.

ER Weiß er Euer Unglück?

SIE Wenn er meine Briefe erhalten hat, muß er es wissen. Aber ich zweifle fast daran, denn noch immer habe ich auf keinen dieser Briefe Antwort erhalten; oder mein Mann unterschlägt vielleicht durch seine Spione meine Briefe selbst.

ER Gut! – Mich soll er weder bestechen noch unterschlagen können. Ich werde Euern Vater sprechen und werde ihm alles sagen, was Ihr mir an ihn auftragen wollt.

SIE Wollt Ihr das?

ER Ich gebe Euch mein Ehrenwort. Welche Klagen habt Ihr gegen Euern Mann?

SIE Er ist mein Tyrann. Er begegnet mir verächtlich. Er bricht seine eheliche Treue beinahe vor meinen Augen mit feilen Kreaturen, die er im Schlosse unterhält.

ER Schlecht!

SIE Er peinigt und quält mich unaufhörlich mit Vorwürfen –

ER Mit welchen?

SIE Ach Gott! meine außereheliche Geburt, die – – Ach! er wußte das ja, als er mir seine Hand gab.

ER Liebt Ihr ihn?

SIE Ich habe ihn geliebt. – Er hat sich mir selbst verhaßt gemacht.

ER Ihr hasset ihn?

SIE Ich verabscheue ihn wie meine Sünden. – Noch erst gestern gab er mich dem Hohngelächter seiner Spießgesellen preis, und seine feilen Dirnen spotten meiner allenthalben. Man behandelt mich wie eine Dienstmagd.

ER Ihr sollt Genugtuung haben.

SIE Ich bin fest entschlossen, wenn mein Vater sich meiner nicht bald annimmt, diesen schändlichen Ort der höchsten Ausgelassenheit zu verlassen, zu entfliehen.

ER Wohin wollt Ihr gehen?

SIE Zu meiner Mutter.

ER Wo ist sie?

SIE Sie ist Äbtissin des Klaren Klosters bei Montamara.

ER Als ich Aurelien das erstemal in jenem stillen Tale sah, als ich sie nachher bei Donatos friedlicher Hütte sprach, sagte ich zu mir selbst: Wie beneidenswert wird der Mann sein, dem Aurelia einst Herz und Hand geben wird! Und dieses gute, edle Mädchen soll unglücklich sein? – Nein, wahrlich nicht! – Wenigstens soll sie Rache haben. Dies schwört ihr feierlich, – ein Mann, der Wort halten kann, – Graf Dalbrogo.

SIE Ach, Graf! warum wollt Ihr Euch meinetwegen vielleicht in Verlegenheit stürzen?

ER In die Hölle für Euch! – Ich könnte für Aurelien mit Ungeheuern und Teufeln kämpfen.

SIE Graf! Dieses fürchterlich rollende Auge –

ER Wie lerne ich den Nichtswürdigen kennen, den Ihr Mann nennen müßt? – Ist er im Schlosse?

SIE Er ist mit seinen Gesellen auf der Jagd.

ER Wer sind diese Menschen?

SIE Abenteurer aus allen Winkeln der Erde, die sich um ihn herum versammelt haben und mein Vermögen mit ihm verprassen, verspielen, vertrinken, und – ach Gott! Es sind sehr schlechte Menschen. Zwei Franzosen und ein Sizilianer, die vielleicht alle den Händen der Justiz entronnen sind. Sie nennen sich Edelleute, aber das sind sie gewiß nicht. Ihr solltet sehen, wie sie mich mit Unanständigkeiten mißhandeln.

ER Bei Gott! säh ich das, so wäre es *ihre letzte* Mißhandlung in der Welt.

SIE O Graf! Ihr, als ein fremder Mann, wolltet –

ER Meinen freiwilligen Schwur will ich lösen und Euch rächen. Das schallende Gelächter dieser Buben soll sich in Klagen verwandeln, und Ihr sollt fürchterliche Genugtuung haben oder ich will nicht – Dalbrogo heißen. – Wessen ist das Bild, das Ihr auf Eurer Brust tragt?

SIE Das Portrait meines Mannes

ER Zeigt es mir. – Ist er getroffen?

SIE Ganz.

ER Gut! – Nun kenne ich ihn. – Herab mit dem Bilde von Euerm Busen!

SIE Um Gottes willen nicht! Er würde mich mißhandeln, trüg' ich es nicht mehr hier!

ER Hat er es schon einmal gewagt, Euch tätlich zu mißhandeln?

SIE Ach Gott! noch trage ich die Spuren seiner Grausamkeit an meinem Leibe.

ER O! er soll Denkmale einer Vergeltung tragen, die –

SIE Um Gottes willen! dort kommt mein Mann mit seinen Gesellen die Allee herauf.

ER Es ist zu spät, zu entfliehen. Bleibt! Ich bleibe auch. Ich bin ein Freund Euers Vaters, der mir Grüße an Euch aufgetragen hat. – In meiner Gegenwart sollen sie nichts wagen. Mit einem einzigen Worte kann ich sie zu Boden schmettern, wenn ich will. Und ehe der morgige Tag anbricht, sollt Ihr gerettet sein.

Der Baron und seine Begleiter kamen näher. Rinaldo trat ihnen auf einige Schritte entgegen und zog seinen Hut mit der Anrede: »Es freut mich sehr, Herr Baron! Eure Bekanntschaft zu machen. Der Prinz, Euer Schwiegervater, läßt Euch grüßen und Euch durch mich seinen nahen Besuch melden. Ich bin sein Freund. Graf Dalbrogo ist mein Name.«

»Euer Diener!« antwortete der Baron ganz kalt, wendete sich darauf zu Aurelien und sagte mit spöttischem Lächeln: »Vermutlich auch ein alter Bekannter von Euch? Und Ihr habt diesen angenehmen Gast und Überbringer einer so frohen Botschaft von Euerm Vater nicht in Euerm Zimmer empfangen?« – »Verzeiht!« – setzte er hinzu, indem er sich gegen Rinaldo drehte, »den Fehler der Etikette meiner Frau! Sie ist auf einem Meierhofe erzogen worden. Doch, das wißt Ihr vielleicht schon?«

RINALDO Das weiß ich. Sie hat unter sehr edlen und guten Menschen gelebt.

BARON Also mein Schwiegervater will uns besuchen? – Hat der gute Herr den Tag seines Besuchs nicht bestimmt?

RINALDO Ich glaube, Ihr habt ihn mit jedem Tage zu erwarten.

BARON Ärgerlich! Und ich habe auf Morgen eine Reise festgesetzt, die ich nicht aufschieben kann.

RINALDO Er wird Eure Rückkehr erwarten. Er sagte, er habe notwendig, er habe mancherlei mit Euch zu sprechen.

BARON So? – Ja, mein Gott! es kann wohl sein, daß ich einige Monate wegbleibe. – Ihr werdet den Prinzen vermutlich hier erwarten wollen?

RINALDO Nein. – Ich habe dringende Geschäfte in Rom und werde mich sogleich dahin auf den Weg machen. Wärt Ihr nicht soeben gekommen, so würde ich sogar das Vergnügen haben entbehren müssen, Eure Bekanntschaft zu machen. Ich wollte schon Abschied von Eurer Gemahlin nehmen, als ich Eure Ankunft vernahm.

BARON Ein Mittagsbrot werdet Ihr doch wohl bei uns einnehmen?

RINALDO Ich muß danken.

BARON Ich bitte sehr!

RINALDO Es ist mir unmöglich. Die Stunden sind mir zugezählt.

BARON Ich bedaure, daß ich nicht das Vergnügen Eurer Bekanntschaft habe früher genießen können. Indessen hoffe ich, meine Frau wird Euch wohl unterhalten haben? Sie müßte denn ihre fatale Laune gehabt haben, was so ganz gewöhnlich bei ihr der Fall ist.

RINALDO In der Tat – verzeiht! – hätte ich, so wie ich Eure Gemahlin fand, mehr auf Kummer als auf üble Laune gerechnet. Indessen wollte ich nicht unbescheiden sein, und –

BARON Ja, ja! sie überwirft ihrer fatalen Laune gewöhnlich den Mantel des Kummers, und ihren Eigensinn nennt sie Gram.

RINALDO Sie war doch sonst so froh, unbefangen und heiter –

BARON Vielleicht ist sie nicht nach ihrem Geschmack verheiratet. – Herr Graf! Ihr hättet sie nicht an mich sollen kommen lassen.

RINALDO Herr Baron! Ihr scherzet.

BARON Wahrlich nicht! Dieses Gänschen aus den Schäferfluren wäre vielleicht in Eurer Hut besser gediehen. So ist sie noch immer, was sie war.

RINALDO Also gut, edel und liebenswürdig.

BARON Für den Liebhaber.

RINALDO Herr Baron, ich merke mit Erstaunen, daß Eure Ehe – nicht glücklich ist.

BARON Das wird Euch dieses Muster von Sanftheit schon selbst gesagt haben. Sie klagt's ja der ganzen Dorfwelt.

RINALDO Bei Gott! es tut mir leid – daß Euer Herr Schwiegervater das so finden muß, wie es ist.

BARON Er mag sie wieder mit sich nehmen, oder sie zu ihrer ehrenfesten Mutter stecken.

RINALDO Herr Baron! diese Bitterkeit zeigt an –

BARON Daß ich die Närrin los sein möchte. Weiter nichts! – Wollt Ihr sie etwa gleich mitnehmen?

RINALDO Herr Baron, keine Beleidigungen! Ich höre sie nicht gelassen an.

BARON Diese Wärme für die Sache meiner Frau beweist –

RINALDO Das, was sie beweisen soll. Nichts mehr und nichts weniger. Ich bin der Freund ihres Vaters, der gewiß nicht zugeben wird –

BARON Er kann ja das Kleinod wiederbekommen. Ich mag es nicht mehr.

RINALDO Und Ihr verdient auch nicht, es zu besitzen.

BARON Donnerwetter! Herr Graf –

RINALDO Was beliebt?

BARON Schert Euch zum Teufel! und nehmt die Magdalenen-Figur mit Euch, daß sie mir aus den Augen kommt.

RINALDO Eure Grobheit –

BARON Ich bin hier Herr –

RINALDO Werdet es von Euch selbst. – Über alles, was Ihr gesagt und getan habt, sollt Ihr mir gewiß die pünktlichste Rechenschaft ablegen.

BARON Nun! so fordert sie mir nur ab.

RINALDO Heute noch.

BARON Lieber jetzt gleich. Ich will Euch das Fazit machen.

RINALDO Ich werde es Dir machen, Elender!

BARON Auf dergleichen Reden lasse ich durch meine Bedienten mit Hetzpeitschen antworten.

RINALDO *(legt die Hand an den Säbel)* Zieht!

BARON Was wollt Ihr?

RINALDO Zieht, oder ich haue Euch nieder!

AURELIA Um Gotteswillen, Graf, mäßiget Euch! Ihr kennt diese Menschen nicht.

BARON *(gibt ihr eine Ohrfeige)* Schweig! – Und dies klage deinem Liebhaber.

RINALDO Baron! Das kostet, bei Gott! Blut.

BARON Verlaßt mein Schloß, oder so wahr ich diese Hände mein nenne, ich lasse Euch von meinen Leuten hinauswerfen.

RINALDO Schlechter, feiger Bösewicht! Das wirst du gewiß nicht *selbst* zu tun wagen – Aurelia, Deine Rettung ist gewiß! – Dich Buben, der du dich ihren Mann nennst, spreche ich heute noch, auf eine Art, die dir sehr empfindlich sein soll.

Der Baron und seine Gesellen lachten laut auf. Rinaldo verließ den Garten, und die Herren schrien ihm nach:

»Wir wünschen glückliche Reise, moderner Herr Don Quixote! – Erzählt Euer Abenteuer der Frau Mama!«

In welcher Stimmung Rinaldo bei seinen Gefährten ankam, kann man sich leicht denken. Er war außer sich. Rosalie zitterte. So hatte sie ihn noch nie gesehen.

Er sprach mit großer Bewegung mit Altaverde und Cinthio, und als es Abend wurde, rückte der erstere an der Spitze von zwanzig Mann den Berg hinab, ins Tal. Cinthio ging links mit sechzehn Mann, und zehn Mann folgten Rinaldo. – Rosalie blieb im Lager zurück, das unter Nikolos Aufsicht wohl bewacht wurde. – Als es dunkler wurde, setzten die Corps sich in Bewegung und Sebastiano rückte mit zwanzig Mann nach.

Cinthio ging über den Fluß, besetzte die Brücke und stellte seine Posten um die Gartenmauer des Schlosses des Barons. – Altaverde besetzte die Landstraße, den Weg nach dem Dorfe und stellte seine Posten um das Schloß bis an Cinthios Posten. – Rinaldo ging mit seinen Gesellen auf das Schloßtor zu. Es war verschlossen. Man schellte. Ein Knecht riegelte auf und wollte fragen, wer da sei, als man ihn bei der Kehle packte, hinaus ins Freie zog und ihn Altaverdes Leuten übergab. Drei Mann besetzten das Tor, und die andern folgten Rinaldo über den Schloßhof nach. – Die Haustür ward besetzt. Zwei Mann traten mit gespannten Pistolen in die Bedientenstube und geboten Stillschweigen, welches die Leute erschrocken und zitternd gelobten.

Rinaldo durchschnitt den Strang von der Turmglocke, der ins Haus herabhing, mit dem Stilett und ging mit drei Mann die Treppe hinauf, nach dem Saale zu, wo der Baron mit seinen Gesellen und Dirnen bei Tafel saß. – Die Tür war halb geöffnet. Rinaldo lauschte und hörte, daß er selbst, als Graf Dalbrogo, der Gegenstand ihrer spöttischen Unterhaltung war. Man schalt ihn eine Memme, und Aurelia, die zur Tafel gezwungen worden war, mußte die kränkendsten Reden ihres Mannes stillschweigend anhören, um sich keinen Mißhandlungen auszusetzen.

Des Barons Freudenmädchen neckten sie bitter über ihren vorgeblichen Liebhaber, und ihr Mann schrie laut:

»Wenn ich doch den Kerl nicht fortgelassen hätte!«

»Wir hätten ihn durch einen einzigen Schnitt dem Baron auf ewig können unschädlich machen« – sagte einer von den beiden Franzosen, – »und man hätte dann Eurer Frau diesen Combab zu Wächter gegeben.«

»Wenn er nur wieder käm'!« fuhr der Baron fort.

»Da ist er«, sagte Rinaldo und trat in den Saal.

Indessen hatten Altaverdes Leute das Schloßtor besetzt und Sebastiano rückte näher herbei. – Drei Mann von Rinaldos Gefolge kamen nun zu den andern dreien, die vor der Saaltür standen, und sechs Mann von Altaverdes Gesellen folgten ihnen.

Diese Zwölf harrten des Signals, und Rinaldo war noch allein im Saal.
Sein plötzliches Erscheinen hatte die Gesellschaft nicht wenig frappiert. Er sprach weiter:
»Hier bin ich, wie ich versprochen habe, um Wort zu halten. Ihr seht doch wohl, wie pünktlich ich bin? – Hier stehe ich und fordere Rechenschaft von Euch. Von dem Baron an bis auf den, der den combabischen Vorschlag tat, werde ich euch allen das Fazit machen.«
Jetzt fing der Baron an, laut aufzulachen, und schrie einem seiner aufwartenden Bedienten zu, seine Leute herbeizurufen.
Der Bediente setzte sich kaum in Bewegung, als ihn Rinaldo packte und zu Boden warf. – Hierauf zog er eine Pistole, streckte sie der Tafel entgegen und sagte:
»Der erste, der sich von euch von Ort und Stelle bewegt, ist des Todes. – Ihr elenden, nichtswürdigen Tagediebe! Ihr wollt mir drohen? Mir? Zittert und stürzt zusammen vor mir nieder! Wißt ihr, wer ich bin? – Nieder auf die Knie! – Nieder! – Ich bin Rinaldini!«
Wie vom Schlage getroffen stürzten alle mit *einem* Tempo von ihren Stühlen auf die Knie vor ihm nieder.
Aurelia schrie laut auf, und sank in Ohnmacht. – Rinaldo nötigte die Mädchen, ihr beizustehen. Hierauf gab er das Signal, und seine zwölf Attachés traten in den Saal.
Die Gesellschaft blieb auf den Knien, und Rinaldo nahte sich Aurelien, die jetzt wieder zu sich kam. – Er ließ sich vor ihr nieder und küßte ihr die Hände.
»Du bist es«, – stammelte sie, – »furchtbarer Mann! Du, der mich gerettet hat? O! sei ebenso großmütig, als du tapfer bist, sei ebenso gütig, als du furchtbar bist, handle edel gegen mich und bringe mich zu meiner Mutter. Mißbrauche deine Gewalt nicht und mache meinen unbefleckten Namen nicht zum Spotte der Welt.«
»O!« – seufzte Rinaldini, – »jetzt fühle ich, wer ich bin!«
Rasch sprang er auf, drehte sich herum, als eben Sebastiano mit einigen Helfershelfern in den Saal trat, und sagte:

»Diese Rattenjagd hat noch kein Blut gekostet, und so gar rein und stille soll's und kann's doch nicht abgehen. – Diesen Burschen, den Mann jenes unglücklichen Engels, züchtiget mit den schärfsten Geißelhieben. Diesen Franzosen und Sizilianer jagt ein paarmal Spießruten auf und ab. Die Mädchen werft zum Schlosse hinaus. Und diesem guten Französischen Ratgeber geschehe, wie er wollte, daß mir geschehen sollte. Dann mit ihm vor die Pforte.«

Der zum Eunuch bestimmte Franzose lamentierte erschrecklich; es blieb aber bei dem Befehle. Die Räuber schleiften ihre Delinquenten aus dem Saale.

Rinaldo aber nahte sich Aurelien wieder, hieß ihr ihren Schmuck und ihre Kostbarkeiten mitnehmen, ließ einen Wagen anspannen und sie mit ihren Kammerjungfern hineinsteigen. Hierauf schwang er sich auf sein Roß und schrie seinen Gesellen zu:

»Plündert das Schloß aus, brennt es aber nicht ab!«

und jagte der Kutsche nach. – Eine Viertelstunde von dem Klarenkloster bei Montamara ließ er anhalten. Hier ritt er an den Kutschenschlag, forderte Aureliens Hand, schob ihr, als er sie erhielt, einen Ring an den Finger, küßte ihre Hand und sagte mit Innigkeit:

»Aurelia, lebe glücklicher als ich!«, gab dem Pferde die Sporen und jagte seinem Lager zu, wo er mit anbrechendem Tage ankam, als seine Gesellen mit Beute beladen soeben wieder zurückgekommen waren.

Rinaldo saß vor seinem Gezelte und dachte eben nach, welche Folgen die Geschichte haben könnte, als Rosalie sich ihm nahte, sich bei ihm niedersetzte, ihr Guitarre ergriff, spielte und sang:

»O Almanzor! willst du hören,
Was Zaide wird gestehn?
Soll Zaide bei dir bleiben,
Oder soll sie von dir gehn?
Wirst du sie nun stärker lieben,

Wenn ihr Kind dich Vater nennt?
Oder willst du, daß sie scheidend
Weine nun, von dir getrennt?«

»Ach Rosalie!« – unterbrach sie Rinaldo, – »ich errate – ich weiß, wer sie ist, diese Zaide, und Almanzor wird sie nie von sich lassen.«

Rosalie umarmte und küßte ihn heftig. Er sprach weiter:

»Was der Mutter Freude macht, ihr oder ihres Lieben Ebenbild auf ihrem Schoße zu haben, das wird uns viel Kummer machen, wenn wir dieses Leben nicht verlassen können. Aber, bei Gott! das soll und muß geschehen. Ich will meinen Sohn nicht dem Verbrechen entgegen erziehen. – Und du bleibst bei mir.«

Sebastiano kam und unterbrach diese Unterhaltung. Er meldete, zwei ihrer Leute wären in St. Leo angehalten und ins Gefängnis geführt worden. Der Dritte sei entwischt und bringe die Nachricht, daß durch des Barons Anzeige ein Aufgebot gegen sie bewirkt werde.

Gegen Abend ließ Rinaldo das Lager abbrechen, gab das Signal zum Aufbruch, zog weiter und rückte am dritten Tage in die Täler der Gebirge von Albano ein.

Einige Tage hatte er hier gelegen, als er Sebastiano befahl, mit sechzehn entschlossenen Gesellen unter mancherlei Gestalten sich über Cagli in die Gegend von Montamara zu begeben. Altaverde erhielt den Auftrag, mit List oder Gewalt die Befreiung der beiden Kameraden zu versuchen, die man in St. Leo festgehalten hatte. Rinaldo selbst nahm Nikolo und Alfonso zu sich und ging, als ein Reisender, von seinen Bedienten begleitet, zu Pferde ins Land und aufs Spionieren aus. Cinthio blieb, als Oberhaupt der Bande, zurück, und Rinaldo empfahl ihm Rosalien, die weinend von ihm Abschied nahm.

»Es ist mir« – jammerte sie, – »als würden wir uns nie wiedersehen!«

Rinaldo suchte sie zu trösten. Es wollte ihm aber nicht gelingen, und er verließ sie selbst sehr gerührt.

Schon hatte er Fossombrona erreicht und quartierte sich dort in das beste Wirtshaus ein, wo er ein paar Tage ausruhen und Sebastianos Gesellen Zeit lassen wollte, sich bei Montamara zu sammeln.

Den Tag nach seiner Ankunft besuchte er ein Weinhaus und fand in demselben einige Bürger des Orts, ein paar Advokaten und Notare, die bei einer Flasche Wein ein für ihn interessantes Gespräch führten.

EIN NOTAR Es wird ein sehr schlimmer Handel werden!

EIN ADVOKAT Die Baronin ist nun schon zum zweitenmal verhört worden. Sie besteht darauf, sie habe zwar ehemals die Person des vorgeblichen Grafen Dalbrogo gekannt, aber in allen Ehren, und habe nie gewußt, nicht einmal geahnt, daß er der verrufene Rinaldini sei. Erst wie er sich in jener Nacht selbst zu erkennen gegeben habe, habe sie das mit Schrecken gehört und erfahren. – Der Baron hingegen – er ist erschrecklich mißhandelt worden! – behauptet, seine Frau habe im Einverständnis mit dem gefürchteten Räuber gelebt, und ihr Vater sei einer seiner Bekannten, der schon längst gegen die Gesetze gehandelt habe, der Obrigkeit eine Entdeckung nicht zu machen, zu der er verbunden gewesen sei. Der Prinz hat zu Urbino Wache und wird scharf verhört.

NOTAR Der Baron gibt den Verlust seiner Habseligkeiten durch die Plünderung der Räuber auf 6000 Dukaten an. Er und seine Freunde sind mißhandelt worden, und den einen von der großen Französischen Nation haben die Räuber sogar zum Verschnittenen gemacht.

BÜRGER Das sind verteufelte Kerle!

NOTAR Mich dauert der Prinz Roccella. Er ist ein braver Herr! – Und, im Vertrauen, meine Herren! wer unter uns würde es wohl wagen, Rinaldini festzuhalten, wenn er auch mitten unter uns wäre?

BÜRGER Ich nicht.

ADVOKAT Ach ja! Man muß nur caute verfahren und auf Hilfe rechnen können.

BÜRGER Er drückt los, ich stürze, und wer belohnt dann meinen Diensteifer? – Einige Leichen liegen gewiß um ihn herum, ehe man ihn festhalten kann.

NOTAR Ich möchte ihn nur einmal sehen.

RINALDO Um Vergebung, meine Herren! – Ich habe ihn gesehn.

ADVOKAT Wie? Was? Der Herr haben –

RINALDO Ich bin der Marchese Soligno. Meine Güter liegen in Savoyen, und ich bin auf Reisen. – Vor sechs Tagen fiel ich in die Hände Rinaldinischer Räuber. Ich wurde mit meinen Leuten übermannt und erwartete schon, ganz ausgeplündert zu werden, als Rinaldini selbst erschien.

BÜRGER Wie sieht er denn aus?

RINALDO Er ist ein kleiner, untersetzter, schwarzbrauner Mann, hat blaue Augen, braunes Haar, eine Habichtsnase und einen Knebelbart.

ADVOKAT Nach andern Nachrichten soll er groß und schlank gewachsen sein, ein glattes Kinn, schwarze Augen und Haare und eine Griechische Nase haben. – Wiewohl ich sagen muß, daß sich die Habichtsnase besser zu seinem Gewerbe schicken möchte als die Griechische.

RINALDO Ich habe ihn ja selbst gesehen und gesprochen. Wie ich ihn beschrieb, so sieht er aus. – Er examinierte mich lange. Ich mußte meine ganze Barschaft und alle Sachen von Wert angeben, die ich bei mir hatte. Hierauf forderte er mir 100 Zechinen ab. Dafür gab er mir diese Sicherheitskarte. Sehen die Herren, da ist sie.

ADVOKAT Ach der Tausend! *(liest)* »Viaggio seguro*) – Rinaldini.« – Wenig Worte. – Ein imponierender Monsignore!

RINALDO Es ist doch aber unverzeihlich, daß die Obrigkeit dem Menschen nicht das Handwerk legt.

ADVOKAT Nur Geduld! – Ich weiß es von sicherer Hand. Es

*) Statt sicuro oder secura. – So waren Rinaldinis Sicherheits-Reise-Karten bezeichnet.

werden 500 Mann toscanische und 800 Mann päpstliche Truppen gegen Rinaldini ausrücken, werden ihn umringen, von allen Seiten angreifen und ganz gewiß erhaschen.

BÜRGER Wie stark mag wohl die Bande sein?

RINALDO Wer will das wissen? Einige sprechen von 200 Mann, andere sagen, sie sei noch stärker. Verwegene Kerle sind sie alle, die dazu gehören.

Gegen Abend verließ Rinaldo den Ort. Gab aber vorher Sebastiano den Befehl, den Baron Rovezzo zu fangen und tot oder lebendig an Cinthio abzuliefern. – Sebastianos Begleiter ließ er in der Gegend von Montamara. Er selbst wagte sich in Pilgerkleidern nach Urbino.

Hier vernahm er, der Prinz Roccella sei zwar jetzt ohne Wache, habe aber starke Kaution machen müssen und werde noch immer verhört. Er erfragte seine Wohnung und hatte die Kühnheit, einst des Abends in sein Zimmer zu treten.

RINALDO Ich bin an Euch abgeschickt. – Rinaldini schickt mich zu Euch.

PRINZ Gott! was höre ich? – Du bist es selbst. Ich erkenne dich.

RINALDO Ja, ich bin es. – Ich weiß, in welche Verlegenheit ich Euch gebracht habe, und komme, Euch meine Dienste anzubieten.

PRINZ Ich bin verloren, wenn man entdeckt –

RINALDO Besorgt nichts! Sagt nur, worinnen ich Euch dienen kann?

PRINZ Mann! was hast du getan?

RINALDO Kann ich Euch und Aurelia mit meinem Leben retten, so soll es geschehen.

PRINZ Dein Tod kann uns unserer Verlegenheit nicht entreißen. Man beschuldigt uns eines Einverständnisses mit dir. Die Ehre meines Kindes ist verloren, und ich habe mich der allgemeinen Meinung eben auch nicht zu erfreuen. Willst du mir eine Gefälligkeit erzeigen, so verlaß mich und die Stadt.

RINALDO Wollt Ihr Euch von dem Verdacht eines Einverständnisses mit mir reinigen, so überliefert mich der Justiz. Ich will hier bleiben.

PRINZ Was könnte mir das helfen? Verräterei ist keines echten Maltesers Handwerk.

RINALDO So will ich mich der Obrigkeit selbst überliefern.

PRINZ Kann das meine Lage bessern?

RINALDO Helfen muß und will ich Euch aber nun einmal.

PRINZ Mein Onkel, der Kardinal Legat, hat sich der Sache unterzogen, und die Untersuchung gegen mich wird, wie ich hoffe, in Kürze geendigt sein.

RINALDO Ein Glück für Eure Richter!

PRINZ Rinaldini, willst du den Lauf der Gerechtigkeit hemmen?

RINALDO Prinz, wenn ich nichts für Euch tun kann, so erlaubt mir wenigstens etwas für Aurelia zu tun. – Hier sind Wechselbriefe auf 10 000 Zechinen. Ich gebe sie ihr zu einem neuen Heiratsgute.

PRINZ Zu einem Heiratsgute?

RINALDO Der Baron muß nun schon in den Händen der Meinigen sein. Ist er lebendig drinnen, so wird er erschossen. Aurelia ist wieder frei.

PRINZ Mann! Was beginnst du? – Frei oder nicht, bleibt Aurelia nun auf immer in dem Kloster. – Verschenke dein Geld an die Armut. Wir bedürfen desselben nicht.

RINALDO Gute Nacht!

PRINZ Mann! Wie willst du enden?

RINALDO Das weiß Gott! Geht's aber mir nach, gut.

PRINZ Das kannst du schwerlich erwarten.

RINALDO Wie Gott will! – Gute Nacht!

PRINZ Der Weg, auf welchem du in eingebildeter Sicherheit dahintaumelst –

RINALDO Prinz! Ihr kennt mich Selbstpeiniger nicht. Meine Lage ist schrecklich. Wenn auch die Justiz keine Folter für mich hat, so habe ich sie selbst für mich. – Gehabt Euch wohl!

Rinaldo verließ die Stadt und zog sich in die Gegend von Montamara zurück, wo er seine Begleiter fand.

Den folgenden Tag erhielt er durch Nero, den Sebastiano an ihn abschickte, die schriftliche Nachricht:

»Der vermaledeite Baron ist nach Rom gegangen, und das Nest war leer. Unser guter Altaverde ist nebst dreien von unserer Gesellschaft zu St. Leo erwischt, eingezogen und zu unseren Brüdern ins Gefängnis geworfen worden. Cinthio soll ein Gefecht mit Toskanischen Truppen gehabt haben. Wir ziehen ihm zu. Komm' uns bald nach.«

Rinaldo fertigte Alfonso an Cinthio ab, mit dem Befehl, Altaverdes Befreiung zu versuchen, und sollte es auch mit Gewalt geschehen. An Rosalie schrieb er, sie möchte sich zu Donato in seine Einsiedelei begeben. – Dann befahl er Nikolo und Nero nach Rom zu gehen, um dem Baron auf die Spur zu kommen, und blieb einige Tage lang unentschlossen, was er selbst tun wollte.

Drittes Buch

Getäuscht, geblendet und vom Wahne
Der wilden Eigenmächtigkeit,
Geworben für die stolze Fahne,
Steht er nun da und flieht den Streit.

Rinaldo ging endlich, noch immer als Pilger gekleidet, auf das Kloster bei Montamara zu, in welchem sich Aurelia befand, und verlangte die Äbtissin zu sprechen.

»Sie ist soeben in einem Verhöre vor den Kommissarien, die aus Urbino hier sind«, – sagte die Pförtnerin.

»Was hat denn die fromme Dame begangen?« – fragte Rinaldo mit einem andächtigen Seufzer.

»Ohne ihr Verschulden ist sie, des berüchtigten Rinaldini wegen, in einen schlimmen Handel verwickelt worden. – Übrigens ist auch, bis nach geendigter Untersuchung, jedem Fremden der Eintritt in unser Kloster verboten, – antwortete die Pförtnerin und schlug, mit einer frommen Verbeugung, die Pforte zu.

Rinaldo umging die Klostermauern und fand dieselben sehr stark und hoch.

Bei einem Kapellchen, der heiligen Klara geweiht, das zwischen drei hohen Pappeln stand, warf er sich nieder, überdachte seine Lage und deliberierte, wohin er sich wenden wollte. – Darüber schlief er ein.

Als er erwachte, sah er einen andern Pilger, der ihm gegenüber saß und in tiefes Nachdenken versunken zu sein schien. Rinaldo gab sein Erwachen zu erkennen. Jener drehte sich herum und sagte:

»Und du konntest hier so sicher und so ruhig schlafen?« Rinaldo erschrak, suchte sich aber gleich wieder zu fassen und fragte:

»Ist es denn hier unsicher?«

»Und du sprichst von Sicherheit?«

»Was hat ein armer Pilger wohl zu fürchten?«

»Der arme Pilger hat nichts zu fürchten. Aber auch der nicht, der des armen Pilgers Kutte über seine reichen Missetaten geworfen hat?«

Rinaldo sprang auf, faßte den Pilger recht ins Auge und schrie laut auf:

»Cinthio?«

CINTHIO Ha! erkennst du mich endlich?

RINALDO Wie kommst du hierher?

CINTHIO Mit meinem Willen wahrlich nicht!

RINALDO Was ist geschehen?

CINTHIO Wir sind völlig auseinandergesprengt. – Von drei Seiten angegriffen, fochten wir wie Verzweifelnde, streckten manchen braven Kerl nieder; wurden aber so zusammengenommen, daß unserer gewiß kaum ein halbes Dutzend davongekommen sind.

RINALDO Um Gotteswillen! Wo ist Rosalie geblieben?

CINTHIO Das weiß ich nicht.

RINALDO Hast du meinen Brief durch Alfonso nicht erhalten?

CINTHIO Ich habe ihn nicht gesehen.

RINALDO Vor drei Tagen schickte ich ihn an dich ab.

CINTHIO Da waren wir schon auseinander.

RINALDO Altaverde sitzt mit mehreren unserer Brüder zu St. Leo im Kerker.

CINTHIO So mag er auf ein seliges Sterbestündchen denken. Wir retten ihn nun nicht.

RINALDO Schlimm! – Cinthio! was ist jetzt zu tun?

CINTHIO Zu fliehen, so weit wir können. – Rinaldo! Hier ist es aus. Wir wollen nach Kalabrien. Dort will ich eine neue Gesellschaft zusammenziehen. In Kalabriens Schluchten, Gebirgen und Wäldern hausen wir sicherer, und unser Handwerk gedeiht gewiß gut. – Und werden wir auch dort vertrieben, so suchen wir nach Sizilien zu kommen.

RINALDO O Cinthio! ist es nicht besser, wir enden?

CINTHIO Nicht eher, als bis es dem Schicksal gefällig ist, einen Strich durch unsere Rechnung zu machen. – Du wirst wohl noch so lange hier herumtaumeln, bis dich die Sbirren erhaschen, und dann – gute Nacht, Kopf Rinaldinis! Auf deinen Torso steigt Cinthio und setzt Länder in Schrecken und Polizeien in Verlegenheit.

RINALDO Ein beneidenswertes Glück!

CINTHIO Kennst du für uns ein besseres? – Jede andere Laufbahn ist für Menschen unsers Treibens und Tuns mit einem Schlagbaum versehen. Die schlechte Bahn, auf welcher wir uns befinden, hätten wir gar nicht betreten sollen, oder wir müssen darauf fortwandeln.

RINALDO Ach Rosalie!

CINTHIO Deine Weiberaffären taugen nichts! Sie haben uns schon in mancherlei Verlegenheiten gebracht, und dich werden sie noch um Kopf und Rumpf bringen. – Wenn man dich hier zwischen Kapellen und Klöstern umherwandeln sieht, sollte man dich eher für einen Betbruder als für einen Mann von Entschlossenheit halten. – Nenne mir den Ort, wo ich unsere Brüder finde. Ich gehe jetzt nach Rom. Und wenn du einmal durch Kalabrien reisen willst, so will ich dir eine Sicherheitskarte geben.

RINALDO Ich bleibe noch einige Zeit in dieser Gegend. Finde ich Brüder, so schicke ich dir sie nach. – Ich selbst folge dir in Kürze nach Kalabrien.

Cinthio verließ ihn bald darauf, und Rinaldo ging nach Corinaldo. Hier traf er ganz unvermutet auf drei seiner Gesellen, die er unverzüglich Cinthio nachschickte. Der eine derselben meinte, Rosalie müsse in die Gebirge geflohen und entkommen sein. Gewißheit konnte ihm keiner geben. Er selbst wankte, noch immer nicht ganz entschlossen, was er tun wollte, auf Jesi zu.

Ein starker Volkszusammenlauf machte ihn aufmerksam. Er fragte, was es gebe, und erfuhr, es werde eine verdächtige Person öffentlich mit Ruten ausgestrichen werden. Diese Nachricht vernahm er ganz gleichgültig und ging nach der Pilgrimsherberge zu. Aber er fand schon alle Straßen mit Menschen besetzt,

und als er sich eben über einen offenen Platz drängen wollte, kam der Exekutionszug vorüber.
Mit Widerwillen warf er seine Augen auf das gestäupte Opfer der Justiz, sah in der Unglücklichen die Amazone Fiorilla von seiner Bande und fuhr heftig zusammen.
Diese warf eben die Augen auf die Seite, erkannte ihn und schrie, vom Schmerz gefoltert, laut auf:
»O Rinaldini!«
Auf diesen unbesonnenen Ausruf erhob sich sogleich ein verwirrtes Geschrei:
»Rinaldini? – Wo ist er? – Haltet ihn fest.«
Alles kam in Bewegung. Man fragte, man lärmte und schrie nach Wache. – Die Sbirren durchbrachen mit gezogenen Säbeln die Reihen; man drängte sich nach dem Platze zu, wo sich Rinaldini wirklich befand, und dieser, in der größten Gefahr, als ein unbekannter Fremdling ergriffen und angehalten zu werden, konnte sich nur durch einen schnellen Entschluß retten.
Er faßte einen neben ihm stehenden Kerl mit unerhörter Frechheit beim Arme, schleuderte denselben den Sbirren entgegen und schrie:
»Haltet ihn fest. Er ist es!«
Die Diener der Gerechtigkeit umringten den Kerl sogleich. Das Volk drängte sich herzu und schrie frohlockend:
»Rinaldini! Rinaldini!«
Man jauchzte und lärmte, und der Kerl kam nicht zum Worte. – Endlich betrachtete man ihn genau und sah – was man in der ersten Hitze nicht gesehen hatte –, daß der arme Tropf ein der ganzen Stadt wohlbekannter Fleischerknecht war.
»Seid ihr denn klug?« – fragte er mit zitternder Stimme. – »Kennt ihr mich denn nicht? Bin ich Rinaldini, oder bin ich es nicht?«
Jetzt ertönte ein lautes Gelächter, ein wildes Toben und Rufen.
»Es ist Giakomo, der Fleischerknecht!«
Die Sbirren wurden wütend. Sie schrien:
»Hier ist ein Betrug vorgegangen, durchsucht die Stadt. Rinaldini ist mitten unter uns.«

»Durchsucht die Stadt!« – lärmte das Volk und brachte den Exekutionszug in Unordnung.
Rinaldini aber war in eine offene Kirche gesprungen, warf hinter einem Beichtstuhle sein Pilgergewand ab, setzte sich schnell eine falsche Nase an und ging in Bauerntracht, die er unter der Pilgerkutte trug, unangehalten aus dem Orte.

Ohne sich aufzuhalten, eilte er Paterno vorüber und kam auf die Landstraße, hungrig und müde, nach Torette.
Vor dem Orte stand ein einzelnes Häuschen. Auf dieses ging er zu. Zwei Mädchen saßen vor der Haustür und strickten. – Er redete sie an:
»Kann ich hier bis morgen früh Quartier bekommen?«
»›Bei uns?‹« fragten die Mädchen mit Verwunderung.
»Nun ja, bei euch! wenn ihr wollt.«
»›Ihr wißt wohl nicht, daß Ihr hier in ein Judenhaus kommt?‹«
»Nun, was tut das?«
»›Eure Glaubensgenossen fliehen unsere Wohnungen.‹«
»Daran tun sie nicht wohl. – Ich bin sehr müde. Laßt mich nicht weitergehen und nehmt mich auf.«
Die Mädchen sahen einander verlegen an. Endlich sagte die eine:
»›Wir sind allein hier im Hause. Unser Vater ist nach Ancona gegangen.‹«
ER Ich habe Lust, euch Verschiedenes abzuhandeln, wenn ihr habt, was ich suche. Ich bin nicht, was ich zu sein scheine, und habe Geld.
SIE Nun, wir wollen's mit Euch wagen! Kommt herein und nehmt vorlieb!
Sie führten ihn in ein enges Stübchen, brachten Brot und Käse, Feigen und Äpfel und setzten auch Wein auf. Rinaldo nötigte die Mädchen, mit ihm zu trinken, und als eine Flasche geleert war, hub er an:
»Ihr scheint ein Paar herzlich gute Mädchen zu sein, und es verdrießt mich, daß ihr, wie ich glaube, arm seid. Ich will eure Umstände verbessern. – Ich bin ein edler Venezianer, bekam

J. Penzel del. a. sc. 1801

Händel mit einem Nebenbuhler und hatte das Unglück, ihn im Duell zu erlegen. Deshalb floh ich in dieser Tracht und machte mich unkenntlich.«

Hier nahm er seine falsche Nase ab, und die Mädchen lachten. – Er aber fuhr fort:

»Habt ihr Kleider zu verkaufen?«

»›Ein paar sind im Hause‹«, – sagte Rahel, die älteste der beiden Schwestern.

»›Die andern‹«, – setzte Silpa hinzu, – »›hat der Vater mitgenommen.‹«

»Zeigt her, was ihr habt«, – fuhr Rinaldo fort.

Sie brachten ihren Kleidervorrat herbei. Eine Uniform war darunter, die nicht ganz schlecht war, und diese wählte sich Rinaldo. – Man setzte sich hierauf wieder zu Tische und leerte noch ein paar Flaschen.

Dann schafften die Mädchen einige Polster herbei und wünschten ihrem Gaste glückliche Ruhe; aber er schlief nur wenig.

Als es tagte, ward aufgestanden, ein kleines Frühstück eingenommen, und Rinaldo kleidete sich in die erhandelte Uniform.

RAHEL Wahrhaftig, jetzt, da Ihr die Uniform anhabt, sieht man es doch gleich, daß Ihr ein Kavalier seid. Sie steht Euch allerliebst!

SILPA Ihr seht recht stattlich aus!

RAHEL Ei der Tausend! Habt Ihr ein paar schöne Uhren!

SILPA Und die prächtigen Ringe!

RAHEL Ihr müßt ein reicher Herr sein!

RINALDO Diese Bauernkleider schenke ich euch. Mein Nachtlager bezahle ich euch mit einem Wechsel von 100 Zechinen. – Für die Bewirtung und die Uniform zahle ich euch 25 Zechinen bar. – Ihr seid doch zufrieden?

RAHEL O! Ihr seid gar zu großmütig! So viel verdienen wir ein ganzes Jahr hindurch nicht.

SILPA Jetzt kennen wir Euch und wollen ein andermal nicht wieder so viele Umstände machen.

RINALDO Auch die Umstände haben ihr Angenehmes. – Lebt wohl, ihr guten Mädchen, und erinnert euch meiner!

Damit verließ er sein Nachtquartier und ging auf Poggia zu, wo er sich ein Pferd kaufte und ohne Aufenthalt der Grenze des Kirchenstaates zueilte. – Teramo, im Gebiet des Königs von Neapel, war der erste Ort, wo er anhielt und ausruhte.

Als er sich in Aquila mit Kleidern versehen hatte, nahm er dort einen jungen muntern Burschen, der Antonio hieß, in seine Dienste, ging weiter und kam unter dem Namen Graf Mandochini in Neapel an.

In dieser glänzenden Stadt bezog er ein schönes Quartier, wo er die Aussicht auf den Hafen bei freundlichen Wirtsleuten hatte.

Er lebte sehr still, las viel, dachte noch mehr, machte sogar Verse, komponierte seine Lieder und sang sie auch selbst zur Guitarre ab. Damit vertrieb er sich so ziemlich die Zeit. – Nach und nach aber schien die Langeweile doch bei ihm sich einfinden zu wollen: er fing daher an, fleißiger auszugehen, und besuchte die öffentlichen Häuser, wo er viel sprechen hörte. Einigemal war er selbst, – als Rinaldini, – der Gegenstand öffentlicher Gespräche, und da gab er denn ganz getrost sein Wort auch mit dazu.

Einst brachte ein Fremder sogar die Nachricht, Rinaldini sei zu Ferrara erwischt und fest eingekerkert worden. – So hörte er die Leute gern sprechen und wurde dadurch in Neapel immer sicherer.

Unter allen Menschen, die er täglich auf den öffentlichen Häusern sah, fiel ihm ein Mann besonders auf, der eine Uniform trug, wie er sagte, ein Korse war und Kapitän genannt wurde. Dieser Mann saß bei seiner Tasse Schokolade oft den ganzen halben Tag, sprach kein Wort, dankte, wenn man ihn grüßte, bloß durch eine Verbeugung, nahm nicht den geringsten Anteil an irgendeinem Gespräch, mischte sich in keine Unterredung, und hätte sie auch sein Vaterland betroffen, sah immer gerade vor sich hin und schien beständig in das tiefste Nachdenken verloren zu sein. Er wurde von allen bemerkt, schien aber keine Seele zu bemerken, und kein Mensch wußte, wie er mit ihm daran war.

Diesem Manne näherte sich Rinaldo absichtlich so viel wie möglich, es wollte ihm aber nicht gelingen, ihn zur Sprache zu bringen. Eines Tages nahte er sich ihm noch zudringlicher als gewöhnlich. »Mein Herr!« – redete er ihn an, – »verzeiht mir eine Bemerkung.«

KAPITÄN Über mich?

RINALDO Über Euch – Ihr fallt allgemein auf.

KAPITÄN Das ist möglich.

RINALDO Ihr wollt das vielleicht?

KAPITÄN Es kommt mir nicht in den Sinn.

RINALDO Vielleicht nagt irgendein geheimer Kummer an Eurem Herzen?

KAPITÄN Davon ich nichts weiß.

RINALDO Oder irgendeine Verlegenheit macht Euch sprachlos.

KAPITÄN Ich bin nie verlegen.

RINALDO Mitteilung macht den Menschen glücklich.

KAPITÄN Nicht immer.

RINALDO Unterhaltung vertreibt wenigstens die Langeweile.

KAPITÄN Diese kenne ich nicht.

RINALDO So seid ihr beneidenswert und müßt ein großer Philosoph sein.

KAPITÄN Philosoph kann jeder Mensch sein, wenn er es sein will, und er ist wohl daran, wenn er es ist.

RINALDO Das letztere glaube ich, das erstere kann ich kaum glauben.

KAPITÄN In Glaubenssachen nimmt man es so genau nicht. Und je mehr man sich in diesem Punkt selbst täuscht, desto glücklicher ist man.

RINALDO Täuschung ist Traum.

KAPITÄN Wohl dem, der glücklich träumt?

RINALDO Und wenn er erwacht?

KAPITÄN So wünscht er gewiß, selbst um des Traumes willen, wieder fortzuträumen.

RINALDO Und so macht die Nichterfüllung des Wunsches ihn unglücklich.

KAPITÄN Jeder Mensch ist glücklich, sobald er es nur ernstlich will.

RINALDO Seid Ihr es?

KAPITÄN Ich bin es.

RINALDO So seid Ihr ein beneidenswerter Sterblicher.

KAPITÄN Das glaube ich selbst.

RINALDO Da aber jeder Mensch seine eigenen Begriffe von Glückseligkeit hat, so –

KAPITÄN So wünscht Ihr zu wissen, welches die meinigen sind? – Sie liegen etwas weiter außer dem Zirkel dieser menschlichen Welt.

RINALDO Ich verstehe Euch nicht.

KAPITÄN Das glaube ich. – Es versteht und begreift in dieser Welt überhaupt nicht leicht ein Mensch den andern. Diese Mißverständnisse machen aber die Unterhaltung in Euern Gesellschaften aus, sonst wären sie so einförmig und ermüdend wie ein Karthäuser Chor. – Das beste und schönste Einverständnis können nur Seelen und Geister knüpfen.

RINALDO Kennt Ihr die Geisterwelt?

KAPITÄN Ich kenne sie.

RINALDO Wie?

KAPITÄN So gut, wie ich Euch kenne.

RINALDO Ihr mich? – Kenne ich mich doch selbst nicht.

KAPITÄN O ja! – Auf einen gewissen Punkt wenigstens, gewiß.

RINALDO Ihr wißt, wer ich bin?

KAPITÄN Ich sage ja, daß ich Euch kenne.

RINALDO Ich habe Euch doch nie gesehen, seit ich in Neapel bin.

KAPITÄN Das weiß ich. – Ich seh Euch hier auch zum erstenmal. Aber ich kenne Euch dennoch.

RINALDO So seid Ihr ein Hexenmeister. – Wer sagte Euch, wer ich bin?

KAPITÄN Meine Wissenschaft.

RINALDO Ihr schaut also ins Verborgene?

KAPITÄN Warum nicht?

RINALDO Ihr geht mit Geistern um?

KAPITÄN Jetzt spreche ich mit einem Menschen, der sich, wie ich hoffe, gebessert hat.
Als er das sagte, stieg er auf, bezahlte seine kleine Zeche und ging fort. Rinaldo hatte nicht Mut genug, ihm zu folgen.

Daß Rinaldo in nicht geringer Verlegenheit war, läßt sich denken. Er hatte so lange mit dem sonderbaren Manne genauer bekannt zu werden gewünscht, und jetzt wünschte er, ihn niemals gesprochen zu haben. So hascht der Mensch beständig nach Wünschen, deren Erfüllung ihm oft weit bittere Entdeckungen macht, als er deren welche sich geträumt hat.
»Dieser Mann« – sprach Rinaldo bei sich selbst, – »weiß, wer ich bin? – Wie? und die Entdeckung meines Namens ist in der Gewalt eines solchen Sonderlings? – Wer ist er, dieser sonderbare Sterbliche, der irdische Gesellschaft nicht die seinige nennt? – Ha! er muß mir Rede stehen, oder ich vernichte ihn, diesen Feind meiner Ruhe.«
Er durchstreifte einige Tage lang die Promenaden, besuchte die öffentlichen Häuser und fand den furchtbaren Wissenden nicht, selbst nicht einmal da, wo er sonst täglich zu finden war. Das machte ihn noch unruhiger.
Schon war er im Begriff, Neapel zu verlassen, als er eines Morgens den gefürchteten Korsen auf der Promenade nach dem Hafen zu fand. Er saß auf einer Bank unter einer Statue, an deren Postament er seinen Rücken gelehnt hatte; seine Augen waren über sich, zum Himmel gekehrt, und seine Hände lagen gefaltet ineinander. Man hätte glauben können, einen Menschen zu sehen, dessen ganze Seele in ein zum Himmel gerichtetes Gebet ergossen sei.
Rinaldo stellte sich ihm gegenüber und wagte es nicht, ihn in seinem überirdischen Seelenvergnügen zu stören. Nur zuweilen fing er an, sich zu räuspern, zu husten, und endlich brummte er die Melodie eines damals beliebten Liedchens. Der Kapitän regte sich nicht. Er schien in einer überirdischen Verzückung an einen Stein gelehnt selbst zu Stein geworden zu sein.

Des Harrens und Wartens überdrüssig, ging endlich Rinaldo mit wankenden Schritten auf ihn zu, stellte sich an seine Seite, legte seine Hand auf seine Schulter und sagte kurzatmend:
»Herr Kapitän! Ich freue mich, Euch wiederzusehen.«
Der Kapitän ließ seine Augen fallen, drehte seinen Kopf, erblickte den Grüßenden und fragte:
»Was seht Ihr über Euch?«
RINALDO Den reinen, blauen Äther.
KAPITÄN Das Bild einer schuldlosen Seele; die verschwisterte Farbe eines reinen Geistes. Durch die Augen dringt diese ätherische Geistesform ins Herz. Hier ist der Sammelplatz der schönsten Freuden, die außer uns und dennoch in uns sind. Wir machen sie uns eigen. Der Himmel schenkt sie uns. Was sind die lachendsten Fluren gegen dieses azurne Meer der Reinheit und Klarheit? Wer hier den Anker wirft, liegt in dem schönsten Port.
RINALDO Eure Begeisterung ist schön und groß! Ich muß es mir zum Vorwurf machen, Euch in Euern erhabenen Betrachtungen gestört zu haben. Aber, verzeiht das meiner Ungeduld, mit der ich Euch zu sprechen wünschte.
KAPITÄN Ihr seid mehr verlegen als ungeduldig. Gesteht es nur, – Ihr fürchtet mich. – Ihr habt nichts zu fürchten. Ich bin kein Inquisitor und weder Fiscal noch Kriminalrichter. Und das sind doch die Leute, die Ihr zu fürchten habt.
RINALDO Irrt Ihr Euch auch nicht?
KAPITÄN Nein.
RINALDO So sagt mir meinen Namen.
KAPITÄN Er kostet Geld.
RINALDO Wo?
KAPITÄN Bei jeder Obrigkeit. Man könnte ihn verkaufen wie ein Kleinod, wenn man in Verlegenheit wäre.
RINALDO Herr Kapitän! Es gibt eine gewisse Sprache, die Beleidigung ist, sobald sie Ernst wird.
KAPITÄN Das weiß ich.
RINALDO Mit einem Worte: Wer bin ich?

KAPITÄN Der geächtete und gefürchtete Mann, der der Schrecken der Reisenden und das Erblassen der Wanderer ist. Der König der Schlupfwinkel und der Beherrscher der Gebirgshöhlen. – Du bist Rinaldini.

RINALDO Wer sagt dir das?

KAPITÄN Ich weiß es.

RINALDO Mit Gewißheit?

KAPITÄN Ebenso gewiß als ich weiß, wer ich selbst bin.

RINALDO Leb wohl!

KAPITÄN Wohin gehst du?

RINALDO In den Hafen, zu sehen, ob dort ein segelfertiges Schiff liegt, das mich einnehmen kann.

KAPITÄN Warum willst du Neapel verlassen und die Ruhe fliehen, die dich hier umgibt?

RINALDO Weil ich dich fürchte.

KAPITÄN Wenn der Mann, der du bist, etwas fürchtet, so muß auch wirklich etwas zu fürchten sein. – Dein Schicksal interessiert mich. Ich will dir davon einen entscheidenden Beweis geben, der dich ganz sicherstellen soll. Aber laß mich dich nicht wieder auf deiner alten Bahn finden, sonst wirst du den Freund in einen Feind verwandelt finden.

Trommeln verkündigten den Anzug der Mannschaft, die die Kastell- und Hafenwache bezog, und endigten diese Unterhaltung. Eine ganze Gesellschaft von Offizieren spazierte einher, und Rinaldo und der Kapitän sahen sich bald von denselben umgeben. Man kannte sich zum Teil aus öffentlichen Gesellschaften, man grüßte sich, und die Unterhaltung begann.

»Wißt Ihr auch, Herr Kapitän! daß man sich über Eure Person in allen Gesellschaften die Köpfe zerbricht? Ihr seid die größte Neuigkeit des Tages.«

»O!« – antwortete der Kapitän, – »Ich will Euch wohl eine noch weit größere Neuigkeit erzählen. Ihr zerbrecht Euch ohne Erfolg die Köpfe über mein Ich. – Wißt, hier in Neapel, mitten unter euch, lebt der berüchtigte Rinaldini.«

Rinaldo stand wie vom Donner gerührt. Die Offiziere sahen sich verlegen an. Eine allgemeine Stille überfiel die Gesellschaft und band die geschwätzigsten Zungen.

Der Kapitän zog die Dose heraus, bot Prisen rundherum an, schlug die Dose zu, drehte sich herum und ging nach dem Hafen zu. Keiner hielt ihn auf. Man sah sich an und fragte:

»Wie ist das?«

Rinaldo schöpfte Atem und sagte, als der Kapitän schon nicht mehr zu sehen war: »Nun, meine Herren, was meint Ihr? Hat uns dieser sonderbare, rätselhafte Mann, den niemand kennt, nicht deutlich genug zu verstehen gegeben, wer er ist?«

»Bei Gott!« – schrien alle, – »Er selbst ist Rinaldini.«

»Das ist auch meine Meinung«, – sagte Rinaldo ganz gelassen.

Einer tat den Vorschlag, ihm nachzugehen.

Ein alter Obrist nahm das Wort und sagte:

»Wir sind keine Sbirren. Es ist die Sache der Polizei, sich Rinaldinis zu bemächtigen. Und ist dieser Unbekannte wirklich Rinaldini selbst, so muß er auch wissen, wie weit er in seiner Selbstentdeckung gehen kann. Indessen wollen wir ein wachsames Auge auf diesen Menschen haben. Doch muß ich offenherzig gestehen, daß sein bisheriges Betragen, soweit ich ihn kenne, mir etwas zu verraten scheint, das mit einem Kopfe, der ganz in seiner Ordnung ist, sich nicht recht zusammenräumen läßt. Wie? wenn er nun etwa bei zerrüttetem Gehirne sich einbildete, jener furchtbare Räuber zu sein? Gibt es nicht dergleichen Exempel von Einbildungen verrückter Phantasien? – Wir wollen also behutsam gehen. Und vor der Hand empfehle ich den Herren eine kleine Verschwiegenheit. Wir wollen den Unbekannten näher beobachten und dann erst bestimmen, wie wir uns gegen ihn verhalten wollen.«

Dieser Rede gaben alle ihren Beifall, und nun ging die Gesellschaft in eine Eisbude, wo sie ganz vergnügt ihr Frühstück einnahm.

Rinaldo war in einer Bewegung, die sich nicht beschreiben läßt. Er wußte nicht, was er tun sollte. Sollte er gehen oder bleiben? Wer war der Mann, der sich gleichsam für ihn aufzuopfern

schien? Seine Warnung tönte noch in Rinaldos Ohren, und sein Benehmen war ihm unerklärlich.
Er suchte ihn vergebens allenthalben auf. Er war nirgends zu finden. Niemand sah ihn mehr in Neapel. Er war verschwunden. – Nun wurde das Gespräch von seiner Entdeckung allgemein. Die Sache kam zur Untersuchung. Die Offiziere sagten aus, was sie gesehen und gehört hatten. Die Polizei spürte ihm nach. Vergebens war all ihr Bemühen. Er konnte nirgends aufgespürt werden. Nun wurde die Sage zur Gewißheit: Dieser unbekannte Scheinsonderling war Rinaldini. – Alle erzählten sich jetzt Anekdoten von ihm; man freute sich, ihn gesehen zu haben, und der wahre Rinaldini entging den Blicken der Forscher. – Das ist in der Welt der Lauf der Dinge. Man spricht von der Entfernung und vergißt die Nähe. Man läuft nach dem Schein und verabsäumet das Sein. Die Gedanken folgten dem Unbekannten als Rinaldini; alle Menschen sprachen davon mit Überzeugung und Gewißheit, und der wahre, wirkliche Gegenstand dieser Gespräche war mitten unter den Sprechenden, ohne ergriffen zu werden. Nach und nach verhallte das Gespräch. Andere Neuigkeiten verdrängten die Rinaldini-Erscheinung, und zuletzt sprach man gar nicht mehr davon.

Einst gegen Abend saß, ungefähr vier Wochen nach dieser Begebenheit, Rinaldo auf seinem Zimmer, klimperte auf der Guitarre und dichtete ein neues Lied, als die Tür seines Zimmers aufging und ein artiges Mädchen eintrat.
SIE Ich habe dieses Briefchen an den Herrn Grafen Mandochini abzugeben. Es kommt von schönen Händen.
Sie reichte ihm das Briefchen. – Rinaldo las:
»Sowenig Ihr eine Person bemerkt haben mögt, welche Ihr interessiert, sosehr hat sie Euch bemerkt. Ist es Euch nicht gleichgültig, sie kennenzulernen, so wird Euch die Überbringerin dieser Zeilen sagen, wo Ihr sie sehen könnt.«
ER Du kennst also die Dame, die mir diese Zeilen schrieb, genau?

SIE Ich bin in ihren Diensten.
ER Wer ist sie?
SIE Ihr Name kann Euch wohl solange gleichgültig sein, bis Ihr sie selbst kennt. Ihr Name wird Euch gewiß angenehmer klingen, wenn sie ihn selbst nennt.
ER Aha! Also deine Frau oder dein Fräulein – Wie soll ich sie nennen? –
SIE Nennt sie, wie Ihr wollt. Ich darf Euch weder sagen, ob sie verheiratet, noch ob sie unverheiratet ist. Ihr werdet das selbst erfahren.
ER Sie ist von Stande?
SIE Vom Stande der Liebe. Wollt Ihr sie sehen oder nicht?
ER Wo soll ich sie sehen?
SIE Morgen in der Frühmesse zu St. Lorenzo. Sie wird ein grünes Kleid und einen schwarzen Schleier tragen. Eine goldene Kette umschlingt ihre Zone, und ein Orangenblütenstrauß ziert ihren Busen. – Ihr werdet also kommen?
ER Ich werde kommen.
Das Mädchen ging, und Rinaldo blieb seinem Nachdenken nicht lange überlassen. Die Zimmertür ging auf, und ein Mann, in einen roten Mantel gehüllt, trat ein.
»Rinaldo!« – redete ihn dieser sogleich an, – »die soeben erhaltene Botschaft taugt nichts. Du gehst morgen nicht nach St. Lorenzo, die Dame zu sehen, die von dir gesehen zu werden sich wünscht.«
»Wer bist du?« fragte Rinaldo. – »Gib dich mir näher zu erkennen, wenn du willst, daß ich deinem Rate folgen soll.«
Jener nahm die Larve vom Gesicht, schlug den Mantel auseinander, und der bekannte korsische Kapitän stand vor ihm.
Rinaldo fuhr erschrocken zusammen. Der Kapitän sprach:
»Einem Manne, der sich für dich aufgeopfert und dir die Ruhe verschafft hat, die du in Neapel genießest, kannst du doch wohl folgen?«
Er sprach's und verließ das Zimmer.

Rinaldo durchwachte die halbe Nacht, stand früher als gewöhnlich auf und ging nicht nach St. Lorenzo, die Schöne im Gewande der Hoffnung zu sehen.

Der Abend brach an, und das Mädchen kam wieder.

»Ei!« – sagte sie, – »Ihr habt schlecht Wort gehalten. Warum kamt Ihr nicht?«

ER Ich werde nicht eher kommen, bis ich den Namen der Dame weiß, die ich sehen soll.

SIE Ihr sollt sie ja nur sehen. Gefällt sie Euch, dann wird sie Euch sich selbst nennen. – Sie kommt morgen wieder in die Messe. – Gute Nacht!

Das Mädchen ging, und bald darauf trat der Kapitän abermals in das Zimmer.

»Du gehst nicht nach St. Lorenzo«, – sagte er.

RINALDO Edler Freund! Laß mich aufrichtig sprechen. Dein Verbieten, ohne Gründe, erniedrigt mich. – Ich bin kein Kind, das blindlings folgen muß. Wenn ich deinem Rate folgen soll, so mußt du mir, wie gesagt, Gründe angeben.

KAPITÄN Du solltest mir aufs Wort glauben und nicht mit der Unbekannten eine Bekanntschaft machen, die zu keiner Gedeihlichkeit führen wird.

RINALDO Ich kenne dich ja selbst nicht.

KAPITÄN Du sollst mich kennenlernen. Unter den Ruinen von Portici. – Und nach St. Lorenzo gehst du nicht.

Er ging. Rinaldo blieb nachdenklich zurück. – Der Morgen kam, er wankte unentschlossen, wollte gehen und ging endlich doch nicht nach St. Lorenzo.

Des Abends erschien die artige Botschafterin wieder. Sie neigte sich stillschweigend und gab ihm ein Briefchen. Er erbrach es und las:

»Ich bitte Euch zum letztenmal um eine Gefälligkeit, die Ihr mir gar nicht abschlagen könnt, wenn Ihr Kavalier seid und die Höflichkeit nicht verletzen wollt. *Aurelia.*«

Kaum hatte Rinaldo den Namen Aurelia gelesen, als er dem Mädchen drei Zechinen in die Hand drückte und, halb außer sich, ausrief: »Sag der Dame, daß ich so gewiß kommen würde, als ich Atem und Dasein habe. Kein Teufel soll mich abhalten, sie zu sehen, und sollte ich« –

»Basta!« – schrie der Kapitän, der eben eintrat; – »Keine Flüche und Schwüre, die du nicht erfüllen darfst.«

»Ich will sie erfüllen!«

»Ruhig!«

»Keine Macht dieser Welt« –

»Ruhig! Die Obrigkeit hat Sbirren.«

Rinaldo erschrak, sah sich nach dem Mädchen um und sah, daß sie unbemerkt das Zimmer verlassen hatte.

KAPITÄN Du bist noch immer so trotzig und unbändig, wie du es von jeher gewesen bist. Bedenk, daß du jetzt nicht mehr kommandierst, sondern daß du kommandiert wirst.

RINALDO Wer gibt dir die Macht, mir zu befehlen?

KAPITÄN Wer gab mir die Verbindlichkeit, auf meine eigene Gefahr dich zu retten?

RINALDO Du hast sie dir selbst auferlegt.

KAPITÄN Undankbarer! – Eines so unbeständigen Wesens wegen, wie ein Weib ist, willst du mit deinem Freunde brechen und beleidigest ihn, um einer Figur nachzulaufen, die eines Spiegels bedarf? Denn, was kannst du von ihr erwarten? Wenn es köstlich und noch so köstlich ist, so ist es doch nur Liebe. Und die Weiber lieben in uns nur sich selbst. Wir sind ihre Spiegel, ihr Mond, in dessen Spiegelscheibe ihre Sonne wieder aufersteht.

RINALDO Du bist ein Weiberfeind!

KAPITÄN Noch bin ich dein Freund.

RINALDO So wirst du mich nicht abhalten, die Dame zu sprechen.

KAPITÄN Bei den Haaren will ich dich nicht zurückziehen, aber ich verbiete dir es, sie zu sprechen.

RINALDO Nur *ein* begründetes Warum? wenn ich dir folgen soll. –

KAPITÄN Ich mache keinen Propheten, aber der Erfolg rechtfertigt mich. Ich sehe weiter als du. Meine Macht –

RINALDO Deine Macht? – Gib mir eine Probe deiner Macht.
KAPITÄN Die sollst du haben. Stehe auf und folge mir unter die Ruinen von Portici.
RINALDO Gib mir diese Probe hier.
KAPITÄN Bist du, ehemals so unerschrockener Held der Nächte, zum furchtsamen Knaben geworden? Zerbrich deine Klinge und laß dir eine Spindel reichen! – Ich durchblicke dich ganz. Jetzt erlaube ich dir, das Weib zu sehen, das dich aufsucht. Lerne sie kennen und dann auch mich. – Gute Nacht!

Nach einer sehr unruhigen Nacht eilte Rinaldo um die bestimmte Stunde nach St. Lorenzo, dort Aurelien zu sehen, und sah sie nicht. – Endlich ward er das bekannte Mädchen gewahr. Sie winkte ihm zu, und er folgte ihr nach. Vor der Kirchtür sagte sie:

»Meine Gebieterin läßt sich entschuldigen. Es wurde ihr unmöglich gemacht, Wort zu halten und heute hierher zu kommen. Sie läßt Euch aber bitten, mir zu folgen. Ich soll Euch zu ihr führen.«

Rinaldo folgte ihr ohne Bedenken. – Sie führte ihn außerhalb der Stadt auf eine reizende Gegend zu, nach einem schönen Hause, das mitten in einem Garten stand. – Sie traten ein. Das Mädchen ging mit ihm im Erdgeschoß duch einen schönen Saal in ein Zimmer, dessen Fenstergardinen alle niedergelassen waren. Durch diese freundliche Dämmerung führte der Weg nach einem Kabinett, das noch dunkler war. In diesem, sagte ihm das Mädchen, werde er die Dame finden, und schob ihn hinein.

Auf einem Sofa regte sich ein weibliches Wesen. Rinaldo ging darauf zu, warf sich nieder, ergriff eine weiche, runde Hand, bedeckte sie mit einigen Küssen und sprach:

»O Aurelia! wie glücklich macht mich dieser Augenblick!«

»Glücklich? Wirklich glücklich?« – wurde mit sanfter Stimme gefragt.

ER So glücklich, als ich es nie zu werden hoffen konnte!
SIE Und dennoch wart Ihr so unentschlossen –

ER Ich wußte ja nicht, daß es Aurelia war, die ich sehen sollte. Sie, deren Bild ich ewig in meinem Herzen tragen werde! Die kühnsten meiner Hoffnungen sind jetzt zur schönsten Wirklichkeit geworden.

SIE Ich fürchte –

ER Doch nichts von mir? – Was könnte die fürchten, die ich anbete?

SIE Was gewiß zu fürchten ist.

ER Und was?

SIE Daß hier eine Verwechslung vorgeht. – Ihr sprecht mit mir wie mit einer Längstbekannten, und soviel ich weiß –

ER Diese Stimme! – Mein Gott! – Nein, Ihr seid Aurelia nicht!

SIE Aurelia bin ich. Aber schwerlich werde ich *die* Aurelia sein, die Ihr meint.

ER Ja! meine Phantasie hat mich getäuscht. Ihr seid nicht Aurelia Rovezzo?

SIE Die bin ich, leider! nicht. – Ach guter Graf! wie sehr wünschte ich, diese Aurelia Rovezzo zu sein. – Ich habe Euch gesehen, bemerkt, – mit Wohlgefallen bemerkt, – und daraus ist Zuneigung, ich fürchte gar Liebe geworden. – Jetzt muß ich wünschen, Euch nie gesehen zu haben. – Verlaßt mich. Huldigt Eurer geliebten Aurelia und überlaßt mich meinen Gefühlen.

ER Soll diese neidische Dunkelheit, die uns umgibt, sich nicht in Licht verwandeln?

SIE Was könnte Euch daran liegen, das Gesicht eines Euch uninteressanten Weibes zu sehen? Bleibt um meines Namens willen der Freund einer Unbekannten, die es auf immer sein wird. Eure Aurelia –

ER Ach! ich werde sie nie wiedersehen!

SIE Nie?

ER Wie konnte mich auch meine Phantasie so weit irreführen? Aurelia schmachtet im Kloster.

SIE Ich beklage Euch. – Laßt uns aber enden. Wir haben beide angenehm geträumt. Unsre Trennung sei unser Erwachen. Die Rückerinnerung wird uns bleiben.

ER Ist der Traum verschwunden, so schenkt mir eine süße Wirklichkeit. Laßt mich das schöne Gesicht sehen, dessen Mund so entzückend spricht. Der Klang Eurer harmonischen Stimme –

SIE Ist dem wirklich so, so mag er Euch schadlos halten. Nur mein Liebhaber wird mein Gesicht sehen. – Erspart mir eine Beschämung, die der erste Schritt, den ich getan habe, herbeiführte. Und nun, genug von unserm Abenteuer! Wir wollen zuweilen darüber lachen. – Lebt wohl, Graf!

ER Laßt – o! laßt mich Eure schönen Augen sehen!

SIE Ihr seid mein Liebhaber nicht.

ER O! schöne Unbekannte! mich hält der himmlische Ton Eurer harmonischen Stimme fest. Macht mit mir, was ihr wollt, ich gehe nicht von hier. – Ich fühle mich festgehalten –

SIE Von mir?

ER Was ist es, das mich an diese Stelle fesselt? Ich weiß es nicht.

SIE Es ist Neugier. Es ist Eigensinn.

ER Nein, nein! Es ist weit mehr als Neugier und Eigensinn. – Ich huldige der schönen Unbekannten –

SIE Mit geteiltem Herzen.

ER Ich liebe Aurelien Rovezzo wie meine Schwester. Ich werde sie nie besitzen.

SIE Damit rechnet Ihr auf mich?

ER Jetzt kann ich gehen.

SIE So geht.

ER Ihr denkt nicht gut von mir.

SIE Das will ich nicht sagen. – Aber, wozu soll Euer Hierbleiben uns beiden nützen?

ER Was kann meine huldigende Empfindung Euch schaden?

SIE O Graf! ich bin so eitel nicht, als Ihr vielleicht glaubt. Dieser Schritt, den ich gewagt habe. – Ich habe Euch schon gestanden, was mich dazu verleitet hat.

ER Ihr seid frei und ungebunden?

SIE Bis jetzt bin ich es noch.

ER Auch ich bin es.

Hier entstand eine Pause. – Rinaldo küßte der Unbekannten die Hände; er drückte sie sanft und fühlte die seinigen noch sanfter wiedergedrückt. Die Unbekannte seufzte. Rinaldos Seufzer folgten den ihrigen.

SIE Graf! ich bitte Euch, verlaßt mich. Ihr habt mich in eine Stimmung gebracht, in der ich nur – mit meinem Liebhaber zu sein wünschen könnte.

ER Was hindert es, dies zu sein? Mich nichts.

Die Unbekannte schwieg. Rinaldos kühne Hand hob die Schleier und drückte einen brennenden Kuß auf ihre Lippen. Sie seufzte:

»*O Dio! dove sono*?«

Nun wurde zwischen beiden kein Wort mehr gewechselt. Kein redender Laut unterbrach die schweigende Stille. Nur tiefe Seufzer, schwebende Küsse und das laute Klopfen zweier in Entzücken verlorner Herzen belebten die stumme Szene. Jede Ader war zum klopfenden Pulse geworden, und das süßeste Gefühl ging in das seligste Unbewußtsein über; das zärtlichste Bewußtsein verlor sich im süßen Nichtgefühl.

»Aber nun« – stammelte Rinaldo, noch an ihren Lippen hängend, – »werde ich so glücklich sein, dein schönes Auge zu sehen, in welchem der Himmel meiner Freuden lacht?«

Sie griff schweigend hinter sich, zog an einer Schnur. Zwei Fenstergardinen flogen auf. Des Tages sanftes Licht drang herein, und Rinaldo sah, daß eine glänzende Schönheit in seinen Armen ruhte. Ein feuriges Auge, aus welchem das heftigste Verlangen, vereint mit dem sanftesten Dahingeben ihm entgegenstrahlte, blickte ihn an; ihm lächelte sanft geöffnet ein frisches Lippenpaar, und ein elastischer Busen drängte sich seiner Brust strebend entgegen. Er kam und floh, gleich der zärtlichen Geliebten, die kommt, um zu fliehen, und flieht, um wieder zu kommen.

Rinaldo verlor sich ganz in den Genuß der Schätze, die verschwenderisch ihm Liebe und Gelegenheit darboten.

»O schöne Unbekannte!« – seufzte er, – »laß uns lieben und froh sein!«

»Das wollen wir«, – sagte sie.

ER Nun ist Neapel für mich ein Paradies!

SIE Für mich der Ort, wo du bist, der Himmel. Ich finde ihn in deiner Umarmung. Wir wollen uns allein und der Liebe leben, wir wollen überschwenglich glücklich sein. O Liebe! wer deine Freuden nicht kennt, der kennt seines Lebens schönsten Wert nicht; wer deine Entzückungen nicht fühlt, ist bei dem größten Überfluß arm, und wo er wandelt, gehn Überdruß und Langeweile nur mit ihm. Unglücklich der, der nicht liebt! Sein Leben ist ihm ein Traum, ihn ergötzt kein Zephyr, der die brennende Wange kühlt, ihm entfliehen die Tage wie zögernde Schatten, und seiner Freuden größte ist nur Blendwerk und optischer Betrug. Im Liebesgenuß allein ruht die seligste Freude, und wer diesen Pfad betritt, wandelt auf Rosen.

Die Tür flog auf. Die Liebenden fuhren zusammen. Sie blickten auf, und der korsische Kapitän stand vor ihnen.

»Ich kann über nichts jetzt zweifelhaft sein«, – sagte er, – »und ich wünsche, daß es Euch nie gereuen möge.«

Die Dame bedeckte mit den Händen ihr Gesicht. – Der Kapitän wendete sich zu ihr, zog ihr gelassen die Hände von den Augen und sagte:

»Du hast dich von mir gerissen und hast dich diesem Manne ergeben. Er fühle den Wert und das Unglück, von dir geliebt zu werden, ganz. Ich entsage dir und fordere nichts von dir zurück als den Ring, den ich dir zum Pfande meiner Treue gab.«

Schweigend zog sie den Ring vom Finger und gab ihm denselben. Der Kapitän nahm ihn und sagte:

»Dieses Haus und diesen Garten wirst du heute noch verlassen.«

Hierauf verließ er das Kabinett und verschloß die Tür wieder.

»Wie soll ich mir all das erklären?« – fragte Rinaldo bestürzt.

»Alles will ich dir selbst sagen«, – sprach sie, – »wenn wir uns wiedersehen.«

»Und wann und wo wird das geschehen?«

»Mein Mädchen wird dich zu mir führen, sobald ich dich wiedersehen kann.«

Rinaldo wankte auf und wußte nicht, was er fragen oder sagen sollte. Sie sprang rasch auf, fiel ihm um den Hals, küßte ihn mit Ungestüm, zog ihm einen Ring von dem Finger, steckte ihn an einen der ihrigen und sagte:

»Ich nenne diesen Ring, wie dich selbst, nun mein.«

ER O! du weißt, du ahnst nicht, wie teuer ich vielleicht diese glücklichen Augenblicke bezahlen muß.

SIE Sie haben keinen Preis. Ich habe sie verschenkt. – Schlagen wird sich der Korse nicht mit dir.

ER Das ist es nicht, was ich fürchten könnte.

SIE Und was denn sonst?

ER Er ist Herr meines größten Geheimnisses.

SIE Fürchte nichts. Er wird kein Verräter sein. – Ich bin ihm untreu geworden und fürchte doch nichts von ihm. – Hätte er mir das getan, was ich ihm getan habe, mein Dolch hätte gewiß sein Herz gefunden. Ich liebe grenzenlos. Werde ich aber betrogen, so fließe Blut, so wahr ich Atem und Leben habe!

ER Du bist furchtbar!

SIE Nicht dir, denn du liebst mich ja! – Für Augenblicke spiele ich nicht, verschenke ich nicht, was man nur dem Geliebtesten schenkt. Dem Geliebten bleibe ich treu, den ich mir selbst wählte. Den Kapitän habe ich nicht selbst gewählt. Mein Schicksal führte mich ihm zu. Ich habe eine Gelegenheit gefunden, meine Ketten zu zerbrechen. Ich liebe dich und bin ganz die deinige. Aber ich hoffe, du wirst nicht wanken. – O! liebe mich, wie ich dich liebe, so sind wir beide glücklich!

Sie sprach das mit himmlischer Stimme, umschlang ihn fester und zog ihn zu sich.

Rinaldo kam wie ein Träumender in seine Wohnung zurück. Er fürchtete einen Besuch des Kapitäns und erhielt keinen. – So verflossen drei Tage; er sah den Kapitän nicht und hörte nichts von der zärtlichen Unbekannten.

Am vierten Tage ging er gedankenvoll nach dem Hafen zu. Das Donnern der Kanonen verkündigte die Ankunft eines Schiffs. Es setzte sein Boot aus; die Passagiere stiegen ans Land. Er wandelte unter dem Gewühle der Fremden, der Matrosen und Lastträger umher und fühlte sich auf einmal von hinten umfangen. Er drehte sich herum und Rosalie, in männlichen Kleidern, warf sich in seine Arme.

Schrecken und Erstaunen fesselten ihm die Zunge. Rosalien liefen Tränen über die Wangen und freudig rief sie aus:

»Gott sei gelobt! Ich habe dich gefunden!«

Um kein Aufsehen zu erregen, führte sie Rinaldo in seine Wohnung. Zwei Koffer, die sie mit sich gebracht hatte, wurden ihr nachgetragen.

Rinaldo schickte seinen Diener aus und verschloß die Tür. Als Rosalie zu sich gekommen war, fing sie an zu erzählen:

»An dem schrecklichen Tage, an welchem wir von allen Seiten angegriffen wurden, hatte ich das Glück zu entkommen. Ich floh in die Gebirge und kam endlich nach Avezzo, wo mich ein altes, gutes Mütterchen zu sich nahm. Schrecken und Kummer wirkten so sehr auf mich, daß eine frühzeitige Niederkunft mich aufs Krankenlager warf. Meine gute Natur siegte aber, und ich war kaum auf den Beinen, als ich nach Livorno eilte, wo ich zu Schiffe ging mit dem festen Vorsatz, den ganzen unteren Teil von Neapel zu durchstreifen, wo ich dich gewiß zu finden hoffte. Und, die heilige Jungfrau sei gelobt, ich habe dich gefunden. – In diesen Koffern steckt so viel von deinen in den Apenninen vergrabenen Schätzen, als mir möglich war aufzufinden. Ich freue mich herzlich, daß ich es dir geben kann.«

Rinaldo umarmte sie zärtlich und dankte ihr ihre Treue mit unzähligen Küssen. In diesem Augenblick beschloß er, Neapel so bald wie möglich zu verlassen.

»Jetzt bin ich reich und glücklich durch dich, geliebtes Mädchen!« – jauchzte er laut, – »und du sollst es mit mir werden.«

Von der Reise ermüdet, hatte sich Rosalie zur Ruhe gelegt, als das bekannte hübsche Mädchen der schönen Unbekannten bei Rinaldo eintrat. Sie brachte ihm folgendes Briefchen:

»Die, die dich herzlich liebt, die du nicht mehr Aurelia, aber deine dir Ganzergebene, deine zärtliche Olimpia nennen sollst, wünscht, so glücklich zu sein, dich bei sich zu sehen. Das Mädchen wird dich zu ihr führen.«

Rinaldo bedachte sich ein wenig und beschloß endlich, um dieser zärtlichen Signora, deren Rachegrundsätze er kannte, keinen Verdacht zu geben, dem Mädchen zu folgen.

»Da du ohnehin Neapel bald verlassen wirst«, – sprach er bei sich selbst, – »kannst du immer zu ihr gehen. Es ist vielleicht ohnehin das letztemal, daß dies geschieht.«

Er ging mit der leitenden Iris und wurde von ihr kaum hundert Schritte von seiner Wohnung in ein artiges Haus geführt, wo ihn Olimpia erwartete. Die Kleidung, in der sie ihm entgegenflog, war keine Kleidung, und ihr Empfang war eine Art von wütendem Ansichreißen, die den blödesten Schäfer von der Welt unternehmend gemacht haben würde. Rinaldo nahm sich soviel wie möglich zusammen und setzte ihrem Ungestüm einen großen Grad von Kälte entgegen.

SIE Was ist das? Erwiderst du auf diese Art meine Küsse?

ER Es sind vier Tage, seit ich nicht das Glück haben konnte, die schöne Olimpia zu sehen.

SIE Es sind für mich vier Ewigkeiten gewesen.

ER Doch?

SIE Nicht in diesem Tone! – Ich *konnte* dich nicht eher wiedersehen. – Von jetzt an ist keine Stunde mehr in meinem Leben, die nicht dein wär. – Undankbarer! wenn du wüßtest, was ich getan habe. –

ER Laß mich wissen, was das ist, das du getan hast. – Olimpia wird verzeihen, wenn ich –

SIE Kein Wort weiter! Dieser Ton gehört nicht hierher, wo Glück und Liebe dich erwarteten. Ich kann auch wohl eines Mannes üble Laune ertragen, wenn ich ihn so liebe wie dich.

Aber Kälte und diese Sprache ertrage ich nicht. – Ich weiß, welche Forderungen mir an dir zu machen erlaubt sind, also darf ich dir sagen, daß dieser Ton, in welchem du dir mit mir zu reden erlaubst, mich beleidigt. – Jetzt verteidige dich.

ER Ich erwarte erst Olimpias Verteidigung. Die meinige kann dann der ihrigen leicht folgen. Seit vier Tagen –

SIE Sprich nicht von Tagen, wenn von Liebe die Rede ist, und taxiere meine Empfindungen nicht nach dem Glockenschlage. Was ins Unendliche reicht, zählt man nicht nach Zeiträumen von vierundzwanzig Stunden. – Ich bestehe darauf, deine Verteidigung zu hören.

ER Und ich die deinige. Mein Recht ist älter als das deinige, weil die Beleidigung, von der ich zu sprechen habe, älter ist.

SIE Bist du wirklich beleidigt?

ER Ich müßte dich nicht lieben, wenn ich es nicht wäre.

SIE Kannst du mir Geheimnisse lassen?

ER Jetzt nicht.

SIE Hast du selbst keine für mich?

ER Die Zukunft wird diese Frage beantworten.

SIE So beantworte diese auch deine Forderungen an mich.

ER Da du mir ausweichst, so vermehrst du meinen Verdacht selbst.

SIE Welchen kannst du haben?

ER Jeden, den ein Verliebter haben kann, dessen Blicken sich seine Geliebte auch nur auf einige Sekunden, geschweige denn auf vier Tage, entzogen hat.

SIE Diese Notwendigkeit hängt mit meiner Geschichte zusammen.

ER Nun bin ich befriedigt!

SIE Dieses bittere Lächeln verstehe ich. – Mann! bringe mich nicht auf. – Deinetwegen habe ich –

ER War alles, was du getan hast, dein freier Wille oder nicht?

SIE Leider! war es mein freier Wille. Aber du weißt wahrlich nicht, was ich meiner Leidenschaft für dich aufgeopfert habe!

ER Kann es nicht mit Gold ersetzt werden?

SIE Elender! und *Dich* liebe ich? Ich spreche von Liebe, und du zählst mir Gold auf? Nimm mir, was ich habe, mache mich elend und bettelarm, ich folge dir mit bloßen Füßen nach. Werde selbst arm, und ich stehle für dich, lasse mich zum Schafott führen, und ich freue mich, daß du nicht darben darfst. Du mußt meine Leidenschaft nach deinem eignen kärglichen Maßstabe messen, wenn du so mit mir sprechen kannst.

Sie warf sich, als sie das sagte, mit heftiger Bewegung auf ein Kanapee. Rinaldo ging schweigend im Zimmer auf und ab. – Olimpiens Mädchen trat ein, besetzte einen Tisch mit Früchten, Wein und kalten Speisen und verließ das Zimmer.

Nach einer ziemlich langen Pause fragte Olimpia:

»Wollen der Herr Graf mit mir speisen?«

»Warum das nicht?« – antwortete er.

Ohne ein Wort zu sprechen, wurden Stühle an den besetzten Tisch geschoben. Man setzte sich und speiste. – Olimpia schenkte die Gläser voll, nahm eins davon in die Hand und sagte mit sanfter Stimme: »Auf unsere Versöhnung?«

ER Wenn Olimpia bekennen will, daß sie Unrecht und daß sie mich durch ihre letzte Rede beleidigt hat.

SIE Ich will alles tun, was du haben willst. Ich habe dich ja so unaussprechlich lieb! – Es gilt! – Nun kein Wort weiter davon.

ER Die vier Tage müssen doch erst berichtet werden.

SIE Ich konnte dich nicht eher anständig empfangen, als heute. An jenem Tage, wo ich so glücklich mich aus deinen Armen wand, verließ ich das Haus, das mir der Kapitän gemietet hatte, brachte die Zeit in einer elenden Wohnung hin und bewohne erst seit diesem Morgen dieses Zimmer.

ER Wo du warst, war allenthalben Liebe. Warum durfte ich nicht auch dort sein?

SIE Ich schämte mich, dich in ein Quartier zu führen –

ER Wo du warst? – Hat es dir an irgend etwas gefehlt, so hättest du mir –

SIE Kein Wort davon!

ER Hast du von der Güte des Kapitäns gelebt oder nicht?

SIE Einigermaßen.
ER Du bist keine Neapolitanerin?
SIE Ich bin eine Genueserin von edler Geburt.
ER Und lebst hier?
SIE Die Erzählung meiner Geschichte soll dir sagen, warum?
ER Ich höre sie doch bald?
SIE Sobald du dich meines Vertrauens wert gemacht hast.
ER Was weißt du von dem Kapitän?
SIE Daß er ein sonderbarer, geheimnisvoller, unergründlicher Mann ist, der sich hoher Wissenschaften rühmt.
ER Hast du davon, daß er sie wirklich besitzt, Beweise?
SIE Ich fürchte mich, sie zu entdecken.

Rinaldo wollte weiter fragen, als ein Verhüllter ohne Umstände in das Zimmer trat, auf ihn zuging und ihm ein Briefchen gab. – Olimpia sah den Vermummten mit zweifelhaften Blicken an, der ein Glas Wein vom Tische nahm, es ausleerte und das Zimmer, ohne ein Wort zu sprechen, verließ.

Rinaldo öffnete das Briefchen, las in demselben die Worte:

»Rinaldini ist in Gefahr«,

zerriß das Papier in kleine Stückchen und sprang vom Tische auf.

»Um Gottes willen, Graf!« – fragte Olimpia ängstlich, – »Was ist Euch?«

Rinaldo nahm seinen Degen, küßte ihr die Hand, sagte:

»Morgen, gute Olimpia! siehst du mich wieder«,

und eilte nach der Tür. – Sie sprang auf, umschlang ihn und bat ihn zu bleiben. Er küßte sie heftig, sagte mit zärtlicher Stimme:

»Beruhige dich! Wir sehen uns morgen wieder«,

machte sich los, verließ das Zimmer, stürzte die Treppe hinab und eilte in seine Wohnung.

Hier war er kaum angekommen, als der Vermummte, der ihm bei Olimpien den Brief gab, zu ihm ins Zimmer trat. Sie sahen beide einander, ohne ein Wort zu sprechen, eine Zeitlang an. Endlich brach Rinaldo das Stillschweigen und sagte:

»Herr Kapitän! ich habe Euern Wink verstanden.«
»Was zum Teufel! Kapitän? das bin ich nie gewesen«, – sagte jener. – »Aber wir kennen uns sonst woher, wo ihr Kapitän wart.«
Indem er das sagte, nahm er die Larve vom Gesicht, und Rinaldo erkannte in ihm einen seiner ehemaligen Gesellen, der Lodovico hieß.
Rinaldo drückte ihm die Hand und fragte:
»Wo kommst du her, braver Junge?«
»Das will ich Euch sagen«, – antwortete jener. – »Gebt mir aber erst etwas zu trinken. Ich bin durstig wie ein Teufel.«
Rinaldo trug einige Flaschen Wein auf und Lodovico erzählte:
»Als wir das letztemal, wo Ihr nicht bei uns wart, angegriffen wurden, ging's, soll mich der Donner erschlagen! so hart her, wie's noch nie hergegangen ist. 'S war, straf mich Gott! ein Gemetzel, als würde Fleisch zur Bank gehackt. – Ich kam mit ein paar Circumflexen davon und schlich von einem Orte zum andern, bis ich mich hierher nach Neapel schlich. Hier fand ich einen Vetter, den die Justiz auch von einem Orte zu dem andern jagte. Der machte mich mit einer Gesellschaft von Kerlen bekannt, die dem Teufel die Nase aus dem Gesichte stählen, wenn er eine hätte. Sie haben eine Art von Bündnis untereinander. In dieses ließ ich mich aufnehmen und verdiene nun so mein bißchen Brot auf mancherlei Art und Weise. – Vor einigen Wochen sah ich Euch und riß de Augen mächtig auf. Ich mochte hinsehen wie ich wollte, Ihr wart und bliebt es, unser braver Hauptmann. Donnerwetter! dachte ich, wie kommt der hierher? Ich hätte Euch gern selbst darum gefragt, 's war aber heller lichter Tag und unsereins produziert sich nur am liebsten in der Nacht, denn die verfluchten Sbirren haben Falkenaugen. – Wie ich nun so simulierte, wart Ihr weg, und ich hätte des Teufels werden mögen, daß ich Eure Wohnung nicht wußte. – Seit der Zeit konnte ich Euch nicht wieder auf die Spur kommen, und wenn ich mir die Füße abgelaufen hätte. Ich dachte schon, Ihr wärt wieder über alle Berge, und ärgerte mich, daß ich hätte

platzen mögen. Da sehe ich Euch heute Abend ganz unvermutet mit einem Mädchen gehen, das ich gar wohl kenne.«

RINALDO Wie? Du kennst das Mädchen?

LODOVICO Ich werde sie ja, vor'm Teufel! kennen, wenn ich's sage.

RINALDO Wer ist sie?

LODOVICO Jetzt dient sie bei der Signora, bei der Ihr wart.

RINALDO Wenn du nicht mehr von ihr weißt, so weißt du auch nicht mehr als ich.

LODOVICO Basta! Ich weiß auch, daß sie gefällig und zärtlich ist.

RINALDO Das weiß ich nicht.

LODOVICO Und also weiß ich mehr von ihr als Ihr. – Sie gleicht ihrer Signora darinnen auf ein Haar.

RINALDO Wie? die Signora Olimpia wär' –

LODOVICO Du mein Gott! Ihr wärt wahrlich weder der erste noch der letzte gewesen, der zu ihr gekommen ist oder noch zu ihr gehen wird. Aber jetzt ist Gefahr dabei. Darum dachte ich: Halt Lodovico! du mußt deinen braven Herrn warnen, schrieb das Briefchen und überbrachte es auch selbst. Es freut mich, daß Ihr meiner Warnung Gehör gegeben habt, denn mich sollen gleich alle Malefiz-Räder der ganzen Welt zermalmen, der Prinz della Torre versteht keinen Spaß. Er hat schon manchem das liebe Nachtbrot geben lassen, ehe er es hat haben wollen.

RINALDO Aber wie kommt der Prinz ins Spiel?

LODOVICO Auf die natürlichste Art von der Welt. Er hat sein Spiel mit der Signora, bei der Ihr wart, und ist verdammt eifersüchtig.

RINALDO Lodovico, kann ich dir glauben?

LODOVICO Nennt mich nicht wieder Kamerad, wenn ich gelogen habe. Ich muß das am besten wissen. Ich bekomme ja Monatsgeld von dem Prinzen und hätte vielleicht gar selbst die Order erhalten können, Euch ein paar Pillen beizubringen. – Das hätte ich aber doch, hol mich der Teufel! nicht getan und hätte ich sollen betteln gehen oder gar selbst aufs Reff gebrannt werden.

RINALDO Die Signora kann aber nicht lange mit dem Prinzen bekannt sein.

LODOVICO Seit vier Tagen.

RINALDO Das ist möglich.

LODOVICO Das ist wahr! – Das ist auch nicht ihr eigentliches Quartier, in welchem Ihr heute bei ihr wart. – Sagt, unterhaltet Ihr sie etwa auch?

RINALDO Bewahre! – Ich kenne sie erst seit fünf Tagen.

LODOVICO So kennt Ihr sie gar nicht. Ich glaube, die lernt man in fünf mal fünf Jahren nicht kennen. Das ist ein Tausend-Elementer von einem Weibsbild! – Einen gewissen Kapitän hat sie auch schlimm über die Ohren gehauen.

RINALDO Kennst du diesen Kapitän? Wer ist er eigentlich?

LODOVICO Das mag der Teufel wissen. Aber ich weiß manches von ihm.

RINALDO Zum Beispiel?

LODOVICO Er ist so ganz im stillen der gute Freund aller Kerle meinesgleichen in ganz Neapel. Sie hängen an ihm wie Kletten. – Jetzt steckt er im Serviten-Kloster und macht einmal Apparate.

RINALDO Welche Apparate?

LODOVICO Er zitiert Geister.

RINALDO Wirkliche Geister?

LODOVICO Das mag der Teufel wissen! Ich bin nie dabei gewesen.

RINALDO Lodovico, wir bleiben doch gute Freunde?

LODOVICO Donnerwetter! Setzt Ihr Mißtrauen in mich?

RINALDO Also – im Vertrauen! – ich bin nicht ohne Gesellschaft.

LODOVICO Das wär! Aber hier stecken die Burschen gewiß nicht.

RINALDO In Kalabrien.

LODOVICO Das lasse ich gelten! Dort soll etwas zu machen sein.

RINALDO Ein prächtiges Land für uns! – Cinthio kommandiert in meiner Abwesenheit.

LODOVICO Donnerwetter! da muß ich hin! – Und ich nehme noch ein halbes Dutzend Kerle mit, die, straf mich Gott! keinem von uns etwas nachgeben. Hier ist's ohnehin ein Lumpenleben. Kleines Geld und kleine Läppereien, und dennoch ein Lärm und ein Spektakel über jede Kleinigkeit, als wär's wer weiß was. Die Sbirren beständig auf dem Nacken, die Galgen und Galeeren vor den Augen. Bei solchen Aspekten lebt sich's miserabel. – Hier ist meine Hand. Ich gehe nach Kalabrien.

RINALDO Gut! und ich schenke dir Reisegeld. Hier werbe ich.

LODOVICO Das Geschäft übertragt mir. Ich bin besser mit dem Schlage von Leuten bekannt, die für uns passen.

RINALDO Nimm mit dir, wen du kriegen kannst. Cinthio wartet auf Rekruten.

LODOVICO Die soll er bekommen.

RINALDO Und noch ein Wort im Vertrauen. – Wär der bekannte Kapitän nicht –

LODOVICO Er soll gleich daran!

RINALDO Nicht das. – Ich meine, ob er nicht auch etwa mit guter Manier nach Kalabrien zu transportieren wäre?

LODOVICO Das wird schwerlich angehen. Er steckt hier in zu großen Connexionen.

RINALDO Denke darüber nach.

Indes war Rosalie erwacht. Rinaldo hörte, daß sie munter war. Er öffnete die Tür des Kabinetts und hieß sie herausgehen. Lodovico riß die Augen gewaltig auf, als er sie sah, freute sich aber, sie gesund wiederzufinden und lispelte Rinaldo ins Ohr: »Die Signora Olimpia ist doch schöner!«

Rinaldo lächelte, gab ihm Geld und beurlaubte ihn. – Lodovico tat noch einige Fragen an Rosalien über ihre Rettung, leerte sein letztes Glas, versprach bald wiederzukommen und ging halbberauscht davon.

Als Rosalie ihren geliebten Rinaldo den folgenden Morgen ankleidete, sagte sie mit sanfter Stimme:

»Guter Rinaldo! wenn du mich wirklich, wenn du mich auch nur halb so sehr liebst, als ich dich ganz liebe, so schenke meinen Bitten Gehör und meinen frommen Wünschen Gewährung. Gib dich nicht wieder mit Leuten von Lodovicos Schlage ab und laß uns Neapel verlassen, so bald wie möglich. Wir wollen in ein anderes Land gehen, wo uns nicht mehr solche Bekannte aufstoßen, und wenn du mich auch einst verlassen wolltest, so sei es nur nicht in einem Lande, wo ich vielleicht noch zu einem entehrenden Tode verdammt werde. – Ach! ich habe ja nichts getan, als daß ich dich geliebt habe! Das ist – wenn es eins ist – noch jetzt mein Verbrechen und wird es auch bleiben. Gib nur, daß ich es mit in ein ehrliches Grab nehmen kann!«

Tränen brachen aus ihren Augen. Rinaldo war sehr gerührt. Er umschlang, küßte sie und sagte:

»Ich weiß dein edles, treues Herz zu schätzen; ich fühle, was deine Liebe verdient. Was du wünschest, ist schon bei mir beschlossen. Ehe der dritte Morgen anbricht, segeln wir, wenn ich ein segelfertiges Schiff antreffe, nach Spanien. Wollte eine solche Gelegenheit unsere Abreise verzögern, so gehen wir einstweilen nach Sizilien; aber Neapel verlassen wir gewiß sobald wie möglich. Es liegt mir mehr daran, als du selbst glauben kannst, von hier zu gehen. Lodovicos Gesellschaft ist nicht mehr die meinige. Aber solange ich noch an einem Ort mit ihm bin, bin ich in seiner Gewalt und muß ihm mehr schmeicheln, als mir lieb ist. – Beruhige dich, und erhalte mir deine Liebe!«

Er nahm, als er das gesagt hatte, den Degen und ging. – Sein Weg ging gerade nach Olimpias Wohnung zu.

Viertes Buch

Des Schicksals Ball! er fliegt zum Ziele,
Geschleudert durch des Zufalls Hand.
Wer nimmt aus diesem Zauberspiele
Des Wahnes Schleier, Stab und Band?

Rinaldo fand die Wohnung der schönen Olimpia verschlossen. – Das erinnerte ihn an etwas, das ihm Lodovico gesagt hatte, und er wünschte sich von ihrem Doppelquartier zu überzeugen. Er ging die Promenade hinauf und dachte darüber nach.

»Ei!« – sprach er endlich, ganz ungeduldig, – »Mag sie doch wohnen, wo sie will. Wie kann mich überhaupt etwas beschäftigen, das dieses Weib betrifft? Ich will ja Neapel verlassen und weiß wenigstens – wie sie ist!«

Jetzt war er der Lorenzo-Kirche nahegekommen und ging – vielleicht von einer kleinen Ahnung dahin getrieben – hinein.

Der erste Gegenstand, der ihm in der Kirche in die Augen fiel, war Olimpia. Sie hatte gebetet, schlug eben ihr Buch zu, stand auf, gab einem Kavalier, der ihr das Weihwasser reichte, den Arm und verließ mit ihm die Kirche.

Rinaldo folgte ihr in der Entfernung und ging sogar ihr in das Haus, in welches ihr Begleiter sie führte. – Auf der Treppe begegnete ihm Olimpias Mädchen, die heftig erschrak.

»Wohnt ihr auch hier?« fragte Rinaldo bitter, eilte, ohne ihre Antwort zu erwarten, bei ihr vorbei, öffnete die erste beste Tür und trat durch einen kleinen Vorsaal in ein Zimmer, in welchem Olimpia mit ihrem Begleiter auf einem Sofa saß.

Olimpia entglühte sichtbar, als sie den unerwarteten Gast eintreten sah. Ihr Begleiter sah wechselseits bald sie, bald den kühnen Unbekannten mit großen Augen an, und Rinaldo kam erst jetzt wieder zu sich, um zu fühlen, wie unbesonnen er gehandelt hatte. – Indessen war es jetzt nicht Zeit, Reflexionen über etwas anzustellen, das nun einmal geschehen war. Er suchte sich also so gut wie möglich zu fassen, machte beiden ein stummes Kompliment, gab Olimpien einen bedeutenden Blick, fixierte ihren Begleiter ein wenig stark und nahm mit einer zweiten stummen Verbeugung wieder Abschied. – Aber kaum hatte er die Tür des Vorsaals erreicht, als er die Tür des Zimmers öffnen und jenen Herrn sich nachrufen hörte:

»Mein Herr! Ein paar Worte?«

Rinaldo drehte sich herum und fragte gelassen:

»Was beliebt?«

»›Was habt Ihr hier zu suchen?‹«.

»Was ich gefunden habe.«

»›Deutlicher! – Was sucht Ihr hier?‹«

»Eine Überzeugung, die ich, wie gesagt, auch gefunden habe.«

»›Ohne Umschweife! Ich fordere bestimmte Erklärung.‹«

»Prinz! Ich bitte Euch« – schrie Olimpia, – »laßt Euch von mir die Erklärung geben!«

Die Leser erraten nun, daß es der von Lodovico bezeichnete Prinz della Torre war, der jetzt so trotzig mit Rinaldo sprach.

PRINZ Hier waltet ein Geheimnis, zu welchem ich den Schlüssel haben muß!

RINALDO Die Signora will ihn Euch ja geben.

OLIMPIA Dieser Herr –

PRINZ Wer ist er?

OLIMPIA Er ist ein Bekannter des Kapitäns und will vermutlich mich sprechen.

Der Prinz warf ihr einen sehr sprechenden Blick zu. Sie schien ihre Fassung zu verlieren, wurde blaß und sank auf ein Sofa.

»Ihr habt doch nicht etwa gar eine Ohnmacht zu befürchten?« – fragte der Prinz spöttisch und warf sich, heftig bewegt, auf einen Stuhl.

Rinaldo fragte ganz gelassen:

»Kann ich gehen oder soll ich bleiben?«

»Tut, was Euch beliebt«, – antwortete der Prinz ebenso gelassen, als gefragt wurde.

Sogleich nahm Rinaldo beiden gegenüber auf einem dritten Stuhle Platz. –

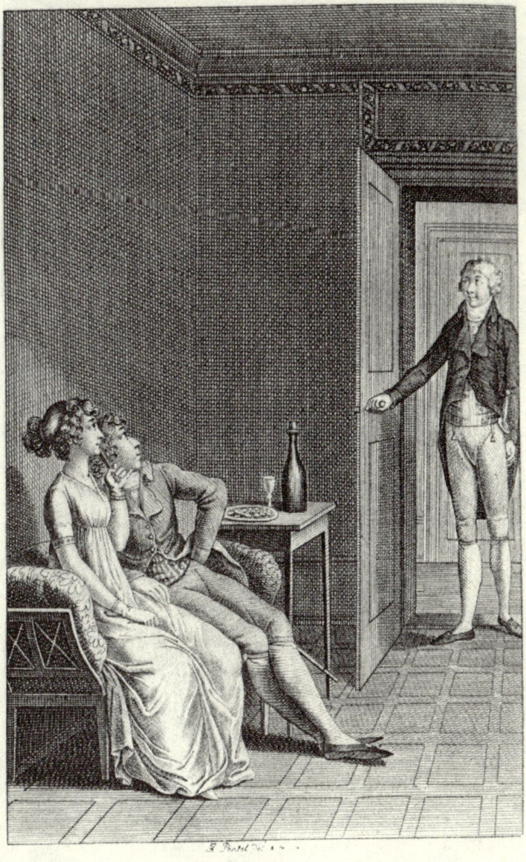

Die Gruppe blieb stumm.
Endlich sprang der Prinz auf, drückte seinen Hut tief ins Gesicht und verließ das Zimmer der sonderbaren Konversation, ohne eine Silbe zu sprechen.
OLIMPIA Was hast du getan?
RINALDO Du weißt, was *Du* getan hast.
Du hast mich hintergangen, getäuscht, belogen, betrogen, und ich weiß mehr, als du glaubst. – Signora, ich erinnere Euch an jene Szene, als uns der Kapitän beisammen fand; ich erinnere Euch an das, was er sagte, und bitte mir, wie er, meinen Ring aus.
OLIMPIA Der Kapitän fand uns ganz anders, als du uns gefunden hast.
RINALDO Euch nicht eben so zu finden, lag an mir. Ich hätte nur noch ein wenig verziehen sollen. – Ich bitte um meinen Ring. Ich will ihn Euch abkaufen.
OLIMPIA Elender! ich brauche dein Kaufgeld nicht, solange andere noch welches für dich selbst geben. – Was ist mehr wert, der Ring oder dein Kopf? – Beide sind in meiner Gewalt, edler – Graf! – Ich erwarte von Euch binnen vierundzwanzig Stunden tausend Dukaten. Denn nach diesem Vorfall muß ich Neapel verlassen. – Gebt Ihr mir das Geld nicht, so gibt es mir ein anderer für Euch. Ihr versteht mich doch? – – Mein Mädchen soll das Geld bei Euch abholen. Hier ist Eurer Ring. – Nochmals: Ihr habt mich verstanden? – Gott befohlen!
RINALDO Wenn Ihr glaubt –
OLIMPIA Ohne Einwendungen, Graf! oder ich nenne Euch – bei einem andern Namen.
RINALDO Doch nicht bei des Kapitäns eigentlichen Namen?
OLIMPIA Ein abgenutztes Stückchen! Ihr entkommt mir nicht! – Ich weiß, wen ich vor mir habe, und wir sind jetzt in keinem Hohlwege. – Es bleibt bei meiner Forderung. – Zahlt Ihr nicht, so zahlt man anderswo für Euch.
RINALDO Ihr sollt das Geld haben. – Gesteht mir aber, daß Ihr mich hintergangen habt.
OLIMPIA Wozu mein Geständnis, wenn Ihr das glaubt? Es kann

Euch weder beruhigen noch verlegener machen, als Ihr schon wirklich seid. Ich lasse das Geld abholen, und Ihr wünscht mir glückliche Reise. Damit ist zwischen uns alles abgetan. Wenn Ihr klug seid, so macht Ihr es wie ich und geht aus Neapel. Der Prinz möchte uns beiden ein Bad zubereiten, das gewiß unser letztes sein würde. Auch habt Ihr den Kapitän zu fürchten. Ihr seid sein sicherstes Kapital in Neapel. Weiß er sich einmal gar nicht mehr zu retten, so greift er Euch, wie einen Sparpfennig an und macht Euch zu Gelde. Auf dieser Spekulation des Kapitäns ganz allein beruht Eure bisherige Sicherheit. Ihr seid sein Notpfennig. – Jetzt komme ich ihm zuvor. Ich greife den Schatz an. Aber ich weiß mir auf keine andere Art zu helfen. – Wann kann ich mein Mädchen zu Euch schicken?

RINALDO Sobald es Euch beliebt. – Ich wünsche Euch glückliche Reise.

OLIMPIA Ich Euch gleichfalls, gefürchteter Beherrscher der Apenninischen Schlupfwinkel. – Ha, ha, ha! Rinaldini! 's ist wahrlich ärgerlich, daß ein so gefürchteter Mann, wie Ihr einer seid, ein armseliges Weib fürchten muß, die so reich an Liebe als sie arm an Gelde ist, und die die Notwendigkeit zwingen könnte, um ein paar lumpiger Dukaten willen, Euch in Fesseln nach Toscana führen zu sehen. – Pfui! wozu kann Geldmangel nicht zuweilen die besten Menschen verleiten! Mich zur Verräterei und Euch zum Stehlen.

RINALDO Wir beide, Signora, tun wohl am besten, uns keine moralischen Vorlesungen zu halten.

OLIMPIA Gut dann! aber noch ein paar Worte über mich und mein Betragen, von mir selbst. – Da ich durch den Kapitän wußte, wer Ihr wart, da ich seine Absichten auf Euch genau kannte und Euch liebte, – auch noch liebe, – so lag mir viel daran, meinen Geliebten eines gewissen Schutzes zu versichern. – In dieser Voraussetzung liegt der Grund meiner Bekanntschaft mit dem Prinzen. Ich hätte Euch gelegentlich selbst miteinander bekannt gemacht. Ihr selbst habt das Gewebe zerrissen, in welches ich mich so selbstwillig für Euch hineingesponnen hatte. –

Es war Zufall, daß es so kam, daß es so kommen mußte, und – wir wollen einander keine Vorwürfe machen.

RINALDO Demnach bin ich Euch ja aber noch Dank schuldig?

OLIMPIA Ich hoffe. – Wißt Ihr sonst noch etwas, das –

RINALDO Ich wüßte weiter nichts zu sagen, – als daß ich jetzt ein Stückchen Menschenkenntnis mehr erobert habe.

OLIMPIA Nun! so wendet es gut an.

RINALDO Es soll gewiß geschehen.

OLIMPIA Und sollten wir uns etwa einmal irgendwo wiedersehen, so –

RINALDO So kennen wir uns nicht mehr.

Er drehte sich langsam herum, ging und eilte in den Hafen.

Auf dem Wege dahin traf er ganz unvermutet auf den Kapitän, der ihm einen Wink gab und dem er unwillig an einen abgesonderten Platz folgte.

»Wir wollen«, – sagte der Kapitän, »nichts von alten Sachen sprechen, und was geschehen ist, sei geschehen, was vergangen ist, sei vergangen. Jetzt ist die Rede von dem Gegenwärtigen. Ich bedarf Geld und nehme in dieser gegenwärtigen Angelegenheit meine Zuflucht zu Euch, da ich weiß, daß Ihr mit dem, was mir fehlt, versehen seid. Ihr leiht mir 2000 Stück Dukaten, und ich setze Euch meine Verschwiegenheit als Pfand ein. – Die Sache sieht eigentlich einer Prellerei so ähnlich wie ein Ei dem andern, sie ist's aber nicht. – Übrigens, wenn Ihr die Signora Olimpia ebensogut zu benutzen versteht, als sie den Prinzen della Torre vermutlich benutzen wird, so ist meine Forderung wirklich nur eine Anleihe auf ein weit besseres Kapital.«

»Ich weiß« – antwortete Rinaldo, – »was ich Euch zu verdanken habe und was ich Euch schuldig bin. Ich weiß, welchen entschiedenen Anteil Ihr an mir und an meinem Schicksal nehmt und bin Euer Schuldner. Wenn ich Euch 2000 Dukaten gebe, so bitte ich Euch, dieselben als ein kleines Geschenk meines lebhaften Dankes anzunehmen. Bis übermorgen sollt Ihr, was Ihr verlangt, haben.«

»Freund«, – fuhr der Kapitän fort, – »meine Bedürfnisse sind, wie gesagt, dringend. Die Summe hätte ich lieber heute noch als morgen oder übermorgen.«

»Nun! so will ich zusehen, Euch das Geld bis morgen Abend zu verschaffen, da ich Kostbarkeiten verwechseln muß, wo ich Euch bei mir zu sehen hoffe.«

Er nahm mit einer stummen Verbeugung von dem Kapitän Abschied, der ihm schweigend nachsah, und ging in den Hafen. – Hier lag ein segelfertiges Genuesisches Schiff, das in einigen Stunden die Anker zur Abfahrt lichten wollte. Es wollte nach Malta. – Rinaldo sprach mit dem Kapitän des Schiffes und machte ihm sein Verlangen, bei ihm an Bord zu gehen, bekannt.

»Ich werde Euch«, – sagte der Schiffskapitän, – »mit Vergnügen aufnehmen. Erlaubt mir aber, Euch etwas zu sagen, das Ihr vielleicht noch nicht wißt und das ich soeben erst erfahren habe. Es ist seit einer Stunde hier im Hafen der allgemeine Befehl publiziert worden, keinen Passagier bei Strafe der Konfiskation der Schiffsladung aufzunehmen, der nicht dazu einen Erlaubnisschein von der Stadtpolizei vorzeigen kann. Ich weiß nicht, worauf das zielt. Es muß sich etwa eine verdächtige Person, an der etwas gelegen ist, in der Stadt befinden, die sich davonmachen will und der man nachspürt.«

»Das wird's auch sein!« – antwortete Rinaldo anscheinend gelassen, unter heftigem Herzklopfen. – »Ich werde mir also einen Erlaubnisschein geben lassen.«

Ängstlich und unruhig erreichte Rinaldo wankend und wie ein Träumender sein Haus.

»Wird es denn« – sprach er bei sich selbst, auf einmal so hell um dich! O geh zurück und verbirg dich in das Dunkel deiner Höhlen und Wälder.«

Lodovico war auf seinem Zimmer. Er fand ihn, als er eintrat, mit Rosalien im Gespräch. – Er erzählte, was ihm in dem Hafen begegnet war. Rosalie zitterte, Lodovico wurde verlegen. Man sah sich an und sprach nicht.

Endlich begann Rinaldo und schien wieder zu Fassung gekommen zu sein:

»Lodovico, du bist ein ehrlicher Kerl. Dir vertraue ich das Mädchen und diese Koffer an. Bringe sie in Sicherheit. Ich entferne mich in der größten Stille aus Neapel. Ihr kommt mir nach. – Zu Cosenza ist der Sammelplatz, wo wir uns auf jeden Fall treffen. – Ich weiß es gewiß, daß mein Aufenthalt hier verraten ist. Meine Person muß ich also zu retten suchen. Ihr werdet unbemerkt reisen. Ich hoffe, mich durchzuschleichen.«
Hierauf warf er sich in Pilgerkleider, nahm so viel Edelsteine, als er schicklich vernähen und verbergen konnte, zu sich und verließ ohne Verzug seine Wohnung.
Lodovico schwur ihm Treue zu. Rosalie zerfloß in Tränen.

Rinaldo verließ unangehalten die Stadt und nahm seinen Weg auf Salerno zu. – Er erlaubte sich keine langen Ruhepunkte und verfolgte seinen Weg bis Clavimonte, wo er, auf das äußerste ermattet, ankam und wider Willen ein bleibendes Ruhelager aufschlagen mußte. – In einer elenden Herberge kämpfte er mit Leibesschmerzen und Seelenangst. Seine Füße waren wund, durcheitert und geschwollen, und in seiner Brust tobte es heftig. Er wünschte sich den Tod und getraute sich nicht, ihn herbeizurufen.
Ein rechtschaffener Arzt nahm sich seiner an, stillte seine körperlichen Schmerzen und suchte ihn durch freundschaftliche Unterhaltungen aufzuheitern. Das erstere gelang ihm ganz, das letztere kaum zur Hälfte.
Rinaldo machte sich endlich wieder auf den Weg und eilte den Gebirgen von Mormando zu, durch welche er nach Cosenza gehen wollte. Er ging an mancher Klause vorüber und gedachte seines Freundes Donato. Jedes Kloster erinnerte ihn an Aurelia, und jede wilde Gegend war ihm ein Schauplatz seines Lebens in den Apenninen.
Einst warf er sich, von der Hitze des Tages gedrückt, bei einer Quelle unter einigen Pappeln nieder und überließ sich stillen Betrachtungen, als er ganz unvermutet von einem nahen Geräusch aufgeschreckt wurde. Er blickte auf und sah ein paar

Menschen neben sich stehen, deren Äußerliches sehr mit dem Ansehen seiner ehemaligen wilden Kameraden übereinstimmte.
»Wer bist du?« fragte der eine.
»Wie ihr seht, ein Pilger«, – war Rinaldos Antwort.
»Wohin willst du?«
»Zum Gnadenbilde der heiligen Jungfrau nach Cosenza.«
»Kannst du nichts Klügeres tun?«
»Ich bin krank und schwach und hoffe dort Hilfe zu finden.«
»Wir wollen dir den Gang erleichtern. Zieh deine Börse und liefere sie uns aus.«
»Wer seid ihr?«
»Wir sind Menschen, die sich auf eine kluge Art zu nähren suchen.«
»Ich habe nur wenig Geld bei mir.«
»Nicht lange expostuliert! Wir haben keine Zeit, uns in Gespräche einzulassen.«
»Habt ihr von dem berühmten Rinaldini gehört?«
»O ja!«
»Dieser ließ keine armen Pilger plündern. Sein Freund Cinthio traf einst« –
»Cinthio?«
»Warum fällt euch dieser Name auf?«
»Warum sollte er uns nicht auffallen? Eben so heißt unser Hauptmann.«
»Euer Hauptmann? – Wo ist er? Führt mich zu ihm. Er kennt mich. Ich habe ihm einst einen Dienst erwiesen, den er mir zu vergelten versprochen hat. Jetzt ist die Zeit da, wo er Wort halten kann.«
Die beiden Staudenhechte sahen sich schweigend an, und Rinaldo wankte auf. Er ergriff seinen Pilgerstab und machte sich marschfertig.
»Nicht vom Platze!« – schrie ihm der eine zu und streckte ihm seine Pistole entgegen.
»Ich verlange zu euerm Hauptmann geführt zu werden«, – sagte Rinaldo gefaßt. – »Dieser wird mich nicht bestehlen lassen.«

»Kerl! rede nicht so frech.«
»Fürchtet ihr, ich würde euch verklagen, so gebe ich euch mein Wort, es soll nicht geschehen. – Ihr schweigt? – Bursche! ich halte Wort. – Ich ehre euch hoch, wenn ich euch bitte, mich zu Cinthio zu führen.«
»Oho! über die hohe Ehre!«
»Ich schwöre es euch zu, Cinthio wird euch wohl belohnen, wenn ihr mich zu ihm bringt. Ich bin ein Mann« –
»Das sehen wir. Aber zum Hauptmann führen wir dich nicht. – Deine Börse, oder eine Kugel durchs Hirn. Wähle!«
»Schießt, wenn ihr Mut habt. Ich bin Rinaldini.«
Mit einem Tempo streckten beide ihre Gewehre und legten sie zu seinen Füßen nieder.
»Ich halte Wort. Führt mich zu euerm Hauptmann. Überdies schenke ich einem jeden von Euch zehn Dukaten.«
Die Kerle sprangen freudig hoch auf, warfen die Hüte in die Luft, küßten ihm die Hände und führten ihn mit sich fort. – Als sie sahen, daß Rinaldo so matt war, schlugen sie ihre Hände ineinander, ließen ihn sich auf ihre Arme setzen und trugen ihn bis zu Cinthios Residenz.

Diese Residenz war eine geräumige Höhle, vor welcher Cinthio jetzt unter einem Gezelte campierte. Er hatte sich auf ein Feldbett gestreckt und dachte eben an Rinaldo, als er den seltsamen Zug ankommen sah. Seine Leute setzten den verkappten Pilger vor dem Feldbette nieder, und der eine sagte:
»Hauptmann, das war eine kostbare Last. Diesen, den wir dir hier bringen, hätten die Sbirren nicht so sanft getragen als wir. Hier ist er. Sieh ihn selbst an und sage uns, wer er ist?«
Cinthio warf seine Augen auf Rinaldo und konnte kein Wort sprechen. Eine Ahnung flog durch seine Seele, und eine unerklärbare Ungewißheit nahm ihm die Sprache.
»Kennst du mich nicht mehr?« – fragte Rinaldo mit schwacher Stimme.
Schnell flog Cinthio auf ihn zu, drückte ihn an seine Brust, und

eine Träne zitterte aus seinem Auge über die braune Wange hinab. Still und betroffen standen seine Kameraden um ihn herum, und er schrie laut auf:
»Sehe ich dich wieder, Rinaldini, mein Freund? Höre ich dich wieder sprechen? Und es ist kein Traum?«
Wie aus *einem* Munde schrien die Umstehenden zugleich:
»Es lebe der große Rinaldini und Cinthio sein Freund, unser wackerer Hauptmann!«

Als es zu einer ruhigeren Unterhaltung unter vier Augen kam, teilte Rinaldo seinem Freunde seine Geschichtserzählung mit. Dieser unterbrach ihn in seiner Erzählung mit keinem Worte; als aber dieselbe geendigt war, begann er:
»Sieh, Rinaldini, nun wirst du endlich doch wohl glauben, *daß wir nicht mehr unter die Menschen taugen*?«
RINALDO Ich bin davon überzeugt und habe es empfunden.
CINTHIO Laß uns in einsamen Tälern und Wäldern leben und die hochgetürmten, belebten Städte fliehen. Auf Kalabriens Boden gedeihen unsre Werke. Die Natur scheint dieses Land für uns geschaffen zu haben. Je tiefer wir hineinkommen, je bessere Wohnung finden wir, und an Unterhalt kann es uns nie fehlen. Ich stehe an der Spitze von achtzig Mann und kann deren mehrere haben, wenn ich will. Ich trete dir meine Hauptmannstelle ab. –
RINALDO Behalte, was dein ist. – Mich laß als Klausner einen der verstecktesten Winkel Kalabriens bewohnen.
CINTHIO Bist du klug? – Könnte man dich nicht erkennen und dich so wehrlos, wie du dann bist, in die Arme der holden Justiz werfen? Aus deiner Erzählung sehe ich, daß du einen Feind hast, der gewiß zu fürchten ist. Spürt dich einer aus, so ist es der Kapitän, der sich, wie ich merke, nun einmal vorgenommen hat, auf deine Unkosten zu leben. Stehst du aber an der Spitze meiner Achtzig, wird er dir kein Härchen krümmen. Als ein wehrloser Klausner bist du jedem Zufall der Gewalt unterworfen. Die Menschen verfolgen dich, die Obrigkeiten haben dich geächtet,

haben Preise auf deinen Kopf gesetzt, überallhin geht dir dein eigener Name als ein Verbrechen nach. – Nur an der Spitze deiner Kameraden findest du Ansehen und Sicherheit. Kannst du noch wählen?

RINALDO Laß mich nur erst wieder zu mir selbst kommen, und es wird sich alles fügen. – Hier ist Geld. Teile es unter deine Leute aus und mich bringe zur Ruh, daß ich wieder Rinaldo werde, denn mein Geist ist von mir gewichen, und meine Kräfte sind dahin.

Cinthio brach mit seinen Gesellen auf und zog den Ruinen eines Schlosses zu, in welchem er einige Plätze zu Zimmern eingerichtet hatte, wo er seinen Freund in das beste derselben einquartierte und wo sich dieser, nach guter Pflege und Wartung, wieder nach und nach erholte.

Er belehrte Cinthio, daß und warum er nach Cosenza gehen müsse, wo Lodovico und Rosalie ihn zu erwarten Weisung hatten. Cinthio wollte dies nicht zugeben, verlangte nur einen Brief von ihm an Rosalien und entschloß sich, selbst dahin zu gehen. Rinaldo konnte seinen Vorstellungen nichts entgegensetzen und mußte es endlich geschehen lassen, daß sein Freund nach Cosenza ging. Rinaldo übernahm indessen das Kommando über Cinthios Gesellen und erwartete mit Sehnsucht die Zurückkunft seines Freundes.

Den achten Tag nach seiner Abreise brachten einige der Gesellschaft Rosalien und Rinaldos Gepäcke und Koffer glücklich zu ihm. Lodovico kam auch mit. Er war mit Ketten geschlossen. Cinthio war nicht bei der Gesellschaft. Einer seiner Leute übergab Rinaldo folgenden Brief von ihm:

»Rinaldo! ich übergebe dir die Anführung meiner Gesellen. Wenn du mich wiedersehen wirst, will ich dir sagen, wo ich indes gewesen bin und was ich getan habe. Ich habe aus deinem Vorrat von Gelde 100 Dukaten genommen, die ich vielleicht zu meinem Vorhaben gebrauchen werde. Ist es nicht, so bekommst du das Geld wieder. Beruhige dich über alles. – Warum ich dir

Lodovico geschlossen zuschicke, wird er dir selbst sagen. Du wirst wissen, was mit ihm zu tun ist. Gott befohlen! *Cinthio.*«

Rosalie lag noch an Rinaldos Halse, als er befahl, Lodovico vorzuführen. – Er kam.

RINALDO Warum trägst du diese Fesseln?

LODOVICO Um meiner Verräterei willen.

RINALDO Verräterei?

LODOVICO Ich bin ein Schurke und habe mich Cinthio entdeckt. Von dir erwarte ich mein Urteil, denn dich trifft meine Verräterei.

RINALDO Mich?

LODOVICO Höre mein Bekenntnis und richte mich nach Verdienst. – In Neapel habe ich dich verraten. Durch mich wußte der verdammte Kapitän, wer du warst.

RINALDO Ist es möglich?

LODOVICO Allwissend ist jener Betrüger nicht. – Als ich wieder zu mir selbst kam, bereute ich, was ich getan hatte, und nahm mir vor, alles wiedergutzumachen. Du weißt, wie ich dir gedient habe. Mit Rosalien bin ich mit großer Gefahr aus Neapel entkommen und habe sie nach Cosenza gebracht. Dein Eigentum habe ich respektiert, und mit Reue über meine verfluchte Entdeckung habe ich mich zermartert wie ein Büßender mit der Geißel. Endlich mußte es heraus. Ich bekannte. Cinthio ließ mich schließen. Das verdiente ich. Aber er hätte es nicht gebraucht. Ich wär' dennoch zu dir gekommen, um mein Urteil aus deinem Munde zu hören. Sprich es aus. Bestrafe mich.

RINALDO Ich vergebe dir.

LODOVICO Hauptmann!

RINALDO Ich vergebe dir alles.

LODOVICO Laß mich Schurken geißeln, laß mich hängen. Vergib mir nicht so leicht. Das zermalmt mich.

RINALDO Ich bin in Sicherheit. Rosalie und meine Schätze sind gerettet. Was will ich mehr? Du hast ehrlich an *meinem* Eigentum gehandelt; das hast du *mir* getan. Ich vergebe dir. – Und wenn du willst, kannst du bei mir bleiben. Du wirst mich nie wieder verraten.

LODOVICO Wahrlich nicht! – Sieh Hauptmann! ich weine. – Pfui über mich Buben! Laß mich windelweich schlagen! Bestrafe mich nur mit etwas, sonst kann ich dir nicht wieder ins Gesicht sehen. Ich kann nicht ruhig werden, wenn du mich so ganz frei ausgehen läßt.

RINALDO Nun gut dann! du sollst bestraft werden.

LODOVICO Recht so, Hauptmann! Laß mir das Fell über die Ohren ziehen.

RINALDO Erinnere mich in vier Wochen wieder daran. Bis dahin wird sich eine Bestrafung für dich finden.

LODOVICO Gut! Ich will dich gewiß daran erinnern.

RINALDO Jetzt gehe frei und losgesprochen zu meinen Leuten, zu denen du gehörst. Ich rechne in Gefahren auf dich.

LODOVICO Jedem deiner Winke gehört mein Leben.

RINALDO Ich rufe meine Leute herbei, so viele ihrer in der Nähe sind, und nehme dir die Fesseln selbst ab, damit sie sehen, daß ich dich für unschuldig erkenne.

LODOVICO Hauptmann! Wenn ich das je vergesse, so will ich an jeder Feige den Tod fressen.

Rosaliens Entzücken zu beschreiben, vermag keine Feder. Sie lebte ganz in und für ihren geliebten Rinaldo, und dieser erholte sich zusehends wieder bei der Pflege und Wartung des geliebten Mädchens. Seine Seele wurde nach und nach heiterer, er genoß die schönen Szenen der Natur mit herzlicher Empfänglichkeit, und sanfte Ruhe schwebte über seinen so glücklich entschwindenden Tagen.

Aber diese Ruhe war seinen wilden Gesellen nicht so willkommen als ihm selbst, und einer derselben sagte ihm das endlich im Namen aller.

»Bist du der berühmte und tapfere Rinaldini«, – sprach er, – »und liegst hier in schwärmerischer Untätigkeit nur deinem Mädchen im Schoße? – Mute wenigstens uns nicht zu, eben das zu tun. Willst du unser Hauptmann sein, so gib uns Beschäftigung.«

»Ich bin nicht gesonnen« – antwortete Rinaldo – »euch auf die Straßen zu schicken, um armen Wanderern ihre paar Zehrpfennige abzupressen, denn soviel kann ich euch selbst geben, und es bedarf dazu keiner Dolchstiche. Wenn ihr mir aber ein Unternehmen nennen könnt, das meiner wert ist, so werde ich euch zeigen, daß ich Rinaldini bin.«

»Über so etwas zu urteilen«, – fuhr Albonicorno, dieser Sprecher der Gesellschaft, fort, – »ist nicht unsere Sache. Genug, daß wir da sind, um nicht wie faule Ölgötzen die Hände in den Schoß zu legen. Wir kommen nicht einmal aus diesem Neste, um uns frische Saiten auf unsere Guitarren kaufen zu können. Sie sind unbezogen und verstimmt. Uns bezieht auch niemand, und wir sind verstimmt wie unsere Instrumente. Sollen wir deshalb den berühmten Rinaldini zum Anführer haben, damit wir uns zwischen Felsen verschließen können? Das könnten wir auch ohne dein Kommando tun, und unsere Weinschläuche blieben nicht ebenso leer als unsere Taschen.«

RINALDO Nun! so holt euch Wein aus dem Keller des ersten besten Klosters.

ALBONICORNO Wer mag mit Kuttenhelden fechten, die dem Teufel das Brevier an den Kopf werfen?

RINALDO Fürchtet ihr euch davor? Seht, das kann ganz ruhig zugehen. Ihr fangt den Abt des Klosters und ihr habt Wein. Wollt ihr das nicht, so will ich mich im Tale umsehen. Vielleicht finde ich etwas für euch. – Ich stehe nicht schlecht mit dem Zufall.

Den folgenden Morgen ging Rinaldo in das Tal und näherte sich dem Flecken Fiscaldo, wo eben das Fest der Schutzpatronin des Ortes gefeiert wurde. Es gab da Tanz und Gesang. Buden waren aufgeschlagen, versehen und aufgeputzt mit mancherlei Waren, und Bühnen, von welchen herab Mönche Amulette, geweihte Rosenkränze und andere kleine Heiligkeiten verkauften. Die armen Kalabresen drängten sich an diese Bühnen und brachten ihre kärglich ersparten Pfennige dar, die alle, ohne Erlösung zu hoffen zu haben, in die große Büchse der geistlichen Empiriker fielen. Und so groß der geistliche Warenvorrat dieser Herren auch war, so wenig schien er doch hinreichend zu sein, die herbeiströmende Menge zu befriedigen.

»Dieses Geld« – murmelte Rinaldo bei sich selbst, – »sollen die Scharlatane nicht mit nach Hause nehmen.«

Er schickte Lodovico zurück und ließ Albonicorno und einigen andern sagen, worauf sie aufmerksam sein sollten und was sie zu tun hätten, der Geistlichkeit die gefüllten Geldbüchsen abzunehmen. – Und das geschah gegen Abend auch wirklich.

An einer Ecke, wo ein Marienbild stand, brachten arme Kalabresen, die sonst weiter gar nichts zu geben hatten, um ihre Andacht so gut wie möglich zu bezeigen, der heiligen Jungfrau ein Ständchen.*) In diese glorifizierende Gesellschaft mischte sich Rinaldo, bezeigte den frommen Musikern seinen Beifall und schenkte den armen Leuten Geld, weil, wie er sagte, »ihm die heilige Jungfrau offenbart habe, sie verlange nichts umsonst, und er solle für sie zahlen«.

Die Musiker, die auf eine irdische Belohnung gar nicht gerechnet hatten, bedankten sich verbindlich, nahmen das Geld und trugen es an die geistlichen Krämerbuden. Dort wurde es auch in die Büchsen geworfen, und so kam es wieder in die Hände des milden Gebers.

Ein paar maskierte Damen, die in Gesellschaft einiger Kavaliere auf dem Markte umherspazierten, zogen Rinaldos Aufmerksamkeit auf sich, und er näherte sich ihnen nicht so bald, als die eine derselben ihn auch zu bemerken schien. Sie fixierte ihn stark und drängte sich absichtlich ihm immer näher, bis sie ihm endlich unbemerkt zulispeln konnte:

»Willkommen, Graf Mandochini!«

Rinaldo erschrak, fragte aber gleich zurück:

»Wer spricht mit mir?«

*) Eine Beschreibung und Abbildung einer solchen andachtsvollen musikalischen Szene findet man in der Voyage pittoresque en Naples et Sicile. T. I. p. 140. No. 111.

»Eine Bekannte«, – war die Antwort, und die Dame ging wieder zu ihrer Gesellschaft zurück.

Rinaldo blieb stehen und verfolgte sie mit den Augen, bis sie im Gedränge der Menschen verschwand.

Er trat beiseite und visitierte seine Pistolen, als er auf einmal von hinten zu auf die Achsel geschlagen wurde. – Er fuhr erschrocken herum und sah Cinthio vor sich stehen.

»Du hier?«

»Ich und noch einige Bekannte.«

RINALDO Wahrhaftig! das habe ich soeben mit Verwunderung gehört. – Eine maskierte Dame nannte mich hier, wie ich mich in Neapel nannte, Graf Mandochini.

CINTHIO Nun? Und du ahnst nichts? – Höre! In Cosenza kam ich deinen Neapolitaner Bekannten auf die Spur. Ich bin ihnen allenthalben hin nachgefolgt. Sie sind beide hier. Ich wünsche, sie möchten nun bald auch in unserer Gewalt sein.

RINALDO Wer?

CINTHIO Wer? – Wie du auch fragen kannst! Wer anders als der kunstreiche Kapitän und die wunderschöne Signora Olimpia.

RINALDO Ist es möglich?

CINTHIO Es ist Gewißheit. – Sie scheinen in der Nähe bei einem Edelmann zu leben, dem sie vermutlich mit vereinigten Kräften den Beutel fegen werden. – Wir wollen sie auch fegen, diese Beutelschneider, daß sie an uns denken sollen!

Indem kam Bramante, einer ihrer Gesellen, eilig auf sie zu und sagte:

»Hauptmann, dort sprach ein Herr in Gesellschaft einiger Herren und Damen den Namen Rinaldini ganz deutlich aus. Einer von der Gesellschaft winkte ein paar Sbirren herbei, und ein anderer sprach mit einem Offizier der Miliz. Ich eilte fort, euch dies zu sagen.«

»Siehst du nun, daß ich meiner Sache gewiß bin?« – sagte Cinthio. – »Uns werden sie nicht fangen! Ich kenne hier herum die Wege. Bramante, spüre voraus! Wir gehen über die Klause St. Sepolchro. Triffst du welche der Unsrigen an, so ziehe sie

an dich. Bei dem Pappelwäldchen unter der Klause erwartet uns.«
Bramante sprang davon, und Cinthio zog Rinaldo durch einen zerfallenen Aquädukt ins Freie, vor Fiscaldo hinaus.

Am Pappelwäldchen trafen sie Bramante und drei seiner Kameraden. Sie erreichten die Anhöhe St. Sepolchro, als sie in Fiscaldo die Trommel rühren hörten, und bald darauf hörten sie auch, daß mit den Glocken gestürmt wurde, worauf das ganze Tal in Aufruhr kam. – Sie schlichen über die Gebirgsrücken hin und trafen nahe bei ihrem Lagerplatz auf die jubelnde Kolonne ihrer Leute, welche den geistlichen Wunderkrämern zwei gefüllte Geldbüchsen abgenommen hatten, die ziemlich schwer waren. Gleich nach ihrer Ankunft ließen sie aufpacken und brachen auf. Sie gingen über die Gebirge, ließen bei St. Paolo und weiterhin Wachen zurück und zogen sich auf die Anhöhen von St. Lucito, deren Zugänge sie stark besetzten. Zwischen fürchterlichen Felsen schlugen sie auf steinigem Boden ihre Gezelte auf.

Es war nach Mitternacht, als sich Rinaldo höchst ermüdet auf sein Lager streckte. Rosalie goß vorsichtig noch Öl in die Lampe und legte sich an Rinaldos Seite. Dieser hatte eben die Augen geschlossen, als ein lauter Schrei von Rosalien ihn weckte. – Rinaldo fuhr auf und wollte fragen, was es gäbe? als er eine lange weiße Figur in der Tür seines Gezeltes stehen sah. Sie drohte zweimal mit der Hand und verschwand.
Rinaldo sprang vom Lager auf, trat aus dem Gezelte, fand die Wachen munter, und die nächsten an seinem Gezelte wußten ihm nichts zu antworten, als er fragte, ob nichts vorgefallen sei? Er ging zurück und fand Rosalien ängstlich. Sie erinnerte ihn an eine ähnliche Erscheinung in den Apenninen, deren sich die Leser auch noch erinnern werden, und Rinaldo wurde nachdenkend. – So schlief er ein und erwachte, von Cinthio geweckt, als der Tag anbrach.

»Ich nehme zwanzig Mann mit mir«, – sprach dieser, – »und will in den Tälern rekognoszieren.«

Als er fort war, rief Rinaldo Lodovico herbei und sagte:

»Jetzt, Lodovico, ist der Termin deiner dir erbetenen Strafe da. – Der bekannte Kapitän und die Signora Olimpia halten sich in der Gegend von Fiscaldo irgendwo auf. Du gehst und kommst nicht eher wieder zurück, bis du mir die Nachricht bringen kannst, wo diese feine Brut ihr Nest hat, damit wir sie ausnehmen können, denn ich denke, sie sind flügge.«

»Das waren sie schon längst!« – sagte Lodovico. – Ich danke dir, Hauptmann, daß du dich endlich meiner Bestrafung erinnerst, wiewohl diese ein wenig zu leicht ist. Aber du sollst sehen, was ich tun will. Erfahren sollst du, wo die Vögel stecken, und der korsische Hahn soll sich, kann ich ihn aufs Korn bekommen, gewiß am längsten haben füttern lassen.«

Das gesagt, machte er sich auch sogleich auf den Weg.

Hierauf suchte Rinaldo versteckte Winkel auf und vergrub daselbst, in Rosaliens Gesellschaft, seine erheblichsten Kostbarkeiten. – Als das geschehen war, gab er das Signal zum Aufbruch, musterte sein Corps, fand es 86 Köpfe stark, mit Waffen wohl versehen, gab das Losungswort und zog ins Tal hinab.

Er war noch nicht weit marschiert, als er in der Entfernung Trommelwirbel hörte. Er machte halt und sicherte sich den Rückweg ins Gebirge. – Bald hörte er entfernt Schüsse fallen und schickte Kundschafter auf die Anhöhen.

Das Feuern kam näher, und endlich kam die Nachricht von seinen Kundschaftern, Cinthio sei mit seinen Leuten mit Miliz und Sbirren im Tale bei St. Lucito handgemein geworden. – Er schickte sogleich zwölf Mann ab, ihm schnell zu Hilfe zu eilen, und zog diesen langsam nach.

Das Feuern wurde heftiger, und er kam endlich dem Tummelplatze näher. Aber noch kamen ihm keine Flüchtigen entgegen, was ihm gute Hoffnung gab. – Ganz unbefahrt rückte er immer weiter vor, als auf einmal, von einer Anhöhe herab, auf sein Corps Feuer gegeben wurde. Er sah hinauf und sah die Anhöhe mit Miliz besetzt. – Nun setzte er sich in den stärksten Marsch und kam endlich, gerade noch zu rechter Zeit, auf dem Wahlplatze an.

Cinthios Corps war sehr zusammengeschmolzen. Noch fochten kaum zehn Mann als Verzweifelte gegen eine ihnen mehr als zehnfach überlegene Macht. Ja, wären sie keine Räuber gewesen, man hätte sie, wie sie jetzt kämpften, Helden nennen können.

Jetzt stürzte sich Rinaldo mit seinen Leuten den Soldaten und Sbirren mit einer solchen Furie entgegen, daß diese, über den unvermuteten neuen Angriff verlegen, sich zurückzogen. – Rinaldo folgte ihnen Schritt für Schritt. – Cinthio sammelte indessen sein Häuflein, suchte die Zerstreuten und verstärkte sich wieder auf dreißig Mann.

Mit diesen eilte er Rinaldo nach und kam eben an, als dieser sich zurückziehen mußte. Die Miliz hatte ihre Kanonen vorgeführt und bediente sich derselben mit so gutem Erfolg, daß Rinaldo kaum noch zwanzig Mann um sich hatte, die Widerstand leisten konnten.

Als sich Cinthio herbeidrängte, vereinigten sich beide Corps und gingen dem Feinde rasch wieder entgegen. – Plötzlich brachen wohl vierzig Dragoner auf sie los, die von der Seite herbeigesprengt kamen. Im Nu war Rinaldo mit einigen seiner Gefährten von den Seinigen abgeschnitten und umzingelt. Bei einem Hiebe brach ihm der Säbel, seine Pistolen waren abgeschossen. Seine Gefährten fielen, von Kugeln durchbohrt, an seiner Seite. Er wurde zu Boden gedrückt und mußte sich ergeben. Dieser Fang kostete sechsen von den Reitern das Leben.

Wütend über den Tod ihrer Kameraden, schlugen die Reiter unbarmherzig auf Rinaldo los, der, ohne einen Laut von sich zu geben, die fürchterlichsten Streiche empfing. Zwei Reiter banden ihn endlich zwischen die Pferde und trabten mit ihm auf ein Schloß zu.

Hier wurde er gleich in einen finstern Kerker geworfen und bekam erst nach einigen Stunden etwas Stroh zu einem Lager, Brot und Wasser zur Nahrung.

Ermüdet sank er auf die elende Streu, von Schmerzen und Kummer gepeinigt, und konnte weder weinen noch klagen. Ganz ermattet entschlief er endlich. Er hatte lang geschlafen, als ihm träumte, Rosalie stünd' an seiner Seite. Sie blickte ihn freundlich an, reichte ihm die Hand und rief ihm zu: Komm und folge mir! – Er erwachte, fuhr auf, sah Licht im Kerker, und ein verschleiertes Frauenzimmer stand an seiner Seite.

»Wer bist du?« fragte Rinaldo.

»Fürchtet Euch nicht, aber antwortet mir getrost mit Wahrheit und Offenheit. Es könnte Euch vielleicht gereuen, es nicht getan zu haben.«

»Was wollt Ihr von mir wissen?«

»Seid Ihr der Graf Mandochini?«

»Der war ich.«

»So seid Ihr auch Rinaldini!« – sagte das Frauenzimmer und verließ schnell den Kerker.

Rinaldo sann noch nach, was dieses zu bedeuten haben möchte, als die Tür des Kerkers geöffnet ward, ein alter Kerl hereintrat, ihm Wasser und Brot hinsetzte, fortging und schweigend die Tür wieder verschloß.

Der Tag mochte mit der Nacht gewechselt haben, und Rinaldo lag im stummen Unbewußtsein auf dem kärglichen Strohlager, als die Tür seines Kerkers wieder aufging und die verschleierte Dame mit einem Lichte hereintrat.

ER Wer ist hier?

SIE Und du fragst noch? – Was man einmal geliebt hat, kann man so leicht nicht hassen. Wir sahen uns einst und waren glücklich. Wie könnte ich das vergessen!

ER Heiliger Gott! ich kenne diese Stimme. –

SIE Um das Reisegeld hast du mich betrogen, aber ich bin doch weiter gekommen als Du.

ER Olimpia?

SIE Kennst du mich nun?

ER Was habe ich von Dir zu erwarten?

SIE Großmut.

ER Olimpia! Darf ich meinen Hoffnungen trauen?

SIE Hört, edler Graf! – Ich sah Euch, als man Euch hierher brachte, und erkannte Euch. – Im Schlosse weiß man nicht, welchen kostbaren Vogel man im Käfig hat, sonst lägt Ihr gewiß, wenigstens nicht ohne Ketten, hier. Es steht bei mir, sie Euch zu geben.

ER Gebt sie mir.

SIE Starrkopf!

ER Was wollt Ihr hier?

SIE Erratet es.

ER Mich quälen? Das kann ich ertragen. Mich beklagen? Das verlange ich nicht. Mich morden lassen? Das wünsche ich.

SIE Trotziger Mensch! – Retten will ich dich.

ER Du? – Olimpia?

SIE Die dich liebte, ja! die dich noch liebt. – Aber ich bin nicht uneigennützig.

ER Das glaube ich. Ich kann aber jetzt nichts geben als diese Börse, die ich bei mir habe.

SIE Geld verlange ich nicht. Die Zeiten haben sich geändert. Ich habe jetzt Börsen für dich. – Ich verlange bloß die schriftliche Versicherung von dir, daß du mir Dank schuldig bist, weil ich dich vom Tode gerettet habe.

ER Ist das schon geschehen?

SIE Es soll und wird geschehen, so, wie ich mir es ausgesonnen habe. O geliebter Verräter! was tät ich nicht für dich? – Ich führe dich jetzt selbst aus diesem Kerker. Vor dem Schlosse erwartet dich ein berittener Diener mit einem Pferde, das mit Kleidern für dich bepackt ist. Im Hafen liegt eine genuesische Galeere, die nach Sizilien segelt. Mit dieser gehst du nach Messina. Du führst den Namen Ritter de la Cintra. Hier ist ein Paß für dich auf diesen Namen. In Palermo meldest du dich im Hause des Marchese Romano und gibst ihm diesen Brief. Du wirst dort wohl aufgenommen werden. – Hier ist eine Börse mit hundert Dukaten. –

ER Geld brauche ich nicht.

SIE Gut! so behalte ich mein Geld. Aber, das verlangte schriftliche Bekenntnis muß ich erhalten. Hier ist Bleistift und Papier, schreibe es so gut, als es dir hier möglich ist.

ER *Hat geschrieben* Hier ist es. Aber wie soll ich –

SIE Keine Zögerungen! Wir wollen schon einmal, wenn es Zeit ist, Abrechnung halten.

ER Wenn ich aber –

SIE Keinen Aufenthalt! Du bist im Schlosse des Prinzen della Torre, den du kennst. Wird das geringste entdeckt, so sind wir beide verloren. – Ein paar Küsse für mich! – Und nun, folge mir!

Sie führte ihn aus dem Kerker durch den Schloßhof an ein offenes Pförtchen. Hier küßte sie ihn noch einmal und schlüpfte hinaus.

Sechs Schritte vom Schlosse fand er die Pferde und einen Reitknecht, der ihn erwartete. Er stieg auf und trabte mit ihm rasch zu. Sie erreichten bald den Hafen. Dem Begleiter drückte er Geld in die Hand und schnallte den Mantelsack vom Pferde. Der Knecht sprengte zurück, und Rinaldo kleidete sich, hinter einem Busche, in ein Reisekleid, das er im Mantelsack fand. Sein Rock nahm den Platz desselben ein.

Die Sonne ging auf. – Den Mantelsack unter dem Arme ging er nach dem Hafen zu.

Dem Offizier von der Hafenwache, der ihn anhielt, zeigte er seinen Paß und erhielt ohne Bedenken Erlaubnis, seinen Weg fortzusetzen.

Es lag wirklich eine genuesische Galeere in dem Hafen, die ihn aufnahm.

Die Anker wurden bald darauf gelichtet, der Wind schwellte die Segel, Rinaldo seufzte nach dem Lande zu: »Ach Rosalie!« und das Schiff stach in die See.

Sie kamen nach Messina. – Rinaldo hatte kaum Quartier gefunden und sich anständig gekleidet, als er zu dem Marchese Romano eilte, seinen Brief von Olimpien abzugeben.

Er fand ihn in großer Gesellschaft in seinem Palais. – Sobald der Marchese den Brief gelesen hatte, wurde er sehr freundlich und stellte seinen Gast der Gesellschaft vor, welche aus Prinzen, Grafen, Gräfinnen und Baroninnen bestand, die sich höchlich seiner Bekanntschaft freuten und sich nichts weniger träumen ließen, als einen so verrufenen Räuberhauptmann in ihrem illustren Zirkel zu sehen.

Der jetzige Herr Ritter hatte tausend Fragen zu beantworten, beantwortete dieselben zu allgemeiner Zufriedenheit und zog sogar die Blicke von einigen der schönsten Damen der Gesellschaft auf sich. Man gestand sich, der Ritter sei ein schöner Mann, und die Herren fanden einen artigen, weitgereisten Kavalier in ihm. Man erbot sich zuvorkommend zu hundert Gefälligkeiten, und der Marchese Romano ließ nicht eher nach, als bis sein Gast versprach, Quartier in seinem Hause zu nehmen.

Wie sehr war jetzt die Szene um den nagelneuen Ritter herum verändert! Sonst unter Mördern und Räubern, auf dem Rücken irgendeines unwirtbaren Felsens, noch vor kurzem in einem stinkenden Kerker, und jetzt in einer der vornehmsten Gesellschaften Siziliens, in glänzenden Zimmern eines prachtvollen Hauses.

Und er schien hier ebensogut als dort zu Hause zu sein.

Ehe die Gesellschaft auseinanderging, erhielt er verschiedene Einladungen, und dann bat sich sein Wirt seine Gesellschaft und eine Unterredung unter vier Augen aus.

Beide begaben sich in den Pavillon eines schönen Gartens, der an dem Palais des Marchese lag; hier ließen sie sich nieder. Als der Marchese die Weingläser gefüllt hatte, erhob er das seinige mit einem Gesundheitszuruf.

MARCHESE Herr Ritter, unsre Freundin Olimpia hat Euch mir so vorteilhaft empfohlen, daß ich geradezu und ohne Umschweife Euch Freund nenne.

RINALDO Mir ungemein viel Ehre!

MARCHESE Ein Mann von Talenten und so vielen Kenntnissen,

wie Ihr, kann allerdings den gegründetsten Anspruch darauf machen, mit einer Verbindung näher bekannt zu werden, die ihr zur Ehre und ihm zum Vorteil gereichen wird. Alle meine Gäste, die Ihr gesehen und gesprochen habt, Menschen von Kopf und Herz, werden sicher mit mir der guten Hoffnung leben, in Euch ein Mitglied ihres Bundes voll Mut und Geist zu finden.

RINALDO Ich bitte, Euch deutlicher zu erklären.

MARCHESE Ich nehme keinen Anstand dies zu tun. – Es gibt ein gewisses allgemeines Band in der Welt, welches Konvenienz und Verhältnisse nur allzuoft zerrissen haben. Dieses werde wieder hergestellt von Menschen von Geist und Sinn; es werde dann durch sie allgemeiner gemacht. Im Kirchenstaate, in den Königreichen Neapel und Sizilien kennen sich eine große Anzahl Menschen mit, durch und für diesen Beruf. – Ein gegenseitiges Bedürfnis schafft gegenseitigen Beistand, gegenseitige Teilnahme. Schon genug zu wissen, man kennt sich, man kann allenthalben auf Freunde rechnen.*)

RINALDO Ein tröstlicher, willkommener Gedanke! Edler Mann, Ihr wißt nicht –

MARCHESE Ich weiß, *was ich wissen darf*. – *Der Gesellschaft* seid Ihr *vor der Hand* nur der *Ritter de la Cintra*, bis sie mehr von Euch erfährt.

RINALDO Herr Marchese! Ihr wißt also –

MARCHESE Ich grüße Euch als einen gefürchteten Mann. – Das Geheimnis Eures Namens bleibt bei mir so sicher wie bei Euch selbst verschlossen.

RINALDO Aber, was kann Euch bewegen, mich, dessen Name und Tun so verrufen ist, einer Gesellschaft einzuverleiben, deren Mitglieder so edel, vornehm und ohne bürgerlichen Tadel sind?

MARCHESE Was kann uns hindern, Euch Freund zu nennen? – Und wenn wir Euch nun einen *neuen Wirkungskreis* anweisen,

*) In wie weit dieses und das dahin Gehörige noch folgen wird, sich beziehend auf die *Gesellschaft der Schwarzen*, der Carbonaria, u. dgl.– davon ist zu lesen das Buch, welches nicht ungelesen bleiben muß: *Lionardo Monte Bello*. Fortsetzung der Geschichte Rinaldinis (Leipzig 1821) 1. T. S. 220 ff.

dessen *beabsichtigter Erfolg* ganz für *unsern Plan* berechnet ist? – Alles das wird Euch mit der Zeit deutlicher werden.

RINALDO Ich spiele glücklicher bei diesem Spiele als Ihr. Ich kann dabei nur gewinnen.

MARCHESE Durch Euch gewinnen auch wir. Vorteil und Gewinn verketten sich bei uns. Darüber seid ohne Sorge. – Ich gebe Euch den Bruderkuß.

Rinaldo ging mit schweren Gedanken umher und hoffte auf Entwicklung eines Rätsels, dessen *Deutung* er, trotz aller Anstrengung, nicht finden konnte. – Er stattete Besuche ab, machte Bekanntschaften und wohnte Tischgesellschaften und Bällen bei, die sehr glänzend waren.

Von einer Zerstreuung zur andern gerissen, kam er so wenig zu sich, daß er nach und nach ganz vergaß, Betrachtungen über sich und seine Lage anzustellen.

Unter den Damen, die er kennenlernte, waren ihrer zwei, die seine Aufmerksamkeit besonders fesselten. Ein Fräulein von hoher Schönheit, die einzige Tochter des Barons Denongo, genannt Laura, eine der ersten und reichsten Partien der Insel, und eine Gräfin Martagno, eine Dame von Geist, voll des feinsten einnehmenden Wesens, nicht so schön als Laura, aber dennoch ungemein interessant. Sie war in ihrem zweiundzwanzigsten Jahre, Witwe und Besitzerin eines ansehnlichen Einkommens von ererbten Gütern.

Diese beiden Damen interessierten, wie gesagt, unsern Ritter ungemein, und es war ausgemacht, daß auch er von ihnen nicht mit Gleichgültigkeit gesehen wurde. Besonders schien die Gräfin dies an den Tag zu legen. – Sie war eine interessante Frau, ein zartes, feines Gebild, das man wahrhaft reizend nennen konnte. Sie hatte viel Geist und ein sehr schnell einnehmendes Wesen. Voll sanftem Feuer waren ihre Augen; zierlich von der Stirn herabsteigend ihre Nase. Ihr Kopf war üppig schön umlockt. Um ihre Lippen schwebte stets ein heitrer Zug. Lächelnd gruben sich in Kinn und Wange zwei liebliche Grübchen ein. Eine sehr schön geformte Hand begleitete ihre Worte mit herrlichen Gesten. Ausdruck war ihr ganzes Wesen, wenn sie sprach. Ungemein edel war ihre Haltung, schwebend ihr Gang, harmonisch ihre Stimme. Eine wahrhaft hohe Sinnlichkeit schwebte über ihr ganzes Wesen; wirkliche Liebe in der schönsten Harmonie mit all ihren Reizen.*)

Bei einer Fete, wo die Damen sich singend hören ließen, sang auch die Gräfin zur Guitarre:

Lied

Wo Liebe sich bettet, da ruht sich's gar weich,
Da gründet die Freude ein fröhliches Reich.
Da scherzt man so freundlich, da kost man vertraut,
Da findet die Liebe der Jüngling als Braut.

Da findet das Liebchen der Freuden gar viel,
Sie wandelt durch Blumen zum rosigen Ziel,
Da kränzt sie die Liebe gar herzlich vertraut,
Sie findet den Jüngling, die zärtliche Braut.

Es wiegen die Scherze der Liebe sie ein,
Nun ruht sie so sicher, um glücklich zu sein.
Sie schlummert so friedlich, so zärtlich vertraut,
Im Arme des Lieben, die glückliche Braut!

Ein allgemeines Bravo! belohnte die Sängerin. Diese aber suchte den Beifall nur in Rinaldos Augen. Dann sprang sie auf und gab das Signal zum Tanz.

Darauf erklärte sie, sie wünsche einen guten Tänzer zum Bolero zu finden. Ein niedliches Mädchen, gekleidet als Jüngling, trat als ihr Tänzer auf. Die Gräfin schwebte mit dem verkleideten Jüngling in des Tanzes wollüstigen Touren dahin, ohne Rinaldo

*) Lionardo Monte Bello. 1. T. S. 224.

aus den Augen zu verlieren. – Die rauschende Musik ertönte. Aufeinander zu flogen die Tanzenden. Sie suchten, sie fanden sich. Ausgebreitet waren ihre Arme, zärtlich geöffnet ihre Lippen; ihre Küsse begegneten sich. Sanfte Trennung; zärtliches Zurückkommen. Beredter wurden ihre Blicke; jeder Muskel erzitterte. Ihre Herzen erbebten. – Zärtliche Pause. – Endlich sanken, wonneberauscht, sie einander in die Arme.*)
Rinaldo stand unter den Zuschauern neben Laura, die ihn fragte: »Wie findet Ihr diesen Tanz?«
»So«, – antwortete er, – »daß ich um keinen Preis in der Welt meine Geliebte ihn mit einem andern Manne, als mit mir, würde tanzen lassen.
Die Gräfin warf sich auf einen Stuhl, wehte sich Luft mit dem Tuche zu. Rinaldo lispelte: »Wie reizend schön!« – Die Gräfin lächelte mit einem Blick ihn an, der ihn durchdrang. Der Tanz wurde allgemeiner. Die Gräfin entfernte sich. – Umgekleidet erschien sie wieder, ging auf Rinaldo zu und sagte:
»Ritter! Man hat Depeschen an Euch bei mir abgegeben, die ich Euch überliefere und die Ihr hier in der besten Einsamkeit lesen könnt, wenn Ihr Euch nicht selbst stören wollt. Auch könnt Ihr hier Euch ganz dem Nachdenken überlassen, wie Petrarch an seine Laura. – Ich heiße nur Dianora, und mein Name ist nicht so schmelzend als jener. – Laßt Euch nicht stören!«
Sie verließ das Zimmer. Rinaldo erbrach den ihm gegebenen Brief.

Er war von Olimpia, mit beigelegten Einlagen an den Marchese Romano und den Baron Malvento. – Rinaldo öffnete seinen Brief und las:

»Geliebter Ritter!«
»Ich hoffe, du befindest dich wohl. – In den besten Händen von der Welt bist du wenigstens. Vermöge deines schriftlichen Ver-

*) Lionardo Monte Bello. 2. T. S. 113.

sprechens bitte ich dich, mir deine Dankbarkeit dadurch zu bezeigen, daß du dem Marchese Romano in allem folgst. Er wird dir sagen, daß es Zeit wird, dich mit dem Alten von Fronteja bekannt zu machen. Das darfst du nicht versäumen. – Vielleicht sprechen wir uns bald persönlich.«

»Als Neuigkeit muß ich dir schreiben: Daß des berüchtigten Rinaldinis Räuberbande, wie man sagt, ganz aufgerieben ist. In St. Lucito sind gestern neun seiner Gesellen, die man lebendig bekommen hatte, erschossen worden. Alle haben ausgesagt, Rinaldini selbst sei, in Stücke zerhauen, an ihrer Seite gefallen. Man ist sehr froh, daß dieser gefährliche Mensch auf diese Art sein Leben geendigt hat. Ein gewisser Cinthio soll sich aber doch mit einigen Kameraden durch die Milizen durchgeschlagen haben. Ihm wird jetzt nachgespürt.«

»Die zweite Neuigkeit ist, daß ein gewisser, dir wohlbekannter Kapitän, von einem gewissen, dir gleichfalls bekannten Lodovico mit sechs Dolchstichen beinahe ermordet worden ist. Er liegt sehr schlecht darnieder. Der Täter ist entkommen.«

»Leb wohl! Es bleibt dir die Liebe

Deiner *Olimpia*.«

Rinaldo hatte gelesen und steckte die Briefe zu sich, als Laura in das Zimmer trat. Sie suchte, wie sie sagte, hier eine Freundin, da sie dieselbe aber nicht fand, blieb sie auch da.

Es entspann sich ein gleichgültiges Gespräch, unter welchem beide, ganz unvermutet, in die Galerie kamen, welche an das Zimmer stieß. – Sie gingen sprechend immer weiter und kamen in einen glänzenden Saal, in welchem die Tafel serviert wurde.

LAURA Das muß man gestehen, die Gräfin wohnt vortrefflich hier! Ihr Haus ist ohne Widerspruch eines der schönsten Häuser in Messina.

RINALDO Die Gräfin scheint –

LAURA Sie ist eine Frau von viel Geschmack und Geist und sehr liebenswürdig. – Man sagt, sie würde sich wieder vermählen.

Dergleichen sprechend waren sie durch die Galerie wieder in das

Zimmer zurückgekommen, welches Laura schnell und unbemerkt verließ.

Er blieb hier, in Nachdenken verloren, unbemerkt, bis der Klang der Trompeten ihn zur Tafel rief. –
Hier kam er, als Fremder, neben die Frau des Hauses, die Gräfin, zu sitzen, und Laura saß ihm gegenüber. – Sein Nachdenken hatte ihn verstimmt, und sein Betragen wurde gegen seine Nachbarin sehr zeremoniös, worüber Laura viel heimliche Freude hatte.
Der Baron Malvento unterhielt die Gesellschaft mit Rinaldinis Untergang und Schicksal in Kalabrien. Die Unterhaltung über diesen Mann wurde allgemein. Jedes äußerte seine Meinung.
Laura meinte, der Straßenräuber sei viel zu ehrenvoll gestorben, er hätte sein Leben auf dem Rade beschließen sollen. Das gab Rinaldo einen starken Stich ans Herz, in welchem das unbarmherzige Fräulein sogleich ein wenig auf die Seite geschoben wurde. – Die Gräfin meinte, Rinaldini sei doch ein bedeutender Mann gewesen, der nur an der Spitze eines Heeres hätte stehen sollen, um sich seines Nachruhms zu versichern. Das gab der Gräfin Laurens ganzen Platz in Rinaldos Herzen.
Der Marchese Romano sagte der Gesellschaft, sein Freund, der Herr Ritter, habe ihm versichert, er habe Rinaldini gekannt. Sogleich bestürmte ihn die Gesellschaft mit Fragen. Laura fragte:
»Wie fandet Ihr denn diesen Gaunerkönig?«
»Mich«, – sagte Rinaldo, – »hat er gut behandelt. Ich war in seiner Gewalt, und er hat dieselbe nicht mißbraucht.«
»Wie sah er denn aus?« – fragte die Gräfin.
»Edler, als es ihm sein Handwerk hätte erlauben sollen.«
Laura schimpfte auf Rinaldini fort, bis sich das Gespräch der Gesellschaft auf einen andern Gegenstand drehte, was Rinaldo sehr gern hörte.

Die Nacht verschwebte im Tanze, und der Morgen brach an, als Rinaldo nicht in seine Wohnung, sondern vor die Stadt, in die

Gegend der Gärten und Landhäuser ging, dort den schönen Morgen zu genießen, der sich, auf tauenden Schwingen, in die blühenden Täler senkte. Seine Fußtritte ließen Streifen in den betauten Wiesenmatten zurück, und seine Blicke suchten einen Hügel, von welchem herab er die schöne Gegend übersehen konnte. Farbig spiegelten sich der Sonne goldene Strahlen im perlenden Tau; Himmel und Erde waren erwacht. Aurora hatte zugleich mit ihren Rosenpforten Rinaldos Sinne aufgeschlossen. Er lehnte sich an eine Pinie und überschaute das glänzende Tal. Seine Augen waren naß wie das Tal. Auch in seinen Tränen erglänzten der Sonne goldene Strahlen; auf seinen Wangen entglühte zurück das Purpurrot des Himmels.

Fernher ertönte das melodische Murmeln eines Wasserfalls, und drüben auf den Hügeln erklang hinter feisten Herden die ländliche Schalmei der frohen Hirtenwelt.

»Ach!« – seufzte Rinaldo, – »daß auch ich noch hinter Herden einherging, wie ehemals in meinen väterlichen Fluren! Daß auch ich noch froh und munter, schuldlos und unbefangen die Töne meiner Schalmei mit schmeichelnden Lüften vermählen könnte! Wie? wenn ich in ein fernes Land gehen, wieder zu meinem Hirtenstabe greifen und mich in die Einöde Spanischer Triften verbergen könnte? O! daß ich dieses Glücks teilhaftig würde! Was hält mich im Taumelkreise der Welt noch zurück, wo ich, von Gefahren umlagert, gewiß noch ein Opfer eines gerichtlichen Todes werde? Fort, fort aus Siziliens Tälern, in Spaniens duftende, friedliche Auen!«

Er sprachs, und Tränen begleiteten seine Worte.

»Ich Unglücklicher, der ich bin!« – seufzte er tief auf und verstummte.

Da kam ein Einsiedler den Hügel herauf, grüßte ihn freundlich und sagte:

»Du bist ein Unglücklicher, wie du seufzst? Warum bist du unglücklich? Bist du es durch deine eigene oder durch fremde Schuld?«

»Beides!« antwortete Rinaldo mit einem gepreßten Seufzer.

»Lerne dulden und tragen«, – fuhr der Einsiedler fort; – »das ziemt dem Manne. Der Himmel hat Wege genug, dir einen sanften anzuweisen, wenn es dir nicht heilsamer ist, eine rauhe Straße zu wandeln. Bedenke, daß alles, was geschieht, zu deinem Besten dient.«

»Nimmst du Almosen?« – fragte Rinaldo rasch.

»Um es andern zu geben; ja«, – antwortete der Eremit. – »Für mich habe ich immer genug, weil ich wenig bedarf. Aber es gibt Menschen, die auch dieses Wenige nicht haben.«

»Diesen gib!« – rief Rinaldo, drückte ihm eine Börse in die Hand und eilte in die Stadt zurück.

Der Marchese sagte ihm, daß er auf einige Tage verreisen werde, und empfahl ihm indessen die Unterhaltung seiner Frau und Töchter an.

Den Tag nach der Abreise des Marchese ging Rinaldo hinaus in die Gartenfelder und suchte sein Lieblingsplätzchen auf.

Der Abend senkte sich über die Täler. Die Streifen der fliehenden Sonne zogen durch die Fluren, färbten die Gipfel der Berge purpurrot und schwanden. Die Abendlüfte trugen Wohlgerüche auf balsamischen Flügeln über die Auen. Die Abendfliegen erwachten, durchschwärmten summend die Gegend, und in der Ferne erklang des Hirten laute Schallmei in das Glockengeklingel seiner Herde. Schmachtend ertönte der Sang der liebeflötenden Nachtigallen, und jeder Zweig wurde zur Kehle.

Rinaldo stand an der Tür des Gartens einer geschmackvollen Villa. Die Tür war offen. Er ging in den Garten. Duftende Orangengerüche flogen ihm entgegen, laute Kehlen begrüßten ihn von blühenden Zweigen herab. Er nahte sich einem schönen Hause, das mitten im Garten stand.

Hier begegnete ihm ein Gärtnermädchen, leicht gekleidet und hochgeschürzt. Dieses fragte er: »Wem gehört diese schöne Villa?«

»Der Gräfin Martagno«, erhielt er zur Antwort.

»Ist die Gräfin hier?«

»Schon seit diesem Morgen«, – antwortete das Mädchen und ging die Allee hinunter.

Rinaldo hatte sich noch nicht entschlossen, ob er gehen oder bleiben wollte, als er in einer Orangenlaube sich etwas Weibliches bewegen sah. Er war noch unentschlossen, ob er weiter vor- oder weiter zurückgehen wollte, als die Dame aus der Laube trat und ihm zurief:

»Ritter! Darf ich meinen Augen trauen? Seid Ihr es selbst, oder ist es Euer Geist?«

Es war die Gräfin selbst, die das sprach, und nun war's für Rinaldo zu spät fortzugehen. Er nahte sich ihr mit einer stummen Verbeugung.

»Um aller Heiligen willen!« – fuhr die Gräfin fort, – »Wie habt Ihr meine Villa gefunden?«

ER Wie man oft mehr in der Welt als eine Villa findet, durch Zufall. –

SIE Der Zufall hätte Euch nur um ein paar Schritte weiter führen können, so wär' Fräulein Laura die Schuldnerin dieses Zufalls geworden. Ihre Villa liegt neben der meinigen, und sie ist dort eben anwesend. – Oder habt Ihr Euch etwa verirrt und seid zu galant es zu gestehen? Ich will Euch zu rechte führen lassen.

ER Wollt Ihr mich vom Zufall annehmen und behalten?

SIE Heißt der Zufall nicht Laura, so seid Ihr mir willkommen.

Sie bot ihm, als sie das sagte, die Hand und führte ihn in die Laube, wo auf einem Tische eine Guitarre und ein Buch lagen. Es waren Petrarchs Sonette. – Die Ottomane hatte Platz für beide. Sie ließen sich nieder und es entstand eine starke Pause. – Endlich fragte die Gräfin ganz naiv:

»Wovon sprechen wir nun gleich?«

»Doch von dem schönen Abend?« – lächelte Rinaldo.

Die Gräfin lachte laut auf.

Die Unterhaltung wollte nicht recht in Gang kommen. Man stand auf, wandelte in dem Garten umher, sprach von gleichgültigen Sachen und näherte sich endlich einem Pavillon, der

der Standort einer weit interessanteren Unterhaltung werden sollte.

SIE Ich freue mich recht sehr, eben Euch, und so unvermutet, bei mir zu sehen, denn wahrhaftig, nur Ihr, Ritter! seid es, der die Laune, die mich quält, verscheuchen kann.

ER Darf ich fragen, was es ist, das Euch so übel gelaunt macht?

SIE Ihr könnt es erfahren. Ein unleidlicher Mensch dringt sich mir selbst auf; einen andern will mir meine Familie als Gemahl aufdringen. –

ER Und Ihr wollt nicht wieder heiraten?

SIE Diese beiden wenigstens nicht.

ER So nehmt einen dritten, der sich Euch nicht aufdringt.

SIE Wenn ich wieder wählen soll, so will ich einen haben, der sich mir *gibt;* sonst keinen.

Sie hatte, als sie das sagte, ihre Hand von sich gestreckt, und diese sank auf Rinaldos Hand. Sie zog sie schnell zurück, aber Rinaldo haschte sie noch im Fliehen, schloß sie in die seinige, drückte sie sanft und fühlte die seinige wieder gedrückt. – Von ungefähr fanden sich ihre Augen. Im Augenblick lagen sich beide in den Armen. Die Verkettung wurde immer stärker, und man hatte weder Lust noch Kraft sie zu lösen.

Ein lautes Gespräch, das die Allee herauf nach dem Pavillon zukam, riß das entzückte Paar aus einem der schönsten Träume, dem die Wirklichkeit stets vorhergeht. Sie sprangen auf, suchten sich zu sammeln, und Laura trat in Gesellschaft einiger Damen in den Pavillon.

Wie die Bewillkommnungs-Komplimente von beiden Seiten ausfielen, kann man sich denken. Die Verlegenheit nahm Platz in der Gesellschaft, und bis zur Ankunft der Kutschen, welche die Damen in die Stadt zurückbrachten, konnte auch nicht ein einziges zusammenhängendes Gespräch geführt werden.

Die Wagen kamen endlich. Rinaldo hob die Damen hinein, und Laura lispelte ihm zu:

»Ich gratuliere!«

Zweiter Teil

Quisque suos patimur manes.

VIRGIL

Fünftes Buch

Wo suchst du Schutz? Wie kannst du hoffen
Am Ziel der Wünsche hier zu stehn?
Da stehst du staunend und betroffen,
Und wagst's kaum weiter fort zu gehn.

Rinaldo setzte seine Besuche bei der Gräfin nun, in ihrem Hause sowohl als auf ihrer Villa, fleißig fort, und Laura hatten keinen Teil mehr an seinem Herzen.

Der Marchese kam von seiner Reise zurück und sprach viel von dem Alten von Fronteja, bei dem er Rinaldo einführen wollte. Auf seine Frage, wer denn eigentlich dieser Alte von Fronteja sei? antwortete der Marchese:

»Er ist vielleicht der Weiseste seiner Zeit. Ein Philosoph, der in die geheimsten Mysterien der sogenannten Krata Repoa ganz eingedrungen ist und Dinge entwickelt hat, wovon bisher kein Mensch etwas Zuverlässiges wußte.«

»Ich verstehe aber nicht«, – sagte Rinaldo, – »was *mir* diese Bekanntschaft helfen soll? Ich werde doch nicht auch in die Mysterien der Krata Repoa eindringen sollen? Dazu habe ich weder Kopf noch Lust.«

»Der Zweck, zu welchem wir uns vereinigen«, – antwortete der Marchese, – »erfordert auch Kenntnisse dieser Sachen.«

Das ganze Haus war auf diesen Abend zu der Gräfin auf ihre Villa geladen, und Rinaldo war der erste, der sich dort einfand.

Die Gesellschaft speiste im Pavillon, man war sehr lustig und vergnügt. – Nach Tische setzte man sich auf die Bänke eines freien Platzes vor dem Pavillon und wollte eben ein Gesellschaftsspiel anfangen, als ein paar Diener mit Windlichtern einen Fremden herbeiführten, der, wie sie sagten, den Marchese zu sprechen wünschte.

Der Marchese stieg auf, und der Fremde trat herzu. Kaum erblickte er Rinaldo, als er nach dem Degen griff und schrie: »Ha, Meuchelmörder! Finde ich dich hier?«

»Wer sagt mir das?« – fragte Rinaldo, zog den Degen und erkannte in seinem Gegner den bewußten Kapitän.

»Ich sag es!« – knirschte dieser.

Sogleich waren die Klingen aneinander. – In dem Augenblick fiel aus dem Boskett ein Schuß und der Kapitän stürzte zu Boden.

Die Verwirrung wurde allgemein. Man jammerte, schrie, lief durcheinander. Die Bedienten stürzten bewaffnet herbei; alles kam in Aufruhr.

Die Gräfin hatte Gegenwart des Geistes genug, den Ritter in den Pavillon zu ziehen, der von allen verlassen war, und die Tür hinter ihm abzuschließen.

Rinaldo wußte nicht, wie ihm geschehen war. Er saß in banger Erwartung einige Stunden allein und konnte sich nicht denken, wie das enden sollte. – Endlich wurde die Tür des Pavillons geöffnet und die Gräfin trat ein.

»Ist der Kapitän tot?« fragte Rinaldo.

»Er liegt schwer verwundet in der Villa«, – antwortete die Gräfin, und fuhr fort: – »Ohne zu untersuchen, auf wessen Unkosten hier so blutig gespielt worden ist, suche ich Dich zu retten. Tief in den Bergen von Remata habe ich ein Schloß, wo Dich keine Seele suchen oder finden wird. Dorthin mußt Du vorderhand fliehen. Hier ist ein Brief an den Castellan des Schlosses, in welchem ich Dich Baron Tegnano, meinen Verwandten, nenne. Ein Pferd steht gesattelt vor dem Garten. Gott geleite Dich! Dur wirst Nachricht von mir erhalten, und so bald als möglich folge ich Dir selbst nach.«

Sie sprach's, küßte ihn herzlich und benetzte seine Wangen mit Tränen. Endlich riß sie sich von ihm los und führte ihn zur Gartentür, wo das Pferd stand. Rinaldo setzte sich auf und nahm seinen Weg auf eine ungewisse Beschreibung gerade ins Land hinein.

Die Nacht war schön. Der Vollmond glänzte hell hernieder. Alles war still im weiten Reiche der Luft und auf der Erde. Auf der Anhöhe bewegte sich, gleich einem Schatten, eine menschliche Gestalt hin und her. Rinaldo hielt sein Pferd an, blickte hinauf, und die Gestalt kam näher.

»Wer ist hier?« – fragte er.

Von oben herab kam die Antwort:

»Einer, der Euch kennt, wenn Ihr Graf Mandochini seid. – Ich weiß aber noch einen Namen von Euch, den ich auch nicht einmal der schweigenden Nacht anvertrauen mag.«

RINALDO Aha! Du bist Lodovico? – Wie kommst du hierher?

LODOVICO Wohin kommt man nicht in der Welt! – In Kalabrien hatte ich den Kapitän derb getroffen; aber Unkraut verdirbt nicht. Der Spitzbube ist wieder kuriert. – Ich schiffte mich in Kalabrien ein und kam nach Messina. Ich sah Euch zweimal, aber in viel zu vornehmer Gesellschaft, um Euch sprechen zu können. Wie Ihr hier heißt, wußte ich nicht und konnte Euch nicht erfragen. Ich hätte vor lauter Spekulationen, zu Euch zu kommen, schier des Teufels werden mögen! Mißmutig gehe ich heute in den Hafen und sehe – denkt Euch meine Augen! – den elementischen Kapitän. Lebt also der Kerl noch? Tausend Wetter und alle Teufel! – Jetzt dachte ich: könntest du doch deinen Hauptmann finden, ihm zu sagen, wer dir erschienen ist! – Ich schleiche allenthalben herum, erblicke Euch, wie Ihr nach der Villa geht, und gehe Euch nach. Ich mache Bekanntschaft mit den Bedienten, gebe mich für einen reisenden Fechtmeister aus und erkundige mich, in wessen Eigentum ich bin. Ich merkte wohl, daß es in der Villa ein Traktamentchen geben sollte – und als ich die Pasteten und Kuchen vorbeitragen sah, dachte ich, ich müßte, so auf alte Manier, gleich zugreifen: denn in meinem Magen sieht's aus wie in einer Armenbüchse. Genug, da ich das merkte, dachte ich, nun wird's doch endlich einmal Gelegenheit geben, deinen Hauptmann zu sprechen; schlich mich wieder in den Garten und versteckte mich in ein Boskett. – Kommt da der Teufelskerl von Kapitän auch angestochen. Ich laure, höre jedes Wort, seh' Eure Degen blank – paff! brenne ich los, und der Korse liegt am Boden. Getroffen habe ich ihn. Ist er nicht tot, so ist's nicht meine Schuld. Aber, alle Wetter, wie war ich aus dem

Garten hinaus. In der Entfernung sehe ich ein Pferd bringen, Ihr stiegt auf, ich gehe Euch nach, und seht, da bin ich, Euch zu folgen, wohin Ihr geht, wenn Ihr mir es erlauben wollt. –

RINALDO Du gehst mit mir.

LODOVICO Gratias! Wenn's nur schon Tag, und wenn nur ein Gasthof in der Nähe wär', ich habe Hunger wie ein Wolf. Seht! nun sind wir unserer zwei. Da reiset sich's schon besser. Ich habe ein paar gute Puffer bei mir, und ehe sie Euch totschlagen, muß ich keinen Knochen mehr rühren können.

So schwadronierte Lodovico fort, bis der Tag anbrach und sie sich in einem Dorfe befanden, wo sie Halt machten. – Es wurde gegessen und getrunken, und Rinaldo kaufte ein Maultier für Lodovico. Bald saßen sie auf und setzten ihren Weg fort.

Ohne Gefahr und Abenteuer kamen sie den sechsten Tag endlich glücklich an dem Orte ihrer Bestimmung an.

Das Schloß lag mitten im Gebirge, unter Bergen, auf dem höchsten derselben, war mit Mauern und Gräben umgeben, hatte Zugbrücken und war ziemlich fest. – Der Castellan des Schlosses, ein alter, etwas mürrischer, aber dabei ziemlich gutherziger Knabe, ehemals Haushofmeister des Vaters der Gräfin, hatte ihren Brief gelesen und sagte ganz trocken:

»Dem Herrn Baron steht das ganze Schloß zu Befehl, nach dem Willen der Frau Gräfin.«

Rinaldo nahm Besitz von ein paar alten, niedlichen, altväterisch möblierten Zimmern.

Der Castellan, seine Frau, seine Tochter, eine Magd und ein alter Invalid, der ehemals unter dem Vater der Gräfin Spanien gedient hatte und hier das Gnadenbrot verzehrte, das ihm die Gräfin reichte, waren die Bewohner des Schlosses, deren Anzahl nun ganz unerwartet vermehrt wurde.

Um den Vorrat sah es in dem Schlosse nicht zum besten aus. Daher machte Rinaldo sogleich Anstalt, diesen Artikel in besseres Ansehen zu bringen. Lodovico, der Invalid Giorgio und die Magd wurden ausgeschickt, kauften ein, trieben beladene Esel herbei und verproviantierten Küche, Schränke und Vorratskammern der Castellanin. Der Schloßhof wurde bald mit Geflügel bevölkert. Der Weinkeller war in gutem Zustande. Dazu überlieferte der Castellan die versiegelten Schlüssel. – In kurzem kam mehr Leben ins Schloß und die alten, vormaligen stumpfen Bewohner desselben wurden tätig, munter und aufgeräumt.

Rinaldo saß auf der alten Bergfeste, überschaute rund umher die Gegend, ging spazieren, durchlas alte Chroniken, ließ sich von dem Castellan Abenteuer aus der Gegend und von Giorgio seine Feldzüge erzählen.

Einst saßen sie auch beisammen und hatten sich in Abenteuer vertieft, die ihren Weg geradezu ins verrufene Geisterreich nahmen, als der Castellan begann:

»Ach! lieber lieber Herr Baron! es läßt sich von dieser Art manches aus unserer Gegend erzählen; aber nicht allein aus unserer Gegend, sondern auch sogar aus unserm Schlosse.«

GIORGIO Ja, ja! Das ist richtig.

RINALDO So? – Und was gibt es hier? Geisterspuk?

CASTELLAN In dem hintern Saale, vor dessen Tür die großen Schlösser hängen, ist's traun nicht recht geheuer.

LODOVICO Habt ihr etwas gesehen?

GIORGIO Ich nicht, aber gehört habe ich genug. Aber da, das Mädchen, Lisberta, des Castellans Tochter, die hat etwas gesehen!

LISBERTA Ja! – Voriges Jahr wollte die Frau Gräfin hierherkommen – da putzten und fegten wir das Schloß. Ich mußte den großen Saal auskehren, aus dem eine verschlossene Treppe hinab, ich weiß nicht wohin, geht, weil die untere Treppentür beständig von innen verschlossen gewesen ist, wie mein Vater gar nicht anders weiß.

CASTELLAN Beständig. – Es hat sich auch, so lange ich hier bin, kein Mensch die Mühe genommen, der Sache weiter nachzuspüren, weil niemand zu uns kommt. Selbst die Frau Gräfin ist nur ein einzigesmal, drei Tage lang, hier gewesen.

LISBERTA Wie ich nun so den Saal ausgekehrt hatte, stehe ich so ganz still und putze im Fenster einen Wandleuchter ab. Da höre ich Fußtritte. Ich denke, es ist mein Vater oder sonst jemand, und achte nicht weiter darauf. Wie es aber immer näher kommt, drehe ich mich herum und sehe in der obern Treppentür eine große, lange, hagere Figur mit einem Barte stehen. Weiter weiß ich nichts zu sagen. Ich sank ohnmächtig zu Boden, und als ich wieder zu mir kam, war die Figur verschwunden. – Das ist gewiß wahr, und darauf kann ich jede Stunde das Sakrament nehmen.

RINALDO Da wir jetzt Zeit und Muße dazu haben, wollen wir doch gleich morgen das Spuk-Terrain untersuchen.

CASTELLAN Mich nehmt nicht dazu. Zu so etwas tauge ich nicht.

RINALDO Ich und mein Lodovico wollen das allein tun. Giorgio müßte uns denn auch etwa freiwillig begleiten wollen? Er ist ja ein alter Soldat.

GIORGIO Ja, ich bin dabei! Ich mache diese Kampagne mit.

LISBERTA Herr Baron, laßt's ununtersucht. Man kann nicht wissen, wie's ausfällt.

RINALDO Sei ohne Sorge! Ich verstehe mich ein wenig aufs Geisterbannen.

LISBERTA Wenn Ihr nur Eurer Sache gewiß seid, daß es Euch nicht geht wie dem Bruder Bonifaz, dem Kapuziner, der's Geisterbannen auch hat verstehen wollen und es nicht recht verstand, und den die Geister windelweich gedroschen haben.

LODOVICO Das sind handfeste Geister gewesen!

LISBERTA Ja, gewiß! der gute Herr hat ein Vierteljahr darüber zu Bette gelegen. Er lebt noch, und Ihr könnt ihn jede Minute selbst fragen.

LODOVICO Nun! Wir haben auch Fäuste, und wo es Schläge setzt, da fallen unsere auch wieder hin.

RINALDO Du wirst mich doch warten und pflegen, wenn ich abgeprügelt zurückkomme?

LISBERTA Ach ja! herzlich gern. Und Ihr und Lodovico könnt wohl auch einen Puff vertragen. Wie es aber um Giorgio aussehen würde, wenn man ihm über die morschen Knochen käm', das weiß ich nicht.

GIORGIO Jüngferchen, sei sie nicht naseweis! Meine Knochen sind noch gut. Hätte ich nur vor Barcelona nicht den fatalen Schuß in die Hüfte bekommen, ich wollte mit ihr noch einen Corso anstellen. Ich habe eine eisenfeste Natur. Aber freilich der Schuß vor Barcelona und der Hieb bei Bellegarde in die rechte Achsel – so etwas kann einen schon labet machen. – Aber auf die Entdeckung nach dem Geisterrevier im Schlosse gehe ich doch mit. Mein Sarras ist noch blank.

Dies und dergleichen mehr wurde gesprochen. Rinaldo aber nahm sich ernstlich vor, die Untersuchung anzustellen, was auch den folgenden Tag geschah.
Die großen Schlösser an der Saaltür wurden aufgeschlossen, die Riegel fielen, die Tür wurde geöffnet. Ein paar Fledermäuse erblickten Licht, flogen dem Castellan an den Kopf und dieser fiel zu Boden. – Die Fledermäuse wurden totgeschlagen und die Fensterladen des Saals geöffnet. Der Castellan nahm Abschied von den drei Abenteurern. Lisberta zündete drei Kerzen an und empfahl die Herren dem Schutze der heiligen Jungfrau, des heiligen Antonio und des heiligen Florian. Darauf begab sie sich gleichfalls weg, versicherte aber, sie würde recht herzlich für sie alle beten.
Der Saal, ein breites Viereck, war mit alten Tapeten ausgeschlagen und einige Bildnisse, Familienstücke der Gräfin, hingen an den Wänden. Möbel waren nirgends zu sehen.
Sie öffneten die Tür der Treppe und stiegen sechsunddreißig Stufen hinab, bis sie vor einer Tür standen, die, wie schon gesagt, von innen verschlossen war. Die Tür schien alt und morsch zu sein und war es auch wirklich. Sie legten Brecheisen an, und im Nu brach das alte Stück Arbeit zusammen, aber die innern starken Riegel waren nicht gewichen. Mit dumpfem Schall gab das Echo eines Gewölbes das krachende Getös zurück. – Sie krochen unter den Riegeln hinweg und befanden sich in einem etwas über manneshohen und halb so breiten gewölbten Gange.

Etliche zwanzig Schritte weit waren sie gegangen, als sie an einige Stufen kamen, die tiefer hinabführten. Nach einer kleinen Strecke Gang kamen mehrere Stufen, und der Gang ging nun etwas niedriger schräg hinab und führte in ein gewölbtes Rundteil, dessen Ausgang wieder mit einer von außen verriegelten Tür verschlossen war.

»Was ich aber nicht recht begreifen kann, das ist, daß die Türen alle von außen verriegelt sind«, sagte Rinaldo.

Sie legten eben Hand an, auch diese Tür einzusprengen, als sie von innen her, ganz deutlich und laut:

»Wehe! wehe! wehe!«

rufen hörten. – Giorgio stürzte bei diesen Tönen sogleich zusammen, fing an, am ganzen Leibe zu zittern, und klapperte mit den Zähnen. – Lodovico schleifte ihn durch den Gang zurück und brachte ihn mit Mühe auf den Saal, wo der Held Konvulsionen bekam. – Lodovico machte Lärm im Schlosse. Man trug Giorgio auf ein Bett, wo ihm von Lodovico eine Ader geöffnet ward, und die Castellanin, die sich in der Angst nicht besser zu helfen wußte, gab ihm Magentropfen ein. –

Der Castellan, der sich von seinem Fledermaus-Schreck selbst noch nicht recht erholt hatte, kam herbeigekrochen, betete und fluchte durcheinander. Lisberta und ihre Mutter sangen mit zitternden Stimmen einen Bußgesang; Lodovico leerte ganz gelassen schnell eine halbe Flasche Wein aus.

Indessen stand Rinaldo an der Wehepforte nicht müßig. Er klopfte an und schrie:

»Wer auch hier sein mag, er öffne die Tür, oder sie wird eingebrochen!«

Von drinnen heraus ertönte die Frage:

»Wer stört die Unterirdischen in ihrer stillen Beschäftigung?«

»Einer, der sie kennenlernen will.«

»Wir verlangen ihn nicht zu sehen.«

»Macht auf, oder die Tür wird eingebrochen!«

»Kannst du«, – fragte man drinnen, – »die Anblicke dessen, was unterirdisch ist, ertragen, so laß dir von dem Grafen Martagno die Schlüssel zu dieser Tür geben.«

»Der Graf Martagno«, sagte Rinaldo – »gibt mir keine Schlüssel. Er lebt nicht mehr.«

»Er ist tot?«

»Schon seit zwei Jahren tot.«

Hier entstand eine Pause, die Rinaldo zu lange dauerte. Er setzte ein Brecheisen an, und die Tür sprang auf.

Da stand er, in einem finstern Gewölbe. Eine lange Figur schlüpfte schwebend davon. Rinaldo eilte ihr nach, sie schlug eine eiserne Tür rasselnd hinter sich zu. Rinaldo stürzte über eine Bank und seine Kerze verlosch. Aus einem Winkel hervor jammerte eine weibliche Stimme:

»Gerechter Himmel, ende meine Tage!«

Das fuhr Rinaldo durch Mark und Gebein. Er raffte sich auf und fragte mit bebender Stimme: »Wer spricht hier?«

»Darf ich dich Retter nennen, so wisse, ein über alles unglückliches Geschöpf fleht dich um Mitleid an. Ja, und wenn du selbst der grausame Graf Martagno wärst, so müßtest du, säh'st du mein Elend, mich wieder aus diesem Kerker an die schöne Sonne ziehen, deren glänzenden Anblick ich nun schon so lange entbehre«, – antwortete die Stimme.

»Der Graf Martagno ist tot.«

»Tot? – Gelobt sei Gott! so wird sich mein Leiden endigen.«

Jetzt vernahm Rinaldo Fußtritte und hörte von weitem seinen Namen rufen. Er gab Antwort. – Es war Lodovico, dessen brennende Kerzen sehr gelegen kamen. Rinaldo suchte und fand seine Kerze, zündete sie auch an und fragte:

»Stimme, die du mit mir sprachst, wo ist dein Aufenthalt?«

Durch ein rundes, etwa ellenhohes Seitenloch kam die Antwort:

»Hier! – Ich Unglückliche bin in einen engen Kerker vermauert und habe keine Öffnung als dieses Loch, durch welches mir meine kärgliche Kost gereicht wurde.«

Rinaldo leuchtete hin und sah ein kreideweißes, eingefallenes Gesicht mit geschlossenen Augen vor der Öffnung stehen. Dieser Anblick fuhr wie ein Blitz durch seine Nerven und versteinerte selbst Lodovico.

»Ach!« – seufzte die Eingekerkerte und trat zurück, – »meine Augen können den Glanz des Lichtes nicht ertragen.«

Rinaldo bedachte sich ein wenig, und um sich auf jeden Fall den Rücken zu sichern, untersuchte er die eiserne Tür, die die fliehende Gestalt hinter sich zugeschlagen hatte. Er schickte Lodovico zurück, einige Werkzeuge und große Vorlegeschlösser zu holen, denn er fand starke Kreuzriegel und Bänder, die an den Seiten der Tür herabhingen. Von allem aber, was er hier gesehen habe, gebot er ihm, im Schlosse keine Silbe zu sagen.

Als Lodovico fort war, fragte Rinaldo die Eingekerkerte:

»Hast du hier nie Licht gesehen?«

SIE Zuweilen eine dunkelbrennende Lampe, wenn mir Stroh oder Brot und Wasser gebracht wurde.

ER Gewöhne deinen Blick nach und nach an den Schein der Kerzen, damit du das Tageslicht ertragen kannst.

SIE Willst du mich erlösen?

ER Ich will und werde.

SIE Endlich! endlich! Allmächtiger Gott! ich danke dir auf den Knien. Belohne meinen Retter und schenk ihm deinen Segen. Gib ihm die schönsten Freuden eines glücklichen Lebens und sei Vergelter seiner guten Tat. Erhöre, erhöre mein Gebet, du gütiger Vater aller guten Menschen!

Rinaldo lehnte sich an die Mauer und seufzte:

»Ach Gott! lehre mich wieder so herzlich zu beten, wie ich in meiner Jugend es konnte.«

Als Lodovico zurückkam, war er nicht allein mit Vorlegeschlössern belastet, sondern er brachte auch ein kleines Fläschchen guten Wein, einige Früchte und Gebackenes mit, für »die unglückliche, unbekannte, leichenblasse Figur«, wie er sich ausdrückte.

»Das hast du wahrlich gut gemacht, Lodovico!« – sagte Rinaldo und teilte der Eingekerkerten mit, was ihr beschieden war.

Diese empfing es mit dem heißesten Dank, und indes sie sich labte, hoben ihre Retter die hängenden Riegel der eisernen Tür hinauf und befestigten sie mit Schlössern. Dann machten sie sich an die Arbeit, ergriffen Hacken und Brecheisen, legten Hand an und erweiterten das Kerkerloch bald so gut, daß die Eingekerkerte hindurchkriechen konnte. Sie fiel auf die Knie und betete, sobald sie befreit war.

Himmel! welch ein Anblick? Eingefallen, blaß, hager, ein halbes Gerippe, mit vermoderten Lumpen umhüllt, ihre Blöße zu decken! Sie wankte, an Rinaldo gelehnt, den Gang hinauf und bedeckte, des Tageslichtes ungewohnt, als sie in den Saal kam, ihr Gesicht mit der Hand. Die frische Luft nicht gewohnt, sank sie zu Boden. Rinaldo trug sie in sein Zimmer und legte sie auf ein Bett. Hier fiel sie ganz kraftlos sogleich in einen tiefen Schlummer, und Rinaldo verschloß hinter ihr die Tür.

Er schickte Lodovico in den benachbarten Ort, weibliche Kleidungsstücke einzukaufen. – Mit Hilfe des Castellans schaffte er eine andere Tür vor die Treppe, verwahrte sie wohl, führte dann diesen in das Zimmer, in welchem die Befreite auf dem Bette lag, legte die Hand auf seinen Mund, führte ihn wieder zurück und verschloß die Tür.

CASTELLAN Heiliger Gott! was habe ich gesehen?

RINALDO Die Geheimnisse der Unterwelt. – Herr Castellan! Ihr seid ein verständiger Mann. Was Ihr gesehen habt, werdet Ihr zu verschweigen wissen, bis ich selbst es ratsam finde, alles zu offenbaren. – Die Gräfin und ihre Familie ist bei der Sache im Spiele. –

CASTELLAN Herr Baron! Ich bin ein Mann und kann schweigen.

RINALDO Darauf verlasse ich mich. – Jetzt still! von nichts weiter gesprochen. Wir reden morgen weiter davon.

Lodovico kam zurück und brachte Kleider, die der Befreiten gegeben wurden. Sie erhielt Speisen und wurde in ein Zimmer verschlossen, wo sie anderthalb Tage lang beinahe beständig schlief, was sehr viel zu ihrer Erholung beitrug.

Giorgio und der Castellan wurden von Lodovico wegen ihrer Furchtsamkeit sehr geneckt. Aber den letzteren plagte die Neugier wegen des Geheimnisses, wovon er nichts wußte, ungleich mehr als Lodovicos Neckerei.

Rinaldo aber ging mit Lodovico auf weitere Entdeckungen in dem unterirdischen Gange aus.

Sie hatten eben die Schlösser und Riegel der eisernen Türe gelöst, bemühten sich aber vergebens, sie zu öffnen, und ruhten ein wenig von ihrer Arbeit aus, als sie von außen Fußtritte vernahmen. Bald wurden Riegel zurückgeschoben und die Türe knarrte auf. Eine Figur kam nur halb zum Vorschein, als Rinaldo aufsprang und ihr ein donnerndes: »Halt!« entgegenschrie.

Im Nu verschwand die Figur, des Terrains besser kundig als Rinaldo und Lodovico, die ihr folgten. Sie stolperten durch einen schmalen gewölbten Gang, der sich bei einer steinernen Treppe endigte, die aufwärts führte und deren Ausgang mit einer eisernen Falltür versehen war. Sie erstiegen die Treppe und kamen in einen Turm, der mit einer Wendeltreppe versehen war. Als auch diese erstiegen war, befanden sie sich auf den Zinnen des Turms und sahen, daß dieser ganz allein auf der äußersten Spitze des Berges stand, auf welchem das Schloß lag. Der Turm war ohne Ausgang, und sie konnten nicht begreifen, wohin die Figur gekommen sein mochte, wenn nicht, was sehr glaublich war, eine Strickleiter am Turme ihr ins Freie geholfen hatte.

Da also weiter keine Entdeckungen zu machen waren, kehrten sie wieder um, untersuchten die Falltür, fanden sie sehr stark, schwer und von innen mit Riegeln versehen, die sie vorschoben, verkeilten und mit starken Schlössern versahen. – So verschlossen sie auch die eiserne Tür von innen und gingen durch den Saal in das Schloß zurück.

Das gerettete Frauenzimmer hatte sich in ein paar Tagen sehr erholt, und Rinaldo, dem viel daran lag zu wissen, wen er gerettet habe, tat nun deshalb Fragen an sie. – Sie erzählte, was folgt:

»Ich bin Euch, meinem Befreier, eine getreue Erzählung meines Schicksals und meines Unglücks schuldig; diese sollt Ihr haben, so aufrichtig, als ich sie Euch nur geben kann. – Ich heiße Violanta und bin die Tochter eines gewissen Brotezza de Noli, der ein Vasall des Grafen von Martagno war. Der Graf hatte eben durch den Tod seine erste Gemahlin verloren, als ich zu meinem Unglück mit ihm bekannt wurde. Er sprach mit mir von seiner Liebe. Ich glaubte ihm nicht; er beteuerte mir seine reinen Absichten und warb um meine Hand. Ich wies ihn an meinen Vater. Meine Mutter hatte ich in meiner frühsten Jugend verloren. Mein Vater focht damals in Spanien unter dem Banner seines Lehnsherrn und fiel bei der Belagerung von Barcelona. Ich war arm und verlassen und suchte Zuflucht bei einer Muhme. Wir machten zusammen, was wir aufbringen konnten, um mir eine Aussteuer zu erwerben, mit der ich in ein Kloster gehen konnte. Nach und nach brachten wir auch so viel zusammen als dazu nötig war, und ich machte mich damit auf den Weg. Hier wurde ich überfallen, gebunden und fortgeschleppt, ich wußte nicht wohin. Es waren Leute des Grafen Martagno, die mich angefallen hatten und mich hierher auf dieses Schloß brachten. Hier erschien der Graf und wiederholte seine alten Liebesanträge. Ich wies jede entehrende Zumutung mit Verachtung und Standhaftigkeit ab und erklärte, daß ich eher sterben als meine Tugend preisgeben würde. Der Graf versuchte mit List und Gewalt zu erhalten, was ich ihm verweigerte, aber alles war vergebens. Mißhandeln konnte er mich, aber nicht bewegen, seinen bösen Willen zu erfüllen. Nur das Band der Ehe, sagte ich ihm, würde ihm gewähren können, was er zu erlangen wünsche. Als er nun sah, daß er mich nicht besiegen konnte, willigte er endlich ein, und der Priester gab unsere Hände zusammen.«

»Wie? Ihr wart mit dem Graf Martagno verheiratet?«

»So ist es. – Zu meinem Unglück ist es so! Er lebte etwas über ein Vierteljahr hier bei mir, verreiste dann und kam nicht wieder. Mich ließ der Ehrvergessene, Gott weiß warum! in den Kerker schleppen, wo Ihr mich gefunden habt. Ich erhielt keine Antwort auf meine Klagen, und die Welt hörte mein Angstgeschrei nicht. Ein alter Bösewicht gab mir Wasser und Brot und brummte täglich: Willst du denn ewig leben?«

»Gerechter Himmel!« – schrie Rinaldo. – »Der Graf hatte sich, indes ihr im Kerker lagt, zu Messina wieder verheiratet. Noch lebt seine Witwe, die gewiß von diesem Bubenstück auch nicht die leiseste Ahnung gehabt hat.«

Sie sprachen noch, als es im Schlosse laut wurde. – Rinaldo fuhr ans Fenster und sah einen Wagen in den Schloßhof fahren, in welchem die Gräfin saß. Er eilte ihr entgegen.

Als Rinaldo mit der Gräfin allein war, erzählte sie ihm, man habe Hoffnung, daß der Kapitän wieder aufkommen werde.

»Von Euch, Ritter«, – setzte sie hinzu, – »glaubt man, daß Ihr auf irgendeinem Schiffe Sizilien verlassen hättet. Ich habe die Zeit benutzt, in welcher der Adel zu Messina auf seine Landgüter geht, und bin, wie Ihr seht, hier.«

Rinaldo dankte ihr verbindlich für ihre Güte, für ihren Schutz, und machte sie dann so lange aufmerksam, bis sie vorbereitet genug war, seine Entdeckungen und Violantens Geschichte zu hören.

Die Gräfin schauderte bei dieser Erzählung heftig zusammen und verlangte Violanten zu sprechen, was auch geschah. Sie hörte die Geschichte aus ihrem eigenen Munde, versprach ihr Schutz und Beistand und bot sich ihr als Schwester an.

Im Schlosse wurde es nun lebhafter und der neugierige Castellan bekam die Weisung, nach gewissen Erklärungen nicht weiter zu fragen. Violanta galt für eine Gesellschafterin der Gräfin, und die wenigsten wußten und konnten begreifen, wie sie in das Schloß gekommen war.

An einem der schönsten Sommerabende, die Sizilien genießt, saßen die Gräfin und Rinaldo auf einem Balkon des Schlosses Hand in Hand nebeneinander. Beide schienen über etwas nachzudenken und sprachen wenig. Endlich nahm die Gräfin das Wort:

SIE Einmal, lieber Freund! muß es zwischen uns doch zur Erklärung kommen. Warum schieben wir diesen Augenblick auf und machen uns selbst so viele trübe Stunden? Also, sei es jetzt. – Sagt mir aufrichtig, was gedenkt Ihr zu tun?

ER Was ich tun muß. – Ich gedenke Sizilien zu verlassen.

SIE Allein?

ER Wer sollte mit mir gehen, als mein Lodovico? – Er verläßt mich nicht.

SIE Nur er? – Ritter? Ihr *wollt* allein gehen?

ER Ach Gräfin! ich *muß*.

SIE Ihr *müßt?* – Habt Ihr anderswo Verhältnisse, die Euch –

ER Schreckliche Verhältnisse!

SIE Habt Ihr – eine Gattin?

ER Weder Weib noch Kind, weder Vater noch Vaterland.

SIE Und dennoch binden Euch Verhältnisse? Man hat doch nicht Euch irgendwo verbannt, geächtet?

ER Allenthalben.

SIE Allenthalben? – Wie ist das möglich? Redet deutlich. Ist la Cintra nicht Euer wahrer Name?

ER Nein.

SIE Wie heißt Ihr?

ER Das laßt mich Euch nicht sagen. – Wenn ich fort bin, sollt Ihr erfahren, wen Ihr Eurer Freundschaft, Eurer Liebe gewürdigt habt.

SIE Ihr macht mir bange! – Der Marchese Romano gab vor, Euch zu kennen.

ER Ja! er kennt mich. – Gräfin! traut dem Marchese und seiner Gesellschaft nicht. Sie wollten mit mir ein böses Spiel treiben. Jetzt sehe ich alles ein. Ich bin entkommen, auch diesmal noch entkommen, aber wer weiß –

SIE Rätselhafter Mann! sprich deutlicher.

ER O Dianora! – Ich darf nicht.

SIE Wie? Ich gab dir meine Liebe, mich selbst, alles was mir teuer und wert war, und du kannst Geheimnisse für mich haben? Für mich? – Ich will dir mehr entdecken, als du weißt. Ich bin bereit, mit dir zu gehen, wohin du auch gehen magst.

ER Bleib, bleib! Du kannst mich Unglücklichen nicht begleiten.

SIE Ich biete dir meine Hand an.

ER Unglückliche! Deine Hand gehört einem edleren Manne als mir.

SIE Sie gehört dem Vater meines Kindes.

ER Allmächtiger Gott! was sagst du? – Werde Mutter und gib dem Kinde *deinen* Namen. Den *meinigen* kann es nicht mit Ehre führen.

SIE Großer Gott! Mann, wer bist du?

ER Ich bin – Ach Gott! ich kann es dir nicht sagen.

SIE Sei wer du willst. – Ich will es wissen.

ER Als du in meinen Armen lagst, lagst du in den Armen des Abscheus von Italien.

SIE Gerechter Gott!

ER Ich – Ich bin Rinaldini.

SIE Jesus Maria!

Die Gräfin sank vom Stuhle und war einer Ohnmacht nahe. Rinaldo brachte sie auf ihr Zimmer. – Früh, des andern Tages, begehrte er sie zu sprechen. Sie schlief noch, wie es hieß. – Bald darauf brachte man ihm ein versiegeltes Billett von der Gräfin. Er erbrach es und las:

»Unglücklicher! Du hast mich unaussprechlich unglücklich gemacht. Ich kann dich nicht wieder sprechen. Überlaß mich meinem Schicksal und geh dem deinigen entgegen.«

Rinaldo ließ satteln, setzte sich mit Lodovico auf und verließ mit ihm das Schloß.

Ihre Unterhaltung auf dem Wege war ziemlich einsilbig, und sie waren schon zwei Tage geritten, ohne daß ein Hauptgespräch gehalten worden war. Zwar Lodovico hätte seinem Herzen herzlich gern über Verschiedenes Luft gemacht, da aber Rinaldo gar nicht gesprächig gelaunt war, schwieg er auch und hatte seine Gedanken für sich.

Sie ritten eben, den dritten Tag seit ihrer Abreise aus dem Schlosse der Gräfin, aus einer elenden Nachtherberge mit Tagesanbruch fort, um einen Paß über eine Bergkette, die mit Waldungen bewachsen, ihnen sehr unsicher geschildert worden war, noch vor einbrechenden Abend hinter sich zu haben. Rinaldo fühlte selbst hier, wie den Reisenden zu Mute sein möchte, die den Anfällen von solchen Strauchdieben ausgesetzt waren, deren Anführer er gewesen war.

Sie erreichten den Paß gegen Mittag und waren kaum einige hundert Schritte in demselben fortgeritten, als sie fernher ein dumpfes Gemurmel und Geschrei vernahmen, in welches sich bald einige Schüsse mischten.

»Auf, Lodovico!« – sagte Rinaldo; – »dort gibt es Gefahr. Laß uns dorthin eilen! Vielleicht legen wir einigen Burschen das Handwerk, von deren Gattung wir sonst selbst waren.«

Sie sprengten darauf los und erblickten bald einen Wagen, der von sechs bis acht zerlumpten Gaunern angehalten wurde, die eben jetzt im Begriff waren, die Maultiere abzuspannen.

»Haltet an!« – schrie ihnen Rinaldo zu und zog eine Pistole.

Sogleich fiel ein Schuß nach ihm, der aber fehlging. – Lodovico trat in die Bügel, legte seine Stutzbüchse an, zielte scharf und gab Feuer. Einer der Gauner stürzte zu Boden. Einen zweiten traf ein Schuß von Rinaldo, und als dieser mit dem Säbel unter die andern stürzte, flohen sie eilig nach dem Gebüsch zu.

»Das sind keine der unsrigen!« – sagte Lodovico.

Rinaldo sprengte an die Kutsche und erblickte in derselben – den Baron Denongo und seine uns bekannte Tochter, die schöne Laura.

»Ritter! – Gelobt sei Gott!« – schrie diese, als sie ihn erblickte.

Der Baron stammelte: »Mein Herr! Ich bin Euch die größte Verbindlichkeit schuldig. Ohne Eure mutige Entschlossenheit wären wir beraubt und vielleicht den traurigsten Mißhandlungen ausgesetzt gewesen.«

»Ein Mann von Ehre wie Ihr«, – sagte Rinaldo, – »würde in einem ähnlichen Falle gewiß eben das für mich getan haben, was ich für Euch tat. Ich werde nur ferner meine Schuldigkeit tun, wenn ich mich erbiete, Euch nebst meinem Diener zu begleiten, da ich sehe, daß Eure Leute teils tot, teils verwundet sind.«

»In der Tat, Herr Ritter!« – fuhr der Baron fort. – »Ihr kommt meiner Bitte durch Eure Großmut und Euer gütiges Anerbieten zuvor. Ich habe noch beinahe sechs Stunden weit zu fahren, ehe ich mein Schloß erreiche, und bin, wie Ihr selbst bemerkt, des Beistandes meiner Leute beraubt. Ein alter Mann, wie ich, überläßt sich gern dem Schutze eines jüngeren Mannes von Ehre, wie Ihr einer seid, und ich darf wohl sagen, ich habe es auch einigermaßen verdient, denn in meiner Jugend war ich eben ein solcher freudiger Ritter für andere, wie Ihr einer seid.«

Es fielen noch mehrere Worte von beiden Seiten, und Laura schwieg.

Lodovico hatte indes den verwundeten Kutscher, so gut es gehen wollte, verbunden und auf den Kutschersitz geschnallt. Sein Maultier hängte er an den Wagen, setzte sich auf und fuhr fort. Rinaldo ritt neben dem Wagen her.

Es wurde scharf darauflos gejagt. Sie kamen bei dem Schlosse des Barons an.

»Jetzt, Herr Ritter!« – sagte der Baron, – »Es ist an mir, galant nicht allein zu sein, sondern als Euer Schuldner Euch, den Retter meines Lebens, zu bitten, mir das Vergnügen zu machen, so gut es gehen will, Euch von mir bewirten zu lassen.«

»Ihr schlagt uns doch das nicht ab?« – setzte Laura hinzu.

Rinaldo sprang vom Pferde und blieb. – Lodovico kam das ganz gelegen.

»Herr Ritter!« – sagte er, – »Wir kommen wieder in weiche Hände. Nun ist's gut! Wir bleiben.«

RINALDO Ach nein! –

LODOVICO Hm! – Ich kenne Euch besser. Ein Paar schwarze Augen, wie die des Fräuleins, lassen Euch nicht vom Platze. Ich kann Euch auch gar nicht darum verdenken. Ich an Eurer Stelle machte es ebenso.

RINALDO Diesmal wirst du dich sicher betrügen.

LODOVICO Geschieht das, so betrügt Ihr Euch zuerst.

RINALDO Oder ich werde betrogen.

LODOVICO Das kann auch sein, denn Ihr habt's mit einem Weibe zu tun.

RINALDO So? – Du meinst also –

LODOVICO Daß ich keiner traue, und säh' sie noch so ehrlich aus.

RINALDO Woher hast du diese Philosophie?

LODOVICO Aus der Welt, auf der ich wohne, wo ich lebe und webe, höre und sehe, empfinde, denke und mancherlei schon erlebt habe.

Lächelnd befahl ihm Rinaldo, das Gepäck auf die Zimmer zu schaffen, die der Hausverwalter ihnen anwies.

Rinaldos Wirt, der alte Baron, war ein gar guter, froher Mann, schon hoch in den Jahren, mit mancherlei körperlichen Leiden geplagt, aber dennoch nicht mürrisch. Er war freigebig, gesprächig und gutwillig. Lodovicos Bravour zu belohnen, fand er leicht Mittel. Er schenkte ihm eine Börse mit Dukaten. Aber wie er seinen Gast, den er nur als Ritter de la Cintra kannte, belohnen sollte, ohne seine Delikatesse zu beleidigen, das verursachte ihm viel Kopfzerbrechen. Er ging darüber mit seiner Tochter zu Rate, die aber ebensowenig als er selbst wußte, wie die Schuld abzutragen sein möchte.

Rinaldo lebte nicht so unbefangen bei dem Baron, wie er auf dem Schlosse der Gräfin gelebt hatte. Er stellte Betrachtungen über seine Lage an und fand in diesen Reflexionen mancherlei Veranlassungen, seinen Aufenthalt abzukürzen. Er gab dies einst dem Fräulein deutlich zu verstehen. Sie faßte es auf und sagte:

»Wir glaubten alle in Messina, Ihr hättet nach jenem blutigen Vorfall die Insel verlassen; wie ich aber sehe, scheint es, daß Euch etwas auf derselben zurückhält, was Euch vielleicht auch den Aufenthalt bei uns langweilig und unerträglich macht. Oder zieht Euch ein Magnet anderswohin?«

ER Nennt Ihr mein unglückliches Schicksal einen Magnet?

SIE Euer unglückliches Schicksal? Das kenne ich nicht.

ER Laßt es mich allein kennen. Es treibt mich auch von hier fort. Ja, es würde mich aus dem Paradiese selbst treiben.
SIE Habt Ihr Euch mit der Gräfin Martagno entzweit?
Da trat der Baron mit einem Briefe in der Hand ins Zimmer und sagte:
»Hört einmal! Da wird mir eine sonderbare Neuigkeit aus Messina geschrieben. Man will dort ganz gewiß wissen, der berüchtigte Rinaldini sei nicht tot, sondern befinde sich lebendig auf unserer Insel. – Es kann wohl sein, daß die Gauner, aus deren Händen uns der tapfere Ritter errettete, Leute von seiner Bande waren. – Es wär' verzweifelt schlimm, wenn dieser ungebetene Gast in unsern Tälern hausen sollte. Ich werde alle meine Leute bewaffnen; denn er überfällt zuweilen sogar Schlösser und Festen.«
»Ich kann nicht glauben«, – sagte Rinaldo, »daß er sich in Sizilien befindet. Wäre dem so, so hätte man gewiß schon von ihm gehört, denn er soll nicht gern lange stillsitzen.«
»Natürlich!« – fiel der Baron ein, – »denn er lebt ja von Unruhe und Unglück.«
RINALDO Jawohl! Von und mit Unruhe und Unglück.
BARON Der Vizekönig will in Messina die Milizen aufbieten und einen Preis auf den Kopf des Gaunerkönigs setzen.
RINALDO Ich darf auf den Preis nicht rechnen. Denn als ich einst in Rinaldinis Händen war und er mich sehr edel behandelte, mußte ich ihm versprechen, nie heimtückisch gegen ihn zu handeln. Und im offenen Felde mag ich nicht gegen ihn stehen.
BARON In der Tat! ich fürchte für die Börsen unserer Barone und für die meinige dazu. – Ich bin alt und stumpf. Zwölf Leute im Schlosse, was sind die gegen einen Wagehals wie Rinaldini an der Spitze seiner tollkühnen Gesellen! – Ritter! Ihr müßt mir es zur Freundschaft tun und noch einige Zeit bei uns bleiben. Ihr seid ein Mann von Mut und Entschlossenheit. Euer Lodovico ist ein Teufelskerl. Ja wahrhaftig! wär er nicht Euer Diener, ich könnte wohl gar glauben, er sei selbst ein Rinaldinischer Buschkönig.

RINALDO Verwegen genug sieht er dazu aus! Ich glaube aber nicht, daß wir etwas von ihm zu fürchten haben.

Indem trat der Haushofmeister des Barons, der in Geschäften in dem benachbarten Städtchen gewesen war, in das Zimmer, stattete von seinen besorgten Aufträgen Relation ab und meldete zugleich, daß mehrere Reisende von Straßenräubern in der Nähe angefallen und geplündert worden wären.

»Da haben wir's!« – sagte der Baron. – »Das Ungewitter kommt uns immer näher.«

Der Haushofmeister verließ das Zimmer wieder, und der Baron sprach noch ein langes und breites von seinen Besorgnissen. Rinaldo suchte ihm vergebens seine Furcht auszureden, und Laura, die befürchtete, er möchte wirklich mit Manier auf seiner Abreise bestehen, nahm das Wort und sagte:

»Da es eine der ersten Ritterpflichten ist, *Damen* zu beschützen und zu verteidigen, so ersuche ich Euch, Ritter, die Eurigen nicht zu vergessen und wenigstens zu *meinem* Schutze hierzubleiben.«

RINALDO Ihr wißt doch aber, daß der Schutz der galantesten Ritter auch immer ein wenig eigennützig war?

BARON Recht gut, Ritter, daß Ihr sie daran erinnert. Sie möchte sonst vielleicht den Schutz umsonst verlangen.

LAURA Ich weiß nicht wie und womit ein solcher Schutz bezahlt wird.

RINALDO Das Schutzgeld steht in eigener Willkür. Aber bezahlt muß nun einmal werden.

LAURA So mag mein Vater für mich bezahlen.

BARON Das wird nicht geschehen. Ich bin ohnehin noch Schuldner und habe für mich selbst zu bezahlen.

LAURA Nun wohlan! so will ich als eine wahre romantische Ritter-Dame bezahlen. Nehmt diese Schleifen, Ritter, sie sind meine Farbe. Tragt sie, fühlt Euch zu großen Taten entflammt und macht Euch dieses Geschenkes wert. Werdet Ihr Euch immer männlich, wie es einem Ritter ziemt, benehmen, so sollt Ihr dann vielleicht von mir erhalten, was ich neben dieser Schleife trage.

BARON Wie? Das wär' ja dein Herz?

LAURA Nein, lieber Vater! Es ist mein Portrait.

Jetzt fing Rinaldo an, mit sich selbst und seinen Absichten in Streit zu geraten.

»Wozu kann es gut sein« – sprach er bei sich selbst –, »länger auf dem Schlosse zu bleiben? Welchen Nutzen kann es dir bringen? Ziehe ihn selbst zu, den Knoten, der dich mit einem Netz umstrickt, in welches du schon gegangen bist. Wie kannst du dich mit falschen Hoffnungen täuschen? Laurens Hand kannst du nie erhalten. – Und gesetzt, du hättest sie auch als Ritter erschlichen, wird sie dir der Räuberhauptmann nicht wieder entreißen?«

So sprach er, warf sich am Ufer des Flusses, der sich durch blumige Wiesen nach den Gebirgstälern zu schlängelte, unter duftenden Aloen nieder, wollte nachdenken über sich und seine Lage, wollte einen Entschluß fassen, vermochte beides nicht und sank, von starken, balsamischen Gerüchen betäubt, in Schlummer.

Als er wieder erwachte, sah er einige Schritte von sich unter einer Pinie einen sonderbar gekleideten Mann, in einem Buche lesend, auf einem Steine sitzen. Dieses Mannes blühend rote Gesichtsfarbe widersprach seinem weißen Haupt- und Barthaar, die ihn als Greis ankündigten. Sein Gewand war lang und faltig, wie das Gewand der Pythagoräer, von himmelblauer Farbe, hochgeschürzt, mit einem feuerroten Gürtel. Seine Arme waren in weiße Ärmel eines Unterkleides gekleidet, seine Füße nackt, mit roten Riemen umwunden. Er ging auf breiten Sohlen.

Dieser sonderbar gekleidete Mann zog Rinaldos äußerste Aufmerksamkeit an sich. Er betrachtete ihn lange schweigend, stand endlich auf, näherte sich und grüßte ihn.

Der muntere Alte sah ihn an und sagte:

»Wie kannst du so unvorsichtig sein, in dieser Gegend, wo es von giftigen Tieren wimmelt, dich so sorglos dem Schlafe zu überlassen?«

»Sollte wirklich hier etwas zu fürchten sein?« fragte Rinaldo.

»Sieh dich um«, – antwortete der Alte gelassen.

J. Penzel del. & fec. 1802.

Rinaldo sah sich um und erblickte eine tote Schlange im Grase, nicht weit von seinem Schlafplatze. Er erschrak und sah den Alten fragend an. Dieser verstand seinen fragenden Blick und sagte:

»Diese Schlange nahte sich dir, als du schliefst.«

RINALDO Welchem Glück verdanke ich meine Rettung?

ALTER Ich kam eben dazu, als die Schlange auf dich zuschoß, und – sie ist tot.

RINALDO Du hast sie getötet? – Mit welchen Waffen? Ich sehe dich ganz unbewehrt.

ALTER Es gibt auch wohl Worte, die die Kraft der Waffen doppelt ersetzen. – Ich setzte mich dir gegenüber, damit dir, solange du schliefst, kein ähnliches Unglück begegnen möchte.

RINALDO Nimm meinen besten Dank und schenke deinen Namen meiner dankbaren Erinnerung.

ALTER Namen machen die Menschen weder merkwürdiger noch besser, als sie wirklich sind. Erinnere dich meiner Gestalt, und ich werde in deinem Andenken auch ohne Namen fortleben.

RINALDO Du sprichst die neuere Sprache dieser Insel, und dein Gewand zeigt dich mir in der Gestalt der Weisen der Vorzeit dieses Landes. Wie soll ich mir das erklären?

ALTER So einfach wie möglich. – Man *ist* nicht immer, was man zu sein *scheint;* man *scheint* nicht immer zu sein, was man *ist.*

RINALDO Nochmals! wer bist du?

ALTER Was du ebensogut sein kannst als ich: ein Freund der Weisheit.

RINALDO Ist die Weisheit eine so allgemeine Freundin?

ALTER Die Weisheit ist uns allen so wohltätig gemein wie die Sonne. Ihre Strahlen erwärmen jedes empfängliche Herz. Doch die Seligkeit, diese Wärme zu fühlen, erfordert freilich eine Organisation, die nicht allen Menschen eigen ist. Ein böser Mensch ist nicht wert, die Pfade zum Tempel der Weisheit zu kennen, denn was dem Frommen Segen der Menschheit in der Natur ist, würde dem Bösen Fluch der Welt werden. Wer keinen Geruch hat, dem duften diese blühenden Matten vergebens. So wie jedes Element von dem Geschöpfe, welches dasselbe bewohnt, eine besondere Organisation fordert, so fordert auch der Tempel der Weisen eine gewisse Organisation dessen, der sich ihm nahen, der ihn bewohnen will.

RINALDO Hier walten hohe Geheimnisse!

ALTER Der Tempel der Weisheit ist der Tempel der Natur, und in der Natur walten keine Geheimnisse. Das, was man gemeinhin Geheimnisse der Natur nennt, sind Gesetze, die in dem Buche der Natur selbst zu lesen sind. Dieses liegt aufgeschlagen vor jedermanns Augen. Lies in diesem Buch! lies mit dem Auge der Seele. Dieses Auge ist Beobachtung. Aber das Auge muß heiter sein. Diese Heiterkeit ist ein Kind der Ruhe von allen Leidenschaften. Nur der reine Quell zeigt dir das vollkommne Bild der allesbelebenden Sonne. Trübe Bäche sind keine Spiegel. Ebenso ist es mit der Weisheit. – Die Natur gleicht einer Schönen, die nachlässig zuweilen ihre kleinsten und verborgensten Reize zeigt und die übrigen sorgfältig verhüllt. Wer denken, fühlen, prüfen, merken und ahnen kann, der ist wert, sie ganz zu entschleiern. Die Natur spricht nur mit dem, der feine Organe hat, zu hören ihre Stimme. Verfeinerung der Sinne ist Annäherung zu den Geheimnissen der Natur. Wer sich ihr mit reinem Herzen und mit scharfen Blicken nähert, den heißt sie, die erhabene Priesterin, wie eine freundliche Wirtin willkommen und führt ihn in den Tempel ihres Heiligtums. Dort fällt die Decke von seinen Augen. Das Unbegreifliche wird ihm begreiflich. Alles Unbegreifliche für diese Körperwelt liegt in der Kraft der Assimilation; und diese Kraft ist es, welche die wenigsten Menschen kennen. Der Magnet wirkt nur auf Ähnliches, und seine Ausströmung ist wunderbar. Diese Kraft ist nur ein Wink; es gibt verborgene Kräfte, – Kräfte der Seele, und die Art ihrer Attraktion ist wunderbarer als die des Magnets.

RINALDO Und diese Kraft liegt in jeder Menschenseele?

ALTER In jeder. Aber sie muß geweckt werden. Am besten, sie weckt sie sich selbst.

RINALDO Dies gehört in die Sphäre der Tätigkeit des Menschen.

ALTER Wohl bemerkt, mein Sohn! Jeder Mensch hat seine Bestimmung zum Ganzen.

RINALDO So liegt auch vieles außer ihm.

ALTER Er suche es zu sammeln.

RINALDO Zeit und Gelegenheit des menschlichen Daseins sind so beschränkt, daß der Mensch sich oft erst kennenlernen will, wenn er schon aufhört zu sein.

ALTER Das Dasein der Menschen ist dem Dasein der Sonne ähnlich. Sein Erwachen ist der Morgen; der Mittag ist sein irdisches, tätiges Leben; der Abend ist sein Tod. Die Sonne verläßt den Horizont und ihr Licht wird unsern Augen zur Dämmerung. Doch erleuchtet dieses Licht noch manche Hütte oder wird noch immer gesehen von manchem, der *höhere* Gegenden bewohnt. So der Mensch im Verschwinden. Er wirkt *rückwärts*. Ist diese Wirkung gleich schwächer, so wird sie doch *manchem* bemerkbar.

RINALDO Dies sagt wohl auch, es gebe eine Rückwirkung Abgeschiedener auf Lebende?

ALTER Was hindert dich, das zu glauben? Es gibt der Dinge so viele, die nicht einmal scheinen, aber dennoch sind. Dein schwaches Auge, gestärkt durch Gläser, entdeckt deinen Blicken unbekannte Dinge; was kann das Auge deiner Seele dir nicht alles entdecken, hast du die Kunst gelernt, es zu verstärken!

Der Alte steckte sein Buch in den Busen und stieg auf. Rinaldo sah ihn mit zweifelhaften Blicken an. Die Pause war kurz.

ALTER Gehabe dich wohl, mein Sohn? Laß die Kräfte, die in dir liegen, nicht länger schlummern. Erwecke sie. Es bedarf eines Hauches und das Fünkchen wird zur Flamme. – Leb' wohl!

RINALDO Wohin gehst du?

ALTER Woher ich gekommen bin. In die Gebirgstäler zurück, wo ich wohne.

RINALDO Darf ich dich besuchen?

ALTER Du bist gebeten.

RINALDO Wie werde ich deine Wohnung finden?

ALTER Du gehst dem Flusse nach. Dort im Gebirge wandeln

meine Schüler beständig umher, vertieft in das Studium der Natur. Sie werden dir meine Wohnung zeigen. – Noch eins. Öffne den Kopf dieser Schlange. In ihrem Gehirne wirst du einen kleinen, grünlichen Stein finden. Nimm ihn zu dir. Er schützt gegen Vergiftungen. – Gott sei mit dir!

Der Alte ging. Rinaldo sah ihm nach, bis die Berge ihn seinen Blicken entzogen. – Er suchte und fand den bezeichneten Stein im Gehirn der Schlange und ging nachdenkend ins Schloß zurück.

Man schien zu bemerken, daß Rinaldo jetzt noch nachdenkender als gewöhnlich sei. – Laura bat ihn, nach der Abendtafel ihr einige Augenblicke auf ihrem Zimmer zu schenken. Das geschah, sobald der Baron zur Ruhe war.

Sie war allein und schien verlegen zu sein. Rinaldo wollte das nicht bemerken. Das fiel ihr auf.

SIE Ritter! Ihr seid seit einigen Tagen auffallend nachdenklich und zerstreut, und heute mehr als jemals. Ihr bemerkt jetzt nicht einmal, daß ich verlegen bin. Kennte ich den Grund Eurer Zerstreuung, so könnte ich vielleicht jetzt noch verlegener sein, als ich es schon wirklich bin. – Indessen, es sei gewagt! Ich bin ohne Furcht mit Euch allein und habe Euch etwas zu entdecken. – Vorher nehme ich Eure Großmut in Anspruch und bitte Euch, mir meine Entdeckung zu verzeihen, und wenn sie auch sogar Euer Herz treffen sollte. – Ihr verzeiht mir diesen Ausdruck! Ich kann mich irren; aber Euer Benehmen seit einigen Tagen läßt mich vielleicht mit Entschuldigung Eure Hoffnung fürchten.

ER Wenn Ihr mich Eures Vertrauens würdig glaubt, so entdeckt Euch mir.

SIE Ich wage es.

ER Ihr wagt nichts.

SIE Wir wollen's hören. – – Ich liebe.

ER Ist das Euer Geheimnis? – Konntet oder mußtet Ihr es nicht für Euch behalten?

SIE Ich suche einen Vertrauten, der mein Geheimnis bei sich aufnimmt und es gleich dem seinigen wohl aufbewahrt.

ER Es ist verwahrt.

SIE Hört mich weiter an. – Mein Vater hat Absichten, meine Hand zu vergeben, das weiß ich gewiß. An wen, das weiß ich nicht. Aber sei er auch, wer er wolle, den mir mein Vater zum Gemahl bestimmt, ich werde ihn nicht lieben können.

ER Das könnt Ihr ja nicht wissen!

SIE Ich weiß es gewiß. Denn den, den ich liebe, wird er mir nicht geben.

ER Das ist die Frage.

SIE Nein! das ist Gewißheit. – Der, den ich liebe, ist unter meinem Stande. Er ist kein Edelmann.

ER Denkt er edel und verdient die Liebe eines edlen Herzens, so ist er zweifach zum Ritter geschlagen. – Darf ich wissen, wer er ist?

SIE O ja! Ich fürchte mich nicht, ihn Euch zu nennen. Es ist meines Vaters Sekretär.

ER Soviel ich ihn kenne, scheint er ein braver Mann zu sein. Ich kann Eure Liebe nicht mißbilligen.

SIE Nicht? Wirklich nicht? Auch dann nicht, wenn –

ER Ich verstehe Euch! – Auch dann nicht, wenn ich der selbst sein sollte, dem Euer Vater Eure Hand zugedacht hat.

Die Seitentür sprang auf, der Sekretär trat in das Zimmer, ergriff Rinaldos Hand, drückte sie an sein Herz und wollte sprechen, als ihn dieser Lauren sanft in die Arme schob und schnell das Zimmer verließ.

Rinaldo schlief diese Nacht wenig und verließ mit Tagesanbruch das Schloß, die Wohnung des geheimnisvollen Alten aufzusuchen. – Er ging an dem Flusse hinab, kam in ein schmales Tal, das, zwischen Bergen hin, auf eine Ebene führte, die im breiten Kreise mit steilen Anhöhen umkränzt war. – Vor ihm lag ein Olivenwäldchen, durch welches ein gebahnter Weg gerade auf drei Marmorsäulen zuführte, die mit Hieroglyphen geziert waren. Hinter den Säulen stand ein Altar mit einem schönen Basrelief. Daran stand die Schrift:

ΛΙΚΑ ΣΑΡΑΒΤΑΛΑΜ.

Rinaldo war noch in das Anschauen dieser Schrift und der Figuren vertieft, als er einen auf griechische Art weißgekleideten, langen, hagern Mann auf sich zukommen sah, der einen Olivenkranz in den Haaren und ein hermetisches Schlangenstäbchen in der Hand trug. Dieser grüßte ihn.

»Sei willkommen, ehrenwerter Fremdling, der du gestern mit unserm erhabenen, vielgeliebten Meister sprachst.«

Rinaldo dankte ihm schweigend. Jener aber redete also fort:

»Du betrachtest diese Figuren und diese Schrift so aufmerksam, daß ich deine Wißbegierde in deinen Blicken lese. – Was diese Worte Λικα Σαραβταλαμ betrifft, so geben sie den Namen *Weltenschöpfer*, eben das, was das *Viracocha* der Peruaner bezeichnete. Die Figur aber, die du hier siehst, ist das Brustbild eines Greises, des Schöpfers der Welten, des Ewigen, des Allerschaffers, die Einheit. Die drei Flammen, welche sein Haupt umgeben, sind die symbolische Zahl der Vollkommenheit. Seine Arme, die ausgestreckt Welt und Sonne in den Händen halten, sind das symbolische Zeichen der ersten Zahl, die aus der Einheit entsteht; die Zahl der Schöpfung, das Symbol der Produktion. Welt und Sonne vereiniget eine Kette. Der Körper ist das Symbol der Harmonie; die himmlische Lyra. Er ruht auf sieben Büchern, die die sieben Bücher der Geheimnisse der Natur und mit sieben Siegeln verschlossen sind. Die vier Saiten des Instruments sind das Symbol des *Tetracordon*, die Übereinstimmung der Harmonie, in der Zahl 4. Diese ist auch das Symbol der Richtigkeit der Dinge, als: des mathematischen Punkts, der Linie, des Plans und der Tiefe. Diese Hieroglyphe drückt die ganze Natur aus, nämlich: die Wesenheit, die Beschaffenheit, die Vielheit und die Bewegung der Dinge.«

Rinaldo sah den Belehrenden mit großen Augen an und wollte eben nach dem ihm bekannten Alten fragen, als dieser selbst in eben der Tracht, wie er ihn gestern gesehen hatte, erschien, ihn freundlich grüßte, ihm die Hand schüttelte und sagte:

»Wohl, mein Sohn! Das heißt Wort gehalten.«

Er führte ihn hierauf mit sich fort durch blühende Fluren und sagte:

»Dieses ist das Tal, welches ich bewohne. Es hat noch immer seinen ältesten Namen, und man nennt mich davon in der Gegend: den Alten von Fronteja. Diese Benennung ist auch mir so geläufig geworden, daß ich mich nun oft selbst so nenne.«

Wie diese Erklärung Rinaldo traf, kann man sich leicht denken, wenn man sich an Olimpiens Brief und an die Nachricht erinnert, welche ihm der Marchese Romano von dem Manne gab, mit welchem er so unvermutet bekannt geworden und jetzt im Gespräch begriffen war. – In diesem Augenblick standen Olimpia, der Marchese und der Kapitän vor seinen Augen. Er wußte nicht, ob er weiter mit dem Alten gehen, oder ob er wieder zurückeilen sollte. Er fürchtete die genannten Personen wirklich anzutreffen, sah sich verraten und erblickte in dem Weisen einen Verräter. – Er wankte, folgte aber dennoch seinem Führer.

Sie waren eben an einen kleinen Altar gekommen, als der Alte zwei Rosen von einem Strauche brach, dieselben auf den Altar legte, seine Augen gen Himmel, und laut seine Stimme erhob: »Ewiges Wesen! Ein Opfer der Freundschaft!« – Er wendete sich zu Rinaldo und sagte: »Fremdling! hier bist du sicher.«

»Was könnte ich fürchten?« – fragte Rinaldo mit etwas trotziger Stimme.

»Die Menschen«, antwortete der Alte gelassen und ging unbefangen weiter fort.

»Menschen gibt es allenthalben«, – sagte Rinaldo; »und ich habe nichts zu fürchten, als was sie alle zu fürchten haben.«

»Bei uns bist du, wie du gehört hast, unter Freunden«, fiel der Alte ein.

Rinaldo ging, ohne ein Wort zu sprechen, weiter mit seinem Führer fort, und dieser zeigte ihm seine Wohnung, die in einem sehr edlen und antiken Stile erbaut war. – Auf den Bergen standen Klausen, in welchen, wie der Alte sagte, Jünger von ihm

wohnten, die sich besondern Betrachtungen und Untersuchungen widmeten.
»Ist die Anzahl deiner Jünger groß?« – fragte Rinaldo.
»Dreimal sieben sind ihrer«, – war des Alten Antwort.
Sie kamen in die bezeichnete Wohnung. Unter der Mittelhalle derselben bewirtete der Alte seinen Gast mit einem guten Frühstück. Er selbst aß nur einige Löffel Honig und etliche Stückchen dünn geschnittenes weißes Brot. Wein trank er nicht, aber Milch.
»Lebst du lange hier?« – fragte Rinaldo.
»Nicht lange«, antwortete der Alte. – »Doch länger als ein Menschenalter.«
Rinaldo sah ihn mit zweifelhaften Blicken an und fragte endlich: »Du hast das gewöhnliche Menschenalter schon überschritten?«
»Zweimal«, – war seine Antwort.
Rinaldo sah ihn noch mißtrauischer an. Jener aber blieb ganz unbefangen, und als Rinaldo eben weiter fragen wollte, vernahm er weibliche, singende Stimmen und sah ein paar verschleierte Frauenzimmer Hand in Hand vorübergehen.
»Wer sind diese?« fragte er.
»Es sind ein paar meiner Schülerinnen«, war des Alten Antwort.
»Also leben auch Weiber hier?«
»Jüngerinnen der Weisheit. Priesterinnen im Tempel der Natur und Wahrheit.«
Rinaldo schwieg. Der Alte ersuchte ihn, ihm zu folgen. – Er kam in ein einfaches Zimmer und fand hier ein Polsterlager, auf welches sich der Alte niedersetzte, dessen Beispiel er folgte.

Der Alte nahm, als er saß, das Wort und sagte: »Von den ersten Zeiten meiner Jugendjahre an war ich ein Freund und ernstlicher Nachforscher aller Mysterien, und bis jetzt, muß ich sagen, ist es mir gelungen, die Mysterien aller Zeiten und Völker zu enthüllen.«
Rinaldo sah ihn aufmerksam an. Der Alte fuhr fort: »Ich studierte die emblematische Mythologie der Griechen und Ägyp-

ter, die Theogonie, Kosmogonie und die religiösen Lehren der ältesten Völker. Ich studierte in dem Shestah der Gentuser, im Zenda Vesta der Parsen, in der Edda der Isländer, im Chou-king und Lyking der Chinesen. Ich enthüllte die Wege der Kakosophia und Kakodämonia, studierte die Anthrosophia und wurde endlich, was ich noch bin, ein wahrer Theosoph. Dieses Namens bediene ich mich auch gewöhnlich. – Du kannst denken, daß Zeit dazu gehörte, alles dies zu leisten. Diese aber hat mir der Himmel gewährt.«

Hier machte der Theosoph eine Pause und sagte: »Freund, warum bist du aus dem Schlosse gegangen, ohne etwas davon zu sagen? Man ist dort unruhig über deinen Weggang.«

»Wer?« fragte Rinaldo rasch.

Der Alte zeigte, ohne ein Wort zu sprechen, auf einen großen, breiten Spiegel, der in dem Zimmer hing und aus einer glänzenden Metallplatte bestand. Rinaldo sah in den Spiegel und sah in demselben zu seinem größten Erstaunen Lauren und Lodovico leibhaftig vor sich. Die Bewegungen ihrer Hände und ihre Gesichtszüge zeigten an, daß sie sich über etwas Angelegenes miteinander unterhielten.

»Ich höre sie sprechen«, sagte der Alte.

»Sprechen?« fragte Rinaldo.

»*Du* kannst sie nicht hören. *Ich höre* sie aber mit dem Ohre der Seele, welches mir die Approximation ihrer Rede verschafft«, antwortete der Alte.

»Was sprechen sie?«

»Die Dame ist ängstlich über dein Verschwinden. Dein Diener meint, du möchtest bloß eine Exkursion gemacht haben. Sie will sich bei dieser Erklärung nicht beruhigen.«

Rinaldo schwieg einige Augenblicke. Der Alte störte ihn nicht in seinem Nachdenken. – Als Rinaldo seine Augen wieder auf den Spiegel warf, sah er in demselben Lauren auf ihrem Zimmer und den Sekretär in ihren Armen. Er wendete sein Gesicht von dieser Szene und sagte:

»Freund, du bist ein großer Mann!«

»Auch du kannst werden, was ich bin«, – sagte der Alte. – »Ich bin nicht der einzige dieser Art in der Welt.«
Mit einem tiefen Seufzer fragte Rinaldo: »Kennst du mich?«
»Warum sollte ich dich nicht kennen?« antwortete der Alte und zeigte auf den Spiegel.
Rinaldo sah hinein und erblickte sich in der Räubertracht, in den Apenninen vor Donatos Klause. – Er fuhr heftig zusammen und fragte:
»Kennst du auch diesen Donato?«
»Warum nicht?« – fragte der Alte und zeigte wieder auf den Spiegel.
Dort stand Donato und arbeitete in seinem Gärtchen.
»Ich will dir noch einige Personen zeigen«, – fuhr der Alte fort, – »die du auch kennst. Sieh in den Spiegel, sie sollen vorüber gehen.«
Rinaldo sah in den Spiegel und erblickte den Prinz della Roccella, den Vater der sanften Aurelia. Er ging in einem Buche lesend im Zimmer auf und ab. – Die Szene verwandelte sich im Spiegel, und Rinaldo sah das Innere einer Klosterzelle, in welcher Aurelia schlafend auf ihrem Bette lag. – Er seufzte und schlug seine Augen nieder. Als er sie wieder erhob, sah er die Gräfin Martagno. Sie saß in ihrer Gartenlaube und weinte. – Rinaldo seufzte stärker. – Die Spiegelszene verwandelte sich. In einer wüsten Gegend wandelte eine Pilgerin. Es war Rosalie.
»Lebt sie noch?« schrie Rinaldo.
»Sie lebt«, war des Alten Antwort.
»Werde ich sie wieder sprechen?«
Der Alte dachte nach und sagte:
»Heute kann ich dir darauf noch nicht mit Gewißheit antworten.«
Rinaldo schwieg. – Der Alte fragte:
»Willst du mehrere deiner Bekannten sehen?«
»Nein!« antwortete Rinaldo.
Ein blauseidener Vorhang rollte herab und bedeckte den Spiegel.

Rinaldo wiederholte:
»Freund, du bist ein großer Mann!«
Der Alte lächelte und sagte:
»Bloß Kunst der Magie. Auf dieser beruht mein Stolz nicht.«
Nach einer kleinen Pause fuhr er fort:
»Du sollst sehen, wie tief ich in die Nacht der Mysterien eindrang. Ich will dir alle Grade der berühmten Krata Repoa zeigen, die Ägyptens Heiligtum verhüllte. Ich habe sie entschleiert. Meine Junger und Jüngerinnen sollen das Schauspiel aufführen, das ich dir geben will. Es dient zur Unterhaltung und zum Nachdenken.«

Als er das gesagt hatte, stand er auf, nahm Rinaldo bei der Hand und führte ihn in einen schönen Saal, dessen Wände mit Symbolen der Götter aller Nationen bemalt waren. Verschiedene allegorische Statuen standen an den Seiten der Fenster. Der Saal hatte eine Galerie und ein schönes Deckenstück, welches Ödips Lösung des Sphinginischen Rätsels darstellte.
In einem Seitenzimmer ertönte eine sanfte Musik, begleitet von weiblichen Stimmen. – Der Alte ging mit Rinaldo schweigend im Saale auf und ab. – Als die Musik schwieg, sagte der Alte:
»Der Mensch besteht aus Körper und Seele. Beide wollen vergnügt und ergötzt sein. Ich gönne jedem auf erlaubte Art, was er verlangt. Harmonie ist die Kette aller Wesen, der Gang des Universums. Du wirst wissen, was man von der Sphärenmusik geschrieben hat? – Ich liebe Musik und Gesang. Beides liegt in uns. Wir geben und nehmen, wir schenken und empfangen es gern. Die höchsten Freudenausdrücke sind eine gar angenehme Musik für das Ohr des Kenners. Das Leiden hat auch seine Töne für akkordmäßig gestimmte Herzen.«
Als er das sagte, wurde eine Tafel in den Saal getragen, die mit mancherlei Speisen und Getränken besetzt war. – Der Alte nötigte Rinaldo, etwas zu sich zu nehmen. Er selbst aß nur einige dünne Scheiben weißes Brot, ein paar Löffel Honig, eine Ananas, und trank Milch.

Als die Tafel wieder abgetragen wurde, nahm der sogenannte Theosoph seinen Gast bei der Hand und führte ihn in einen zweiten Saal, an dessen schwarz marmornen Gesimsen mit goldenen Buchstaben die Inschrift prangte:

ΚΡΑΤΑ ΡΕΠΟΑ.

»Hier sollst du«, – sagte er, – »das dir versprochene Schauspiel der Krata Repoa sehen!« – und ließ sich auf ein Polsterlager nieder. – Rinaldo folgte seinem Beispiel.

Sechstes Buch

Man sucht die Ruh, sie nie zu finden,
Man findet sie, genießt sie nicht;
Der Hoffnung hellste Sterne schwinden,
Die Dämm'rung wird dann Sternenlicht.

Rinaldo empfing von dem Alten einen kleinen Vorbericht über die Geheimnisse der Ägyptischen Mysterien und sah dann ein ebenso merkwürdiges als glänzendes Schauspiel aufführen, in welchem der Einzuweihende alle sieben Grade der Krata Repoa mit der größten Feierlichkeit durchging. Er sah ihn unter Blitz und Donner die heilige Leiter der sieben Sprossen ersteigen, hörte die Rede des Hierophanten, sah das Tor der Menschen und die schwarze Kammer, die Versuchungsszene der schönen Priesterinnen, denen der Einzuweihende widerstand, die Wasserszene und die Schlangenkammer, den Greif und die Säulen. Er sah den Eingeweihten durch das Tor des Todes gehen, sah ihn die Krone ausschlagen, sah ihn im Orkus und hörte, welche Lehren ihm gegeben wurden. Seinen Augen stellte sich die Schlacht der Schatten dar, die Höhle des Feindes und das gemordete Frauenzimmer. Er sah den Kampf mit Orus und Typhon und die große Feuerprobe. Er erblickte den Eingeweihten vor der Pforte der Götter, sah den Priestertanz, der den Lauf der Gestirne bezeichnete, sah dem Eingeweihten den Trank Oimellas reichen und erblickte das Ende seiner Proben und seine förmliche feierliche Aufnahme in das große Heiligtum.

Die Darstellung dieses Schauspiels hatte sehr lange gedauert. Rinaldo wurde wieder mit Trank und Speisen bewirtet, und als er diese genossen hatte, sagte der Alte zu ihm:

»Jetzt, mein Freund! gehe auf das Schloß zurück, welches du verlassen hast, wo diese Nacht deine Gegenwart nötig sein wird. Gedenke deines Freundes zu Fronteja und bewege, was du gesehen und gehört hast, wohl in deinem Herzen.«

Rinaldo ging in das Schloß zurück und vernichtete durch seine Ankunft alle Ängstlichkeit, die seine Abwesenheit verursacht hatte.

Es war gegen Mitternacht, und noch floh der Schlaf Rinaldos Augen, als auf einmal ein schreckliches Getümmel im Schlosse entstand. Er hörte Schwerter klirren, die Hunde bellten, ein lautes Geschrei ertönte aus dem Schloßhofe herauf, und endlich fielen Schüsse.

Rinaldo sprang vom Lager, warf einen Überrock über, steckte seine Pistolen zu sich, ergriff den Säbel und eilte auf den Saal. Hier standen Laura und ihr Vater, blaß und zitternd; die Zofen hielten Lichter in den bebenden Händen; von unten herauf wogte das Getümmel des Waffengeklirrs, und Schüsse fielen lauter und schneller.

»Was gibt es?« fragte Rinaldo.

»Das Schloß ist von Räubern überfallen worden!« – stammelte ein verwundeter Diener. – »Wir sind zu schwach zu widerstehen, und einige meiner Kameraden liegen schon tot darniedergestreckt.«

Jetzt stürzte Lodovico mit gezogenem Säbel herbei und schrie: »Laßt uns den Eingang des Saals verteidigen!«

Rinaldo flog an die Saaltür. Die Räuber drängten sich schon frohlockend die breite Marmortreppe herauf.

»Haltet an!« – schrie ihnen Rinaldo mit donnernder Stimme entgegen. – »Sagt, wer ihr seid und was ihr wollt?«

»Wer hat uns hier zu gebieten?« fragte einer aus der Schar.

»Ich«, – antwortete Rinaldo.

»Aha! über den gebietenden Junker! Gehe er vom Platze, oder es kostet sein Leben.«

»Haltet an! sage ich euch, und seht zu, mit wem ihr es zu tun habt.«

»Zurück! und kein Wort weiter verloren.«

»Haltet an! und laßt mit meinem Namen euch nicht zu Boden schmettern.«

Die Räuber lachten laut auf. Einer antwortete: »Männer, die eure Schwerter nicht fürchten, verlachen eure Namen.«
»Den meinigen gewiß nicht.«
Sie lachten wieder und schrien: »Vorwärts!«
Rinaldo rief ihnen mit erschütternder Kommandostimme zu: »Haltet an! das gebietet euch Rinaldini.«
Die Schar stand betroffen. Endlich sagte einer:
»Bursche! entweihe diesen berühmten Namen nicht. Ich diente unter Rinaldini und kenne ihn.«
»Wenn du ihn kennst, so tritt näher und gebiete deinen Kameraden einzuhalten.«
Rinaldo trat von der Tür in die Mitte des Saals zurück und nahm einer Zofe das Licht aus der Hand. – Lodovico flog auf seinen Wink auf die andere Zofe zu, nahm ihr das Licht und zündete die Kerzen der Wandleuchter des Saals an.
Die Szene wurde hell. – Rinaldo blieb in seiner Stellung. Der Baron und Laura erwarteten zitternd, was geschehen würde.
Der eine, der sich vermaß, Rinaldini zu kennen, bat seine Kameraden, jetzt ruhig zu sein. Diese drängten sich zur Tür. Er ging mit ungewissen Schritten auf Rinaldo zu, blieb stehen, sah ihn fest an, legte seinen Säbel nieder und sprach:
»Großer Hauptmann! Ich beuge meine Knie. Du bist es. Du bist Rinaldini, mein berühmter Hauptmann.«
Alsobald jauchzte laut auf die ganze Schar:
»*Viva Rinaldini!*«

»Ich kann« – sagte Rinaldo, – »euern Freudengruß nicht eher erwidern oder annehmen, als bis ich euch folgsam finde.«
»Fordere!« – schrien alle, – »Fordere, berühmter Hauptmann! Was wir dir zu geben schuldig sind, wirst du empfangen.«
»Nun dann«, – begann Rinaldo, – »so fordere ich von euch, daß ihr dieses Schloß sogleich verlaßt.«
Nach dieser Forderung wurde es still. Endlich begann ein Gemurmel und zuletzt trat einer aus der Schar hervor und sprach:
»Wir haben kein Geld und haben Mangel an Lebensmitteln.

Deshalb haben wir das Wagestück unternommen, das uns geglückt ist. Du weißt, berühmter Hauptmann, wozu die Not treiben kann. Aber um dir zu zeigen, wie groß die Hochachtung ist, die wir für berühmte Männer deinesgleichen haben, so wollen wir dieses Schloß verlassen, wenn du uns versprichst, zu uns zu kommen und bei uns, wie ein Freund unter Freunden, zu weilen. Schlägst du uns dies ab, so gehen wir nicht. So tapfer und berühmt du auch bist, so wirst du doch wohl einsehen, daß Gewalt uns nicht von hier vertreiben kann. Zähle uns selbst. Unserer sind achtzig, die das Schwert führen, im Schlosse. Wir fürchten den Tod nicht, und die Entschlossenheit ist unsere Waffengefährtin. Dreißig unserer Kameraden stehen vor dem Schlosse; sie sind des Namens unserer Waffengesellen nicht unwert.«

»Bist du« – fragte Rinaldo – »der Anführer dieser Tapfern?«

»Der bin ich.«

»Dein Name?«

»Luigino.«

»Gut dann! Tritt vor und rüste dich zum Kampfe. – Dir wird die Ehre, mit Rinaldini zu fechten. – Besiegst du mich, so handle im Schlosse nach Willkür; nur empfehle ich dir Menschlichkeit. Liegst du unter, so ziehst du mit deinen Leuten sogleich aus dem Schlosse ab. Dieses sind des Kampfes Bedingungen.«

Luigino sah ihn mit großen Augen an und sagte:

»Ich fechte nicht mit dir.«

»So nenne ich dich im Angesicht deiner Leute einen feigen Beutelschneider!« – schrie Rinaldo.

»Bei Gott, Hauptmann! das bin ich nicht. Und das lasse ich mir auch selbst von dir nicht sagen«, – antwortete Luigino und zog den Säbel.

Rasch, wie vom Sturm ergriffen, sprang Laura auf, fiel Rinaldo in den Arm und sprach:

»Du darfst dich nicht schlagen. Für uns dein Leben auf dieses Spiel zu stellen, hast du keinen Beruf. Wir wollen uns mit diesen Leuten abfinden und ihnen geben, was sie brauchen und fordern. Ist es nicht schon genug, daß wir dir unser Leben zu verdanken haben? Sollten wir auch noch unsern Wohltäter bluten sehen?«

»Geh, Luigino!« – sagte Rinaldo – »und erzähle, daß ein Mädchen dich um die Ehre gebracht hat, dich mit Rinaldini zu messen. Ich erkenne dich für einen tapferen Mann.«

Luigino warf sein Schwert in die Scheide und sagte:

»Wir ziehen ab.«

»Nicht so!« – begann der Baron und holte eine Schatulle herbei. »Hier, nehmt dieses Reisegeld mit und kauft euch, was ihr braucht.«

Rinaldo zog einen Ring vom Finger und sagte:

»Luigino, trag diesen Ring mir zum Andenken.«

Luigino nahm den Ring und fragte, fast weich:

»Und du willst uns nicht besuchen?«

»Ich will«, antwortete Rinaldo.

Mit frohlockenden Donnerstimmen brüllte die Schar:

»*Viva Rinaldini*.«

»Laßt diesen Mann bei mir«, – fuhr Rinaldini fort, – »der in den Apenninen mit mir gefochten hat. Er wird mich zu euch bringen.«

Luigino wendete sich gegen ihn, schüttelte ihm die Hand und sagte: »Wackerer Nero! der du unter Rinaldinis Anführung gefochten hast, bleib bei deinem Hauptmann und bringe ihn bald zu uns.«

Hierauf nahm er Rinaldos Hand, drückte sie an sein Herz und sagte:

»Diese Augenblicke bleiben mir unvergeßlich!«

Dann drehte er sich herum, gab seinen Gesellen einen Wink. Im Sturm flogen diese die Treppe hinab und zum Schlosse hinaus. Luigino mit ihnen.

Rinaldo gab Lodovico und Nero Winke, sich zu entfernen; eben das tat der Baron gegen seine Leute. Rinaldo blieb mit ihm und Laura allein.

»Ihr habt nun« – begann er, – »das größte meiner Geheimnisse gehört; eine Menge Menschen haben es mit Euch gehört, der Schleier ist gefallen, dies gibt mir den Scheidebrief von Euch. Der verfolgte, geächtete Räuberhauptmann kann nicht mehr ein Glied Eurer Familie sein, darf nicht mehr der Gegenstand Eurer herzlichen Gastfreundschaft sein. Das verbieten euch Verhältnisse und Gesetze. Die Nacht, die so manches verdeckt, verberge auch mich Euern Augen. Lebt wohl! Ich ziehe von dannen.«

»Eure Großmut« – sagte der Baron, – »entlockte Euch Euer Geheimnis und rettete uns vom Tode. Diese Nacht wird mir stets unvergeßlich bleiben. Ich beklage nichts mehr, als daß ich Euch nun muß scheiden sehen. – Ihr rettetet mir zweimal das Leben, und ich bin Euer doppelter Schuldner. Wie soll, wie kann ich bezahlen?«

RINALDO Ihr könnt es.

BARON So bin ich reicher, als ich glaube. Was ich kann, will ich auch. Ich bezahle.

RINALDO Gewährt mir eine Bitte.

BARON Gewährt. – Wohl mir, daß ich mit Erfüllung einer Bitte bezahlen kann!

RINALDO Gut. – So bitte ich, gebt Laura, Eurer Tochter, den Mann, den sie liebt.

BARON *(erschrickt)* Was ist das?

RINALDO Ich habe Euer Wort.

BARON *(mit bebender Stimme)* Ihr habt mein Wort, das ich nie gebrochen habe; nehmt sie hin.

RINALDO Ihr irrt Euch. Ich bin nicht der Mann ihres Herzens.

BARON *(froh)* Wirklich hätte ich geirrt?

RINALDO Gebt Ihr den Mann, den sie liebt. Haltet Wort!

BARON Euer Schuldner zahlt. Ich halte Wort. Sie soll ihn haben.

RINALDO Laura, ich scheide nun beruhigt. Ich weiß Euch glücklich.

Laura fiel ihm um den Hals und dann ihrem Vater zu Füßen. Rinaldo verließ den Saal, schickte den Sekretär hinauf, befahl zu satteln und ritt mit Lodovico und Nero zum Schlosse hinaus.

Der Tag brach an. Die Sonne ging auf in all ihrer Pracht. Das Schloß des Barons lag schon weit hinter den Reitern und war nicht mehr zu sehen. Rinaldo stieg vom Pferde und warf sich unter einen Baum. – Lodovico und Nero taten in einiger Entfernung, was ihr Hauptmann tat. Die Pferde gingen nach Futter.

Rinaldo seufzte tief auf und sprach, wie er zu tun pflegte, wenn sein Herz voll war, mit sich selbst:

»Was andere meiner Faust und meinem Namen verdanken, wird mir zum Fluch. Ich bin gebannt, geächtet; ich werde verfolgt und habe doch so manches Unglück schon verhütet. – Aber Blut habe ich vergossen, auf meinen Namen ist geraubt und geplündert worden. Wehe mir! Wie viele sind gefallen! Wie viele habe ich schon in den Tod getrieben! – Ach! wer hätte mir das prophezeiend an meiner Wiege gesungen? Was riß mich aus meinem stillen Tale, von dem Quell, der mich labte und meine Ziegen in friedlicher Einöde tränkte? Wehe, wehe mir!«

»Spricht der Hauptmann noch immer, wie sonst, mit sich selbst?« fragte Nero. Lodovico bejahte es kopfnickend und winkte ihm, zu schweigen. Rinaldo sprach weiter:

»Soll ich denn nirgends Ruhe finden? Der Schiffer freut sich nach dem Sturme des sichern Hafens und vergißt die Gefahren der Wellen, die ihn umschwebten; mir aber lächelt kein freundlicher Port.«

Nach einer langen Pause fragte er: »Nero! wie kamst du nach Sizilien?«

»Als du mich nach Rom schicktest, Hauptmann«, – antwortete Nero, – »suchte mich und Nicolo unser Cinthio dort auf. Er nahm uns mit nach Kalabrien. Dort bekam ich einst Händel mit einem meiner Kameraden und spaltete ihm den Schädel. Weil Cinthio diesen Menschen sehr liebte, wagte ich es nicht, ihm unter die Augen zu kommen, und ging nach Sizilien. Hier hatte ich nichts zu leben und ergriff mein altes Handwerk.«

»›Wo hauset Luigino?‹«

»In den Gebirgen von Cerone.«

»›Haben wir weit dahin?‹«

»Gegen Abend können wir dort sein.«
»»Führe mich hin.«‹
Sie bestiegen die Pferde und trabten davon. In einem schlechten Dorfe hielten sie Mittag, und ehe die Sonne unterging, waren sie in den Ceronischen Bergen.

Sie waren kaum hundert Schritte weit geritten, als sie einen Hornstoß vernahmen, dem bald ein zweiter, dann ein dritter folgten. Dies Signal gaben Luiginos ausgestellte Wachen. – Bald erreichten sie ein Tal. Nero gab das Signal. Einige zwanzig Banditen umringten sie, erhoben ein fürchterliches Freudengeschrei und führten den willkommenen Gast unter einem jauchzenden:
»Viva valoroso Rinaldini! valorosissimo Capitano del mondo!«
zu Luigino, der aus seinem Gezelte ihm entgegen sprang und Rinaldo vom Pferde hob.
Das Getümmel und die Freude, den berühmten Rinaldini bei sich zu sehen, war unter der Bande sehr groß; und selbst Luigino fühlte sich hochgeehrt, daß der berühmteste Räuberhauptmann seiner Zeit bei ihm, in seinem Gezelt und auf seinem Lager schlief.
Der Morgen brach an, als Luigino, der seinen Gast schon munter sah, sich demselben mit einer Proposition näherte, welche die Frucht seiner nächtlichen Überlegungen war. Sie bestand in nichts Geringerem als in dem Antrage, an seiner Stelle das Kommando über seine Bande zu übernehmen und dieselbe, wie er sich ausdrückte, »durch sich unsterblich zu machen«.
»Freund!« – antwortete Rinaldo: – »Ich bin dir herzlich für dein uneigennütziges Anerbieten verbunden, allein ich kann davon keinen Gebrauch machen, weil ich fest entschlossen bin, Sizilien zu verlassen und mich in ein anderes Land zu begeben, wo ich im Stillen das Ende meiner Tage erwarten will.«
Umsonst bot Luigino seine ganze Beredsamkeit auf; Rinaldo blieb bei seinem Vorsatz. Er blieb noch diesen Tag bei ihm und reiste den folgenden mit Lodovico und Nero ab.

J. Penzel del. a fec. 1802.

Gegen Abend erreichten sie den Gasthof eines Fleckens, von welchem derselbe mehrere hundert Schritte entfernt an der Landstraße lag.

Der Wirt kam ihnen am Tore entgegen und sagte, sein Gasthof sei so sehr mit Menschen besetzt, daß er dem Herrn Kavalier schwerlich ein anständiges Nachtlager anweisen könne. Noch dazu wären eben ein Herr und eine Dame mit ihren Leuten angekommen, die nicht weitergehen wollten und das letzte Kämmerchen seiner Wohnung in Beschlag genommen hätten.

Rinaldo, der keine Lust hatte, weiterzureiten, erklärte, er wolle mit jedem Plätzchen vorliebnehmen, das man ihm anweisen würde, und sprengte in den Hof. Hier stieg er vom Pferde und warf seine Augen auf einen Wagen, der soeben ausgespannt wurde, als er neben demselben mit Auspacken einiger Sachen beschäftigt, – wer schildert sein Erstaunen? – die wohlbekannte Signora Olimpia erblickte. – Noch hatte er sich nicht gefaßt, als er an den Wagen, von der anderen Seite her, den verrufenen Kapitän treten sah.

Dieser hatte ihn nicht so bald erblickt, als er, gleich einem Wütenden, eine Pistole aus dem Kutschenschlage zog und damit auf Rinaldo zustürzte, indem er schrie:

»Ha, Bandit! treffe ich dich endlich doch noch?«

Er sprach's, gab Feuer, und seine Kugel streifte Rinaldos linke Achsel. – Olimpia stürzte lautaufschreiend mit der Hälfte des Leibes in den Wagen zurück. – Lodovico sah kaum, was geschah, als er seinen Karabiner anlegte, Feuer gab und dem Kapitän den rechten Arm zerschmetterte.

Dieser sank zu Boden und schrie aus Leibeskräften:

»Schließt das Tor! Im Namen des Königs, haltet diese Reiter fest! Rinaldini ist mitten unter uns!«

Auf dieses Geschrei kam alles in Aufruhr, der Wirt, seine Knechte, des Kapitäns Bediente, einige Maultiertreiber, Packknechte, Fuhrleute und ein paar Dragoner, die eben als Patrouille in dem Wirtshause lagen, brachen, bewaffnet mit Peitschen, Knütteln, Hacken, Heugabeln und Säbeln auf Rinaldo und seine Diener los.

Ein Knecht lief nach dem Tore, um es zu sperren. Nero schoß ihn durch die Gurgel und jagte im schärfsten Galopp zum offenen Tore hinaus.
Rinaldo griff nach seinen Pistolen, fühlte sich aber schnell von hinten angegriffen und war zu Boden geworfen, ehe er nur einen Schuß tun konnte. Ihrer Sechse waren über ihn her, banden ihm die Füße und knebelten seine Hände auf den Rücken.
Lodovico spaltete einem Bedienten des Kapitäns den Schädel und hackte dem andern den halben Arm vom Leibe, bekam aber mit einer Heugabel einen Schlag über den Kopf und taumelte zu Boden, wo es ihm wie seinem Herrn erging. – Er knirschte mit den Zähnen, und ohnmächtige Wut verzerrte seine Gesichtszüge.
Rinaldo sah ihn ernsthaft an und sagte:
»Pfui Lodovico! Warum gebärdest du dich so? Jeder Mensch hat sein Ziel. Unsere Stunde hat endlich auch geschlagen.«
»Das ist es nicht, was mich wütend macht!« – brüllte Lodovico. – »Aber das ist es, daß eine Handvoll Lumpenkerle uns überwältigt hat und daß wir nicht, Mann gegen Mann, im offenen Kampfe gefallen sind.«
»So wollte es das Schicksal« – antwortete Rinaldo. – »Sei ruhig und gelassen. Wir stehen ja noch nicht auf dem Schaffott. Sollen wir aber auch dort unser Leben endigen, so können wir mit unserer Ohnmacht es doch nicht ändern.«
Indessen hatte der Kapitän dem Wirt und den Dragonern die Gebundenen auf ihr Gewissen empfohlen und ihnen den Preis genannt, den sie von der Regierung für ihre Heldentaten erhalten würden. – Man beschloß also, die Gefangenen diese Nacht hindurch vorsichtig zu bewachen und sie morgen im Triumph dem nächsten Kriminalrichter zu überliefern. – Die Gebundenen wurden auf eine Kammer gebracht und bekamen Wache.
Den Kapitän trug man auf ein Lager und verband ihn, so gut man konnte, bis ein Wundarzt kam. Olimpia war in einer größeren Verlegenheit, als die Leser vielleicht glauben.

Indessen versammelte der Wirt alle die um sich her, die Anteil an dem Kampfe und der Verhaftung der Räuber genommen hatten, und sagte:

»Seht hierher auf den Tisch! Hier steht's von mir mit Kreide angeschrieben, was ein jeder von uns auf seinen Anteil von dem Preise bekommt, den die Regierung auf Rinaldinis Kopf gesetzt hat. Seht, und hier steht das Fazit. Es trifft wie eine Kirchenrechnung. – Überdies haben wir bei dieser Gelegenheit auch großen Ruhm und hohe Ehre, ja, ich will sagen, den Dank und die Ehrerbietung der ganzen Insel erfochten. Mein Gasthof wird durch diesen Fang ebenso berühmt werden als der Ort eines Schlachtfeldes, oder sonst ein Platz, auf welchem etwas zum Besten des Staates vorgegangen ist. Gebt acht, was geschieht!«

»Aber« – fragte einer von den Maultiertreibern und schob die Mütze bedenklich von dem rechten aufs linke Ohr; – »aber, wird nun Rinaldinis Bande wohl einen Stein deines Gasthofs auf dem andern lassen?«

Der Wirt wurde verlegen und fragte ängstlich: »Hat er denn eine Bande?«

»Narr!« – schrie der Maultiertreiber, – »das kannst du dir einbilden. Eine Bande von Kerlen, die die ganze versammelte Hölle nicht fürchten. – Ich, an deiner Stelle, hätte ihm alle Tore und Pforten geöffnet, daß er entkommen wär'. Er hätte dir gewiß ein besseres Fazit gemacht, als dir nun seine Bande machen wird.«

»Gut!« – sagte der Wirt, – »so ziehe ich von hier weg. Mit dem Gelde, das ich bekomme, kann ich allenthalben Wirtschaft treiben.«

»Daran tust du wohl!« – sagte der Maultiertreiber, – »denn die Rinaldinische Kompanie macht dein Wirtshaus sicher der Erde gleich. Dabei ist gar keine Zeit zu verlieren. Ich fürchte, die Kerle sitzen morgen schon hier. – Ich sehe sie schon hausen, plündern, sengen und brennen! Und wenn sie dich erwischen, so ziehen sie dir sicher die Haut über die Ohren.«

Der Wirt wollte eben antworten, als er zu der fremden Dame gerufen wurde. Er eilte zu ihr. Olimpia zog ihn auf die Seite, sprechend:

»Herr Wirt! Ihr seid ein glücklicher Mann, daß bei Euch der berühmte Rinaldini seine Freiheit verloren hat. Aber das, was Ihr dabei verdient, würde Euch wohl doppelt von ihm gegeben werden, fändet Ihr Mittel und Wege, ihn entwischen zu lassen.«

»Allerschönste Signora!« – antwortete der Wirt, – »das ist nun wohl keine Möglichkeit. Ja, wenn die Teufelsdragoner nicht hier wären! – Und dann meine Pflicht, meine Untertanenschuldigkeit!« –

»Recht so!« – fiel Olimpia schnell ein. – »Ihr seid ein braver Mann! Ich gestehe es Euch offenherzig, daß ich bloß Eure Denkungsart erforschen wollte. Denn Ihr könnt doch wohl leicht denken, daß mir viel daran gelegen sein muß, diesen Feind meines Bruders, des Kapitäns, bestraft zu wissen. Ich wollte nur fühlen, ob meine Rache in guten Händen wäre. Sie ist es; und Ihr habt noch eine Belohnung von mir selbst zu erwarten. Jetzt schlafe ich ruhig und weiß, daß ich bei einem durchaus ehrlichen Manne übernachte.«

Sie ging. – Der Wirt murmelte ihr nach: »Eine außerordentlich brave Dame!«

Rinaldo verlangte Wein und Speisen. Er erhielt, was er forderte. Lodovico war wieder zu sich gekommen und war jetzt in eben dem Grade standhaft und entschlossen geworden, als sein Herr mißmutig und niedergeschlagen war. Sie sprachen in ihrer rotwelschen Räubersprache miteinander, wovon die Wache kein Wort verstand, unterhielten sich von ihrem Unglück und Zustand. – Rinaldo eröffnete Lodovico, daß er willens sei, sich zu vergiften. Dieser riet ihm, nicht zu rasch zu Werke zu gehen; er fange jetzt an, auf Hilfe zu hoffen.

RINALDO Auf wessen Hilfe hoffst du?

LODOVICO Das weiß ich selbst nicht, aber ich hoffe dennoch. Der Mut ist mir ganz unvermutet gewachsen, und ich bin völlig überzeugt, daß wir jetzt noch nicht sterben werden. Zum Vergiften habt Ihr noch Zeit. Und es ist im Grunde ganz einerlei, ob man sich vom Gift die Eingeweide zerreißen läßt oder ob man verbrannt wird. Schmerz ist Schmerz!

RINALDO Wohl wahr!

LODOVICO Dreierlei Dinge ärgern mich abscheulich. Erstens, daß ich den Kapitän nicht durch den Schädel getroffen habe; zweitens, daß uns Packknechte, Maultiertreiber und andere Lumpenkerle überwältigt haben, und drittens, daß uns Nero, wie eine feige Memme, verlassen hat. – Hätten wir alle drei nebeneinander gestanden und hätten den Rücken frei gehabt, das Lumpenvolk hätten den kürzeren ziehen sollen, oder ich will ein Hundekopf sein!

So sprachen sie die Mitternacht herbei und entschlummerten endlich doch auf ihrem Strohlager. – Ein Gepolter weckte sie. Sie fuhren auf, sahen ein paar Menschen in ihrer Kammer, sahen Dolche blinken, und ihre Wache lag röchelnd am Boden.

»Was gibt es?« – fragte Rinaldini.

»Ruhig, Hauptmann! Es gilt Eure Rettung!« – war die Antwort.

»Bist du es, Nero?«

»Ich bin es«, antwortete dieser. – Das Haus ist umzingelt. Ich und ein braver Kamerad sind hereingeschlichen. – Der Tag bricht an. Munter! auf! daß wir Euch in Sicherheit bringen.«

Damit machten sie sich über Rinaldos und Lodovicos Strickfesseln her, zerschnitten sie und halfen ihnen auf die Beine.

»Nero!« – sagte Lodovico, – »Ich habe dir Unrecht getan. Ich hielt dich für eine Memme. Ich bitte dir alles ab, braver Kamerad!«

»Aha!« – antwortete Nero, – »das habe ich vermutet. 's hat nichts zu sagen. – Ich machte mich davon, traf auf Luiginos Vorposten-Corps, schickte einen davon zu Luigino und ließ ihm melden, was geschehen sei. Die andern acht nahm ich mit mir. Wir stiegen über die Mauer, zum Fenster herein, und da sind wir. Ich wette darauf, Luigino ist nun auch schon da.«

»Nero! – Ich belohne dir und deinen Kameraden diesen Dienst gewiß rechtschaffen!«

»Nur fort und mit uns die Treppe hinab! Hier sind Waffen, wenn's etwa Lärm gibt!«

Sie schlichen hinab. Alles blieb still im Hause. – Im Hofe warteten die andern. Sie zogen so viele Pferde und Maultiere aus dem Stalle, als sie habhaft werden konnten, und da gab's Lärm. Im Gasthofe wurden die Schlafenden munter; man hörte Alarm rufen.

Jetzt stieg vor dem Gasthofe eine Rakete in die Luft.

»Ha! das ist Luiginos Signal!«

Nun waren die Kerle nicht mehr zu halten. Sechs Schüsse geschahen aufeinander in die Stube, wo alles durcheinander lag, und drinnen gab's ein fürchterliches Geheul.

Auf die Schüsse wurde von außen das Tor eingebrochen und Luiginos Bande flutete in den Hof. – Da gab's Lärm auf allen Ecken, und die Pferdeställe waren im Nu ausgeleert.

Luigino, als er hörte, Rinaldini sei gerettet, eilte auf ihn zu, umarmte ihn und gab sogleich das Zeichen zum Abzuge. Die Räuber schossen ihre Pistolen noch gegen Stube, Stall und Mist ab und jagten mit der Beute davon. – Kaum waren sie hundert Schritte geritten, als sie die Sturmglocken hörten. Sie sahen hinter sich, und der Gasthof stand in Flammen.

Ein wildes Jauchzen durchtönte den zügellosen Haufen.

Rinaldo fuhr's durch die Seele. Er verhüllte sein Gesicht und jagte dem Gebirge zu.

Wachend, im Traume seiner Verhältnisse, lag Rinaldo auf seinem Lager unter einem Gezelte. Der größte Teil der Bande war auf Streifereien ausgezogen, mit ihr auch Lodovico und Nero. Luigino nahte sich Rinaldo, sah ihn ein wenig an und sagte:

»Hauptmann! Du siehst, daß du nicht für die Menschen außer unserm Zirkel taugst; die polizierte Welt ist kein Aufenthalt mehr für dich; bleib in den unwirtbaren Tälern, in Wäldern und Einöden, gefürchtet und geehrt an der Spitze deiner Kameraden. Überlaß dich nicht den Sorgen. Wie es ist, ist dein Los gefallen.«

RINALDO Ich fühle die Wahrheit deiner Worte nur allzu lebhaft!

LUIGINO Das ist mir lieb! Ich erneuere hiermit meinen alten

Vorschlag. Übernimm das Kommando meiner Leute. Ich will als zweiter Befehlshaber unter dir dienen.

RINALDO Bei dir bleiben werde ich, aber Anführer deiner Leute kann ich nicht werden. Doch rechne im Fall der Not auf mich, wie auf jeden der Deinigen.

LUIGINO Nach deinem Willen! – Auf jeden Fall wird deine Anwesenheit großen Eindruck auf meine Leute machen. Sie werden sich alle für die Deinigen halten.

Sie sprachen noch, als die Signale die Rückkehr einer Streifpartie mit Beute verkündigten.

Beinahe atemlos trat Lodovico in das Gezelt und sagte:

»Hauptmann! wir haben einen herrlichen Fang getan, einen Fang, der dich vergnügen wird. Der verdammte Hund, der Kapitän, und die schöne Olimpia sind uns in die Hände gefallen.«

Er sprach noch, als man beide gebunden in das Gezelt brachte, wobei der ganze Haufe jubelte:

»Viva valorosissimo Capitano Rinaldini!«

Rinaldo fuhr zusammen, als er die Gebundenen erblickte. Olimpia sah ihn einige Augenblicke schweigend und mit fragenden Blicken an, fiel dann vor ihm nieder und sagte:

»Ich überlasse mich deiner Gnade!«

Rinaldo winkte ihr betroffen, aufzustehen, und antwortete:

»Ich bin nicht der Anführer derer, die Euch beide zu Gefangenen gemacht haben. Dieser, der neben mir steht, ist es; an ihn richtet Eure Bitten. Ich bin nicht Euer Richter. – Aber da ich dir, großmütige Freundin Olimpia, mein Leben verdanke und dir meine Freiheit in Kalabrien schuldig bin, so bitte ich meinen Freund Luigino, dir um meinetwillen die Freiheit zu schenken.«

»Sie ist frei!« – rief Luigino.

Sogleich wurde sie entfesselt. Luigino aber fuhr fort:

»Was aber diesen sogenannten Kapitän betrifft, so führt ihn in die Höhle zur Haft, bis ich mich durch Lodovico unterrichtet habe, was er alles gegen meinen Freund, den großen Rinaldini, getan hat.«

Der Kapitän, der bisher unbeweglich gestanden hatte, erhob

jetzt seine Stimme und sprach: »Was ich gegen Rinaldini tat, würde jeder gute Staatsbürger getan haben, der einen Gauner der ersten Größe unter seinen Mitbürgern sah.«
»Du bist strafbar«, – sagte Rinaldo, – »daß du diese deine Pflicht nicht eher erfüllt hast. Sie war dir aber für Geld feil. – Deinetwegen konnten die Staaten durch mich in Kontribution gesetzt werden, wie es mir beliebte, hätte ich dir nur mich selbst, als ein gewisses Kapital, überlassen, als einen Notpfennig, den du stets angreifen konntest, sobald es dir beliebte.« –
»›Wie würdest du, Mann, dem sogar seine Heldentaten feil waren‹«, – fiel der Kapitän ein, – »›wie würdest du an meiner Stelle gegen den Räuber Rinaldini gehandelt haben?‹«
»Nicht so wie du.«
»›Das gilt Erklärung und Beweise.‹«
Rinaldo sah Luigino an und fragte: »Willst du mir auch diesen, deinen Gefangenen, schenken?«
Schnell antwortete Luigino: »›Er ist dein‹«
»Gut dann«, – fuhr Rinaldo fort, – »so gehe, du mein ewiger Verfolger, und lerne mich kennen. Du bist frei, kannst gehen, wohin du willst, kannst sogar das Vergnügen fort genießen, mich von neuem zu verfolgen, zu verraten und sogar endlich, – wie du sagst, nach deiner Pflicht, – mich der Obrigkeit zu überliefern. – Der Himmel hat Pest, hat Feuer- und Wasserplagen gegen die Menschen. Ich habe dich zu meiner Strafrute. Geh' und handle gegen mich, wie dein Herz dir gebietet. – Ich will meinem Schicksal nicht vorgreifen, und du – wirst dem deinigen auch nicht entgehen.«
Als er dies gesagt hatte, verließ Rinaldo das Gezelt. – Der Kapitän sah keck ihm nach. Luigino kommandierte ergrimmt:
»Führt diesen After-Korsen mir aus dem Gesicht und aus dem Lager.« –
Sogleich wurde Anstalt gemacht, diesen Befehl zu vollziehen. Trotzig folgte der Kapitän. Luigino rief ihm nach:
»Was Rinaldini tat, tut Luigino nicht. Nimm dich in acht, und mir komme nicht in den Weg!«

Er ging davon. – Olimpia blieb im Gezelt, bis Rinaldo dahin zurückkam.

OLIMPIA Berühmter Rinaldini! Du, der Schrecken und die Furcht der italienischen Staaten! Geächteter Mann! – Wie edel, wie groß hast du gehandelt.

RINALDO Nicht in diesem Tone!

OLIMPIA Sage mir die Wahrheit! Bist du wirklich nicht mehr Anführer dieser Menschen?

RINALDO Nein.

OLIMPIA Lebst aber doch unter ihnen?

RINALDO Das ist nicht meine Schuld. Ich soll, ich darf ja nicht in den Schoß der polizierten Welt zurückkehren.

OLIMPIA Tut dir das leid? O! bleib' in deinen Tälern, lebe zwischen Felsen ruhig und zwänge dich nicht in die bangen Scheidewände der Convenienzen. Was du dort findest, ist leicht zu entbehren. – O! daß es mir vergönnt sein möchte, zu leben in stiller Einsamkeit!

RINALDO Kannst du nicht in die Einsamkeit zu dem Alten von Fronteja gehen?

OLIMPIA Du kennst ihn?

RINALDO Wie wollte ich das sagen können? Gesehen, gesprochen habe ich ihn; er hat mir vielerlei gesagt und gezeigt, ja, die Szenen der berühmten Krata Repoa habe ich sogar mit angesehen; aber wie könnte ich mich vermessen, zu sagen: ich kenne ihn? – Kennst du ihn?

OLIMPIA Ich habe ihn nie gesprochen, nie gesehen und glaube doch, ihn zu kennen.

RINALDO Diesen feierlichen, geheimnisvollen, allumfassenden Scharlatan?

OLIMPIA Er ist mehr als das. Die Kette, die er durch ganz Italien geschlungen, über Meere gezogen hat, ist ein Kunstwerk, das den Meister lobt. *Du bist*, seit du anfingst Aufsehen zu erregen, immer für ihn ein *willkommenes Augenmerk* seines Wunsches gewesen. *Du* warst ein *Glied* für seine *Kette,* das er suchte. Er fand dich, ehe du es glaubtest. *Du warst sein, ehe ihr euch gesehen hattet.*

RINALDO Was sprichst du?

OLIMPIA Was ich weiß.

Sie lächelte, als sie das sagte, so, wie die Zuverlässigkeit selbst lächeln würde. Rinaldo heftete seine Blicke an den Boden. – Endlich fragte er:

»Gehörte der Kapitän auch mit zu der Kette des Alten von Fronteja?«

SIE Er war ein Abtrünniger. – Er lebte von Spekulationen, vom Spiele, von magischen Tändeleien.

ER Wie kamst *du aber*, und auch jetzt wieder, zu diesem Betrüger, den du als einen solchen kanntest?

SIE Ach! glaube mir; nur aus Geldmangel.

ER Aber deine vornehmen Verbindungen –

SIE Von der Notwendigkeit geknüpft, von der Laune zerrissen.

ER Was gedenkst du nun zu tun?

SIE Mich in deine Arme zu werfen, bei dir zu bleiben; mit dir allen Gefahren, selbst dem Tode entgegenzugehen. An deiner Seite will ich stehen, selbst fechten –

ER Ich fechte nicht mehr. Meine Waffen will ich gegen Hacke und Spaten vertauschen und ein Einsiedler werden.

SIE So begleite ich dich in die Klause als deine Einsiedlerin. In meinen Armen sollst du ruhen, wenn du des Tages Schwüle und Last getragen hast. Erquicken will ich dich als eine sorgliche Wirtin mit Speis' und Trank, und in unsrer Einsiedelei soll es nicht an stillen Freuden fehlen. Komm, laß uns ziehen, mein Rinaldo, in die stille Freistätte des Glücks und der Ruhe. Nichts soll mir schwer, nichts unbequem werden. Die Liebe zu dir trägt leicht, trägt sicher und gern.

ER Du schwärmst!

SIE Ich bin ja bei dir, mein Lieber!

Hier ließen sich recht gut einige psychologische Bemerkungen einstreuen. Ob sie aber wohl gelesen, ob sie gefühlt würden werden! – Olimpia war das Weib, wie sie sein wollte. Übrigens war sie ein *schönes* Weib und Rinaldo ein Mann voll Kraft und Leidenschaft. So, liebenswürdig, stand er vor den Weibern: Ein herrliches Rot strahlte von seinen Wangen; die hellsten braunen Augen lagen, wie sanfte Sterne, in seinem Gesichte. Sein Gang war edel, fest und keck*). Über sein ganzes Wesen und Benehmen war eine Haltung, Feinheit und Waglichkeit ausgegossen, die ihm eben das gab, was Weibern gefallen kann.

Ein lautes Gespräch vor dem Gezelte brachte drinnen alles wieder in Ordnung.

Luigino hatte Lebensart. Er ließ auftragen, was Küche und Keller vermochten. Keine Aufwartung machte das Mahl beschwerlich. Man blieb, ohne Zeugen, den besten und gesuchtesten Gefühlen überlassen.

Da sprang der Pfropf von einer Champagnerflasche mit lautem Knall und flog der holden Donna gerade an die Stirn. Man lachte und – leerte die Flasche.

»Man kommt« – sagte Olimpia, indem sie die Gläser füllte, – »bei süßen Genüssen doch selten ungeneckt davon; das aber macht sie nur angenehmer, reizender, sogar – begehrenswerter!«

Nicht ohne Geräusch trat Luigino in das Gezelt und sagte: »Meine Leute haben eine Pilgerin aufgefangen, die Lodovico kennt.«

»Das ist Rosalie!« schrie Rinaldo ahnend, sprang auf, stürzte aus dem Gezelte und flog wirklich Rosalien in die Arme.

Die Freudenszene des Wiedersehens läßt sich nicht schildern. – Rosalie, jener Blutnacht in Kalabrien entronnen, hatte lange in Einöden gelebt, war dann nach Sizilien gegangen, wo sie in Pilgerkleidern die einsamen Täler durchstreifte und endlich ihres Herzenswunsches gewährt wurde, des Wunsches, ihren Rinaldo wiederzufinden. – Olimpia, als eine sehr gewandte Liebende, benahm sich bei der Sache sehr klug, aber Rosalie konnte

*) Leontino Monte Bello. 1. T. S. 226.

ihren Argwohn nicht verbergen. Sie gestand Rinaldo, was sie fürchtete, und er suchte sie darüber, so gut er konnte, zu beruhigen.
Luigino stellte Betrachtungen an, und als er mit Rinaldo allein sprechen konnte, nahm er sich die Freiheit, ihm seine Meinung zu sagen.
LUIGINO Ich sehe, Hauptmann, daß das Gerücht wahr redete, wenn es dich als einen erklärten Weiberfreund schilderte. Man hat dir also in diesem Punkte nicht zuviel getan.
RINALDO Vielleicht hat man es aber dennoch übertrieben.
LUIGINO Das will ich nicht entscheiden. Ich halte mich an das, was ich sehe.
RINALDO Und was denkst du dabei?
LUIGINO Das will ich dir offenherzig sagen. Ich denke, daß es sich nicht für dich schickt, deine Zeit mit Weibern zu vertändeln.
RINALDO Bist du ein Weiberfeind?
LUIGINO Das nicht. Aber meine Freundschaft gehört ihnen nur für einzelne Augenblicke, in denen mich die Leidenschaft überrascht, die uns angeboren ist. Damit ist aber alles bald abgetan. Wir beiden leben nun einmal in einer Lage, in der wir einer Frau weder Haus noch Herd anweisen können. Unsere Kinder können wir nicht großziehen. Und wenn auch; wozu? Zu unserm Handwerk? – In die Welt können wir sie nicht schicken. Sollen wir sie geradezu für Rabensteine erziehen? Das wollen wir doch wohl nicht?
RINALDO Laß uns also enden.
LUIGINO Der Weiber wegen doch nicht? – Enden? – Wir?
RINALDO Ich habe Schätze, die sicher vergraben liegen. Sie sind wiederzufinden. Auf den Kanarischen Inseln lächelt ein herrliches Klima. Reizende Täler, stille Auen laden uns dort ein. Nimm ein Weib und folge mir!
LUIGINO Ich kann mich nicht dazu entschließen. – Ich fürchte die Ruhe und in der Ruhe mein erwachendes Gewissen. – Nicht auch du?
RINALDO Ich öffne der Reue mein Herz. Ich höre ihre versöhnende Stimme und folge ihrem Rufe.

LUIGINO Und was kann sie tun? – Bereuen. – Kann sie aber auch ungeschehen machen, was geschehen ist?

RINALDO Sie kann vergüten.

LUIGINO Laß ihr Kirchen und Altäre bauen, sie schenkt dir dennoch keine sanften Träume. Der heitere Blick auf die entflohenen Tage deines Tatenlebens wird dir von keiner Reue gegeben. Du hast dich berauscht; du erwachst, wehe dir! Nur ein zweiter Rausch kann den ersten vertilgen. Sieh, das ist meine Meinung: Rausch auf Rausch, bis es nichts mehr zu trinken gibt.

RINALDO Ach, Luigino!

LUIGINO Im Weine liegt Wahrheit. Höre meine Geschichte. – Ich bin von Geburt ein Korse. Mein Vater war Gouverneur zu Bastia. Luigino ist nicht mein wahrer Name. Mein Vater war ein rechtschaffener Mann; er liebte sein Vaterland und haßte seine Unterdrücker, die Franzosen. Seine Gesinnungen blieben nicht unbekannt. Der französische General beobachtete ihn genau. – In den Tälern von Ajaccioli gab es einst einen Auflauf. Ein französischer Offizier war der Frau eines Korsen zu nahe gekommen. Dieser erschlug den Nichtswürdigen. Der General ließ den Korsen binden und verurteilte ihn zum Tode. Die Korsen befreiten ihn und ergriffen die Waffen. Mein Vater sollte den Auflauf stillen. Er war so unvorsichtig, zu sagen: er führe die Waffen nur gegen die Feinde seines Vaterlandes. Das brachte ihn ins Gefängnis. Der General ließ ihn in dem Gefängnis als Hochverräter erdrosseln. Meine Mutter nahm einen Eid von mir, den Tod meines Vaters zu rächen, und stieß sich den Dolch in die Brust. – Dieser Dolch blieb mein Vermächtnis. Mit eben diesem Dolch stieß ich den französischen General nieder und entfloh in die Gebirge. Auf einem englischen Schiffe kam ich aus Korsika nach Sizilien. Meine Güter waren eingezogen worden, mein Name ward an den Pranger geschlagen. – Ich ergriff das Handwerk, das ich noch treibe. Dies war Wahl und Plan. – Ich zähle jetzt etliche Neunzig, denen ich befehle. Sie wissen zu fechten. Ihre Anzahl ist leicht zu vermehren. Schiffe sind zu kaufen. – Rinaldini, du hast

Schätze, lege sie gut an; erwirb dir den Segen einer mißhandelten Nation.

RINALDO Luigino! Wohin soll das führen?

LUIGINO Nach Korsika. Zerbrich mit mir die Ketten meines Vaterlandes! Tausende fliegen uns zu, vereinigen sich mit uns, und dein jetzt so verrufener Name glänzt dann gefeiert und hoch in den Jahrbüchern der Korsischen Geschichte. – Dieses Glück können dir deine Liebschaften nicht geben; das Glück, der Befreier einer unterdrückten, tapferen Nation zu sein. Jetzt irrst du unstet und flüchtig aus einem Winkel in den andern, bist geächtet, verfolgt, dem geringsten Missetäter gleich geachtet, der im Hohlwege mordet, und wenn du willst, kannst du auf den Fittichen des Ruhmes emporsteigen zu dem Tempel der Unsterblichkeit. Vergessen sind deine Räuberstreiche. Die ganze Welt spricht dann von deinen glorreichen Taten. Münzen und Denkschriften, Ehrenbogen und Statuen verewigen deinen Namen; deine Büste steht im Tempel des Nachruhms, dein Name in der Reihe der Nationen-Retter. – Willst du enden, so ende so, und du endest beneidenswert groß!

RINALDINI Luigino, diesen Gedanken goß ein Gott in deine Seele.

LUIGINO Rinaldo, fühlst du das?

RINALDO Ja, Luigino, der Klang der zerbrochenen Sklavenketten deines Vaterlandes wird unser Gewissen beruhigen, alle Vorwürfe werden vor der angenehmen Harmonika zerbrochener Fesseln verstummen, und uns bricht ein neuer Tag des Lebens mit der wiedergeborenen Freiheit von Korsika an.

Marco erschien, lispelte Luigino etwas in die Ohren. Dieser sprang auf und ging mit ihm davon.

Rinaldo sah sich nach Rosalien um, und Olimpia kam auf ihn zu.

»Es ist nicht richtig!«

»›Was ist nicht richtig?‹«

»Man spricht von Soldaten, von einem Angriff, von Gegenwehr«, – antwortete Olimpia.

Rinaldo verließ sein Gezelt, ging hinaus, suchte Luigino und fand Rosalien mit roten Augen unter einem Baume. Als sie

Rinaldo kommen sah, suchte sie ihre Tränen zu verbergen, aber das konnte ihr nicht gelingen.

RINALDO Du hast geweint, Rosalie? Warum?

ROSALIE Ich – – die Freude, daß – daß ich dich wiederhabe – daß ich bei dir bin –

ER Keine Verstellung, kein Vorgeben! Warum hast du geweint?

SIE Ich weiß es selbst nicht recht. Ich dachte nur –

ER Was dachtest du?

SIE Ich dachte, wenn Rinaldo – Ach! ich bin ein Kind!

ER Nur weiter!

SIE Wenn er dich nicht mehr liebte –

ER Warum dachtest du das?

SIE Weil – Ich weiß es selbst nicht.

ER Ich will alles wissen!

SIE Die Signora –

ER Soll dich nicht beunruhigen. – Ich liebe dich.

SIE Ich liebe dich nur ganz allein, und – Rinaldo! heiß mich von dir gehen, oder sag' das der Signora. In ihrer Gesellschaft bleibe ich nicht hier.

ER Kleiner Trotzkopf!

SIE Ich liebe dich.

ER Wenn du gehst, wird Olimpia bleiben. Bleibst du, so geht sie. So wird's wohl werden. Und wenn ich dich bitte, hierzubleiben, so ist das ebensogut, als hieß ich die dir verhaßte Signora gehen. Verlangst du mehr?

SIE Deine Liebe allein und ungeteilt.

ER Du kennst mich ja bei Teilungen. Habe ich je anders als großmütig gehandelt, wenn ich teilte?

Lodovico sprang herbei und brachte die Nachricht, man vermute im Umfange von einigen Stunden von Truppen eingeschlossen zu sein; Luigino visitiere eben die Vorposten und verstärke die Kommandos bei den Eingängen in das Gebirgstal. – Rinaldo ging mit Lodovico fort. Sie suchten Luigino auf und fanden ihn. Er schien etwas verlegen zu sein. Rinaldo fragte ihn, was ihm sei?

LUIGINO Ich habe soeben sichere Nachricht erhalten, daß wir umgeben sind.

RINALDO Korse! kann dich das ängstigen?

LUIGINO Das nicht, denn man kann sich durchschlagen, aber wenn ich bedenke, daß vielleicht diese Nacht noch, nachdem wir einen so schönen Plan gemacht haben, unserm Walten ein Ziel steckt. – Wir sind, sagt man, von 400 Mann umschlossen.

RINALDO Was denkst du zu tun?

LUIGINO Ich erwarte den Angriff.

RINALDO Mein Rat ist, dich an der südlichen Gebirgsseite durchzuschlagen, um in die Berge von Larino zu kommen. Dort hast du Waldungen im Rücken und die Bergkette auf der Seite.

LUIGINO Ich bin es zufrieden, wenn du mit uns fechten willst.

RINALDO Das werde ich. Lies unter deinen Leuten mir etwa sechszehn der kühnsten aus. Ich nehme noch Nero und Lodovico zu mir. Wir alarmieren die Truppen. Indessen schlägst du dich mit deinem ganzen Corps, mit Weibern und Gepäck durch. Wir wollen dann den Weg zu euch schon finden.

Sogleich gab Luigino Befehl, die Gezelte abzubrechen, das Gepäck zusammenzubringen und Weiber und Kinder auf einen Trupp, in den Mittelpunkt des Lagers, zu führen. Rinaldo erhielt die begehrten Wagehälse; jeder derselben war, nebst Stilett und Säbel, mit einem Doppelrohr und zwei Paar Pistolen bewaffnet. Lodovico und Nero fanden sich ein, und Rinaldo, der mit einem Händedruck von Rosalien Abschied nahm, nachdem er sie Luiginos besonderer Aufsicht empfohlen hatte, zog sich in den Gebirgspaß, wo er die Vorposten einzog und sie zu dem Hauptcorps schickte. Hier rückte er langsam vor, breitete sich über die Ebene aus, und als die Dämmerung einbrach, gab er das Signal zum Angriff.

Das nächste feindliche Piket wurde umgangen, das zweite beinahe ganz zusammengehauen, und nun gab's Alarm auf der ganzen Front.

Jetzt hörten sie das Feuern im Gebirge, das immer weiter hin schwächer wurde und endlich ganz verhallte. Daraus schlossen sie, es sei dem Corps gelungen, sich den Weg zu öffnen.

Rinaldo schlug sich rechts, um die Berge im Rücken zu behalten, und stieß auf ein starkes Truppen-Kommando. Hier kam es zu einem Gefechte. Schon lagen sechs Mann der Seinigen zu Boden gestreckt, als das Kommando wankte, noch herzhafter angegriffen wurde und sich in völliger Unordnung endlich zurückzog. Sie erbeuteten Pferde, und von zwölf Mann, die Rinaldo noch bei sich hatte, wurden vier beritten gemacht. Rinaldo selbst bestieg auch eins von den erbeuteten Pferden. – Nun zog er sich langsam gegen den Gebirgspaß zurück. Hier schickte er acht Mann in die Berge. Er selbst, Lodovico, Nero, Marco und Mangato, alle beritten, suchten die Pläne und schwenkten sich links feldein, um die Berge von Larino von der westlichen Seite zu erreichen.

Sie waren ungefähr eine halbe Stunde weit geritten, als sie auf einen Trupp von etwa dreißig Mann Soldaten stießen. Hier galt kein Zögern. Sie setzten an, brachen ein, kamen durch und trafen auf eine Kavallerie-Patrouille von acht Mann. Es kam zu einem Gefechte. Zwei Dragoner stürzten von den Pferden, die andern ritten davon. Nero und Mangato wurden verwundet.

Jetzt vernahmen sie hinter sich ein Getümmel. Die von Rinaldo in das Gebirge abgeschickten Kameraden hatten den Paß tiefer drinnen besetzt gefunden und zogen sich in die Ebene. Hier fanden sie drei ihrer vom Haupt-Corps versprengten Gesellen, zogen sie an sich, und Terlini, ein Kerl von Mut und Kopf, der sich an ihre Spitze setzte, griff beherzt das Truppen-Kommando an, das Rinaldo im Rücken hatte. Dieser hörte an den Büchsenschüssen, daß Kameraden im Gefecht waren, sprengte mit den Seinigen herbei, kam dem Kommando in den Rücken, und bald war es zersprengt. Von zehn Mann, die Terlini anführte, waren mit ihm selbst noch zwei unverwundet. Sechs lagen tot, die andern tödlich blessiert auf dem Platze. Terlini erhielt ein erbeutetes Pferd. Seine Gesellen, Romato und Bellione, wurden von Lodovico und Marco mit auf ihre Rosse genommen, und der

Trupp verfolgte seinen Weg. Sie trabten einige Stunden weit, als ein starkes nahes Feuern sie nötigte, einen entgegengesetzten Weg einzuschlagen, und so erreichten sie mit Tagesanbruch einen Forst. Tief in demselben sattelten sie bei einer Quelle ab und überließen sich der Ruhe.

Nach einer ziemlich langen Pause gab endlich Terlini Gelegenheit zu einer Unterredung.

RINALDO Was ist dir, Terlini? Du scheinst ungeduldig zu sein? – Worüber?

TERLINI Ich bin ungeduldig, und bin es über unsere Ruhe.

RINALDO Und wenn wir derselben auch gar nicht bedürften, so müßten wir sie doch unsern Rossen gönnen, wenn wir haben wollen, daß sie uns weiter tragen sollen.

TERLINI Wir haben hier auch nichts zu leben.

RINALDO Das vermisse ich selbst. Wir werden also, sobald es sein kann, aufbrechen. Ich habe schon einen Plan entworfen, indessen möchte ich aber doch über unser Fortkommen und über das, was nun zu tun sein möchte, auch eure Meinung hören: denn daran zweifle ich gar nicht, daß ein jeder von euch im stillen darüber nachgedacht haben wird. – Sprich also, Terlini! Was meinst du?

TERLINI Ich meine ganz kurz, wir suchen in die Larinischen Berge zu kommen, wo wir Luigino gewiß antreffen werden.

BELLIONE Das ist auch meine Meinung.

ROMATO Auch die meinige. Denn hier sind wir weder sicher noch stark genug, uns halten zu können, da es uns noch dazu an Proviant und Munition fehlt.

RINALDO Das wär' zu bekommen. – Was meint ihr andern?

MARCO Ich habe keine Meinung als die deinige.

MANGATO Mir ist alles recht. Geht hin, wohin ihr wollt, ich gehe mit. – Aber am liebsten wär ich freilich wieder bei unsern Kameraden.

NERO Es ist nur die Frage: ist der Weg in die Larinischen Berge offen oder nicht?

RINALDO Das ist es, was vor allen Dingen untersucht werden muß.

LODOVICO Sicher ist er von Truppen besetzt.

TERLINI Unserer sind acht Mann. –

LODOVICO Über die Hälfte haben wir uns verschossen. Ich habe nur noch vier Patronen.

TERLINI Wir haben Fäuste und Säbel und sind beritten. Wir kommen durch.

RINALDO Wenn's möglich ist, gewiß. Aber Unmöglichkeiten kann auch der höchste Mut nicht erzwingen. Der Unserigen liegen viele, um nie wieder aufzustehen. Sollen wir ihnen unser Leben hintennachwerfen?

TERLINI Nun wohl, Hauptmann! so laß auch deine Meinung hören.

RINALDO Meine Meinung ist: Du schleichst mit Bellione und Romato auf Kundschaft aus. Eben das tun Marco und Mangato und suchen etwas Proviant zu bekommen. Wir andern durchstöbern den Forst. Vor uns erheben sich die Trümmer einer Burg mitten im Walde auf einem Hügel. Dort ist der Sammelplatz, wo wir wieder zusammenkommen. – Dies ist *meine* Meinung. Gefällt sie euch nicht, so mag jeder tun, was er will, denn ich habe kein Recht, unbedingten Gehorsam von euch zu fordern. Ihr seid Luiginos Leute. Lodovico und Nero aber gehören mir an und bleiben bei mir.

TERLINI So fordere ich die andern auf, mit mir zu gehen. Wir haben Weiber und Kinder bei Luigino.

RINALDO Ihr habt euern freien Willen. – Geht ihr, so nehmt die Pferde mit euch, uns sind sie hier zur Last.

MARCO Ich gehe mit Terlini. Es ist mir aber doch ärgerlich, daß wir den großen Rinaldini hier ohne Schutz lassen sollen.

RINALDO Ich habe Lodovico und Nero bei mir.

MARCO Sollte dir hier ein Zufall zustoßen, beim Teufel! Luigino würde uns schön anlachen.

RINALDO Seid ohne Sorge! – Wir werden uns bald wiedersehen.

Es entstand eine Pause. Nach derselben gab Terlini Rinaldo die Hand und nahm Abschied. Seinem Beispiele folgten Marco, Romato, Bellione und Margato. Sie nahmen die Pferde mit sich, und Rinaldo blieb mit Lodovico und Nero zurück.

Schweigend bestieg Rinaldo den Hügel, auf welchem die Trümmer des zerfallenen Schlosses lagen. Lodovico und Nero folgten ihm schweigend nach.

»Ich sehe« – sagte Rinaldo, – »hier Fußtritte im Grase. Seid vorsichtig und auf eurer Hut.«

Sie näherten sich den Ruinen. Vögel flogen bei ihrer Annäherung auf, aber eine menschliche Gestalt war nirgends zu sehen. – Sie kamen in einen großen, rund umbauten Hof, sahen Eingänge ohne Türen und fanden eine Wendeltreppe, welche sie erstiegen. Sie führte bis in den zweiten Stock der Ruinen. Hier trat Rinaldo auf einen mit Lorbeersträuchern umwachsenen Söller, die Gegend zu überschauen. – Er übersah den Forst, blickte links in ein schönes Tal, sah rechts Berge und – ach! sah in eine bekannte Gegend.

»Lodovico!« – rief er aus, – »Kennst du die Gegend dort, rechts, noch?«

LODOVICO Sie kommt mir sehr bekannt vor.

RINALDO Sie ist es. – Siehst du dort jenes Schloß?

LODOVICO Ja, beim Teufel! es ist das Schloß der guten Frau Gräfin von Martagno.

RINALDO Es ist es! – Ja! es ist Dianorens Schloß! O Lodovico! erinnerst du dich noch des Schlosses?

LODOVICO Ich werde mich ja noch des Schlosses erinnern! Dort ging's uns wohl. Und wir konnten nicht bleiben.

RINALDO Ach Lodovico! so ist es nun einmal, so wird es immer sein! Wir dürfen nirgends bleiben, wo es uns wohl geht. Die Verfolgung kettet sich an unsere Fersen. – Ach Dianora! Weilst du noch zwischen jenen Mauern? – Denkst du an mich Unglücklichen? – Deine Lage? – O Gott! – Lodovico! du mußt fort. Du mußt kundschaften. –

LODOVICO Ich verstehe dich, Hauptmann, ohne daß du mir weiter ein Wort zu sagen brauchst, ganz. Laß mich nur machen! Du sollst Nachrichten haben, so gut sie nur zu haben sind. – Adio! Wir sehen uns bald wieder.

Er eilte davon. Rinaldo blieb in tiefes Nachdenken versunken, bis ihn Nero durch die Bemerkung, er sehe ein Haus im Walde, aus seinem Traume weckte.

Rinaldo sah nach der bezeichneten Gegend und sah das Haus, von welchem aber nichts als das Dach zu sehen war. – Sogleich war er entschlossen, die Bewohner des Hauses kennenzulernen, und verließ die Ruinen des Schlosses. Schweigend folgte ihm Nero nach.

Sie kamen auf einen freien Platz und waren kaum noch zehn Schritte von dem Hause entfernt, als der Klang einer Guitarre ihren Fortschritten ein Ziel setzte. Sie lauschten und hörten singen, konnten aber nichts genau, als die Worte:

Und liebst du mich,
So lieb' ich dich!

verstehen, die der Refrain jeder Stanze des gesungenen Liedchens waren.

»Hier ist Saitenspiel und Sang«, – sagte Rinaldo; – »es ist die Rede von Liebe. Hier haben wir nichts zu fürchten. Wo Fröhlichkeit und Liebe wandeln, wohnt keine Hinterlist.«

Er sprach's und ging auf das Haus zu.

Nero folgte ihm ganz mechanisch, doch auf jeden schlimmen Fall bereit, das Rohr in der Hand, mit gezogenem Hahne nach.

Vor der Tür des Hauses saß ein Mensch in einem braunen Waldbrudergewand, der kaum den unerwarteten Besuch erblickte, als er seine Guitarre aus der Hand warf, einen Schritt vor sich sprang, dann stehenblieb, und ausrief:

»Ist es möglich! – Täuschen mich meine Augen, oder ist es Wahrheit? Bist du es wirklich? Sehe ich dich wieder?«

»Diese Stimme!« – fiel Rinaldo ein – »Gütiger Himmel! Bist du es? Cinthio, bist du es wirklich?«

»Ich bin es!« – schrie jener und flog in Rinaldos Umarmung.

»Ja! beim Teufel! 's ist Cinthio! – Da muß das Wetter dreinschlagen!« – lachte Nero mit inniger Herzensfreude heraus.

RINALDO O mein Freund! Mein Cinthio! – Sehen wir uns wieder?

CINTHIO Mein Wunsch ist erfüllt, der heiße Wunsch, dich, wenn du noch lebtest, wiederzusehen. Jetzt drücke ich dich an meine Brust, und mein Herz klopft dir freudig entgegen.

NERO Ihr kennt mich doch auch noch, alter Kamerad?

CINTHIO Ha! Nero? – Tausendmal willkommen!

NERO Nun! 's freut mich herzlich, daß Ihr noch lebt, daß Ihr wohlauf seid und singen und musizieren könnt!

CINTHIO Herein in meine Wohnung! Becherklang feiere unser frohes Wiedersehen.

NERO Beim Teufel! so etwas fehlt uns. Wir haben gefastet wie Karthäuser.

Sie saßen am Tische, besetzt mit Butter, Käse, Brot und Wein, ließen sich es trefflich schmecken und füllten und leerten die Gläser nach Herzenslust.

Dabei kam's zum Gespräch.

RINALDO Wie kommst du aber hierher? In dieses Haus? – Hast du es selbst gebaut?

CINTHIO Höre an: Jener Mordnacht in Kalabrien entronnen, irrte ich in den Gebirgen verwundet umher und kam endlich zu einem alten, guten Waldbruder, der mich in seine Klause nahm und mich pflegte und wartete. Diesem braven Manne entdeckte ich mich und ließ mir so lange von ihm zureden, bis ich ihm versprach, mein bisheriges Handwerk zu verlassen und in ein Kloster der strikten Observanz zu gehen.

RINALDO Laß mich lachen!

CINTHIO Lache nicht. Halb und halb war es, und es wurde beinahe ganz mein Ernst. – Mein Wohltäter gab mir Briefe an ein Kloster mit, und ich machte mich auf den Weg.

RINALDO Ich sehe dich im Geiste auf dem Wege und in dem Kloster!

CINTHIO Dahin kam ich nicht. Das Unglück ließ mich auf sechs unserer Kameraden treffen, die sich gerettet hatten. Diese hatten sich in einen gebirgigen Schlupfwinkel gesetzt, hatten noch fünf Herumstreicher an sich gezogen und trieben ihr Werk, nach wie vor, auf alte Firma fort. – Ich ließ mich überreden, blieb bei ihnen und ging nicht ins Kloster. Die Wirtschaft ging auf den alten Fuß fort. Ich zog mich tiefer ins Land hinab und schlug meine Residenz in den Bergen von Girace auf. Hier hatte sich mein Corps bald vermehrt, und wir waren schon wieder sechsundzwanzig Mann stark, als ich einen Hauptstreich auf ein reiches Kloster ausführen wollte. Da kamen wir aber übel an.

NERO Wetter!

CINTHIO Ich weiß nicht, wie unser Plan hatte verraten werden können, oder fügte es der Zufall so, genug! die Mönche hatten Miliz in der Nähe. Wir wurden schlimm empfangen, und ich wurde beinahe gefangengenommen. Doch mein Glück ließ mich auch diesmal noch entkommen und führte mich sogar glücklich auf eine Kornbarke, die nach Malta segelte. Mit dieser ging ich ab, und als wir in Sizilien anlegten, ging ich davon und ins Land hinein. Ich fand etliche Kerle unsers Schlags, wir vereinigten uns, setzten uns fest und trieben's im Kleinen, wie wir's sonst im Großen getrieben hatten. – Wir hatten ein artiges Häufchen Geld zusammengeschlagen, als meine Burschen auf eine Teilung bestanden. Diese ging vor sich. Nun nahmen sie Abschied von mir, sagten, sie hätten jetzt genug, um ein ehrliches Geschäft anfangen zu können, und ließen mich allein. – Der kleinen Buschklepperei überdrüssig, warf ich mich in Kleider und machte den Reisenden. Aber meine Vorliebe zu Handwerksgegenden machte, daß ich alle Schlupfwinkel aufsuchte, wo ich glaubte, vielleicht einmal wieder Leute meines Schlages finden zu können. Da war ich einst so glücklich, zwei Säckchen mit Goldstücken zu finden, die gewiß keinem armen Teufel gehört hatten, denn sie waren mit einem großen Wappen versiegelt. Diese eignete ich mir zu. – Kaum war ich Besitzer dieses Schatzes, so fiel mir ein, mich der Ruhe zu überlassen.

RINALDO Glücklicher Gedanke!

CINTHIO Ich warf diese Kutte über und kam in ein *Dorf*, eine Stunde von hier gelegen, wo ich mich an den Förster des Orts wendete und ihm mein Vorhaben, ein Waldbruderleben zu führen, bekanntmachte. Dieser erzählte mir: sein verstorbener Baron habe, drei Jahre vor seinem Tode, auch ein solches Leben aus Neigung angefangen, habe sich ein Haus in den Forst gebaut und sei als Waldbruder gestorben. Sein Sohn lebe in der Stadt, brauche immer Geld und werde mir das Haus gewiß überlassen. – Das tat er auch, und ich kaufte es ihm ab. – Seht, so bin ich zu dem Hause gekommen.

RINALDO Aber wie kamst du zu einer Geliebten?

CINTHIO Wer hat dir gesagt, daß ich eine Geliebte habe?

RINALDO Dein Gesang.

CINTHIO Aha! hat mich der verraten? Nun gut! Ja, ich habe eine Geliebte, ein liebes, gutes Mädchen, das mich mit Milch, Brot, Eiern, Butter und andern Lebensmitteln versorgt und alle drei Tage zu mir kommt. Es ist die Tochter des Försters.

NERO Am Ende gibt's wohl gar noch eine Heirat?

CINTHIO Warum nicht?

RINALDO Bravo Cinthio! So gefällst du mir.

CINTHIO Und so gefalle ich meinem Mädchen noch besser. Wir haben schon ein Plänchen gemacht. Der Vater weiß um unsere Liebschaft und will mir seinen Dienst abtreten, will in meine Wohnung ziehen, hier das Ende seiner Tage erwarten und sein einziges Kind mit mir glücklich sehen.

RINALDO Laß dich küssen! – Nimm und mache sie glücklich, Freund! – Wie heißt sie?

CINTHIO Eugenia.

RINALDO Die Gläser gefüllt! Eugenia soll leben! – Du und Sie! – Euer Glück! – Eure eheliche Liebe! – Mein Glück, wie das deinige, braver Cinthio!

CINTHIO Ich habe oft an dich gedacht. Als einen Toten habe ich dich beklagt, aber deine Schwärmereien habe ich dann selbst mit deiner Asche geliebt, so wie ich jetzt die meinigen liebe.

Ganz unvermutet fand sich Eugenia ein. Sie erstaunte, Gäste bei ihrem Liebhaber zu finden. Dieser machte ihr dieselben als seine Freunde bekannt. Sie nahm keinen besonderen Anteil an dieser Bekanntmachung und schien vielmehr über irgend etwas in Verlegenheit zu sein. Cinthio sah das und bat sie zu sprechen.

CINTHIO Du brauchst meine Gäste nicht zu scheuen. Sie sind, wie ich schon gesagt habe, meine Freunde. Und, Geheimnisse hast du doch wohl nicht?

EUGENIA Geheimnisse habe ich nicht, aber – in großer Verlegenheit bin ich.

CINTHIO Was hast du? Weswegen bist du in Verlegenheit?

EUGENIA Deinetwegen.

CINTHIO Meinetwegen? – Was droht mir?

EUGENIA Ach! man kann nicht wissen –

CINTHIO Sprich. – Willst du mich auch ängstlich machen?

EUGENIA Du wirst doch auch wohl von dem großen Räuber, Rinaldini, gehört haben? – Der ist bei uns, mitten im Lande.

CINTHIO Unmöglich!

EUGENIA Nein, nein! Es ist wahr. Er muß ein schrecklicher Mensch sein! – Die Miliz hat seine Bande angegriffen. Sie sind noch im Gefecht. Nun sind auch unsere Soldaten aufgeboten worden und die Jäger dazu. Da meint nun mein Vater, du könntest dein Probestück ablegen und an seiner Stelle mit gegen die Räuber ziehen. – Ich kenne dich. Du wirst's tun. Und das ist es, was mich so ängstlich macht. – Du kannst erschossen werden. Und wenn sie dich nun tot in unser Haus brächten. – Ach! das könnte ich nicht überleben.

CINTHIO Also wünschest du, dein Vater möchte lieber selbst mit ausziehen? Nicht wahr?

EUGENIA Ja freilich?

CINTHIO Der arme alte Mann! – Wenn sie ihn nun tot in sein Haus brächten? –

EUGENIA Ach, heilige Mutter Gottes! das würde mir das Herz zerreißen. Aber ich hätte doch dann dich noch. Wenn du aber umkommen solltest – mein Vater ist alt –

CINTHIO Ich dächte, ein anderer Liebhaber wär' weit leichter wiederzubekommen als ein anderer Vater.

EUGENIA Das wohl! Aber doch kein Cinthio.

CINTHIO Ich danke dir, liebe Eugenia, für deine Aufrichtigkeit. – Aber was ist nun zu tun?

EUGENIA O! der häßliche Kerl, Rinaldini.

CINTHIO Er soll ein artiger Mann sein.

EUGENIA Ei meinetwegen! Wenn er nur schon in der Luft hinge, daß du hierbleiben könntest, da wär' er noch zehnmal artiger für mich.

RINALDO Ich will einen Vorschlag tun. Statt Cinthio schicke du mich gegen Rinaldini, ich will ihn dir zum Hochzeitsgeschenk bringen.

EUGENIA Behaltet ihn, wenn Ihr ihn kriegen könnt! Er wird teuer genug bezahlt. Ich gönne Euch alles und mag nichts davon haben. Wenn ich meinen Cinthio behalte, habe ich Überfluß in allen Ecken.

CINTHIO Gutes Mädchen!

EUGENIA Cinthio! stelle deinen Freund für dich, weil er Lust dazu hat.

CINTHIO Dann wird er aber auch deines Vaters Dienst bekommen.

EUGENIA Das ist auch wahr!

CINTHIO Und was fangen wir dann an?

EUGENIA Je nun! wir müßten zusehen, wie wir durchkämen. Wenn wir nur am Leben bleiben, so hat es nichts zu sagen. Wir wollen uns schon rühren.

CINTHIO Und was würden die Leute von mir denken und sagen? Ich sei ein feiger Kerl. – Willst du einen solchen elenden Burschen zum Manne haben?

EUGENIA Freilich wär' das auch schlimm! – Was ist also zu tun?

CINTHIO Ich ziehe mit aus.

Da fiel vor dem Hause ein Schuß. Sie fuhren erschrocken zusammen. Eugenia schrie:

»Heilige Jungfrau! mir sagt's mein Herz! Rinaldini ist hier.«

Sie sank auf einen Stuhl, Cinthio und seine Freunde griffen nach dem Gewehr.

Siebentes Buch

Der Laune Ball! Von allen Seiten
Gedrängt, verfolgt und ohne Ruh!
O! wie so manche Erdenleiden
Wirft dir zum Dolch dein Schicksal zu!

Draußen blieb es nach dem Schusse still. Eugenia kam wieder zu sich. Cinthio trat in die Haustür. Die andern folgten ihm. Es war kein Mensch zu sehen und zu hören. Sie umgingen das Haus und fanden keine Seele in der Nähe. – Als sie wieder in das Haus zurückgehen wollten, vernahmen sie menschliche Stimmen in der Entfernung. Sie verloren sich aber wieder, und alles blieb ruhig.
Cinthio sendete Eugenien mit der Nachricht an ihren Vater zurück, er werde für ihn bei dem Aufgebot gegen Rinaldini erscheinen. Eugenia verließ ihn, ziemlich unruhig.
Nero wurde unter die Ruinen geschickt. Er sah sich vergebens nach Lodovico um. Es wurde Abend, Nero kam zurück, und von Lodovico war nichts zu sehen und zu hören.
Nach einer beinahe ganz durchwachten Nacht ging Rinaldo selbst unter die Ruinen, erstieg den Söller und blickte mit klopfendem Herzen rechts in die Gegend, wo sein Herz und seine Gedanken waren.
In majestätischer Pracht stieg die Sonne im Feuerglanze über die Berge empor. Schon funkelten die metallenen Turmspitzen und Kreuze des Schlosses, auf welchem seine Augen ruhten; der Nebel entfloh, lichter wurde das Tal. – Jetzt schwamm die Sonne im blauen Äther unverschleiert einher. Wald und Tal erwachten und tausend Kehlen frohlockten ihrer Erscheinung in frohem Morgengesange entgegen. – Rinaldo senkte sein Haupt und stürzte nieder auf seine Knie, überwältigt vom Gefühl, hingerissen von Andacht, Wehmut und Entzücken.
»Wie ist mir?« – rief er aus. – »Was empfinde ich? Was schlägt mich zu Boden und füllt mein Herz mit Wehmut? Deine reinen Strahlen, großes Licht der Welt, durchdringen mein Innerstes.

– O! vernichte mich und laß mich anbetend hier vergehen.«
Nach einer langen Pause schlug er seine Augen auf, blickte gen Himmel und seufzte. Tränen entströmten seinen Augen. Er sprach:
»Unglücklicher! Hier liegst du in Wildnissen und Einöden, mußt die Menschen fürchten und fliehen das schöne Licht der Sonne. Alle deine Träume sind dahin, und die schrecklichste Wirklichkeit hält dich in ehernen Banden. – O Rinaldo! du kannst nicht glücklich enden!
Da rauschten Fußtritte durch die Büsche. Rinaldo sprang auf. Es fielen Schüsse; er ergriff sein Gewehr. Er blickte hinab. Terlini und seine Kameraden stürzten auf die Ruinen zu, Soldaten folgten den Fliehenden nach. In den Ruinen kam es zum Gefecht. Die Klugheit verließ Rinaldo, er schoß hinab auf die Soldaten. Diese vermehrten sich, Terlini und seine Gesellen wurden zusammengehauen, und Rinaldo, von acht Mann, die die Ruinen erstiegen, in eine Ecke gedrängt, mußte sich ergeben.
»Ich will des Todes sein! schrie einer von den Soldaten, – »wenn dieser Vogel nicht Rinaldini selbst ist.«
»Bist du Rinaldini!« – fragte ein Offizier.
Seiner sich selbst unbewußt, wie das in schlimmen Fällen oft der Vorsicht selbst geht, antwortete Rinaldo seufzend:
»Ich bin es.«
Alsobald erhob sich ein lautes Frohlocken. Man band dem Gefangenen die Hände und legte Schlingen an seine Füße. Langsam ging der Marsch nach dem Ausgange des Waldes zu. Jauchzend marschierten die Soldaten einher. Rinaldo hob kein Auge von der Erde.
Vor dem Walde lagerte man sich auf eine breite Ebene. – Der Offizier ließ Rinaldo Wein und Brot reichen. Er nahm wenig davon zu sich.
»Aber«, – sagte der Offizier, – »so herzhaft warst du doch nicht, dich selbst zu entleiben. Ich, an deiner Stelle, würde das gewiß getan haben: denn wie schimpflich wird der Tod sein, der dich erwartet.«

Rinaldo sah ihn düster an und antwortete kein Wort.
»Der Kerl ist verstockt!« – schrien die Soldaten. – »Auf der Folterbank wird er schon sprechen lernen.«
Bei dem Worte Folterbank erbebte Rinaldo. Eine krampfartige Bewegung zuckte wie ein elektrischer Schlag durch seine Nerven, sie war heftig, vermochte aber nicht, seine Banden zu zerreißen. Er bat um einen Mantel, erhielt ihn, ließ ihn über sich werfen, verhüllte sein Gesicht, und seine Tränen fielen auf das Gras.
»Endlich kommt sie, die Stunde meiner *Auflösung*«, – sprach er bei sich selbst. – »Das *Schattenspiel meines Lebens* naht sich dem *Ende*. Fahre wohl, Rinaldo! Deine Träume bleiben Träume. Du bist in Banden, und Korsika bleibt in Fesseln. Hinauf, auf den Rabenstein, Rinaldo! dort ist dein Triumphbogen, dort ist das Ziel deiner glänzenden Taten.«
Einige Stunden darauf wurde er weitergeführt und, als er über Müdigkeit klagte, auf einen Strohwagen gesetzt, der mit einer starken Eskorte versehen wurde. So kam er gegen Abend zu Serdona an, sollte hier der Justiz übergeben und den folgenden Tag nach Messina abgeführt werden.

Es war um Mitternacht, als die Tür seines Kerkers geöffnet wurde. Das Licht einer Wachskerze strahlte ihm entgegen. Er richtete sich auf und sah – wer schildert sein Erstaunen? – den Alten von Fronteja vor sich stehen.

RINALDO Was sehe ich? – Dich? – Bist du es wirklich? – Der Weise von Fronteja?

DER ALTE Wie du mich kennst. – Ich komme als Freund zu dem Freunde; durch meine Macht.

RINALDO Kannst du Ketten brechen?

DER ALTE Das kann ich.

RINALDO So zerbrich die meinigen.

DER ALTE Mit Bedingung, o ja! – Warum nicht?

RINALDO Mit Bedingung? Wie verstehst du das?

DER ALTE Ich bin eigennützig.

F. Penzel Del. & fec. 1801

RINALDO So bist du ein ganz gewöhnlicher Mensch.

DER ALTE Nicht so sehr, wie du meinst. Mein Eigennutz ist verzeihlich, weil er planmäßig ist.

RINALDO Was forderst du von mir als Lösegeld?

DER ALTE Deine gänzliche Ergebung an mich und meine Forderungen.

RINALDO Wahrlich, viel!

DER ALTE Ich entziehe dich der Folter und dem Rade.

RINALDO Sehr viel!

DER ALTE Unerhört viel. Die Justiz treibt mit solchen Gefangenen, wie du einer bist, kein Spiel. – Du bist, ohne meinen Beistand, gänzlich verloren. – Hast du noch zu wählen?

RINALDO Ich kann mich also nur dir oder den Raben übergeben.

DER ALTE Du weißt sonderbar zu paaren! – Gute Nacht!

RINALDO Einem Weisen ziemt es nicht, gegen einen Unglücklichen empfindlich zu sein. Laß hören, *wozu du* meine Ergebung an dich und an deine Forderungen forderst.

DER ALTE Ich bestimme keine einzelnen Fälle. Wir handeln im Ganzen miteinander. Du ergibst dich mir unbedingt, und ich rette dich aus dem Kerker und vom Tode.

RINALDO Ich bin keine Maschine. – Gute Nacht!

DER ALTE Unzeitiger Stolz! Du bist seit Anbeginn deiner celebren Bahn *nichts als* eine Maschine gewesen. – Freilich ohne es zu wissen, aber doch Maschine, und zwar die *meinige*. – Du siehst mich verwunderungvoll an? – Ich wiederhole es, du warst meine Maschine, schon längst, bist es noch und wirst es bleiben – so lange ich will. Von mir und meinem Planen hängt auch jetzt dein Verderben oder deine Rettung ab. Zwar deine Unglücksfälle waren nie mein Werk, aber ich wußte dich immer wieder zu retten, wenn du dich gleich selbst oft verloren gabst.

RINALDO Nun dann, du Hexenmeister! so entlaß jetzt deinen gebannten Teufel.

DER ALTE Das lasse ich wohl bleiben!

RINALDO Ich mag, ich will dir nicht mehr dienen. Was geschehen ist, ist ohne mein Wissen, ist ohne meinen Willen geschehen.

Jetzt will ich frei sein, und sollte es auch nur sein, um freiwillig sterben zu können.

DER ALTE Auch das kannst du nicht. Dich richten Kriminalgesetze. Dabei hast du keinen Willen.

RINALDO Ich kann den Atem zurückhalten und kann mich ersticken.

DER ALTE Du kannst es versuchen. – Gute Nacht!

RINALDO Noch eine Frage. – Wenn ich wirklich deine Maschine war, bin und noch ferner sein soll, wenn du *willst*, warum forderst du von mir eine ausdrückliche *Ergebung* an deine Forderungen? Wozu bedurftest du diese, da ich ohnehin in deiner *Gewalt*, nur das Spielzeug deiner Laune war?

DER ALTE Du kannst glauben, daß das nötig war, sonst würde es nicht geschehen sein. Denn, daß ich wenigstens nicht viel einfältiger bin als du selbst bist, kannst du denken.

RINALDO Deine Klugheit habe ich nie in Zweifel gezogen, wohl aber die gute Absicht deiner Sendung. Auch kann ich nicht leugnen, daß die Größe und Gewalt deiner Machtkraft mir verdächtig ist.

DER ALTE Du kannst davon halten, was du willst. – Aber, wie glaubst du wohl, daß ich durch deine Wachen bis hierher, durch Schlösser und Riegel in deinen Kerker gekommen bin?

RINALDO Durch Zauberei wahrlich nicht!

DER ALTE Das habe ich auch nicht gesagt. Indessen – – Doch wozu so viele Worte? Laß du dich jetzt auf einem armen Sünderkarren nach Messina führen. Dein Aufzug wird dem Volke viel Spaß und deinen vornehmen Bekannten dort große Freude verschaffen! Ich wette darauf, eine gewisse Dianora –

RINALDO Schweig, Barbar! Du spannst mich auf die Folter, ohne das Recht und Gesetz dir das erlauben. Schaffe mich fort von hier, aber –

DER ALTE Du weißt die Bedingung.

RINALDO Ich will sterben.

Er drehte sich gegen die Wand. Der Alte ging, und die Tür schloß sich wieder.

Rinaldo wurde des Morgens aus seinem Gefängnisse geholt, um weitergeführt zu werden. Ein Offizier der Miliz übergab ihm, versteckt, ein Papier und nahm dasselbe, als er es gelesen hatte, wieder zurück. – Rinaldo las:
»Du hast die Probe überstanden. Zweifele nun nicht an dem Beistande Deines bekannten Freundes.«
Der Offizier entfernte sich, ohne ein Wort zu sprechen. Rinaldo aber wurde auf einen bedeckten Wagen gebracht, der, mit starker Bedeckung versehen, ihn weiterführen sollte.
Sie reisten den ganzen Tag ohne Anstoß und kamen, als die Sonne sank, in ein enges Tal, dessen Mitte sie kaum erreicht hatten, als einige Schüsse in der Nähe von den Bergen herab auf Rinaldos Bedeckung fielen. Bald zeigten sich Menschen, die mit einem wilden Geschrei auf die Miliz losbrachen. Das Gefecht wurde lebhaft. Das enge Tal wurde mit Streitenden bedeckt. Die Schüsse fielen rasch hintereinander, Säbel klirrten an Säbeln, und endlich wurden die Soldaten, die nicht fielen, von dem Wagen, auf welchem Rinaldo saß, abgedrängt und entfernt. Die Maultiere wurden angetrieben, der Wagen rollte schnell davon. Bald sprangen einige mutige Burschen hinauf und lösten Rinaldos Banden. Zwei Ritter führten ein lediges Pferd, hießen Rinaldo aufsitzen, ihnen folgen, und jagten mit ihm rasch davon.

Immer tiefer ging's in die Berge hinein. Der Mond ging auf und bestrahlte die rauhen Pfade. Sie trabten, ohne ein Wort zu sprechen, noch immer rasch zu, bis an einen mit Strauchwerk bewachsenen Platz, wo sie haltmachten, Rinaldo absteigen hießen, ihm ein Felleisen übergaben, sein Pferd bei dem Zügel nahmen und ohne ein Wort zu sprechen davonjagten.
Vergebens rief ihnen Rinaldo nach. Sie gaben keine Antwort und waren bald seinen Augen entschwunden. Endlich verlor sich auch der Schall des Hufschlags ihrer Rosse, und Rinaldo war in einer ihm unbekannten Einöde allein. – Er dachte dem Abenteuer seiner Errettung nach, die er augenscheinlich dem

Alten von Fronteja zu verdanken hatte, nahm das ihm übergebene Felleisen auf den Arm und wanderte weiter.

Er war eine ziemliche Strecke gegangen, als er endlich den Schein eines Lichtes gewahr wurde. Darauf wanderte er zu und kam zu der einsamen Wohnung eines Klausners, aus welcher ihm der Bewohner derselben mit einer Laterne entgegentrat.

»Bist du da?« – rief er ihm entgegen und beleuchtete ihn. – »Ich wollte dir eben entgegengehen.«

»Kennst du mich?« fragte Rinaldo.

»Der Alte von Fronteja läßt dich grüßen«, – antwortete jener: – »und ersucht dich, bei mir zu übernachten. Daraus wirst du sehen, zu welcher Fahne ich geschworen habe.«

Rinaldo ging in die Klause, fand eine kleine Mahlzeit und ein gutes Nachtlager.

Gesprochen wurde zwischen ihm und seinem Wirte nichts. Rinaldo entschlief bald, ziemlich ermüdet.

Als er erwachte, sah er den wohlbekannten Theosophen von Fronteja vor seinem Lager, der in einem Buche las.

DER ALTE Du hast lange geruht und, wie ich hoffe, wohl geschlafen; wenigstens gewiß besser als in deinem vorigen Nachtquartier.

RINALDO Wo bin ich?

DER ALTE Unter Freunden, wo du so lange bleiben wirst, bis du ohne Gefahr weiterreisen kannst.

RINALDO Wohin soll ich reisen?

DER ALTE Das muß überlegt werden. – Du hast eine Probe meiner Gewalt und meiner Freundschaft erhalten, wie sie deine Standhaftigkeit verdient hat. – Du bist frei und ungebunden, handle nach Einsicht und Belieben. Verlangst du aber guten Rat, so soll er dir nicht fehlen. Doch wird er dir nicht aufgedrungen werden. Es könnte leicht sein, daß du hier ein paar Wochen verweilen müßtest, ehe du ohne Gefahr weitergehen könntest, deshalb hat man für Gesellschaft für dich, in der Einöde, gesorgt.

Er verließ, als er das gesagt hatte, die Kammer, und gleich darauf trat Olimpia ein.

Sie breitete ihre Arme gegen ihn aus. – Er sah sie schweigend an.

SIE Hast du keinen Gruß für deine Olimpia? Freust du dich nicht der Ankunft einer Freundin, die sich freiwillig zu dir in eine Einöde verbannt?

ER Ich bewundere das, was du tust.

SIE Mit bloßer Bewunderung speist man keine Freundin ab. Ich kann mehr als das verlangen. – Du bist gerettet, geborgen und hast nicht einmal Dank für deine Freunde?

ER Ich danke Euch meine Rettung gewiß herzlich, aber – lebt Luigino?

SIE Ich glaube gehört zu haben, daß er noch lebt. Aber wo, das weiß ich nicht.

ER Wo ist Rosalie?

SIE Vermutlich noch bei Luigino. Ich habe darüber aber keine Gewißheit. Ist sie nicht mehr bei Luigino, so hat er sie gewiß zu dem Alten von Fronteja bringen lassen.

ER Kennen sich diese, kennen sich Luigino und der Alte auch?

SIE Warum nicht? Der Alte kennt uns alle.

ER Aber, kennen wir ihn?

SIE Wenigstens von Person.

ER Ist er noch hier?

SIE Er ist fort, als ich eintrat. Er weiß dich ja nun in guten Händen.

ER Woher der Anteil, den er an einem Manne nimmt, den alle Menschen verfolgen?

SIE Daher, weil er verfolgt wird.

ER Das ist es nicht allein.

SIE Sei es mehr oder weniger, was kümmert uns das? Genug, daß wir unter seinem mächtigen Schutze stehen.

ER Ist er wirklich mächtig?

SIE Hast du das nicht gestern noch selbst erfahren? Ohne seinen Beistand warst du verloren.

ER Das Leben ist mir verhaßt. – Verdammt, ewig in Einöden und Wäldern umherzukriechen, die Menschen zu fliehen, zu fürchten und mich selbst am meisten zu hassen, kann mein Dasein mir nur zur Last und nie zur Freude werden.

SIE Ist Sizilien die Welt? – In Korsikas fruchtbaren Auen –

ER Woran erinnerst du mich? – O! dieser Traum –

SIE Muß Wirklichkeit werden. In dir umarme ich den Befreier der Korsen!

ER Ich bin es noch nicht.

SIE Du mußt, du wirst es werden! Luigino rechnet darauf, wir alle wünschen eben das; deine bekannten und dir unbekannten Freunde rechnen wie wir. – Dein mächtiger Beschützer, dein Freund, der Alte von Fronteja, rechnet auch darauf. Er ist ein Korse, wie Luigino. – Und auch deine Olimpia ist eine Korsin.

ER In Neapel warst du eine Genueserin.

SIE Die Zeiten ändern sich. Jetzt bin ich, was ich wirklich bin, deine zärtlichste Freundin und eine Korsin. Ich huldige dir als dem Befreier meines Vaterlandes und als dem einzigen, wahren Besitzer meines Herzens. – Ich gehe jetzt, unsere kleine Haushaltung einzurichten. Wir wollen keine Not leiden.

»So weit wär' ich denn endlich gekommen« – sprach Rinaldo mit sich selbst, als er allein war: – »zu wissen, daß ich bei all meiner vermeinten Selbständigkeit nur ein Werkzeug wahrer oder erdichteter Pläne listiger Menschen bin. Aber, Geduld! auch sie sollen erfahren, was ich wirklich bin oder nicht. – Und doch, was will ich tun? – Ist die Rolle, die sie mich wollen spielen lassen, nicht ehrenvoll genug? Mein Untergang ist gewiß. Soll ich nicht lieber den Tod unter den Waffen als am Hochgerichte suchen?«
Olimpia unterbrach dieses Selbstgespräch. Sie trug sehr geschäftig ein gutes Frühstück auf. So, wie sie sich jetzt benahm, schien sie zu einer Haushälterin geboren zu sein. – Rinaldo machte diese Bemerkung gegen sie. Sie lachte und antwortete nur, indem sie ging:
»Laß es dir wohl schmecken.«

Rinaldo ließ sich das Frühstück wirklich schmecken. – Olimpia kam bald zurück und leistete ihm Gesellschaft. Sie sprach von nichts als von Haushaltungsgeschäften, so detailliert, daß Rinaldo selbst Kenntnisse bewundern mußte, die er nie bei ihr zu finden geglaubt hätte. Er suchte sie aber bald wieder auf ihr voriges Gespräch zurückzubringen, und sie wiederholte nur, was sie schon gesagt hatte. Dann wollte sie, wie sie sagte, Vorbereitungen zur Mittagsmahlzeit zu machen, aus dem Zimmer gehen. Er hielt sie aber zurück und fragte:

»Soll denn die edle Korsin nichts weiter sein als Rinaldinis Köchin?«

SIE Sie ist wohl mehr als dies. Sie wünscht dem Befreier ihres Vaterlandes *alles* zu sein, und dazu gehört die Köchin und Haushälterin auch mit. Ich habe bei diesen häuslichen Geschäften Prinzessinnen zu Vorbildern und schäme mich keiner Arbeit, die ich aus so edlen Absichten übernehme. Wenn der Name Rinaldini im Marmor prangt, schreibe ich den Namen seiner Köchin mit Kohle daneben und setze dazu: diese hat ihn mit Speisen erhalten, damit er ihrem Vaterlande das werden konnte, was er ihm wirklich wurde. Zwar dein Name steht dann fester als der meinige auf der Säule des Ruhms, aber ich kann ihn erneuern, sooft ihn der Regen verwischt hat. – Wenn aber meine Tränen einst auf den Hügel fallen sollten, der deine Asche deckte, so würde ich den Himmel bitten: gib ihm, um den ich weine, nicht nur meine Tränen, gib mich ihm ganz, wie ich ihm mich selbst gegeben habe.

ER Olimpia! diese Schwärmereien sind –

SIE O! keine Antwort! so etwas will nicht beantwortet, es will gefühlt sein.

ER Träume lassen kein Gefühl zurück.

SIE Die Rückerinnerung.

ER Auch jenseits des Grabhügels?

SIE Das hoffe ich.

ER Und weißt du gewiß, daß der meinige sich in Korsikas Tälern erheben wird?

SIE Wo es auch sein mag, nur immer so spät als möglich; und kann es sein, neben dem meinigen: denn ich gehe nicht wieder von dir, bis das Schicksal mich von dir reißt. Mein Dasein ist an das deinige gekettet und ich kann sterben; aber von dir gehen, dich verlassen kann ich nicht. Hier hast du mein Bekenntnis. –
ER Bei dem Alten von Fronteja, meinst du, sei Rosalie?
SIE In Sicherheit ist sie gewiß, und in deinem Herzen ist sie auch, das weiß ich. Daraus kann ich sie nicht vertreiben. Ich verlange aber auch dort nur den zweiten Platz, die Stelle nach ihr. Meine Forderung wird stets ebenso billig sein, als meine Liebe wahr und zärtlich ist. Sie ist keine Korsin, aber mein Herz hat sich in meine Vaterlandsliebe gehüllt. Willst du es enthüllen! Ich widerstrebe nicht. Du sollst nicht von Schleiern hintergangen werden. Sieh und finde es, wie es wirklich ist.
Sie legte, als sie das sagte, ihren Kopf an seine Brust, umschlang ihn mit beiden Armen und große Tropfen entstürzten ihren tränenschweren Augen. Es wurde kein Wort gesprochen. Sie drückte ihn heftig an sich und ging schnell davon.

»Ja! so ist es!« – sagte Rinaldo zu sich selbst. – »Ein Spiel alter Taschenspieler und listiger Weiber sollst du werden. Darauf ist es angelegt. Laß sehen, Rinaldo, wie du dich halten wirst?«
Er ging vor das Haus und überschaute die enge, begrenzte, wilde Gegend seines Aufenthaltes.
Olimpia war in der Küche beschäftigt und sang bei ihrer Arbeit in starken Pausen. Dies weckte Rinaldos Gesangsliebe. Er fand eine Guitarre, sein Lieblingsinstrument, nahm sie, setzte sich vor die Tür seiner Wohnung, spielte und sang:

Froh und heiter, unbeklommen,
Irrt' ich sonst durch Feld und Wald;
Und ein Sammelplatz der Leiden
Ist mir jetzt mein Aufenthalt;
Mag ich durch die Felder wandern,
Such' ich einen kühlen Hain,

Überall, mit Gram und Kummer,
Bin ich, ohne Trost, allein.

Ruh und Freude lachten heiter
Mir in jedem Sonnenstrahl,
Und ich find' im Sonnenglanze
Jetzo nur ein Meer von Qual.
O! ihr frohen Morgenstunden,
O! du sanfter Abendstern,
Ach! ihr seid so schnell verschwunden,
Seid mir nun auf ewig fern!

An die Tage froher Freude
Knüpfte sich des Kummers Band.
Ach! es hat mich ganz umschlungen
Seit es mich als Jüngling fand.
Wahnsinn trieb mich in die Wälder,
Trieb mich in der Felsen Nacht,
Und auf blutbespritzten Pfaden
Hat mir nie ein Stern gelacht.

Was den müden Wandrer labet,
Was ihm lächelt und entzückt,
Hat, umlagert von Verbrechern,
Nie mein armes Herz erquickt.
Fittiche des Totenengels
Rauschten fürchterlich um mich,
Aber keines Westwinds Kühlen
Schlich um meine Locken sich.

Fiel ein holder Strahl der Sonne
Hier und da auf meinen Pfad,
Glänzt' er blutig mir entgegen,
Floh er eine Räubertat;
Und im sanften Mondenschimmer

Hört' ich keinen Grillensang,
Hört' ich nur das Mordgewimmer,
Das aus Klüften zu mir drang.

Ach! wohin bist du geflohen,
Meiner Jugend Heiterkeit?
Ach! wie schnell bist du entschwunden,
Meines Lebens Rosenzeit?
Einsam, traurig, und verachtet,
Weil ich, wo die Furcht mich deckt,
Wo kein Glanz der Morgensonne
Mich zu Lebensfreuden weckt.

»Rinaldo«, – sagte Olimpia, die herzugetreten war, indem sie die Hand auf seine Schulter legte, – »Rinaldo, nie wieder ein solches Lied oder ich vergehe. – Grausamer, wozu diese Selbstpeinigung?«

»Sie ist meine Buße«, – antwortete Rinaldo.

»Nein! sie ist dein Verderben!« – fuhr Olimpia fort. – »Sie nimmt dir Mut und Kraft und macht dich zaghaft. In Gefahren wird dich dein Mut verlassen und du wirst deinen Qualen eher als deinen Feinden unterliegen. Mit diesen Empfindungen kannst du nicht an die Spitze der Korsen treten, und so, selbst zermartert, wirst du den Kampf des Helden nie fechten.«

»Ich verlange nur einen ehrlichen Tod!« – seufzte Rinaldo.

»Armes Vaterland!« – stöhnte Olimpia und verließ ihn.

Er blieb lange nachdenkend sitzen, stand endlich auf, nahm die Guitarre mit sich, erkletterte einen Berg und warf sich unter einer hochbejahrten Fichte nieder. Hier überschaute er die Gegend. Er wurde einen Menschen gewahr, der auf das Tal zuging und sich endlich seiner Wohnung nahte. – Er ging in dieselbe, und bald darauf trat Olimpia in die Haustür und rief Rinaldo. Dieser ging hinab und fand einen Boten mit folgendem Briefe an sich.

»Deine Freunde freuen sich deiner Errettung und verehren

deinen Erretter. Unsere Anzahl wächst täglich und Schiffe sind schon im Handel. Wir treffen uns alle dort, wo dich Ruhm und Ehre und die Tapfersten ihres Vaterlandes erwarten.«
Rinaldo wollte den Boten sprechen, und er war schon wieder fort. – Bald darauf lud ihn Olimpia zum Mittagsmahl ein. Die Mahlzeit war klein, aber gut, und herrlicher Wein strömte in die Becher.

Drei Tage entflohen in dieser Einsamkeit Rinaldo im dumpfen Unbewußtsein seiner selbst; Olimpia schien ihn mehr bemerken als stören zu wollen. Sie schrieb Briefe. Rinaldo war nicht neugierig, sie zu lesen, ob sie gleich oft offen, vielleicht absichtlich, vor seinen Augen lagen. Sie erhielt Briefe durch einen Boten, dem sie die ihrigen mitgab. Rinaldo verlor kein Wort an den Boten.

Den vierten Tag gegen Abend saßen die Hüttenbewohner vor der Haustür still und stumm, wie ein paar verstimmte Eheleute, nebeneinander, als eine menschliche Figur das Tal herauf auf ihre Wohnung zukam. Sie kam näher, trat dreist herzu und grüßte sie mit den Worten:

»Friede sei mit euch! im Namen des Alten von Fronteja, dessen Jünger einer ich bin.«

Es war ein hübscher Bursch, der das sagte und zugleich Olimpia einen Brief überreichte. Indes sie las, fragte Rinaldo:

»Wie befindet sich dein Meister?«

»Wie immer ist er wohl und auf das Glück seiner Freunde bedacht« – war die Antwort.

Olimpia hatte gelesen. Der Jünger des Alten von Fronteja klagte Durst, Hunger und Müdigkeit. Sie trug sogleich Speise und Trank auf und wies dem Gaste alsdann ein Nachtlager an.

Rinaldo saß noch vor der Haustür und hatte sich in Betrachtungen am Firmament verloren, als Olimpia wieder zu ihm trat. Es kam jetzt zum Gespräch.

SIE Soeben erhalte ich Nachricht, daß Freunde aus Korsika bei unserm Freunde in Fronteja angekommen sind. Sie brennen vor

Begierde, dich kennenzulernen, und werden uns in einigen Tagen besuchen. Ich sage dir das mit besonderer Freude, denn mein Bruder ist mit unter den Korsen, die gekommen sind und uns besuchen werden. – Luigino hat sich wieder verstärkt und hat eine vorteilhafte Position genommen. Binnen drei Wochen werden für uns vier Fregatten segelfertig sein. Alles läßt sich erwünscht an, und nur der kühne Rinaldo, auf den die Blicke der Erwartung gerichtet sind, ist nicht, wie er sein sollte. Er ist zurückhaltend, in sich selbst verloren. –

ER Da, wo er sich braucht, wird er sich schon wieder finden.

SIE O! daß wir das hoffen könnten! – Rosalie ist zu Fronteja. – Ich werde ihr schreiben, du wünschtest sie hier zu sehen.

ER Das willst du tun?

SIE Und warum *nicht*? Vielleicht – ja, gewiß! macht dich ihre Gegenwart heiterer als die meinige. Das ist ja Gewinn für uns alle. Mit deiner Heiterkeit wird dein unternehmender Geist wieder erwachen, den deine üble Laune eingeschläfert hat. Ja, Rosaliens Gegenwart wird ihn wecken. Sie bleibt bei dir, und ich gehe nach Fronteja.

ER Warum das?

SIE Du wirst mir doch wohl nicht zumuten wollen, hier zu bleiben, wenn Rosalie bei dir ist? Nein, Rinaldo, so unempfindlich ist mein Herz nicht, daß es die Gegenwart einer glücklichen Nebenbuhlerin ohne Eifersucht ertragen könnte. Meine Entfernung wird mir deine Freundschaft erhalten, und meine Liebe – will ich zu verabschieden suchen.

Rinaldo schwieg, Olimpia zündete Licht an, wünschte ihm wohl zu ruhen und ging. – Er wankte vor dem Hause auf und ab, ging ins Zimmer, ging wieder ins Freie, kam wieder zurück und träumte wachend die Mitternacht herbei. – Rasch sprang er endlich auf, nahm das Licht und eilte, er wußte selbst nicht warum, in Olimpiens Kammer. Er trat leise ein, sah sie ruhen in den Armen des Jüngers des Alten von Fronteja, – und ging ebenso leise wieder zurück als er eingetreten war.

Der Tag brach an. Die Liebebeglückten waren noch nicht munter. Rinaldo warf eine Büchse über die Schulter und verließ die Wohnung. »Lebt wohl!« – murmelte er und ging mit raschen Schritten davon.

Gegen Mittag erreichte er ein Dorf, ruhte hier ein wenig und ging weiter.

Schon wurden die Schatten länger, die Sonne ging unter. Er verdoppelte seine Schritte, ein vor ihm liegendes Schloß zu erreichen. Er erreichte es, klopfte und wurde eingelassen.

»Wer seid Ihr?« – fragte ihn der Pförtner.

»Der Baron Tegnano bin ich und habe mich auf der Jagd verirrt«, war Rinaldos Antwort.

Der Pförtner sah ihn schweigend an, wie einer, der nicht weiß, was er sagen oder tun soll. – Rinaldo fragte:

»Wem gehört dies Schloß?«

»Der Gräfin Martagno.«

»Der Gräfin Martagno?« – fiel Rinaldo hastig ein. – Ist sie hier?

»Nein, sie ist nicht hier«, – antwortete der Pförtner gedehnt.

»Wer bewohnt das Schloß?«

»Eine Freundin der Gräfin, Madonna Violanta.«

»Madonna Violanta? Ich kenne sie. Sie kennt mich.«

Dies gesagt, drängte er den Pförtner zurück, eilte an ihm vorbei in das Schloß, die Treppen hinauf, und traf auf eine Magd. Dieser sagte er, sie möchte den Baron Tegnano bei ihrer Herrschaft anmelden.

Das Mädchen ging ihm viel zu langsam, er eilte ihr vor und trat in ein Vorzimmer.

Auf das Geräusch seines Eintritts wurde eine Zimmertür geöffnet, und die uns bekannte Signora Violanta stand vor ihm.

SIE Heilige Jungfrau! Baron Tegnano! – Seid Ihr es wirklich? – Mein Gott! wo kommt Ihr her?

ER Ich suche hier ein Nachtlager.

Violanta sah ihn schweigend an und trat in das Zimmer zurück. Er folgte ihr nach. Sie warf sich auf ein Sofa und stammelte: »Vergönnt mir, mich zu fassen.«

Er blickte im Zimmer umher und sah an der Wand das Bildnis der Gräfin.
»Dianora hier!« – rief er aus. – »Ach! aber nur ihr Bild, nicht sie selbst.«
Hastig griff er nach dem Portrait, nahm es von der Wand und küßte es heftig. – Violanta sah ihm schweigend zu. Er, in das Anschauen des geliebten Gegenstandes verloren, bemerkte Violantens Aufmerksamkeit auf sein Betragen nicht. Nach einer langen Pause nahte er sich ihr, ergriff ihre Hand und fragte:
»Wo ist Dianora? Wie lebt sie?«
Violanta seufzte und schwieg. Er fragte dringender:
»Wo ist Dianora; meine geliebte Dianora?«
Violanta seufzte stärker und schlug die Augen nieder.
ER Ist sie tot?
SIE Noch lebt sie.
ER Sie lebt? Sie lebt? und wohl? und glücklich?
SIE Ach! Baron, wie könnt ihr so fragen?
ER Ich verstehe Euch! Mein Unglück ist auch das ihrige. – Und wie könnte es anders sein? – Ihr wißt ja – – Ihr kennt mich doch?
SIE Gesehen habe ich Euch ja oft, Baron, und –
ER Ach! nennt den Unglücklichen nur bei seinem wahren Namen. Ihr beschämt mein Herz nicht.
SIE Bei Euerm wahren Namen soll ich Euch nennen? Heißt Ihr nicht Tegnano?
ER Wie? und Ihr wüßtet nicht – Die Gräfin hätte euch nichts gesagt? – Ach! Violanta! Aufrichtig! was wißt Ihr von mir? – O, gute, von mir gerettete Frau! Liebe Freundin! was weißt du?
SIE Daß Ihr mehr geliebt werdet als Ihr es verdient. Daß Ihr ungetreu, und – kein Wort weiter! Wenn Ihr Euch nicht selbst Vorwürfe machen könnt, so –
ER Sie gelten meinem Schicksal. – Violanta! ich habe dich gerettet aus der schrecklichen Todesnacht, die dich umfangen hielt, ich entriß dich der Finsternis des Kerkers und der Verzweiflung, ich gab dir das freundliche Tageslicht wieder, – ich habe ein Recht auf deine Dankbarkeit. Darf ich darauf rechnen?

SIE Ihr dürft und könnt es.
ER So beschwöre ich Euch bei dieser mir schuldigen Dankbarkeit, sagt mir aufrichtig, wie weit hat sich die Gräfin Euch entdeckt?
SIE Ich weiß, daß sie Euch liebt und daß Ihr sie verlassen habt. – Euer Verschwinden brachte sie dem Tode nahe. Sie überstand eine schreckliche Krankheit, und der Name einer unglücklichen Mutter ging mit der Wirklichkeit verloren.
ER Wo ist sie? wo lebt sie?
Violanta schwieg und blickte ihn mit forschenden Augen an. – Rinaldo, der aus ihren Antworten schloß, daß sie wirklich nicht wußte, wer er eigentlich war, und daß ihr die Gräfin seinen wahren Namen verhehlt hatte, um sich selbst vielleicht eine Beschämung zu ersparen, der sie bei der Entdeckung hätte unterliegen müssen, wurde dreister, und da er sich mit Violanten allein glaubte, wendete er seine ganze Beredsamkeit an, den Aufenthalt der Gräfin zu erfahren, aber vergebens. Violanta wich ihm aus, schwieg oder setzte seinen Fragen andere entgegen, die ihn von der Sache abbringen sollten, es aber nicht vermochten.
Indem sie noch sprachen, wurde auf einmal eine Glocke, die in Violantens Zimmer ging, heftig angezogen. Sie sprang auf, nahm einen Schlüssel und ein Licht und wollte das Zimmer verlassen. Rinaldo war dreist genug, sie zurückzuhalten.
ER Wohin geht Ihr?
SIE Das – darf ich Euch nicht sagen.
ER Wohin ruft Euch diese Glocke? – Ach! gewiß zu Dianoren? – Sie ist hier!
SIE Ihr irrt Euch.
ER Nein, nein! Mein Herz sagt es mir, sie ist hier. Ihr wollt zu ihr gehen. O! sagt ihr, daß ich hier bin, daß – – Nein! ich gehe mit Euch, ich folge Euch, ich muß sie sehen.
SIE Der Schreck würde sie töten.
ER Ha! Ihr habt Euch verraten. Sie ist hier! – Fort, fort! zu ihr.
SIE Um aller Heiligen willen, nicht!

ER Sie ist hier!

SIE Ja, das Geheimnis ist verraten. Sie ist hier. Aber sehen dürft Ihr sie nicht. Sie lebt still und einsam gleich einer Büßenden. Euer Anblick würde sie vernichten.

ER O Violanta! wenn Ihr je geliebt habt, laßt sie mich sehen.

SIE Ich darf und kann es nicht tragen. Ihre Gesundheit ist ganz zerrüttet, ihre Nerven sind abgespannt, Eure Erscheinung würde sie zu Boden schmettern.

ER Kann ich sie nicht, ungesehen von ihr, sehen? – Ich will sie ja nur sehen, nicht sprechen, wenn es nicht sein darf. O! sie ist mir so teuer! Ich liebe sie! Ihr Leben ist mir werter als das meinige –

Die Glocke ertönte wieder, schneller und stärker.

SIE Heiliger Gott! es könnte ihr etwas zugestoßen sein. Haltet mich nicht auf!

ER Ich muß sie sehen!

SIE Ungestümer! folgt mir, aber hütet Euch, ein Wort zu sprechen.

Sie ging. Er folgte ihr durch eine Galerie in ein Zimmer. Hier wies ihm Violanta seinen Platz an einem kleinen Fenster an und ging von ihm.

Rinaldo sah in ein ganz schwarz dekoriertes Zimmer, in welchem auf einem Tische vor einem Kruzifix und einem Totenkopf zwei brennende Wachskerzen standen, die die Nacht des Zimmers nur schwach erhellten. – In dem Zimmer selbst wankte eine weibliche, schwarz gekleidete Gestalt auf und ab; bleich und abgezehrt. Rinaldo erkannte in ihr Dianoren. Tränen entstürzten seinen Augen, seine Lippen bebten, seine Hände zitterten, seine Füße wankten.

Violanta trat in das Zimmer und nahte sich Dianoren. Rinaldo hörte sie sprechen.

»Ach wo bleibst du?« – sagte Dianora, indem sie ihr Gesicht auf Violantas Schulter legte. – »Ich war ein wenig eingeschlummert und hatte einen schrecklichen Traum. Es träumte mir: Er war hier, der Ehrvergessene, nahte sich und fuhr mit blutiger Hand mir über das Gesicht. Das Blut rann von seiner Hand über meinen Busen hinab auf mein Kleid und brannte wie Feuer durch alle meine Glieder. – Der Schreck machte mich wach! ich dankte der gnadenreichen Jungfrau, daß ich nur geträumt hatte. Aber der Traum hat mich sehr angegriffen. – Ach! daß ich den Unglücklichen doch nie wieder säh'!«

VIOLANTA Nie?

DIANORA Nie! weder wachend noch im Traume.

VIOLANTA Meintet Ihr neulich nicht, gewisse Anzeigen von seinem Tode zu haben?

DIANORA Ja! das war – Ich glaubte es. – Und es wird auch wohl so sein.

VIOLANTA Wenn Ihr ihn nie wieder zu sehen wünscht, so glaubt es. Ist es aber das nicht, –

DIANORA O ja! es sei. Um meinetwillen und um seinetwillen sei es.

VIOLANTA Auch um seinetwillen?

DIANORA Auch, und noch mehr als um meinetwillen, denn der Unglückliche ist ein – Ungetreuer. Untreue verdient den Tod. Und er – hat ihn schon längst verdient. Er hat mich betrogen, und sein Name ist – – Ach! nichts mehr von ihm. Es war ja alles nur ein Traum! Er bleibe ewig von mir fern. – Er wird nie wieder zu mir kommen.

VIOLANTA Wenn aber nun –

DIANORA Nein, nein! Er darf nicht wieder zu mir kommen. Ich darf keine Gemeinschaft mit ihm haben, denn er ist ja – ein Ungetreuer.

VIOLANTA Und wenn nun seine Reue –

DIANORA Seine Reue kann seine Verbrechen nicht ungeschehen machen. Er ist ein großer, ein gefürchteter Verbrecher.

VIOLANTA O! fürchtet ihn nicht. Vielleicht liebt er Euch doch noch.

DIANORA Aber ich darf ihn nicht lieben. – O Violanta! wenn du wüßtest – Genug! Kein Wort weiter von ihm.

Sie setzte sich auf ein Sofa, Violanta setzte sich zu ihr. – Nach einer langen Pause fragte Dianora:

»Weißt du nichts Neues aus der Welt?«

VIOLANTA Etwas aus der Nähe, aus unserm Schlosse.

DIANORA Was ist es?

VIOLANTA Ein Fremder ist hier und hat um ein Nachtlager gebeten.

DIANORA Er weiß doch nicht, daß ich hier bin?

VIOLANTA Nein. Ich habe ihm das Nachtlager zugesagt, weil er ganz rechtlich aussieht.

DIANORA Wer er ist, weißt du nicht?

VIOLANTA Er hat seinen Namen noch nicht angegeben.

DIANORA Seht euch alle wohl vor! Ihr wißt, daß Räuber umherschweifen.

VIOLANTA Der Fremde hat nichts Räubermäßiges an sich.

DIANORA Der Schein trügt! Ich sage dir: der Schein trügt. Von dem Äußern schließe ja nicht zu rasch auf das Innere. Ich selbst habe einmal – Die Räuber verkleiden sich, geben sich Titel und Namen, und – – Seid auf eurer Hut! Selbst der gefürchtete Rinaldini – Ach Gott! – Wenn er –

VIOLANTA Was ist Euch?

DIANORA Meine Augen – Ach! – Mein Kopf –

VIOLANTA Gräfin!

DIANORA Ruhig, es wird vorübergehen. – Ein Schwindel – – Es ist schon wieder gut. – Ach! der Traum! der Traum! – Bringe mich zu Bette.

Violanta führte sie in ein Seitenzimmer. – Rinaldo ging über die Galerie in Violantens Zimmer zurück, wo er sich auf das Sofa warf und seinen Tränen freien Lauf ließ. Laut jammerte er: »Dahin, Unglücklicher, hast du sie gebracht! Nicht genug, daß du selbst der Unglücklichste der Unglücklichen bist, mußt du auch die reinsten Herzen, die sich dir nahen, dir nach in den Abgrund ziehen, der mit allen Schrecken des Todes sich dir entgegendehnt.«

Die Tür des Zimmers ging auf. Er suchte sich zu sammeln. – Ein Mädchen trat ein und sagte:

»Herr Baron, ich soll Euch Euer Zimmer anweisen.«
Er stand auf und folgte dem Mädchen, die ihn in ein artiges Zimmer führte. Sie ließ ihm Licht, ging, kam wieder, deckte den Tisch und besetzte ihn mit kalten Speisen, Früchten und Wein.
»Madonna Violanta läßt Euch wünschen, wohl zu ruhen«, – sagte das Mädchen und verließ das Zimmer.
Rinaldo hatte weder Appetit noch Schlaf. Die Stunde der Mitternacht nahte sich schon, und er war noch immer munter und wach. – Da klopfte es leise an seine Tür. Er öffnete die Tür, und Violanta stand vor ihm.
»Es ist mir sehr lieb«, – sagte sie, als sie ins Zimmer trat, »daß ich Euch noch wach und munter finde.«
ER O! Ihr findet mich in einer Unruh, in einer Bewegung, die ich nicht zu schildern vermag. – – Euer Gespräch – Alles habe ich gehört. – O! es hat mich zermalmt.
SIE Was gedenkt Ihr zu tun?
ER Dianora wird gewiß endlich noch nachgeben, mich zu sehen.
VIOLANTA O! sie hat es schon.
ER Hat sie? – Violanta! Sie will mich sprechen? O! sagt Ja und macht mich glücklich. – Was will sie? – Was sagte sie?
SIE Wir haben noch viel und lange von Euch gesprochen, als ich sie zu Bette gebracht hatte. Ich habe sie halb und halb schon vorbereitet. In einigen Tagen, hoffe ich, sollt Ihr sie sehen und sprechen können.
ER O Violanta! wenn ich –
SIE Keinen Dank! Ich bin Euch meine Rettung und das freundlichste Geschenk des Daseins, mein Leben, schuldig. – Morgen sprechen wir weiter davon. – Nehmt meine gute Nachricht mit aufs Lager zur sanften Ruh.
Sie ging. Rinaldo blieb in einer heftigen Bewegung zurück. – Er wollte endlich sich entkleiden, als er Fußtritte vernahm, die auf sein Zimmer zukamen. Die Tritte waren männlich und stark. Sie kamen näher. Die Tür ging auf. Eine lange, hagere, schwarz gekleidete männliche Gestalt trat in das Zimmer. Eine schwarze Larve bedeckte das Gesicht der Figur, und eine Kapuze war über

ihren Kopf gezogen. Ein Knotenstrick umgürtete ihren Leib; Füße und Hände waren bloß. Diese imponierende Gestalt stellte sich gerade vor ihn hin und drohte ihm mit aufgehobenem Zeigefinger. Rinaldo blieb fest stehen, legte die rechte Hand an ein Terzerol und fragte:

»Wer bist du? Was willst du?«

Mit dumpfer Stimme gab die Gestalt ihm Antwort:

»Ich lade dich ein, binnen 24 Stunden vor dem Richterstuhle der strengen Richter der Wahrheit, der Richter aller Verbrechen, die im Verborgenen schleichen, ihnen aber aufgedeckt sind, zu erscheinen. Kommst du nicht, so wird man dich abholen.«

»Was habe ich mit Unbekannten zu schaffen?« – sagte Rinaldo. – »Und wer gab Euch das Recht, Euch meine Richter zu nennen?«

»Deine Vergehungen, deine bösen Taten und Verbrechen gaben es uns, welche uns das Recht geben, alle Menschen zu richten.«

»Du sprichst von Recht? – Recht verkriecht sich nicht in Dunkel und Nacht.«

»Wohl dir, wenn wir dich nicht ans Licht bringen, denn dort erwartet dich das Henkersschwert.«

Gelassen, doch nicht ohne Bitterkeit, fragte Rinaldo:

»Und was erwartet mich bei Euch?«

»Buße.«

Rinaldo lächelte, wie einer lächelt, der den andern einer Großsprecherei wegen etwa bemitleidet. – Der Schwarze behielt seinen imponierenden Blick, seine gebietende Stellung, und fragte:

»Keine Antwort?«

Schweigend wies ihm Rinaldo die Tür und lächelte.

»Keine Antwort?« – fragte der Schwarze wieder.

Rinaldo wies ihm abermals die Tür und sagte: »Dies ist meine Antwort.«

Der Schwarze trat einen Schritt näher, fixierte ihn stark und fragte:

»Du wirst also nicht gutwillig zu uns kommen?«

»Nein!« – antwortete Rinaldo entschlossen.
»So wird dich Gewalt zu uns bringen.«
»Die erwarte ich. – Was könntet ihr tun? Wie weit geht eure Gewalt gegen Männer meinesgleichen?«
»Du wirst es erfahren.«
Damit verließ die sonderbare Gestalt trotzig das Zimmer. – Rinaldo ergriff das Licht, ihr nachzueilen, trat in das Vorzimmer, fand es verschlossen und konnte nicht begreifen, wohin die Gestalt so schnell gekommen war. Er durchleuchtete alle Winkel und sah nichts; er lauschte und hörte nichts.
Im Zurückgehen nach seinem Zimmer wurde er auf dem Vorsaale eine halboffene Tür eines Schrankes gewahr, glaubte die Gestalt etwa in dem Schranke zu finden, riß die Tür heftig auf, sah ein Skelett, bebte betroffen zurück, und das Licht fiel ihm aus der Hand.
Er eilte in sein Zimmer, holte ein anderes Licht, stürzte mit gespanntem Terzerol auf die vorher offene Schranktür zu und fand sie jetzt fest verschlossen. Umsonst bemühte er sich, sie zu öffnen, sie war so fest eingepaßt und verschlossen, als sei sie niemals geöffnet gewesen.
Er stand, stutzte und wußte nicht, wozu er sich entschließen sollte. – Unmutig und betroffen raffte er endlich das ihm entfallene Licht auf, ging in sein Zimmer, verschloß die Tür und legte sich zu Bette.

Kaum war er den folgenden Morgen dem Lager entstiegen, als er zu Violanten eilte, die eben im Begriff war, ihr Zimmer zu verlassen, und zu Dianoren gehen wollte.
»Die Gräfin ist gar nicht wohlauf«, – sagte sie. – »Ich darf sie heute keinen Augenblick verlassen. Es soll Euch aber an Eurer Bequemlichkeit nichts abgehen. Sobald ich Euch sprechen kann, komme ich zu Euch. Vielleicht kann es heute Abend nur spät, vielleicht gar nicht geschehen. Laßt Euch das nicht irremachen. Morgen vielleicht sehen wir uns öfter; vielleicht seht und sprecht Ihr auch morgen schon Dianoren. Wir wollen hoffen, daß alles nach Wunsche gehen kann.«

Mit dieser Erklärung wenig befriedigt, ging Rinaldo nach seinem Zimmer zurück. – Als er an den mysteriösen Schrank kam, blieb er stehen, betrachtete denselben genau und fand ihn noch immer wohlverschlossen. Einige Gemälde auf dem Saale fesselten seine Aufmerksamkeit. Sie schienen die Folge einer geheimnisvollen Geschichte in Bildern zu sein. Auf zweien sah er die ihm erschienene schwarze Richtergestalt abgebildet. Einmal stand sie drohend mit einem gezogenen Dolche vor einem liebenden Paare, das sich fest umschlungen hielt; das zweitemal erschien sie in einer Kapelle und faßte ein Frauenzimmer bei dem Arm, das betend vor dem Altare lag.

Die Ankunft des Mädchens, welches ihm ein Frühstück brachte, störte ihn in seinen keineswegs artistischen Betrachtungen.

»Habt ihr« – fragte er das Mädchen, als sie im Zimmer waren, – »schwarzbekuttete Mönche in der Nachbarschaft?«

»Ja«, antwortete das Mädchen. – »Auf dem steilen Berge dort oben, über dem Dorfe, liegt ein Kloster der Karmelitermönche, und diese tragen schwarze Kutten.«

»Kommen zuweilen welche von diesen schwarzen Mönchen hierher?« –

»Jährlich dreimal«, – gab das Mädchen zur Antwort, – »kommt der Terminierer zu uns und sammelt die bestimmten Almosen ein.«

»Sind diese Karmeliter die Beichtväter des Schlosses?«

»Nein! das sind Franziskaner. Ihr Kloster liegt dem Schlosse gleich gegenüber. – Mit den Karmelitern haben wir hier gar keinen Verkehr im Schlosse.«

Rinaldo fragte nicht weiter. Das Mädchen ging, und er trat ans Fenster, das Karmeliterkloster genau in Augenschein zu nehmen.

Die Zeit wurde ihm lang. Er forderte etwas zu lesen. Man brachte ihm eine alte Chronik. Er las und gähnte, harrte und hoffte. – Der Tag verging, der Abend kam, und Violanta ließ sich nicht sehen. – Endlich erhielt er durch das Mädchen ein Billett von ihr. Sie schrieb:

»Heute sprechen wir uns nicht. Morgen werdet Ihr mehr von mir hören.«
Es wurde Nacht. Er verschloß seine Tür. Der schwarze Gerichtsbote kam nicht.
Als er früh aufgestanden war und zu Violanten gehen wollte, kam ihm das Mädchen mit einem Briefe von ihr entgegen. Er riß ihn auf und las:
»Dianora hat von mir erfahren, daß Ihr hier seid. Sie hat ihr schreckliches Geheimnis ganz in meinen Busen geschüttet, und ich weiß nun, wer und was Ihr seid. Verlaßt eilig dieses Schloß. Auch wir haben es verlassen. Wenn Ihr diesen Brief empfangt, sind wir schon viele Stunden weit von hier entfernt. Ihr werdet uns nicht finden, dazu sind unsere Maßregeln schon getroffen. Flieht und rettet Euch: denn wenn die strengen Richter der Wahrheit Euern Aufenthalt auskundschaften sollten, werden sie Euch nicht lange Zeit gönnen, Eure Freiheit zu benutzen. Lebt wohl, Ihr furchtbarer, verrufener, unglücklicher Mann! – Gott bessere, bekehre und schütze Euch! Violanta.«
Bin ich denn überall ein Spiel der Verkappten! Muß ich allenthalben nur im Dunkeln schleichen? Flieht auch selbst die Liebe meinen Namen wie ein Verbrechen? Nun dann, hinab mit dir, Unglücklicher, in den Schoß deiner Mutter! schrie Rinaldo außer sich, ergriff ein Terzerol, spannte und setzte es an den Mund.
Wie von einem elektrischen Schlage getroffen, sank sein Arm, und das Terzerol entfiel seiner Hand. Er wendete sich rasch herum, und der schwarze Forderer stand hinter ihm. Er drohte ihm mit dem Finger und verließ das Zimmer.
Rinaldo erholte sich kaum nach und nach, als er seine Büchse ergriff und das Schloß verließ.

Er schlug einen Hohlweg ein und war kaum hundert Schritte weit in demselben gegangen, als der Schwarze ihm entgegenkam und ihm zurief:
»Erscheine!«
»Wo trifft man euch?« – fragte Rinaldo entschlossen.

»Rechts auf jener mit Pappeln bewachsenen Anhöhe wirst du eine Kapelle sehen. Dort trifft man uns«, – sagte jener und ging gelassen an Rinaldo vorbei.
Dieser ging langsam weiter fort, aber nicht nach der Kapelle zu.
»Eine Spiegelfechterei von dem alten Scharlatan zu Fronteja!« – sprach er zu sich selbst, – »dessen Maschine ich bin, wie er mir selbst gesagt hat. – Ich komme nicht. Und erscheint mir der Unglücksrabe noch einmal, so« –
Hier stand der Schwarze wieder vor ihm und fragte:
»Was willst du dann tun?«
Rasch riß Rinaldo seine Büchse von der Schulter, sprang einige Schritte zurück, spannte, legte an und drückte auf ihn ab. Das Pulver brannte ab und der Schuß versagte.
Der Schwarze lachte: »Armer Schütze! Schieß nach Raben, aber nicht nach mir. Wagst du so etwas zum zweitenmal, so zerschmettere ich dich.«
»Du? mich?« schrie Rinaldo wütend und außer sich, warf die Büchse von sich, stürzte auf ihn los, packte ihn bei der Brust und fühlte sich auf einmal von gigantischen Armen umfaßt, gedrückt und so heftig zu Boden geworfen, daß ihm Hören und Sehen verging.
Als er wieder zu sich kam, fand er seinen Kopf blutend, und der Schwarze war nicht mehr zu sehen. – Seine Wut gestattete ihm keine Worte. Er raffte sich auf, nahm sein Gewehr und eilte mit raschen Schritten davon.
Kaum war er etliche dreißig Schritte weit gegangen, als er am Wege hinter einem Strauche eine elende, zerlumpte, menschliche Figur erblickte, die ihn kaum gewahr wurde, als sie aus vollem Halse ihm zuschrie:
»Ach mein lieber, guter, edler Hauptmann!«
Rinaldo stutzte, ging näher und erblickte seinen getreuen Lodovico, der sich aufzuraffen suchte, indem ihm die Freudentränen über die Wangen liefen.
RINALDO Um des Himmels Willen, Lodovico! wie siehst du aus?
LODOVICO Schrecklich muß ich aussehen! Nicht wahr, ich bin

ein wahres, leibhaftiges Konterfei des menschlichen Elends? ein Bild des Unglücks und der Verzweiflung?

RINALDO Unglücklicher, wie bist du in diesen Zustand geraten? du siehst fürchterlich aus.

LODOVICO Elend, zerlumpt, am ganzen Leibe zerrissen und zerschlagen.

RINALDO Rede nur, was ist dir begegnet?

LODOVICO Ach! hört mich an. – Als Ihr mich in jenem Walde fortschicktet, mich in der Gegend des Schlosses der Frau Gräfin Martagno aufs Rekognoszieren zu legen, richtete ich meine Sache recht klug ein und erfuhr, daß die Gräfin dermalen nicht dort, sondern auf einem andern Schlosse sei, das mir beschrieben wurde. Ich machte mich gleich dahin zu auf den Weg. Schon hatte ich die Gegend erreicht und war kaum noch hundert Schritte von dem Schlosse entfernt, als auf einmal, der Teufel weiß, wo er herkam! – ein ganz schwarz verkappter Mann vor mir stand.

RINALDO Wie? Ein schwarzer verkappter Mann?

LODOVICO Wie ich Euch sage. – Er forderte mich in einem gebietenden Tone vor den strengen Richterstuhl der Richter der Wahrheit im Verborgenen. Ich lachte darüber, und als er grob wurde, schlug ich ihn hinter die Ohren. Das bekam mir übel. Der Kerl packte mich mit Riesenstärke an, warf mich wie einen Sperling zu Boden, maulschellierte mich, links und rechts, so lange ab, bis mir alle Sinne vergingen, warf mich dann wie ein Feldhuhn auf die Achsel und schleppte mich fort bis vor eine Kapelle, wo er mich wie einen Nußsack niederwarf. – Sogleich ging die Tür der Kapelle auf, zwei schwarze Kerle kamen heraus, zogen mich bei den Beinen hinein, wie eine abgeschlachtete Ziege, und warfen mich wie einen Tornister in eine finstere Kammer. Da lag ich ein paar Tage auf einer Handvoll Stroh und bekam Wasser und Brot, und noch dazu sehr spärlich, zur Kost. – Endlich wurde ich abgeholt und vor drei verkappte Figuren geführt, die, von vielen natürlichen Skeletten umgeben, an einer schwarzen Tafel saßen. Diese nannten sich meine Richter und sagten mir, ich sei ein Schelm, ein Spitzbube und dergleichen mehr. Ich war der Klügste und schwieg. Endlich sagten sie, ich hätte schon längst den Strang verdient, von ihnen sollte ich nicht gehängt werden, für meine begangenen Verbrechen aber zu einer Total-Buße verdammt sein. Mit *der* Sentenz wurde ich abgeführt, von vier Henkersknechten entkleidet und bis aufs Blut gegeißelt. So ging's alle Tage. Die Kerle hieben so unbarmherzig auf mich zu, daß mir die Geißelhiebe bis auf die Knochen drangen. Endlich war nichts mehr an mir zu zerhauen und so warfen sie mich diesen Morgen zur Kapelle hinaus. Ich kroch bis hierher, und weiter kann ich nicht.

RINALDO Wie? und dieser Buße sollte ich mich auch unterwerfen?

LODOVICO Ihr? Gott bewahre Euch und alle Menschen davor!

Hier erzählte ihm Rinaldo, was ihm begegnet sei. Lodovico kreuzte und segnete sich und Rinaldo schrie:

»Komm, laß uns das infernalische Nest in Brand stecken!«

Kaum hatte er ausgesprochen, als der schwarze Unhold vor ihm stand und ihm entgegendonnerte:

»Elender Wurm! Hast du die Kraft meines Armes noch nicht genug gefühlt? Soll ich dich ganz vernichten?«

Wie ein Rasender eilte Rinaldo, ohne Antwort, mit gezogenem Dolche auf ihn zu. Der Schwarze wich aus. Rinaldo raffte alle seine Kräfte zusammen, packte ihn mit der rechten und stieß ihm mit der linken Hand den Dolch auf die Brust. Der Stoß gab einen dumpfen Schall, und Rinaldo merkte, daß er auf einen Panzer gestoßen hatte; er stieß zum zweitenmal und durchbohrte des Verkappten linken Arm. Laut aufbrüllend riß sich dieser mit Riesenkräften los, schleuderte Rinaldo so kräftig zurück, daß er zu Boden taumelte, und entfloh mit schnellen Schritten.

»Mord und Wetter!« – jammerte Lodovico, – »wie wird es uns ergehen, wenn der Unhold seine Gesellen herbeiruft. Sie schlagen uns bei Gott! die Knochen zu Brei.«

Indem vernahmen sie das Geklingel von Maultieren und wurden bald zwölf Maultiertreiber gewahr, die mit dreißig ledigen

Maultieren die Anhöhe herabkamen, um in Saldona Salz zu holen. Diese redete Rinaldo an und fragte, indem er auf Lodovico zeigte, ob sie diesem Unglücklichen, der von Räubern mißhandelt worden sei, nicht vergönnen wollten, Platz auf einem ihrer Maultiere zu nehmen, er wolle für ihn bezahlen.

»Will der Herr bezahlen«, – antwortete der Anführer der Maultiertreiber, – »so mag sich der Bursch aufsetzen. Das kann er aber auch tun, wenn der Herr nicht bezahlt, denn wir sind Christen und haben Religion. Das Teufelsgeschmeiß von Rinaldinis Bande macht tausend Unglückliche. Wir haben schon mehreren Ausgeplünderten Beistand geleistet, die oft nackend und bloß, halbtot auf der Straße lagen und die Spitzbuben verfluchten.«

Lodovico, der sehr froh war, sich in so guter Bedeckung zu sehen, wurde auf ein Maultier gebunden; die Reise ging weiter und Rinaldo setzte sein Gespräch mit den neuen, handfesten Gesellschaftern, die noch obendrein gut bewaffnet waren, fort.

RINALDO Ihr sprecht von Rinaldinis Bande? Ist sie denn nicht ganz aufgerieben?

MAULTIERTREIBER Den Teufel auch! Nichts weniger als das. Was ist das, wenn ein paar Dutzend solcher Gauner totgeschlagen werden? Das ist so viel als nichts. Sie wachsen wie die Schwämme hinter allen Büschen hervor.

RINALDO Ist denn Rinaldini nicht schon längst selbst niedergeschossen worden?

MAULTIERTREIBER Ja, prosit! Es heißt wohl immer so, aber es ist nicht wahr. Sie werden ihm auch nichts anhaben.

RINALDO Warum nicht?

MAULTIERTREIBER Hm! – Könnt Ihr das nicht erraten? – Er ist fest. Das ist ganz sicher. Ihm schadet weder Hieb noch Stich. Und einige sagen gar, er könne sich unsichtbar machen. Das will ich nun zwar nicht als gewiß behaupten, aber das ist doch wahr, sie können ihn nicht festhalten. Haben sie ihn auch einmal, witsch! ist er wieder fort. Es muß übrigens ein ganzer Kerl sein, der Rinaldini, aber in seiner Haut möchte ich doch nicht stecken. Was hat er davon? Am Ende kommt Herr Urian, spricht: die

Zeit ist vorbei, da ist der Kontrakt, marsch, mit mir fort! und dreht ihm den Hals auf den Rücken.

RINALDO Sollte er denn ganz und gar Teufels gewesen und ein Pactum –

MAULTIERTREIBER Ja! er hat ein Pactum mit dem Bösen, denn sonst zappelte er schon längst in der Luft. Er ist also doch ein unglücklicher Mensch. Wozu helfen ihm alle Schätze der Welt, wenn seine Seele verlorengeht. Das ist ja doch das teuerste, was der Mensch hat. Weiß er diesen Schatz nicht zu bewahren, so gebe ich ihm für all das andere keine Melone. Redlich gelebt und selig gestorben, das ist das beste. Bei Rinaldini heißt's aber, fröhlich gelebt und traurig gestorben. Das taugt nichts! Er schläft einst auf seinen erstohlenen Geldkisten doch nicht so sanft ein, als ich auf meinen redlich erworbenen Maultierdecken. Das ist ein ganz anderes Lager!

RINALDO Er soll aber, wie man sagt, sehr wohltätig sein.

MAULTIERTREIBER Mitunter. Aber, hole ihn der Teufel mit seiner Wohltätigkeit! Erst stiehlt er's, hernach verschenkt er's. Ich mag nichts von ihm haben. Segne mir Gott mein redlich erworbenes Stückchen Brot. Betrügen oder bestehlen möchte ich keinen Menschen auch nur um eine Bohne.

RINALDO Es ist wahr, er treibt ein elendes Handwerk.

MAULTIERTREIBER Ein Allerweltskammerdiener ist er und kommt ungerufen, wie der Rabe aufs Aas. Er hätte doch wohl etwas Besseres lernen können, denn er soll gar nicht dumm sein. Spitzbubenkniffe muß er genug im Kopfe haben. Gott behüte und bewahre jeden ehrlichen Christen vor solchen Kenntnissen und Wissenschaften!

RINALDO Er selbst soll nicht stehlen, wie ich gehört habe.

MAULTIERTREIBER Aber er läßt stehlen. Das ist gleich viel. Kurz, es ist kein gutes Haar an ihm; aber ein verzweifelter Kerl ist und bleibt er doch immer. Denn so wie er, hat noch keiner die Justizen genarrt.

RINALDO Wie alt mag er wohl sein?

MAULTIERTREIBER Er soll noch nicht einmal sechsundzwanzig

Jahre alt sein, sagen einige. Andere aber wollen wissen, er sei ein Dreißiger. Das ist aber wohl gleichviel! Reif zum Galgen ist er schon längst gewesen. – Sehen möchte ich ihn wohl einmal. Es müßte aber im Guten sein, denn im Bösen mag ich nichts mit ihm zu tun haben.

RINALDO Wo mag er jetzt wohl eigentlich stecken?

MAULTIERTREIBER Wer will das wissen! Er ist, wie Herr Niemand, allenthalben. Gar oft spaziert er als Kavalier umher, lebt sogar in Städten, sponsiert unter den vornehmen Damen herum und soll deren ein paar schon weidlich gezogen haben. Kommen sie ihm auf die Spur, so ist er fort und kein Teufel weiß wohin. Er zieht beständig verkleidet im Lande umher und nimmt allerlei Gestalten an. Heute ist er da, morgen dort, und seine Bande umschwärmt ihn allenthalben. Er ist mit einem Worte: ein Himmeltausend elementischer Kerl!

Jetzt wurde Lodovico auf der Anhöhe die bewußte Kapelle der Schwarzen gewahr. Ein kalter Schauer lief ihm durch alle Glieder. Er seufzte tief auf und gab seinem Herrn einen bedeutenden Wink. Dieser blickte hinauf, sah die Kapelle und verstand ihn sogleich.

Achtes Buch

Schweigend zwischen Traum und Hoffen
Näherst du dich nie dem Ziel;
Von des Glückes Wankelmut betroffen,
Spielst du zaghaft auch des beste Spiel.

»Die Kapelle dort oben«, – sagte Rinaldo, – »scheint ein altes Werk zu sein.«
»O ja!« – antwortete der Maultiertreiber. – »Es wird sich aber wohl keine Seele die Mühe nehmen, sie zu besuchen, denn sie ist alt und baufällig und ohne Bild und Altar. Raben und Eulen werden sie vermutlich bewohnen, wenn sie zuweilen nicht gar eine Herberge für den Signor Rinaldini und seine Nachtvögel abgibt.«
Rinaldo merkte, daß von seinen Gefährten keine Nachricht, wie er sie zu haben wünschte, einzuziehen sein würde, und schwieg.
Sie kamen endlich nach Saldona. Rinaldo bezahlte Lodovicos Ritt reichlich und ließ sich zu einem Juden bringen, wo er seinen Gesellen neu kleidete. Dann wurden Salben, Wasser und Pflaster in der Apotheke gekauft, Proviant wurde nicht vergessen und eine Chaise gemietet. In dieser rollten sie nach gehaltener Siesta auf der Heerstraße weiter fort.

Unterwegs untersuchte Rinaldo seine Büchse und fand sie ungeladen. Dies erklärte ihm ganz natürlich das wunderbare Versagen derselben gegen den den Schwarzen.
»Man hat mir« – sprach er bei sich selbst, – »im Schlosse den Schuß aus meinem Rohre gezogen, um mich ungestraft mißhandeln zu können. – Wie? wenn Violanta, einverstanden mit der schwarzen Gesellschaft, zu irgendeinem Endzwecke lebte, der vielleicht Bezug auf die Gräfin hätte? Sollte es nicht daher kommen, daß Lodovico so mißhandelt wurde, weil er den Aufenthalt der Gräfin zu erkundschaften suchte? – Die Bilder im Schlosse, auf welchen sich die schwarze Figur befand; – Das

Skelett in dem Schranke und jene Skelette, die Lodovico bei den schwarzen Richtern sah! – Hm! das alles könnte zu mancherlei Vermutungen führen. Wie? Wenn Dianora von einer gegen sie und ihr Vermögen verschworenen Bande selbst mißhandelt würde? – – O! daß ich jetzt nur an der Spitze von zwanzig der Meinigen stünde! ich wollte alle diese Rätsel gewiß lösen.«

Vor Merona stiegen Rinaldo und Lodovico aus der Chaise, schickten den Fuhrmann zurück und schlugen einen Seitenweg ein. – Hier kamen ihnen ein paar Männer mit einigen Maultieren entgegen, in denen Lodovico bald alte Bekannte erkannte. Es waren Luzo und Jordano, zwei handfeste Gesellen von Luiginos Bande.

Die gegenseitige Freude, sich zu finden, war sehr groß, und es kam bald zur Unterhaltung, die Rinaldo eröffnete.

RINALDO Wo ist Luigino?

JORDANO Soviel wir wissen, hat er sein Corps geteilt, halb steht es unter seinen und halb unter Amalatos Befehlen. Bei diesem waren wir. Vor sechs Tagen wurde unser Corps alarmiert, und wir, unserer Zwölf, wurden von demselben abgeschnitten. Wir haben uns noch nicht wieder zum Ganzen finden können und treiben indes in der Nähe unser Wesen, so gut es gehen will, für uns.

RINALDO Habt ihr sichere Plätze?

LUZO O ja! – Wir stecken in Felsen und Forsten bis über die Ohren.

RINALDO Ich gehe mit euch.

JORDANO Wetter! das gibt uns Ehre und Glück.

Die Maultiere wurden bestiegen und Rinaldo kam bei dem Häuflein an, welches sich nun dreifach so stark fühlte, als es wirklich war, da der gefürchtete Räuberhauptmann an seiner Spitze stand.

RINALDO machte gleich Anordnungen, sendete Einige aus, teils zu werben, teils alte Kameraden herbeizuziehen und machte allen kund, daß er gesonnen sei, einen Hauptstreich auszuführen. Das machte die Burschen stolz und froh, und das *Viva Rinaldini* tönte in allen Klüften wieder.

Den vierten Tag brachte man schon zwei alte Gesellen aus Luiginos Haufen, die versprengt umherstrichen und sehr froh waren, wieder Gesellschaft zu finden. Auch wurden drei neue Mitglieder hinter den Zäunen aufgerafft, aufgenommen und beeidigt, und so sah Rinaldo, mit sich selbst, seinen Haufen schon neunzehn Köpfe stark. – Mit diesen schwenkte er sich rechts und brach über Saldona in die Bergkette ein, auf deren linken Seite die verrufene Kapelle stand.

Rinaldo schlug in einem unwirtbaren Tale, zwischen Felsen, sein Lager auf und erhielt Proben von der Geschicklichkeit seiner Leute; sie schleppten reichlich von allen Seiten herbei. Es fehlte weder am Gelde noch an Proviant. – Man brachte auch noch ein paar Landstreicher ein, die sich mit großem Vergnügen zu der neu etablierten Gesellschaft begaben.

Nachdem alle gehörig mit Munition versehen waren und Lodovico wieder auf den Beinen sein konnte, brach Rinaldo mit seinem Schwarme auf, besetzte den Paß und kam in der Mitternachtsstunde bei der berüchtigten Kapelle an. Sie war verschlossen. Die Tür wurde eingeschlagen. Das Innere der Kapelle wurde mit Fackeln durchsucht. Man fand Gewölbe und Keller, aber alle waren öde und leer.

Jetzt wurde wahr, was der Maultiertreiber glaubte: Rinaldo nahm Quartier in der Kapelle.

Den folgenden Abend zog er ins Tal hinab, und als die Nacht einbrach, marschierte er auf das Schloß der Gräfin Martagno los. Da er alle Ausgänge wohlbesetzt hatte, wollte er sich mit Lodovico und Jordano in das Schloß selbst begeben, als ihm gemeldet wurde, man vernehme von weitem das Pferdegetrappel von einem nicht unbedeutenden Kavallerie-Corps. – Er zog seine Leute zusammen und schwenkte sich links in ein Buschholz, welches er kaum erreicht hatte, als die Reiterei auf der Heerstraße näher herbeikam. Seine Gesellen waren schußfertig, die Hunde lagen schweigend auf der Lauer. Fernher blinkten ihnen brennende Fackeln entgegen.

»Sonderbar!« murmelte Lodovico, – »ein Kavallerie-Detaschement reitet doch sonst nicht mit Fackeln einher.«
Der Zug kam näher. Es waren zwölf Reiter, die einen mit Maultieren bespannten Wagen umgaben. Einige trugen Fackeln, und alle waren schwarz, genauso vermummt wie jener Schwarze, Lodovicos Schrecken und Rinaldos Gegner.
Jetzt waren sie dem Buschholze nah, welches Rinaldo verließ und dem Zuge mit gespanntem Rohre in den Weg trat. Hinter ihm standen Lodovico, Luzo, Jordano und noch zwei andere ihrer Gesellen schußfertig. Der Überrest des Corps nahm den Zug im halben Zirkel, rechts in die Flanke.
»Haltet an!« – donnerte ihnen Rinaldo entgegen. – »Hier steht ein Mann, der euch näher kennenlernen will.«
»Wer ist der Mann?« – fragte der Anführer. – »Wer ist er, der uns Befehle geben kann? Uns Gefürchteten? Uns schreckbar Gewaltigen?«
»Nennt euch, wie ihr wollt«, – sagte Rinaldo. – »Ich habe euch einen Namen entgegenzusetzen, der Staaten erschüttert, und die Mündungen meiner Kugelbüchsen liegen euch Gewaltigen und Gefürchteten entgegen. Ich bin Rinaldini.«
»Dieser«, – antwortete jener, – »ist der Mann nicht, der uns schrecken kann, ist nicht der Gewaltige, der mit Erfolg uns drohen darf, denn er selbst ist in unserer Gewalt.«
»Das lügst du!« – schrie Rinaldo erbittert. – »Rinaldini ist in keines Menschen Gewalt.«
»Törichter Brausekopf!« – sagte jener, – »Dein Drohen und Pochen könnte dir bald gelegt werden, wenn man nicht Mitleid mit dir hätte! aber zu seiner Zeit sollst du schon dafür büßen. Hart fallen die Geißelstreiche der Gewaltigen auf. Frage nur deshalb Lodovico.«
»Ich hoffe«, – schrie Lodovico, – »Hieb mit Hieb vergelten zu können.«
Der schwarze Anführer fuhr weiter fort: »Jetzt, Rinaldini! frage ich dich: warum trittst du uns in den Weg? Was willst du?«
»Genugtuung will ich haben«, – antwortete Rinaldo, – »für

unbefugte Mißhandlungen, die ihr an Lodovico und an mir selbst verübt habt. Ich erkenne eure vorgebliche Macht nicht an. Auch will ich wissen, welche Heimlichkeit ihr in dem Wagen mit euch umherführt.«

»Auf alles das«, – antwortete der Schwarze, – »habe ich dir kein Wort zu antworten. Wir geben keinem Menschen von unsern Handlungen Rechenschaft. Gib dein Vorhaben auf und stelle dich zur Buße ein, sonst wird ein schweres Gericht über dich ergehen.«

Ohne eine Silbe hierauf zu antworten, gab Rinaldo das Signal, und seine Gesellen rückten dem Zuge näher.

»Noch ein Wort von mir«, – sagte er, – »und ihr liegt zu Boden gestreckt. Öffnet freiwillig die Geheimnisse eures Wagens und ergebt euch, oder euer Blut bezahlt eure Hartnäckigkeit.«

»Du kannst tun, was dir beliebt. Aber aufmerksam auf deine eigene Gefahr will ich dich doch machen. Du bist umzingelt. Auf allen Anhöhen blinken Gewehre zu deinem Verderben. Ergib dich uns auf Gnade, sonst ist dein Leben verloren.«

»Hauptmann!« – lispelte Jordano ihm zu, – »die Anhöhen sind wirklich mit Menschen besetzt.«

Lodovico sagte ihm in ihrer Räubersprache:

»Der Schein von Gewehren blinkt durch die Nacht.«

»Die Würfel liegen!« – antwortete Rinaldo. – »Gewinne, wer da will. Der Wurf ist gefallen. Man bemächtigt sich unserer nicht so leicht, und gewiß nicht ohne Blut. Angesetzt, sobald ich das Zeichen gebe. Wir schlagen uns durch.«

Hierauf wendete er sich zu seinem Gegner und fragte: »Zum letztenmal: wollt ihr euch gutwillig ergeben?«

»Zum letztenmal, nein!« – war die Antwort.

Rinaldo löste seine Pistole gegen den schwarzen Anführer, zwanzig Schüsse seiner Leute fielen auf einmal, drei der Schwarzen stürzten von den Pferden. Die andern zogen ihre Pistolen, schossen ein paar von Rinaldos Gesellen nieder, drückten ihren Pferden die Sporen in die Seiten und sprengten feldein, rechts davon.

Rinaldo näherte sich dem Wagen, riß den Schlag auf, glaubte Dianoren in seine Arme stürzen zu sehen und fand statt Menschen in dem Wagen – einen Sarg.
Jordano, Lodovico und Luzo bemächtigten sich der Pferde der Gefallenen. Jetzt hörten alle von ferne Trompetenstöße, und bald darauf ertönte die Sturmglocke im nächsten Dorfe.
»Hurtig!« – schrie Rinaldo, – »hurtig mit dem Wagen nach dem Gebirge rechts zu!«
Er warf sich auf ein Pferd, das ihm Lodovico zuführte, und jagte dem Bergpasse zu. Ihm folgten Jordano und Luzo.
Lodovico und noch einige seiner Gesellen sprangen auf und in den Wagen. Die andern schlossen sich dicht an, und der ganze Zug rückte, so schnell wie möglich, dem Hauptmann nach.

Kaum hatte Rinaldo den engen Paß des Gebirges erreicht, als er und seine Gesellen von den Pferden stiegen und Posto faßten, entschlossen, den Eingang zu ihrer Retirade auf das äußerste zu verteidigen. Aber es erschienen keine Gegner. Sie wurden nicht angegriffen.
Bald darauf kam der Wagen an, und, nach und nach, laufend die andern Gesellen. Sie zogen sich tiefer in die Gebirge und erreichten ein kleines Tal, als eben der Morgen anbrach. Hier wurde haltgemacht. Maultiere und Pferde wurden der Weide des Tals überlassen und Rinaldo musterte seine Leute. Außer den beiden, bei der Gegenwehr der Schwarzen gefallenen, fehlte kein Mann.
Hierauf ließ Rinaldo den Sarg aus dem Wagen heben. Er war außerordentlich schwer und fest vernagelt. Man zerschlug den Deckel und fand wohleingepackt eine Menge goldene und silberne Gefäße aller Art. Sie packten aus: Leuchter, Schüsseln, Teller, Kannen, Becher und Schmuck; auch lagen in zwei Kästchen einige Ringe, Uhren und sechs Rollen, jede mit 1000 Dukaten gefüllt.
»Ah! siehe da!« – sagte Rinaldo, – »Nun kennen wir doch wohl die schwarzen Herren? Sie treiben unter einem gar sonderbaren Scheine *unser Handwerk* selbst. Daher ihre Erbitterung. Brotneid

ist es, der sie gegen uns aufbringt? – Gut, daß sie gesammelt haben! Wir wollen uns, wie frohe Erben, in den Nachlaß alter Wucherer teilen. Seht, sie haben zusammengescharrt, um uns frohe Tage zu machen!«

Hierauf schritt er ohne Aufenthalt zur Teilung. Er selbst behielt nur ein Pferd und zwei Rollen mit Dukaten ausschließlich für sich.

Da es ihm sehr wahrscheinlich war, daß er aufgesucht werden würde, teilte er seine Rotte und schrieb seinen Gesellen rechts und links Wege vor, welche sie einschlagen sollten, um sich nach und nach dem Platze zu nähern, wo, wie er meinte, Luigino stand, wohin er kommen wollte.

Als nun alles angeordnet und verabredet war, setzte er sich zu Pferde. Eben das taten Lodovico und Jordano als seine Begleiter. Alle drei schlugen die Heerstraße nach Nisetto zu ein.

Sie hatten kaum das Tal im Rücken, als ihnen ein Bewaffneter begegnete, der ihnen ohne Anstand in den Weg trat und, ohne ein Wort zu sprechen, Rinaldo einen Brief überreichte. Rinaldo sah ihn mißtrauisch an und gab seinen Begleitern einen Wink, den diese verstanden, von den Pferden sprangen und den Kerl in die Mitte nahmen. Dieser blieb, ohne sich zu regen und ohne anscheinliche Furcht, auf dem Platze, wo er stand. Rinaldo öffnete den Brief und las:

»Tapferer Rinaldini!

Deine Standhaftigkeit und dein Mut flößten uns Bewunderung ein. Du hast uns überwunden und aus Feinden zu deinen Freunden gemacht. Noch mehr, wir bieten dir hiermit feierlich die Hand zu einer Vereinigung, die du nicht ausschlagen wirst, da sie dir Männer bietet, die furchtbar genug sind, sich allenthalben Ehrfurcht zu verschaffen. Des Joches einer tyrannischen Regierung müde, sind wir entschlossen, selbst zu herrschen.*)

*) Lionardo Monte Bello. 1. T. S. 220.

Dies wird dir genug sein. Du, der du verdientest, an der Spitze eines Kriegsheeres zu stehen, wirst den Platz einnehmen, der dir bestimmt ist. Wir fragen dich: Wo willst du dich finden lassen, damit wir dir mündlich mehr sagen können? Dem Überbringer dieses Briefes kannst du ohne Bedenken deine Antwort anvertrauen. Wir erwarten sie so, wie wir sie wünschen.

Deine Freunde, die schwarzen
Richter im Verborgenen.«

Rinaldo riß ein Blatt Papier aus seiner Schreibtafel, nahm Bleistift und schrieb:
»Rinaldini mag euch nicht besser kennenlernen, als er euch schon kennt. Er ist kein Rebell gegen den König und verachtet eure Anerbietungen. Er weiß euch zu verfolgen und mag sich nie von euch Freund nennen lassen.«
Er faltete das Billet und übergab es stillschweigend dem Boten, der es ebenso annahm und, ohne ein Wort zu sprechen, davonging.
Als er fort war, teilte Rinaldo seinen Begleitern den Inhalt des Briefes mit, die sich höchlich darob verwunderten.
Sie waren noch über diese Sache im Gespräch begriffen, als sie eine Kutsche kommen sahen, in der, als sie näherkam, Rinaldo zu seinem großen Erstaunen Olimpien gewahr wurde, die an der Seite eines Unbekannten saß, der, wie sein starkes und wohlgekleidetes Gefolge vermuten ließ, ein Mann von Ansehen und Stande war. – Sie entfärbte sich, als sie Rinaldo erblickte, sichtbar, gab aber kein Zeichen einer Bekanntschaft von sich und nickte, als sie gegrüßt wurde, sehr vornehm, ganz ohne Bezug, mit dem Kopfe. – Rinaldo hielt einen Diener an, der einige Schritte hinter dem Wagen herritt, und fragte: »Wer ist der Herr in dem Wagen?«
»Der Statthalter von Nisetto«, war die Antwort.
Lodovico sah Rinaldo an und sagte ganz lakonisch:
»Nicht wahr! wir wollen diese Dame nicht kennen?«
»Natürlich!« – lachte Rinaldo heraus, – »sonst hätten wir uns ja anders benommen.«

»Jetzt wird sie der Herr Statthalter kennenlernen sollen« – fuhr Lodovico fort. – »Das muß ich sagen, die Signora kommt doch unter macherlei Hände. Wenn sie nur nicht auch etwa einmal die Schwarzen in die Klauen bekommen und ihr, weil sie uns kennt, eine Buße auflegen, wie die war, die mir aufgelegt wurde. Mir haben sie den Kalender auf den Leib geprägt, das kann ich wohl sagen.«

Jordano bemerkte, es erhebe sich vor ihnen eine Staubwolke, die von Reiterei herzukommen scheine. So war es auch. Die Staubwolke kam näher, und die Reiter kamen zum Vorschein. – Rinaldo ermahnte seine Begleiter, ihre Waffen in Bereitschaft zu halten, und ritt gerade auf die Reiter zu.

Ein Dragoner-Kommando kam ihnen entgegen. Der Offizier dankte sehr höflich, als er gegrüßt wurde, und fragte ebenso:

»Darf ich Euern Namen wissen?«

Ohne Anstand zu nehmen, antwortete Rinaldo:

»Ich bin ein Reisender. Baron Tegnano ist mein Name. Diese sind meine Diener.«

»Ihr habt doch Pässe?« – fragte der Offizier weiter.

»O ja!« – antwortete Rinaldo ganz unbefangen. – »Auch habe ich Empfehlungsbriefe von dem Statthalter zu Nisetto, dessen Anverwandter zu sein ich die Ehre habe, bei mir.«

»Das ist recht gut!« – fuhr der Offizier fort, – »denn Ihr werdet allenthalben angehalten werden, wo Ihr Militär antrefft, was sehr häufig der Fall sein wird.«

RINALDO Wie kommt denn das? Besorgt man etwas von den Barbaresken?

OFFIZIER Dazu ist man hier zu weit von der Küste entfernt. – Aber es streift viel loses Gesindel umher, und Rinaldini mit seiner Bande haust mitten unter uns.

RINALDO Das habe ich auch gehört, habe es aber kaum glauben können.

OFFIZIER Es ist Wahrheit. – Auch existiert noch eine andere Gaunertruppe, von der man nicht einmal recht weiß, ob sie mit zu Rinaldinis Bande gehört oder nicht. Ihre Mitglieder tragen schwarze Mönchskutten und haben sich sehr furchtbar gemacht. Es ist mir recht lieb, Euch und Eure Leute so gut bewaffnet zu sehen, ich würde mich sonst schwächen und Euch Bedeckung mitgeben müssen: denn selbst ein Militärkommando wagt, wenn es auf die Banditen trifft, die ganz verzweifelt fechten. – Ihr geht doch nach Molano zu?

RINALDO Gerade nach Molano.

OFFIZIER Ich wünsche Euch glückliche Reise!

Sie schieden und ritten davon.

»Das hieß wohlfeil weggekommen«, – sagte Lodovico. – »Mir war immer bange, er möchte die Pässe und Empfehlungsschreiben sehen wollen.«

RINALDO Dann hätte ich meine Brieftasche herausgezogen, hätte darin geblättert, gesucht und mich, da ich nichts finden konnte, bestürzt gestellt. »Meine Papiere sind liegengeblieben«, wär' meine Antwort gewesen. Wir wären auf mein Erbieten nach Nisetto zum Statthalter geritten, und da Olimpia bei ihm war, meinst du denn, daß diese uns würde haben stecken lassen?

LODOVICO Bravo! Darauf wär' ich, straf mich Gott! nicht so schnell gefallen wie Ihr.

Sie trabten nun stark zu, aber nicht nach Molano, wie Rinaldo dem Offizier gesagt hatte, sondern sie hielten sich links an der Gebirgskette hin, wo sie gegen Mittag ein kleines Dörfchen erreichten, bei welchem ein benachbartes Serviten-Kloster eine Herberge für Reisende hielt. Hier hielten sie an und kehrten ein.

Indes ein kleines Mittagsmahl zubereitet wurde, packte Rinaldo das Anforderungsschreiben, welches er von der schwarzen Rotte erhalten hatte, an den Statthalter zu Nisetto ein, überschickte es ihm durch einen Boten und legte folgendes Schreiben dazu:

»Mein Herr Statthalter!

Beikommendes Schreiben einer Schwarzen Brüderschaft schickt Euch zur Einsicht der Mann zu, der eingeladen wurde, einem

Bunde beizutreten, der gegen den Herrn dieser Insel gerichtet ist. Er fühlt keinen Beruf dazu, mit diesen Menschen gemeinschaftliche Sache zu machen, und macht Euch aufmerksam auf eine Pest, die im Finstern schleicht. Ihr werdet Eure Maßregeln zu nehmen wissen. Der gebannte, geächtete und verachtete Räuberhauptmann ist kein Rebell; auch hat er seinem Handwerk jetzt gänzlich entsagt und wird bald nicht mehr auf dieser Insel sein. Er wünscht Euch wohl und glücklich zu leben und unterzeichnet hier seinen Namen:

Rinaldo Rinaldini.«

Nach der Besorgung dieses Geschäftes überließ er sich dem Anschauen der romantischen Gegend, in welcher er sich befand. – Das Wirtshaus lag am Fuße einer hohen Felsenmasse der Bergkette, auf deren einer Spitze ein niedliches Schloß stand, umgeben mit hohen Mauern, geschmückt mit mehreren Türmen. Rinaldo erinnerte sich des Bergschlosses der Gräfin Martagno, und die Rückerinnerung rief in seine Seele Bilder verflossener Tage zurück.

Er wandelte am Fuße der Felsen, in stille Betrachtungen verloren, auf und ab, und näherte sich gedankenvoll einem Gebüsch, aus welchem plötzlich einige handfeste Männer hervorsprangen, ihn anpackten, niederwarfen, banden und ins Gebüsch schleppten. Hier gaben sie ein Zeichen. Eine mit Rasen überlegte Falltür ging auf, und Rinaldo wurde einige Stufen hinab durch einen finstern Gang getragen. Eine Treppe und zweite Falltür brachte ihn zurück über die Erde, und er befand sich, als er wieder Tageslicht sah, in einem ziemlich geräumlichen Schloßhofe. Hier band man ihn los.

Auf seine Frage: wo er sei, erhielt er zur Antwort: er werde es mit der Zeit erfahren.

Auf der Treppe kam ihm eine Gattung von Castellan entgegen, der ihm drei Schlüssel überreichte und dabei sagte:

»Dies sind die drei Schlüssel zu den drei Zimmern, welche Euch in diesem Schlosse zur Wohnung bestimmt sind.«

RINALDO Also doch Zimmer und keine Kerker?

CASTELLAN Bewahre Gott uns alle vor den Kerkern dieses Schlosses! sie sind fürchterlich. – Aber wie sollten auch ein Kerker und der Herr Baron zusammenkommen?

RINALDO Du weißt also, wer ich bin?

CASTELLAN Von Euch weiß ich weiter nichts, als daß man mir befohlen hat, Euch hier zu bedienen, und daß Ihr ein Herr Baron seid, dessen Namen ich nicht weiß.

RINALDO Auf wessen Veranstaltung bin ich hier?

CASTELLAN Meine Instruktion lautet: Du räumst dem Herrn Baron die bezeichneten drei Zimmer ein, bedienst ihn und leistest ihm Gesellschaft, wenn er es haben will; wo nicht, so bleibst du für dich. Deine Frau wäscht und kocht für den Herrn Baron, und übrigens erwartest du weitere Befehle.

RINALDO Und den Namen des Besitzers dieses Schlosses erfahre ich nicht?

CASTELLAN Von mir nicht.

RINALDO Ich bin also doch wohl eine Art von Staatsgefangener?

CASTELLAN Das kann sein. Ich weiß es nicht, warum und weswegen Ihr hierher gebracht worden seid.

Rinaldo schwieg und ließ sich seine Zimmer anweisen, die sehr artig möbliert waren. Er fand Schreibzeug, Papier, Bücher, ja sogar eine Guitarre. Ein Beweis, daß die, die ihn hierher hatten bringen lassen, ihn und seine Bedürfnisse kannten.

Die Aussicht aus seinen Zimmern ins Freie war romantisch schön. Er trat an ein Fenster, sie zu genießen, und ein Fernrohr gewährte ihm dieses Entzücken doppelt.

Er sah hinab, sah das Wirtshaus, wo er noch kurz zuvor eingekehrt war, und erblickte seine Gefährten, Jordano und Lodovico, die sehr verlegen allenthalben umherblickten und sich vermutlich das Verschwinden ihres Herrn nicht erklären konnten. Er rief und winkte. Seine Stimme verhallte in den Felsen, sein Winken wurde nicht bemerkt. Er beschrieb ein Papier und vertraute es der Luft an. Es irrte kreisend umher und blieb nahe vor dem Schlosse in einem Dornstrauche hängen.

Noch sann er nach, wie er sich seinen Gesellen bemerkbar machen wollte, als er einige Reiter auf das Wirtshaus zusprengen sah. – Lodovico und Jordano wurden von den Reitern umzingelt, es fielen Schüsse, Säbel blitzten, und bald waren die Reiter und Rinaldos Gefährten verschwunden. Links wölkte sich der Staub in die Luft. Die Gegend wurde menschenleer und öde.
Die scheidende Sonne traf Rinaldo noch nachdenkend am Fenster an, und dort sahen ihn der Mond und die nächtlichen Sterne.

Drei Tage waren vergangen, als den vierten Tag, abends, da Rinaldo eben in tiefen Gedanken auf seinem Ruhebette saß, die Tür seines Zimmers aufging und eine verschleierte weibliche Gestalt ganz unvermutet erschien. Sie blieb bei der Tür stehen.
Rinaldo, der sie einige Augenblicke schweigend betrachtet hatte, fragte:
»Wer ist da?«
Die Verschleierte kam näher, trat dicht an Rinaldos Lager und streckte schweigend ihre Hand aus.
ER Bekannt oder unbekannt?
SIE Rate, wer ich bin?
ER Du bist Olimpia. – Wie kommst du hierher zu mir?
SIE Auf eben dem Wege, auf welchem du hierher kamst.
ER Du kennst also die Schlupfwinkel dieses Schlosses?
SIE Noch nicht. Ich bin jetzt zum erstenmal hier.
ER Hast du von dem Statthalter abkommen können?
SIE Wie du siehst.
ER Er wird doch nicht argwöhnisch sein?
SIE Eine gute Haut!
ER Desto besser für dich.
SIE Und für dich. Er ist der Unsrigen einer.
ER Das heißt doch: er ist auch eine Maschine des Alten zu Fronteja?
Olimpia rückte einen Stuhl herbei und setzte sich.
Lächelnd fragte Rinaldo: »Warum bin ich hier?«

SIE Zu deiner Sicherheit.

ER Wer ließ mich überfallen und hierher bringen?

SIE Dein Freund. Der Alte.

ER Wem gehört dieses Schloß?

SIE Einem unsrer Freunde. – Wärst du nicht hier, du säßest jetzt im Kerker. Die Schwarzen sind mächtiger als du glaubst.

ER Wie? Und die Schwarzen gehörten nicht auch zu den Eurigen?

SIE Ich weiß nichts davon. – Wie könnten sie auch dann deine Feinde sein?

ER Wer sind sie, diese imponierenden Strauchdiebe?

SIE Das, was du gesagt hast. Aber sie sind durch geheime Verbindungen mächtig.

ER Sind sie mächtiger als der Alte und seine Ergebenen?

SIE Das wohl nicht, aber sie sind dennoch sehr mächtig. Indessen, dein Brief an den Statthalter hat ihnen einen starken Schlag versetzt. Der Brief ist jetzt in den Händen der Regierung, die ohnehin schon auf diese Menschen aufmerksam gemacht worden ist, und nur noch etwas, und ihr Untergang ist da. – Doch, das wirst du hören. Jetzt meine Botschaft, die ich an dich habe. – Man fragt dich, ob du entschlossen bist, nach Korsika zu gehen? Wir wollen deinen Entschluß von deinem freien Willen haben. – Du bist frei. Der Alte überläßt dich deinem freien Willen. Auch wenn du nicht nach Korsika gehen willst, kannst du dieses Schloß verlassen; sobald du willst, kannst du gehen, wohin es dir beliebt.

ER Ich nehme euch beim Worte.

SIE Du willst also nicht nach Korsika gehen?

ER Sobald ich den Alten von Fronteja gesprochen habe, werde ich mich bestimmter erklären.

SIE Gegen mich nicht? – Gute Nacht!

Sie stand auf, ging nach der Tür, blieb stehen und schien etwas zu erwarten. Rinaldo wünschte ihr, wohl zu ruhen. – Sie ging zurück, ergriff seine Hand. Schweigend zog sie Rinaldo zurück. Sie blieb stehen.

SIE Ich habe dir noch etwas zu sagen.

ER Ist es etwas Unangenehmes?

SIE Noch mehr als das.

ER Nun! was es auch sei, darf und muß ich es wissen, so sage es.

SIE Deine geliebte Rosalie ist krank.

Er seufzte und schwieg. – Olimpia erwartete vergebens eine Antwort und ging endlich wieder nach der Tür zu. Hier blieb sie stehen.

SIE Hast du nichts an Rosalien zu bestellen?

ER Tausend Grüße und meine innigsten Wünsche für ihre Besserung.

SIE Aber, wenn sie – Rinaldo! Rosalie ist sehr krank.

ER O Gott! Aber – Es ist kein beneidenswertes Los, die Geliebte eines verrufenen Räuberhauptmanns zu sein! Welche Erdenglückseligkeit könnte das arme Geschöpf auch mit gegründeter Hoffnung erwarten? Die ihren Liebhaber auf dem Rade und sich, schon deswegen, weil sie von ihm geliebt wurde, am Pranger und zeitlebens im Zuchthaus versorgt zu sehen.

SIE Rinaldo, du vergißt die Lorbeeren, die dir in Korsikas Tälern grünen.

ER Auch diese sogar sind kein Brautkranz für ein Mädchen. Für mich aber grünen sie nicht. – Ein so edles Gewächs, geschaffen für imperatorische Siegerstirnen, kühlt die Schläfe eines Räubers nicht. Auf meinem Haupte würde der Kranz welken, und ich könnte ihn nun zur Satire für alle Helden der Nachwelt machen.

SIE Unglücklicher Mann!

ER Jetzt nennst du mich bei meinem rechten Namen.

SIE Was wird und was könnte aus dir werden?

ER Was ich schon bin. Ein Unglücklicher!

SIE Dein Unmut ist groß! Wie willst du enden?

ER Wie es mir gebührt.

SIE Wehe dir, daß du so sprechen kannst! – Ermanne dich und bleib', was du immer warst, ein großer Mann.

ER Beschimpfe die großen Männer nicht mit meiner Parallele. – Ich weiß nur allzugut, was ich bin.

Olimpia schwieg und zog den Schleier über ihr Gesicht. Rinaldo schlug sich vor die Stirn und seufzte tief auf.

SIE Rinaldo! Rinaldo!

ER Rosalie ist sehr krank?

SIE Ich kann dich nicht täuschen. Sie ist tot.

ER Tot? – Ach! – Fahre wohl, liebe, gute Seele! Wohl dir, daß du geendet hast! – Olimpia! Nicht wahr, ihr ist sehr wohl? – Auch mir muß es so wohl werden, wie es ihr ist. Nur bald! nur bald!

Er wendete sich gegen die Wand und weinte. Olimpia verließ das Zimmer.

Aus einem schweren Traume entriß ihn ein Geräusch. Er erwachte und sah das eine seiner Zimmer erleuchtet. Er rieb sich die Augen und sah: An einem mit sieben brennenden Wachskerzen besetzten Tische saßen hinter Bechern und Flaschen Cinthio, Nero, Lodovico, Jordano, Luigino, Olimpia und Eugenia, jedes hinter einer Kerze. Schweigend, und wie in eine optische Maschine, blickte Rinaldo in die Gesellschaft, die, seines erwachten Daseins unbekümmert, sich ihrer Unterhaltung fortgesetzt überließ. Er schwieg und hörte.

LODOVICO Sie hatten uns schon Handschellen angelegt und führten fatale Reden, z. B. von der Folter, vom Köpfen, Hängen und dergleichen Ausdrücke, die einem braven Kerl gar nicht behagen können. Das machte uns wirklich ein wenig bange, und wir sahen schon unserm gewissen Lebensende, auf der Folterbank zerdehnt und zerzerrt, entgegen, als unvermutet Hilfe und Rettung kam.

JORDANO Das hieß in der Tat Hilfe in der Not! Wir werden sie unserm ehrlichen Alten zu Fronteja nie vergessen. – Laßt uns anstoßen und seine Gesundheit trinken. Er soll leben!

ALLE Er soll leben!

LODOVICO Unsern braven Rinaldini hat er auch schon verschiedenemal den ungewaschenen Händen der mißlaunischen Justiz entzogen. Der wär' vielleicht schon längst eine Speise der Raben geworden, hätte der gute Alte sich nicht immer so freundschaftlich ins Spiel gemischt.

OLIMPIA Das ist gewiß wahr! Rinaldini hat ihm sein Leben auf vielfache Art zu verdanken.

CINTHIO Das wird er auch tun. Mein Freund Rinaldo ist dankbar. – Mir ist es ein sehr großes Vergnügen, den guten Alten und seine wackern Freunde kennengelernt zu haben. Da säß ich, wenn es recht köstlich gewesen wär', als Förster in einem Dorfneste und müßte Dachse und wilde Katzen verfolgen, um nicht zu verhungern. Nun aber soll's den übermütigen Korsen Feinden gelten.

LUIGINO Es soll ihnen gelten! – Es leben die wackern Korsen, die unsrer Ankunft, die ihrer Retter harren!

ALLE Es leben die wackern Korsen!

LODOVICO Wie stark sind wir nun aber eigentlich?

LUIGINO Es schiffen sich über vierhundert Mann ein und finden in Korsika über dreitausend Freunde, ohne die, die sich zu uns schlagen werden, sobald wir den ersten Streich ausgeführt und uns eines haltbaren Platzes bemächtigt haben werden. Das Fort Ajalo wird zuerst genommen. –

LODOVICO Wetter! es wird einen schönen Lärm geben, wenn es heißt: Das unüberwindliche Corps des großen Rinaldini ist da! Die Kerls sind wahre Teufel gegen ihre Feinde und die großmütigsten Menschen von der Welt gegen ihre Freunde. Sie vergießen ihr Blut für die Freiheit der unterdrückten und mißhandelten braven Korsen. Freunde! das bringt uns Ehre und Ruhm. Schon sehe ich unsere Namen an dem Obelisk glänzen, der uns und unsern Siegen errichtet werden wird, und die Mitwelt und Nachwelt wird sagen: Seht, das taten Menschen, die man Räuber, Männer, die man Banditen nannte. Da stehen ihre Namen mit goldenen Buchstaben, und obenan glänzt der Name Rinaldini. Das gibt hohe Ehre!

NERO Geht denn unser Alter auch mit uns?

LUIGINO Das versteht sich. Auch er ist ein Korse, der das Wohl seines Vaterlandes im Herzen trägt.

OLIMPIA Wir gehen alle mit. – Viele unserer Schwestern werden fechten an der Seite der tapfern Streiter, mit Mannskraft und von

Vaterlandsliebe beseelt. Andere winden Kränze für die Sieger, und ihre Küsse belohnen die Tapfern.

Jetzt trat ein schöner Mann von edler Bildung und schlankem Wuchse in das Zimmer. Luigino nannte ihn Astolfo und Olimpia gab ihm den Namen Bruder. Er setzte sich zu ihr. – Man zündete eine Wachskerze an und setzte sie vor ihn auf den Tisch. Sein Becher wurde gefüllt. Es wurde gesprochen.

CINTHIO Nun? Wie steht es? Ist das Schloß bald voll?

ASTOLFO O! daß es doch bis unter das Dach vollsteckte! Es wär' ein gesegneter Aufenthalt wackerer Männer! – Unserer neunzig sind nun hier.

LODOVICO Daß wir alle doch schon in Korsika wären! Dem Klingenschmied oder Büchsenmacher, dessen Klinge oder Rohr den ersten Feind in den Sand streckt, will ich zehn Messen lesen lassen, und seiner ganzen Familie soll, wenn er fällt eine ex profundis bei weißen Wachskerzen gesungen werden, auf meine Kosten.

ASTOLFO Spätestens bis morgen früh muß Amalato mit dreißig Mann hier auch eintreffen. Malatesto schwenkt sich noch mit seinen Leuten im Tolonischen Gebirge herum. Er macht nun einmal so gern Jagd auf die Schwarzen.

LODOVICO Das vergelte ihm Gott! Wenn er doch die ganze verfluchte Rotte mit Stumpf und Stiel ausrotten könnte!

OLIMPIA Die Schwarzen nimmst du wohl oft in dein Gebet?

LODOVICO O ja, so wie der Nachtwächter den Teufel. Die verdammten Popanze! Sie haben mir die Erinnerung an ihre Existenz so fest eingegraben, daß ich bei jedem Stoß einer Windfahne die Rückerinnerung an ihre Bekanntschaft in allen Gliedern und Nerven fühle.

JORDANO Jeder Neumond muß sie dir unvergeßlich machen.

LODOVICO Jeder veränderte Windstoß, sage ich! Sie haben mir ein Calendarium perpetuum dergestalt aufs Leder geprägt, daß ich die Buchstaben und Charaktere in jeder Ader fühle, wenn die Hähne musizieren. Aber dem ersten dieser Kalendermacher, den ich unter die Fäuste bekomme, will ich auch ein solches Honorarium reichen, daß er es als Zehrpfennig bis ins Fegefeuer mitnehmen soll.

Noch hörte Rinaldo dem Gespräch, bei welchem die Becher fleißig geleert wurden, schweigend zu, als die Tür aufging und der Alte von Fronteja ins Zimmer trat. Alle erhoben sich von ihren Sitzen und grüßten ihn ehrerbietig. Er winkte ihnen freundlich zu, sie setzten sich. Er nahm in dem Zirkel Platz. Zwei brennende Wachskerzen wurden vor ihn gesetzt, und sein Becher wurde gefüllt. Er sprach.

DER ALTE So rein wie das Wachs und die Flamme dieser Kerzen ist die Absicht aller derer, die hier versammelt sind, entschlossen, den Boden eines Landes zu betreten, welches, mit dem Blute seiner Tyrannen gedüngt, uns eine reiche Ernte des Ruhms schenken möge! Wir säen und ernten für die Unterdrückten. Wir sind die wahren Ackerleute des Ruhms und der Gerechtigkeit. Wir kommen, die Ketten einer unterdrückten, tapfern Nation zu zerbrechen.

LUIGINO Ja, wir kommen!

DER ALTE Der Tag der Rache, der Tag der Rettung bricht an. Eine neue Sonne geht über Korsika auf. – Geist des edlen, unglücklichen Theodors*), erscheine den Freunden des Landes, das du liebtest und retten wolltest!

Er sprach's, fuhr langsam im Kreuzschlag mit der Hand über den Becher, und schnell entbrauste der Wein in demselben, wie gährender Most. Die Blasen stiegen hoch auf, entschwebten dem Rande des Bechers, türmten sich pyramidisch, wurden zum schäumenden Dunstkreis, zerplatzten in der Luft und bildeten eine aufsteigende Nebelgestalt in verwischter Menschenform. Die Lichter verlöschten, die Gestalt schwebte, wie ein geformter Nebel, hell und durchsichtig über die Tafel in die Höhe und verschwand. Die Lichter entzündeten sich wieder. Die Gesellschaft saß sprachlos in feierlicher Stille da, und der Alte leerte seinen Becher auf König Theodors Wohl.

*) Der bekannte König der Korsen, Baron Neuhof, ein Deutscher. – Seine Geschichte hat der Verfasser dieses Buchs der deutschen Lesewelt mitgeteilt, unter dem Titel: Theodor, König der Korsen. Rudolstadt 1801, 3 Teile, m. K.

Noch saßen alle in erwartungsvoller Stille sprachlos, als der Alte sich gegen Rinaldo wendete und fragte:
»Hast du keine Rede für deine Freunde?«

RINALDO Wohl bekomme euch alles!

DER ALTE Ist das der ganze Anteil, den du an unserm Vorhaben nimmst?

RINALDO Ich kann nicht mehr tun, als euer Wohl zu wünschen.

DER ALTE Hat dich der große, ruhmvolle Gedanke, der edle Wunsch, ein Retter der Korsen zu sein, verlassen?

RINALDO Ihre Sache liegt in guten Händen.

DER ALTE Entsagst du dem Ruhme, diese gerechte Sache zu verteidigen?

RINALDO Ich entsage jedem Gedanken nach einem Ruhme, der mir nicht gebührt. Für einen Räuberhauptmann wachsen keine Palmen des Ruhms, grünen keine Lorbeern der Unsterblichkeit.

DER ALTE Kleinmütiger! du bist nicht mehr der kühne, unerschrockene Rinaldini. Dein Geist ist von dir gewichen. Du bist kaum noch der Schatten deiner vorigen Wirklichkeit. – O Freund! was würde, hörte er dich jetzt reden, dein ehemaliger Lehrer, der wackere Onorio, sagen? Er, der so oft mit dir in den Zeiten der Helden der Vorzeit umherschwärmte; was würde er sprechen? – Wie jammert uns dieser dein Zustand? Was können wir für dich tun?

RINALDO Seid ihr wirklich meine Freunde, so vergeßt, daß man mich Rinaldini nannte. Verbindet mit diesem Namen keine Erwartung an kühne Taten und laßt mich, unbekannt und ungenannt, in Ruhe sterben.

CINTHIO Rinaldo! Freund! –

RINALDO Ich beklage dich, den man seiner ruhigen Einsamkeit entrissen hat! Du warst zu glücklich für einen Räuber, darum konnte es nicht so bleiben.

DER ALTE Ich beklage dich!

RINALDO Verschafft mir, ihr Allesvermögenden, sichere Abfahrt aus dieser Insel auf irgendein kleines, unbedeutendes Eiland, wo Platz für mich und Gras für meine Ziegen ist. Dort will ich in stiller Ruhe, unter Hirten und Fischern, mein Leben endigen, ungekannt und ungenannt.

DER ALTE Wie wird das möglich sein können? Du bist zu allbekannt.

RINALDO Doch nicht in jedem Weltteile. – Ich schenke euch meine vergrabenen Schätze, ich nenne euch die Plätze, wo sie liegen, sie werden euch bei eurem Vorhaben nicht unwillkommen sein. Mich führe unbemerkt ein Schiff über die rollenden Fluten an den Küsten des Landes vorbei, dessen Fesseln ihr zerbrechen werdet.

DER ALTE Freund, du bist krank. Wir können dich nicht eher aus den Augen lassen, bis du genesen bist.

Rinaldo seufzte und verhüllte sein Gesicht. Die Gesellschaft blieb schweigend und stumm.

Der Alte gab Astolfo einen Wink. Dieser verließ das Zimmer. – Die Stille wurde durch keinen Laut unterbrochen.

Auf einmal ertönten Trommeln im Schlosse und Trompeten durchschmetterten die Säle. Man sprang auf.

»Wir sind überfallen!«

ertönte es von allen Seiten ins Zimmer. – Rinaldo sprang vom Lager auf, ergriff seinen Säbel und eilte nach der Tür. Hier umfing ihn der Alte und rief entzückt aus:

»Ja! du bist noch der Unerschrockene, der Tapfere, wie sonst! Trompetentöne und Trommelwirbel haben dich dem Schlummer entrissen, und der Mann stand vor uns. Diese Töne werden dich nach Korsika begleiten. Der Donner unsres Geschützes wird unsern Feinden entgegenbrüllen: Der Rächer kommt!«

Rinaldo sah den Alten betroffen an, und der Säbel entsank seiner Hand.

»Ha!« – schrie er: – »Ihr kennt das Spiel, das ihr mit mir spielt, und ich kenne mich selbst nicht!«

Der Alte sah ihn bedeutend an und sagte:

»Wir haben nur geweckt, was entschlummert war. Jetzt wissen wir, daß du noch Rinaldini der Tapfere bist. Trompeten und Trommeln mögen schweigen. Dein Geist spricht kräftiger und lauter als dein Mund. Was du auch sagen magst, wenn Mißmut und üble Laune dich quälen, wir glauben dir nicht. Wir kennen die Töne, die dich deinen Freunden geben, wie du bist. Was die Stimme der Freundschaft nicht vermochte, das vermochten die Töne der Trompeten. Dies ist der Ruf der Ehre. Wir wissen nun, daß du der Held bist, den wir suchen und gefunden haben.«

RINALDO Ihr irrt Euch. Den Tod wollte ich suchen im Gefecht –

DER ALTE Den sucht keiner, der unter Hirten und Fischern, bei weidenden Ziegen leben will. Er sucht der Gefahr nur zu entfliehen, aber der Tapfere bietet ihr die Stirn.

RINALDO Verzweiflung ist nicht Tapferkeit. Sie macht den Mutlosesten zum Löwen.

DER ALTE Genug, Rinaldo! Wir kennen dich.

Auf einen Wink des Alten entfernten sich die Anwesenden nach und nach und ohne Geräusch. Auch der Alte verließ endlich das Zimmer und sagte:

»Wir überlassen dich der Ruhe.«

Rinaldo warf sich wieder auf sein Lager. Die Rückerinnerung der ganzen Szene seit seinem Erwachen gaukelte wie ein Traum vor seinen Sinnen vorüber.

Den folgenden Tag verließ Rinaldo das Zimmer nicht und blieb ungestört und allein. Tages darauf verlangte er Cinthio zu sprechen und erhielt die Antwort, dieser sei nicht mehr im Schlosse. Hierauf begehrte er eine Unterredung mit dem Alten von Fronteja, und auch dieser war nicht mehr hier. Bald darauf erschien Astolfo. Diesem eröffnete Rinaldo sein Verlangen, das Schloß zu verlassen.

»Das steht in deiner Willkür«, – sagte Astolfo, – »wiewohl ich es dir nicht raten möchte, du müßtest denn mit den Unsrigen ziehen wollen. Die schwarze Rotte lauert allenthalben auf dich, und ohne Begleitung bist du immer in Gefahr, dich ihrer grenzenlosen Rache ausgesetzt zu sehen. – Die Unsrigen ziehen sich nach und nach an die Küste, wo sie eingeschifft werden und nach

Korsika absegeln können. Denn viel Zeit mögen wir nun nicht mehr verlieren, um sobald wie möglich den Ort unserer Bestimmung zu erreichen.«

Rinaldo schien nachdenkend zu werden, faßte sich aber bald wieder und fragte:

»Hast du zu Fronteja ein Mädchen gesehen, das man Rosalie nannte?«

ASTOLFO Ich sah sie krank und im Tode.

RINALDO Sie starb also wirklich?

ASTOLFO So gewiß, als wir beide noch leben.

RINALDO Nicht gewaltsam?

ASTOLFO Was willst du damit sagen? Hast du Argwohn, so ist er ungegründet. Der Alte liebte sie wie seine Tochter.

RINALDO Und doch hat er ihres Todes gegen mich mit keinem Worte gedacht.

ASTOLFO Das ist so seine Art. Von Verstorbenen spricht er nicht gern.

RINALDO Rosalie war mir sehr wert! Ich liebte sie.

ASTOLFO Das hat man gesagt. – – Auch ich verlasse morgen dieses Schloß. Willst du mit mir gehen, so hast du Bedeckung. Wir ziehen uns, wie gesagt, alle nach und nach der Küste zu.

RINALDO Du bist Olimpiens wirklicher Bruder? Ein Korse?

ASTOLFO Beides bin ich.

RINALDO Ist auch Luigino schon fort von hier?

ASTOLFO Auch er.

Hier entstand eine Pause. Astolfo näherte sich langsam der Tür. Rinaldo wendete sich auf einmal rasch zu ihm und sagte:

»Ich verlasse morgen mit dir dieses Schloß.«

Astolfo freute sich dieses Entschlusses. Ganz vergnügt verließ er das Zimmer.

Den folgenden Morgen bestieg Rinaldo ein Pferd und verließ in Astolfos Begleitung das Schloß. – Sie begegneten hier und da verschiedenen ihrer Leute, die sich zerstreut und in kleinen Trupps, doch nicht allzu entfernt voneinander, über die

Gebirge hinzogen. – Die Unterhaltung auf dem Wege war sehr einsilbig.

In kurzen Tagesreisen erreichten sie Sutera, wo sie einige Tage still lagen und dann ihren Weg gerade auf Syracus zu nahmen. Sie ließen die Stadt links liegen, blieben ein paar Tage auf einer Villa, die, wie es schien, einem Bekannten der Gesellschaft gehörte, und reisten dann auf die Flächen von Marsala zu.

Hier quartierten sie sich wieder in eine Villa ein, und von hier aus machte Astolfo eine Tagesreise allein. – Als er zurückkam, sagte er:

»Auf dieser Villa kannst du sicher und ruhig leben, bis wir dich zum Einschiffen abrufen. Wird dir die Zeit lang, so gehe zuweilen in die Gebirge von Sambuca, dort ist das Hauptlager unserer Leute. – Ich reise jetzt zu dem Alten und hoffe, dich bald wiederzusehen.«

Astolfo reiste ab. In der Villa fand Rinaldo alles zu seiner Bequemlichkeit eingerichtet. Ein Gärtner und seine Tochter waren seine Hausgenossen und bedienten ihn. Etliche Diener von der Gesellschaft gingen ab und zu.

Die Tochter des Gärtners, Serena, ein gutes Naturmädchen, war seine Gesellschafterin und die Gefährtin auf seinen einsamen Spaziergängen. In ihr sah er eine zweite Rosalie und gewöhnte sich nach und nach so sehr an ihre Gesellschaft, daß er sich nicht mehr von ihr trennen konnte. Sie unterhielt ihn mit kleinen Erzählungen von Geistern, Nixen und Rittern und sang ihre und seine Romanzen, die er für sie dichtete, ihm vor.

In diesem einfachen Unterhaltungskreise verfloß ihm ein Tag nach dem andern so unbemerkt, daß er schon drei Wochen auf der Villa war, als er kaum glaubte, dahin gekommen zu sein.

Einst saß er mit Serenen in einer Gartenlaube und machte gegen sie die Bemerkung, daß er glaube, seit ein paar Tagen sie nicht so heiter wie gewöhnlich zu sehen.

SIE Das kann sein! Ich bin wirklich auch nicht mehr so heiter wie sonst. Daran ist mein Vater schuld. – Der sagte mir neulich,

Ihr könntet nun nicht lange mehr hierbleiben, Ihr würdet fortreisen und nicht wieder zu uns kommen.

ER Und das könnte dich mißmutig machen?

SIE Warum sollte es nicht? Ich habe mich nun an Euch gewöhnt. Man sollte sich in der Welt gar nicht kennenlernen, wenn man sich wieder trennen muß. Nach meinem Sinn müßte alles hübsch beisammenbleiben, was sich einmal kennt und sich gut ist.

ER Du bist mir also gut?

SIE Ich dächte, das hättet Ihr längst schon gemerkt.

ER Aber ob ich dir gut bin?

SIE Ich glaube es, weil Ihr mich immer um Euch haben mögt. Wenn man einem Menschen nicht gut ist, wird einem das zur Last. Aber bei Euch ist das nicht der Fall, denn wenn ich nur einmal ein paar Stunden nicht bei Euch bin, gleich ruft Ihr: Serena, wo bist du denn? – Und ich höre Euch mich gern rufen. Ich habe es schon einigemal darauf angelegt, von Euch gerufen zu werden. Das habt Ihr nicht bemerkt, aber es ist wahrhaftig wahr!

ER Was kann es dir aber helfen, wenn ich dir auch wirklich gut bin?

SIE Ei! das hilft mir gar viel. Es macht mich fröhlich und froh, munter und leicht.

ER Da ich aber nicht hierbleiben kann –

SIE Das ist freilich schlimm! – Wo geht Ihr denn hin?

ER Fort aus dieser Insel in ein anderes Land.

SIE Ist's dort auch so schön wie hier? – Ist dort auch eine Serena, die Euch gut ist?

ER Vielleicht finde ich eine.

SIE Wenn Ihr sie erst suchen müßt, warum bleibt Ihr nicht lieber hier, wo Ihr sie schon gefunden habt?

ER Ich habe Verhältnisse, Geschäfte –

SIE Das ist mir gar nicht lieb! – Wenn Ihr fortgeht, werde ich sehr traurig sein.

ER Du wirst auch wieder heiter werden. Das gibt sich alles.

SIE Nein! das gibt sich nicht. Es ist besser, es bleibt so, wie es ist.

J. Penzel. del. a fec. 802.

ER Es läßt sich nicht tun.

SIE Das ist sehr ärgerlich! – Ihr kommt also auch nicht wieder?

ER Schwerlich!

SIE Wenn's auch ein Jahr währt, ich will's überstehen. Kommt nur wieder!

ER Gutes Mädchen! du weißt nicht –

SIE Ich weiß freilich nicht viel, aber ich kann vielleicht noch manches lernen; besonders, wenn Ihr mein Lehrer sein wollt. Ach! was lernte ich nicht gern von Euch!

ER Lerne mich vergessen, wenn ich fort bin.

SIE Das wird schwerlich gehen. – Nein! 's geht nicht, das weiß ich schon. Ihr kennt ja das Lied von dem schönen Fischermädchen und dem verliebten Grafen. Ich habe es Euch schon oft vorgesungen, darin heißt es:

Was ich liebe zu vergessen,
Nein, ach nein, das kann ich nicht.
Alles könnt' ich wohl versprechen;
Aber nur Vergessen nicht!
Was man liebet zu vergessen,
Nein, ach nein! das kann man nicht!

ER Liebst du mich denn?

SIE Ei! jawohl!

ER Das ist nicht gut!

SIE Wie sollte es besser sein? Und wer kann es mir wehren, wenn ich Euch liebe?

ER Was kannst du von deiner Liebe hoffen?

SIE Von Euch widergeliebt zu werden. Wißt Ihr nicht, wie es in dem Liede von dem gefangenen Ritter heißt?

Hoffnung ist der Liebe Schwester
Und verläßt im Tod sie nicht,
Schlingt die schönen Banden fester,
Die die Freude um uns flicht.

Hoffnung gibt der Liebe Leben,
Mut und Kraft, wenn Leiden droh'n.
Ach! was kann sie beß'res geben?
Gab sie nicht das Beste schon?

Ein Bote suchte Rinaldo auf und gab ihm einen Brief. Er war von Cinthio. Dieser machte ihm freundschaftliche Vorwürfe, daß er noch nicht ein einzigesmal in das Lager, zu seinen Freunden, in die Gebirge gekommen sei. Er bat ihn, dies recht bald zu tun.

Rinaldo schrieb eine Antwort, in welcher er versprach, was man forderte, und ging, als er den Boten abgefertigt hatte, ans Ufer des Meeres, wo er einige Fischer in einer Bucht beschäftigt fand, eine Barke mit Lebensmitteln zu beladen. – Er nahte sich ihnen, grüßte sie, wurde widergegrüßt und spann ein Gespräch an.

RINALDO Wohin führt ihr diese Lebensmittel in der Barke?

FISCHER Nach Pantaleria.

RINALDO Nach Pantaleria?

FISCHER Kennt Ihr das Inselchen *) Pantaleria nicht?

RINALDO Wie sollte ich es kennen? – Liegt es weit von hier?

FISCHER Sechzig Meilen! Ein Katzensprung!

RINALDO Ist das Inselchen stark bevölkert?

FISCHER Ach lieber Himmel! zählt mir außer den Bewohnern der kleinen Stadt und des Kastells noch dreihundert Menschen dort, so gewinne ich eine Wette. Es liegen ein paar Dörfchen auf der Insel und einige lustige Landhäuser. Alles ist rundherum von den Felsen des Ufers umschlossen. Aber im Innern ist es ein hübsches, feines, lustiges Inselchen! In der Mitte ist ein vortreffliches, fruchtbares Tal, und die Bergrücken sind alle gar sorgfältig bebaut. Die Insel hat Äcker, Wein, Öl, Pomeranzen und eine kleine Schafzucht. Was die Leute dort nicht haben, führen wir ihnen zu.

*) Isoleta, nämlich im Vergleich mit der großen Insel Sizilien. Pantaleria hat nur 7 bis 8 Meilen im Umkreis.

RINALDO Die Bewohner der Insel sind wohl arm?

FISCHER Reich sind sie freilich nicht, aber sie sind gut, arbeitsam und menschenfreundlich. Woran es ihnen am meisten fehlt, das ist an Gelde. Ein Goldstück ist unter ihnen eine rare Sache und eine wahre Seltenheit. Sie graben aber zuweilen seltene Münzen aus, auch wohl Antiken und dergleichen, diese machen sie in Sizilien zu Gelde. Sie brauchen wenig und behelfen sich lange mit ein paar Silberstückchen.

RINALDO Die guten Leute leben also dort wohl in wahrer patriarchalischer Einfalt?

FISCHER Ja, einfältig genug leben sie! Sie haben außer drei Kirchen in der Stadt auf dem ganzen Inselchen übrigens nur noch eine einzige Kirche.

RINALDO Sie sind aber deshalb doch wohl fromme Leute?

FISCHER O ja! Sie haben, außer einem Clarisser-Nonnenkloster in der Stadt, auch ein kleines Klösterchen im Lande, das bewohnen etwa vier bis sechs Franziskaner-Herren; mehrere können sie nicht ernähren. Diese terminieren aber auch in unserer Insel und schleppen, was sie bekommen, hinüber auf ihr Inselchen.

RINALDO Ich hätte Lust, das Inselchen zu besehen.

FISCHER Das kann leicht geschehen. Der Herr darf ja nur mit uns hinüberfahren. Wir wollen's schon billig machen. – Morgen, ein paar Stunden nach Sonnenaufgang fahren wir ab.

RINALDO Ich fahre mit.

FISCHER Der Herr muß sich aber zeitig einstellen. Warten können wir nicht.

RINALDO Sorgt nicht. Ich werde frühzeitig genug hier sein. Hier habt ihr etwas auf Abschlag, und morgen sehn wir uns wieder.

Er ging mit dem festen Vorsatz in seine Wohnung zurück, nach Pantaleria mit überzuschiffen und von dort nie wieder nach Sizilien zurückzukehren.

»Vielleicht« – sprach er bei sich selbst – »gelingt es mir endlich doch noch, unter guten, unverdorbenen, reinen Naturmenschen eine stille, friedliche Stätte zu finden und mir selbst ruhig und reuig für den Himmel zu leben.«

Dritter Teil.

Numquam simpliciter fortuna indulget.

Q. CURTIUS

Neuntes Buch

Lächelt dir die Ruh in Friedensauen,
Lächelt dir der Hoffnung Zauberblick,
Fürchte Stille, Ruh und Selbstvertrauen,
Dolche für erträumtes Erdenglück.

Der Morgen brach an, der Vorbote eines schönen, heitern Tages.

»Laß, guter Himmel«, – flehte Rinaldo – »mich finden, was ich suche. Stoß den Reuigen nicht von dir und gib mir eine stille, ruhige Wohnung unter guten Menschen!«

Schnell verließ er sein Lager, nahm Wäsche mit, steckte alles Geld, was er hatte, und seine Kleinodien zu sich, bewaffnete sich mit Säbel, Rohr und Pistolen, schlich an Serenens Kammer vorbei, lispelte ihr ein Lebewohl und eilte aus der Villa in die Bucht, wo die Fischer seiner warteten.

»Nun, das heißt doch Wort gehalten!« – schrien sie ihm entgegen, grüßten ihn und schüttelten ihm traulich die Hände.

»Sind wir nun alle beisammen?« – fragte der eine, und als mit Ja geantwortet wurde, nahm er seinen Hut ab und faltete die Hände. Die andern folgten seinem Beispiel.

Rinaldos Augen entstürzten Tränen, auch er faltete seine Hände und stammelte:

»Herr! Erbarme dich des Räubers, der zu dir fleht um eine glückliche Fahrt nach dem Orte der Ruhe, wohin seine Seele sich sehnt. Laß es diesen guten Leuten nicht entgelten, daß sie ihre Barke unwissend mit einem Verbrecher beladen, der dir nirgends entfliehen kann. Willst du mich bestrafen, so strafe nicht mit mir die Unschuldigen. Bringe sie glücklich in den Hafen und laß sie die Früchte ihres Fleißes ernten. Auch wende dein Angesicht nicht von dem friedlichen Eilande, wohin ich schiffe; strafe die Felder, die mein Fuß betritt, nicht mit Mißwachs; wirf deine Blitze nicht auf schuldlose Hütten; nimm meine Buße an und laß, unter guten Menschen, mich ein guter Mensch werden!«

Die stille Andacht war geendigt, die Barke ward bestiegen, die Fischer ergriffen die Ruder, schlugen harmonisch im Takte eines Morgenliedes die Wellen, und das Schifflein durchschnitt im offenen Meere lustig die Wellen.

Rinaldo stand und schaute nach Siziliens Küste zurück, die nach und nach seinen Blicken immer ferner wurde. Die Berge erschienen als Hügel; Häuser und Türme wurden zu Punkten; alles schwand endlich im grauen Nebel dahin, und nur die glänzende Sonne blieb die treue Gefährtin der schwankenden Barke.

Die Fischer waren munter und froh, scherzten und lachten, sprachen viel und sangen noch viel mehr. Rinaldo hörte mit Wohlgefallen ihre Gesänge und bat sie, das eine ihrer Lieder, welches ihm am besten gefiel, zu wiederholen. Sie taten das gleich. Er schrieb es sich auf und sang es hernach mit ihnen. Hier ist es.*)

Romanze.

Früh am Sanct Johannistage
Stand ich auf und ging ans Meer;
Dort sah ich ein Mädchen wandeln
An dem Ufer hin und her.

Auszubreiten ihre Wäsche,
Ging sie her und ging sie hin,
Sie zu bleichen und zu trocknen,
Legte sie die Wäsche hin.

Unter einem Rosenbusche
Pflegte sie der süßen Ruh,
Strählte sich die goldnen Haare,
Strählte sie, und sang dazu:

*) Das Original ist Alt-Spanisch und steht in dem *Canciouern de Romances. Anvers.* 1568. p. 241 – Die Spanischen Romanzen sind unter der Herrschaft der Spanier über Sizilien dahin gekommen und in die Landessprache übertragen worden.

»Wo soll ich den Lieben suchen
Auf der blauen Flutenbahn?
Schiffer! daß dich Gott bewahre!
Trafst du wohl mein Liebchen an?

Sahst du meinen Herzgeliebten?
Sahst du ihn, so sag es mir!
Seiner harrt sein treues Liebchen,
Ganz allein am Strande hier.«

Eine Windstille nötigte die Fischer, die Ruder nicht aus der Hand zu lassen. Selbst Rinaldo legte mit Hand an. Das gefiel den Fischern, und sie machten in ihrer Art ihm viele Komplimente darüber. – Gegen Abend erblickten sie die Lichter im Kastell der Stadt, und ein frischer Wind trieb sie dort vorbei, an die östliche Küste der Insel, wo sie in eine Bucht einliefen und Ankergrund fanden.

Mit Tagesanbruch stiegen sie ans Land. Bald waren sie von Einwohnern umringt, die aus ihren zerstreut liegenden Wohnungen und aus dem einen Dorfe herbeikamen, die Herrlichkeiten zu besehen, die ihnen im Kauf überlassen werden sollten. Da ging es rasch an ein lebhaftes Handeln und Einkaufen, und als die Fischer ein Gezelt aufgeschlagen hatten, wurde die Gegend noch belebter. Männer, Weiber, Mädchen und Kinder strömten herbei, und sogar etliche Musikanten kamen. Da gab es im Freien Tanz und Gesang. Rund umher war Lust und Vergnügen.

Rinaldo entzog sich der lärmenden Freude und nahte sich einem entfernten Olivenwäldchen. Einige hundert Schritte davon lag rechts ein kleines, artiges Landhaus; auf dieses ging er zu.

Er traf dort eine geschäftige, muntere Frau bei ländlicher Arbeit an. Diese bat er um einen Trunk Milch und erhielt, was er forderte. Er wollte bezahlen. Sie aber wollte kein Geld nehmen. Rinaldo drang es ihr auf. Es war mehr, als sie hätte fordern können. Sie setzte ihm Feigen, Weintrauben und Reiskuchen vor. Dabei kam es zur Unterhaltung, und die gute Frau wurde sehr gesprächig. Rinaldo fragte nach ihrem Manne.

»Ach, heilige Jungfrau!« – antwortete sie, – »der liegt nun schon seit zwei Jahren unter der Erde und hat mir die Wirtschaft allein überlassen. Ich habe drei Kinder, zwei Buben von sieben und fünf Jahren, und ein Mädchen, das neun Jahr alt ist. Die Nachbarn stehen mir bei meinem kleinen Feldbau bei. Ich bin frisch und gesund und will so lange arbeiten, bis die Kinder größer werden, wenn mir Gott Kräfte und Gesundheit schenkt. Hernach mögen die Kinder für mich arbeiten.«

Rinaldo machte sie immer zutraulicher, und als er sich endlich ihres Anteils an seiner Person und ihres Wohlwollens ganz versichert hielt, kam er der Erklärung seines Endzweckes und der Entdeckung seines Wunsches und Verlangens näher.

ER Es gefällt mir hier sehr wohl.

SIE Ei! Es ist auch recht hübsch bei uns. Wir leben zwar nicht im Überfluß, aber was wir brauchen, hat uns der Himmel geschenkt. So lange ich lebe, weiß ich nur in einem einzigen Jahre Mißwachs bei uns. Da versorgte uns Sizilien. Wir fühlten es hart, das Unglück, das uns traf. Aber das sind nun schon acht Jahre her, und jetzt ist alles wieder verschmerzt.

ER Ich habe einen Einfall! Wie wär's, wenn ich mich ein paar Monate hier bei euch aufhielt?

SIE Das muß der Herr am besten wissen, ob es ihm zuträglich ist, ob es sein kann oder nicht.

ER Die Luft ist hier rein und gut, der Himmel ist heiter, warum sollte es mir nicht zuträglich sein, mich hier aufzuhalten? Und sein kann es auch, denn ich bin frei und ungebunden und kann leben, wo ich will.

SIE Nun! Der Herr kann's versuchen, und gefällt es ihm in die Länge nicht, so kann er ja gar leicht wieder nach Sizilien zurückkehren.

ER So sei es. – Wo werde ich aber meine Wohnung aufschlagen? Darf ich bei euch wohnen!

SIE Warum nicht?

ER Das ist mein Wunsch!

SIE Es sind zwei leere Stübchen in meinem Hause, die ich nicht brauche. Da kann der Herr wohnen. Aber das sage ich ihm voraus, gut aufführen muß er sich, sonst rufe ich die Nachbarn herbei, und er kommt übel weg.

ER Gute Frau! Du sollst keine Klage über mich haben. Ich werde still und einsam leben und will dir in mancherlei Arbeiten beistehen.

Frau Martha, so hieß die Bäuerin, führte ihren Mietmann ins Haus, zeigte ihm die Stübchen, die ihm gefielen, und der Mietkontrakt wurde gleich abgeschlossen. Rinaldo zahlte ihr zwei Monate Mietgeld voraus, wofür sie sich bei den Sizilianischen Fischern gleich Korn und Fleisch einkaufte.

Rinaldo machte den Fischern seinen Entschluß bekannt, und diese fanden ihn drollig genug.

»Nun«, – sagte der eine – »in etlichen Wochen kommen wir wieder und wollen hören, wie es dem Herrn auf dem Inselchen gefällt. Gefällt's ihm nicht, so kann er wieder mit uns abfahren. Denn Sizilien bleibt doch immer Sizilien, und gegen dieses Inselchen ist es noch mehr als ein Paradies.«

Rinaldo berichtigte seine Fracht reichlich und kaufte Wein und mancherlei Lebensmittel ein, die er in seine Wohnung bringen ließ, von der er sogleich Besitz nahm. Und als den folgenden Tag seine Gefährten mit leichter Barke davonsegelten, machte er Anstalt, sich zu metamorphosieren. Er schnitt seine langen Haare rundherum so ab, wie sie die Landleute auf Pantaleria trugen, und warf sich auch in eine Kleidung nach Form und Schnitt des Landes. So ausgeschnitten glich er einem Landmann der Insel vollkommen, und keiner seiner Nachbarn ließ es sich gewiß auch nur entfernt einfallen, den berüchtigten Räuberhauptmann, dessen Ruf ganz Italien durchflog, auf dessen Kopf ein so ansehnlicher Preis gesetzt war, zum Nachbar zu haben.

Er unterzog sich mancher Arbeit im Garten, im Weinberge, in der Haushaltung, so daß Frau Martha gar nicht wußte, wie sie mit ihrem Mietmann daran war.

»Ich hätte nie geglaubt«, – sagte sie, – »daß ein Herr, wie Ihr, sich so gut in unsre ländliche Arbeiten würde schicken können. Und daß Ihr sogar unsre Tracht angenommen habt, das kommt mir ebenso sonderbar vor, als es mir gefällt. Man sollte, wenn man Euch so sieht, darauf schwören, Ihr wärt hier als Landmann auf der Insel gezogen und geboren worden.«

»Glaube das selbst, liebe Frau!« – antwortete Rinaldo, – »und du tust mir einen großen Gefallen.«

SIE Je nun, den Gefallen kann ich Euch wohl tun! Man muß ja so manches glauben, was auch nicht viel wahrscheinlicher als dies ist, also wüßte ich nicht, warum ich es nicht tun sollte? – Sagt mir aber nur, wo Ihr das Geschick zu den Arbeiten, die Ihr verrichtet, hernehmt?

ER Ich habe mich ehemals auch mit dergleichen Arbeiten abgegeben.

SIE Das muß sein! Sonst wär's nicht möglich, daß es Euch so anstehen und flecken könnte. – Seid ihr denn kein Sizilianer?

ER Nein. Ich bin in der Italienischen Schweiz geboren, und mein Vater hatte Landgüter.

SIE Habt Ihr denn die Landgüter nicht geerbt?

ER Mein Bruder hat mich mit Geld abgefunden, und ich habe die Welt durchreist. – Hier gefällt mir's. Ich habe große Lust, bis ans Ende meines Lebens auf dieser Insel zu bleiben.

SIE So tut es. – Schafft Euch etwas Eigenes, Haus und Herd an, und nehmt Euch eine Frau, wenn Ihr noch ledig seid.

ER Ledig bin ich, und das andere wird sich geben.

SIE Nur bitte ich mir aus, daß ich Freiersfrau sein darf.

ER Ja, ja! – Für jetzt aber bleibe ich noch bei Frau Marthen.

SIE Die Nachbarn werden zwar manches darüber munkeln, aber das hat nichts zu sagen. Wir haben ja doch gute Gewissen.

ER In *diesem* Punkt, ja!

SIE Nur in *diesem* Punkt? Nein, auch in andern Punkten. Nicht wahr? – Wenigstens ich. Ihr doch auch?

ER *(verlegen)* Warum nicht?

SIE Denn sonst, – nehmt mir's nicht übel! – sonst möchte ich

nicht gern unter *einem* Dache mit Euch wohnen. Die bösen Gewissen bringen kein Glück ins Haus.
Dies traf Rinaldo stark. Er brach das Gespräch ab und griff zu einer Arbeit.

Er bemerkte, daß Frau Martha jeden Abend mit einem großen Milchtopfe wegging und wohl erst eine Stunde darauf wieder zurückkam. Eines Tages fragte er sie, wohin sie die Milch so entfernt trage?
»Ich trage die Milch« – antwortete sie – »in eine Villa, die dort hinter dem Wäldchen liegt.«
ER Wem gehört diese Villa?
SIE Einem Herrn in der Stadt.
ER Und dieser bewohnt sie?
SIE Nein. – Vor ungefähr sechs Wochen sind ein paar Damen in die Villa gezogen, die, wie man sagt, übers Meer gekommen sind. Man weiß nicht, wer sie sind. Sie leben still und eingezogen und haben mit den Nachbarn keine Gemeinschaft. – Ich habe sie selbst noch nicht gesehen. Eine alte Magd nimmt mir die Milch ab und bezahlt sie. Diese fragte ich einmal, wer denn wohl die Damen wären, und sie sagte, sie wisse es nicht. Die Damen wären fremd hier, und sie sei aus Pantaleria.
ER Weiß die Nachbarschaft nichts von den Damen?
SIE Nichts. – So wenig als ich. Die meisten wissen gar nicht, daß sie da sind.
ER Gehen sie denn nicht aus?
SIE Das habe ich auch einmal gefragt, und da antwortete mir die alte Magd: Zuweilen gingen sie in die Gärten, und dann und wann gingen sie in das Kreuzkapellchen, das dort auf dem Berge steht, ihrer Andacht wegen. – Bei der Sache muß es ein Geheimnis geben. Wer weiß, was sie angerichtet haben, daß sie so verschelmt sich verbergen müssen. Entweder sie haben gemordet oder gestohlen.
ER Wenn sie schön sind, Herzen vielleicht.
SIE ’s ist auch ein Diebstahl!

ER Auf *diese* Art ist Frau Martha wohl auch eine Diebin?

SIE Ich? – Ach lieber, heiliger Gervasio! Das müßte ich sonderbar genug angefangen haben. – Mein seliger Mann nahm mich des bißchen Geldes wegen, das ich zur Aussteuer bekam. Ich habe aber in meinem Leben nichts von Herzensstehlereien gewußt. – Jetzt ist's nun ganz vorbei. Drei Kinder und meine Arbeit! Da denkt man nicht an solche Dinge!

Rinaldo hatte nun seine Gedanken beständig darauf gerichtet, die Damen zu sehen. Er bemühte sich deshalb so sehr, als man sich in einer solchen Angelegenheit nur bemühen kann; aber vergebens. Die Nachbarn wollte er auf so etwas nicht aufmerksam machen, und berichten konnten sie ihm ohnehin nicht. Er bat also einmal Frau Marthen, ihn die Milch in die Villa tragen zu lassen, was diese ihm herzlich gern erlaubte und glaubte, bei diesem Geschäft etwas Näheres von der Existenz der Damen erfahren zu können. – Er trug die Milch in die Villa und ließ sich mit der alten Magd, die sie ihm abnahm, in ein Gespräch ein.

ER Meine Nachbarin, Frau Martha, ist nicht wohl und hat mich ersucht, die Milch hierher zu tragen. Ich weiß nicht, wer sie braucht oder bekommt.

SIE Ich nehme sie dir ab, mein Sohn!

ER Aber Ihr verbraucht sie nicht allein? – Ihr habt wohl Kinder?

SIE Gott bewahre! Was denkst du? Ich bin noch ledig und habe nie Kinder gehabt.

ER So ist die Milch wohl für eure Herrschaft.

SIE Ja, so für eine Art von Herrschaft ist sie. Das weiß ja Frau Martha schon längst.

ER Ich habe mein Abendbrot zu mir gesteckt. Ihr erlaubt mir doch, es hier zu verzehren?

SIE Meinetwegen! – So etwas zu erlauben, ist mir nicht verboten.

ER Ich habe heute schon viel gearbeitet, bin müde und matt und will da ein Schlückchen Syrakuser zu mir nehmen.

SIE Syrakuser? Ei! Wo hast du denn den herbekommen?

ER Gekauft habe ich ihn von den Fischern aus Sizilien.

SIE Er ist wohl teuer?

ER Es geht noch an! Aber er schmeckt herrlich.

SIE Das glaube ich. – Unsereiner darf auf so etwas nicht rechnen. – Die Damen, die ich bediene, trinken nichts als Wasser und Schokolade.

ER So? – Ist ein Schlückchen Syrakuser gefällig?

SIE Je nun, wenn ich so frei sein darf!

ER Warum nicht? Ich biete nichts an, was ich nicht gern gebe. – Getrunken!

Das tat die Alte; und sie hatte kaum das Glas geleert, als stark geschellt wurde. Sie sagte, das gelte ihr, lief fort und versprach, bald wiederzukommen. – Das geschah auch. Sie stürzte ängstlich die Treppe herab und schrie:

»Ach! Heilige Jungfrau! Der einen von den Damen ist eine Ohnmacht zugestoßen. Was fangen wir nun an? Sie liegt ganz leblos da.«

Rinaldo besann sich nicht lange, sprang die Treppe hinauf durch einen Saal und kam in ein Zimmer, wo sich die Damen befanden. – Die eine kniete vor der andern, die aus einer Ohnmacht wieder zu sich zu kommen schien. Unbemerkt blieb Rinaldo an der Tür des Zimmers stehen.

Die kniende Dame stand eben auf, erblickte Rinaldo, fuhr heftig zusammen, fragte: »Was willst du hier?«

Rinaldo trat näher und stand, – wer schildert sein Erstaunen? – vor Violanten und Dianoren.

Noch erkannte ihn Violanta nicht ganz in seiner Verkleidung, und Dianora kam eben wieder zu sich. Sie bemerkte den Fremden im Zimmer und fragte, wer er sei? – Rinaldo stand sprachlos und seine Blicke ruhten auf Dianoren. – Violanta sah ihn aufmerksam an und stammelte ängstlich:

»Freund! Wer du auch sein, durch welchen Zufall du auch hierher gekommen sein magst, um deines Gesichts willen! verlaß uns eilig.«

»Für keinen Preis!« – antwortete Rinaldo.

Violanta betrachtete ihn genauer und rief erschrocken aus:

»Er ist es!«

»Er ist es!« – wiederholte Dianora, sank zurück und verbarg ihre Augen ins Schnupftuch.

»O Dianora«, stammelte Rinaldo – »soll der Zufall, der mich hierher führte, nicht für mich entscheiden? Willst du deine Blicke von mir wenden, von mir, den das Schicksal so wunderbar auf dieses Eiland führte, um dich zu finden? Sei nicht grausamer gegen mich als Schicksal und Zufall es sind!«

Es entstand eine Pause. – Endlich enthüllte Dianora ihre Augen, fragte:

»Unglücklicher, wo kommst du her? Ist es nicht genug, daß dein Bild mich allenthalben hin verfolgt, mußt du auch noch selbst kommen?«

»Der Zufall will es so«, – antwortete Rinaldo, – »und ich bin glücklich! Glücklicher auf dem kleinen Pantaleria als ich in der großen Welt es sein durfte. Beneiden könnte ich mich selbst um dieses Glück, wolltest du, Geliebte, es mir nicht mißgönnen?«

Die alte Magd trat mit Wasser in das Zimmer. Violanta ging auf sie zu, nahm sie bei der Hand und führte sie ins Vorzimmer.

Als Rinaldo sich mit Dianoren allein sah, näherte er sich ihr, ergriff ihre Hand und stürzte vor ihr nieder. Sie blickte mit Augen voll zärtlicher Wehmut auf ihn herab und seufzte. Er benetzte ihre Hand mit Tränen, bedeckte sie mit tausend Küssen und drückte sie an sein klopfendes Herz. Dianorens Tränen flossen schnell und stark. Heftig arbeitete ihr klopfender Busen unter dem leichten Flor. Ihrer sich selbst nicht bewußt, neigte sie sich hinab, und ihre Wange glühte an der seinigen. Magnetisch flogen ihre Lippen aneinander. Rinaldo jauchzte laut:

»Dieser Kuß der Vergebung, dieses herrliche Siegel der Verzeihung, reiniget mich von meinem Vergehen und segnet mich zu einem neuen Lebenswandel ein! – Du siehst, geliebte Dianora, ich bin abgeschieden von der geräuschvollen Welt. Auf dieses kleine Eiland floh ich, um mir selbst und der Ruhe zu leben. Ja, der Himmel selbst schenkt Wohlgefallen meinem frommen Entschluß. Meine Bitten sind erhört. Er hat mir vergeben, und zum Pfande der Versöhnung schenkt er dich mir wieder. Du bist wieder mein, und ein neues Leben beginnt!«

»O Rinaldo!« – seufzte Dianora – »Schläfere dich nicht selbst mit Schmeicheleien ein. Laß deine Träume dich nicht zu süßen Hoffnungen verführen, zu Hoffnungen, die nie in Erfüllung gehen können.«

»Du raubst mir meine Überzeugung nicht!« – fuhr Rinaldo fort. – »Du selbst bist das Pfand der Gewährung meiner Hoffnungen. Das, was ich hier umfasse, ist die schönste Wirklichkeit. – Ich träume nicht; mein Glück beginnt von neuem in deinen Armen.«

Er legte sein Gesicht an ihren Busen, umschloß sie mit seinen Armen und verlor sich in süßes Entzücken. Dianora hatte keine Worte. Die Szene blieb stumm und dennoch sprechend.

Violanta fand, als sie wieder ins Zimmer trat, beide noch in dieser schweigend sprechenden Lage. Sie machte ihr Dasein bemerkbar und ging in ein Seitenzimmer. Dianora drängte ihn sanft von sich ab. Rinaldo stieg auf. Er blieb vor ihr stehen und ruhte mit fragenden Blicken auf ihren Augen.

SIE Rinaldo, was sagen diese fragenden Blicke?

ER Sagt dir das dein Herz nicht? – Der Himmel gab dich mir wieder, doch nicht, um dich wieder verlassen zu müssen.

SIE Ach! Rinaldo, wie soll und kann, wie darf ich dir diese Fragen beantworten?

ER Wie es dein Herz verlangt.

SIE Nein, die Herzen dürfen jetzt nicht unsere bestochenen Ratgeber sein.

ER Wer sonst?

SIE Vernunft und Überlegung.

ER Auch diese sind bestochen. – Sind sie es nicht, so fürchte diese kalten Ratgeber, die uns nicht glücklich machen können. – In Abgeschiedenheit und Ruhe wies beiden uns der Himmel die Freistätte dieses Eilandes an, laß uns dankbar den Wert des herrlichen Geschenkes erkennen und benutzen.

SIE Wohin könnte uns aber all das führen?

ER Wohin anders, als zum Glück in der Einsamkeit und Verborgenheit, durch uns selbst?

Violanta kam wieder in das Zimmer zurück.

»Wenn Rinaldos Hiersein nicht Aufsehen, selbst bei unserer alten Magd, erregen soll«, – sagte sie – »so muß er sogleich wieder gehen und kann nicht länger hier bleiben.«

»O Violanta!« – sagte Rinaldo – »Du hast nie geliebt, warst nie getrennt von dem geliebten Gegenstande deines Herzens, fandest nie wieder, was du verloren hattest, und hast nie die Wonne eines unverhofften, glücklichen Wiedersehens genossen! Darum spricht dein Mund einen so schrecklichen Befehl aus.«

»Dianora mag selbst entscheiden«, – antwortete Violanta.

Dianora blickte ihn zärtlich an und sagte: »O ja, Rinaldo, du mußt uns jetzt verlassen.«

RINALDO Um dich nicht wiederzusehen? – Du wirst diese Insel verlassen. –

DIANORA Nein!

RINALDO Gewiß nicht?

DIANORA Nein! Nein!

RINALDO Wenigstens nicht ohne mich?

DIANORA Nicht ohne dich.

RINALDO Nun gehe ich, wenn du es verlangst. – Und morgen sehe ich dich wieder?

DIANORA Ja, morgen!

Er schlang seine Arme um ihren Nacken, drückte zärtliche Küsse auf ihre Lippen und ging. – Violanta begleitete ihn bis an die Haustür. Er eilte, seiner selbst sich unbewußt, in seine ländliche Wohnung zurück.

Die goldene Königin des Tages, die freundlich lächelnde Sonne, entstieg dem Meere. Rinaldos Wirtin war schon ins Feld gegangen. Er stand mit klopfendem Herzen der Villa gegenüber, in welcher der geliebte Gegenstand seiner Empfindungen wohnte. Ringsherum umging er diese Wohnung seines Glücks, aber er wußte selbst nicht, warum er sich nicht hineinzugehen getraute. – Jetzt fiel ihm die einsame Kreuzkapelle in die Augen, in welcher Dianora zuweilen betete. Von gleichem Gefühl ergriffen, ging er dahin, warf sich vor dem Bilde der Hochgebenedeiten nieder und zerfloß in Andacht und Gebet.

Auf einmal rauschten hinter ihm Fußtritte. Er sprang auf, drehte sich herum und erblickte Dianoren. – Er flog ihr entgegen, drückte sie an sein Herz und sagte:

»Unsere Herzen begegneten sich einst und fanden sich, unsere Seelen hielten sich fest und finden sich jetzt hier in gleicher Absicht ein. Ich habe gebetet und gelobt. Deine Andacht, schöne Seele, will ich nicht stören. Bete auch du, und laß mich mit dir glücklich durch die Erhörung unserer gemeinschaftlichen Bitten sein.«

Er führte sie zu dem Altar. Sie warf sich betend nieder. Er verließ die Kapelle.

Unter einer himmelanstrebenden Zypresse fiel er auf die Knie, streckte seine Hände gen Himmel, betete tränend und ohne Worte.

So fand ihn Dianora noch, als sie aus der Kapelle zurückkam. Sie näherte sich ihm leise, bog sich zu ihm herab, umschlang ihn sanft und küßte seine Andacht glühende Stirn.

»Gewiß, Rinaldo!« – sagte sie, – »du bist ein guter Mensch geworden. Trostreich und herzerhebend war mein Gebet für mich. Die Hochheilige lächelte mir Erhörung. Süßer Trost erfüllt mein Herz. Hat der Himmel dich zu Gnaden angenommen, wie könnte Dianora dich verstoßen? Mein Herz ist dein. Die Liebe wird uns nicht ohne Freuden, nicht ohne Trost lassen.«

Er begleitete sie in die Villa. Die alte Magd erfuhr, dieser verkleidete Bauer sei ein zufällig gefundener Verwandter ihrer Damen, den Laune und Hang zur Einsamkeit nach Pantaleria und der Zufall zu ihnen geführt habe. – Eben dies wurde auch Frau Marthen entdeckt, die sich darüber ebensosehr freute als verwunderte.

Und nun nahm alles eine andere Gestalt an. – Rinaldo blieb nicht mehr Frau Marthens Hausgenosse; er zog zu den Damen in die Villa. Das ganze Hauswesen erhielt eine neue Einrichtung.
Einst erkundigte sich Rinaldo bei Violanten nach der wahren Ursache ihrer schnellen Abreise aus dem Schlosse der Gräfin, wo ihm der Schwarze zum erstenmal erschienen war, und vernahm mit Erstaunen, daß eine fürchterliche Drohung von eben diesem schwarzen Abgesandten sie zu der Abreise bewogen habe. Man erklärte sich von beiden Seiten über die Vorfälle mit dem Schwarzen und seiner Rotte und konnte endlich doch nicht anders vermuten, als daß das Unerklärbare in der Sache in einer Verbindung dieser Gesellschaft gegen den Staat liege und daß man sich des gefürchteten Räuberhauptmanns nur als einer Maschine zur Ausführung eines entworfenen Plans habe bedienen wollen, dessen wahrer Endzweck ebenso verborgen als die Vermutung der geheimen Machination beinahe unbezweifelt war. Violanta hatte anfangs sogar die Meinung gehegt, die Schwarzen möchten verdeckt mit Rinaldini zu einem Zwecke spielen, und es sei ihren Plänen entgegen gewesen, ihn eine Bekanntschaft erneuern zu lassen, deren Einverständnis ihren Endzwecken ganz entgegen gewesen sei.
Rinaldo fand keinen Beruf, sich über ein Geheimnis den Kopf zu zerbrechen, welches in seiner jetzigen Lage gar keinen Enträtselungsreiz für ihn haben konnte; er hielt sich, viel zu glücklich, an die Gegenwart, die ihn alles leicht vergessen lassen konnte, was geschehen war. Er stand jetzt als ein ganz anderer Mensch in einem Kreise, welchen Liebe und Freundschaft um ihn gezogen hatten, und verlor aus seinen Blicken die Aussicht nach den Gegenständen unangenehmer Rückerinnerung. Weder die Szenen der verübten Gewalttätigkeiten in den Apenninen, noch die Begebenheiten in Kalabrien und Sizilien konnten sein Nachdenken fesseln, alles war für ihn vergangen, war ein Schauspiel, welches er ehemals hatte aufführen sehen, in welchem er sogar selbst mitspielende Person gewesen war, aus welchem er aber seine Rolle vergessen hatte oder wenigstens ganz vergessen

wollte. So wie er jetzt lebte, wünschte er sich die ganze Zeit seines Lebens gelebt zu haben, und wenn er sich ja mit Wohlgefallen dem Andenken an Szenen der Vergangenheit überließ, so waren es jene, die in die Tage seiner frohen Jugendzeit fielen, in denen er seine Zeit in ländlicher Einsamkeit, auf der Weide, hinter seinen Ziegen zugebracht hatte.

Als dem Jüngsten seiner sechs Geschwister fiel ihm, als er kaum 10 Jahre alt war, das Los, die Ziegen seiner Eltern, in nicht geringer Dürftigkeit, zu hüten. Das Patriarchalische dieses Geschäfts fesselte ihn, als er größer wurde, nicht mehr so sehr, daß er sich nicht Wünschen anderer Art, als Ziegenhirt zu bleiben, hätte überlassen sollen. Er war sehr wißbegierig und fühlte Trieb in sich, einst mehr als seine Brüder im Weinberge oder Ackerfelde zu leisten. Das brachte ihn auch dazu, den Umgang eines Eremiten zu suchen, der in jener Gegend wohnte, wohin er seine Ziegen auf die Weide trieb. Der Klausner, Onorio genannt, war ein Mann von Einsicht und Menschenkenntnis, der sein Einsiedlergewand nicht beständig getragen hatte. Er war der Welt erst entflohen, als er sie, wie er sagte, verachten gelernt hatte.

Dieser Mann nahm sich die Mühe, den wißbegierigen Jüngling zu unterrichten. Er war sein Lehrer im Lesen und Schreiben; er erzählte ihm viel und gab ihm Bücher zu lesen, die der junge Rinaldo in seiner Einsamkeit verschlang. Diese waren eine Übersetzung der Lebensbeschreibungen des Plutarch, ein Livius, ein Curtius, Ritterbücher und Geschichtsschreiber Italiens. Alles, was Rinaldo in diesen Büchern las, waren Taten, die seiner empfänglichen Einbildungskraft einen romantischen Heldenschwung gaben, der den sichtbarsten Einfluß auf seine Vorstellungen, Entschlüsse und Handlungen hatte.

Siebzehn Jahre war er alt, als Onorio, sein Freund und Lehrer, einst unvermutet verschwand und in einem hinterlassenen Schreiben ihn zum Erben seiner wenigen Habseligkeiten ernannte. Alles, was Rinaldo jetzt erhielt, nur die Bücher nicht, machte er zu Gelde und ging damit unter die Soldaten. Hier

wollte er sein Ideal realisieren. Es war umsonst. Die Maschinerie seines Heldenlebens konnte ihn unter den päpstlichen Heerscharen nicht halten. Er ging davon und nahm Dienste in Venedig. Auch hier blieb er nicht und ging unter die Truppen des Königs von Sardinien. Hier schien ihm das Glück zu lächeln. Ein General bemerkte ihn, zog ihn hervor, beförderte ihn bald zum Korporal, und endlich wurde er gar als Fähnrich mit nach Sardinien in Besatzung nach Cagliari geschickt. Hier bekam er Händel, fehlte gegen die Subordination und wurde kassiert. Das brachte ihn auf. Er rächte sich auf italienische Art durch den Dolch an seinem Chef und entfloh. Unstet und unsicher, seines Verbrechens öffentlich angeklagt, durchirrte er Italien und fand nirgends eine bleibende Stätte.
So kam er unter die Räuber, die er bald selbst beherrschte, zu ordentlichen Korps organisierte und als ihr Hauptmann mit unter ihnen lebte, wie wir ihn gefunden haben.

In seiner neuen, jetzigen Lage wurden nun von ihm und Dianoren Pläne wegen ihrer künftigen Lebensart gemacht, und endlich wurde beschlossen, nach Spanien zu gehen, von da eine Reise auf die Kanarischen Inseln zu machen und dort in stiller Verborgenheit glücklich und ruhig zu leben. Violanta wollte ihnen folgen.
So weit war nun alles in Richtigkeit gebracht, und die schnellste Ausführung des Plans beschäftigte alle mit der größten Tätigkeit. Aber alles war im Rate des Schicksals anders beschlossen.
Eines Morgens ging Rinaldo, wie gewöhnlich, ans Ufer, sah eben eine Fischerbarke in See zurückgehen, folgte ihr in Gedanken nach Sizilien und gedachte an seine dortigen Bekannten und an Serenen. In diese Gedanken verloren, warf er sich unter einen Baum. Aber er hatte nicht lange hier gelegen, als er hinter sich ein Geräusch vernahm. Er sah sich um und erblickte, in gewöhnlicher Landestracht, den Alten von Fronteja, der sich ihm näherte. Erschrocken sprang Rinaldo auf und wollte entfliehen, als ihm der Alte nachrief:

»Bleib! – Wohin du auch gehen magst, ich folge dir nach. – Hier sind wir allein.«

RINALDO Was verlangst du von mir? Warum folgst du mir allenthalten hin nach, wie das böse Gewissen einem Verbrecher? Mag ich doch nichts von dir wissen. Warum störst du mich in meiner Ruh und vergiftest durch deine Gegenwart die stillen Freuden meiner Einsamkeit? – Bist du mein böser Geist, so weiche von mir! Denn ich bin nicht mehr der, der ich war, und habe mit dir keine Gemeinschaft.

DER ALTE Ei! Du bist auf Pantaleria ein sehr gestrenger Herr geworden! – Glaubst du denn, einen deiner ehemaligen Rottgesellen vor dir zu haben?

RINALDO O! warum mußt du, um mir die Freuden meines Lebens zu vergiften, auch bis hierher mir in das stille Ländchen der Ruhe nachfolgen?

DER ALTE Hast du mich schon sprechen lassen?

RINALDO Sprich.

DER ALTE Du bist verschwunden. In Sizilien weiß keiner deiner Freunde und Bekannten, wohin du gekommen bist. Nur *ich* weiß es. Und daß ich es wußte, davon ist dir mein Hiersein ein Beweis. – Die schwarze Rotte ist, hoffen wir, genug gedemütigt, und du bist von deinen Freunden an deinen Verfolgern gerächt worden. Das haben sie nicht ohne Aufopferungen *für dich* getan. – Jetzt ist alles zur Abfahrt nach Korsika bereit, und ein jeder fragt: Wo ist der Anführer unseres Zugs? Wo ist der tapfere Rinaldini, der uns an unserer Spitze zu fechten versprach? – Man sucht dich und findet dich nirgends. Man wird ungeduldig, setzt *selbst mich* über dein plötzliches Verschwinden zur Rede, und untersteht sich hie und da sogar Mutmaßungen zu hegen, die für mich entehrend sind. – Ich wußte, wohin du gegangen warst, ich weiß, was du hier gefunden und wozu du dich entschlossen hast. – Du entsagst des Ruhmes und verlangst den Kranz nicht, der dir in Korsika grünt. Du bist nicht mehr der, der du warst, das weiß, das sehe ich. Deine Taten sind früh veraltet, dein Ruhm wird eher zu Grabe gehen als du, deinen Jahren nach, dahingehen könntest. Du hast dir einen *eigenen* Weg vorgezeichnet und hast deinen Freund verkannt. – Ich werfe dir nicht vor, was ich zuweilen für dich getan habe; ich rechne dir selbst das Leben nicht an, welches du mir zu verdanken hast. Denn ohne meinen Beistand wär' dein Körper schon längst dem Himmel näher als der Erde. Ich will dir deine Ruhe gönnen und mich freuen, daß du sie durch mich genießest. Bist du ruhig, wirst du glücklich, so rechne ich auf deinen stillen Dank. Öffentlich verlange ich ihn nicht. Aber das kannst du auch nicht verlangen, daß ich um deinetwillen bei unsern Freunden verlieren soll.

RINALDO Verlieren? Um meinetwillen? – Was könntest du verlieren, du, der alles hat?

DER ALTE Noch habe ich nicht alles, was ich mir, um deinetwillen, zu haben wünschen muß.

RINALDO Das verstehe ich nicht.

DER ALTE Deine Freunde haben einen Argwohn auf mich geworfen, der entehrend ist. Viele glauben dich sogar nicht mehr am Leben. Ich hätte geschwiegen und dich deiner Ruhe in Pantaleria überlassen, aber ein großer Teil unserer Angeworbenen will sich schlechterdings nicht eher einschiffen lassen, als bis Nachricht und Gewißheit von deinem Leben da ist. Du mußt meine Ehre retten, du mußt dich diesen Zweiflern zeigen.

RINALDO Wie kannst du das von mir fordern?

DER ALTE Die Rettung meiner Ehre hängt davon ab.

RINALDO Ich kann deinen Wunsch nicht erfüllen. Ich gehe nicht von hier.

DER ALTE Ich muß dich nochmals daran erinnern, daß du mir dein Leben schuldig bist.

RINALDO Du nimmst es mir, wenn du mich meinem stillen Aufenthalte entreißen willst. Ich gehe nicht von hier.

DER ALTE Nun gut! So mögen jene Zweifler hierherkommen und dich selbst noch am Leben auf Pantaleria sehen. – Ich kann mir nicht anders helfen!

RINALDO Rechne nicht darauf. Ich kann weitergehen.

DER ALTE Wohin, daß ich es nicht erfahren würde?

RINALDO O Gott! Wie konntest du mich den Händen eines solchen Mannes übergeben? – Alter! – Wie du auch heißen, wer du auch sein magst! – Ist dir je das Glück, die Ruhe eines Menschen heilig gewesen, so sei barmherzig gegen mich und laß mich ruhig in meiner Einsamkeit.

DER ALTE Das will ich. Aber meine Ehre mußt du retten und mich von einem falschen Verdacht reinigen, der mich mit Schande brandmarkt. Habe ich das um dich verdient? – Soll ich den Verdacht eines Mordes an deinem Leben auf mir sitzenlassen? Sollen wir deshalb unser ganzes Unternehmen scheitern sehen und die Edlen von Korsien umsonst auf versprochene Hilfe harren lassen? – Das kannst du nicht verlangen! – Zeige dich deinen Freunden, und dann gehe, wohin du willst.

RINALDO Wenn ich wüßte – daß das, was du von mir forderst, mir Ruhe verschaffen könnte! –

DER ALTE Du wirst deine Ruhe allenthalten hin mit dir selbst nehmen, wenn du welche hast. Was du nicht hast, kannst du nirgendhin verpflanzen.

RINALDO Ich hatte Ruhe, bis du nun wiedergekommen bist, sie mir neidisch zu rauben. – Aber wie konntest du das? Bist du wirklich ein guter Mensch, und hast du uneigennützig mir das Leben einigemal gerettet, so begreife ich nicht, wie du einem Unglücklichen das wieder rauben konntest, was ihm der Himmel gab und was ihm mehr wert ist als das elende Leben, das du ihm als Geschenk vorwirfst! – Ich folge dir nach Sizilien.

DER ALTE Meine Dankbarkeit soll dir beweisen, was ich für dich tun kann.

RINALDO Deine Ehre, die Expedition nach Korsika, und dich von dem Verdacht eines Meuchelmords zu retten, folge ich dir nach Sizilien. Aber heute noch nicht.

DER ALTE Du hast zwei Tage Zeit. – Übermorgen sprechen wir uns an diesem Orte wieder.

Der Alte ging schnell davon und verlor sich bald hinter dem Hügel auf dem Wege nach der Stadt zu.

Rinaldo war, nach langem Überlegen, entschlossen, den Alten zu hintergehen und nicht mit ihm nach Sizilien zu reisen. Er entdeckte Dianoren, was ihr in dieser Angelegenheit zu entdecken war, und erzählte ihr, soviel sie davon wissen durfte, alle seine Begebenheiten, auf welche der Alte Einfluß gehabt hatte. Dianora wurde ängstlich und stimmte Rinaldos Entschlusse bei. Nur war die Verlegenheit um ein Fahrzeug, welches sie auf eine von den nahegelegenen Inseln und von dort nach Malta bringen sollte, sehr groß.

Sie sprachen noch darüber, als ein Brief aus der Stadt von dem Herrn der Villa an Dianoren ankam. Er meldete ihr, daß noch diesen Abend eine Dame mit ihrer Kammerjungfer auf der Villa eintreffen werde, welche in dem Seitengebäude derselben ihre Wohnung nehmen würde, und die er ihrer Freundschaft empfahl.

Die Nachricht veränderte nichts in ihrem Plane. Rinaldo ging aus, um ein Fahrzeug aufzusuchen, kam wieder zurück und hatte keins angetroffen.

Gegen Abend kam die angekündigte Dame an. Sie ließ Dianoren ihre Ankunft wissen und kam gleich darauf selbst, ihre Bekanntschaft zu machen. Rinaldo wollte eben das Zimmer verlassen, als sie kam, sie begegneten einander. Er sah die wohlbekannte Signora Olimpia. – Das Mädchen, welches sie als Kammerjungfer bei sich hatte, war Serena.

Die Gegenwart dieser Personen in der bisher so ruhigen Villa setzte Rinaldo in eine ziemlich lebhafte Verlegenheit. Olimpia spielte in Dianorens Gegenwart gegen Rinaldo die Rolle einer Unbekannten ziemlich natürlich. Er wurde von ihr mit keiner Silbe kompromittiert. Serena aber wußte nichts von Verstellung und wurde, als sie Rinaldo in der Antichambre erblickte, ziemlich lebhaft. Sie bestürmte ihn mit Fragen und mischte sogar kleine Vorwürfe in ihre Bitten. Der Verlegenheit öffentlicher Erklärungen entging Rinaldo nur mit genauer Not.

Olimpia, als ihr Besuch bei Dianoren geendigt war, suchte Gelegenheit, ihren verlegenen Bekannten allein zu sprechen, und diese fand sich auf ihrem Zimmer.
Rinaldo suchte sie selbst auf. Er wünschte durch vorläufige Erklärungen ihrem beiderseitigen Verhalten gegeneinander wenigstens eine gefällige Richtung geben zu können. Es wurde viel gesprochen und kam nach und nach zu einer lebhaften Unterhaltung.
ER Der Alte gab mir die Versicherung, nur er ganz allein wisse, unter allen meinen Bekannten, daß ich hier sei.
SIE Das glaube ich auch. Wenigstens ich habe davon kein Wort gewußt. Mein Erstaunen, als ich dich hier fand, kannst du dir denken. Ich denke aber mich so betragen zu haben, daß du keine Klage über mich zu führen hast.
ER Und was trieb dich nach Pantaleria?
SIE Not und Vorsicht. – Die Hälfte von meinen Freunden und Bekannten ist verhaftet.
ER Verhaftet?
SIE Auf Ansuchen des französischen Gesandten zu Neapel. Wir sind verraten und unser Plan auf Korsika ist entdeckt.
ER Wie? – Was sagst du? –
SIE Die Wohnungen des Alten zu Fronteja sind mit Wachen besetzt und seine Jünger sind verhaftet. Er selbst weiß davon noch nichts. Ich bringe ihm die erste schreckliche Nachricht von der Verräterei gegen uns.
ER Konnte der mächtige Alte diesen Schlag nicht von sich und den Seinigen abwenden? Oder ging er vielleicht davon, als er erfuhr, was im Werke sei?
SIE Daran zweifle ich.
ER Wird er seine Freunde retten können? Oder ist nun das Schauspiel seiner Taschenspielereien geendigt?
SIE Ich weiß nicht, was er tun wird. – Gewiß aber etwas sehr Kluges und für ihn das Beste. – Ein so gewandter Mann und kluger Kopf.
ER Glaubst du ihn, dich und mich auf diesem Eiland sicher?

Da trat der Alte von Fronteja in das Zimmer. Er schien ganz ruhig zu sein, nahm Olimpien bei der Hand und hieß sie willkommen. Olimpia sah ihn verlegen an. Er lächelte.

DER ALTE Tochter, du bist verlegen?

OLIMPIA O! Du weißt nicht –

DER ALTE Ich weiß, warum du hier bist; ich weiß, was in Sizilien vorgeht.

OLIMPIA Und kannst dabei so ruhig sein?

DER ALTE Ich kann es nicht ändern.

OLIMPIA Und du gibst das Unternehmen auf Korsika verloren?

DER ALTE Was glaubst du? – Ich bin bereit, nach Korsika abzugehen.

OLIMPIA Doch? nach dem noch, was geschehen ist?

DER ALTE Warum nicht? – Willst du mir nicht dahin folgen?

OLIMPIA Und unsere Freunde? –

DER ALTE Sie werden uns bald nachkommen.

OLIMPIA Aber die Verhafteten? – Wirst du diese Freunde befreien können?

DER ALTE Du wirst sehen, was geschieht.

OLIMPIA Sind wir hier sicher?

DER ALTE Nein. – Deshalb segle ich von hier ab.

RINALDO Kannst du das Unglück von den Deinigen nicht abwenden?

DER ALTE Dein ist die Schuld, daß geschah, was geschehen ist. Wärst du in Sizilien geblieben, wir wären jetzt schon in Korsika. Du trägst die Schuld des Unglücks, welches über deine Freunde kommt. Dein Verschwinden machte sie schwierig, die Abfahrt mußte aufgeschoben werden, ich mußte nach Pantaleria gehen, dich aufzusuchen, und unsere Freunde wurden ergriffen. Die Französische Partei triumphiert. Die Schwarzen frohlocken. Mich sollen sie, wenn ich nicht will, nicht in ihre Gewalt bekommen, aber dich werden sie aufsuchen und werden dich ohnmächtig, ohne Beistand, im schwachen Arm der Liebe finden. Das Rad deiner Taten ist abgelaufen. Deine Freunde sind nicht mehr mächtig genug, dich zu schützen. Du fällst; ein Opfer deiner

Unbesonnenheit. – Aber was ich noch in den letzten Augenblicken deines Lebens für dich tun kann, werde ich, selbst mit Aufopferung meiner eigenen Sicherheit, für dich tun. Du sollst erfahren, wie sehr ich dein Freund war und noch bin.

RINALDO Gibst du mich so ganz gewiß und zuverlässig verloren?

DER ALTE Ich kann nicht anders. – Du, Olimpia, wirst wissen, was dir die Klugheit raten muß.

Er ging davon und ließ beide verlegen und bestürzt zurück. – Rinaldo fragte Olimpien, was sie zu tun gedenke?

»Ich folge dem Alten.«

Rinaldo verließ sie und ging zu Dianoren. – Er entdeckte ihr, was sie von der Geschichte, die ihn jetzt in Verlegenheit brachte, wissen durfte, und beredete sie, die Villa zu verlassen, sobald es sich schicken würde. Er selbst ging zu seiner alten Wirtin und bezog sein verlassenes Quartier wieder.

Mit Tagesanbruch eilte er an den Strand und war endlich so glücklich, eine Fischerbarke zu finden. Man versprach ihm, binnen drei Tagen ihn auf die Insel Limosa zu bringen, wenn die Barke nötig ausgebessert sein würde.

Bis dahin gedachte er, sich auf dem Meierhofe des Bruders seiner Wirtin aufzuhalten, der drei Meilen von der Villa entfernt lag. Dianoren schrieb er und bat sie, ohne Aufsehen zu erregen mit Violanten die Villa zu verlassen und zu ihm zu kommen.

Er selbst durchspürte die Gegend und sah sich vorsichtig nach einem Schlupfwinkel um. Er entdeckte einige Felsenhöhlen, besah, durchsuchte sie genau und fand sie sehr bequem, sich drinnen verborgen zu halten. Deshalb schaffte er auch Proviant und Gewehr dahin.

Er hatte eben seinen aufgesuchten Schlupfwinkel verlassen und ging nach seiner Wohnung zurück, als er seitwärts, zwischen den Hügeln, eine weiße, weibliche, verschleierte Gestalt hinschweben sah, die, ihrer Kleidung nach, kein Landmädchen sein konnte.

Dies machte ihn aufmerksam. – Er folgte ihren Schritten und kam ihr endlich in der Ebene ganz nahe. Sie ging auf eine Villa zu, wo ihr ein einfach, aber nicht ländlich gekleideter Mann entgegenkam, sie bei der Hand nahm und in das Haus führte. Rinaldo ging der Villa näher und traf ein Mädchen an, das Gras mähte. Dieses fragte er:

»Gehörst du in die Villa?«

»›Ja‹«, antwortete das Mädchen.

»Der Herr und die Dame, welche eben jetzt in die Villa gingen, sind wohl deine Herrschaft?«

»›Ja.‹«

»Wie heißen sie?«

»›Das weiß ich nicht.‹«

»Wie ist das möglich?«

»›Weil ich es, wie gesagt, nicht weiß.‹«

»Wer sind sie?«

»›Das weiß ich auch nicht.‹«

»Bist du auf dieser Insel geboren?«

»›Ja, in jener Villa, wo mein Vater Gärtner ist.‹«

»Und deiner Herrschaft gehört die Villa?«

»›Nein. Sie gehört dem Signor Mandramo in der Stadt. Der ist gar ein reicher Herr und hat die Villa an meine jetzige Herrschaft vermietet.‹«

»Ist deine Herrschaft schon lange hier?«

»›Die Pomeranzenbäume haben schon zweimal geblüht, seit sie hier wohnt.‹«

»Die guten Leutchen sind also fremd hier?«

»›Ja. – Wollt Ihr etwas von dem Herrn oder von der Dame haben, daß Ihr Euch so genau nach ihnen erkundigt?‹«

»Ach nein! – Es fiel mir nur auf, Fremde zu sehen, die man hier zu sehen gar nicht gewohnt ist.«

Er gab dem Mädchen Geld und ging davon, wieder nach seiner Wohnung zurück.

Hier fand er Frau Marthen mit einem Briefe von Dianoren. Sie billigte in demselben seine Vorsicht, glaubte aber, es sei ratsamer für sie, in der Villa zu bleiben, bis die Abfahrt der Barke bestimmt und gewiß sei.

Frau Martha war, mit einer Antwort an Dianoren abgefertigt, kaum davongegangen, als der Alte von Fronteja in Rinaldos Zimmer trat. – Verdrießlich fragte Rinaldo, was ihn hierherbringe?

DER ALTE Meine Freundschaft.

RINALDO Kann ich denn nirgends vor dir und deiner Zudringlichkeit sicher sein?

DER ALTE Nein! solange du noch lebst, nicht, weil ich, mehr als du das zu schätzen weißt, dein Freund bin.

RINALDO Wie hast du meinen Aufenthalt wieder ausgekundschaftet?

DER ALTE Das kann dir gleichviel sein. – Genug, daß ich hier, und wenn du mir folgen, wenn du meinen Rat annehmen willst, zu deinem Glück hier bin. – Noch bist du zu retten. Ich bringe dich sicher nach Korsika.

RINALDO Doch?

DER ALTE Dieses spöttische Benehmen soll und kann mich nicht kränken, denn ich bin dein Freund. O Rinaldo! es wär' zu spät, wenn du das erst in den letzten Augenblicken deines Lebens empfinden solltest! – Jetzt, sage ich dir, bist du noch zu retten. Aber nur heute noch.

RINALDO Feind meiner Ruhe!

DER ALTE Gott weiß es, wie sehr ich dein Freund bin! – Ich bitte dich, folge mir! Noch bist du zu retten. Aber – wie gesagt – nur heute noch.

RINALDO Nur heute noch?

DER ALTE Wahrlich! bei dem ewigen Wesen, das über uns waltet! nur heute noch. – Staune mich nicht an! Ich spreche Wahrheit. Folge dem Rufe deines herzlichsten Freundes! Gehe mit mir, lieber Rinaldo! Rette dich und erspare mir die Tränen, die ich auf deinen Grabhügel zu weinen habe.

RINALDO Morgen, sagst du, entscheidet sich mein Schicksal?

DER ALTE Morgen – und morgen auf immer. Der Morgen, der

nach dieser Nacht dir lächelt, ist der letzte deines Lebens, wenn du hier bleibst, wenn du nicht mit mir gehst.

RINALDO Gib mir Beweise.

DER ALTE Wie kann ich das?

RINALDO Ich will dir glauben. Laß mich ein Wunder sehen!

DER ALTE Wie kann ich das?

RINALDO Gute Nacht!

DER ALTE Du glaubst mir nicht?

RINALDO *(rasch)* Nein, morgen schlägt die Stunde meines Untergangs noch nicht!

DER ALTE *(feierlich)* Sie schlägt. Sie schlägt morgen, bei dem allmächtigen Gott und meiner unsterblichen Seele.

RINALDO Du willst mich nach Korsika locken. Ich folge dir nicht. Ich trotze deinen Weissagungen. Ich bleibe hier.

DER ALTE *(herzlich)* Nun dann! Willst du die Hand, die ich dir biete, dich zu retten, nicht ergreifen, so soll dir doch wenigstens meine Freundschaft bleiben, so sollen meine Tränen deine Begleiter sein in das Land, aus welchem wir nie wiederkehren.

Er senkte sein Haupt, als er das sagte, blieb einige Augenblicke in dieser Stellung und ging dann auf die Tür zu, als diese mit Geräusch aufsprang. Das Licht im Zimmer verlosch und eine weiße, glänzende Gestalt schwebte herein.

Der Alte schrie:

»Heiliger Gott! Rosalie!« und stürzte aus dem Zimmer.

»Taschenspieler!« rief Rinaldo ihm nach, warf seine Augen auf die Gestalt und erblickte wirklich Rosaliens Gesicht. Er trat betroffen zurück. Sie öffnete ihre Arme, schien etwas an ihre Brust zu drücken, winkte ihm und verschwand.

Rinaldo blieb in einer starken Betäubung zurück, sammelte sich aber bald wieder, und bitter lächelnd schrie er laut auf:

»Ein Taschenspieler, und nichts als ein Taschenspieler bist du! – Mich sollst du an dir selbst nicht irre machen, ich kenne dich!«

Der erste Strahl des Tages fand Rinaldo wachend. Er hatte wenig geschlafen.

»Der Tag ist da!« – sprach er; – »der Tag, der allen künftigen Tagen meines Lebens ein Ziel setzen soll. Der letzte! – Schreckliches Wort! – Wer aber sagte dem alten Taschenspieler mit Gewißheit, daß dieser Tag, eben dieser Tag, mein Leben enden soll, und nur dann, wenn ich auf diesem Eiland bleibe?«

Er sprang auf, schrieb an Dianoren, schickte den Brief in die Villa und machte sich auf den Weg nach seinem Schlupfwinkel, den er an diesem Tage nicht verlassen wollte, die Prophezeiung des Alten unwahr zu machen.

Eben näherte er sich dem Felsen, als er am Gestade des Meeres, in der Entfernung, nach der Seite seiner Höhle zu, sizilianische Soldaten erblickte. Dieser Anblick schreckte ihn zurück und traf ihn heftig. Erschrocken verließ er den Pfad, der ihn nach seinem Schlupfwinkel führen sollte, und schlug den Weg rechts, nach einem Gebüsche zu, ein.

Dieses hatte er kaum erreicht, als er im Tale ein starkes Kommando Soldaten gewahr wurde, welches den Marsch auf seinen Aufenthaltsort zu nahm. – Er verließ das Gebüsch und ging auf die Villa zu, in welche er tags vorher den unbekannten Herrn und die Dame hatte gehen sehen.

Er fand die Tür des Gartens offen und ging hinein. – Aus einem Pavillon trat ihm der Unbekannte von gestern entgegen, den er und der ihn sogleich erkannte.

»Mein Prinz!« – rief ihm Rinaldo erschrocken entgegen.

»Unglücklicher! Du hier?« – sagte der Prinz und ging in den Pavillon zurück.

Rinaldo zitterte, aber er wagte es, ihm dahin zu folgen.

Der erkannte Unbekannte war der aus Rinaldos Geschichte bekannte Malteser, der Prinz della Roccella.

Rinaldo warf sich vor ihm nieder, wollte sprechen, vernahm einen Ausruf des Schreckens und erblickte auf einem Sofa die schöne Aurelia. – Dieser Anblick übermannte ihn ganz. Er zitterte heftiger und vermochte nicht aufzustehen.

Der Prinz ergriff seine Hand, zog ihn auf und sagte:

»Bleibst du auf diesem Eiland, so ist dieser Augenblick der letzte unseres Aufenthalts hier.«
»Nein!« – seufzte Rinaldo. »Ich bleibe nicht hier. Morgen schon verlasse ich dieses Eiland, und Ihr sollt mich nicht wiedersehen. Gott sei gedankt, daß ich Euch noch am Leben sehe! Dieser Augenblick ist einer der schönsten meines unglücklichen Lebens.«
»Bist du hier noch in Verbindung mit den Deinigen?« – fragte der Prinz.
»Nein!« – stammelte Rinaldo. »Ich bin nicht mehr in jener verabscheuungswürdigen Verbindung. Jene Banden der Verachtung, die mich umschlungen, sind zerrissen, und ich bin jetzt ein anderer Mensch.«
Aurelia wankte vom Sofa auf und wollte den Pavillon verlassen, als der Gärtner beinahe atemlos herbeistürzte und meldete, die Villa und der Garten sei mit sizilianischen Soldaten umringt.
»Das gilt mir!« – rief Rinaldo mit gebrochener Stimme aus.
»Unglücklicher!« – stammelte Aurelia und sank auf das Sofa zurück.
»Suche dich zu retten!« – sagte der Prinz.
»Es ist zu spät!« – seufzte Rinaldo. – »Ich habe Freundes Rat und Warnung verachtet. – Es ist zu spät!«
Ein starkes Geräusch näherte sich. Im Augenblick war der Pavillon von Soldaten besetzt und ein Offizier trat ein.
»Hier ist er!« – schrie eine Stimme.
Rinaldo wandte sich gegen diese Stimme, und sein Todfeind, der Schwarze, stand vor ihm.
»Habe ich Euch hintergangen?« fragte er den Offizier, zeigte auf Rinaldo und fuhr fort: »Dieser ist Rinaldini; nehmt ihn fest!«
Hohnlächelnd blickte der Schwarze auf ihn nieder, Rinaldo schlug zitternd die Augen zu Boden.
»Bist du Rinaldini?« – fragte der Offizier.
»Ich bin es«, antwortete Rinaldo bebend und ohne Bewußtsein.
Da entstand ein Gewühl vor dem Pavillon. Der Alte von Fronteja drängte sich herein.

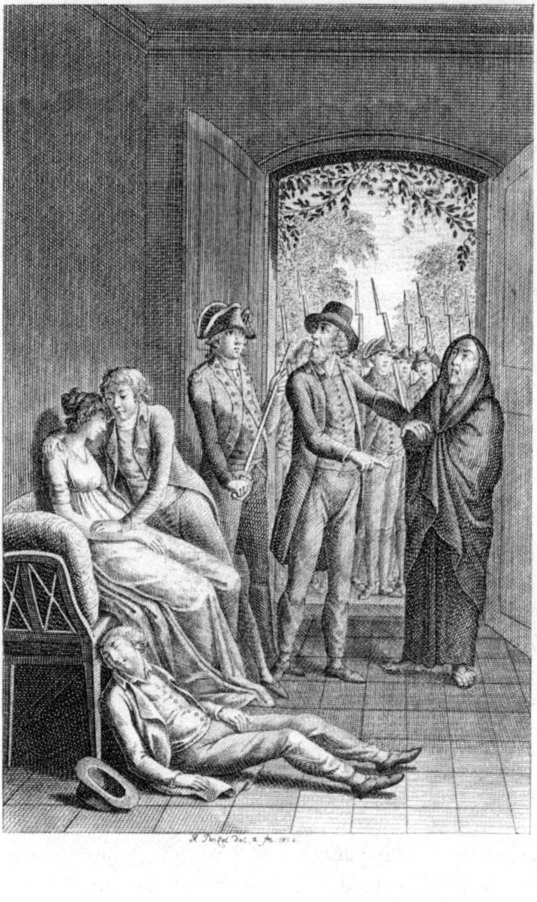

H. Penzel del. a. sc. 1802.

»Rinaldo!« – sagte er, »Ich habe dir meine Freundschaft bis in den Tod versprochen. Ich halte Wort. Du bist nicht zu retten. Fahre wohl!«
Er sprach's, zog einen Dolch und bohrte denselben, ehe es zu hindern war, in Rinaldos Brust.
Rinaldo stürzte bei Aurelien am Sofa nieder. Er streckte seine Rechte nach dem Alten aus, ließ sie sinken und seufzte schwach: »Ich danke dir!«
Aurelia sank ohnmächtig in ihres Vaters Arme.
Der Alte wandte sich gegen den Schwarzen und sagte:
»Jetzt bist du verloren!«
Hierauf warf er einen Blick auf Rinaldo und sprach:
»Dein Freund Onorio konnte seine unglücklichen Lehren nur mit deinem Tode besiegeln. Du solltest ein Held werden und wurdest ein Räuber. Du wolltest die Bahn, auf der du wandeltest, nicht verlassen. Dein Freund aber, der dich mehr liebt als sich selbst, konnte dich nicht auf dem Rabensteine sehen.«
Er trocknete Tränen aus den Augen, wandte sich hierauf rasch zu dem Offizier und sagte:
»Im Namen des Königs! Diesen schwarzen Verräter haltet fest. – Mich führt nach Neapel. Ich gehöre vor des Königs Gericht. Dort werde ich mich zu rechtfertigen wissen.«

Zehntes Buch

Wunderbar gerettet und geborgen
Hat das Glück, zu neuer Not,
Den Verfolgten, den der Morgen
Jeden Tages neues Unglück droht.

Tobend heulte die entfesselte Schar der Winde, donnernd brachen sich die empörten Wellen am Felsengestade, flammende Blitze durchschnitten die finstre Wolkennacht: Himmel und Erde waren in Aufruhr.

Betend lag Onorio in der Kapelle; seufzend und stöhnend ruhte Rinaldo auf seinem Lager.

Unfern Malta liegt die kleine unbewohnte Insel Lampidosa, meerumgürtet, traurig und einsam, aber ihr sicherer Hafen gewährt den Schiffenden Aufenthalt und Schutz, wenn wütende Stürme sie verfolgen. Mitten auf diesem Eilande steht eine kleine Kapelle, geweiht der heiligen Jungfrau. Kein Schiffer, sei er Christ oder Muhameds Verehrer, vergißt es, für gewährten Schutz in der Kapelle, als ein dankbares Opfer, Proviant oder Munition niederzulegen. Wer davon etwas zur Zeit der Not bedarf, legt Geld dafür hin, und jährlich kommen Galeeren von Malta, die dieses gemünzte Opfer nach Trapani in Sizilien zu unserer lieben Frau führen.

In der lieben Frauen-Kapelle auf Lampidosa lag Onorio betend vor dem Altar der Hochgebenedeiten.

Rauschend entströmte der Regen den geborstenen Wolken; stärker rollte der Donner; es erbebte die Erde.

Onorio erhob sein Gesicht, streckte seine Arme gegen das Bildnis der heiligen Jungfrau und sang mit sanfter Stimme:

Du, o Geberin des Guten!
Quelle der Barmherzigkeit!
Gib uns Menschen deinen Frieden,
Schenk uns einst die Seligkeit!

Zähme die empörten Fluten,
Zeige deine Allgewalt,
Gib auch du dem Meere Frieden,
Sichre unsern Aufenthalt!

Lächle gleich dem Morgensterne,
Der dem müden Wandrer lacht,
Zeige deine hohe Gnade,
Zeige deine hohe Macht!

Ein flammender Blitzstrahl durchzischte die Kapelle, ein heftiger Donnerschlag folgte. Es erbebte die Kapelle. Aneinander schlugen die geweihten Ampeln. Das Bild der heiligen Jungfrau schien sich zu bewegen. – Onorio sprang auf und eilte in die Klause zu Rinaldo.
Wie aber kam dieser auf die Insel Lampidosa? – Das wollen wir soeben erzählen.

»Mich führt nach Neapel«, – sagte der Alte von Fronteja, ruhig und mit fester Stimme. – »Ich gehöre vor des Königs Gericht; dort werde ich mich zu rechtfertigen wissen.«
Sichtbar erbebte der Schwarze; mit starren Blicken sah der Offizier dem Alten ins ruhige Auge. Staunen fesselte die Wache. Außer sich stürzte Dianora herbei. »O! Mein Rinaldo!« – jammerte sie weinend, warf sich auf den Blutenden, bedeckte seinen Mund mit unzähligen Küssen und küßte zurück ins Leben seinen fliehenden Geist. – Er atmete.
»Er lebt!« – schrie sie. »Er lebt!« und schloß ihn fest in ihre Arme.
Einer leicht zu erklärenden Bewegung des Schwarzen kam der Offizier zuvor. Er wandte sich winkend zur Wache, und blutend wurde Rinaldo Dianorens Armen entrissen. – Jammernd sank Dianora in Violantens Arme.
Der Alte folgte dem Verwundeten und den Soldaten. – Rinaldo wurde verbunden. – Alle bestiegen eine Barke. – Zu entkommen

versuchte auf dem Wege nach dem Hafen der Schwarze. Er wurde gefesselt.

»Wir führen«, – sagte der Offizier zu seinen Leuten, – »gute Beute und wichtige Geheimnisse nach Sizilien. Die Entwicklung sonderbarer Verbindungen umschließt diese Barke. Glücklich bringe uns der Himmel übers Meer in den Hafen!«
Der Anker wurde gelichtet, gespannt die Segel; das Fahrzeug entfloh dem Hafen.
Geheimnisvolle Stille herrschte auf dem Schiffe; hell glänzten Mond und Sterne am blauen Himmel; sanft umspülten die dunklen Wellen die Barke, laut knarrten die bewegten Ruder durch die Stille der Nacht.
»Ein Schiff! Ein Schiff!« – lief der Ruf von Munde zu Munde.
Schnell getrieben vom frischen Südost eilte das Schiff herbei. Man rief die Barke an, sich zu ergeben. Die Besatzung griff zu den Waffen. – Geöffnet waren die Schießlöcher des feindlichen Schiffs; der silberne Mond blinkte von den grünen Flaggen.
»Tunesier!« – schrie der Offizier. – »Wir sind zu schwach! Wir sind verloren!«
Schon blitzte des Feindes Geschütz, der Donner rollte über die Wellen. Was half Widerstand? Die Barke wurde genommen. Cinthio, Luigino und ihre Leute, in türkische Tracht gekleidet, sprangen über; die Soldaten und der Schwarze wurden niedergehauen. Nach Sizilien kam keiner zurück; wieder sah keiner das liebliche Vaterland.
Der Alte umarmte seine Freunde, sie ihn, und alle jauchzten: »Das ist wohl gelungen!«
Vor Lampidosa gingen sie vor Anker. Hier wurde Rinaldo ausgesetzt und Onorios Pflege übergeben. – Das Schiff stach in die See.

Ungefähr hundert Schritte von der Kapelle auf Lampidosa lagen drei kleine Einsiedeleien, die vor vielen Jahren von drei Eremiten, einem Christen, einem Griechen und einem Muhamedaner mit sonderbarer Einigkeit bewohnt worden waren. Sie starben und begruben einander neben ihren Klausen. Der Christ überlebte seine Freunde. Ihn fand ein türkischer Meerräuber auf seinem Lager entschlafen, las seine und seiner Gefährten Geschichten, die er hinterlassen hatte, und ließ ihn zur Ruhe bringen. Die Nachrichten blieben zurück, so wie die einfachen Hausgeräte, ein Inventarium der Klausen.

So fand es Onorio, als er nach Lampidosa kam. Hier wollte er sein Leben beschließen, Gott und heiligen Betrachtungen geweiht. Er kannte den Alten von Fronteja, dieser kannte ihn, wie die Folge dieser Geschichte lehren wird, und ihm übergab man den Verwundeten so lange, bis es nötig sein würde, ihn wieder abzuholen.

Schon war Rinaldo ganz außer Lebensgefahr, als der fürchterliche Sturm das kleine Eiland erschütterte.

»O!« – seufzte er. – »Allenthalben hin folgt der Zorn des Himmels dem Verbrecher! Wo könnte er ihn nicht finden?!«

Sanft antwortete Onorio: »Allenthalben. – Der Sturm ist schrecklich! Solange ich auch schon dieses einsame Eiland bewohne, hörte ich noch nie ein solches Ungewitter. Wehe denen, die dieses Wetter jetzt auf dem Meere trifft! – Es folgt allen, die jetzt die Wogen durchschneiden, so fromm und makellos sie auch immer sein mögen. Überall flammen die Blitze des strafenden Himmels, der auch seine Sonne scheinen läßt über Böse und Gute. – Wer reinen Herzens ist und ein gutes Gewissen hat, sieht jedem Blitzstrahle ruhig entgegen.«

Rinaldo sah gedankenvoll, seufzend, vor sich nieder. – Onorio sprach weiter: »In dieser Einsamkeit, wo wir allein sind.« –

»›Der Mensch‹« – fiel rasch Rinaldo ein, – »›ist nie allein. Und wär' alles um ihn herum schweigend und stumm. Sein Herz ist bei ihm.‹«

Onorio blickte ihn schweigend an. Rinaldo fuhr fort:

»O! das Herz! das bewegliche Herz! – Wie schwer trage ich an dieser leichten Last! Sie wird mich noch zu Boden drücken.«

Abbrechend sagte Onorio: »Meine Ampeln brauchen Öl!«, – nahm den Ölkrug und ging in die Kapelle.

Über Nacht legte sich endlich der Sturm, und als am Morgen die Sonne lachte, lief ein Schiff in den Hafen und warf die Anker aus. Der Alte von Fronteja trat in die Klause. Heiter war sein Blick, sanft war die Sprache seines Mundes.

»Grüße Euch Gott, meine Freunde, und gebe uns allen Heil und Glück! Der Sturm ist vorüber, die Sonne lacht, und glücklich liegt mein Schiff im sichern Hafen.«

»Bist du«, – fragte Rinaldo, – »ebenso sicher als dein Schiff?«

»Unsicher«, – lächelte der Alte, – »bin ich nie.«

»Du hast viel Glück!« – rief Rinaldo aus. – »Doch bedenke, daß das Glück wankelmütig ist. Zwar faßt es wohl, doch sich fassen läßt es selten.«

»Verstehst du es aber auch, mit Glück umzugehen? – – Stelle dich diesem wankelmütigen Dinge als eine Kugel dar, welche es hinrollen kann, wohin es will, an der aber nirgends ein Fleck ist, an welchem du festzuhalten bist. Will das Glück sich zu dir setzen, wohl! so reiche ihm die Hand; breitet es seine Flügel aus, davonzufliegen, so gib ihm seine Geschenke zurück und laß es fliegen. – Das Glück ist ein Weib. Du weißt ja, wie Weiber sind: denn ich glaube, du kennst sie!«

»Weiber«, – begann Onorio, – »sind *doppelte* Menschen, und ein *einfacher* Mensch ist gewöhnlich schon nicht viel wert!«

Der Alte lächelte Onorio an und fuhr fort:

»Des Weibes Launen müssen uns ergötzen, dürfen uns aber nie betrüben. – Es gibt Menschen, die sich für glücklich halten, weil sie sich weise dünken; halte du dich für weise, wenn du dich glücklich fühlst.«

»Das werde ich nie können!« – seufzte Rinaldo.

»Der Mensch«, – antwortete der Alte bedächtig, – »kann alles, was er ernstlich will. – – Ich bin gekommen, dich zu fragen, mein Freund, willst du hier auf diesem Eiland bleiben, oder fühlst du Verlangen und Mut genug, wieder in die Welt zu gehen? – Nur

etwas Trotz weniger, und du wirst unter den Menschen dich ganz wohl befinden. Trotz schickt sich nicht in die menschliche Gesellschaft; die Menschen ertragen ihn nicht. Entweder man erwidert deinen Trotz, – dabei gewinnst du nichts, – oder man flieht dich; – und dabei gewinnst du noch weit weniger. Ich kenne Welt und Menschen. Höre mich an, aus mir spricht die Erfahrung. Ich will dir ein Geheimnis anvertrauen, und dadurch entdecke ich dir *das Geheimnis aller klugen Menschen, die in der Welt bedeutend worden sind* und es noch werden. Nenne das, was ich dir sage, *Philosophie des Lebens*, und handle nach dem, was du von mir hörst. – – Die Pflichten der menschlichen Gesellschaft sind nur ein unaufhörlich fortgesetzter *Tauschhandel*. Laß dich auf nichts ein, ohne zu erwarten, daß es dir *Vorteil* bringe. Deinen Verstand, deine Einsichten, deinen Diensteifer und deine Gefälligkeiten, alles lege im *Handel* an. Tue deinen Nebenmenschen keinen Schaden, achte sie, wenn du mußt; diene ihnen, wenn du kannst; laß ihnen ihre Ansprüche und entschuldige ihre Schwachheiten. Sie sind nicht undankbar. Deine Auslage wird dir immer mit beträchtlichen Zinsen wieder erstattet werden.« –
»Unter diesen Menschen aber«, – fiel Rinaldo ein, – »werden auch *Freunde* sein, und die Freundschaft fordert doch wohl« –
»Die Freundschaft«, – fiel ihm der Alte schnell in die Rede – »betrachte stets als das *schönste* und als das *gefährlichste* Geschenk des Himmels. Ihre Gutheit ist entzückend, ihre Unbeständigkeit ist entsetzlich. Und wie willst du, daß ein Weiser der Gefahr eines Verlustes sich aussetze, dessen Bitterkeit sein ganzes übriges Leben vergiften kann? – Trifft deinen Freund ein Unfall, und du hast keine *Hilfsmittel* dafür, so erspare dir den Schmerz, ihn leiden zu sehen.«
Rinaldo sah ihn mit bedeutenden Blicken an und sagte:
»Du hast nicht gehandelt, wie du sprichst; wenigstens gegen *mich* nicht!«
»Du bist mir *mehr* als Freund.«
»Mehr? – Mehr als Freund? – Ich dir? – Und was? – Was bin ich dir?«

Onorio sah den Alten bedenklich an; dieser schwieg. – Rinaldo wiederholte die Frage:
»Was bin ich dir?«
»Ich liebe dich«, – antwortete der Alte, – »wie ein Vater seinen Sohn liebt. So will es mein Herz, so will es die allgewaltige Sympathie, die zwischen Menschen waltet.«
Nach einer starken Pause fragte Rinaldo: »Warst du, seit wir uns nicht sahen, wieder in Sizilien?«
Zufrieden lächelnd antwortete der Alte: »Ich war in meinen lieben Gefilden von Fronteja. – Man hat dort übel gehaust. Die Pfaffen haben meine Jünger vor ihr Tribunal gezogen und sind schlimm mit ihnen umgegangen. Die meisten stecken in Klöstern, zu kirchlicher Buße verdammt, und einige sind sogar auf der Folter gestorben.«
»Gerechter Gott! – Warum das?«
»Man wollte ihnen das Geständnis ihres vermeinten Heidentums auspressen. – Bei Gott! Es ging den Meinigen, wie es ehemals in Frankreich den unschuldigen Tempelherren ging; aber ich war nicht zur Rolle eines *Molay* zu bringen! – – Übrigens glaubt man in Sizilien, die Barke mit mir und dir und der königlichen Wache sei entweder untergegangen oder von einem Meerräuber in den Grund gebohrt worden.«
Nach einer Pause fuhr der Alte lächelnd weiter fort:
»Meine ganze Krata Repoa, alle dazugehörigen Dekorationen und Bücher, befinden sich im heiligen Inquisitionsgericht; als Studium wahrlich nicht! – Ich las zu Palermo und zu Messina gedruckte, öffentlich angeschlagene *Aufhebungen des Preises auf deinen Kopf*; – hier ist ein Exemplar! –, weil Rinaldini von den Wellen verschlungen worden sei. – Doch werden vermutlich bald neue Preise ausgesetzt werden, denn Cinthio und Luigino, an der Spitze eines starken Korps, treiben es in Sizilien ein wenig arg.«
»Wie? – Cinthio? Luigino?« –
»Was du tatst, bleibt gegen das, was diese tun, nur Spielwerk.«
»Wohl mir! – – Wie steht's um das Unternehmen auf Korsika?«

»Aufgeschoben ist nicht aufgehoben.«
»Wo lebt Dianora?«
»Geh in die Welt; du wirst sie finden.«
»Und was treibst du jetzt?«
»Handel. – Als Kaufmann durchschiffe ich die Meere und werde reich.«
Noch sprachen sie, als zwei Kanonenschüsse fielen und die Ankunft eines Schiffs verkündigten. Onorio und der Alte verließen die Klause. – Bald kamen sie zurück, und der Alte sagte:
»Rinaldo, ein sizilianisches Schiff ist angekommen, es hat im Sturm gelitten, man will es ausbessern. Der Kapitän spricht davon, einige Tage hier zu verweilen. Mein Schiff geht in die See. – Willst du mit mir gehen?«
Onorio fiel ihm um den Hals und stammelte: »Folge deinem Freunde! Laß mich allein hier ruhig sterben.«
»Ich fühle, was du sagen willst!« – stammelte Rinaldo wehmütig. – »Ja! Du sollst *ruhig* sterben. Lebe wohl! – O! Onorio, wie sehr drückt die Last deiner freundlichen Bitte mich nieder! – Ich fühle, *was* ich bin, was ich dir und allen Menschen sein muß. – Fort in die Welt! Fort aus der Welt, zu meinen Räubern! – Alter! – Ich folge dir.

Der Morgen war schön. Das Schiff durchschnitt die See. – Rinaldo stand auf dem Verdeck, überflog mit suchenden Blicken das Meer und rief endlich seufzend aus: »O! Es ist ein schöner Morgen!«
Der Alte fiel sogleich ein: »Ein schöner Morgen! Er lächelt dir und mir und uns allen! – Was der Mensch an den Tageszeiten Schönes genießen kann, genießt er des Morgens und des Abends, beim Kommen und Scheiden des Tages. – So ist es auch mit dem *Menschen.* Sein Morgen und sein Abend lehrt ihn uns kennen und schätzen. Im Kommen und Scheiden kennt er keine Verstellung. In der Mitte seines Lebens nur wirft die Zeit ihm trügerische Schleier über. – ›Unser Abend sei heiter!‹ Ein schöner Wunsch! – Gott gebe uns allen seine Erfüllung!«

Als die Wellen das schwankende Schiff in die See trugen, flimmerten nur wenige Sterne noch am Himmel. – Auch diese verschwanden. – Schon brachen die ersten Strahlen des Tages durch des Himmels bläulichen Schleier; die Nacht zog gegen Westen sich zurück, und die flüchtigen Schatten folgten ihr nach.

Im Osten wurde der Himmel immer röter. Leuchtende Strahlen durchschossen die reine Luft und überzogen das bläuliche Gewölbe mit purpurnen Streifen.

Rinaldo stand, in sich selbst verloren, noch auf dem Verdeck; blickend gen Himmel, mit feuchten Augen. Sein Gefühl war ein stummes Morgengebet. – Ihn beobachtend stand der Alte neben ihm.

Stärker wurde die Erhellung, lichter wurden die Farben. – O! welch ein herrliches Schauspiel öffnete sich den Blicken. Tausend goldene Strahlenflammen fuhren von einem einzigen Mittelpunkt aus und zerteilten sich in der Luft. – Ganz Osten stand in Feuer.

»Rinaldo! siehst du das?« – fragte rasch der Alte.

»Ich sehe und fühle«, – antwortete er mit sehr bewegter Stimme.

Jetzt trat die Sonne hervor. Ihre strahlende Scheibe schwebte über dem Horizont. Einen Augenblick schien sie noch auf dem Meere, wie auf einem Throne zu ruhen, – und nun erhob sie sich, in all ihrer Klarheit und Pracht, die glänzende Königin des Himmels. – Wie prächtig sie sich über das Wasser erhob! Wie vielfach aus den Wellen ihr glänzendes Bild zurückstrahlte! – Da stand sie nun, die leuchtende Sphäre, die mit ihrer Klarheit die Welt erfüllt, umgeben mit flammender Pracht!

Von einem unwillkürlichen Gefühl ergriffen, wie von einem elektrischen Schlage getroffen, stürzte Rinaldo auf die Knie, erhob die Hände, und stammelte:

»Großes Licht des Himmels! Wie oft sahst du den Räuber auf blutbespritzten Pfaden, wie oft drang dein Blick in seine, menschlichen Augen verborgene Winkel! – O! blicke in mein Herz, und sieh, was ich leide!«

Rasch riß der Alte ihn auf, ihn unterbrechend, und sagte: »Sieh, Freund, schon vermagst du es nicht mehr, ohne Fernrohr, Lampidosa zu erblicken. Die Insel liegt hinter uns. So entschwinden die Taten der Menschen im eiligen Laufe der Zeit; so entschwindet das Andenken an Gutes und Böses!«
Die Schiffsglocke läutete zum Frühstück. Die Matrosen verbreiteten sich auf dem Verdeck, und der Kapitän des Schiffs, dessen Namenstag gefeiert werden sollte, gab Wein zum besten. Ein hundertstimmiges Lebehoch tönte ihm zu Ehren, in die Lüfte, und einige Guitarren, Triangel und Geigen kamen zum Vorschein. Es wurden Lieder angestimmt, und endlich sang die ganze Gesellschaft.

Romanze

In des Waldes finstern Gründen
Und in Höhlen tief versteckt
Ruht der Räuber allerkühnster,
Bis ihn seine Rosa weckt.

»Rinaldini!« – ruft sie schmeichelnd:
»Rinaldini! wache auf!
Deine Leute sind schon munter,
Längst ging schon die Sonne auf.«

Und er öffnet seine Augen,
Lächelt ihr den Morgengruß.
Sie sinkt sanft in seine Arme,
Sie erwidert seinen Kuß.

Draußen bellen laut die Hunde,
Alles flutet hin und her,
Jeder rüstet sich zum Streite,
Ladet doppelt sein Gewehr.

Und der Hauptmann wohl gerüstet,
Tritt nun mitten unter sie.
»Guten Morgen, Kameraden!
Sagt, was gibt's denn schon so früh?«

»Unsre Feinde sind gerüstet,
Ziehen gegen uns heran.«
»Nun, wohlan, sie sollen sehen,
Ob der Waldsohn fechten kann.«

»Laßt uns fallen oder siegen!«
Alle rufen: »Wohl es sei!«
Und es tönen Berg' und Wälder
Rundherum vom Feldgeschrei.

Seht sie fechten, seht sie streiten!
Jetzt verdoppelt sich ihr Mut;
Aber, ach, sie müssen weichen,
Nur vergebens strömt ihr Blut.

Rinaldini, eingeschlossen,
Haut sich, mutig kämpfend, durch
Und erreicht im finstern Walde
Eine alte Felsenburg.

Zwischen hohen, düstern Mauern
Lächelt ihm der Liebe Glück,
Es erheitert seine Seele
Dianorens Zauberblick.

Rinaldini! Lieber Räuber!
Raubst den Weibern Herz und Ruh.
Ach, wie schrecklich in dem Kampfe,
Wie verliebt im Schloß bist du!

»Jetzt ist es aus mit ihm!« sagte der Kapitän. »Beim Teufel! Das war ein Kerl, von dem man noch lange singen und sagen wird!«
»Jawohl!« sagte der Alte und lächelte.
Der Kapitän fuhr fort: »Er hatte es, sozusagen, verdammt weit gebracht! Wenn nur mehr Ehre dabei gewesen wäre! Man hätte ihn begnadigen sollen, und er würde dem Staate gewiß, mit dem Degen in der Faust, gute Dienste geleistet haben. – Jetzt ist er wohl schon längst, wer weiß in welchem Haifischmagen über die Grenze geschifft.«
Alle lachten. Rinaldo, – mußte natürlich auch mit lachen.
Bald kam's wieder zu einem Wettgesang. Ein Mädchen und ein junger Matrose traten nun auf und sangen zur Musik

ER Geh nicht in die Berge,
Rinaldo wohnt dort;
Er plündert, beraubt dich,
Und schleppt dich mit fort!

SIE Ich geh' in die Berge,
Rinaldo wohnt dort;
Er kennt mich, er liebt mich;
Ich zieh' mit ihm fort!

ER Ha, Rosa, du Röslein
In Wälder versteckt,
Hat auch dich die Liebe
Im Freien geneckt?

SIE Es neckt mich die Liebe
Im Feld und im Wald. –
Dort glänzen Gewehre;
Wir wandern nun bald!

Langsam schlich Rinaldo von dem Verdeck in die Kajüte. Je lauter draußen der Lärm wurde, desto beklommener hörte er das Getöse an. – Tausend Entwürfe und Entschließungen durchkreuzten seine Seele; welchen konnte er fassen? Er mußte alles auf den Zufall ankommen lassen, aber diesen aufs beste zu benutzen, war sein ernster Wille, sein fester Entschluß. Schon hatten sie Sizilien im Rücken, als auf einmal ganz unerwartet der Wind nach Südost umsprang. Wütend warf er das Schiff hin und her durch die tobenden Wellen, die sich, Bergen gleich, dem krachenden Kiele entgegentürmten. – Die Nacht brach an, und die dickste Finsternis umlagerte das Schiff. Nichts war zu sehen als der leuchtende Schaum der wütenden Wogen, die das Schiff so ungestüm umherschleuderten, daß auch die Kühnsten zaghaft wurden.

Rinaldo lag ruhig auf dem Lager, fürchtete nichts und sah gelassen dem Tode entgegen. Er blieb allein, auch der Alte kam nicht zu ihm.

Duftige Nebel sanken hernieder; das Brausen des Windes glich dem stärksten Donner des Geschützes. Im Schiffe ertönten Angstgeschrei und Klagen. – Ängstlich harrte man des anbrechenden Tages. – Nach Mitternacht stieß das Schiff auf eine Klippe, es borst und sank.

Ein schreckliches Wehklagen erfüllte die Lüfte. – Rinaldo, der bisher ruhig den Tod erwartete, ergriff einen Balken; eine Welle schleuderte ihn ins Meer, eine zweite warf ihn ans Land, wo er, matt und entkräftet, dem anbrechenden Tage entgegensah.

Der Sturm legte sich. Es wurde Tag. Rinaldo lag unter einem Baume. Die Gegend wurde heller. Er blickte um sich und sah einen Fischer, der nach dem Ufer ging. Diesem klagte er sein Unglück, und der ehrliche Mann führte ihn in seine Hütte, wo er ihn, so gut er es geben konnte, mit Speise und Trank erquickte.

Bald wurde der benachbarte Pfarrer herbeigerufen; dieser fragte den Schiffbrüchigen aus und erhielt eine Geschichtserzählung von Rinaldo, die einer ganz gewöhnlichen Erzählung glich. Er war ein Kaufmann aus Ancona, hatte Schiffbruch gelitten und war in demselben um seine Habseligkeiten und Papiere gekommen. »Und wo bin ich?« – fragte er. Der Pfarrer gab zur Antwort: »Dieses Eiland, auf welchem Ihr Euch befindet, heißt Alicudi, hat etwa fünfzehn Meilen im Umkreis, ernährt gegen achthundert Bewohner, ist eine der Liparischen Inseln und liegt achtundvierzig Meilen von Lipari entfernt, wohin Ihr aber noch heute kommen könnt, weil eine Barke dorthin segelt und Wein holt.«

Dieser Gelegenheit bediente sich Rinaldo, ließ sich nach Lipari führen und kehrte in dem Hospitio bei den Bernhardiner-Mönchen ein, die Reisende, weil es dort keine Gasthöfe gibt, beherbergen.

»Wie?« – sprach er bei sich selbst, – »Wie? wenn du hier dich in das Gewand der frommen Einfalt und Verborgenheit hülltest? Wenn du bliebst unter diesen Mönchen?«

Mit diesem Selbstgespräch, das er im Freien hielt, nahte er sich einem kleinen Landhause, das sehr romantisch mitten in einem Blumengarten lag. – Er ging auf dasselbe zu, dachte sich in seine Einsamkeit, nach Pantaleria, zurück und seufzte:

»Dort war ich glücklich und durfte es nicht bleiben! – Ach Dianora! – O! ihr goldenen Tage meiner Ruh und meines Glücks! Warum entfloht ihr so schnell?«

Da vernahm er Gesang, der aus den nahen Gebüschen ihm entgegentönte. Er lauschte und hörte:

Einsam wandl' ich hier, und weine,
Nur mein Gram begleitet mich!
Nicht im Sonn'- und Mondenscheine
Find ich Ruh, ach! Ruh für mich!

Die Stimme kam näher. Aus den Büschen trat die Sängerin. Rinaldo fuhr erbebend zurück. Sie schrie laut auf, als sie ihn erblickte, lehnte sich zitternd gegen einen Baum und stammelte mit gebrochener Stimme: »Armer Geist! Was quält dich? Was bringt deine irdische Gestalt mir vor die Augen?«

ER Kein Geist! kein Geist! – Ich bin es selbst; bin wirklich hier.

SIE Kein Geist? – Kein Traum? – Kein Blendwerk?

ER Nicht Geist, nicht Traum, kein Blendwerk! – Ich lebe! Ich sehe dich! dich, die ich über alles liebe. Ich fasse deine Hand! –

SIE Du lebst?

ER Ich lebe und bin dein!

Er sprach's und schloß sie in seine Arme. Ihre zitternden Hände falteten sich auf seinem Rücken und ihre Lippen stammelten: »Gelobt sei Gott und die heilige Jungfrau; ich habe dich wieder, geliebter Unglücklicher! – Und du bist mein!«

»Dein! – dein auf ewig!«

Ich kann sie nicht schildern, diese Szene des glücklichen, unvermuteten Wiederfindens. Rinaldo umschlang entzückt seine geliebte Dianora und eilte mit ihr in ihre Wohnung.

»O Rinaldo!« – rief Dianora aus, – »und du entgingst dem Tode? – Ich wähnte der Gerechtigkeit dich übergeben, öffentlich und mit Schande gemordet! Krank, jammernd und elend verließ ich Pantaleria und floh in die Einsamkeit dieses stillen Eilandes. Hier beweinte ich dich und wollte hier mein Leben beschließen. Violanta, meine treue Gefährtin und Freundin, ist nach Sizilien gegangen, meine Angelegenheiten dort zu besorgen, aber dennoch bin ich hier nicht allein, und die glückliche Szene des Wiedersehens soll frohe Zeugen haben!«

»Ist noch jemand hier, der mich kennt?« – fragte Rinaldo.

»Ein Wesen ist noch hier, das dich nicht kennt, und dennoch ist es dir so nahe verwandt!«

Sie ging, kam bald zurück und trug ein jähriges Knäbchen auf ihrem Arme ihm entgegen.

»Mein Kind!« – schrie Rinaldo und schloß es küssend, mit der Mutter, in seine Arme.

»Dein Kind! – Es lächelt dir entgegen. Es lallt den Namen Vater.«

»Die Stimme des Blutes! – O! süßer Vatername! – O Weib, o Kind! – Jetzt bin ich *glücklich*!«

»Bist du das?« – fragte eine rauhe Stimme hinter ihm.

Er drehte sich herum und trat erschrocken zurück. – Dianora

A. Pinzel del a fec 1802

sank mit einem lauten Schrei des Schreckens, das Kind umklammernd, aufs Sofa. – Mitten im Zimmer stand, in die bekannte Kleidung des Schreckens gehüllt, der korsische Kapitän, in der Tracht der Schwarzen, und lächelte höhnisch die Betroffenen an.

»Kennst du mich?« – fragte er.

Rinaldo schöpfte Atem, faßte sich und sprach:

»Ich kenne dich, weil du mich kennst. Was willst du von mir? – Unsere Rechnung ist abgetan; ich habe nichts mit dir zu tun.«

»Nichts?«

»Ich schenkte dir das Leben, als es in meiner Gewalt war.«

»Ich hatte längst zuvor das deinige dir geschenkt.«

»So sind wir dennoch quitt.«

»Die Rechnung wird neu. – Du kennst doch diese Tracht, in der ich dir mich zeige? – Ich bin jetzt nicht mehr mein; ich gehöre denen an, die mich sandten.«

»Was wollen sie von mir? Warum schleichen sie mir allenthalben hin nach?«

»Sie tun, was dein Gewissen tut.«

»Gott richte mich, nicht sie, nicht du, selbst der Sünder einer, wohl noch größer als ich.«

»Du rechtfertigst dich selbst? – Das darf nicht sein!«

»Furie, die mich quält, wie einst die Erinnyen folgten auf allen seinen Schritten dem fluchbelandenen Orest! – Weiche! – Wenn du mich auch in den Hütten des Raubes aufsuchtest, so solltest du doch an der friedlichen Hütte vorübergehen, an die der Engel des Friedens sein hohes Zeichen schrieb. Was hat der Würgeengel hier zu tun? – Ich bin nicht mehr, was ich war. Ich bin zurückgetreten aus dem weiten Kreise meines ehemaligen Wirkens und will hier leben im engen Zirkel stiller Häuslichkeit. Hier ist mein Weib, mein Kind. Diese haben nichts Böses getan. Unschuldig lächelt der Knabe den Feind seines Vaters an. Kommst du auch zum Verderben der Unschuld?«

»Ich hänge nicht von mir selbst ab.«

»Aber steht nicht mein Verderben bei dir? – Du mordest in mir Gatten und Vater. Sind diese Namen dir nicht heilig?«
Kalt antwortete der Kapitän: »Heilig sind mir jetzt nur die Befehle meiner Obern.«
»Wollen diese meinen Tod? – Gut dann, so morde man mich hier, unter den Augen meiner Frau und meines Kindes! Aber morden müßt ihr mich, und mein Leben werde ich teuer verkaufen. – Du bist der erste, der fällt.«
Schnell riß er ein paar Pistolen von der Wand und vertrat dem Kapitän den Ausgang aus dem Zimmer.
»Was beginnst du?« – fragte dieser bestürzt.
»Ich fechte für mein Eigentum. Habt ihr den Räuberhauptmann wieder in mir aufgesucht, so sollt ihr ihn auch finden. Daß Rinaldini zu fechten weiß, wißt ihr; ihr sollt erfahren, daß ich der noch bin, den ihr suchen wollt.«
Der Kapitän suchte sich zu fassen und begann nach einer kleinen Pause:
»Daß ich nicht für *mich selbst* handle, weißt du. Die Not brachte mich in Dienste anderer. Für diese habe ich Pflichten. – Was gibst du mir? Womit belohnst du mein Schweigen?«
»Mich hintergehst du nicht!« – schrie Rinaldo. – »Deine glatten Worte gibt dir die Not ein. Ich lasse dich gehen, und ich bin verhaftet. Du suchst mir jetzt zu entkommen. Das kann nicht sein! – Die Klugheit dringt mir einen Mord ab; Gott verzeihe ihn mir! Ich morde nur zu meiner Lebenssicherheit. Es kann nicht anders sein! Ich rette mich, mein Weib, mein Kind. Gott sei deiner Seele gnädig!«
»Rinaldo! – Um Gottes willen! – Höre! – Nur noch *ein* Wort!«
»Was hast du noch zu sagen?«
»Laß mich beten und morde mich im Gebet.«
Rinaldo blickte ihm forschend in die Augen. Der Kapitän fiel vor ihm nieder und faltete die Hände.
Draußen erhob sich ein Geräusch. Die Tür ging auf. Wache trat ins Zimmer.

Der Kapitän sprang auf. Der Anführer der Wache redete ihn ganz trotzig an:
»Elender, vermummter Verräter!«
Gelassen erwiderte der Kapitän:
»Gott hat Euch mir zum Retter gesandt!«
Der Offizier sah ihn fragend an; er fuhr fort:
»Mein Leben konnte nicht mehr gerettet werden; es stand in der Hand eines Mannes, der mich vernichten mußte, um nicht der Justiz in die Hände zu fallen.«
»Was soll das sagen?« – fragte der Offizier ernsthaft.
Der Kapitän sprach weiter:
»Wohin Ihr mich auch führen mögt, wie mein Schicksal auch entschieden werden mag, so verdiene ich doch eine Belohnung des Staates, wenn ich der Landesregierung, was hiermit geschieht, einen Mann überliefere, auf dessen Kopf sie schon längst hohe Preise setzte, der stets ihren Nachforschungen entging, den sie tot glaubt, der aber noch hier steht, lebt und Rinaldini heißt.«
»Wie?« – fragte der Offizier heftig.
»Elender Bösewicht!« – schrie Rinaldini, – »willst du deiner Strafe durch ein neues Verbrechen entgehen? Welche Frechheit! Willst du dich durch die schändlichste Verleumdung, mit der schamlosesten Lüge retten?«
Der Kapitän wollte sprechen; Dianora sprang auf: »Dieser ist mein Gemahl, und daß ich die Gräfin Martagno bin, weiß der Statthalter, der auch meinen Gemahl kennt. Dieser schwarze Bösewicht, dessen Erdichtungen« –
»Signora«, – fiel der Offizier ein, – »daß dieser Vermummte ein Nichtswürdiger ist, wissen wir, er wird den Lohn erhalten, der ihm und seiner ganzen Brüderschaft gehört; dennoch aber bin ich verbunden, auf seine Angabe, Euern Gemahl zu ersuchen, mir zum Statthalter zu folgen. Ich kenne ihn nicht – und muß meiner Pflicht gehorchen.«
»So folge!« – sagte Dianora mit einem bedeutenden Blick.
Der Kapitän wollte sprechen; der Offizier ließ ihn binden und sagte: »Was du sagen willst, kannst du vor Gericht sagen. Ich bin

dein Richter nicht. – Wache! führt ihn fort! – Dieser Herr folgt mir zum Statthalter.«
Rinaldo umarmte Dianoren, die ihm etwas sagen wollte, welches der Offizier höflich verbat. Sie gab ihm sprechende Blicke, die Rinaldo dennoch aber nicht recht entziffern konnte, und er folgte dem Offizier in die Stadt.

Hier führte ihn dieser auf die Wache und ging zum Statthalter, wo er Dianoren fand. Der Statthalter lächelte nach des Offiziers Rapport:
»Sonderbar! Wie weit geht doch die Bosheit der Schwarzen! – Man verfährt in Sizilien und in allen Staaten unseres Königs aufs schärfste gegen alle Mitglieder eines Bundes, dessen Absichten man kennt, der die Staatsverfassung des Reichs vernichten und eine allgemeine Rebellion erregen wollte. Ein allgemeiner Urteilsspruch hat alle Teilnehmer an dieser Verschwörung schon gerichtet. Der Schwarze, der sich nach Lipari schlich und sein schändliches Gewand überwarf, ehrliche Menschen zu schrecken, der sich erkühnte, verwegen, sich selbst so kennbar zu machen, soll dem Schwerte der Gerechtigkeit nicht entrinnen. – Auf unserm friedlichen Eiland soll die Sache kein Aufsehen machen. Die Bewohner brauchen eine Sache gar nicht kennenzulernen, die sie nicht kennen; ihre stillen Gemüter soll so etwas weder bewegen noch entflammen. Ich werde dafür sorgen. Stille und Verborgenheit sind hier heilsam. – – Der Gemahl dieser Dame kommt zu mir.«
Rinaldo kam zu dem Statthalter. Er trat ins Zimmer, bebte zurück, drückte die gefalteten Hände vor die Stirn, sah in der Person des Statthalters den ihm und uns bekannten Prinzen della Roccella und warf sich vor ihm nieder. Mit bebenden Lippen stammelte er: »O mein Prinz!«
Der Prinz ging auf ihn zu:
»Mann! – Sehe ich auch hier dich wieder? – – Ich brauche dir wohl nicht zu sagen, wie sehr deine Gegenwart mich in Verlegenheit setzt? – Fühle das selbst.«

»›O! ich fühle es! – Ich bitte nicht für mich, ich bitte nur für Weib und Kind! – Stets großmütig war mein Prinz!‹« –
»Mein Schicksal quält mich durch dich.«
Er ging im Zimmer auf und nieder. Rinaldo erhob sich, wankte an ein Sofa und stürzte sich mit gesenktem Blick mit beiden Händen auf dasselbe. – Endlich begann der Prinz:
»Nach langem Überlegen und Streiten zwischen Pflicht und Wohlwollen kann ich mich zu weiter nichts entschließen, als deine Flucht dir zu erleichtern. Du wirst aber fühlen, daß das für dich sehr viel getan ist!«
»›Alles – alles, was nur die Großmut des Edelsten tun kann!‹«
»Ich kann und darf nicht mehr für dich tun!«
»›Mich vernichtet diese Güte!‹«
»Eine englische Fregatte liegt segelfertig in dem Hafen, diese wird dich aufnehmen. – Für Reisegeld ist gesorgt. In meiner Verwahrung sind 1000 Stück Dukaten, die deinem Freunde, dem Alten von Fronteja gehören –«
»›Ach! Ihn verschlang das Meer. – Hätte es doch mich verschlungen!‹«
»Reise glücklich!«
»›Und Dianora?‹«
»Kann nicht mit dir gehen. Sie ist das sich selbst, sie ist es ihrem Kinde schuldig. Fühlst du das?«
»›O! ich Unglücklicher! – Ach, Dianora! – Mein Kind! – Mein armes Kind!‹« –
»Es soll das meinige sein. – Welche Erziehung, welche Ansprüche auf Glück und Fortkommen in der Welt, könntest du dem Kinde geben? Du, der du geächtet, verfolgt, der du ein Mann bist, dessen Name schon ein Verbrechen ist? Welche Hoffnung könnte unter deiner Wartung und Pflege dem zarten Sprößling blühen, ein Baum zu werden, der seine Äste frei emporstrecken könnte in die Lüfte? Ewig würde der Sohn nur das Kind eines Räubers bleiben. – Diese Schmach will ich von ihm nehmen. Ich erkläre ihn für meinen Sohn.«
»›Prinz!‹« –

»Ich gebe ihm einen Namen, der durch kein Verbrechen befleckt ist, und so erhalte ich ihm seine mütterlichen Güter. Er wachse heran, unbefangen, zum Jüngling, er werde ein Mann, sei geehrt und erfahre nie, wer sein Vater war.«

Ein Tränenstrom entstürzte Rinaldos Augen; er jammerte laut: »›Grausames Geschick! – O mein Sohn! mein Sohn! Wo wird dein Vater endlich noch das Ziel seiner mühseligen, kummervollen Pilgrimschaft finden?‹« –

»Laß ihm«, – fiel der Prinz ein, – »dein Grab ohne Erröten sehen, und er kann glücklich sein.«

»›O, warum mußten Dianorens Küsse mich wieder zurück ins Leben rufen!‹«

»Es ist geschehen. – Unser Wissen, Wirken und Wollen, unsere Kräfte sind menschlich. Über uns waltet eine höhere Macht. Wir können nicht widerstreben. Was sie beschlossen hat, geschieht.«

»›Und Dianora bleibt hier?‹«

»Das – weiß ich jetzt noch selbst nicht.«

»›Ich darf sie nicht wiedersehen?‹«

»Erspare dir und ihr den Abschied. – Sie leidet viel. – Willst du die Leiden vermehren, die sie quälen?«

Ein Diener trat ein, brachte einen Brief und verließ das Zimmer. – Der Prinz las und sagte:

»Der englische Kapitän will absegeln. Er dringt auf die Ankunft des Reisenden, den ich ihm zuschicken will; dieser bist du. Eile in den Hafen. Verliere keine Zeit, sie ist kostbar, und jede Zögerung bringt dir Gefahr. Hier ist Geld, dein Reisepaß – Gott sei mit dir! Sein heiliger Engel geleite dich! – Reise glücklich!«

Er entfernte sich schnell. – Rinaldo blickte schluchzend ihm nach, ward abgeholt und in den Hafen geführt. – Er ging zu Schiffe. Die Anker wurden gelichtet; das Schiff stach in die See.

»O Dianora! O mein Sohn!« – jammerte Rinaldo. – »Diese rollenden Wellen tragen mich von euch hinweg; vielleicht sehe ich euch nie wieder! – Der ärmste Handarbeiter darf so glücklich sein, am Busen seines Weibes zu ruhen. Er schaukelt sein Kind auf seinem Fuße, und liebevoll umschlingt sein Weib seinen Nacken. Er vergißt seine beschränkte Lage, sein Unglück, sich selbst und die Welt, umschlungen mit Banden ehelicher Freuden und Liebe. – Und ich Unglücklicher muß mein Weib verlassen, muß meinem Kinde von Fremden einen andern Namen erbetteln, damit es den seinigen nicht am Rabensteine erblickt! – O! mein Weib! – O! mein Sohn! mein Sohn! Schenke der Himmel dir zweifach den Frieden und die Ruhe, die dein unglücklicher Vater entbehren muß; er, der dir das Leben gab und dem du dafür nicht danken darfst. – – Wenn der Name deines Vaters genannt wird, wirst du mit andern Menschen zugleich deinen Abscheu nicht verbergen können, und wirst nicht wissen, daß es dein Vater ist, den du verabscheust. – Wohl dir! – – Guter Gott! Schenke meinem Sohne deine Gnade, gib, daß er ein guter Mensch werde, und ich habe der Welt in ihm gegeben, was ich ihr selbst nicht in mir gab. – In die Flammen mit dem Baume, der so schlechte Früchte trug! ein anderer nehme seinen Platz ein. – – Ich weiche meinem Sohne!«

Das Schiff lief in den Hafen zu Melazzo ein. – Rinaldo stand auf dem Verdeck des Schiffs, überschaute die reichen Felder, die um die Stadt herliegen, letzte sich an dem Anblick der fruchtbaren Hügel, die sich amphitheatralisch nach den fernen Gebirgen erheben, und versank ganz in den Genuß des süßen Schauens. – Er wurde von dem Kapitän angeredet und bestieg mit ihm das Boot, das ihn ans Land brachte. Hier nahm er Abschied von dem Kapitän und suchte eine Wohnung, die er auch, sehr bequem, bald fand.

Im Stillen überließ er sich seinen Betrachtungen und machte Pläne. Täglich besuchte er die Kirche, hörte eine Messe und vertrieb sich dann zu Hause die Zeit mit Lektüre und bei der Guitarre.

Eben war er in Gedanken bei Dianoren. Er spielte und sang:

O! was spricht so laut zum Herzen,
Glücklich werden kannst du nicht?
Selbst mein Glück will ich verscherzen,
Wenn dies nicht die Wahrheit spricht!

Wiege Liebe mich in Schlummer,
Daß die Wahrheit wachend flieht!
Daß mein Auge nicht voll Kummer,
In der Wahrheit Spiegel sieht!

Täusche mich mit süßen Träumen,
Täusche mich mit sanftem Blick,
Laß mich keinen Traum versäumen,
Rufe Wahrheit mir zurück!

Wiege mich mit sanften Worten,
Fern vom Blick der Wahrheit ein,
Öffne die geschmückten Pforten,
Laß die goldnen Träume ein.

Luftig rauschet ihr Gefieder
Über meine Schläfe hin,
Bilder wanken auf und nieder,
Und erfüllen Herz und Sinn.

O! wie sanft die holden Bilder
Allgemach vorüberziehn,
Mild und sanft, und immer milder,
Wiederkommend, selbst im Fliehn!

Decke Liebe deine Schleier
Über diese Bilderwelt!
Immer wird die Aussicht freier,
Immer schöner wird das Feld!

In dem Haine will ich wallen
Wo den Mohn die Liebe streut,
Wo mit sanftem Wohlgefallen,
Liebe jedes Herz erfreut!

»Ja!« – rief er aus. – »Trennen können uns Menschen und Verhältnisse, aber hindern können sie uns doch nicht, stets beieinander zu sein!«

Es wurde an die Tür geklopft; sie ging auf, und ein Franziskanermönch trat ins Zimmer, der sich selbst mit folgenden Worten einführte: »Gott sei mit Euch, edler Herr! Ich bin der Pater Amaro, aus dem Orden des heiligen Franziskus.«

»›Was bringt Euch zu mir?‹« – fragte Rinaldo.

»Mein Herz«, – war des Paters Antwort, – »welches das Eurige sucht.«

»›Ich verstehe Euch nicht.‹«

»Laßt Euch mit einer Explikation dienen! – Ich mache mir ein Geschäft daraus, bei guten und mitleidigen Seelen Almosen einzusammeln; nicht um damit mich oder mein Kloster zu bereichern –, denn was zu unserm schmalen Unterhalt gehört, sammeln unsere Terminierer ein –, sondern um damit Notleidende zu unterstützen, denen Verhältnisse, Stand oder Krankheiten nicht erlauben, selbst Almosen zu begehren. – Die Not, edler Herr, ist da am größten, wo sie am verschwiegensten, wo sie am heimlichsten drückt! – Bei diesem meinem wohltätigen Geschäfte nun, welches ich durch Gottes Beistand schon einige Jahre mit sonderlichem Segen treibe, habe ich mir nach und nach *Bemerkungen* abstrahiert, welche ich, aufgezeichnet, dem hinterlassen werde, der mein Nachfolger sein wird. – Unter diesen ist auch *die* Bemerkung, daß *Fremde* sich weit wohltätiger finden lassen als Einheimische. Deshalb wende ich mich an Euch. Das ist es, was mein Herz an das Eurige sendet und was es bei dem Eurigen sucht. – Irre ich mich nicht in den Gesichtszügen, die Euch Gott geschenkt hat, so wird mein Gang zu Euch gesegnet sein.«

Rinaldo drückte dem humanen Almosensammler 10 Dukaten in die Hand und sagte:
»Ihr habt recht, Herr Pater! Die heimlichste und verschwiegenste Not ist und bleibt immer die größte.«
Der Pater dankte im Namen der Notleidenden sehr verbindlich, und gerührt drückte Rinaldo ihm die Hand herzlich. Freundlich rief ihm dieser zu:
»Nicht zu stark! nicht zu stark! Ihr zerdrückt mir sonst etwas Kostbares, das ich hier in der Hand habe.«
RINALDO Etwas Kostbares? – Und das ist?
P. AMARO Es ist ein Portrait.
RINALDO Das Bild eines Heiligen?
P. AMARO Nein! – Es ist das Bild – eines Frauenzimmers.
Rinaldo sah ihn lächelnd, verwunderungsvoll an und fragte:
»Das Bild eines Frauenzimmers? Und in Euren Händen?«
Gelassen und freundlich antwortete der Pater:
»Warum nicht? – Ich habe auf meiner Zelle eine artige Sammlung von Bildnissen –, Ihr könnt sie sehen! –, unter denen sich viele weibliche befinden.«
Rinaldo sah ihn fragend an, er aber fuhr fort: »Laßt Euch mit einer Explikation dienen! Meine Gemäldesammlung ist eine *Galerie von Armenwohltätern*. Die mir am willigsten und am meisten geben, denen falle auch endlich ich mit einer Bitte für mich selbst beschwerlich: Ich bitte um ihre Portraits. Diese hänge ich dann in meiner einsamen Zelle in zierlicher Ordnung auf und unterhalte mich mit ihnen, wenn ich von menschlicher Gesellschaft entfernt bin. Ich bin wirklich in guter Gesellschaft, *ich bin unter Menschen,* darf ich dann mit Gewißheit sagen.«
»›Gewiß, Herr Pater! – Auch Ihr seid ein *Mensch*, und ich – bin jetzt in *guter* Gesellschaft.‹«
»Die guten Werke, mein Herr, geben eine hohe Menschlichkeit, und das sei unser Stolz voll Demut!«
»›Und das Portrait in Eurer Hand?‹«
»Ist das Portrait einer vortrefflichen Armenwohltäterin; es soll in meine Gemäldesammlung kommen.«

Er zeigte es. Rinaldo fragte betroffen:
»Wie nennt sich diese Dame?«
»›Violanta de Noli.‹«
»Ja! so heißt sie.«
»›Kennt Ihr sie?‹«
»Ich kenne sie. – Lebt sie jetzt hier in Melazzo?«
»›Seit 14 Tagen. Sie wartet auf ein Schiff und wird nach Lipari gehen.‹«
»Bringt mich zu ihr!«
»›Ich will Euch ihre Wohnung zeigen.‹«
Rinaldo griff eilig nach Hut und Degen und folgte dem Pater.

Elftes Buch

Geseh'n, gefunden und verloren,
Aus einem schönen Traum erwacht!
Der Wechsel hat sich dir verschworen;
Ob er dich wohl auch glücklich macht?

Erschrocken bebte Violanta zurück, als Rinaldo in ihr Zimmer trat, ängstlich schlug sie ein Kreuz, und über ihre bebenden Lippen konnte sich kein Wort drängen.

»Freundin!« – begann Rinaldo. – »Sehen wir uns doch wieder?«

Violanta kam nach und nach zu sich, und endlich fragte sie stammelnd:

»Ihr lebt?«

»›Ich lebe, um zu meinem Unglück Dianoren zu finden.‹« –

»Sie?«

»›Die ich wieder verlassen mußte.‹«

»Ist es möglich? Ihr saht sie? Ihr seid dem Tode entronnen? – Ihr habt Dianoren gesehen, gefunden? – Wo?«

»›Auf Lipari.‹«

Er erzählte ihr, was wir wissen. Ihre Verwunderung stieg, und die Unterhaltung wurde herzlicher. – Violanta wartete, wie sie sagte und wie Rinaldo durch den Pater schon wußte, auf ein Schiff, das sie nach Lipari bringen sollte. – Jetzt fragte sie:

»Und was wollt Ihr tun?«

»›Ich wende mich‹« – antwortete Rinaldo, – »›mit der herzlichsten Bitte meines Lebens an Euch, an die Freundin, die ich einst aus finsterer Kerkernacht ins Licht des Lebens zog!‹« –

»Ich errate diese Bitte!« – seufzte Violanta.

»›Folgt mir Dianora, so blüht mir das Glück meines Lebens. – Ich bin fest entschlossen, mein Leben daran zu wagen, meine vergrabenen Schätze aufzusuchen und – dann nach Spanien zu gehen, wohl weiter, dorthin, auf jene glücklichen Inseln, wo ein ewiger Lenz den frohen Bewohnern lacht. Dort, Violanta, wollen wir in stiller, verträglicher Einsamkeit leben, dort wollen wir froh und glücklich sein!«

»Das war auch unser Wunsch auf Pantaleria! – Das Glück erfüllte ihn nicht.«

»›Vielleicht lächelt es uns günstiger in entfernteren Zonen!‹«

Noch sprachen sie weiter, und Violanta versprach ihm endlich, alles anzuwenden, Dianoren zu bereden –, wenn es einer Überredung bedürfe –, dem Rufe der Liebe zu folgen. Melazzo sollte der Ort der Versammlung bleiben, und um einen Mittelsmann zu haben, der dies und jenes besorgte, durch dessen Hände die Briefe gingen, ohne daß er selbst wüßte, wozu er seine Hand biete, ward der Pater Amaro erlesen, auf glückliche Rechnung für seine Notleidenden und seine Portraitsammlung, der hilfreiche vierte zwischen dreien zu sein. – Beide wollten die Sache gehörig überlegen, und diesen Abend sollten bei einem frugalen Mahle, wozu Violanta ihren Gast bat, alle Punkte festgesetzt und die nötigsten Bedingungen, Erklärungen etc. bestimmt werden.

Rinaldo ging eben aus Violantas Wohnung, als, dieser gegenüber, aus einem Weinhause einige betrunkene Matrosen auf ihn zu taumelten. Er trat auf die Seite, sie vorüberzulassen, als der eine stehenblieb und mit großen Augen ihn angaffte.

»Straf mich Gott!«, – schrie er endlich; – »wenn ich lüge! Kameraden, seht diesen Mann hier an und ihr seht, hole mich der Teufel!, den verrufenen Rinaldini vor euch, wie er leibt und lebt!«

Rasch trat Rinaldo auf ihn zu, ergriff seine Hand, drückte sie bedeutend und fragte:

»Hast du den Mann, den du eben nanntest, gekannt?«

»›Ja, beim Teufel! ich habe ihn gekannt‹«, – sagte jener trotzig, vielleicht ohne die Bedeutung des Händedrucks zu erraten oder auch, um sich nicht irre machen lassen zu wollen.

»Was?« schrie einer seiner Gesellen; – »du hättest den berühmten Rinaldini gekannt? Berühme dich nicht solcher Dinge! Der Wein lügt aus dir.«

»Kamerad!« – stammelte jener, – »der Wein lügt nicht. Der Wein spricht die Wahrheit.«
Lächelnd sagte Rinaldo:
»Geh nach Hause und schlafe deinen Rausch aus!«
»Was?« – schrie der Schreier; – »Ich hätte einen Rausch? – Ich? – Mord und Wetter! brüllen will ich wie eine Gerichtsposaune, schreien will ich, daß es die ganze Stadt hören soll. So wie Ihr ausseht, so sah er aus, der vermaledeite Räubersultan Rinaldini!«
Bald gab es ein Zusammentreten der Vorübergehenden, es mischten sich endlich Sbirren unter die Umstehenden und fragten, was es gebe?
»Einen Trunkenbold gibt es hier!« – sagte der Pater Amaro, der eben herbeitrat, Rinaldo bei der Hand nahm, ihn ins Kloster führte und die Pforte schließen ließ.
Die Sbirren begnügten sich nicht mit des Paters unerbetener Antwort, sie examinierten den Schreier stärker und führten ihn endlich, als er bei seiner Aussage blieb, vor den Polizeirichter.

Der Pater Amaro führte den Geretteten durch den Klosterhof in den Klostergarten, schweigend bis an die hintere Pforte desselben. Hier nahm er ihn bei der Hand und sagte:
»Eine Liebe ist der andern wert, ein Dienst des andern. – Ihr kennt mich nicht mehr. Gram und Kummer haben mich entstellt, aber ich kenne Euch noch. – Jetzt führe ich Euch aus diesem Garten in jenes Weinberghaus. Dort seht Ihr mich in kurzer Zeit wieder, und dort – sollt Ihr mich auch wieder kennenlernen.«
Rinaldo wollte Erklärungen, der Pater ließ sich auf nichts ein.
»Wir sehen uns bald wieder!« war seine Antwort, und so brachte er ihn in das Weinberghaus, dessen Tür er hinter ihm verschloß, als er ihn verließ.
Rinaldo schwebte in bangen Erwartungen. Er fürchtete Verrat und Entdeckungen. Seinen Dolch steckte er sich zur Hand, und ein Plättchen Gift, welches er unter seinem Fingerringe führte, hob er hervor, es im äußersten Notfalle zu gebrauchen. – Ängst-

lich klopfte sein Herz; er erwartete und fürchtete des geheimnisvollen Paters Zurückkunft. – Bekannter wurden ihm, nach langem Nachdenken, seine Gesichtszüge, dennoch aber konnte er sich seines Namens und seiner Bekanntschaft nicht so, wie er es wünschte, erinnern. – Er zog die Uhr beinahe von Minute zu Minute. Die schnell enteilenden Sekunden wurden ihm zu Stunden.

Endlich vernahm er Fußtritte. Die Tür ging auf und Pater Amaro, ein Päckchen unterm Arme, trat ein. – Freudig fiel Rinaldo ihm um den Hals und fragte ängstlich:
»Seid Ihr endlich da?«
Der Pater faßte seine Hand und sagte: »Wie so sonderbar! Ich mußte Euch retten, Euch – der Ihr einst, wie Ihr meintet, mein Glück mir in die Hand gabt; mein Glück, das mein Unglück wurde! – wenn es ein Unglück ist, in diesem Kleide, wenn auch nicht glücklich, dennoch ruhig zu sein!«
Rinaldo staunte den Sprechenden an. – Dieser fuhr nach einer kleinen Pause also fort:
»Einst sahen wir uns, als die Notwendigkeit Euch zu der Entdeckung zwang, zu sagen, welchem Manne man Eure Hilfe verdankte, auf dem Schlosse des Barons Denongo« –
»Ha! Jetzt erkenne ich Euch wieder!« – schrie Rinaldo. – »Ihr seid der Sekretär des Barons Denongo, der damals glückliche Liebhaber der schönen Laura!«
»Der bin ich.«
Hundert Fragen schwebten auf Rinaldos Lippen, allen kam Amaro zuvor.
»Ich war«, – sagte er, – »der Glückliche, den damals Laura liebte. – Eurer Großmut verdankte ich es, daß der Baron mir die Hand seiner Tochter versprach; aber, schlau genug, setzte er dem Ziele unsrer Wünsche einen Zeitraum von drei Jahren entgegen. Er kannte Weiberherzen! – Laura liebte mich. Die Zeit, die böse Räuberin der Zärtlichkeit! raubte mir ihre Liebe, oder – wenigstens ihre Hand. Sie gab die Hand, die mir gehörte, Grafen

Lentini, floh mich, meine Klagen, und der Vater bot mir Geld. »Ihr seid beide wortbrüchig!« sagte ich, nahm kein Geld und ging nach Melazzo zu meinem Bruder, der Prior des Klosters ist, in welchem ich mich als Mönch befinde. – Dies ist meine Geschichte, und daß ich Euch kenne, wißt Ihr. – Ich erkannte Euch sogleich, als ich Euch zum erstenmal sah, und wunderte mich der Kühnheit Eures unverstellten Gesichts. – Allgemein werdet Ihr totgeglaubt, und ich – rette Euch jetzt, denn schon ist Lärm in der Stadt und Session bei dem Polizeigericht. Vermutlich werde ich selbst vorgefordert werden. Diese Kutte läßt mich aber nichts fürchten, und ich bin ruhig. Ich erfülle jetzt die Pflichten der Dankbarkeit.«

»Edler Mann!« – stammelte Rinaldo.

Der Pater legte das mitgebrachte Päckchen auseinander und sagte:

»Hier sind Kleidungsstücke. Ich schaffe Euch, so gut es gehen will, zum Franziskaner um. – Die Kapuze über den Kopf, diese falsche Nase ins Gesicht, Farbe auf die Backen, dieser falsche Bart ums Kinn, und Ihr könnt getrost weiterwandern.«

Rinaldo fiel ihm um den Hals und stammelte Worte des Dankes. Der Pater half ihn ankleiden, nahm Aufträge an Violanten an, die er pünktlich zu bestellen versprach, gab ihm den Segen, zeigte ihm den Weg nach Achi zu, in die Gebirge, und der metamorphosierte Freund wanderte seufzend von dannen.

Kaum hatte er die Anhöhe erstiegen, als von dem Kastell zu Melazzo ein Kanonenschuß fiel; das Signal, die Tore zu sperren.

»Guter Amaro!« – seufzte Rinaldo und eilte weiter.

In der Wohnung eines einsamen Bauerngutes wurde er (als Franziskaner, versteht sich) um Gottes willen gespeist und getränkt; ja, er erhielt auch noch Proviant mit auf den Weg. Damit wanderte er getrost weiter, und als er gegen Abend eine vom Wege etwas entlegene Kapelle der sieben Schmerzen nahe bei einer Quelle fand, entschloß er sich, hinter derselben zu übernachten.

Als er erwachte und seine Morgenandacht verrichtet hatte, ging er weiter. Schon hatte er Achi im Rücken und näherte sich dem Gebirgspasse, als er ganz unvermutet Gesellschaft bekam. – Von der Seite her kamen ein ehrwürdiger Kapuziner und ein artiges Harfenmädchen zu ihm.

»Wir beide«, – sagte der Kapuziner nach den gewöhnlichen Begrüßungen – »wandern selbander: Ich ihr zum Schutz, Sie mir zur Aufheiterung; so wie uns das Ungefähr zusammenführte. – Nun aber, tres faciunt collegium! – Musik ist die Freude der Menschen und Heiligen. Ja, eine Harfe ist das Instrument, auf welchem selbst König David sich die Grillen vertrieb.«

Rinaldo fragte, wohin die Wanderschaft gehe? Das Mädchen wollte, wie sie sagte, über Galati nach Scaletta gehn, der Pater aber gab Pezzolo als das Ziel seiner Reise an.

Da es eben Mittag war, wurde Platz bei einem Brunnen vor einem Pappelhaine genommen. Der Kapuziner öffnete seinen Brotsack und teilte mit, was er hatte. Der Brunnen lieferte den Tischtrunk.

»Nun, Annetta!« – sagte der Pater, – »spiele uns etwas.«

Annetta ergriff die Harfe, spielte und sang dazu:

Um des Menschen Wiege wanken
Freud und Leid mit gleichem Schritt,
Sind die Amme seiner Tage,
Wandeln durch sein Leben mit.
Hüpft ihm Freude zu der Rechten,
Schwebt zur Linken ihm das Leid,
Bis sich beide selbst verlieren
In dem Ozean der Zeit.

Der Pater faltete die Hände und seufzte. Rinaldo wollte sprechen, als Annetta präludierte. Sie spielte und sang:

Letze dich am Duft der Rosen,
Eh' sie welken und verblühn,

Laß der Liebe holde Blumen
Ungenossen nicht verglühn!
Freude senkt im Rosenschimmer
Sich auf die beblumte Flur
Folge ihrem Freudenrufe,
Folge ihrer sanften Spur!

Rosa stand vor Rinaldos Sinnen. Er sah sie mit der Guitarre singend in Wüsten und Einöden an seiner Seite sitzen, er hörte ihre Stimme, dachte sich in vergangene Zeiten und verlor sich in Betrachtungen. – Der Pater hatte sein Haupt gesenkt und entschlummerte. Annetta klimperte auf der Harfe. – Rinaldo kam endlich zu sich. Es entspann sich zwischen den Wachenden ein Gespräch.

RINALDO Du kommst wohl aus Melazzo?

ANNETTA Ich komme aus Rametta.

RINALDO Wanderst du stets allein umher?

ANNETTA Mein ältester Bruder begleitete mich. Er spielt eine schöne Geige. In Messina hat er sich bei einer Kapelle engagieren lassen. Nun gehe ich in meinen Geburtsort, nach Scaletta zurück und will meinen jüngern Bruder, der die Flöte spielt, bereden, mit mir zu gehen.

RINALDO Trägt dir dein Spielen etwas ein?

ANNETTA Ach ja! – Ich ernähre Vater und Mutter, die arm, alt und gebrechlich sind.

RINALDO Das ist brav!

ANNETTA Die Eltern haben mich ja auch ernährt, da ich noch nichts verdienen konnte.

Jetzt erwachte der Pater. Sogleich wurde aufgebrochen und weitergewandert.

Die Sonne sank, die Schatten wurden länger, rundherum wurde alles still; nur die geschäftigen Abendfliegen summten noch übers Feld; da erreichten sie ein einsames Wirtshaus. Hier nahmen sie Nachtquartier.

J. Penzel del. & fec. 1802

Der Tag brach an. Die Waller erwachten. Der Pater stimmte einen Morgengesang an, Rinaldo fiel ein und Annetta akkompagnierte mit der Harfe. – Die Wirtin war sehr erbaut von diesem Gesange und bat sich noch einen zweiten aus, womit, wie sie sagte, die Zeche bezahlt sein sollte. Ihr Wunsch wurde ihr sogleich gewährt, und sie trug sogar, dankbar, noch einen Krug Wein auf.

»Gott segne dich, du frommes Weib, die du die Wanderer labest und erquickst, und schenke dir für diesen irdischen, den du uns so freundlich gibst, dereinst den Wein der himmlischen Freude!« – sagte der Pater.

»Das gebe Gott; so spät wie möglich!« – seufzte die Wirtin mit gebrochenen, gen Himmel erhobenen Augen.

Rinaldo sah in diese gebrochenen Augen, nicht ohne weltliche Rührung, und drückte ihr die Hand.

»Ach!« – sagte die Wirtin, – »wenn es Euch doch gefallen wollte, auch diesen Mittag noch bei mir zu verweilen. Mein Mann ist nach Messina gegangen, ich erwarte seine Zurückkunft erst in einigen Tagen und ich bin gar nicht gern allein. Wenn nun solche frommen Männer bei mir bleiben wollten, so würde ich in sehr erwünschter Gesellschaft sein.«

»Meine Stunden, liebe Frau, sind gezählt«, – antwortete der Pater. – »Man erwartet meine Ankunft sehnlich zu Pezzolo.«

»Was mich betrifft«, – sagte Annetta, – »so blieb ich gern hier, wenn es in Gesellschaft geschehen könnte, einen Tag auszuruhen, denn ich bin sehr müde.«

»Und Ihr, Herr Pater?« – fragte die Wirtin, indem sie sich gegen den Pseudopater Rinaldo wandte.

»Ich bleibe hier«, antwortete dieser.

»Das ist mir sehr lieb!« – sagte die Wirtin und eilte in die Küche.

»Mir auch!« – setzte Annetta hinzu.

»Wenn dem so ist«, – sagte der Pater bedächtig, »und da ich einmal an Reisegesellschaft gewöhnt bin, so bleibe ich auch mit hier. Morgen, so Gott will, wandern wir weiter.«

Annetta ergriff sogleich die Harfe, spielte und sang:

Der Himmel streut Blumen
Auf dornigen Pfad;
Der Himmel streut Dornen
Auf blumigen Pfad.
Es welken die Blumen;
Die Dornen zerstreut
Ein freundliches Lüftchen
Der heilenden Zeit.

»Was mich betrifft«, – sagte Annetta; – »so halte ich es mit der freundlichen Gegenwart.«
»Die Gegenwart«, – erwiderte Rinaldo, – »verschlingt das Vergangene. Der Sturm geht vorüber, und helle Sonnenblicke erheitern das erschütterte Herz. – Der Mensch ist der Welt geboren; er lebt mit der Zeit. Die Freude mache ihn nie übermütig; Leiden dürfen ihn nicht zaghaft machen. Der Nacht folgt Tag. Morgenröte und Abendröte glänzen an einem Horizont.«
Annetta sah ihn aufmerksam an und sagte: »Euch möchte ich predigen hören, Herr Pater!«
»Ich auch«, – sagte die Wirtin, die eben herzutrat.
Annetta und die Wirtin fuhren fort:
»Wollt Ihr uns nicht etwas vorpredigen?«
Der Kapuziner schüttelte den Kopf, aber Rinaldo bat sich einige Stunden Bedenkzeit aus.

Indessen kamen einige Maultiertreiber und hielten mit ihren beladenen Tieren in dem Wirtshause an.
Der Pater kam sogleich mit ihnen ins Gespräch und erzählte einige Wundergeschichten, die von den Maultiertreibern und Annetten mit offenen Ohren empfangen wurden. – Rinaldo sah sich in dem Hause um und wurde von der Wirtin eingeladen, ihren Weinvorrat im Keller zu besehen. Sie öffnete freigebig die Schätze dieses Vorrats, und der fromme Gast ließ es sich wohl schmecken.
»Ich bin«, – sagte die Wirtin, – »der Geistlichkeit von Jugend auf

ganz besonders gewogen gewesen, und ich wär' sogar selbst gern eine Nonne geworden, bloß des geistlichen Umganges wegen, aber – es hat nicht sein sollen.«

Rinaldo tröstete sie deshalb. Die Wirtin ließ sich recht gern trösten. Ihre Lebhaftigkeit nahm zu. Je weniger sie sprach, je lebhafter wurde sie.

Indessen wurde es über der Erde auch lebhafter. – Die Maultiertreiber wollten weiterziehen und schrien nach der Wirtin, ihre Zeche zu bezahlen. Sie mußte den Keller verlassen. Rinaldo folgte ihr und die Gäste zogen von dannen.

Kaum waren sie fort, als drei Bewaffnete eintraten und Wein forderten. Rinaldo musterte die Angekommenen und erinnerte sich an die Zeiten, wo er mit Kerlen dieses Schlags täglichen Umgang pflegte. – Er zog die Wirtin auf die Seite und fragte, ob sie diese Gäste kenne?

»Herr Pater! Was denkt ihr von mir und meinem Wirtshause?« antwortete diese. – Ich kenne die Leute so wenig, als mich der Papst kennt. – Seit einigen Tagen murmelt man von einer Räuberbande, die im Gebirge hausen soll, vielleicht gehören gar diese saubern Gäste dazu.«

Die Bewaffneten wandten sich an den Kapuziner. Der eine fragte: »Was gibt's Neues?«

»Neuigkeiten«, – antwortete der Pater, – »interessieren bloß Weltleute. Ich weiß keine.«

»Man spricht von Räubern in der Gegend.«

»Meine Armut fürchtet sie nicht.«

Indessen war die Wirtin in die Stube getreten; ihr folgte Rinaldo.

»Ei, Frau Wirtin!« – fing der Sprecher der Bewaffneten an; – »Ihr seid ja recht geistlich von beiden Seiten beschlagen! Mitten drinnen sitzt Ihr in der geistlichen Umgebung, wie eine Rose zwischen Dornen.«

»Ei! Wie spaßhaft!« – lächelte die Wirtin und warf einen scherzhaft sprechenden Blick auf den Pseudopater Rinaldo. – Der Sprecher fragte weiter:

»Hat dieses Wirtshaus geräumige Stallung?«
»O ja!« – erwiderte die Wirtin; – »Wenn die Dragoner hier exerzieren, stallen wir oft 30 bis 40 Pferde.«
»Viel Gelaß für Menschen?«
»Ziemlich. – Habe ich etwa Besuch zu erwarten?«
»Vielleicht diese Nacht noch.«
»Mein Gott! – Aber doch wohl« –
Indem sprengten drei Dragoner in den Hof. – Schnell saßen sie ab, und zwei davon traten in die Stube.
»Die Frau Wirtin«, – hieß es, – »gibt uns ein Glas Wein, und diese Gesellschaft zeigt ihre Pässe vor!«
Annetta griff sogleich nach ihrem Passe, und eben das tat auch der Kapuziner, der sein Missiv hervorzog. Die Dragoner faßten die Bewaffneten in die Augen. Der Sprecher schien ohne Verlegenheit zu sein. –
»Wir sind reisende Jäger«, – sagte er; – »wollen nach Melazzo und wollen uns dort unter das Feldjäger-Korps anwerben lassen. Vorher waren wir als Grenzschützen in Diensten des Prinzen von Policastro. Hier sind unsre ehrlichen Abschiede, die man allenthalben als Pässe anerkannt hat.«
Die Dragoner sahen die Papiere durch und gaben sie wieder zurück. Der eine redete:
»Es ist in Melazzo ein verteufelter Streich passiert.«
DER GRENZSCHÜTZ Wieso?
DRAGONER Da ist auf einmal der Teufelskerl Rinaldini wieder sichtbar geworden.
GRENZSCHÜTZ Was? – Rinaldini? –
WIRTIN Der soll ja aber schon längst tot sein.
KAPUZINER Die Regierung hat ja die Nachricht von seinem Tode öffentlich ausrufen, gedruckt anschlagen und bekannt machen lassen.
GRENZSCHÜTZ Das habe ich selbst in Messina gelesen.
RINALDO Ich nicht weniger.
WIRTIN Alle Reisenden haben es bei uns erzählt.
DRAGONER Das kann alles nichts helfen! – Er lebt und ist in

Melazzo beinahe erwischt worden. Er hat sich ins Franziskanerkloster salviert und ist entkommen.

KAPUZINER Gott sei bei uns!

DRAGONER Zu Melazzo ist eine Untersuchung. Es sind einige Personen arretiert worden, sogar ein Franziskaner, sagt man.

RINALDO Das muß geschehen sein, als ich Melazzo verlassen hatte. Mir sind das lauter Neuigkeiten. – Vielleicht beruht aber die Sache auf einem Irrtum. Ich wenigstens glaube steif und fest, daß Rinaldini nicht mehr unter den Lebendigen ist, denn – laßt euch erzählen! – der fromme P. Domenico, ein Mann, der schon hienieden selig ist, hat die Seele Rinaldinis im Fegefeuer erblickt, wohin sein geistliches Auge gar oft sieht. Dort hat der Bösewicht gewinselt, geklagt und um Seelenmessen gebeten. Ich habe deren selbst drei, auf Befehl der Obern, für den Missetäter lesen müssen, secundum faciem sanctorum, aus christlicher Liebe und Erbarmung.

WIRTIN Hat das aber der Bösewicht auch verdient?

RINALDO Sind wir nicht alle sündige Menschen? – Gott mag richten!

DRAGONER Herr Pater! Ihr habt gewiß das Geschäft, die armen Sünder in hohe Gegenden zu begleiten? – Das hört man gleich an Euern Reden. Ich habe dergleichen Worte schon bei Exekutionen gehört.

Indem sprengten abermals sechs Dragoner in den Hof.

»Wißt ihr auch«, – schrie der Wachtmeister, als er in die Stube trat, – »daß das Dörfchen Norretto in Flammen steht?«

WIRTIN Norretto? – Ach Gott! – In Flammen?

WACHTMEISTER Von Räubern angesteckt.

WIRTIN Von Räubern?

WACHTMEISTER Es hat seine Richtigkeit. – Rinaldini, der Teufelsbraten, lebt, ist entwischt, steht an der Spitze einer Bande, haust in den Gebirgen von Achi, sengt und brennt.

WIRTIN O! Der schlechte Kerl!

KAPUZINER Den Gott züchtigen und verdammen möge! – Der schlechterdings dem Galgen nicht entrinnen will und darf.

WIRTIN O! Der schlechte Mensch!
WACHTMEISTER Sind hier die Pässe aufgezeigt?
DRAGONER Es ist alles in seiner Ordnung, wie es sich gehört.
WACHTMEISTER Sitzt auf, Burschen! Es wird gestreift!
Die Dragoner verließen die Stube und das Wirtshaus.

Rinaldo stand vor der äußern Tür des Wirtshauses, als der sogenannte Grenzschütz auf ihn zukam, ihm die Hand und ein Goldstück hineindrückte. Rinaldo sah ihn verwunderungsvoll an:
»Was soll das?«
»›Zu Seelenmessen, für Rinaldini.‹«
»Dein Name?«
»›Morletto.‹«
»›Dein Gewerbe?‹«
Morletto schwieg. Rinaldo wiederholte die Frage; Morletto nahm in bei der Hand.
»Du gehörst zu der Gesellschaft im Gebirge!«
»›Herr Pater!‹« –
»Du gehörst zu der Gesellschaft im Gebirge! – Kommandiert euch Cinthio oder Luigino?«
»›Herr Pater! – Ich weiß nicht, wie Ihr‹«
»Ohne Furcht, ohne Zurückhaltung!« –
»›Nun dann, in Henkers Namen! – Ja! Ich stehe unter Cinthios Kommando.‹«
»Gut! – Nimm dein Goldstück zurück. Die Seelenmessen lese ich gratis. Deinem Hauptmann Cinthio gib diesen kleinen Siegelring. Er kennt ihn, er weiß, wer ihm den Ring schickt. – Gott befohlen, wackrer Grenzschütz!«

Rinaldo entfernte sich schnell. Er saß jetzt im Garten. – Die Grenzschützen hatten das Wirtshaus verlassen. Rinaldo vertiefte sich in mancherlei Spekulationen und Gedanken. – Der Kapuziner umwandelte das Haus, Annetta klimperte auf der Harfe, und die Wirtin hatte Küchengeschäfte. – Unruhig wanderte

Rinaldo endlich über die Gartengrenze. Ihn empfing eine schöne Wiese. Mitten auf derselben, unter hohen Pappeln, stand eine kleine Kapelle. Er nahte sich derselben. Eine Dame lag betend vor dem Altar. Er trat einige Schritte zurück, und als sie sich zum Aufstehen bewegte, wandelte er vorüber. – Sie verließ die Kapelle. Er drehte sich und kam ihr entgegen. Sie neigte sich ganz unbefangen gegen ihn, und erschrocken erkannte Rinaldo in ihr – eine längst Bekannte.

Sie wollte vorübergehen; Rinaldo redete sie an und lobte sie ob ihrer Andacht.

»Ach! Herr Pater!« sagte sie.— »Ich bin eine schlimme Sünderin! und eine Unglückliche zugleich!«

»Viel auf einmal, schöne Frau! – Ein Fremder darf nicht so kühn sein, sich in Euer Vertrauen eindringen zu wollen, aber fragen möchte ich doch, wen ich vor mir zu sehen das Glück habe?«

»Ich bin die Gräfin Lentini.«

Nun wissen die Leser aus der Erzählung des guten Portraitsammlers, des P. Amaro in Melazzo, daß diese Gräfin Lentini eben jene Laura Denongo war, die Rinaldini schon längst kannte.

Sie sprach weiter und nötigte den gleichfalls gesprächigen Pater höflich, auf ihrem nahegelegenen Schlosse einzukehren.

»Mein Gemahl«, – setzte sie hinzu, – »ist schon seit drei Tagen abwesend. Er kommandiert als Oberster die Truppen des Königs, die gegen eine starke Räuberbande ausgerückt sind, die unsägliches Unglück über die ganze Gegend umher verbreiten.«

Davon erzählte sie einige Tatsachen. Schweigend begleitete Rinaldo die Erzählerin. Sie kamen in das Schloß. Rinaldo folgte der Einladung.

In dem Schlosse befand sich Leonore, die Schwester des Grafen Lentini, ein Mädchen in der schönsten Blüte ihrer Jahre, schlank und schön gewachsen, gefühlvoll, mit sanftem Reiz geschmückt und mit einem Paar sehr feurig sprechender Augen, die sich in den lieblichsten Kreisen sanfter Anmut drehten. Dieser Schönheit stand der verkappte Pater eben nicht gar anmutig entgegen und wurde mutwillig lächelnd von ihr willkommen geheißen.

»Verwünschte Larve!« – seufzte Rinaldo bei sich selbst und sprach nicht ohne Verlegenheit mit dem Fräulein, die das Gespräch sehr bald endigte.

Laura saß nachdenkend am Fenster und blickte in die freie Gegend. Rinaldo sprach von ihrem Gemahl; ihre Antworten begleiteten Seufzer.

Ein Bote brachte einen Brief von dem Grafen, der seiner Gemahlin schrieb, er habe das Lager der Räuber umschlossen, und man erwarte stündlich ein Gefecht, weil, dem Anschein nach, die Umringten entschlossen wären, sich hartnäckig zu verteidigen. Das Gespräch fiel nun ganz natürlich auf die Räuber.

»Es scheint«, – sagte Rinaldo, – »der Mann, der die Räuber anführt, ist noch einer aus Rinaldinis Schule.«

LAURA Ob er aber auch so großmütig ist, als Rinaldini es war?

RINALDO Habt Ihr ihn gekannt?

LAURA Ich kann es nicht leugnen, werde es auch nie leugnen. Was ich seiner Großmut verdankte, sollt Ihr hören.

Sie erzählte ihm die Geschichte der Überrumpelung ihres Schlosses, die wir kennen, und schilderte seine großmütige Aufopferung. Ach! sie wußte nicht, wem sie dieselbe erzählte. Ihre Erzählung beschloß sie mit Tränen. – Jetzt war Rinaldo auf dem Punkte, sich zu entdecken, doch dachte er einen Augenblick nach und hielt seine Entdeckung zurück. Ziemlich keck aber fragte er ohne Einleitung: »Seid Ihr nicht glücklich vermählt?«

Laura schlug die Augen nieder und seufzte: »Ich habe einen guten Menschen hintergangen, dem mein Herz, dem meine Hand gehörte; ich habe ihn ins Unglück, zur Verzweiflung, ach! vielleicht habe ich ihn in den Tod getrieben!«

Ein Tränenstrom endigte ihre Rede. – Rinaldo ergriff ihre Hand und sagte: »Er lebt!«

»›Er lebt?‹« – schrie sie laut auf.

»Er lebt und liebt Euch noch.«

»›Er liebt mich noch? – Kennt Ihr ihn!‹«

»Ich kenne ihn und weiß um Eure Geschichte. Ich erfuhr sie von ihm selbst.«

»›Wo lebt er?‹«

»Zu Melazzo.«

»›Wie geht es ihm?‹«

»Er kann Euch nie vergessen.«

»›Womit – Ach Gott! erratet diese Frage!‹«

»Ich errate sie. – Er hat keinen Mangel.«

»›Gelobt sei Gott!‹«

»Er trägt das Ordensband des heiligen Franziskus; jetzt Pater Amaro genannt.«

»›Amaro! – Ach, Amaro!‹« –

Rinaldo wollte sprechen, als Leonore ins Zimmer trat.

»Ich habe mir«, – sagte sie, – »von meinem Bruder ausgebeten, gefesselt mir den wilden Räuberhauptmann Cinthio zu zeigen; das hat er mir versprochen. – Was, in aller Welt, hätte ich nicht darum gegeben, hätte ich so den kühnen Rinaldini zu meinen Füßen sehen können!«

»›Wie grausam Ihr seid!‹« – rief Rinaldo nicht ohne Bewegung aus.

»Das bin ich gewiß nicht!« – lächelte das Fräulein; – »Aber das Eigene und Einzige dieser Begebenheit macht, daß ich ihre Erfüllung wünschte. Doch da es nun einmal Rinaldini nicht sein kann, so soll es wenigstens sein Nachfolger Cinthio sein.«

Rinaldo lächelte und wollte eben antworten, als Laura bemerkte, ein Mädchen mit einer Harfe komme außer Atem über den Schloßhof gesprungen. – Es war, wie Rinaldo sogleich vermutete, Annetta. – Sie bat um Schutz.

»Was hast du vor? – Was gibt es?« – fragte Leonore.

»›Ach!‹« antwortete Annetta keuchend. – »›Das nächstgelegene Wirtshaus haben Räuber überfallen. Sie suchen Euch, Herr Pater!‹«

»Mich?« – fragte Rinaldo bestürzt. – »Mich suchen die Räuber? – Mich? – Was wollen sie von mir?«

»›Wo ist der Franziskaner, schrien sie, dem dieser Ring gehört? Dabei zeigten sie einen Ring vor und beschrieben Euch sehr deutlich.‹«

LAURA Was ist das mit dem Ringe?

RINALDO Zwar vermisse ich seit einigen Tagen einen mir sehr werten Ring, aber – wie sollten Räuber –

ANNETTA Man suchte Euch im ganzen Hause, und ich entfloh.

LEONORE Nun werden sie Euch auch hier bei uns suchen.

LAURA Kann der Verlust des Ringes Euch Nutzen oder Schaden bringen?

LEONORE Ihr müßt fliehen!

RINALDO Ich fliehen? – Was hat ein Franziskaner zu fürchten?

LEONORE Von Räubern? – Alles, so gut wie jeder Mensch.

RINALDO Und wenn ich nun gehe, Euch hier, ohne männlichen Beistand, allein lasse? – Das kann ich nicht! – Dieses Gewand ist heilig. – Ich setze meinen Kopf daran, die Räuber sollen hier, wo ich bin, keine Gewalttätigkeit ausüben.

LAURA Herr Pater! was Ihr sagt – der Ton, die Stimme, womit Ihr das sagt – macht mich noch weit verlegener, als ich es schon bin.

RINALDO Ohne Verlegenheit! – Wir sind außer Gefahr.

LEONORE Durch Euer Gewand, Herr Pater! bei Gott nicht! – Wenn Ihr nicht etwa Bekannte, gute Freunde unter den Räubern habt. –

RINALDO Ich? –

LEONORE Vergebt! – Ohne *diesen* Umstand kann ich nicht glauben, daß wir außer Gefahr sind; Ihr selbst könnt es nicht sein. – Also flieht! – Wir tun am besten, wir packen ein und erwarten den Besuch hier nicht. – Da noch dazu mein Bruder gegen die Räuber kommandiert, so wird sicher ihre Rache schrecklich sein!

RINALDO Seid ruhig! seid unbesorgt!

LAURA Herr Pater, täuschet uns nicht mit falschen Hoffnungen! – Ich habe einst das Unglück erlebt, daß meines Vaters Schloß von Räubern überfallen wurde, und weiß es noch gar zu wohl, wie uns damals allen zumute war.

RINALDO Ich auch!

LAURA Ihr? – Herr Pater! Ihr! – Was sagt Ihr? – Wenn ich – Um aller Heiligen willen, laßt mich keine Wahrheit ahnen.

LEONORE Schwester, was willst du sagen? Welche Wahrheit –

LAURA O! was kann, was will ich sagen! – Auf unsre Rettung laßt uns denken!

RINALDO Ihr bleibt hier und fürchtet nichts. – Ich will doch sehen –

LEONORE Was wollt Ihr sehen? Glaubt Ihr? –

RINALDO Ich kann Euch, mich –, ich will und kann uns alle schützen!

LEONORE Durch ein Wunder? – Denn wodurch sonst?

RINALDO Durch mich selbst.

LAURA Allmächtiger Gott! soll ich –

RINALDO Ihr sollt erwarten, was geschieht, und sollt ohne Furcht sein.

LAURA Mann! – Ich schwöre –

RINALDO Keine Schwüre! – Ruhig! ruhig! –

LEONORE Ich kann mir nicht erklären –

RINALDO Wozu Erklärung? – Jetzt, wie immer, macht Euch nur der *Glaube* selig. Ich aber – weiß, was ich sage, stehe für alles, was ich verspreche, mit Leib und Leben! – Seid Ihr mit dieser Erklärung zufrieden? – Seid Ihr beruhigt? – Oder soll ich Euch Zeichen und Wunder sehen lassen, ehe es noch nötig –, ja! sogar ehe es nur heilsam ist? – Laßt die Suchenden gegen dieses Schloß anziehen, laßt sie den Franziskaner suchen –, sie sollen ihn finden! – Fliehen wird er nicht. – Hier stehe ich. Euch deckt meine Hand, und die Gräfin Lentini soll mich – – Nein! weiter nicht! Kein Wort, keine Silbe, keine Versprechungen weiter! – Aber Eurer Flucht widersetze ich mich durchaus. Ihr sollt hierbleiben – um zu sehen –

LEONORE Seid Ihr vielleicht der heilige Franziskus selbst? – – Schwester! – Eilig! – Laß uns einpacken!

RINALDO Tut, was Ihr wollt.

Ein Bedienter stürzte ins Zimmer und meldete, der Turmwächter sehe Flammen und einen Zug, der sich dem Schlosse nähere.

ANNETTA Heilige Jungfrau!

BEDIENTER Es brennt allenthalben. Von Sesinetta her ertönt die Sturmglocke.

RINALDO Laßt sie ertönen! – Fort! – Zieht die Zugbrücke auf! – Wir erwarten die Kommenden, wer sie auch sein mögen.

Der Bediente eilte davon. Laura verbarg ihr Gesicht ins Schnupftuch; Leonore sah den Pater verlegen an; er ging hastig im Zimmer auf und nieder; Annetta stand zitternd in einem Winkel. – Rinaldo sprach: »Ihr habt das Wort eines Mannes und glaubt ihm nicht; Ihr wollt fliehen und habt keine Kraft zum Fliehen: Ihr wollt meinen Worten nicht trauen, weil diese Mönchskutte Euch das Vertrauen raubt; – aber ich will diese Kutte von mir werfen und Euch beweisen« –

Indem sprengte ein Reitknecht in den Hof. Laura schrie: »Giorgio! – Der Reitknecht meines Gemahls!«

»Kommt er?« – fragte Leonore hastig und riß die Zimmertür auf.

»Giorgio!« – rief Laura.

»Giorgio! Wo ist dein Herr, mein Bruder?«

– fragte Leonore.

Er stürzte atemlos die Treppe herauf, durch den Saal, ins Zimmer.

»Ach! Gnädige Gräfin!« – stammelte er. – »Ich bin – Ach! heiliger Gennaro! Kaum kann ich es sagen –«

LAURA Um des Himmels willen! – Was ist es? – Was hast du zu sagen?

LEONORE Rede! – Wo ist –

LAURA Mein Gemahl –

GIORGIO Er ist – Verzeiht! – O! daß ich es sagen muß! – Aber –

LEONORE Ohne Umschweife!

GIORGIO Mein Herr – der Herr Graf – Euer Herr Gemahl – ist – Ach! – Er ist in der Gewalt der Räuber!

LEONORE Er? –

GIORGIO Beim Rekognoszieren haben sie ihn gefangengenommen. Hier sind einige Zeilen von ihm. – Der Räuberhauptmann gab mir die Erlaubnis, dieses Briefchen hierherzubringen. – Hier ist es.

Laura las:

»Liebe Laura,

Ich bin in Gefangenschaft geraten. Giorgio wird dir sagen, wie es zugegangen ist. – Der kühne Cinthio erlaubt mir, dir dies zu schreiben, und mißbraucht die Gewalt nicht, die der Zufall ihm über mich gegeben hat. – Sende mir sogleich 3000 Stück Dukaten. Dieses ist der Preis, der auf meiner Freiheit steht; je eher du das Geld sendest, desto eher siehst du wieder deinen Gemahl

Loisio Lentini.

Laura faltete, als sie den Brief gelesen hatte, die Hände und sah gen Himmel. Leonore hieß Giorgio gehen und warf sich auf ein Sofa. – Rinaldo ging rascher noch als zuvor im Zimmer auf und ab.

LAURA Ich? – 3000 Stück Dukaten? – Schwester! – Ach! – Schwester! 3000 Stück Dukaten!

LEONORE Der König muß den Bruder auslösen!

LAURA Aber, ehe das geschieht? –

RINALDO Ihr habt kein Geld? – Könnt kein Geld schaffen? – Meine Gräfin! Ich glaubte, die Tochter, das einzige Kind, die Erbin des reichen Barons Denongo müßte – könnte nie um 3000 Dukaten verlegen sein!

LAURA Ach! – Mein Gemahl – braucht viel Geld. – Ich kann mich nicht verstellen! – Wir können ohne große Aufopferungen, ohne langen Zeitverlust diese Summe nicht herbeischaffen.

RINALDO So muß – der Räuberhauptmann warten. Vielleicht wird er indessen geschlagen, und dann ist der Graf ohnehin frei. – Zwar wird er – doch es kann – Aber das wär' denn wohl nur der Fall, wenn alles verloren wär'! –

LEONORE Welcher Fall? –

RINALDO Es sind freilich Räuber, aber – Sie machen es nun einmal nicht anders!

LEONORE Was tun sie?

RINALDO Es geschieht wohl auch nur im äußersten Notfall, aber – dann – wenn sie alles, sich selbst verloren sehen, ermorden sie ihre Gefangenen. Und den Damen geht es vorher übel.

LEONORE Großer Gott! –

Rasch sprang Laura auf und ging bedeutend und voll Entschlossenheit im Zimmer auf und nieder, wandte sich dann gegen Rinaldo und fragte:

»Herr Pater! Wißt Ihr meinen Gemahl zu retten?«

RINALDO Ich? – Ach! heiliger Franziskus! Wir dürfen ja keinen Carlino, geschweige denn Gold bei uns führen. Und – 3000 Stück Dukaten! – Wie könnt Ihr so viel bares Geld bei allen Franziskanerklöstern des ganzen Königreichs, geschweige denn bei einem armen, einzelnen Franziskanermönche suchen?

LAURA Herr Pater! – Ihr könnt uns retten.

RINALDO Beschützen kann ich Euch, aber – Euern Gemahl –, den mag Pater Amaro retten.

LAURA Wahrhaftig, diese Antwort – habe ich verdient!

RINALDO Vielleicht könnt Ihr, schönes Fräulein, Euern Bruder retten?

LEONORE Mit so viel Geld wahrhaftig nicht. – Keinen Spott, Herr Pater!

RINALDO Ich spotte nicht! – Habt Ihr auch das Gold nicht, so habt Ihr dennoch Macht und Gewalt genug, Euern Bruder zu retten.

LEONORE Ich habe Euch nichts mehr zu antworten!

RINALDO Seht, da kommt schon die Nachricht, daß die Zugbrücke des Schlosses aufgezogen ist.

Ein Bedienter brachte wirklich diese Nachricht.

RINALDO Habt ihr Waffen?

BEDIENTER Acht Flinten, zwei Büchsen, einige Paare Pistolen und viele Säbel sind im Schlosse.

RINALDO Kanonen?

BEDIENTER Haben wir nicht.

RINALDO Schlimm! – Wieviel Köpfe?

BEDIENTER Den lahmen Gärtner, den blinden Stallmeister und

den alten Kastellan mit eingerechnet, sind wir unsrer acht Männer im Schlosse.

RINALDO Wenig genug!

BEDIENTER Jawohl!

RINALDO Dennoch wollen wir nicht verzagen, und sollten auch Hunderte kommen.

BEDIENTER Aber – Herr Pater! Wenn Ihr bedenkt –

RINALDO Ich habe alles bedacht. Bewaffnet euch, haltet Wache und seid ohne Sorgen! – Jetzt wollen wir Musterung halten und uns ein wenig umsehen, wie es außerhalb des Schlosses aussieht.

Er ging; der Bediente folgte ihm.

Er bestieg die Warte, besah die Mauern und verteilte die Posten. Der kleinen Besatzung flößte er Mut ein. – Als er auf die Galerie zurück vom Rekognoszieren kam, trat Laura ihm entgegen.

»Ich habe«, – sagte sie, – »alles wohl überlegt und bedacht, ich kann mich in Euch nicht irren. – Ja! Ich weiß, wer Ihr seid.«

»Ihr wißt es?« – fragte Rinaldo lächelnd.

»Ihr selbst habt Euch verraten. So spracht Ihr auch einst auf meines Vaters Schlosse, in gleicher Gefahr. – Und dieser Ton der Stimme! – O! ich kann ihn nie vergessen! Ihr habt Euer Gesicht verunstaltet. Diese Farben können mich nicht hintergehen! Was könnte ich nicht fürchten, kennte ich Euch nicht, wüßte ich nicht, daß Ihr Eure Gewalt nicht mißbrauchtet. Ich wage es daher, Euch zu bitten, nehmt Euch meiner an und verschafft meinem unglücklichen Gemahl die Freiheit wieder!«

»Wie käm ich zu 3000 Stück Dukaten?«

»Euer gebietendes Wort« –

»Nach dem Worte eines Franziskaners fragt kein Räuberhauptmann.«

»Habt Ihr uns nicht versprochen, uns und dieses Schloß zu retten?«

»Euch und dieses Schloß zu retten, habe ich versprochen, aber nicht Euern Gemahl auszulösen.«

Laura trat ihm näher, ergriff seine Hand und sagte:

»Es war eine Zeit, in der ich einen gewissen Ritter de la Cintra zu Messina kannte. Dieser Ritter –«

Sie schlug, als sie das sagte, die Augen nieder. – Endlich, nach einer langen Pause, fuhr sie fort:

»Dieser Ritter ist für mich tot, und mein Gemahl – ist nicht von mir zu retten.«

Schnell erhob sie ihre Blicke, drückte mit Wärme ihm die Hand und sagte: »Wir sind in deiner Gewalt!«

Rinaldo konnte sich nicht mehr verstellen, mit einem festen Blick fragte er:

»Will Laura in meiner Gewalt freiwillig sein?«

»Sie will.«

»So sage ich ihr: Sie hat sich nicht in mir geirrt. Sie kennt mich. – Ja, Laura, ich bin –«

»Du bist Rinaldini!«

»Der bin ich.«

Das Horn des Wächters auf der Warte ertönte. Die Glocke erklang. Die Bewohner des Schlosses stürzten erschrocken herbei. Alle versammelten sich auf dem großen Saale.

Laura sagte, dennoch aber mit bebender Stimme, indem sie Leonoren bedenklich ansah:

»Nun fürchte ich nichts!«

Zwölftes Buch

Der Nebel flieht! Nun schaust du wieder
Hinaus in das bedrohte Land.
Was schlägt des Kühnen Hoffnung nieder?
Reicht sie dem Waller nicht Hand?

Drei Bewaffnete verlangten, ins Schloß gelassen zu werden. – Rinaldo gab Befehl, sie einzulassen. Sie wurden in ein Zimmer geführt, in welchem sich Rinaldo allein befand. – Sie traten ein.
»Was« – fragte Rinaldo –, »führt die Herren zu uns?«
»Vielleicht« – antwortete der eine der Bewaffneten, – »ist leichter gefunden, als wir es glaubten, was wir suchen.«
»Wieso?«
»Wir suchen einen Franziskaner –«
»So?«
»Der wenigstens wie ein Franziskaner aussieht und dem dieser Ring gehört.«
»Wer sucht den Gesuchten?«
»Der, dem der Franziskaner diesen Ring geschickt hat. Cinthio nennt sich der Suchende. – Und der, den wir suchen – – Herr Pater! Cinthio hat keine Dummköpfe abgesandt. Wir gelten etwas bei ihm, und zwei von uns – Nun? Herr Pater! wollt Ihr denn Euern Lodovico nicht mehr kennen?«
Rinaldo trat rasch auf ihn zu, nahm ihn bei der Hand und sagte: »Willkommen, Lodovico!«
»O!« – schrie dieser; – »Wär' doch unser Cinthio hier!«
Es wurde von den Dienern Wein aufgetragen.
»Hier ist Wein!« jauchzte Lodovico. – »Noch zwei Dinge, und ich erkenne meinen Hauptmann ganz wieder: Ein Mädchen und eine Guitarre.«
»Auch diese sind im Schlosse zu haben«, lächelte Rinaldo.
Sie sprachen viel zusammen, und nach geleerten Flaschen zog Lodovico mit seinen Gesellen ab. Sie nahmen Rinaldos Begehren an Cinthio schriftlich mit.

Gegen Abend kam Lodovico zurück, gab ein Paket an Rinaldo ab. Den folgenden Morgen trat dieser nicht mehr als Franziskaner, sondern so elegant, als einer der elegantesten Männer Siziliens gekleidet, in seiner wahren Gestalt, mit ungefärbtem Gesicht, ins gewöhnliche Gesellschaftszimmer.

Leonore sprang verwunderungsvoll vom Stuhle auf. Seufzend und errötend schlug Laura die Augen nieder.

LEONORE Was ist das? – Herr Pater, welche Verwandlung?

RINALDO Die Kutte hatte mich verwandelt. Jetzt, schönes Fräulein, sieht mich Euer holdes Augenpaar so, wie ich wirklich bin.

LEONORE Schwester! Was ist vorgegangen?

RINALDO Die schöne Leonore wünschte gestern sich, den kühnen Rinaldini zu ihren Füßen zu sehen. Ihr Wunsch ist erfüllt. Er liegt hier vor ihr und küßt ihre sanfte Hand!

LEONORE Rinaldini?

LAURA Ja, Schwester! Er selbst.

LEONORE Ewiger Himmel! – Was soll ich sagen? – Wie kommt sie einem Traume so nahe, diese Wirklichkeit! – Rinaldini hier? Der Totgeglaubte lebend und zu meinen Füßen? – Steht auf! steht auf! Das Schrecken soll nicht vor mir liegen. Es hat mich ganz ergriffen. Meine Verlegenheit, meine Ängstlichkeit wächst mit jeder Sekunde.

RINALDO Nicht ängstlich, nicht verlegen! – Wir sprechen uns als gute Freunde jetzt – vielleicht zum letztenmal. – Überall hin verfolgt mich mein unglückliches Schicksal. Ich lebe noch – mir selbst zur Qual und zum Verderben. Für mich blühen in der Welt keine Blumen des Glücks mehr. Zurück will ich in meine Höhlen wandern, dort – winken meines Lebens Herrlichkeiten. Es ist kein Glück, der Mann zu sein, der ich bin!

LAURA Beklagenswerter, gefürchteter und doch guter Mann!

RINALDO Lebt wohl!

LEONORE Verlassen wollt Ihr uns?

RINALDO Darf ich hier bleiben? Mich sucht ein böses Schicksal allenthalben auf. – Nur dort lebt es ruhig mit mir, wo Mord und

J. Penzel fec 1802.

Schrecken sich um meine Höhle lagern. – In diesen Höhlen darf ich, will ich an Euch denken. Und hört Ihr, vielleicht bald, Rinaldo ist gefallen: so schenkt mir eine Träne und wünscht mir Glück, daß ich gefallen bin.

LEONORE O Gott! und Rinaldini konnte ein Räuber werden?

RINALDO Wär' ich es nicht gewesen, ich würde nicht so sprechen, wie ich sprechen muß. – Lebt wohl!

LAURA Und mein Gemahl? –

RINALDO Ein zweites Rinaldinisches Stückchen werde Euch, damit Ihr, damit die Welt mich kennenlernt: Euer Gemahl soll frei sein. Meine Ankunft bei Cinthio gibt ihm die Freiheit. Ich gebe darauf Euch mein Wort. Man weiß, daß ich mein Wort nicht breche.

LEONORE Großmütiger Mann! Ach! geht zu den Räubern nicht zurück!

RINALDO Es bleibt mir keine Wahl.

LEONORE Grausames Geschick!

RINALDO Es fordert gebietend streng sein Opfer. Ich gebe es ihm selbst.

Da sprengte Lodovico in den Schloßhof, neben sich ein lediges, gesatteltes, schönes Pferd. – Rinaldo ergriff Leonorens Hand; er drückte sie mit einem tiefen Seufzer. Laura nahm seine Linke. Tränen standen in aller Augen. – Er machte schnell sich los, wollte seine Arme öffnen, ließ sie sinken und eilte aus dem Zimmer.

»Zu Rosse! zu Rosse!« – rief er Lodovico zu, warf sich aufs Roß und jagte schnell zum Schlosse hinaus, davon; Lodovico ihm nach.

»Ist es doch«, – sagte Lodovico, als endlich Rinaldo sein ermattetes Pferd anhielt, – »als wollten wir die ewige Ruhe erreiten, so jagen wir darauflos! Die armen Pferde haben es empfunden! – Hauptmann! Mir kam es vor, als flögen Euch ein paar schöne Augensterne nach, voran und zur Seite. Ein Zwillingsschein, so wie die Schiffenden ihn sehen! Nur scheinen diese Sterne immer eher vom Hafen entfernt als demselben nahe zu sein!«

Rinaldo, ohne sich auf Lodovicos Bemerkungen einzulassen, sagte: »Wie es scheint, bist du immer noch ebenso wie sonst bei guter Laune.«

»Solange es nur angehen will«, – erwiderte dieser, – »werde ich dabei bleiben. Gute Laune ist eine herrliche Freundin, eine scharmante Gebieterin, kurz, das liebenswürdigste Weib aller Weiber in der Welt; und ich – wechsle nicht gern. Was ich habe, behalte ich, solange es mich behält. Geht mir es denn mit unserem Gewerbe anders als mit der guten Laune? – Ich habe beiher schon mit mancherlei mich beschäftigt; aber – das weiß der Himmel! – das alte Wesen zieht mich doch immer wieder an sich, und mir gefällt's nirgends als da, wo es mir doch – nicht gefallen sollte, wär's auch nur um meines Leibes willen.«

»Um deines Leibes willen?«

»Nun? – Ich möchte ihn doch gern bei mir behalten. – Wie viele meiner Kameraden müssen ihre Leiber nicht auf Rädern und an dreibeinigen Obelisken zusammensuchen! – Ich weiß nicht, wie es kommt, daß man sich an etwas gewöhnen kann, das doch nie als Gewohnheit respektiert wird.«

Rinaldo schwieg. Langsam ritten sie weiter. – Gegen Mittag waren sie einem Dorfe nahe, auf welches zugeritten werden sollte. Lodovico bat, rechts feldein nach dem Forste zu zu reiten.

»Dort«, – sagte er, – »treffen wir Leute von uns an. Aber im Dorfe liegen Soldaten.«

Kaum hatte er dies gesagt, als querfeldein eine Reiterpatrouille auf sie zusprengte.

»Alle Wetter!« – schrie Lodovico. – »Da kommen Dragoner!«

»Ruhig!« – sagte Rinaldo. – »Ich will schon mit den Dragonern fertig werden.«

Die Dragoner hielten an. Rinaldo ritt auf sie zu, grüßte und wollte vorüber, als der Wachtmeister ihm ein: »Haltet an!« entgegenrief.

»Was gibt es?« – fragte Rinaldo.

WACHTMEISTER Es gibt hier herum mancherlei, was es nicht geben sollte.

RINALDO Wieso?

WACHTMEISTER Umsonst patrouillieren wir nicht herum. – Vor allen Dingen, die Pässe aufgezeigt!

RINALDO Und wenn wir keine haben? –

WACHTMEISTER Zum Offizier, ins Quartier!

RINALDO Auch das nicht! – Ihr drei Mann, wir zwei.

WACHTMEISTER Nun? Da meint der Herr doch nicht etwa gar –

RINALDO Was ich meine, davon kann nicht die Rede sein, sondern davon, was ich will.

WACHTMEISTER So? – Und was will denn der Herr?

RINALDO Daß man mich ungestört meines Wegs reiten lassen soll. – Wofür hält der Herr Wachtmeister mich? Bin ich ihm verdächtig?

WACHTMEISTER Meine Order lautet: Wer keinen Paß hat, wird angehalten und zum kommandierenden Offizier gebracht.

RINALDO Wär' es denn nicht möglich, daß ein verdächtiger Mensch dennoch einen Paß vorzeigen könnte, indes ein ehrlicher Mann keinen hätte?

WACHTMEISTER Das wär' gar wohl möglich; aber – meine Order ist klar und deutlich. Der Soldat kann und darf nicht distinguieren; er pariert, befolgt seine Order und bekümmert sich um weiter nichts.

RINALDO Liegt Graf Lentini in jenem Dorfe?

WACHTMEISTER Ach Gott! Unser braver Graf Lentini ist in des elementischen Cinthios Händen. – Das ganze Korps wird jetzt von seinem Nachfolger, dem Obristen Tornano, kommandiert. – Der Cinthio ist ein verfluchter Kerl!

RINALDO Und Rinaldini ist auch wieder auf dem Platze.

WACHTMEISTER Rinaldini? – Wo käm' denn der her!

RINALDO Über's Meer.

WACHTMEISTER Da müßte der Teufel drinnen sitzen! – Das kann ich nicht glauben.

RINALDO Aufs Wort! – Hier, – sieht der Herr Wachtmeister? – ist eine seiner gewöhnlichen Sicherheitskarten: *Viaggio seguro. Rinaldini.* – Er soll dergleichen auch wohl sogar feindlichen Patrouillen geben, wenn er eben dazu aufgelegt ist.

Der Wachtmeister sah ihn mit großen Augen an und brach endlich aus:
»Wie? – Was? – Patrouillen? Soldaten? Sicherheitskarten? Da müßte ja das Wetter dreinschlagen! – Wenn z. B. mir das geschäh'« –
»Könnte das nicht sein?« – fragte Rinaldo.
»Nein!« – schrie der Wachtmeister. – »Ich würde mich eher niederhauen lassen, als daß ich eine solche Erbarmungskarte annähm'. Dies könnte nie der Fall sein!«
»›Er ist es! – Will der Herr Wachtmeister die Karte behalten?‹«
»Wie? – Was?«
»›Ich bin Rinaldini.‹«
»Ja!« – schrie einer von den Dragonern, indem er ihm zusprengte – »du bist mein großer Hauptmann Rinaldini! Unter dir habe ich in Kalabrien gedient. Mit Leib und Seele eile ich dir wieder zu! – Ah! Wer einmal von einem solchen Manne, wie du einer bist, kommandiert wurde, der läßt sich nicht mehr von einem Wachtmeister kommandieren, wenn er seinen alten Chef wiederfindet.«
»Willkommen, Tolomeo!« – sagte Rinaldo. – »Ich kenne dich wohl noch. Du hast mit mir bei St. Lucito gefochten, und bei Lunaro warst du auch mit. – Willkommen!«
Der Wachtmeister wußte nicht, was er tun sollte. Rinaldo rief ihm zu:
»Behaltet die Karte, sie könnte Euch vielleicht gute Dienste tun. In wenigen Minuten wird jenes Dorf von meinen Leuten alarmiert werden.«
Damit ritt er davon. Tolomeo und Lodovico folgten ihm. – Der Wachtmeister, außer sich, griff nach den Pistolen. Lodovico schoß, ehe er gespannt hatte, und der Wachtmeister war verwundet.

»Mord und Wetter!« – sagte Lodovico; – »Hauptmann! Du hast eine Gegenwart des Geistes, die dir ganz allein eigen ist. Das kann Cinthio nicht, so entschlossen und brav er auch ist. – Glück hast du auch, wie keiner es hat, das ist nicht zu leugnen, aber die Augenblicke kannst du fassen, wie keiner sie faßt! Das ist es eben, was dich so groß macht!«

»Ja! Beim Teufel!« – fiel Tolomeo ein, – »Für einen solchen Mann läßt man sich mit Vergnügen totschlagen!«

»Viva Rinaldini!« – schrie Lodovico.

»Aber«, – fuhr Tolomeo fort, – »Cinthio wird sehr ins Gedränge kommen. Morgen rücken 600 Mann Soldaten und 800 Mann Miliz gegen ihn an. – Er muß Wind davon haben; denn diesen Morgen hat er sich eilig in die Berge zurückgezogen. – Und wie wollen wir nun zu ihm kommen?«

»Tolomeo«, – sagte Rinaldo, – »du mußt uns von jetzt an als eine Salvegarde gelten. – Ich bin ein Reisender; dich hat man mir zur Sicherheit mitgegeben: so sagst du, wenn wir wieder auf eine Patrouille stoßen sollten, und bleibst in deinem Dragonerornat.«

»Sieh!« – lispelte Lodovico ihm zu, – »So weiß ein kluger Kopf jeden Umstand für sich und zu seinem Vorteil zu benutzen. Auch das macht unsern valoroso Capitano groß, beliebt und bewundert.«

Der Forst wurde erreicht. Lodovico suchte ein ihm bekanntes Plätzchen auf und scharrte versteckten Proviant und Wein aus der Erde.

»Daß Cinthio«, – sagte er, – »hier nicht einmal einen Vorposten zurückgelassen hat, das ist ein Beweis, daß er sich sehr weit zurückgezogen haben muß und daß er Wind von dem Generalangriffe hat. Sicher ist er über den Grango gegangen und zieht sich in seine haltbarsten Plätze, in die Berge bei Rocella und S. Domenicho, zurück. Dort haben wir einmal lange gesteckt, bis uns der Mangel an Proviant endlich aus den Löchern trieb. Damals wurden uns aber die Köpfe tüchtig gewaschen, und ich bekam auch einen Zirkumflex, der mir lange genug besalbt, beölt und beschmiert wurde.«

Rinaldo sann nach. Endlich sagte er: »Gehen wir auf Rocella oder S. Domenicho zu, so sind wir in Gefahr, der Miliz in die

Hände zu geraten. Rücken die Soldaten vor, so wird's uns im Rücken leer, und rückwärts gehen wir dann sicherer als vorwärts. Dennoch möchte ich gern mit Cinthio sprechen, ihn zur Loslassung des Grafen Lentini zu bewegen. Doch sehe ich auch ein, daß er jetzt, da er im Gebirge ist, ihn als Geisel recht wohl wird brauchen können. – Ich weiß also noch nicht recht, wozu ich mich entschließen soll.«

»Hauptmann!« – begann Tolomeo, – »Wie wär's, wenn du mich an Cinthio mit mündlichen Aufträgen abschicktest: denn etwas Schriftliches von dir bei mir zu haben, das möchte wohl nicht gut sein. – Ich gelte für eine Ordonnanz, und so komme ich sicher durch die Milizen. Die Gräfin Lentini will ihren Gemahl auslösen, sie handelt und schickt mich an Cinthio. Mit dieser Lüge komme ich bis zu ihm.«

»Dein Vorschlag läßt sich hören! Er ist gut, klug, und wahrscheinlich ist es, daß du deinen Zweck erreichst.«

Darüber wurde mehr gesprochen. Tolomeo wurde genau unterrichtet und machte sich auf den Weg. – Rinaldo nahm Lodovicos Rat an, im Walde zu übernachten.

»Wir haben in diesem Forste eine unterirdische Höhle«, – sagte er, – »die oft, wenn die Not groß war, unserer zwölf bis sechzehn Mann aufgenommen hat. Freilich logierten wir ein wenig eng, aber dennoch sicher.«

Diese Höhle wollten sie aufsuchen. – Sie nahmen die Pferde bei den Zügeln und wanderten darauf zu.

Lodovico trat auf die verborgene Feder der mit Rasen belegten Falltür der Höhle. Sie gab nicht nach.

»Wetter!« – rief er aus, – »die Feder gibt nicht nach. Es sind Menschen in der Höhle. – Es müssen welche von den unsrigen sein.«

Er legte sich auf die Erde, drückte das Ohr fest an den Boden und sagte:

»Ja, ja! In der Höhle stecken Menschen.«

Darauf legte er sich an eine Fichte, zog den Dolch und gab das klingende Waldsignal, auf eine unter der Bande verabredete Art.

– Die Falltür wurde gelüftet und eine Stimme fragte heraus: »Wo wird getanzt, gekocht und getrunken?«
Lodovico antwortete schnell:
»Wir tanzen auf dem Schlosse, kochen auf dem Kirchplatze und trinken im Kämmerlein bei der Mutter Eva.«
Dies waren Fragen und Antworten, an denen man sich erkannte.
Die Falltür hob sich. Eine Stimme rief:
»Willkommen, Lodovico!«
»Wie, zum Teufel!« fragte dieser, – »kommt ihr denn in die Spelunke, da Cinthio sich zurückgezogen hat? Wer steckt denn drunten?«
»Wir sind«, – war die Antwort, – »verwundet zurückgeblieben. Claudiano und ich. Dazu haben wir noch die beiden Mädchen Loretta und Melissa bei uns, die mit wunden Füßen den Retirierenden nicht schnell genug folgen konnten.«
»Gut!« – fiel Lodovico ein. – »So finden wir noch Platz.«
»Wieviel Köpfe?«
»Zwei Menschen- und zwei Pferdeköpfe. – Es haben einmal vier Rosse mit unten gesteckt.«
»Wer ist bei dir?«
»Cinthios bester Freund.«
Die Tür ward gehoben, die Pferde wurden den schräg hinablaufenden Weg hinuntergeführt, und die Ritter folgten.

Alle hatten nun in der Höhle ihre bestimmten Plätze. Die Höhlenbewohner erfuhren, wer unter ihnen war. Staunend schwiegen sie und küßten dem vornehmen Gaste die Hände. Er streckte sich auf das beste vorhandene Lager und – machte Grillen. Alle schwiegen. – Er unterbrach diese Stille:
»Mädchen! – Ihr habt Guitarren, wie ich sehe, spielt und singt mir etwas vor.«
Die Mädchen ergriffen die Guitarren, spielten und sangen.

LORETTA Wenn die Vöglein traulich scherzen,
In dem neu begrünten Hain,
Steigt es mir so froh zu Herzen,
Wünsch' ein Vöglein ich zu sein!

MELISSA Wenn die frohen Lämmer spielen
In dem bunten Wiesenklee,
Wünsch' ich, so wie sie, zu fühlen,
Wird mir's ach! so wohl, so weh!

LORETTA O! wer sagt mir, was ich fühle?
Was mich froh und glücklich macht?

MELISSA Das sind, Liebe! die Gefühle,
Deiner sanften Zaubermacht.

BEIDE Ja! das ist es, was ich fühle.
Was mich froh und traurig macht.
Es sind, Liebe! die Gefühle
Deiner sanften Zaubermacht.

»O! ihr armen Mädchen!« – sagte Rinaldo. – Werdet ihr je wirklich fühlen, wie glücklich Liebe macht? In Höhlen und Wäldern versteckt, zieht nie euch der Liebe sanfte Zaubermacht an das freundliche Tageslicht. – Wo seid ihr geboren?«

MELISSA Ich bin in Kalabrien, in einer Höhle geboren worden.

LORETTA Ich in Sizilien, im Walde. Wir wurden beide zu solchem Höhlenleben geboren, unter den Leuten, bei denen wir leben.

RINALDO Und es gefällt euch unter ihnen?

LORETTA O ja!

RINALDO Dann freilich darf ich euch nicht beklagen!

LORETTA War denn Rosa auch zu beklagen, als sie bei ihrem

Rinaldo, in Höhlen und Forsten, liebevoll verweilte?

RINALDO Rosa war ein gutes Mädchen! Ich beweinte ihren Tod, aber um ihr Leben konnte ich sie nie beneiden.

LORETTA Liebte sie nicht?

RINALDO Ist die Liebende beneidenswert?

LORETTA Ich war es.

RINALDO Und dein Glück hat dich verlassen?

LORETTA Mein Geliebter fiel vor sechs Wochen in die Hände der Miliz, und –

RINALDO – hängt jetzt?

LORETTA Vermutlich, denn er war ein sehr verwegener Bursch und hatte schon manchem Soldaten den Rest gegeben. O! er war ein rechter Kerl!

RINALDO Du verdienst, die Braut eines Räubers zu sein!

LORETTA Rosa war doch glücklicher als ich, denn sie wurde von dem berühmtesten aller Räuber geliebt.

RINALDO Du bist ruhmsüchtig?

LORETTA Warum sollte ich es nicht sein? Da ich glaubte, Rinaldini sei tot, wünschte ich mir immer, von Cinthio geliebt zu werden. Nun aber habe ich diesen Wunsch aufgegeben.

RINALDO Und wünschest, von mir geliebt zu werden?

LORETTA Darf ich nicht wünschen, was Rosa, was, wie man erzählt, Dianora, Olimpia und andere Weiber wünschten?

RINALDO Deine Aufrichtigkeit gefällt mir!

LORETTA Sie ist das Beste an mir.

RINALDO Und Melissa?

LORETTA Denkt, darauf wette ich, ebenso, wie ich denke, – aber – sie hat noch keinen Liebeshandel gehabt, soviel man weiß.

LODOVICO Ihr Stündlein wird schon auch noch schlagen!

RINALDO Ich beklage euch, ihr guten Mädchen! Euch fiel ein so zweideutiges Los des Glücks, daß selbst die Erfüllung eurer Wünsche schwerlich ein Glück zu nennen ist.

LORETTA Man sagt, – verzeihe mir, Hauptmann! es noch zu sagen –, du seist immer ein wenig gar zu düster gewesen, unzufrieden mit deiner Lage und mißmutig.

RINALDO Wer könnte auch in Höhlen fröhlich sein?

LORETTA Ich bin es oft gewesen.

MELISSA Ich habe bloß der Notwendigkeit nachgegeben und habe gedacht, wie es ist, willst du es nehmen, weil du es so nehmen mußt.

RINALDO Bei euch steht's dennoch, eurer jetzigen Lage aus dem Wege zu gehen; und dazu wollte ich euch raten. Denn gesetzt, ihr fallt der Gerechtigkeit in die Hände, so seid ihr verloren, ohne etwas getan zu haben. Genug, daß sie euch in einer Gesellschaft antrifft, die in schlechtem Kredit steht. – Ich biete euch die Hände, euerm Unglück zu entgehen. Ein Brief von mir an die Gräfinnen Lentini soll euch in Dienste bringen, und dann – könnt ihr doch wenigstens ruhig und über der Erde schlafen.

Claudiano, der indessen einen Gang vor die Höhle gemacht hatte, kam jetzt zurück und meldete, er habe Pferde wiehern und viele Menschen sprechen hören. Sicher werde der Forst durchstreift. – Sogleich wurden starke Balken unter die Falltür gerammelt, und die Gewehre wurden untersucht.

Gegen Abend schlich Lodovico sich ins Freie und brachte eine gefundene Brieftasche mit. Man fand eine Militärorder darinnen, gegen S. Domenicho vorzurücken.

»Nun halte dich gut, braver Cinthio!« – rief Lodovico aus; – »und wehre dich männlich!«

Gegen Morgen rekognoszierte Lodovico, indem Rinaldo den beiden Mädchen einen Brief an die Gräfinnen schrieb. – Als Lodovico zurückkam, wurde der Abzug aus der Höhle beschlossen. Rinaldo beschenkte die Mädchen und ritt mit Lodovico davon.

Im freien Felde wurde an einer Quelle unter Pappeln Mittag gehalten. Rinaldo warf sich von einer Seite auf die andere und wurde endlich laut.

»Lodovico!« – sagte er, – »ich habe mancherlei hin und her überlegt und meine Lage auf alle Seiten gewendet. Eine *gute* Seite will durchaus nicht zum Vorschein kommen.«

»Bei mir auch nicht!«

»Endlich – habe ich beschlossen, es darauf ankommen zu lassen, ob uns das Glück wieder in die Welt und durch die Welt helfen will.«

»Vielleicht! – Das Glück ist eine Donna, und mit den Weibern ist es Euch ja immer gutgegangen. Laßt sehen, was Donna Fortuna für uns tun wird, und laßt hören, was Ihr zu tun beschlossen habt. Wollen wir wieder in die Welt, nun gut! hier ist ein kleiner Vorrat von falschen Bärten und Nasen. Wie so manchem wird ein honestamentum faciei dieser Art angedreht oder von ihm andern angesetzt, und er geht seines Weges. Non cuique datum est, habere nasum! Wir haben welche. – In der Gesichtsmalerei habe ich etwas getan. Ein paar Striche, und der Mund sitzt mir krumm in der Larve; einige Punkte, und ein Auge steht hoch, das andere tief. Ich kann mich alt und jung malen, trotz dem geübtesten Schauspieler! – Wie soll es also werden?«

»Wir gehen nach Palermo.«

»Gut! – In dem dortigen Gedränge verlieren wir uns leicht. Die Schutzpatronin von Palermo, die heilige Rosalie, ist ja auch eine Dame, und die Rosalien – sind Euch nicht ungünstig. Dieser Umstand scheint mir schon von guter Vorbedeutung zu sein, und er bleibe es! – Also frisch nach Palermo!«

»Von dort, zu Schiffe, nach Kalabrien. – Das müssen wir wagen! – In den Gebirgen liegen meine Schätze vergraben.«

»Diese heben wir!«

»Und damit – in die Welt.«

»Ich wollte, die Schätze wären schon in unserer Gewalt. In die Welt wollten wir leicht kommen.«

»So schwer wie möglich!«

»Gut! – – Wollen wir Palermo erreiten oder erwandern? – Wir haben bis dorthin noch eine artige Tour!«

Noch sprachen sie, als aus dem naheliegenden Walde ein Trupp Reiter hervorbrach.

»O! heilige Rosalie! – rette uns«, schrie Lodovico.

»Laß dir«, – sagte Rinaldo, – »nur nicht ans Gewehr kommen und beobachte meine Mienen und Zeichen genau.«

Sie sprangen auf und warfen sich auf die Pferde. – Die Reiter hielten. Der Offizier ritt hervor. Er wollte sprechen. Rinaldo kam ihm zuvor.

»Mein Herr Offizier! Ihr befreit mich aus einer großen Verlegenheit. Diesen Morgen entging ich einem Trupp Beutelschneidern mit genauer Not, durch die Schnelligkeit meines Pferdes. Einige Kugeln flogen an mir vorbei, und meines Dieners Mantel wurde durchlöchert. – Hier ruhten wir aus und überlegten, welche Straße wir einschlagen wollten, denn der Berg vor uns scheint nicht ohne Höhlen und Schlupflöcher zu sein. Unter Eurem Schutze haben wir nichts zu fürchten. Vielleicht gehört Euch oder einem Eurer Bekannten diese Brieftasche, die verloren unter jenen Bäumen lag. Dagegen aber bitte ich, wenn einer Eurer Leute etwa die meinige auf dem Wege gefunden haben sollte, mir dieselbe aus; ich habe sie im Fliehen verloren.«

Der Offizier fragte seine Reiter, ob einer eine Brieftasche gefunden habe. Alle verneinten es.

»Wißt Ihr«, – fragte der Offizier, – »daß sich ein Rinaldini wieder sehen läßt? Es sei nun ein falscher oder der wahre Rinaldini, genug, er hat sich so genannt, wie eine Patrouille aussagt, von der der eine Reiter, als einer seiner alten Spießgesellen, zu ihm übergeritten ist und dadurch seine Übermacht über die Patrouille vermehrt hat.«

»Sonderbar genug!«

»Er hat ein grünes Kleid und einen roten Mantel getragen, wie Ihr tragt, hat einen Fuchs geritten, wie Ihr reitet, und sein Diener war der Beschreibung nach ebenso gekleidet wie der Eurige, ritt auch einen Rappen wie dieser.«

»Ein für mich sehr ungünstiger Zufall!«

»Gewiß!«

»Ich sehe ein –, daß ich Euch überzeugen muß, daß ich der Ritter de la Cintra bin. Da ich mein Portefeuille verloren habe, so muß ich Personen stellen, die mich kennen. Ich muß Euch also dringend bitten, mich auf das Schloß der Gräfin Lentini zurückzuführen, woher ich komme. Die Gräfin kennt mich.«

»Die Gräfin Lentini ist durch ihren Gemahl mir verwandt. Ich nehme keinen Anstand, ihr Zeugnis zu respektieren.

Dahin kam es. – Den folgenden Morgen erreichten sie das Schloß. – Der Offizier ließ die Reiter zurück und ritt mit Rinaldo und Lodovico ein.

Die Gräfinnen erbebten. Leonore verschloß sich in ihr Zimmer.

»Meine schöne Cousine!« – sagte der Offizier, – »Ihr werdet gebeten, uns beide aus einer Verlegenheit zu reißen.«

Rinaldo trug die Sache vor. – Laura schien sich zu fassen.

»Ich muß«, – sagte sie, – »bekennen, daß ich diesen Herrn schon längst als Ritter de la Cintra kenne.«

Der Offizier empfahl sich sehr freundlich und sprengte mit seinen Reitern davon.

Leonore kam herbei. Sie erfuhr den Vorgang und nahm schweigend auf einem Sofa Platz.

LAURA Ich war Euch schuldig, was ich jetzt abgezahlt habe.

RINALDO Großmütige Freundin!

LAURA Ich weiß und erkenne dankbar, daß Ihr einst mir und meinem Vater das Leben gerettet habt. – Daß ich nun in Verlegenheit kommen kann, fühlt Ihr.

RINALDO Ich fühle es!

LEONORE Welche schwere Verantwortung!

LAURA Unglücklicher Mann! Wie unglücklich machst du alle, die dich auch nur kennen!

RINALDO Seht, das ist es, was meinen Entschluß bekräftigt! – Durch mich soll niemand wieder in Verlegenheit kommen. Es ist einmal Zeit zu enden!

Als er das sagte, zog er eine Pistole aus der Tasche und fuhr rasch damit nach dem Munde. Leonore sprang schnell auf, entriß ihm die Pistole, schleuderte sie in eine Ecke und fragte:

»Wißt Ihr, was Ihr uns schuldig seid?« Laura sank mit dem Ausruf: »O Rinaldo!« – auf ein Sofa.

Rinaldo hob seine Blicke, sie fielen auf Leonorens Auge, er

bedeckte sein Gesicht mit den Händen, stürzte auf ein Sofa und schrie mit dumpfer Stimme:
»Unglücklicher! Wie so sehr unglücklich bist du!«
Leonore ging zu ihrer Schwägerin. Tiefaufseufzend erhob sich diese, und mit gepreßter Stimme rief sie:
»Meine Rechnung habe ich, – ach Gott! – wie redlich! glaube ich, bezahlt. – Wir dürfen und können uns nun nie wieder sehen, Herr Ritter!«
Ein Bedienter stürzte mit dem Ausrufe: »Der Herr Graf!« – ins Zimmer.
»Mein Gemahl?« – schrie Laura.
»Er selbst!« – sagte der Graf, indem er sie in seine Arme schloß.
Weinend fiel sie ihm an den Busen und stammelte: »O! Heiliger Gott!«
GRAF Was ist dir?
LAURA Ach! mein Gemahl!
GRAF Leonore! – Was ist meiner Laura?
LEONORE Mich frage nicht. Von mir erwarte keine Antwort.
GRAF Was ist das?
LEONORE Ich stehe hier wie vernichtet, glaube zu träumen und kämpfe dennoch mit einer schrecklichen Wirklichkeit!
GRAF Was ist hier vorgegangen?
LAURA O! jetzt nur keine Antwort auf diese Frage!
GRAF Wie verlegen macht ihr mich!
LEONORE O! wie sehr sind wir es!
GRAF Ich begreife nicht –
RINALDO Ich will es lösen, das Rätsel, das sich –
LEONORE Schweigt!
GRAF Mein Herr!
RINALDO Laßt mich sprechen!
LEONORE Nicht jetzt!
GRAF Euer Name?
RINALDO Rinaldini.
LAURA Gerechter Gott!
LEONORE Ewiger Himmel!

GRAF Rinaldini? –
LEONORE Er ist wahnsinnig!
RINALDO Wie edel! – O Gräfin! Ihr habt Euch verrechnet! Ihr sollt mir nicht zum zweitenmal das Leben retten. – Graf! Ich fordere Euch auf, bei Gewissen und Pflicht, mich nicht entfliehen zu lassen. Ich bin und bleibe in Eurer Gewalt.
GRAF Und ich in der Eurigen.
LEONORE Bruder!
RINALDO Graf!
LAURA Was sagst du?
GRAF Ich war in Cinthios Gewalt. Auf 3000 Stück Dukaten war mein Lösegeld bestimmt.
LEONORE Wir wußten sie nicht herbeizuschaffen!
GRAF Das fürchtete ich selbst! – »Graf! sagte Cinthio, als ich mich mit Sorgen quälte, »Ihr seid frei; frei ohne Lösegeld.« – Ich staunte. »Wer hat für mich bezahlt?« – fragte ich. »Rinaldini«, war die Antwort. – »Rinaldini?« – »Er hat auf Euerm Schlosse übernachtet und zahlt seine Zeche mit 3000 Stück Dukaten. Bald hoffe ich ihn wiederzusehen. Eure Güter sind ihm und mir empfohlen.« – Ich bin frei, hier, und – Rinaldini ist mein Retter!
RINALDO Wehe mir! – Wehe Euch, daß ich es bin! Welcher Rechenschaft unterwerft Ihr mich und Euch!
Er stürzte, als er dieses sagte, aus dem Zimmer in die Galerie, hinweg über diese und hinab in den Garten. Leonore folgte ihm nach. Er hörte sie nicht ihm nachkommen. In einer Laube erreichte sie ihn, faßte ihn und forderte ihm sein Gewehr ab.
»O Leonore! Wie grausam seid Ihr!«
»Euer Gewehr!«
»Laßt doch den Unglücklichen sterben!«
»Ich forderte Euer Gewehr! Hier, bei uns, sollt Ihr nicht sterben.«
»Nein!« – sagte befehlend eine starke Stimme. – »Hier sollst du nicht sterben!«
Verlegen trat Leonore zurück, Rinaldo ging aus der Laube. Ein Mann warf den Mantel ab, und vor ihm stand der Alte von Fronteja.

»Wie?« – fragte Rinaldo bestürzt. – »Bist du auch hier bekannt?«
»Dem Menschen«, – antwortete jener, – »gehört die Welt, und in diesem seinem Eigentum muß er allenthalben bekannt, nirgends darf er unbekannt sein.«
Jetzt trat der Graf in den Garten. Der Alte ging ihm entgegen, ergriff seine Hand und schüttelte sie traulich, so, wie man es mit alten Bekannten tut. Sie umarmten, küßten sich und gingen Hand in Hand den Garten hinauf.
Rinaldo sah den Alten bedeutend an und fragte:
»Kennt Ihr diesen Mann auch?«
»Der Bruder kennt ihn«, – sagte Leonore. – »Ich weiß nicht, wer er ist. Wir nennen ihn nur den unbekannten Alten. Mein Bruder aber nennt ihn Nicanor. Nie hat er uns gesagt, wer er ist, was er hier will, und fragten wir darum, so gab er uns keine Antwort. – Ihr aber scheint ihn ja auch zu kennen!«
»Ich kenne ihn; dennoch aber weiß ich nicht, wer er ist.«
Der Graf verließ den Garten; der Alte kam wieder auf die Laube zu.
»Schöne Gräfin!« – sagte er sehr freundlich, – »Diesen Unglücklichen erbitte ich mir auf einige Minuten!«
Leonore verneigte sich und verließ den Garten. – Der Alte setzte sich, und das Gespräch begann.
»Ermorden also wolltest du dich?«
»O! hätte ich es doch schon längst getan!«
»Der Mensch hat freien Willen. Sein Leben steht in seiner Gewalt. Darüber kannst du im Seneca und Cicero gar viel, pro und contra lesen. Bürden legt man ab; was drückt, wirft man hinter sich. Indessen, bei dem Selbstmorde ist doch noch immer eine Art von Feigheit mit im Spiele. Wer Mut hat, seinem Schicksal die Stirn zu bieten, der erliegt im Kampf nicht so leicht als der Verzagte.«
»Wie stirbt man ehrenvoller, durch eigene oder durch Henkershand?«
»So wie in der Welt die Begriffe einmal kursieren, so ist die eigene Hand der Hand des Henkers vorzuziehen. Indessen – bis

die letztere uns erreicht, hat man Zeit, zur eigenen Hand zu greifen. – Du wolltest nur in schöne Hände fallen! darum –«

»Keinen Spott!«

»Spott?«

»Keinen Scherz! – Meine Lage ist zu ernsthaft.«

»Und eben deswegen kann ein kleiner Scherz –«

»Ach! keinen Scherz!«

»Nun also, ernstlich! Wunderst du dich nicht, mich hier zu sehen?«

»Ich beneidete dich schon um das Glück, den Tod in den Wellen gefunden zu haben!«

»Ich beneide keinen Menschen um so etwas. – Den Wellen entronnen finde ich dich wieder und sehe – noch mehr als das –, alles wieder, was schön, was sehenswürdig ist.« –

»Du kennst Lentini?«

»Er ist ein Freund, auch deines Freundes, des Marchese Germano, und der meinige. Darum hatte er auch nichts von Cinthio zu fürchten.«

»Wie? – Ihr alle steht noch immer miteinander in Verbindung?«

»Wir alle.«

»Habt ihr noch immer nicht die Expedition nach Korsika aufgegeben?«

»Nicht ganz. – Vielleicht gelingt uns bald ein kühner Streich.«

»Gegen Korsika?«

»Gegen Korsika oder gegen – sonst einen Weltteil.«

»Du lebst von Plänen!«

»Für dieselben.«

»Glück zu!«

»Für mich und dich! – – Jetzt einige Worte an dich. – Du bist so unbedachtsam gewesen, dich und deinen Namen selbst wieder zu promulgieren –, was ein wenig unklug war! – und man ist dir überall auf dem Nacken. – Das taugt nichts! – Du mußt wieder verschwinden, du mußt versteckt werden, bis der Sturm vorüber ist.«

»Wohin?«

»In diesem Schlosse kann man dich nicht lassen, ob du gleich vielleicht gern hier bliebst.«
»Gleichviel!«
»Hm! – Gleichviel wohl nicht, denn du hast doch einmal hier Bekanntschaft.«
»Mich darf kein rechtlicher Mensch kennen.«
»Oho!«
»Wenigstens darf er es nicht sagen.«
»Bin ich kein rechtlicher Mann?«
»Ich muß es dir verdenken, daß du dich meiner Bekanntschaft freuen kannst!«
»Ich nicht. – Doch wieder zu unserer Angelegenheit! – Gegen Abend wird ein Mann kommen, der dir diesen Ring, mit einer Maienblume, den ich hier an diesem Finger trage, übergibt. Diesem folge. Die Nacht ist schön und mondhell. Ihr reitet fort. Gegen Morgen seid ihr an Ort und Stelle.«
»Wo?«
»An einem Schlosse, wo man euch einlassen wird und wo du sicher bist.«
Rinaldo wollte sprechen. Der Alte stand auf, drückte ihm die Hand, sagte: »Wir sehen uns bald wieder!« und ging schnell davon.

Leonore kam in einiger Zeit in den Garten zurück und fand Rinaldo nachdenkend in der Laube. – Sie nahte sich ihm. –
»Mein Bruder«, – sagte sie, – »ist mit Nicanor weggefahren. Meine Schwägerin wünscht Euch zu sprechen.«
Sie gingen ins Schloß zurück. Laura fragte nach dem Alten, konnte sich ihres Gemahls Verbindung mit ihm nicht erklären und erhielt von Rinaldo auch darüber keine Aufklärung.
Gegen Abend kam der Überbringer des Ringes von dem Alten. Rinaldo schickte sich zur Abreise an. Er nahm Abschied. Von Leonoren begehrte er ein Andenken. Sie gab ihm eine Busenschleife. Er schob ihr schnell einen Ring an den Finger, eilte die Treppe hinab und schwang sich aufs Roß. Vergebens rief Leo-

nore ihm nach. Er sprengte zum Schloßhofe hinaus, begleitet von seinem Führer und von Lodovico. – Sie ritten bei Mondenschein die ganze Nacht hindurch, bis an den folgenden Morgen. Auf einem Felsen lag ein altes, kleines Schloß, zur Verteidigung wohl versehen. Dieses wurde erreicht. – Der Führer gab ein Signal. Die Zugbrücke fiel. Sie ritten ein. Hier nannte sich Rinaldos Führer als Kastellan des Schlosses und führte ihn herum, sich selbst Zimmer zu seinem Aufenthalt zu wählen. – Er wählte und fragte:

»Wo bin ich?«

»Auf dem Schlosse meiner gnädigen Frau«, – antwortete Toronero, der Kastellan.

»Sie heißt?«

»Wißt Ihr das nicht?«

»Ich weiß nicht, wo ich bin, warum ich hier bin, kenne die Besitzerin dieses Schlosses nicht und weiß nicht, wie sie heißt.«

»Sie aber kennt Euch. – Sie hat mit mir selbst von Euch, von dem Ritter de la Cintra –, so heißt Ihr doch?« –

»So heiße ich.«

»– gesprochen, ehe ich abreiste.«

»Sie ist hier?«

»Nein. – Als ich abreiste, reiste sie auch ab.«

»Wohin? – Hierher?« –

»Das weiß ich nicht.«

»Ist sie nicht immer hier?«

»Nur selten und nie lange.«

»Wie heißt sie also?«

»Gräfin Ventimiglia.«

»Ventimiglia? – Ich kenne sie nicht; wenigstens – nicht unter diesem Namen.«

»So weiß ich nicht, was ich denken und sagen soll. – – Doch, es wird sich gewiß alles aufklären!«

Der Kastellan ging. Lodovico kam. Er brachte einen Brief von dem Alten. Rinaldo wurde von demselben gebeten, ihm Lodovico zuzuschicken, dessen er bedürfe. – Es war ein Bote da.

Rinaldo befahl Lodovico, bald wiederzukommen, und dieser versprach es, indem er mit dem Boten davonritt.

Der Kastellan, von dem Rinaldo eine Guitarre begehrte, brachte ihm dieselbe, entschuldigte sich zugleich, daß er, überhäufter Geschäfte wegen, nicht immer bei ihm sein könne, versicherte aber zugleich, seine Schwester Margalisa werde oft zu ihm kommen und seine fleißige Gesellschafterin sein.
Margalisa, ein ganz artiges, rundes, tätiges Geschöpf, erschien bald und sagte ganz treuherzig, sie sei da, dem Herrn die Zeit zu vertreiben. – Rinaldo unterhielt sich schäkernd mit ihr. – Er pries die schöne Aussicht der Gegend.
SIE O ja! Die Aussicht ist schön, die Gegend ist reizend, aber nach und nach wird man sie auch gewohnt, so wie alles, was man täglich sieht, seinen Spiegel nicht ausgenommen.
ER Und in den Spiegel siehst du wohl gern?
SIE Täglich; da müßte ich kein Mädchen sein! Gewöhnlich zwar nur des Morgens, ich müßte mich denn etwa in der Küche schwarz gemacht haben. Sonntags aber geschieht's mehr als einmal, wenn ich in die Kirche gehe.
ER Hast du weit in die Kirche zu gehen?
SIE In einer Stunde bin ich dort. Ich bin aber eine gute Fußgängerin, mein Bruder endet den Weg in einer Stunde nicht.
Rinaldo ging im Zimmer auf und ab, klimperte auf der Guitarre. – Margalisa fragte lächelnd: »Könnt ihr auch spielen und singen?«
»Willst du etwas hören?«
»O ja! – So etwas höre ich recht gern. – Oder wollt Ihr etwas Gesungenes von mir hören?«
Er gab ihr die Guitarre und bat sie, etwas zu singen. Sie spielte und sang.

Romanze

Am Bache lag's Liebchen
Im lieblichen Traum,

Sein Schlummer war ruhig,
Er atmete kaum.

Da sah ihn das Mädchen;
Sie schlich sich herzu,
Und freute sich innig
Der friedlichen Ruh.

Sie küßte ihm leise
Das zärtliche Licht
Der zitternden Augen;
Er regte sich nicht.

Sie wand seine Locken
Um Finger und Hand,
Und küßte behaglich
Dies ringelnde Band.

Er atmete stärker,
Sein Auge ging auf;
Sie drückte, ihn grüßend,
Ein Küßchen darauf.

»Was schlummert mein Liebchen
Am rauschenden Bach?
Was küß' ich im Grünen
Den Schlafenden wach?

Im Arme der Liebe
Schläft's Liebchen so weich.
Ach! wechsle, mein Trauter!
Dein Lager doch gleich!«

Rinaldo lobte Spiel und Gesang. Sie dankte und gab ihm die Guitarre zurück. Dabei fragte sie:

»Werdet Ihr lange hier auf dem Schlosse bleiben?«

ER Noch weiß ich das selbst nicht.

SIE Es lebt sich gar zu einsam, wenn die Frau Gräfin nicht hier ist. Ich, mein Bruder, seine Frau, eine Magd, zwei Kinder, das ist die ganze Schloßgesellschaft. Da ist ein Tag wie der andere. Das bißchen Arbeit ist bald getan, und dann – hat man Langeweile. Es ist etwas Verwünschtes, in einem solchen Bergschlosse zu stecken! – Ihr werdet das erfahren. Bleibt Ihr lange hier, so werdet Ihr auch sicher viel Langeweile haben.

ER Aber – du bist ja hier.

SIE Das wird euch wenig helfen. Wie könnte ich Euch die Langeweile vertreiben?

ER Du wirst mir mancherlei erzählen.

SIE Wovon?

ER Von diesem Schlosse.

SIE Was?

ER Allerlei.

SIE Von dem Schlosse weiß ich selbst nicht viel. Mein Bruder aber mag wohl mehr davon wissen.

ER Was denn?

SIE Je nun! Dies und jenes. – Unser Schloß hat auch seine Heimlichkeiten.

ER So?

SIE Ich kenne sie aber nicht. Und – ich rede auch nicht gern davon.

ER Warum nicht?

SIE Weil ich nichts Gewisses davon zu sagen weiß.

ER Ich habe auch mancherlei davon gehört.

SIE Wirklich? – Was denn?

ER Man sagt, es sei in dem Schlosse nicht recht geheuer.

Margalisa sah sich besorgt um, trat ihm näher, legte ihre Hand auf seine Schulter, blickte ihn gutmütig an und sagte:

»Sagt nichts davon!«

Aufmerksam gemacht auf etwas, woran er vorher nicht dachte, nahm Rinaldo eine noch freundlichere Miene an, drückte Mar-

galisen sanft die Hand und sagte in eben dem Tone, in welchem sie bat:
»Ich weiß – was ich weiß!«
Verlegen blickte sie ihn an und fragte mit gezogener Stimme:
»Was wißt Ihr denn?«
Bedeutend fuhr Rinaldo mit der Hand sich übers Gesicht und sagte:
»Ich weiß gar viel und mancherlei.«
Margalisa zog ihre Hand von seiner Schulter, ergriff den Zipfel ihrer Schürze, zog ihn gegen die Brust, schlug die Augen nieder und lispelte:
»Ich habe nichts gesagt. Und« – setzte sie schnell hinzu, – »ich weiß auch nichts zu sagen. Ihr wißt also auf jeden Fall mehr als ich weiß.«
Rinaldo griff ihr unters Kinn, richtete ihr Gesicht auf und lächelte ihr zu:
»Das glaube ich selbst!«
Sie sah ihn an und fragte ganz naiv:
»Wie gefällt Euch denn die Frau Gräfin Ventimiglia?«
»Ich kenne sie gar nicht!«
»Ach! Ich dachte gar!«
»Ich habe sie nie gesehen.«
»Und seid doch auf ihrem Schlosse?«
»Ich bin auf ihrem Schlosse und kenne sie dennoch nicht.«
Sie sah ihn an, unterdrückte sichtbar ein: Sonderbar! und fuhr fort:
»Sie hat prächtige Kleider, glänzende Ringe und schönes Geschmeide. Man steht nur so neben ihr, wie ein Krokusblümchen neben einer Aloe! – Vielleicht kommt sie bald wieder, da Ihr jetzt hier seid, und da werdet ihr selbst sehen, wie wir aussehen, wenn wir nebeneinander stehen.«
Mit einem Knicks sprang sie zur Tür hinaus. Rinaldo rief ihr nach, sie war aber schon die Treppe hinab, wie hinuntergeflogen. – Er ging ins Zimmer zurück und warf nachdenkend sich auf ein Sofa. Endlich rief er laut aus:
»Sie spielen mit mir das alte Spiel!«

Dreizehntes Buch

Deckt die Ruh wohl ihr Gefieder
Über dich mit sanfter Huld?
Nein! doch sucht sie friedlich wieder,
Niemals die verhaßte Schuld.

Es kamen Boten mit Briefen auf das Schloß, gesendet von dem Alten, der dennoch nie schrieb, wo er sich aufhielt. – Rinaldo war in seiner Einsamkeit in einer sehr peinlichen Lage.

Der Kastellan schien ein sehr verschlossener Mann zu sein. Er betrug sich gegen seinen Gast sehr zurückhaltend. Von Margalisen aber hoffte er, nach und nach mehr zu erfahren. Deshalb tat er sehr artig gegen sie, was ihm gar nicht schwerfiel, denn sie war wirklich ein hübsches Mädchen, das noch dazu in der Einsamkeit des einsamen Schlosses doppelte Reize erhielt. Er beschenkte sie sehr freigebig mit einer Halskette und einem Ringe. Diese Kostbarkeiten wurden ebenso gern genommen als sie gegeben wurden. Rinaldo sah an der Aufmerksamkeit, mit der er bedient wurde, daß die Dienstwilligkeit durch die goldene Kette stark an den Geber gefesselt worden war.

Er war einige Wochen auf dem Schlosse, als er durch einen Boten einen Brief an den Alten sandte, in welchem er ihn dringend bat, ihm Beschäftigung zu geben. Auch ersuchte er ihn, Lodovico wieder zu ihm zu schicken.

Margalisens Zutraulichkeit wurde nach und nach immer herzlicher, und sein freundliches Entgegenkommen bestimmte das treuherzige Mädchen endlich sogar, in dem freundlichen Herrn mehr als den bloß freundlichen Herrn zu sehen. Seine Geschenke und die Einsamkeit taten auch das ihrige, und so kam es denn, daß der Herr Ritter seine schönen Stunden ebenso gefällig als gern erhielt. Das gefiel dem Mädchen und gefiel dem Herrn. So waren sie miteinander zufrieden.

Einst, als sie, so ganz traulich wie er, recht liebevoll bei ihm saß, fragte sie lächelnd ganz naiv:

»Die Wievielte bin ich denn wohl, die Ihr schon liebgehabt habt?«

Rinaldo, freilich ein wenig gewandter als das gutherzige Schloßmädchen, wußte die Antwort dieser Frage durch eine Gegenfrage klüglich zu vermeiden. – Eine Methode, die wir (gelegentlich gesagt), als sehr heilsam jedem empfehlen wollen, der in die Verlegenheit kommen sollte, einem artigen Mädchen eine ähnliche Frage zu beantworten. – Er fragte also:

»Der Wievielste von denen, die dich liebgehabt haben, bin ich denn wohl?«

Darüber vergaß das gute Kind ihre eigene Frage, wurde noch röter, als sie wirklich schon war, schlug die Augen nieder und zupfte an ihrem Busentuche, sanft den Mund bewegend, ohne zu sprechen.

Durch diese Verlegenheit der Verlegenen – so machen's die Männer! – noch kecker gemacht, verlor Rinaldo jeden Antwortspunkt aus dem Sinne und wiederholte seine Frage sehr dreist, indem er Margalisens Gesicht dem seinigen entgegendrehte.

Sie wurde darüber fast empfindlich, unterdrückte aber dennoch ihren Unwillen und sagte weinerlich:

»Ihr seid der Dritte meiner Liebhaber, aber der einzige, der Küsse von mir erhalten hat.«

Sie schwieg, fuhr aber schnell auf und fragte fast erzürnt: »Glaubt Ihr das?«

»Ich glaube dir es nicht allein«, – antwortete Rinaldo gelassen, – »sondern ich bin sogar davon überzeugt.«

»Das läßt Euch der Himmel reden!« – fiel sie rasch ein und schob etwas, das sie mit der rechten Hand gefaßt hatte, unter das Busentuch zurück.

»Was ist das?« – fuhr Rinaldo fragend auf, rang scherzend mir ihr und zog einen Dolch aus ihrem Busen.

ER Das war es, was du gefaßt hattest und wieder zurückschobst? O Margalisa!

SIE Ich habe Euch gegeben, was ich keinem Manne wieder

geben kann. Hättet Ihr so frech sein und dieses Geschenk ableugnen wollen, so hätte ich Euch den Mund auf ewig verschlossen, damit Ihr, undankbar, nie in der Welt wieder etwas hättet ableugnen können. – Ich habe unbesonnen gehandelt, das muß ich mit Schmerzen tragen, aber – verhöhnen laß ich mich nicht.

Rinaldo sah, daß er es mit einem Mädchen zu tun hatte, deren Entschlossenheit seiner Keckheit die Waage hielt. Er fand sich schnell in die gehörige Rolle, warf seine Arme um ihren Nacken, küßte sie heftig und sagte: »Margalisa! Jetzt liebe ich dich zweifach!«

Sie schwieg. Einige große Tränen entstürzten ihren Augen. Endlich sagte sie beinahe trotzig:

»Daß ich nicht verdiene, unglücklich zu sein, weiß ich! Aber das weiß ich auch, daß Ihr es mit mir sein werdet, wenn Ihr es vergessen wollt, daß Ihr es seid, der mich unglücklich machen kann.«

So hatte er noch kein Mädchen sprechen hören. Seine Liebchen hatten ihm wohl nachgeweint, aber mit Dolchen war ihm noch keine nachgefolgt. Er faßte sich aber schnell, küßte Margalisen zärtlich und sagte:

»Sei ruhig, Margalisa! Ich werde nie vergessen, was ich dir schuldig bin, da ich von dir geliebt werde.«

Da tat es in dem verschlossenen Saale neben dem Zimmer, in welchem sie sich befanden, einen starken Fall.

»Was ist das?« – fragte Rinaldo.

Margalisa sprang auf, schrie:

»Das ist ja eben der Unglückssaal!« und verließ eilig das Zimmer.

Betroffen blieb Rinaldo zurück. Er lauschte und hörte nichts weiter. Er legte sein Ohr an die Saaltür. Nichts bewegte sich in dem Saale.

Er wandelte aus dem Schlosse ein Stündchen im Freien umher, genoß das prächtige Schauspiel der untergehenden Sonne, ein Schauspiel, welches immer traurige Empfindungen in seiner

Seele zurückließ, und ging langsam und gedankenvoll den Berg hinauf, wieder ins Schloß zurück. – An der Zugbrücke sah er noch einmal ins Tal zurück, das schon ganz im Schatten der Abenddämmerung lag, und seufzte:

»Es war eine Zeit, da trieb ich, wenn die Abenddämmerung auf die Täler sank, meine Ziegen in die kleine Wohnung zurück, und damals war ich froh und heiter. Jetzt blicke ich von stolzen Schlössern hinab ins Tal, und der Schleier der Abenddämmerung umhüllt meine Seele mit Traurigkeit.«

Er wankte ins Schloß, auf seine einsamen Zimmer zurück, fand den Tisch gedeckt, und bald darauf trug Margalisa ihm das Abendbrot auf. – Er leerte eine Flasche Wein und schellte nach einer zweiten. Margalisa brachte sie ihm.

»Du mußt mit mir trinken«, – sagte er. »Du mußt bei mir bleiben. Es ist mir zu einsam; ich bin verstimmt.« –

SIE Das ist nicht gut! – Kann Margalisa Euch aufheitern?

ER Du allein kannst es.

SIE Wenn meine Arbeit getan ist, will ich wiederkommen. Aber Ihr müßt mir etwas vorsingen. Ihr singt gar zu artig und könnt so schöne Lieder. Einige habe ich Euch schon abgelernt: das Fischermädchen und den traurigen Rittersmann im Felsentale.

ER Komm bald wieder, liebes Mädchen! Ich will dir Romanzen und Lieder singen, so viele du hören willst.

SIE In einer Stunde bin ich wieder bei Euch.

Sie hielt Wort, setzte sich, als sie wiederkam, mit ihrem Strickzeug auf ein Sofa, indem Rinaldo, auf der Guitarre klimpernd, im Zimmer auf und ab ging.

»Hat Euch etwa«, – fragte Margalisa ganz unbefangen, – »die Frau Gräfin geschrieben? – Mein Bruder meinte, sie würde wohl bald hierherkommen.«

»So? – Ich habe keine Briefe bekommen.«

Eine Pause.

»Ihr erwartet sie doch?« – fing Margalisa wieder an.

»Ich weiß von keiner Erwartung!«

»Nicht? – Wirklich nicht? Und Ihr seid hier?«

»Das hat einen andern Grund als diese Erwartung.«
»Das kann ich freilich nicht wissen.«
Eine zweite, längere Pause. – Er unterbrach sie:
»Gehören Dörfer zu dem Schlosse der Gräfin?«
»Zwei. – Das Dorf am Wäldchen und jenes rechts an dem großen Teiche.«
»Sind Klöster hier in der Nähe?«
»Eine Stunde von hier liegt ein Nonnenkloster, vom Orden der heiligen Klara; zwei Stunden weit ist ein Kapuzinerkloster. Weiter kenne ich keine Klöster in der Nähe. – In dem Klarenkloster habe ich eine Schwester. Sie ist Pförtnerin.«
»Du besuchst sie wohl zuweilen?«
»Gewöhnlich des Jahrs dreimal, an den hohen Festen. – Es könnte mir in dem Kloster gefallen. – Einem armen Mädchen bleibt ja auch gewöhnlich nichts weiter als ein Kloster übrig, wenn sie keinen Mann bekommt.«
»Den wirst du schon bekommen.«
»Ei ja doch! – Ihr denkt wohl, die Männer sind bei uns auch nur so zu haben!«
Hier entstand die dritte Pause.
Margalisa sagte endlich:
»Was klimpert Ihr? Singt doch etwas. Ihr habt mir's ja versprochen.«

Margalisa ist das Liebchen,
Das mir nur allein gefällt. –

»Habt Ihr das Liedchen selbst gemacht?« – fiel Margalisa fragend ein.
»Ich dichte es unterm Singen.«
»Aha! – Wißt Ihr wohl, wie es in einem Liede heißt, das Ihr auch oft singt? Da singt Ihr:

Nichts erdenken, nichts erdichten
Darf ein Mund, der Liebe schwört.

Vom Erdenken, vom Erdichten
Ward manch Liebchen schon betört.«

Er lachte, legte die Guitarre weg, umschlang, küßte Margalisen und sagte:
»So will ich die Wahrheit reden. Ich liebe dich!«
Sie seufzte: »Wie lange?«
Es wurden Fußtritte gehört. – Margalisa sprang auf und setzte sich auf einen Stuhl. Er ergriff die Guitarre und stimmte. – Der Kastellan trat ins Zimmer.
»Ich wollte Euch fragen«, – sagte er, – »ob Ihr etwas an den alten Herrn Nicanor zu bestellen habt?«
Rinaldo schrieb an den Alten einen Brief, in welchem er die Bitten seines letzten Briefes wiederholte.
Margalisa, die indessen mit ihrem Bruder das Zimmer verlassen hatte, kam, als Rinaldo schellte, wieder dahin zurück. Er gab ihr den Brief und bat sie, wiederzukommen.
»Mein Bruder«, – antwortete sie, – »geht diese Nacht selbst mit dem Boten zu dem alten Herrn. Wenn er fort ist, will ich kommen.«
Sie ging, und Rinaldo, dem ihre Gesellschaft jetzt beinahe unentbehrlich geworden war, erwartete ihre Zurückkunft wirklich mit Ungeduld.

Gegen Mitternacht trat er ans Fenster und sah hinab ins Tal. Der Mond erhellte die ganze Gegend. Er erblickte am Fuße des Berges einen stark bespannten Wagen und einige Menschen hin und her gehen. Diese kamen bald den Berg herauf ins Schloß. Als sie, aus demselben zurück, wieder hinabgingen, trugen sie kleine Fässer, wie es schien, mit nicht geringer Anstrengung ihrer Kräfte. Sie kamen noch einmal und gingen, ebenso beladen, wieder zurück. – Der Kastellan ging mit ihnen und führte sein Pferd den Berg hinab, das er im Tale bestieg. – Die Fässer wurden auf den Wagen gelegt, und der Zug ging im Tale rechts fort. Die Begleiter des Wagens waren bewaffnet.

Gleich darauf trat Margalisa ins Zimmer. Es kam sogleich zum Gespräch.

»Was schaffte man in Fässern den Berg hinab?«

»Ich weiß es nicht.«

»Du bist nicht aufrichtig!«

»Eben weil ich aufrichtig bin, sage ich, daß ich es nicht weiß. – Mein Bruder sagt uns nichts von seinen Geschäften. Solche Fässerchen werden oft von hier fortgeschafft. Ich weiß nicht, woher sie kommen und was darin ist. Sie sind sehr schwer. Ihr wißt, daß ich gewiß Stärke habe, aber ich kann das kleinste Fäßchen kaum von der Erde erheben. Ach! in unserm Schlosse gibt's wohl mancherlei sonderbare Dinge, von denen ich nichts weiß. – Mein Bruder ist gar geheimnisvoll. Wir Weiber erfahren nichts von seinen Geheimnissen.«

»Er hat also doch Geheimnisse?«

»Das will ich meinen!«

»Ich bin nicht neugierig, aber die Fässer beschäftigen mich doch.«

»Mich haben sie schon längst beschäftigt. Besonders, da ich gar nicht weiß, wo sie herkommen. Ich sehe sie nicht ins Schloß bringen, und dennoch sind sie da und werden fortgeschafft.«

Rinaldo warf sich aufs Kanapee. Margalisa setzte sich zu ihm und spielte mit seinen Locken.

SIE Ihr denkt nach? Ich habe auch schon nachgedacht – gar oft! –, aber das hat mir alles nichts geholfen.

ER Weißt du auch nichts von den Geheimnissen des Saals zu erzählen, den du den Unglückssaal nennst?

SIE Mein Bruder nennt ihn stets den Unglückssaal, sagt aber nie, warum, und hält ihn fest verschlossen. Geheuer ist es nicht darin. Wer weiß, welcher Kobold darin hauste!

ER Du glaubst Gespenster?

SIE Ei! Wer wird die nicht glauben! – In unsrem Lande gibt's, leider! Gespenster und Hexen vollauf.

ER Auch Hexen?

SIE Ja! – Da will ich Euch einmal erzählen, was ein Franziskanermönch selbst erfahren, gesehen und einem vornehmen Herrn entdeckt hat.

ER Nun? Laß hören!

SIE Ein feiner, artiger, junger Mann fiel einem paar Hexen in die Hände, die ihm, während er schlief, das Herz aus dem Leibe nahmen. Das ist eine Leckerspeise, welche sie gebraten essen. Eben wollten sie das Herz sich wohlschmecken lassen. Er wurde seinen Verlust nicht gewahr, weil er, wie gesagt, schlief. Als er aber aufwachte, fing er an, Schmerzen zu fühlen, und entdeckte endlich, daß ihm sein Herz fehlte. – Der Franziskanermönch, der in eben der Kammer lag, aber nicht schlief, hatte alles mitangesehen und wußte, was die Unholdinnen getan, er konnte es aber nicht verhindern, weil ihn die Hexen bezaubert hatten. Endlich, als nun der arme Mensch erwachte, löste sich die ganze Bezauberung. Die Hexen salbten sich mit einem Öle und flogen davon. Der Franziskaner aber nahm das Herz, das schon gebraten war, vom Roste und gab es dem Jüngling zu essen; und der wurde denn mit Gottes Hilfe wieder gesund.

ER Eine schreckliche Geschichte!

SIE Jawohl!

ER – – Wie lange wird dein Bruder von hier wegbleiben?

SIE Zwei Tage.

ER Könntest du mir nicht die Schlüssel zu dem Saale verschaffen?

SIE Was mutet Ihr mir zu! – Ich müßte Euch gar nicht ein bißchen gut sein, wenn ich Euch die Schlüssel verschaffen wollte.

ER Wenn du mir gut bist und mich liebst, verschaffst du sie mir.

SIE Nein! zu Euerm Unglück mag ich nichts beitragen.

ER Geht dein Bruder in den Saal?

SIE Ich glaube wohl!

ER Und es geschieht ihm nichts? – Mir wird also auch nichts geschehen.

SIE Nein! Ich gebe Euch die Schlüssel nicht! – Wenn Ihr unglücklich sein solltet, ich wüßte nicht, was ich anfangen sollte. –

Und, wenn ich Euch auch die Schlüssel wirklich geben wollte, so weiß ich nicht, wo ich sie finden soll. Mein Bruder wird sie gewiß verschlossen haben.
Indem vernahmen sie ein Geräusch. Sie lauschten und hörten deutlich, daß es – in dem Saale war. – Margalisa schmiegte sich zitternd an Rinaldo an. Dieser winkte ihr, zu schweigen. Sie zitterte und schwieg.
Er erhob sich langsam, stieg auf, schlich sich an die Saaltür und lauschte. – Es blieb ruhig.
Er ging zurück. Margalisa erklärte ängstlich, sie werde diese Nacht nicht aus dem Zimmer gehen. – Rinaldo lächelte und verließ mit ihr das Zimmer. Sie gingen durch das zweite ins dritte Zimmer. Hier wurde Margalisa ruhiger, gleichsam als sei sie durch eine weitere Entfernung von dem Saale in größerer Sicherheit als in dessen Nähe. – Als sie ihn aber endlich verließ, mußte sie Rinaldo die Treppe hinab bis vor ihre Kammer im untersten Stock des Schlosses begleiten.

Als er wieder in sein Zimmer zurückkam, fielen seine Blicke auf seine Schatulle. Sogleich fiel ihm ein, daß er in derselben sehr gute Schließinstrumente habe. – Er öffnete die Schatulle, nahm die Werkzeuge ehemaliger Geschicklichkeit heraus und entschloß sich rasch, die Geheimnisse des sogenannten Unglückssaals zu untersuchen.
Ebenso rasch ging er dabei zu Werke, nahm Gewehr zu sich und näherte sich mit Wachskerzen dem Schlosse der Saaltür.
Die Vortrefflichkeit seiner Instrumente krönte sogleich die erste Probe. Die Schlösser wurden geöffnet. Die Saaltür ging auf. – Im Saale war es still und finster. Die Fenster verdeckten Gardinen, welche auch der feinste Strahl des Mondes nicht durchbrach.
Er trat in den Saal, der leer und ohne Möbel war. Eine doppelte Flügeltür war rechts. Nur einfach verschlossen, öffnete sie sich dem erfahrenen Schließer bald. – Sie führte zu einer langen Galerie, die auf beiden Seiten mit Bildern geziert und mit Wand-

leuchtern versehen war. Auf den Wandleuchtern steckten Lichter, die, wie man deutlich sah, angezündet gewesen waren.

»Also gibt es hier«, – sprach Rinaldo bei sich selbst, – »Menschen, denn Geister bedürfen dieser Lichter nicht!«

Mit festem Schritt und leisem Tritt ging er weiter und kam am Ende der Galerie an eine gleichfalls verschlossene Tür. Er öffnete sie und trat in einen kleinen Saal, dessen Wände auch mit Bildern und Leuchtern behängt waren. Eine Tür, die nicht verschlossen war, führte in ein Zimmer. Dieses war möbliert und zeigte Spuren, daß es von Menschen besucht wurde. – Nun ging er behutsam weiter und kam aus dem Zimmer in einen schmalen, dunklen, gewölbten Gang.

Hier blieb er stehen und überlegte, ob er jetzt weitergehen oder ob er seine ferneren Untersuchungen bis morgen aufschieben wollte. Zögernd ging er nur langsam nach und nach weiter. Er überlegte noch, als er auf etwas Nachgebendes trat, worauf unter ihm laut eine Glocke ertönte und er langsam auf einer Versenkung in die Tiefe hinabfuhr.

Als er festen Fuß faßte, befand er sich in einem großen, von einigen schwebenden Lampen nur schwach erleuchteten Gewölbe und sah, daß die Maschine der Versenkung langsam wieder hinaufging. – Nun war an kein Zurückgehen mehr zu denken.

Er stand, lauschte und hörte in der Entfernung ein Geräusch wie von einer Pochmaschine und von Räderwerk, das durch Wasser getrieben wird.

»Und sollte ich mich der rauschenden Arbeit der Danaiden, dem Rade Ixions und allen Schrecken des wahren oder eines Orkus der Krata Repoa nähern«, sprach er bei sich selbst, – »ich gehe weiter.«

Er nahm die Lichter in die linke Hand, in die rechte eine gespannte Pistole und ging weiter fort. – Je weiter er kam, desto stärker wurde das Geräusch.

Eine Tür hemmte seine Schritte. Er öffnete sie entschlossen und trat in ein zweites, stärker erleuchtetes und niedrigeres Gewölbe, in welches er kaum den Fuß gesetzt hatte, als er eine Figur

bemerkte, die bei seiner Erscheinung laut auf: »Alarm!« schrie und davonlief.
Nun blieb er stehen, sicherte sich den Rücken, setzte die Lichter neben sich auf die Erde, stellte sich in bewaffnete Positur und erwartete, was geschehen würde.

Ein dunkel gekleideter Mann mit weißem Haar und Barte trat herbei und donnerte ihm entgegen:
»Verwegener, wer bist du? Wie kommst du hierher? Was suchst du hier?«
Gelassen antwortete Rinaldo: »Ich frage dich: Wer bist du? Nach deiner Antwort wird die meine folgen.«
Der Alte schwieg einige Augenblicke und fragte dann wieder: »Bist du allein hier?«
»Das wirst du erfahren«, war die Antwort.
»Du bist mit allen den Deinigen, soviel deren auch mit dir hier und in jenem Gewölbe verborgen sein mögen, in meiner Gewalt, und ihr werdet lebendig nie diesen Ort wieder verlassen, wenn ich euch nicht freilassen will. – Also antworte, Mensch! wer bist du?«
»Ein Mensch, wie du gesagt hast. Oder glaubst du nicht, daß es einen Menschen gibt, der ohne Furcht hierher kam?«
»Viel gewagt!«
»Noch nicht genug.«
»Was mehr?«
»Das sollst du erfahren!« – schrie Rinaldo, sprang auf ihn zu, packte ihn, drängte ihn gegen die Wand und setzte ihm die Pistole auf die Brust.
Der Alte zitterte und schwieg. – Rinaldo aber fragte wieder: »Wer bist du?«
Der Alte gab keine Antwort. – Rinaldo schüttelte ihn und schrie ihm zu:
»Beantworte meine Frage, oder ich schieße dich nieder.«
»Das kannst du tun«, – sagte der Alte, – »wenn du dein Leben selbst verloren geben willst. Beantworte meine Fragen, und ich

will die deinigen beantworten. Ich sehe wohl, daß ich es mit einem kühnen, entschlossenen Manne zu tun habe, aber dennoch werde ich dich nicht fürchten.«

»Gelogen!« – schrie Rinaldo. – »Du zitterst.«

»Ich bin«, – fuhr der Alte fort, – »ein alter, schwacher Mann, und du bist mir an körperlicher Stärke überlegen, aber es sind junge, kraftvolle Männer in unserer Nähe, mit diesen mußt du dich messen, wenn du im Kampfe Ehre erwerben willst.«

Rinaldo ließ ihn fahren und wollte eben sprechen, als er drei starke Männer mit blanken Säbeln auf sich zukommen sah.

»Greift« – schrie der Alte, als er sie erblickte und sich frei sah, – »diesen Unbesonnenen!«

Zu Rinaldo sagte er: »Wenn du dich zur Wehr setzest, so laß ich dich niederhauen.«

»Wenn du das bei der Gräfin Ventimiglia verantworten kannst, deren Bruder ich bin«, – antwortete Rinaldo, – »so kannst du mich niederhauen lassen; ich aber werde mich wehren, solange ich noch ein Glied bewegen kann. Wenn sich mir einer naht, so schieß ich dich zuerst nieder.«

»Haltet an!« – schrie einer von den Dreien, – »diese Stimme ist mir sehr bekannt. Diese Gestalt, dieses Gesicht. – Ich will des Teufels sein! wenn du nicht mein vom Tode erstandener, geretteter Hauptmann, wenn du nicht Rinaldini bist.«

»Ich bin es. – Du bist Nero. – Ich bin dein Hauptmann und befehle dir und deinen Kameraden, die Waffen niederzulegen.«

»Lustig, ihr feinen Gesellen!« – schrie Nero. – »Hört meines Hauptmanns Befehl, habt Respekt und streckt die Waffen. Hier steht der große Rinaldini und spricht mit euch.«

»Schweig!« – donnerte der Alte.

»Was da! – Was wollt Ihr? – Ich trete auf meines Hauptmanns Seite, ich fechte und sterbe mit ihm. Aber kommt uns einmal zu nahe, wenn ihr erfahren wollt, wie es zugeht, wenn man sich an den großen Rinaldini wagt!«

»Laß sie nur kommen, – Nero!« sagte Rinaldo, – »wir wollen sie schon empfangen. Meine Leute im Schlosse werden mich suchen. Wir werden bald Succurs erhalten.«

»Schließt die Falltüren!« – schrie der Alte.

»Unnütze Vorsicht!« – fiel Rinaldo ein; – »Meinen Leuten sind keine Schlösser zu fest.«

»Das wollen wir erwarten«, sagte der Alte.

Da stürzten einige Männer aus jenem Gewölbe, durch welches Rinaldo gekommen war, herbei und schrien:

»Alarm! Alarm! Das Schloß ist überrumpelt, Soldaten haben es besetzt. Wir sind verraten und verloren!«

»Rettet euch!« – keuchte erschrocken der Alte und lief hinter jenen drein.

Nero nahm Rinaldo bei der Hand und schrie ihm zu:

»Nur mir nach! – Uns sollen sie nichts tun. Wir haben Schlupfwinkel. – Nur mir nach!«

In den unterirdischen Winkeln war die Verwirrung allgemein. Man schrie, lärmte und fluchte; auch glaubte Rinaldo Weiberstimmen und Kindergeschrei zu hören. – Ohne sich das, was um ihn herum vorging, erklären zu können, folgte er seinem Führer getrost nach.

Es ging durch einige Keller, durch eine Spelunke aufwärts, und als sie hier waren, lispelte ihm Nero zu:

»Diesen Weg kenne nur ich allein. Der Zufall hat ihn mir entdeckt, und ich habe diese Entdeckung für mich behalten, weil ich schon längst dachte, daß die Wirtschaft hier einmal ein Ende mit Schrecken nehmen würde. – Nun aber müßt Ihr auf allen vieren kriechen!«

So krochen sie durch die Mündung einer fürchterlichen Felsenhöhle, deren Ausgang in äußerst rauhe Berggegenden führte. Sie wälzten ein Felsenstück vor die Schlucht und wanden sich in eine andere, mit Gesträuch bedeckte Felsenhöhle.

Nero küßte seinem Hauptmann die Hände und fing an zu erzählen:

»Mord und alle Wetter! Wie freue ich mich, dich endlich wiederzusehen, Hauptmann! Daß du wieder hergestellt und ins Leben zurückgebracht worden warst, wußte ich schon, aber es hieß, – ich weiß nicht, wer das einfältige Gerücht verbreitet hatte! –, du seist in ein Kloster gegangen. Das konnte und wollte ich nicht glauben. Da ich aber gar nichts wieder von dir hörte und sah, dachte ich zuletzt: Es kann ja doch wohl möglich sein, daß er den Säbel endlich gegen ein Paternoster vertauscht hat, um sich und uns alle mit dem Himmel wieder auszusöhnen. – Ich griff zum alten Handwerk, aber es warf nicht viel ab. Endlich kam ich wieder zu unsrem Cinthio. Da ging es etwas besser. Wir machten ganz artige Geschäfte und führten oft tolle Streiche aus. Du weißt ja, wie das zugeht!«

»Aber«, – fragte Rinaldo einfallend, – »wie kamst du denn in das Schloß der Gräfin Ventimiglia?«

»Höre nur! – Wir lagen eben bei Sarsona, als mich Cinthio mit einem Briefe nach Marsala sandte. Der Brief war adressiert: An den Herrn Florio, berühmten Kaufmann aus Korfu, dermalen zu Marsala. Ich traf die beschriebene Wohnung, übergab den Brief, und siehe da! der berühmte Kaufmann Florio aus Korfu war – unser lieber alter Herr Frontejaner.«

»Dieser?«

»Der nannte sich damals Florio. Bei ihm war auch unsre wohlbekannte Signora Olimpia –«

»Olimpia?«

»Sie selbst; zwar ein wenig älter, aber immer noch so angenehm wie sonst. Diese hatte, wie ich erfuhr, einem alten, verliebten Narren das Seil über sein erhabenes Ypsilon geworfen und hatte ihm die Hand gegeben –«

»Olimpia, verheiratet?«

»– und war dadurch Gräfin Ventimiglia geworden.«

»Was sagst du? – Olimpia? – Sie? Olimpia die Gräfin Ventimiglia?«

»Ja, ja! Sie selbst. – Der alte Herr, ihr Gemahl, war in ihrem Besitze recht glücklich. Kein Gedanke an einen korsischen Kapitän, an einen Räuberhauptmann, an einen Statthalter zu Nisetto, an alle guten Freunde des Alten von Fronteja, an – wer weiß, woran noch, vor und nachher! – verbitterte ihm sein Glück. Er leerte den Becher, den Olimpia ihm füllte, con amore, und lag senza dolore entzückt in ihren Armen, so oft ihm das erlaubt war. Kurz, er war glücklich.«

»Wohl ihm!«

»Das sage ich auch. Die Einbildung und der Glaube sind die beiden herrlichsten Himmelsgeschenke für uns arme, miserable Kreaturen! – Denn was haben wir sonst noch, das so erfreulich wär' wie sie?«

»Wie ging dir's zu Marsala?«

»Im Hause der Gräfin lebte ich herrlich und in Freuden und sehnte mich gar nicht wieder aus demselben. – Endlich reiste die Frau Gräfin mit dem Herrn Florio auf ihr Schloß, wo wir vorher eben auch waren. Sie nahmen mich mit, erteilten mir viele Lobsprüche und komplimentierten mich endlich ganz human, mit vielen Versprechungen, in den Keller, in welchem Ihr mich gefunden habt.«

»Und in diesem Keller?« –

»Da trieben wir's stark.«

»Was?«

»Wir münzten Geld.«

»Falsche Münzer wart ihr?«

»Wenigstens waren unsere Münzen nicht so gut, wie sie sein sollten, ob sie gleich sehr schwer als falsch zu erkennen waren, denn wir hatten es, im *Anschein*, weit gebracht. – Wir haben rechtschaffen darauf losgearbeitet, das muß ich sagen! Die ganze Insel muß von unsern Gold- und Silbermünzen angefüllt sein, wenn das Geld nicht weitergegangen ist. – Wappen und Bild Sr. Maj. des Königs beider Sizilien, wie auch Sr. Heiligkeit, wurden respektiert. Alle unsere Münzen tragen nur republikanische Wappen und Stempel und sind den Teufel nicht wert. Die Respublica Veneta, mitsamt ihren unnatürlichen Löwen, die liebe *Libertas* von Lucca und Ragusa, das Genuesische Kreuz und Elend, sogar liebe bißchen St. Marinosche

Potestà, – alle diese freien Herrlichkeiten wurden mit unendlich viel Freiheit unsern Münzen aufgedrückt. Sie erhielten dadurch Freiheit, hinzugehen, wohin sie wollten, und zu bleiben, wo man sie behalten mochte. – Wir haben eine schöne Anzahl Geldfässerchen abgeschickt. Toronero, der Kastellan des Schlosses, nahm sie gewöhnlich in Empfang und spedierte sie weiter.«

Jetzt konnte Rinaldo sich jene Nachtszene erklären, die er, von den Schloßfenstern aus, sah, worüber ihm Margalisa keine Auskunft geben konnte. – Nero fuhr fort:

»Diese Nacht erst ist ein solcher Transport wieder abgegangen.«

»Ich sah ihn abgehen, konnte aber nicht erraten, was in den Fässern stak.«

»Die Versendung muß aber unrecht angekommen oder gar von ungebetenen Gästen in Empfang genommen worden sein. – Jetzt sitzen sicher einige Dutzend Köpfe weniger fest als zuvor. – Und wie wird es unsrer lieben Gräfin gehen?«

Rinaldo sah schweigend vor sich hin, suchte das ganze Negoz zu überschauen und verlor sich darüber endlich so sehr in seinen Gedanken, daß Nero ihn gleichsam aus einem Traume weckte, als er ihm zurief:

»Wollen wir hierbleiben, oder wollen wir weitergehen?«

Sie stiegen hinab und erreichten das Tal. – Hier kroch aus dem Gebüsche ihnen ein Vermummter entgegen, der ihnen zuwinkte näherzukommen. Sie folgten ihm in eine Höhle, wo er seinen Mantel abwarf. Lodovico stand vor ihnen.

NERO Lodovico?

RINALDO Du hier?

LODOVICO Du hier?

LODOVICO Erwünscht! – Ich kam aber vorhin zu einer verdammten Szene!

NERO Auf dem Schlosse?

LODOVICO Dahin war ich noch nicht. – Die Gräfin und der alte Herr schickten mich ab, Euch, mein wertester Hauptmann, ihre

Ankunft auf morgen oder übermorgen zu melden. Ich eilte, Euch wiederzusehen, und kam eben dazu, als die Soldaten einen Transport Geld anhielten. Ich hörte, es sei falsche Münze und sie komme aus dem Schlosse. Zugleich hieß es geradezu, Rinaldini sei auf dem Schlosse. – Ich machte mich davon, bebte für Euer Leben und bin so glücklich, Euch noch frisch und gesund zu sehen!

Rinaldo empfing von ihm ein Päckchen. Es enthielt Kostbarkeiten, Geld und Wechsel. Olimpia und der Alte schrieben von herrlichen Aussichten und freuten sich, ihm dieselben bald mündlich mitteilen zu können. – Er las, überdachte seine Lage und entschloß sich kurz.

Lodovico und Nero wurden von ihm abgeschickt zu erforschen, wie es um den Alten und seine Freundin stehe. In Mascoli wollten sie sich wiederfinden, wie er ihnen sagte.

In Treno trennten sie sich. Rinaldo steckte sich in Pilgerkleider und ging als ein gebrechlicher Waller, hinkend und verstellt, auf Taormino zu. – Hier lag eben ein sardinisches Fahrzeug segelfertig im Hafen, welches er bestieg, indem er das Gelübde einer Wallfahrt zum Gnadenbilde zu Saorsa auf Sardegna herwinselte. – Der Kapitän lobte seinen frommen Entschluß und nahm ihn willig auf. – Die Anker wurden gelichtet; die Felucke stach in die See und erreichte glücklich das Ziel ihrer Fahrt.

Rinaldo warf seine Pilgerkutte ab und eilte nach dem ihm wohlbekannten Cagliari. Hier mietete er sich eine angenehme Wohnung und setzte seine Garderobe in glänzenden Zustand.

Er besuchte die Kirchen, Promenaden und öffentlichen Häuser, fand allenthalben fremde Gesichter und wenig Unterhaltung.

Einst schlich er, wie gewöhnlich, um die Gartenhäuser der Stadt herum; es wurde Abend, und er wollte wieder in seine Wohnung zurückgehen, als er an einem Garten vorbeikam, dessen Tür offenstand und in welchem er auf einer Guitarre spielen und dazu singen hörte. So etwas war, wie wir wissen, seine schwache Seite. – Er trat in die Tür, ging nach und nach weiter und kam

in den Garten. – Eben verstummten Musik und Gesang. Bald darauf schlüpfte eine weibliche Figur aus einer Laube, die Allee hinauf, in ein Gartenhaus.
Rinaldo wollte jetzt eben den Garten wieder verlassen, als er bei einem Blumenbeete ein Gärtnermädchen gewahr wurde. Er sprach ihr zu und fragte, ob sie Blumen verkaufe.
»O ja!« – sagte das Mädchen, »ich verdiene gern etwas. Ihr sollt gleich bedient werden!«
Sie sammelte einen schönen Blumenstrauß, den er ihr gut bezahlte. Sich bedankend, da sie sah, daß der freigebige Blumenkäufer zu gehen zauderte, fragte sie:
»Wollt Ihr noch etwas?«
ER Ich wollte nur noch etwas fragen.
SIE Nun, so sagt! – Wer fragt, sagt mein Vater, wird berichtet.
ER Ich sah vorhin eine Dame aus jener Laube ins Haus gehen; gehört ihr etwa dieser Garten?
SIE So ist es.
ER Wer ist sie?
SIE Es ist die Signora Fiametta.
ER Ist sie verheiratet?
SIE Nein.
ER Ist sie schön?
SIE Das will ich meinen!
ER Unabhängig?
SIE Wie versteht Ihr das?
ER Hat sie Eltern, Geschwister?
SIE Das weiß ich nicht.
ER Bekannte?
SIE O ja!
ER Liebhaber?
SIE Das weiß ich wieder nicht. Aber sie ist ja hübsch. – Und wenn sie auch welche hat, wird sie mir's doch nicht sagen. So etwas behält man für sich. – Ich bin, muß ich Euch sagen, nur die Tochter ihres Gärtners, aber nicht ihre Vertraute. – Gott befohlen!

Rinaldo wollte auch ihr nachgehen, als ein alter Mann mit finstern Blicken in den Garten trat. Er empfing seinen Gruß ziemlich kalt, sah ihn mit einem durchdringenden Blick an und ging an ihm vorbei, nach dem Gartenhause zu. – Auf halbem Wege kehrte er sich um und fragte:
»Sucht der Herr etwas hier?«
»Was ich suchte«, – antwortete Rinaldo, – »habe ich schon gefunden«, und zeigte ihm seinen Blumenstrauß.
Der Alte schien noch etwas fragen zu wollen, unterdrückte aber sichtbar die Frage. Rinaldo ging langsam nach der Gartentür zu. – Eine Sänfte, von zwei Mohren getragen, ward vor der Tür niedergesetzt, geöffnet, und eine Dame kam heraus. Sie schlug ihren Schleier zurück. Rinaldo blickte in ein Paar Augen, die – ja! wer kann *solche* Augen beschreiben?
Getroffen wie von einem elektrischen Strahl, der ihm durch alle Nerven zuckte, trat er einige Schritte zurück, riß den Hut vom Kopfe und machte eine Verbeugung, die eigentlich gar keine Verbeugung war. Die Dame lächelte, neigte grüßend ihren Fächer gegen ihn und flog mehr als sie ging die Allee hinauf. Im fliegenden Gange rauschte ihr weißseidenes Gewand hoch auf, und sie verlor eine Busenschleife. Rinaldo hob sie auf, eilte ihr nach, blieb stehen, steckte die Schleife zu sich und verließ den Garten.

Im Freien besah er, was er gefunden hatte, genauer. Es war eine hellblaue Bandschleife, aus der aber, als er sie genauer besehen wollte, ein kleines, zusammengerolltes, beschriebenes Papier fiel.
Er bedachte sich ein wenig und zauderte, das Papier zu entfalten: »Was hast du«, – sprach er, – »mit den Geheimnissen einer Dame zu tun, die du nicht kennst? – Sind es aber auch Geheimnisse, die dieses Papier enthält? – Was geht das dich an? Du gibst ihr das Papier ungelesen zurück. – Du kennst sie aber nicht. Wirst du sie erfragen und finden können? Und wenn das auch geschehen kann, wird sie dir glauben, wenn du sagst, du hast nicht gelesen,

was in deiner Gewalt war? – Sie wird dich noch dazu auslachen, wenn sie es glaubt.«

Als er das sagte, entfaltete er schnell das Papier und fand – eine Sicherheitskarte, wie er sie als Räuberhauptmann Reisenden gab, die von seinen Leuten nicht ausgeplündert werden sollten. Noch betrachtete er den bedeutungsvollen, sonderbaren Paßport, ausgestellt von einem Räuberhauptmann, als an seine Tür geklopft wurde. Er steckte die Karte zu sich und öffnete die Tür.

Vierter Teil

Dolum ad virtutem addere oportet.

FLORUS.

Vierzehntes Buch

Was vergangen ist, vergangen
Bleibe es. Die Gegenwart
Schenket Wünsche und Verlangen,
Wenn man auf die Zukunft harrt.

Ein Mädchen trat ins Zimmer. Es war Lusette, die Tochter seiner Hauswirtin, einer Krämerin. Sie trug eine Schüssel, belegt mit Zitronen und süßduftenden Limonen, die, von einem so hübschen Mädchen getragen, die angenehmsten Nebenbegriffe von schönen, schwellenden Limonien, neben reizende Wirklichkeiten stellten. Blumen lagen über den goldenen Früchten.

»Meine Mutter schickt Euch diese Blumen und Früchte und läßt Euch bitten, sie ebenso gern anzunehmen, als sie dieselben gibt«; – sagte Lusette, indem sie sich verneigte und ihm die Schüssel überreichte.

Rinaldo nahm und dankte.

»Was uns« – sagte er, – »ein hübsches, freundliches Mädchen gibt, hat einen sehr angenehmen Wert!«

Lusette neigte sich errötend und verließ schnell das Zimmer.

Rinaldo war mit der Dame beschäftigt, die die Busenschleife verloren hatte. – Von ihr träumte und mit ihr erwachte er. – Er ging, eine Messe zu hören, dem Dome zu. – Hier lag betend die unbekannte Dame. Mit hochklopfendem Herzen warf er sich hinter ihr nieder.

Als sie den Betschemel verließ, sprang er auf, nahte sich ihr, reichte mit zitternder Hand ihr das Weihwasser und stammelte: »Ich überreiche Euch, schöne Signora! eine Schleife, die Ihr gestern verloren habt, als ich so glücklich war, Euch im Garten der Signora Fiametta zu sehen.«

Lächelnd nahm sie die Schleife und fragte:

»Als Ihr, – wie sagt Ihr? – so glücklich wart?«

»Ja! ich war es, und wurde es wieder –« lispelte er.

Sie schlug die Augen nieder und ging langsam zur Kirchtür.

Hier blieb sie stehen und sah ihn freundlich an, indem sie fragte:
»Ihr seid ein Fremder?«
Eine Verbeugung bejahte ihre Frage. Sie fuhr fort:
»Auch ich bin eine Fremde.«
»Mein Herz hegt klopfend einen Wunsch, der –« stammelte Rinaldo.
»Was Herzen wünschen, hoffen sie auch gewöhnlich.«
»Dürfen sie?«
»Wer kann es wehren?«
»Die Erfüllung ihrer Wünsche, die nur umsonst gewünscht wurde.«
Schweigend sah sie vor sich nieder, schlug den Schleier über ihr Gesicht und ging langsam der Sänfte zu, in welcher ihre Mohren sie in ein Haus trugen, das dem Dome gegenüber stand.
Rinaldo ging unter dem Säulengange auf und ab, blickte nach dem Hause, überlegte, beschloß – und ging endlich, nach langem Deliberieren, auf das Haus zu. – Hier blieb er stehen. – Die Tür ging auf. Er ging ins Haus. Er fragte nach der Dame, ward gemeldet und vorgelassen.
Fächer und Handschuhe in der Hand trat ihm Fortunata, – so hieß die Unbekannte – entgegen. Sprachlos blieb er ihr gegenüber stehen. – Endlich kam es aber doch zu Worten. Er stammelte ein Kompliment heraus, sprach von glücklichen Augenblicken, von der Schleife, von Verlegenheit, und schloß mit einem Seufzer.
Fortunata spielte mit dem Fächer und sagte:
»Hier sind wir beide fremd. Dies gibt uns ein Recht zu Hoffnungen, uns näher kennenzulernen, wenn wir – einander nicht etwa fremd bleiben wollen.«
»Wollt Ihr das?« – fragte er, indem er ihre Hand ergriff und sie küßte. Nach dem Kusse zog sie die Hand zurück und fragte:
»Wie nenne ich Euch?«
»Ich bin der Ritter de la Cintra.«
»Welch ein Stern leitete Euch nach Sardinien in das traurige Cagliari?«
»Ich bin – weil ich« –

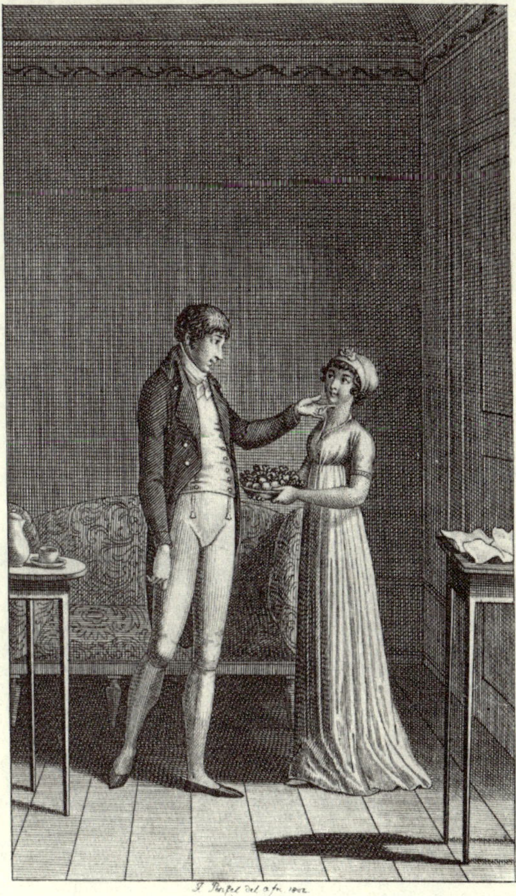

J. Penzel del. a fec. 1802

»So, halb auf der Flucht, erzählt man einander keine Lebensgeschichte. Ich bin eben im Begriff, meinen Bankier zu besuchen. – Wir müssen schon ein andermal von unsern Reiseabenteuern miteinander sprechen. Doch, da es mich, – noch weiß ich nicht warum! – so sehr interessiert, den Finder einer verlorenen Busenschleife, die mich auch interessiert, näher kennenzulernen, so wollen wir es nicht lange anstehen lassen, uns wiederzusehen.«
»Ihr macht mich glücklich!«
»Glücklich? – Wie viel gehört dazu, einen Mann glücklich zu machen! Genug, wenn Ihr zufrieden seid! – Oder meint Ihr, daß es mit uns Weibern wie mit den Königen sei? Indem sie glücklich machen, wissen sie selbst nichts davon und sind wohl gar dabei noch sehr unzufrieden.«
»O! dies Los müsse Euch und mir nicht fallen! – – Wenn sich zwei Wanderer von ungefähr, einander fremd, auf *einem* Wege treffen, freuen sie sich dieses Zusammentreffens und wandern miteinander.«
»Und diese Wanderer sind wir?«
»Wenn Ihr es wollt!«
»Treffen wir uns auch wirklich auf *einem* Wege? – Dies wär' zu untersuchen.«
»Und diese Untersuchung?«
»Wir wollen sie nicht aufschieben. Erklärungen bei einer kleinen, frugalen Abendtafel –«
»Diesen Abend?«
»Schon? – Doch gut! Es sei! – Diesen Abend also, sehen wir uns wieder!«
»Wir sehen uns! und ich bin glücklich!«

Es war noch lange bis zur Abendzeit. – Wie waren bis dahin die Stunden auszufüllen? – Ein Spaziergang, wie gewöhnlich, und Rinaldo kam in Fiamettens Garten.
Er ging die Hauptallee hinauf, schlug einen Nebenweg ein und kam an einen Pavillon. Hier blieb er stehen. – Die Tür war halb geöffnet. Er nahte sich der Öffnung und sah ein interessantes

Mädchengesicht. Das Mädchen selbst saß auf einem Sofa, windend einen Blumenkranz. Sie sah ihn, lächelte ganz unbefangen und rief ihm zu:

»Nur herein!«

Verlegen faßte Rinaldo die Tür an und getraute sich kaum, sie ganz zu öffnen, als von drinnen heraus ihm abermals ein freundliches:

»Nur herein!«

entgegenschallte. Dies gab ihm Mut. Er trat in den Pavillon.

»Ich glaube Euch« – sagte das artige Mädchen, – »schon in meinem Garten bemerkt zu haben?«

»In der Tat!« – stammelte Rinaldo, – »ich war gestern hier. Aber daß ich das Glück haben sollte, von so schönen Augen bemerkt zu werden, das konnte ich in der Tat nicht hoffen.«

SIE Und warum nicht? Habt Ihr meinen schönen Augen ein Kompliment gemacht, so laßt mich Eurer interessanten Figur eins machen. Ein Mann wie Ihr wird immer bemerkt werden. Und ich wette darauf, ich bin nicht die erste in der Welt, die Euch bemerkt. – Ihr seid also hier fremd?

ER So ist es!

SIE Auch ich bin es. Erst seit 10 Wochen lebe ich hier. Ich hoffe aber hier einheimisch zu werden. Deshalb habe ich mir diesen Garten gekauft. Gefällt er Euch?

ER Der Garten ist schön! doch seine Besitzerin –

SIE Ist noch weit schöner? – Natürlich! –

Hier entstand eine Pause. – Rinaldo verlor die schöne Kranzwinderin nicht aus den Augen, diese aber arbeitete, ohne aufzublicken, emsig fort. Er sah ihr lange stillschweigend zu und wollte endlich eben sprechen, als ein Mädchen eintrat und Fiametten ein Briefchen brachte. Sie las es, lachte, schrieb ein paar Worte mit Bleistift dazu, faltete das Papier und gab es zurück. Das Mädchen verließ den Pavillon. Fiametta, die eben ihre Kranzarbeit beendet hatte, legte den Kranz aufs Sofa und stand auf. Indem sie aufstand, fiel ihr ein Portrait, das an einem grünen Bande ihr um den Hals hing, aus dem Busen auf die Brust

herab. Sie bemerkte es und schob das Portrait in den Busen zurück.
»Das war ein böser Mann!« – sagte sie; »sein Bild gehört nicht vor jedermanns Augen.«
Rinaldo stand ohne Sprache ihr gegenüber. Fiametta drehte sich unbefangen, als sei sie ganz allein, im Zimmer herum, sang dazu und ergriff endlich eine Guitarre. Sie setzte sich, präludierte ein wenig, spielte und sang.

Romanze.

»An der lauten Meeresküste,
In dem Tal, im Feld und Wald,
In der öden Berge Wüste,
Such ich deinen Aufenthalt.

Rinaldini! Dich zu finden,
Eil' ich ängstlich durch die Flur,
Und um mich Bedrängte schwinden,
Alle Reize der Natur.«

Seufzte Rosa, die Betrübte,
Die ihn im Gefecht verlor,
Ängstlich weinte die Geliebte,
Die Rinaldo sich erkor.

Sieh, da glänzt' im Mondenschimmer
Hell ein aufgespanntes Rohr.
Rosa sah des Rohrs Geflimmer,
Das in Büschen sich verlor.

»Ach! dahin! ich werd' ihn finden,
Sagt des Herzens Ahnung mir;
Und wenn alle Sterne schwinden,
Zeigt die Liebe Pfade mir.

Saht ihr nicht, ihr hellen Sterne,
Saht ihr nicht den kühnen Mann,
Den ich suche nah und ferne,
Ach! und ihn nicht finden kann?

Husch! und horch! es rauscht dort drüben,
Ha, es pfeift! das ist sein Ton!
Ja! ich find ihn, meinen Lieben,
Seine Stimme hör' ich schon.«

»Halt! Wer da? Gib dich gefangen!« –
»›Längst gefangen hast du mich.
Dich, Rinaldo, mein Verlangen,
Sucht' ich hier, und finde dich!‹«

»Sie hat ihn gefunden!« – sagte Fiametta.
»Wie wir uns gefunden haben!« – fiel Rinaldo schnell ein und ergriff ihre Hand.
»Nicht ganz so!« – lächelte Fiametta, indem sie ihre Hand sanft zurückzog. – »Ich bin kein Zigeunermädchen, und Ihr seid kein Räuberhauptmann; ich kann nicht wahrsagen, und Ihr werdet mich schwerlich ausplündern.«
Sie schien weitersprechen zu wollen, als ein Offizier in den Pavillon trat. Er grüßte Rinaldo gleichgültig, legte Hut und Degen auf einen Tisch und setzte sich ganz unbefangen zu Fiametten aufs Sofa. Leichthin, als ob er mit ihr ganz allein im Zimmer sei, fragte er: »Ist nichts vorgefallen?«
»Nichts von Bedeutung«, – antwortete Fiametta ebenso unbefangen.
Der Offizier fragte, indem er ihn fixierte:
»Wer ist der Herr?«
»Ein Fremder«, – war die Antwort.
»Wollt Ihr Euch nicht niederlassen?« – fragte der Offizier, aber in einem Tone, in welchem man weit eher fragen könnte: Wollt Ihr bald gehen?

Das wollte Rinaldo auch wirklich tun, als der Mann mit dem finsteren Blick, der ihm schon gestern im Garten begegnete, in den Pavillon trat.
Er grüßte gar nicht, behielt den Hut auf dem Kopf und setzte sich auf einen Stuhl ihm gegenüber. Indem er ihn bedeutungsvoll ansah, sagte er:
»Ich habe Euch gestern schon mit Verwunderung und Bedauern betrachtet. Ihr habt ein unglückliches Gesicht!«
Rinaldo erschrak, Fiametta lachte laut auf, der Offizier lächelte und der Physiognomist nahm Tabak.
»Was hat Euch mein Gesicht getan?« – fragte Rinaldo verlegen.
»Das nicht, was es Euch tut«, – sagte der Alte.
»Es ist einmal die Art dieses alten Herrn«, – sagte Fiametta –, »jedem Menschen etwas Unangenehmes zu sagen. – Er ist zwar kein Engländer, aber er hat dennoch den Spleen. Die Engländer haben die Korsen angesteckt.«
»Seid Ihr ein Korse?« – fragte Rinaldo schnell.
»Ich bin einer«, – sagte der grämliche Alte. – »Das kann Euch aber nichts verschlagen.«
Fiametta sprang schnell auf, ergriff Rinaldos Hand und sagte: »Empfehlt Euch diesen Herren! Wir haben von andern Dingen, als von Korsika, miteinander zu sprechen.«
Damit zog sie ihn aus dem Pavillon in den Garten, um das Bosquet herum, nach einer Laube zu, und in dieser saß Fortunata, in einem Buche lesend.
Er war Impertinenzen entrissen worden und stand einem schönen Weibe gegenüber, die er in einigen Stunden in ihrer Wohnung sprechen sollte, und die er jetzt ganz unvermutet auf einem Platze fand, der vielleicht ein Erklärungsort über verschiedene Sachen zwischen ihm und einem artigen Mädchen geworden wär', hätte nicht eine andere Schöne denselben schon eingenommen gehabt. Das alles kam, wenigstens ihm, ebenso sonderbar als unerwartet und schnell. Er konnte nicht ohne Verlegenheit sein.
Fiametta flog auf die schöne Fortunata zu, umarmte und küßte

sie, während Rinaldo ein wenig Luft und Zeit sich zu sammeln bekam. – Aber er durfte nicht bei sich bleiben. Fiametta drehte sich rasch herum, nahm ihn beim Arme, schob ihn auf ihre Freundin zu, lachte laut auf, sagte:

»Da habt ihr euch!«

damit flog sie lachend zur Laube hinaus.

Rinaldo trat betroffen zurück, wollte sprechen und konnte nicht. Fortunata sah auf die Erde und spielte mit ihrer Busenschleife. Er glaubte zu bemerken, daß es eben die Busenschleife war, die er gefunden und ihr diesen Morgen überreicht hatte. – Nach einer langen Pause kam es endlich zum Gespräch.

ER In der Tat! diese Szene –

SIE Sie ist sonderbar genug!

ER Meine Verlegenheit –

SIE Und die meinige dazu! – – Fiametta ist ein mutwilliges Geschöpf! –

ER Ich soll diesen Abend so glücklich sein, Euch in Eurer Wohnung zu sprechen, und nun kommt der Zufall meinem Glücke zuvor!

SIE Das hat so sein sollen!

Er wollte weitersprechen, aber Fiametta trat wieder in die Laube.

»Ich wünschte«, – sagte sie, – »dich, liebe Freundin, und diesen verlegenen Herrn diesen Abend bei mir bewirten zu können, aber es läßt sich nicht tun. Der grämliche Korse hat eine Gesellschaft hierher zusammengebeten.« –

»Hierher?« – fragte Fortunata schnell.

»Ei freilich!« – fuhr Fiametta fort, – »und ich muß, ich mag wollen oder nicht, die Rolle der Wirtin übernehmen. Du weißt ja, wie das ist! – Es sind schon einige Gäste angekommen.« – Schnell stieg Fortunata auf, sagte Fiametten etwas ins Ohr, wendete sich dann gegen Rinaldo, bat ihn um seinen Arm und ließ sich von ihm aus dem Garten zu ihrer Sänfte führen. Fiametta begleitete beide bis an die Gartentür. Als Fortunata

fortgetragen wurde, ergriff sie Rinaldos Hand und sagte lächelnd:
»Nun haben wir sie fortgeschafft und Ihr bleibt hier.«
»Da Ihr Gesellschaft bekommt?«
SIE Nicht doch! Mit der Gesellschaft war's nur Scherz. – Es steht bei Euch, ob Ihr hierbleiben oder ob Ihr der Sänfte folgen wollt. Bleibt Ihr hier, so sage ich, Ihr seid willkommen; geht Ihr fort, so rufe ich Euch ein Lebewohl nach.
ER Ich verstehe Euch nicht!
SIE Sonderbar! – Aber noch deutlicher! Dieser Augenblick entscheidet für mich oder für meine Freundin. Es geht alles ohne Groll ab. Da wir aber wissen möchten, ob Ihr wirklich der seid, für den wir Euch halten –
ER Und wofür könntet Ihr mich halten?
SIE Für einen zärtlichen Abenteurer wenigstens, wenn nicht gar für –
ER Für?
SIE – einen Menschen, der sich vom Grund seines Herzens aus verlieben kann.
ER O! schöne Fiametta! – Wenn ich *so* sprechen höre –
SIE Fort! Fort! der Sänfte nach! Dieser feierliche Ton sagt mir alles, was ich wissen will. – Geht! diesen Kuß bringt meiner Freundin und sagt ihr: Fiametta hat resigniert. – Gott befohlen! werdet glücklich, aber denkt an mich!
Damit gab sie ihm einen Kuß, schob ihn sanft zur Gartentür hinaus und sprang rasch die Allee hinauf, ohne sich umzusehen, nach der Laube zu. Er sah sie gelassen davoneilen, drückte den Hut in die Augen und lief der Sänfte nach. In der Stadt holte er sie ein, öffnete Fortunaten die Tür, die seiner Ankunft heiter entgegenlächelte, und führte sie auf ihr Zimmer.
Hier kam es zu einem gleichgültigen Gespräch, auf Fiametten, auf ihre Laune, und leichthin wurde ihr Auftrag berührt.
»Sie ist gut!« – sagte Fortunata. – »Ich zahle alles, was sie auf mich assigniert.«
Sie verließ das Zimmer, sich umzukleiden, wie sie sagte. –

Indessen suchte sich Rinaldo zu orientieren und sah jetzt, was er vorher nicht gesehen hatte, daß er sich in einem prächtig ausmöblierten Zimmer befand. Was er sah, zeigte Wohlstand und Geschmack, mit mehr als bürgerlicher Pracht vereint. – Er betrachtete ein schönes historisches Gemälde, als Fortunata eintrat, in ein gefälliges Gewand gleichsam mehr geworfen als verschlossen, ihn bei der Hand nahm und in ein anderes Zimmer führte, welches dem erstern nichts nachgab.

In diesem Zimmer kam es zu einer weit interessanteren Unterhaltung, die aber bald durch die Nachricht unterbrochen ward, es sei aufgetragen. Rinaldo wurde in ein glänzendes Tafelzimmer geführt und aß an einer wohlbesetzten Tafel mit seiner schönen Wirtin, von zwei artigen Mädchen bedient, allein. Die Unterhaltung wurde lebhafter, die Becher wurden fleißig geleert, und als der Nachtisch aufgetragen war, entfernten sich die aufwartenden Mädchen.

»Ich liebe« – sagte Fortunata, – »die Freuden einer interessanten Unterhaltung bei einer gut besetzten Tafel, doch nur, wenn ich sie mit einem Freunde teilen kann. Seit ich hier in Cagliari wohne, habe ich, Fiamettens Gesellschaft ausgenommen, größtenteils allein gegessen. Es hat mir daher heute alles viel besser als gewöhnlich geschmeckt, und wenn Ihr einige Zeit hier bleiben solltet, so bitte ich mir Eure Gesellschaft recht oft aus.«

Sie füllte, als sie das sagte, einen Becher und brachte ihn ihrem Gast mit der Gesundheit zu: »Unsre Freundschaft!«

»Ein Band von der Farbe der Hoffnung hat sie geknüpft!« – fuhr sie fort. – »Ich hoffe, sie wird sich erhalten.«

Rinaldo küßte ihr schweigend die Hand und führte sie an sein klopfendes Herz. Ihre Blicke flogen beredt einander entgegen. Ihre Lippen begegneten sich. Hier hatten sich ihre Gefühle verkettet. Kein Laut entfloh den gepreßten Lippen. Da flog mit einem lauten Knall der Pfropf von einer Champagnerbouteille an die Decke. Sie fuhren zusammen, lächelten und lagen einander in den Armen.

SIE Mann, dem ich mich in den ersten Augenblicken unserer Bekanntschaft so schnell dahingebe, – ich weiß nicht, was es ist, das mich so überraschend an dich zieht! – Mißbrauche die Gewalt nicht, die das, was mir unerklärbar ist, dir über mich gibt! Du könntest mich wohl unglücklich, dich aber nicht glücklich machen. – Ich fühle, ich empfinde es, was du jetzt vielleicht von mir denkst, denken mußt, aber – ich schwöre es dir zu! – du irrst dich. Du weißt nicht was –

ER Fortunata! Laß mich dir alles das sagen, was du mir gesagt hast. Nicht mein Argwohn soll mich unglücklich machen, laß nur nie die Wirklichkeit auf meine Unkosten spielen.

SIE Du glaubst –

ER Ich glaube das am leichtesten und liebsten, was ich wünsche.

SIE Was glaubst du jetzt?

ER Daß du mich lieben wirst.

SIE Ich liebte dich, als ich dich sah. Eine Liebe, wie die meinige, empfängt alles, was sie gibt und nimmt, von *Augenblicken.* Die Augenblicke meiner Liebe sind gekommen. Nun bleiben sie und werden zu Ewigkeiten. Bei allem, was mir heilig ist, im Himmel und auf Erden! ich habe dich gefunden und kann nie wieder von dir lassen. *Entreißen* muß man dich mir. Gutwillig gebe ich nie wieder her, was ich mit diesem Feuer in meine Arme schließe! – Gib dich mir ganz und nimm alles, was mein ist, nur dich nicht wieder zurück! Meine Seele gebe ich dir in meinen Küssen; gib mir dein Herz!

Ein Geräusch im Vorzimmer riß sie auseinander. – Die Tafel ward aufgehoben; sie gingen in ein anderes Zimmer.

Er warf sich nachdenkend auf ein Sofa. So nahe war er dem ersehnten Glück und dachte der Möglichkeit einer Wirklichkeit nach, die er gewünscht hatte. Bei Fortunaten verschlang die Gegenwart jedes Nachdenken. Sie war geboren, um zu lieben. – Dahin bringt es auch nur das Weib, selten der Mann. *Die Liebe ist ein Becher, gefüllt mit schäumendem Champagner. Sie will im Moussieren genossen sein.* Wer bedächtig trinkt, genießt auch, er wird es aber nie zur höchsten Krisis eines alles verschlingenden Rausches bringen. – So, wer bedächtig liebt, liebt auch; zu einem Liebesrausch bringt er es aber nie.

Jedoch, dieser Rausch, dessen Dauer zu berechnen zu sein scheint, gibt er uns wohl mehr als ein nur bloß momentanes Glück? – Ach! was gewinnt Liebe nicht, selbst auch nur durch Momente! Nach Augenblicken rechnet die Liebe, und für die Zukunft hält sie sich in der Gegenwart schadlos. Der Genuß dieser gegenwärtigen Augenblicke ist der Triumph der Freude, die uns glücklich macht. – Die Freuden unsers Lebens hängen an sehr dünnen Fäden, und dennoch fesseln sie so stark, was willig sich fesseln läßt.

Fortunata kam zurück. Das Gespräch wurde fortgesetzt.

»Du weißt nun«, – sagte sie, – »wie ich lieben kann, wie ich lieben will und werde. Von dir verlange ich bloß, so geliebt zu werden, wie du mich lieben kannst und wie du auch andere – nur bitte ich, nach mir! – lieben wirst. Die Beständigkeit ist ein Weib. Sie zankt sich ewig mit ihren leichtgesinnten Eheherrn. – Die Männer lieben in der Regel so leichthin wie möglich. So wie der Mond, der gute Freund der Erde, diese liebt; zuweilen gar nicht, größtenteils nur halb und nur auf einige Tage mit voller Ergebenheit. – Was soll man aber tun, wenn man einen Mann liebt? Man muß vorliebnehmen. – Ihr könnt ja doch nur geben, was Ihr habt.«

»Du meinst also, treue Liebe sei bei uns eine verrufene Münze?«

»Wenn auch nicht verrufen, doch selbst ausgeprägt, aber dennoch immer eine Münzart. Was die Männer geben, läßt sich gleich wieder verwechseln, und auf Agio steht ihr Gold niemals.«

»Fortunata ist bei Laune!«

»Sie ist ja bei einem Manne, dem sie soeben gestanden hat, daß sie ihn lieben kann.«

»Und wird?«

»Und will und wird. – Schwüre gebe ich nicht, aber mein Wort gebe ich dir, so wie es eine Korsin gibt.«

»Du, eine Korsin?«

»Dies bringt mich nach Sardinien. Mein Vaterland seufzt unter der Geißel der Franzosen, unter der Tyrannei ihrer übermütigen

Satrapen, und für jedes Herz voll Freiheit und Vaterlandsliebe hat ihre Hand geschärfte Dolche. – O! mein unglückliches Vaterland! Ach Ritter! Ich bin nur ein Weib, aber könnte ich mein Vaterland retten, ich würde nicht mein Blut, mein Leben, ich würde selbst meine Freiheit nicht achten. In Ketten wollte ich in dem abscheulichsten Kerker sterben, dürfte ich rufen: Korsika ist frei! Ich bin eine Zondarini. Schon unter Theodors Fahnen focht mein Ahnherr für die Freiheit seines Vaterlandes. Mein Vater fiel für die Freiheit der Korsen, meine Brüder sanken für ihr Vaterland mit Ruhm und Ehre. Mein Bräutigam, ein Lampertini, wurde meuchlings von Franzosen gemordet, und ich – bin eine Landflüchtige.«

»Und warum flohst du aus Korsika?«

»Höre! – Eine Gesellschaft Verbundener unterhielt Gemeinschaft mit einem Bunde, der in Sizilien gestiftet wurde, Korsika zu befreien. An ihrer Spitze stand der edle Prinz Nicanor« –

»Der Prinz Nicanor?«

»So nannte er sich. Seine Geburt ist ein Geheimnis.«

»Lebt er noch?«

»Das weiß ich nicht. – Er warb für die Korsen. Ein berühmter Mann wollte sich an die Spitze der Retter meines Vaterlandes stellen« –

»Wer war dieser Mann?«

»Sein Name mache dich nicht irre. Es war Rinaldini. – Er ist gefallen. Zerrissen wurde der Bund, verraten das Geheimnis. Ich, eine Mitwissende um alles, was geschehen sollte, eine tätige Freundin dieses Bundes, entfloh zur rechten Stunde noch und kam hierher, wo ich auch mich nicht sicher glauben darf. Eine französische Requisition, und ich werde ausgeliefert an meine Feinde, die in mir ihre unversöhnlichste Feindin kennen und auf das strengste bestrafen werden.«

»Du kennst den Prinz Nicanor nicht?«

»Ich habe sein Bildnis. Ihn selbst sah ich nie.«

Fortunata stieg auf, nahm aus einer Schatulle ein Portrait, und Rinaldo erkannte in demselben das Bildnis des Alten von Fronteja. – Fortunata sah ihn aufmerksam an. Er verriet sich, ohne es zu wollen oder es zu ahnen.

SIE Du kennst ihn!

ER Wie?

SIE So sagt dein Blick.

ER Mein Blick?

SIE Keine Verstellung! Du kennst ihn.

ER Ein diesem sehr ähnliches Gesicht kenne ich, doch keinen Prinz Nicanor.

SIE So kennst du doch den Alten von Fronteja?

ER Fortunata!

SIE Oder nicht?

ER Ich kenne ihn.

SIE Und auch dich selbst?

Sie gab ihm ein zweites Portrait. Es war das seinige. – Er gab es eilig ihr zurück, bedeckte mit seinen Händen sein Gesicht und rief aus:

»Ach! allenthalben hin verfolgt es mich, mein eigenes Gesicht!«

»Auch zu mir?« – fragte Fortunata, indem sie seine Hand ergriff.

ER Nimm deine Versprechungen schnell zurück!

SIE Nicht eine.

ER Nimm sie zurück!

SIE Nimmer! – Ich wußte ja, wem ich sie gab.

ER Unglückliche!

SIE Ich folge Olimpien, Lauren, Dianoren –

ER Für dich und sie kein Glück!

SIE Ich will geliebt von einem Manne mich wissen, der es wagen durfte, voranzugehen der Fahne, die flatternd Freiheit meinem Vaterlande entgegenrauschte! – Mit einem *Kranze* wollte ich frohlockend dir entgegeneilen, und siehe da! es findet dich mein *Herz*. Der Kranz bleibt dir, dies Herz ist dein.

ER Mir grünen keine Kränze! – Wie könnten Herzen für den Räuber klopfen?

SIE So bescheiden wurdest du mir stets geschildert!

ER Die schöne Zondarini, der Kranz, dies Herz und – Rinaldini!

SIE Dem kühnen Manne das entschlossene Weib.

ER Meine Kühnheit liegt bei meinen Schätzen. – Kalabriens Gebirge decken beide.

SIE Du stehst auf deinen Monumenten.

ER O Fortunata! Kränke mich nicht länger. – Sprich ihn nicht aus, den mir verhaßten Namen!

SIE Wo nennt man ihn nicht gern? – Italien und seine Inseln, Frankreich und England spricht von dir. In Deutschland trifft man ihn nicht minder oft, den Namen Rinaldini. – Lies diese Briefe!

ER Empfinde, was mich quält, wenn du es kannst!

SIE Die Liebe nicht!

ER Mein Selbstgefühl. – Die Welt bewundert einen Räuber; das kränkt mich tief. Als *Räuber* konnt' ich nur gefallen. Dies ist der Stempel meines Ruhms. – Und ich –

SIE Du nimmst, was man dir gibt; und schweigst du nicht, so drücken zärtliche Lippen den Mund dir zu!

Fiametten fand Rinaldo den folgenden Morgen allein im Garten. Sie saß am Stickrahmen in der Laube. Rinaldo trat ein. Sie sprang auf, griff nach der Guitarre, präludierte kurz, spielte und sang.

Es glühen im Haine
Die duftenden Rosen;
Im silbernen Scheine
Erglänzen die Blüten
Zum lieblichen Kranz.

Ich bringe dir Rosen;
Sie gelten der Freundschaft,
Die duftenden Rosen.
Wie zieret die Myrte,
Den lieblichen Kranz!

Es gelten die Myrten
Den zärtlichen Freuden.
Von allen Gesträuchen,
Erkor sich die Liebe
Die Myrte allein!

Rinaldo deutete den Sinn des Gesanges so, wie ihn gewiß auch die Leser deuten werden. Lächelnd griff er nach der Guitarre, spielte und sang:

Anadyomene windet
Myrten in die braunen Locken,
Und die schönsten Blumenglocken,
Wanken um den Myrtenkranz.

Rosen duften an dem Busen,
Sanfter Krokus wankt bescheiden,
Um das Meer der Lüsternheit;
Und wo blüht Vergißmeinnicht?

Nah am Herzen blüht dies Blümchen,
Lächelt sanft im stillen Glanze,
Weit entfernt vom Myrtenkranze,
Doch dem schönsten Platze nah.

»Bravo!« – rief Fiametta und warf sich an seinen Hals. Fortunata trat in die Laube, und auch ein »Bravo!« rief sie beiden zu.
»Es bleibt alles unter uns!« – lächelte Fiametta.
Fortunata fragte nach Fiamettens Gesellschaftern.
»Sie sind« – antwortete diese, – »bei dem endlich erschienenen Prinzen Nicanor.«
RINALDO Wie?
FORTUNATA Ist er hier?
FIAMETTA Seit gestern Abend. Er hat die für ihn gemietete, herrliche Villa Massimi bezogen.

FORTUNATA So ist er denn endlich in der Nähe, der Stern, dem wir aus der Ferne nachzogen!
FIAMETTA Alles ist in Bewegung. – Aber unser Ritter ist stumm.
RINALDO Diese Nachricht hat mich überrascht.
FIAMETTA O! laßt Euch ja nicht überraschen, solange Ihr selbst noch überraschen könnt!

Bald darauf kamen Nachrichten und Einladungen von dem Alten von Fronteja an, der, wie wir wissen, jetzt als Prinz Nicanor auftrat. Er wollte diesen Abend seinen Freunden eine glänzende Fete geben. Dazu waren sie eingeladen, und dahin gingen sie, als es Abend wurde.
Sie traten in den prächtigen Garten der schönen Villa. Eine sanfte, angenehme Musik tönte aus den Hecken ihnen entgegen. – Der Alte von Fronteja trat aus einer Laube hervor, gekleidet in ein himmelblaues, mit Sternen besätes Kleid, umwunden mit einem goldenen Gürtel. Eine goldene Kette, an welcher als Schaustück ein Saphir mit Diamanten umfaßt hing, umschlang seinen Hals und bedeckte seine Brust. Ein Purpurmantel umwallte seine Schultern, und ein Lorbeerkranz umschlang seine Schläfe. So, im erhöhten und vermehrten Kostüm, als Demiurg*) geschmückt, näherte er sich den Kommenden mit freundlichem Blick. Seine rechte Hand reichte er den Damen zum Kuß, die Linke streckte er gegen Rinaldo aus, indem er sagte:
»Sei mir willkommen! Gegrüßt sei von mir in meinem, meiner, und deiner Freunde Namen! – Ich reiche dir freundschaftlich die Hand des Grußes und des frohen Empfanges. Es ist die Linke, es ist die Hand, die dem Herzen näher ist als die Rechte. Es ist die Linke, die, – und wenn auch *aus Freundschaft*, – dennoch keinen Dolch gegen den Freund führte; und die Rechte darf wohl wissen, was die Linke tut. So ist es aber nicht im entgegengesetzten Falle. – Umarme mich, mein Freund!«
Er umarmte ihn, als eben Olimpia, die Gräfin Ventimiglia,

*) Bei der den Lesern bekannten Krata Repoa, die Benennung des Obersten und Aufsehers dieser Gesellschaft und des Bundes der ägyptischen Mysterien.

herzutrat. Sie öffnete ihre Arme, und Rinaldo lag, ohne selbst zu wissen wie schnell, an ihrer Brust. – Aus sanften melodischen Kehlen ertönte in die Musik der Gesang:

Wiedersehen, wiederfinden
Wird sich Treu und Zärtlichkeit.
Wenn der Hoffnung Sterne schwinden,
Wenn das rasche Rad der Zeit
Sich in engen Kreisen windet,
Wenn der schönste Traum entschwindet,
Nähert sich die Wirklichkeit.
Wiedersehen, wiederfinden
Wird sich Treu und Zärtlichkeit!

Rinaldo war ohne Sprache. Olimpia nahm ihn bei der Hand. Der Alte führte Fortunata; Fiametta folgte. – Im Freien war die Tafel serviert. Die Gäste nahmen Platz. – Als sie saßen, erhob sich der Alte, breitete seine Arme gegen den Himmel aus und sprach:

»Laß, du ewiges, gegen deine Geschöpfe stets gütiges Wesen über uns! dieses freundschaftliche Mahl uns gesegnet sein!«

Der Himmel war hell, und die Luft so rein und still, daß sie kaum die Flammen der zwanzig großen Wachskerzen, die die Tafel zierten und erleuchteten, bewegte. Der widerstrahlende Lichtschimmer tingirte das Laub auf vielerlei Art und gab bald helle, bald dunkle Schattierungen. Hier strahlten Blätter in einem glänzenden Gelb, dort verloren andere sich in dunkles Grün. Da glänzten die weißen Blüten, die an langen Gewinden herabhingen, auf goldgelbem Grunde, dort ließen zwei abstechende Blätter die Strahlen eines Sterns durchfallen, der wie ein Diamant funkelte. Die kühle Nachtluft hielt die würzigen Düfte der Blüten an der Erde gefangen und ließ sie zweifach genießen. Der wankende Widerschein, der auf dem Laube spielte, das abwechselnde Hell und Dunkel, das Gestalt und Farben der Blätter veränderte, – dies alles gab dieser Tafelszene im Freien einen

unbeschreiblichen Reiz. Der Alte ergriff einen Becher, goß Wein aus demselben in eine goldene Schale und gebrauchte sie zu einer feierlichen Libation, mit den Worten:
»Den Manen unsrer Freunde!«
Olimpia hob den strahlenden Becher hoch und sagte:
»Unsern lebenden Freunden!«
»Gott gebe uns Freuden!« – setzte der Alte hinzu.
Ein feierlicher Chor ertönte:

Die Vorsicht streut Blumen
Auf dornigen Pfad,
Die Vorsicht streut Dornen
Auf rosigen Pfad.
Es welken die Blumen;
Die Dornen zerstreut
Ein freundliches Lüftchen
Der heilenden Zeit!

Der Alte sagte sehr pathetisch in seinem gewöhnlichen Lehr- und Ermahnungstone:
»Der Mensch, der sein Leben genießen will, lebe der Gegenwart. Sie verschlinge das Vergangene! – Vorüber geht der Sturm und schöne Sonnenblicke erheitern das erschütterte Herz. *Der Mensch ist der Welt geboren*. Er lebe mit der Zeit, welche die Welt wiegt und trägt. Leiden dürfen uns nie zaghaft machen. Der Nacht folgt Tag. *Morgenröte und Abendröte glänzen an* einem *Horizont*. Was können Unglück und Widerwärtigkeiten des Lebens einem Standhaften tun, der mutig diesen brausenden Wellen die Brust entgegenwirft? – Sie können ihn umspülen, und er kann sie bekämpfen. Dem Mutvollen riegelt die Natur selbst alle Pforten auf. Von der Erde blickt er gen Himmel. Er kennt das Grab der Erde, er sieht das glänzende Haus der Sterne. Sein Geist hat dort seine Heimat, und überirdische Strahlen nährt seine unsterbliche Seele in sterblicher Hülle.«
Die Musik fiel ein. – Olimpia wendete sich zu Rinaldo, dessen

Aufmerksamkeit ein ihm gegenübersitzendes Mädchen beschäftigte. Lächelnd fragte sie:

»Kennt Ihr denn Eure Freundinnen so wenig?«

»Serena!« – rief Rinaldo aus. – »Ja, es ist Serena!«

Sie war es, das schöne Gärtnermädchen, das uns aus dem achten Buche dieser Geschichte bekannt ist.

Rinaldo reichte ihr die Hand. Auf frohes Wiedersehen wurden von beiden die Becher geleert. Ihr winkte Olimpia. Serena erhob sich und reichte ihm einen Blumenkranz. Der Alte lächelte:

»Dies ist das Angebinde der Freude, das ein sanftes Herz reicht.«

»Beides weiß ich zu schätzen!« – rief Rinaldo aus.

Der Alte wurde immer gesprächiger. Die Freude glänzte auf seinem Gesichte sichtbar. Olimpia ergriff eine Schale und sagte:

»Wenn die Freude frohe Menschen glücklich macht, sollen diese immer der Unglücklichen gedenken, und wo das Wohlleben thront, finde die Armut wohltätige Freunde!«

Sie warf Geld in die Schale, die herumging und bald gefüllt wieder zu ihr zurückkam.

»Die ersten Armen, die ich morgen sehe!« – sagte sie, indem sie die Schale leerte.

»Daran tust du sehr wohl, wohltätige Freundin!« – rief der Alte ihr zu.

Man brachte Fortunaten einen großen, goldenen Becher, geschmückt mit dem Wappen von Korsika. – Sie hob den Becher, und ein: Es leben die Korsen! tönte aus allen Kehlen ihrem Ausrufe nach.

»Gott gebe ihnen« – setzte der Alte hinzu, – »Kraft und Mut und stärke ihre Hoffnungen, welche die schönste Erfüllung krönen möge!«

Musik und Gesang ertönten.

Darauf stand der Alte auf, sprach ein kurzes Gebet, und die Tafel ward aufgehoben.

Die Gesellschaft hatte sich zerstreut. – Rinaldo wandelte, in stille Betrachtungen verloren, gegen einen Wasserfall in die Mitte des

Gartens hin. Ein Schatten wankte ihm zur Seite einer duftenden Jasminlaube zu. Er sah sich um und sah Serenen. – Schweigend blieben beide einander gegenüber stehen. Er faßte ihre Hand. Schweigend kamen sie in die Laube, schweigend setzten sie sich nieder. Rinaldo spielte mit Serenens Fingern. Er seufzte. – Seufzend wurde Serena das Echo dieses Seufzers. – Er ergriff ihre andere Hand und lispelte:

»Serena!«

Sie seufzte tief auf. – Glühende Wangen nahten sich glühenden Wangen; schweigend fanden sich küssende Lippen. – Tiefe Stille herrschte rund umher. – In das laute Rauschen des Wasserfalls tönte nur sanft der Wechselschall zärtlicher Küsse. Des Mondes klares Antlitz spiegelte sich in den Wellen des Wasserfalls und warf verstohlene Blicke in die Laube. Hier spiegelte sich Auge in Auge, hier ruhten in langen Atemzügen Lippen auf Lippen, und verschlungen waren Arme in Arme. – Tiefer sanken die Lippen des Entzückten, sanft sträubte sich das zitternde Mädchen. Leise Seufzer kämpften kraftlos gegen brennendes Ungestüm. Kein Wort wurde gesprochen.

Es rauschten Fußtritte durch die Stille der Nacht. Serena riß sich los und entschlüpfte der Laube. – Rinaldo sah ihr unentschlossen nach. Eine Hecke entzog sie seinen Blicken. – Fortunata trat in die Laube.

»Ich suchte dich!« – sagte sie und ließ sich neben ihm nieder.

Sanft flöteteten die Nachtigallen, laut rauschte im lieblichen Unisono der Wasserfall, girrende Vögel nisteten über der Laube nicht vergebens einander entgegen.

Wie viel und vielerlei hatte Rinaldo nicht mit dem Alten und mit Olimpien zu sprechen!

Mit tausend Fragen trat er in das Haus. Er fragte nach dem Alten. Dieser hatte sich schon zur Ruhe begeben. – Er wollte zu Olimpien.

Über die Galerie ging er auf ein ihm entgegenstoßendes Zimmer zu. Er öffnete die Tür. Eine schwebende Lampe erleuchtete ein geräumiges Zimmer. Sechs Totengerippe saßen um einen Tisch herum. – Er trat betroffen zurück und verließ schnell das Zimmer.

Serena kam ihm entgegen. Er eilte auf sie zu, faßte ihre Hand und wollte sprechen, als eine Glocke ertönte.

»Was ist das?« – fragte er.

»Es ist die Mitternachtsglocke, die uns gebietet, zur Ruh zu gehen«, – war Serenas Antwort.

Arm in Arm kamen Fortunata und Olimpia. Ein Knabe mit einer brennenden Wachskerze ging voran. Serena verschwand von der Galerie. – Rinaldo ging auf die Damen zu. Schweigend zeigte er auf das so sonderbar dekorierte Zimmer.

Olimpia schien ihn zu verstehen, aber sein fragendes Zeichen mochte sie nicht beantworten. Sie sagte:

»Morgen, lieber Freund, haben wir recht viel miteinander zu sprechen.«

»Warum nicht jetzt?« – fragte er.

»Die Glocke ruft zur Ruh.«

»Ich verlange nur eine kleine Antwort auf eine kurze Frage, die dieses Zimmer betrifft.«

Olimpia winkte. Der Knabe ging, und Fortunata folgte dem Knaben. – Rinaldo fragte:

»Was will das Unwesen mit den Totengerippen sagen?«

»Unser Freund und Meister«, – antwortete Olimpia, – »der weise Alte, sagte schon mehr als einmal zu mir: die Ägypter hatten die Gewohnheit, die Leichen geliebter Personen bei Gastmalen sogar auf ihren Tafeln zu haben. Es war der dritte Grad der *Krata Repoa*, das *Tor des Todes*, in welchem der Eingeweihte, *Melanephoris* genannt, in ein Zimmer gebracht wurde, das mit Vorstellungen von einbalsamierten Körpern und Särgen besetzt war. Alle Wände hingen von dergleichen Zeichnungen voll.«

»Spielt ihr denn allenthalben die alte Komödie fort?«

»Ein wenig.«

»Die sechs Skelette in diesem Zimmer –«

»Sind die irdischen Überreste von Freunden und uns werten

Menschen. Besieh sie selbst genauer und überzeuge dich. – Morgen sprechen wir recht viel miteinander. Jetzt wünsche ich dir eine angenehme Ruh!«

»Bleibt Fortunata hier?«

»Bei mir.«

»Ihr kennt Euch?«

»Ein Zweck vereint uns alle zu *einer* Bekanntschaft.«

»Und wo bleibe ich? – Wer fragt nach mir? Wer zeigt mir einen Ort, wo ich ein Lager finde?«

»Von diesen Zimmern allen kannst du dir wählen, welches du wählen willst. – Der Sohn des Hauses hat freie Wahl.«

»Den Sohn des Hauses nennst du mich?«

»Du weißt nicht, was du bist, weißt nicht, wie sehr du geliebt wirst.«

»Auch noch von dir?«

»Von uns allen.«

Sie wollte gehen. Er hielt sie zurück und fragte:

»Ist dein Gemahl auch hier?«

»Ich erwarte morgen seine Ankunft.«

»Olimpia!« – –

»Was wolltest du sagen?«

»Ich bewundere dich!«

»Es waren schöne Augenblicke, in denen du mir einst weit schönere Sachen sagtest! Wenn die Zeit der Bewunderung kommt, ist die Zeit der Liebe dahin. Der Liebesrausch verschlingt gewöhnlich die Bewunderung. – Auch Fortunata wird dies noch erfahren. – Doch, sei du nur dem *Ganzen* unseres Bundes, was *wir wünschen*, und du machst uns alle glücklich!«

Sie drückte ihm die Hand und ging schnell davon.

Rinaldo öffnete zum zweitenmal das geheimnisvolle Zimmer, trat unter die tote Gesellschaft, ging näher hinzu und sah die Schädel der Skelette mit Buchstaben bezeichnet. Er nahte sich dem nächsten, las, – und las den Namen: *Rosalie.*

Er bebte zurück und seufzte tief auf:

»Ach! Rosalie! meine geliebte Freundin!«

Noch einmal las er diesen Namen, verließ eilig das fürchterliche Gemach, schlug die Tür hinter sich zu und eilte in heftiger Bewegung über die Galerie einem leeren Zimmer zu.

Fünfzehntes Buch

Was dich faßte, wird dich halten;
Kannst du dem Geschick entgehn?
Wo des Schicksals Sterne walten
Werden sie auch untergehn.

Die Sonne stand schon hoch, als Rinaldo erwachte. Er schlug die Augen auf. Serena saß, mit weiblicher Arbeit beschäftigt, in seinem Zimmer. Sie wünschte ihm einen guten Morgen und ging.

Als er angekleidet war, kam sie zurück und fragte, ob er im Garten frühstücken wolle.

»Wo frühstückt Euer Prinz?«

»Er ist nicht hier.«

»Nicht hier?«

»Vor einer Stunde fuhr er von hier weg.«

»Wohin?«

»Das weiß ich nicht.«

»Wo ist Olimpia?«

»Sie begleitet den Prinzen. Auch die Damen aus der Stadt sind mitgefahren.«

Rinaldo ließ sein Frühstück in den Garten tragen. Hier wandelte er überlegend und nachsinnend auf und ab. Dann sprach er endlich mit sich selbst:

»Ja! – Ich will allen diesen sogenannten Freunden entgehen! – Mit keinem Menschen will ich mein Schicksal, nicht das seinige, mit dem meinigen teilen. Allein will ich erwarten, was mir geschieht. *Allein will ich stehen und – fallen!*«

Er ließ ein Pferd satteln, stieg auf und ritt in die Stadt. Hier brachte er seine Sachen in Ordnung und verließ Cagliari, fest entschlossen, sich nach einem Hafen zu begeben und die Insel zu verlassen. Nach Spanien wollte er zu kommen suchen und dort versteckt in einer Sierra leben, oder nach den Kanarischen Inseln segeln. So hatte er's bei sich beschlossen. – Rasch trabte er darauf los und hoffte, vor Abend noch Salano zu erreichen.

Gegen Mittag wurde die Luft drückend und schwül. Der Himmel umzog sich, Blitze flammten durch die Nacht des Himmels, fernher rollte der Donner. Eine Totenstille schwebte über der Gegend.

Rinaldo erreichte, mit einem heftigen Platzregen, ein Schloß, das auf einer Anhöhe lag. Er ward eingelassen. Man führte sein Pferd in den Stall und sagte ihm, er befinde sich in dem Schlosse der Gräfin Orana, die eben hier sei. Seine Ankunft ward ihr gemeldet. Sie bat sich den Besuch ihres Gastes aus.

Sie war eine Dame von Geist, und ihre Unterhaltung mit Rinaldo war sehr lebhaft und interessant. Seit zwei Jahren war sie, wie sie sagte, Witwe, noch in ihren besten Jahren, fest entschlossen, ihre Freiheit zu behaupten und sich nicht wieder zu vermählen, sie müßte denn, wie sie sich ausdrückte, von etwas überrumpelt werden, das interessanter wär', als die Männer gemeiniglich zu sein pflegten. Sie war eine Dichterin und hatte eine Satire über die Männer geschrieben, die sie aber ihrem Gaste, der darum bat, doch nicht mitteilen wollte. Da sie aber, wie sie versicherte, viel Unterhaltung in seiner Gesellschaft fand, so bat sie ihn, einige Tage bei ihr zu verweilen. Dies konnte ihr Rinaldo nicht abschlagen.

Sie hatte eine Cousine bei sich, die bei der Abendtafel durch ihre Laune das Gespräch noch unterhaltender machte, und Rinaldo hatte mit einem Paar Damen zu kämpfen, die sehr systematisierte Männerfeindinnen zu sein schienen. – Ihm waren solche Weiber noch nicht vorgekommen.

Den Damen nur ein wenig das Gleichgewicht zu halten, erklärte er, daß er entschlossen sei, das Malteserkreuz zu nehmen, weil er sich nicht überzeugen könne, durch eine zärtliche Verbindung mit einer Dame glücklich zu werden. Jetzt änderte sich die Szene. Man wollte ihn vom Gegenteil überzeugen und stritt so die Mitternacht herbei.

Ein Kammerdiener wies ihm sein Schlafzimmer an, wo sich alles in bester Ordnung befand und wo er sanft auf einem weichen Lager ruhte. –

Er erwachte so spät, daß er die Damen schon bei dem Frühstück fand.

Eben war eine Bande reisender spanischer Tänzer angekommen. Sie fanden sich auf dem Schloßsaale ein, die Zuschauer nahmen Platz, die Musik begann, ein freundliches Mädchen und ein artiger, junger Mann traten auf, den zärtlichen Bolero zu tanzen.

Beide in netter, Andalusischer Tracht, die zum Tanze erfunden ist, eilten sie im Fluge aufeinander zu, als ob sie sich gesucht und gefunden hätten. Schon wollte der Jüngling die Geliebte umarmen, schon schien sie in seine Arme zu stürzen, als sie sich plötzlich umdrehte; er, halb erzürnt, tat eben das. Das Orchester machte eine Pause. – Beide schienen unschlüssig zu sein, aber die wieder beginnende Musik riß ihre Bewegungen von neuem mit sich fort. – Feuriger suchte der Jüngling seine Wünsche auszudrücken, und zärtlicher schien die Geliebte ihn anzuhören. Ihre Augen wurden schmachtender, ihr Busen hob sich stärker, ihre Arme breiteten sich nach den seinigen aus; vergebens, sie wich noch einmal schüchtern zurück, aber die Pause gab beiden neuen Mut. – Schneller ertönte die Musik. Beflügelter folgten sich ihre Schritte. Außer sich vor Verlangen, eilte der Jüngling noch einmal auf das Mädchen zu, mit gleichen Empfindungen kam sie auch ihm entgegen. Ihre Blicke verschlangen sich, ihre Lippen schienen sich zu öffnen, nur süße Scham hielt sie noch schwach zurück. Aber stürmischer rauschten die Saiten, und heftiger wechselten ihre Bewegungen. Ein Rausch, ein Taumel, eine Wollust wollte beide vereinigen; jede Muskel schien zum Genusse sich zu drängen, jeder Augenblick demselben entgegenzufliegen. – Plötzlich schwieg die Musik, und die Tanzenden verschwanden.

Die Cousine schlug die Augen nieder und spielte mit dem Blumenstrauß an ihrem Busen. Die Gräfin wendete sich lächelnd an Rinaldo und fragte:

»Was sagt Ihr zu diesem Tanze?«

»Ich sage, es ist ein bezaubernd schöner Tanz.«

»Meint Ihr?«
»Ein Tanz, der so lebhaft zu einem Gefühle spricht, das die ganze Natur belebt, das allein den Egoismus der Menschen mildern kann, sollte der nicht bezaubernder als jeder andere sein?«
»Wie könnte auch«, – lächelte die Gräfin, – »ein Mann anders urteilen?«
»Dürfte er?« – fragte Rinaldo.
»O!« – rief die Cousine aus; – »was glaubten die Männer nicht zu dürfen!«
Die Bolero-Tänzerin trat herzu. Sie wurde von der Gräfin und von Rinaldo reichlich beschenkt.

Rinaldo schien seine Lage und sich selbst beinahe vergessen zu haben, als er auf eine unangenehme Art an alles wieder erinnert wurde. – Die Gräfin lenkte bei Tafel das Gespräch auf einen sonderbaren Vorfall. Wir wollen es hören.
»Mein Jäger«, – sagte sie, – »den ich mit Aufträgen nach Cagliari geschickt hatte, ist soeben wieder zurückgekommen. Er hat auf dem Wege etwas Kostbares gefunden.«
»Etwas Kostbares?« – fragte Rinaldo.
»Er will es Euch verhandeln.«
»An mich?«
»Weil Ihr sicher wißt, wohin das Gefundene gehört.«
»Ich bin begierig –«
»Ihr nennt Euch fremd auf dieser Insel?«
»Das bin ich.«
»Doch wohl nicht ganz.«
»Ich verstehe nicht –«
»Wer trug dies Bild?«
Sie überreichte ihm sein eigenes Portrait. Es war eben das, welches Fortunata ihm gezeigt hatte. – Rinaldo faßte sich schnell.
»Dies Bild trug niemand. Mein ist es; Ich habe es verloren. Meinen Dank soll der Finder erhalten.«
»Dies Bild trug keine Dame? Und dies sollen wir glauben?« – fragte die Cousine.

»Ja!« – fuhr die Gräfin fort. – »Es ist dies nicht das einzige Sonderbare; das größere kommt noch. – Der Jäger hat den sonderbaren Wahn, denn er behauptet und beschwört, dies Bild, – verzeiht, Herr Ritter! – sei das Konterfei des Räuberhauptmanns Rinaldini.«

»Lustig!« – lächelte Rinaldo. – »Ist dies sein Bild, so bin ich der vom Tode auferstandene, furchtbare Mann, den Ihr sogleich der Obrigkeit überliefern müßt.«

Verlegen blickte ihn die Gräfin an. Die Cousine lispelte: »Ein sonderbarer Zufall!«

»Den Jäger muß ich sprechen!« – rief Rinaldo aus.

Dieser kam.

RINALDO Wie du gesagt hast, hast du den Räuberhauptmann Rinaldini gekannt?

JÄGER O ja!

RINALDO Du hast ihn selbst gesehen?

JÄGER Selbst.

RINALDO Wo?

JÄGER Auf dem Wege von S. Leo nach Florenz. – Ich war damals in Diensten der Marchese Altanaro. Rinaldini kam als ein Jäger gekleidet, foppte meine Herrschaft, bat sich zuletzt Ringe, Uhren und 100 Zechinen aus, nannte sich und gab eine Sicherheitskarte.

RINALDO Und er glich diesem Portrait?

JÄGER Es scheint sein eigenes zu sein.

RINALDO Das Portrait gehört aber mir, es ist *mein* Bildnis. Ich muß also auch dem Räuberhauptmanne gleichen?

JÄGER Wie ein Bruder seinem Bruder gleicht.

RINALDO Gut, daß Rinaldini nicht mehr lebt! – Aber ich war doch in Sizilien und Neapel, und kein Mensch hat meines Gesichtes wegen mich in Anspruch genommen.

GRÄFIN Du wirst dich irren, Corrado!

JÄGER Es könnte sein, aber –

RINALDO Er will sich nicht geirrt haben!

DIE COUSINE So scheint es. – Aber er hat sich dennoch geirrt.

GRÄFIN Nichts ist sicherer!

RINALDO Er könnte mich in der Tat verlegen machen, wüßte ich nicht am besten, wer ich bin. – Hier, mein Sohn! – ist ein Trinkgeld für das Gefundene.

JÄGER Ich bin beschämt und weiß nicht, was ich sagen, wie ich danken soll. Ich bitte um Verzeihung, daß ich –

RINALDO Schon gut! Mein Gesicht nimmt dich nicht in Anspruch. Es soll und kann auch keinen Toten erwecken. Wir lassen ihn ruhen!

Der Jäger ging. Die Damen badinierten. – Nach aufgehobener Tafel empfahl sich Rinaldo, dankte für gegebene Herberge, bestieg sein Roß und trabte davon.

Aus einem Busche brach ein Mensch hervor. Es war Fabio, der Kammerdiener der Gräfin Olimpia.

RINALDO Wie? Fabio? Du? – und hier?

FABIO Verdeckt und entronnen.

RINALDO Wie das? – Deutlicher!

FABIO Die Damen sind arretiert.

RINALDO Die Damen?

FABIO Meine Gräfin, die Signora Fortunata, ihre Gesellschafterin, die andern und die Herren dazu, welche aus Korsika waren.

RINALDO Wo?

FABIO Auf der Villa. Des Nachts wurde sie von Soldaten besetzt.

RINALDO Von Soldaten?

FABIO Die sämtliche Dienerschaft wurde zugleich mit arretiert. Ich bin glücklich entflohen.

– Der Prinz war nicht bei uns; ich glaube, man hätte ihn sonst auch festgehalten. – Unter uns, Herr Ritter! Ich habe – nach meiner wenigen Einsicht – dem ganzen Wesen immer nicht viel Gutes prophezeien können.

RINALDO Welchem Wesen?

FABIO Eine Art von Unwesen war es wohl eigentlich. Was man aber beabsichtigte oder im Schilde führte, davon weiß ich nichts zu sagen. – Meine Kameraden nannten die Gesellschaft nur die Goldmachergesellschaft. Der Prinz soll wirklich ein geborner Ägypter, ein Adept sein, wie man sagte. – Das ist wahr, von Ägypten und geheimen Dingen sprach er immer viel, besonders bei Tafel. – Doch Ihr werdet ihn ohne Zweifel besser kennen, als ich ihn kenne.

RINALDO Du irrst dich!

FABIO Geld hat er genug. Er ist freigebig und gut. Meine Gräfin ist es auch. Wenn ihr nur nichts Arges widerfährt.

RINALDO Was soll ihr widerfahren? Ein Mißverständnis, das sich bald lösen wird, muß bei der Sache obwalten.

FABIO Das gebe der Himmel! – Wenn ich nur wüßte, wohin ich mich nun wenden sollte.

RINALDO In Salonetta ist meine Wohnung. Dort bin ich, den Bernhardinern gegenüber, leicht zu erfragen. Bis dahin ist hier ein kleines Zehrgeld. Wenn du rasch zugehst, bist du gegen Abend an Ort und Stelle.

Kaum war er ihm aus den Augen, als er sich rechts wendete und einen andern Weg einschlug. – Er sann hin und her, überlegte, bedachte, erwog und konnte nichts ersinnen, das ihm Sicherheit versprochen hätte. Unmutig stieg er bei einem Gebirgspaß vom Pferde und warf sich nachdenkend unter einen Baum.

Hier hatte er nicht lange gelegen, als sich ihm drei Bewaffnete nahten, denen er ihr Handwerk gleich ansah. Seine Kameraden kamen ihm in den Sinn. Schnell bemächtigte sich seiner der Entschluß, Sardegna zum neuen Schauplatz seiner ehemaligen Taten zu machen und sich seiner Lage zu entreißen, von der er sich wenig Gutes versprechen konnte. – Noch standen die Bewaffneten ratschlagend in der Ferne. Er winkte sie herbei. Sie kamen näher. Der eine fragte mit Laune:

»Der Herr verlangt unsren Besuch?«

»Ich habe mit euch zu reden.«

»Der Herr hat sich verirrt?«

»Zu euch.«

»Zu uns? – Kennt Ihr uns?«

»Wir wollen uns kennenlernen.«

»Wißt Ihr, ob uns etwas daran gelegen ist?«

»Mir liegt etwas daran.«

»Euch? – Man sieht, daß Ihr uns nicht kennt.«

»Dein Name?«

»Ein Verhör?«

RINALDO Dein Name?

SANARDO Ich heiße Sanardo.

RINALDO Wie heißt dein Hauptmann?

SANARDO Mein Hauptmann?

RINALDO Nun! Einen Hauptmann werdet ihr, beim Teufel! doch haben?

SANARDO Nun sind wir aufs Reine! Der Herr hält uns also für Leute, die – auf anderer Nebenchristen Unkosten, nach eigener Willkür leben?

RINALDO So ist es. – Bringt mich zu euerm Hauptmann.

SANARDO Wie? – Hat man den Herrn genötigt, uns aufzusuchen? Ist die Justiz hinter ihm her? Oder was treibt ihn zu uns?

RINALDO Eine alte Bekanntschaft mit euerm löblichen Gewerbe.

SANARDO Wer sah Euch das an? – Wo hat der Herr gelernt?

RINALDO In den Apenninen, in Kalabrien, bei dem bekannten Meister Rinaldini.

SANARDO Da muß der Herr etwas Rechtes können! Rinaldini soll's verstanden haben. Wir sprechen oft von ihm. Unter uns sind zwei Teufelskerle, Jordano und Filippo, diese haben bei dem nämlichen Meister gelernt. Sie sprachen oft von ihm. Diese werden dich also auch kennen.

RINALDO Wohl möglich! Wir waren oft gar zahlreich; aber immer in mehrere Korps verteilt. – Wie stark seid ihr?

SANARDO Vor vier Wochen waren wir stärker. Es hat aber starke Stöße gesetzt. Bei S. Michiele hängen unserer achtzehn, und zwölf Köpfe sitzen auf Rädern; meines Bruders Kopf in der Mitte. – Jetzt gehen wir alle in eine Höhle. Wir zählen nicht mehr als achtzehn bis zwanzig Köpfe.

RINALDO Eine Lumperei!
SANARDO Freilich! – Das Rekrutieren will auch nicht gehen. Die Galgen sind zu sehr gespickt. Dergleichen Ansichten machen keinen Mut.
RINALDO Hat euer Hauptmann keinen Ruf?
SANARDO Unser Hauptmann sitzt in Taborgo in Ketten und Banden. Jetzt haben wir nur einen Interimskommandanten. Wir wechseln monatlich im Kommando ab.
RINALDO Das taugt nichts! – Überhaupt scheint ihr mir eben keine großen Helden zu sein.
SANARDO Davon sprich nicht! Wir stehen unseren Mann. Aber freilich, furchtsam sind wir ein wenig geworden, denn die Kriminal-Gerichte haben uns die Schnäbel derb abgeputzt.
RINALDO Rinaldini hatte Gefechte, in denen er oft 50 bis 60 Mann verlor. Aber den Mut ließ der Überrest nicht sinken, denn er selbst kannte keine Furcht.
Der eine Räuber bemerkte Reiter. Sie kamen näher. Es war eine Dragoner-Patrouille von drei Mann. – Sanardo riet, sich eiligst zurückzuziehen: Rinaldo rief ihnen zu:
»Jetzt bleibt und zeigt mir, daß ihr Männer seid, die stehen können. Ihr sollt auch mich kennenlernen.«
Er schwang sich auf sein Pferd, und Sanardo schrie:
»Wir stehen!«
Die Dragoner kamen näher. Sie riefen ihnen zu, die Waffen abzulegen. Trotzig fragte Rinaldo:
»Könnt ihr das fordern?«
»Wir befehlen es!« – war die Antwort.
»Reitet zurück und sagt, daß Rinaldini nie die Waffen gestreckt hat.«
Die Reiter stutzten. »Rinaldini?« murmelten sie einander zu. Dieser fuhr fort:
»Sucht ihr aber Kampf, den sollt ihr haben. – Burschen! schlaget an!«
Die Büchsen lagen den Dragonern entgegen. Rinaldo hatte eine Pistole gezogen.

Die Reiter schwenkten sich und ritten davon. Rinaldo wendete sich zu den Räubern und fragte:
»Seid ihr nun mit mir zufrieden?«
»Aber«, – fragte Sanardo, – »Rinaldini bist du nicht?«
»Der bin ich.«
Mit *einem* Tempo streckten alle drei die Gewehre, küßten ihm die Hand und Sanardo sagte:
»Wir bitten dich, unser Hauptmann zu sein!«
»Das will ich« – antwortete Rinaldo. – »Euer Hauptmann will ich sein. Zu meinem alten Handwerke will ich wieder greifen und enden will ich, wie ich enden muß. Es waltet über dem Menschen ein unbeugsames Schicksal. Bestimmt ist ihm sein Los. Sein bestes Spiel spielt er verzagt, und mutig wagt er, um zu verlieren. – Fahrt hin, ihr schönen Träume meines Lebens! Ein anderer hege euch in froher Brust. Mein Schicksal will es anders. – Es sei! Ich will nicht länger widerstreben. – Voran! Ich folge euch.«

Jordano und Filippo sprangen hoch auf, als sie ihren Hauptmann erblickten. Sie küßten ihm die Hände und weinten Tränen darauf. – Die andern standen mit entblößten Köpfen um ihn herum und nahten sich ihm nur auf seine Winke. Er ließ sie alle versammeln, und als sie um ihn herum standen, sprach er:
»Ich nehme euch hiermit alle zu Kameraden an, und ihr schwört mir, als euerm Hauptmanne, Treue, Folgsamkeit und Gehorsam meinen Gesetzen, die ihr von mir erhalten werdet. Sie werden euch bekanntgemacht. Ihr habt sie zu befolgen. Wer dieselben einmal beschworen hat, muß nach denselben leben, denn jede bestimmte Strafe wird unbedingt vollzogen. – Seid ihr damit zufrieden?«
Ein allgemeines lautes: Ja! erscholl. – Rinaldo sprach weiter:
»Wer mit mir leben will, muß mit mir fechten, muß mit mir sterben können. Doch wie könnte einer, der alles zu wagen hat, zaghaft sein? Die Notwendigkeit selbst muß ihm Mut geben. Lieber das Leben als den Körper verloren! Was ihr zu erwarten

habt, wenn man euch lebendig fängt, wißt ihr, und jedes Hochgericht legt euch die Vermahnung deutlicher ans Herz, als es der beredteste Mund tun könnte: laßt euch nicht fangen. – Furchtbar müssen wir uns machen, und man fürchtet uns. Dies ist leicht möglich. – Ihr alle wißt oder könnt es leicht erfahren, wie schwach die Garnisonen und regulären Truppen dieser Insel sind. Kaum reichen sie hin, die Städte Cagliari, Sassari und die Wachttürme an den Küsten gehörig zu besetzen. Was aber die Landmiliz betrifft, so ist es ja bekannt, daß sie nicht sonderlich zu fürchten ist. Die Sarden stehen auch nicht wegen ihrer Herzhaftigkeit in großem Rufe. – Ich habe mit den Meinigen in geschlossenen Gliedern gegen Truppen der Florentiner und Römer, der Neapolitaner und gegen ihre Milizen gefochten. Nie aber hat ihre Übermacht mich und meine Leute zaghaft machen können. – Ein stärkeres Korps als jetzt müssen wir werden. Dafür laßt uns sorgen. Doch ist es nicht eine größere Anzahl, von der ich alles hoffe. Wenige, wenn sie herzhaft zu stehen und zu fechten wissen, sind mir lieber als Hunderte, die keinen Mut haben, die nur rauben, aber sich nicht wehren können. Im Gebrauche der Waffen werdet ihr geübt, und unerfahren führe ich euch nicht ins Gefecht. Aber nur dann fechten wir, wenn es nötig ist. – Ohne Angriff falle kein Schuß. Genug, daß wohlhabende Reisende beraubt werden, ihr Leben ist kein Gewinn für uns. Die Armut empfehle ich euch; das Wenige, was sie hat, behalte sie. Der Arme ist ohnehin unglücklich. Er ist auch dankbar; und oft dankt ihr wohl eure Rettung einem armen Teufel, der sein Stückchen Brot mit euch teilt, statt daß ihr ihn zum Verzweifelten machen würdet, wolltet ihr ihm nehmen, was er euch nicht freiwillig geben will. Auch empfehle ich euch Schonung gegen Weiber, Kinder und Greise. Ihre Schwachheit kann uns nicht reizen, ihnen unsren Mut zu zeigen. Als Männer laßt uns allenthalben auftreten, und gebt eurem Handwerk so viel Edles, als es ihm zu geben möglich ist. – Das ist es, was ich euch rate, was ich von euch verlange. Wollt ihr es erfüllen?«

»Wir wollen!« – schrien alle.

»Nun dann! So bin ich euer Hauptmann.«
»Es lebe unser Hauptmann!«
»Hauptmann«, – begann Sanardo, – »laß dir die Gebräuche der Sarden gefallen. Auch wir haben unsre Schutzpatronin.«
»Sie sei auch die meinige.«
»Viva gloriosa Santa Arega!«*)
Dieses wiederholte Rinaldo, und die ganze Gesellschaft stimmte nach dem Tone einer Sardinischen Pfeife und einigen Zithern, den einzigen Instrumenten gemeiner Sarden, nach welchen auch ihre Volkstänze getanzt werden, den Gesang an:

In Deximu bella Aurora
Nascis de gracia luxenti;
Sias de sa devota genti
Santa Arega intercessora! etc.

Rinaldo fragte nach den verborgensten Schlupfwinkeln der Berge. Dahin brach die Gesellschaft auf.

Auf einem schlechten Feldbette, unter einem Strohdache einer Sardischen Berghütte von vier Pfählen untererstützt, lag Rinaldo, mit sich selbst beschäftigt. Behaglich war ihm seine Lage keineswegs, er suchte sich aber selbst zu täuschen und wollte sie nun einmal behaglich finden.
Bekannt waren die Gesetze gemacht, auch waren sie beschworen worden. Es wurden ihm einige Kerle zugeführt, und in einigen Tagen zählte er zweiunddreißig Köpfe, die ihm gehorchten. Alle wurden in den Waffen geübt. Jordano und Filippo machten dabei sich sehr verdient.
Rinaldo hatte die Berge besucht, die Gegend rekognosziert, und suchte sich nun mit Proviant, Gewehr und Munition zu verse-

*) Novena de sa gloriosa Santa Arega Sarda; Martirisada in deximu mannu. Casteddu 1771. Dieses führen die Sardischen Räuber bei sich. Die eben angeführte Stanze aus der Hymne an die Heilige gibt zugleich einen kleinen Begriff von der Sardischen Sprache.

hen. Jetzt schickte er Streifpartien aus und ließ zusammenschleppen, was zu bekommen war.

Auf der Spitze eines von den Bergen, unter denen man hier hauste, standen, von hohen Fichten beinahe ganz bedeckt, die Ruinen einer kleinen Raubfeste, in der ehemals ein gewisser Wegelagerer, Brancolino, nistete und die Bewohner der Täler hart bedrängte. Endlich fiel er einmal im Gefechte gegen die spanischen Soldaten, und sein Nest ward zerstört. Dabei tat auch die Zeit das ihrige. Weil jetzt der Platz einmal leer war, bevölkerte ihn die Furcht und die Liebe zum Sonderbaren mit Geistern, von deren Walten und Wesen die benachbarten Dorfbewohner gar viel zu erzählen wußten. Jedermann sprach von diesen Ruinen, aber keiner wagte es, sie zu besuchen.

Rinaldo aber war so kühn, sie sogar zu seiner Residenz zu wählen. Was nur herzustellen war, wurde, so gut wie möglich, hergestellt. So erhielt er, mitten unter Schutt und Trümmern, drei Plätze, die wieder für das gelten mußten, was sie ehemals gewesen waren, für Zimmer. – Er untersuchte genau und fand zu seinem großen Vergnügen einen unterirdischen Gang, der am Fuße des Berges hinaus ins Freie, in einen angrenzenden Forst führte. Der Ausgang war von Büschen und Dornen umwachsen. Weit darin in einer schmalen Kluft, durch die nur ein einzelner Mensch sich drängen konnte, verschloß ihn eine starke, doppelte eiserne Tür, die bald wieder gangbar gemacht wurde. Die Eulen und Fledermäuse wurden delogiert. Menschen bemächtigten sich ihrer bisherigen Residenz.

Der Eingang in die Ruinen wurde mit einer kleinen Zugbrücke versehen. So, wohlverschlossen und verwahrt, kampierte Rinaldo in seiner Burg, wenn er allein sein wollte.

In den Bergen umher wurden mehrere Höhlen bewohnbar gemacht; man grub sich ein, so gut man konnte, und machte sich nur sichtbar, wenn man wollte. Dies alles waren die Früchte einer angestrengten Arbeit von acht Wochen, bei deren Vollendung, nahe bei den Ruinen, ein mit köstlichen Weinen wohlangefüllter Keller entdeckt ward, der vermutlich ehemals dem edlen Brancolino gehört hatte. Jetzt wurde er die Beute einer Gesellschaft, die auch Wein trank und manchen Becher auf seine Gesundheit leerte.

Neben diesem Keller wurde eine Kapelle ausgemauert, ein Bild der heiligen Arega ward aus einer benachbarten Klosterkirche, auf gewöhnliche Art, abgeholt und in dieselbe gesetzt. Das ordnete Rinaldo zu großer Freude seiner sardischen Kameraden an, die nun Wohnungen, Wein und Andacht so gut und so nahe hatten, als sie dieselben nur schwer ehemals haben konnten oder sie zu erhalten Hoffnung hatten.

Das Kloster, welchem die heilige Arega entführt worden war, entrüstete sich sehr über diese kühne Tat, zumal, da die ehemaligen Besitzer die Entdeckung machten, daß man mit der Heiligen zugleich ihre besten goldenen und silbernen Kirchenschätze geraubt hatte. Der Prälat forderte die benachbarten Bauern auf, ihm die Räuber ausfindig machen zu helfen, aber man suchte sie nicht auf dem rechten Platze und fand sie also auch nicht.

Es war ein schöner Morgen; Himmel und Erde lachten in verjüngter Pracht. Im diamantenen Meere des reinen Morgentaues spiegelte ihr Antlitz die hehre, heitere Sonne, und tausend Kehlen sangen ihr den Morgengruß. Da nahm Rinaldo, sardisch gekleidet in Jägertracht, sein Rohr, verließ seine Mauern und ging hinab ins Tal.

Bald traf er auf ein Mädchen, das Futterkräuter in einen Korb sammelte. Er bekam Lust, sich mit ihr zu unterhalten. Es kam zum Gespräch.

ER Einen frohen guten Morgen, einen heitern Tag und eine schöne Nacht wünsche ich dir, fleißiges Mädchen!

SIE Viel auf einmal! – Wieder so viel von mir für Euch!

ER Der Morgen ist so heiter, und du scheinst nur mit trüben Augen ihn zu sehen.

SIE So ist es schon lange.

ER Was ist dir?

SIE Ich bin ein armes Mädchen und habe viel Kummer.

ER Verliebt?

SIE Das leugne ich gar nicht. Ich wollte aber, ich wär' es nicht. Daß ich es bin, das ist eben mein Unglück! – Der schönste Bursch in unserm Dorfe ist mir gut. Er hat mir Ständchen gebracht, er hat mich mit Limonen geworfen, und ich habe ihn mit Wasser begossen*). Damit war's entschieden, daß wir uns beide liebten. Aber – der Edelmann will's nicht leiden.

ER Was geht es den Edelmann an?

SIE Wir sind seine Untertanen, und er ist unser Herr.

ER Kann er auch über Herzen gebieten?

SIE Er muß es doch können, weil er es tut.

ER Was sagen deine Eltern dazu?

SIE Die sagen, was der Herr sagt, und der Pater sagt es auch, und jedermann im Dorfe sagt: wir dürften einander nicht lieben.

ER Sonderbar!

SIE Ich wollte, ich wär' gestorben!

ER Wie heißt dein Edelmann?

SIE Mein Herr ist der Herr Marquis Reali. Er ist, sagt man, den Mädchen gar gut, aber mir nicht. In unserm Dorfe verheiratet er die Mädchen beinahe nach seinem Sinne, und er beschenkt sie dann auch.

ER Er muß dich auch beschenken.

SIE Er will nicht und will auch nicht, daß ich meinen Nicolo heiraten soll.

ER Wie nennt man dich?

SIE Maria. – Mein Vater ist Aldonzo und hat schöne Felder. Geschwister habe ich nicht, arm bin ich auch nicht; aber – unglücklich.

Ihr Korb war gefüllt. Sie schwang ihn auf den Rücken, trocknete die Augen und ging. Rinaldo ging mit ihr. Sie sah ihn mit fragenden Blicken an.

RINALDO Ist der Marquis Reali verheiratet?

MARIA Nein.

*) Verliebter Sarden und Sardinnen Gebräuche auf dem Lande.

RINALDO Alt?
MARIA Ein Dreißiger.
RINALDO Hübsch?
MARIA Ziemlich, aber doch nicht so hübsch wie mein Nicolo.
RINALDO Ist er gesellschaftlich?
MARIA Er gibt an Gastfreiheit keinem Sarden etwas nach.
RINALDO Er ist wohl reich?
MARIA Sein gutes Auskommen soll er haben; soll auch etwas zurücklegen können, aber – das tut er nicht, wie man sagt. – Doch, – sagt mir nun auch, warum Ihr mich so ausfragt?
RINALDO Weil ich wünsche, dich glücklich zu sehen.
MARIA Können das Eure Fragen und meine Antworten bewirken? Nein! Dahinter steckt sicher etwas ganz anderes. – Aber, seht! dort kommen Leute, laßt mich allein meinen Weg gehen und bringt mich nicht in böse Mäuler.
Er sagte ihr ein Lebewohl und kehrte schnell in seine Burg zurück.

Als er auf den gewöhnlichen Versammlungsplatz kam, stellte man ihm einen Rekruten vor. Rinaldo examinierte ihn. Seine Antworten waren:
»Ich bin desertiert von dem Deutschen Regimente, welches in Cagliari in Besatzung liegt. Das Schultern stand mir nicht länger an. Ich lief davon und habe Lust, ein Handwerk zu treiben, das mir, obwohl in anderer Art, von jeher sehr gefiel und behagte. Mit einem Worte, das *Rauben* war vorlängst schon meine Sache. Von Geburt bin ich ein Deutscher, geboren in Reutlingen, wo ich das Zugreifen lernte. Ein Buchdrucker von Profession erhob ich mich bald zum *Nachdrucker*. Es ist dies ein sehr leichtes Geschäft, zwar unerlaubt, trägt aber etwas ein. Man braucht nur zu vigilieren, welches Buch Aufsehen macht, und guten Abgang verspricht. Gleich fährt man darüber her, druckt es auf Löschpapier mit abgestumpften Lettern nach, schickt's in die Welt und streicht's Geld ein. Dabei lebt es sich gut und ruhig, denn es ist bei uns erlaubt, dies zu tun. Man fürchtet keine Strafe, weil keine

zu fürchten ist, und lacht darüber, daß man uns Diebe, Piraten, Schufte, Schurken und schlechte Menschen nennt. Zwar weiß man wohl, daß man das ist, aber man lacht dennoch und nachdrucket immer fort. So stiehlt sich es wirklich gut!«

»Warum aber«, – fragte Sanardo, – »bliebst du denn nicht bei deinem eleganten Handwerke?«

Der Reutlinger fuhr mit der Hand übers Gesicht, zuckte mit den Achseln und sagte:

»Wie das nun geht! Ich hatte Geld erworben und machte mich auf, meinen Kollegen in Bamberg, Karlsruhe u. a. a. O. zuzusprechen. Wir sahen, sprachen uns und lebten herrlich und in Freuden. Einen allgemeinen Nachdrucker-Kongreß schrieben wir aus und kamen im Bade zu Spa zusammen. Hier führte mich der Böse an eine Farobank, und was ich mir erstohlen hatte, ging in drei Abenden fort. Meine Kollegen waren großmütig, bezahlten meine Zeche und reichten mir eine Kollekte. Sie verließen in Equipagen das Bad, und ich verließ es zu Fuße. Die Kollekte war bald aufgezehrt. Ich ließ mich unter die Soldaten anwerben. Man schickte mich nach Mailand. Ich lief zu den Piemontesern über und ward mit nach Cagliari abgeschickt. – Jetzt komme ich zu euch: denn ich will nun einmal meinen *Galgen* haben.«

»Den sollst du haben!« – rief Rinaldo und ging mit Sanardo auf die Seite.

Dieser kam zurück, Rinaldo aber hatte kaum seine Burg erreicht, als schon der Reutlinger an einem Baume hing, weil er, meinten sie, für ihre Gesellschaft zu schlecht sei.

Den folgenden Tag bestieg Rinaldo sein Roß und erreichte bald das Schloß des Marquis Reali. – Er selbst trat im Schloßhofe ihm entgegen und nötigte ihn sehr höflich, mit sardischer Gastfreiheit, bei ihm einzusprechen.

Er zeigte ihm sein Münzkabinett und führte ihn in eine Galerie, in welcher eine ganz lange Reihe von Bauernmädchenportraits hing. – Lächelnd fragte Rinaldo:

»Was sagt wohl diese Suite?«

»Dies« – antwortete der Marquis, – »sind Köpfe von Mädchen meiner Untertanen auf meinen Gütern, die ich ausgesteuert und verheiratet habe. Es ist daraus so nach und nach bei mir eine Art von Geschäft geworden.«

»Das aber doch wohl auch seine Zinsen trägt?«

»Zuweilen. – Aber, unter uns! es geht mit den Weibern gemeinhin wie mit bösen Schuldnern, man verliert oft bei ihnen Zinsen und Kapital zugleich. – Indessen, es macht mir Spaß, die Suite zu vermehren, und Platz ist dazu vorhanden.«

»Aber doch wohl nur bis zu Eurer Vermählung?«

»Ich werde mich nie verheiraten. Es ist dies einer meiner Grundsätze.«

»Wie oft wurden Grundsätze von schönen Augen umgestoßen!«

»Ich lebe hier in einer artigen Kollektion von schönen Augen, wie Ihr seht!«

»Sie sind unbeweglich.«

»Die Phantasie kann alles bewegen. – Meine Vorfahren genossen bei den Töchtern ihrer Untertanen das Recht der ersten Nacht. Sie haben es sicher redlich exerziert. – Mein Vater, eine Art von Philosoph, fand dies Recht ungerecht, besonders, da er meine Mutter außerordentlich zärtlich liebte. Er verwandelte das Recht in eine kleine jährliche Abgabe und hob es auf. Seine Untertanen setzten ihm eine Bildsäule, die Ihr noch im Schloßhofe stehen seht. – Ich *besitze* nun kein Recht mehr, aber ich *erhandle* mir zuweilen eine *Gefälligkeit*. Dabei geht alles ohne Groll ab.«

»Ihr wählt die Männer für die Mädchen, die Ihr aussteuern wollt?«

»Ich wähle sie.«

»Machtet Ihr Euch noch nie den Spaß und ihr die Herzensfreude, ein Mädchen auszusteuern, die selbst sich einen Mann wählte?«

»Dies ist, so viel ich *weiß,* noch nie der Fall gewesen. Doch sie betrügen mich, das merke ich. Was *meine* Wahl zu sein scheint, war oft schon ihre eigene Wahl. Das wissen die Mädchen gar schlau zu karten.«

»Ich wage eine Interzession!«
»Wieso?«
»Ein Mädchen hat mich gebeten, für sie bei Euch zu bitten.«
»Was will sie?«
»Eine gewisse kleine, artige Brünette, Maria Aldonza, wünscht ihren Nicolo heiraten zu dürfen.«
»Wie kommt sie an Euch?«
»Ich fand sie weinend auf dem Felde: Ich unterhielt mich mit ihr, vernahm die Ursache ihrer Tränen und ward von ihr gebeten, ihr Vorsprecher zu sein.«
»Es ist die Bitte meines Gastes die erste dieser Art an mich; – Maria soll ihren Nicolo heiraten.«
»Kommt ihr Portrait dann auch in diese Reihe?«
»Nur dann, wenn ich sie ausstatte.«
»Das tut Ihr doch?«
»Das verspreche ich nicht. Doch, – es kommt auf Marien an. Ich handle nicht gegen meinen Grundsatz.«
»Als Fremder wage ich es nicht, Euch vorzugreifen. – Das Mädchen hat mich gerührt. –«
»Wollt Ihr sie ausstatten?«
»Wenn ich darf –«
»Nun gut! – Doch nicht eher, als bis ich selbst ihr keine Ausstattung gebe.«
Die Zeit der Siesta war gekommen. Beide begaben sich zur Ruh. – Rinaldo hatte länger als der Marquis geschlafen. Als er ins Zimmer kam, saß Maria einem Maler, der sie portraitierte. – Der Marquis führte seinen Gast in ein anderes Zimmer und lächelte. »Maria wird von mir ausgestattet, und Nicolo wird ihr Mann.«
Das Gespräch wendete sich. Man kam auf Cagliari, und endlich erfuhr Rinaldo etwas, wobei er interessiert war.
»Auf Requisition aus Frankreich«, – fuhr der Marquis im Verfolg seines Gesprächs fort, – sind in Cagliari eine ganze Hecke mißvergnügter Korsen und ihre Freunde arretiert worden. Man spricht von Anschlägen auf Korsika, von einer Landung daselbst, von Truppen, die Rinaldini hätte anführen sollen, und

dergleichen. – Ich glaube, man vergrößert etwas sehr Unbedeutendes, vielleicht aus Politik.«

»Lebt denn Rinaldini noch?«

»Man sagt es.«

»So ist er sicher auch mit arretiert worden.«

»Ihn hat man nicht angetroffen. Auch soll ein gewisser türkischer Prinz entkommen sein, der, wie man sagt, das Haupt der korsischen Verbindung war.«

»Sind die Verhafteten noch in Cagliari?«

»Nein. – Man hat sie einem französischen Kommissar übergeben. – Nun heißt es aber, das Schiff, auf welchem sie sich befanden, sei genommen worden. Doch davon spricht man unbestimmt. Mir liegt nichts daran! Das aber möchte ich wissen: Ob Rinaldini wirklich noch, und ob er auf dieser Insel lebt?«

»Das möchte ich selbst wissen.«

»Und lebt er noch, so wünsche ich, ihn zu sehen.«

»Ihn zu sehen?«

»Ja! ihn zu sehen. Es kostete allenfalls eine Börse mit Zechinen, ihm zu begegnen, und dafür wollte ich ihn recht beschauen.«

»Mit dieser Börse wären aber einige Mädchen auszustatten, und dabei – gäb' es doch wohl mehr als nur etwas zu sehen.«

Maria trat ins Zimmer, küßte dankend dem Marquis die Hand und bat ihn, ihr gnädiger Herr zu bleiben. – Ein Bedienter trat ein und winkte dem Marquis, der mit ihm das Zimmer verließ. Maria sagte:

»Euch habe ich sicher alles zu verdanken!«

»Dir selbst, mein Kind«, – sagte Rinaldo, – »hast du deine Aussteuer zu verdanken.«

»Wenn auch diese, doch das nicht, daß ich Nicolo heiraten darf. Die Aussteuer wär' wohl längst schon zu bekommen gewesen, aber Nicolo nicht mit dazu.«

Rinaldo drückte ihr einige Goldstücke in die Hand. Sie fragte:

»Wollt Ihr mich auch aussteuern?«

»Ich bin kein reicher Marquis.«

»Doch habt Ihr fein gegeben!«

»Wenigstens uneigennützig.«
»Das lobe ich, verdenke es Euch aber. Der Herr Marquis denkt anders als Ihr. – Ich danke Euch!«
»Geh, grüße deinen Nicolo!«
»Der wird recht froh sein, daß er mich heiraten darf und daß er nun auch bald erfährt, wie es sich in einem Bette liegt!«*)
Sie sprang aus dem Zimmer, wohin der Marquis nachkam. Er bat um Verzeihung, ihn allein gelassen zu haben, doch setzte er hinzu:
»Ich habe Euch doch nur allein bei einem artigen Mädchen gelassen –«
»Die«, – fiel Rinaldo ein, – »ausgesteuert war.«
Der Marquis lachte laut auf und fuhr dann in einem andern Tone fort:
»Soeben habe ich durch einen reitenden Boten Briefe erhalten, die mir Gäste ansagen, die diesen Abend noch eintreffen werden. Darf ich Euch bitten, so erwartet Ihr sie mit mir. Die Gesellschaft besteht aus vier Damen, einer Tante und drei Cousinen. Ich allein würde gar zu isoliert unter Vieren stehen. Ich wiederhole also meine Bitte!«
»Ich bleibe.«
»Jetzt aber bitte ich, um ihn den Damen vorstellen zu können, um meines Gastes Namen.«
»Ich bin der Jüngste des gräflichen Hauses Marliani, im Veltelinerland geboren. Mein Onkel schickte mich auf Reisen, und eine Reisenden erlaubte, anständige Neugier brachte mich auf diese Insel.«
Der Marquis gab seinem Haushofmeister Befehle. Rinaldo ging in den Schloßgarten.

Er ging auf eine Hintertür des Gartens zu, öffnete sie und trat ins Freie. – In einem Busche regte sich's. Rinaldo griff nach dem Dolche. – Jordano kam aus dem Busche.

*) Das Schlafen in Betten ist bei den Sarden nur ein Vorrecht verheirateter Personen. Die Junggesellen schlafen auf dem Boden, höchstens auf Stroh und Schilfmatten.

»Bist du hier?« – fragte er.
»Wir waren deinetwegen in Verlegenheit.«
»Ich werde einige Tage auf diesem Schlosse bleiben. – In dieser Gegend, wo wir uns jetzt sprechen, mögen immer einige der Unsrigen stecken, damit ich sie bei der Hand habe, wenn ich sie brauche.«
»Gut! – Wir haben auch eine Spekulation.«
»Welche?«
»Es kommt ein Wagen hier vorbei. Diesen wollen wir ein wenig anhalten.«
»Nichts! – Jetzt keinen Lärm, so nahe bei einem Orte, wo ich mich befinde. Wir könnten alle in Verlegenheit kommen. Geht der Wagen aber weiter –«
»Gut, gut! – Nun, weiß ich schon genug. – Ich muß zu meinen Burschen!«
Er kroch in den Busch, und Rinaldo ging in den Garten zurück. Ein freundliches Mädchen schnitt Blumen ab. Rinaldo kam mit ihr ins Gespräch.
»Die Blumen« – sagte sie, – »sollen Kränze geben für die Tafel und Sträußchen für die Damen, die der Herr Marquis erwartet.«
»Du gehörst ins Schloß?« – fragte Rinaldo.
»Ich habe die Ehre, dem Herrn Marquis zu dienen, und bin Aufseherin über die Wäsche und das Tafelgerät im Schlosse.«
»Wenn du heiratest, wird dich der Herr Marquis wohl auch ausstatten?«
»Er hat davon noch nichts gesagt, und ans Heiraten wird's wohl sobald noch nicht kommen.«
Der Marquis kam. Rinaldo ging ihm entgegen, zeigte auf das Mädchen und sagte:
»Dort gibt es etwas Hübsches auszustatten!«
»Vielleicht!« – antwortete der Marquis lächelnd.
Sie gingen nach der Hintertür des Gartens. Ein Wagen rollte heran; die erwarteten Gäste saßen in dem Wagen.

Man war im Saale des Schlosses. Die namentlichen und persönlichen Bekanntschaften waren gemacht. – Die Tante war eine lebhafte Vierzigerin, sprach viel und war sehr aufgeräumt. Von den Cousinen des Marquis waren zwei Schwestern, beide noch sehr jung, etwas verlegen und still. Die dritte, in den Jahren der Forderung, war lebhaft, witzig und gesprächig. Sie war es, mit der Rinaldo sich unterhielt. Der Marquis scherzte mit der Tante. Sie neckte ihn seiner Mädchengalerie wegen und plaisantierte über seinen Geschmack.

Die Unterhaltung über Tafel war lebhaft genug. Es wurde gescherzt, gelacht und endlich gar gesungen. Der Marquis und die lebhafte Cousine, Oriane, ergriffen Guitarren. Sie spielten und sangen:

Wechselgesang

ER

Gib mir die Blumen,
Gib mir den Kranz!
Ich führ' dich, Liebchen!
Morgen zum Tanz.

SIE

Laß mir die Blumen,
Laß mir den Kranz;
Führ' eine andre
Morgen zum Tanz.

ER

Nein, liebes Mädchen!
Du nur allein,
Sollst die erwählte
Tänzerin sein.

SIE

Was kann mir's helfen;
Sollt ich allein
Auch die erwählte
Tänzerin sein?

ER Ewige Liebe,
Schwör' ich nur dir.
Gib mir die Blumen,
Tanze mit mir!

SIE Schwörst du mir Liebe,
Folg' ich zum Tanz.
Hier sind die Blumen,
Hier ist der Kranz.

ER Und mit den Blumen
Schenk' mir dein Herz!
Ich mein' es ernstlich,
Treibe nicht Scherz.

SIE Meinst du es ernstlich;
Treibst du nicht Scherz,
So nimm die Blumen,
Nimm auch mein Herz!

»Wer wird dem Sänger trauen?« – rief die Tante lächelnd aus.

»Ich nicht«, sagte Oriane.

»Es blieb' ja alles nur in der Freundschaft«, – setzte der Marquis hinzu.

»Und wird zum Kabinettstück«, fuhr die Tante fort.

»Nur nicht zum Galeriestück!« – fiel Oriane ein.

MARQUIS Man sammelt für den Kenner.

ORIANE Und liebt die Kennerinnen, bis zum Studio.

MARQUIS Nun ja! Kann man wohl mehr tun?

TANTE Oft kann man nicht zu viel tun. Die sogenannten Kenner verlieren sich nicht selten so sehr in ihr Studium, daß sie dieses Studium sogar selbst darüber verlieren.

MARQUIS Der Mensch ist zum Verlieren geboren.

TANTE Und will dennoch stets gewinnen.

MARQUIS Seine Existenz privilegiert seine Hoffnungen.

TANTE Ei freilich! Wer träumte nicht wenigstens gern angenehm?
RINALDO Aber das Erwachen?
TANTE Ist freilich nicht immer angenehm. Unser Marquis aber träumt selten, glaube ich.
MARQUIS Er lebt ja. Und was ist unser Leben anders als ein Traum?
TANTE Gute Nacht!
Sie schob den Stuhl. Der Marquis protestierte gegen das Aufstehen. Er gab ein Zeichen. Ein hübsches Mädchen und ein flinker Bursch traten ein. Sie tanzten den Fandango. – Man klatschte ihnen Beifall zu, und als sie abgetreten waren, wurde die Tafel aufgehoben.

Den folgenden Morgen ward eine Spazierfahrt auf eine Villa des Marquis beschlossen. Man fuhr dahin, divertierte sich wohl und fuhr gegen Abend zurück. – Durch einen Zufall war des Marquis Wagen weit vor dem Wagen voraus, in welchem Rinaldo, Oriane und eine der beiden Nichten saßen. Sie fuhren in einem Hohlwege, als plötzlich nahe am Wagen ein Schuß fiel.
»Haltet an!« – donnerten einige Stimmen.
Sprachlos, zitternd sahen die Damen ihren Begleiter an, der still vor sich hinsah und eine Verwünschung in den Bart murmelte. – Der Wagen hielt. Zwei Verlarvte traten an die Kutschenschläge. Sie sahen in den Wagen und baten sich die Börsen aus.
»Wie?« – fragte Rinaldo.
Auf diese Frage sprangen die Verlarvten sogleich zurück und schrien:
»Kutscher, fahr zu! – Gute Nacht, schöne Damen!«
Der Wagen rollte davon. Sie kamen ins Schloß.
Oriane erzählte, was geschehen war. Der Marquis und die Tante fixierten den Fremden. Lächelnd sagte Rinaldo:
»Ihr seht, meine Damen, welche Gewalt die Schönheit selbst über Räuber ausübt. Männer wären so wohlfeil sicher nicht

davongekommen. Kaum aber sahen die rohen Kerle Damen, als sie den Wagen mit einem: Gute Nacht, schöne Damen! verließen und ich meine Börse behielt.«

ORIANE Wie aber, Herr Graf, wenn ich nun das Glück bloß Euerm: *Wie?* zuschrieb, auf welches die Verlarvten so schnell sich zurückzogen?

RINALDO So müßtet Ihr voraussetzen, ich sei ein Zauberer. Wie könnte ein bloßes Wie? dergleichen Bewaffnete schrecken? Wie könnte es sogar Börsen retten? Nein! dies Wie? konnte es nicht tun. Aber die Schönheit, der selbst Tribut gehört, gibt keinen.

TANTE Der Vorfall ist höchst sonderbar!

MARQUIS Gewiß!

ORIANE Er ist sogar unerklärbar. Denn des Herrn Grafen Erklärung erklärt den Vorfall nicht.

RINALDO Die Geschichte gibt meiner Erklärung hinreichende Belege.

ORIANE Eine gewisse Autorität mußte doch die Räuber schrecken.

RINALDO Ehrfurcht vor der Schönheit, wie gesagt?

ORIANE Uns sahen sie zuerst und forderten Börsen. Sie sahen Euch, vernahmen Euer imponierendes Wie? und standen ab von ihrer Forderung.

RINALDO Zuletzt wird es sich wohl gar zeigen, daß mich die Verlarvten kannten! – Meint Ihr nicht?

ORIANE Ihr setzt eine Beleidigung voraus, an die ich nicht dachte.

RINALDO So bleibt's bei der Zauberei!

Man lachte und sprach nicht weiter von der Sache.

Rinaldo ging in den Garten, wo man in einem Pavillon desselben speisen wollte. – Er drehte sich um eine Hecke, aus der Jordano hervortrat.

»Hauptmann!« – redete er ihn an, – »Ich lag hier und hörte hier den Herrn des Schlosses mit seinem Haushofmeister sprechen. Er sendet soeben einen reitenden Boten nach Perona und bittet, daß morgen früh ein Kommando Dragoner bei ihm einrücken möchte. Dies befahl er dem Haushofmeister an den Obristen dort zu schreiben. – Das könnte wohl dir gelten!«

»Ich wurde angefallen.«

»Ich weiß die dumme Geschichte! Sie kann dich verraten. – Lieber hätte man dir, da die Sache einmal so weit war, die Börse abnehmen sollen.«

»Ich wollte sie eben ziehen, und das schnelle Wie? war mir entflohen.«

»Der reitende Bote kommt nicht nach Perona; dafür ist gesorgt! – Es warten ihrer viere auf ihn, alle auf verschiedenen Plätzen. Das habe ich schon besorgt, aber –«

»Es sei dennoch nicht zu trauen, meinst du?

»Willst du es wagen?«

»Fort muß ich!«

»Das ist auch meine Meinung.«

»Aber ich möchte doch auch der edlen Versammlung –«

»Ein kleines Schreckchen einjagen?«

»Nicht so ganz, aber dennoch –«

»Halb?«

»Noch weiß ich selbst nicht recht, was ich tun werde! – Halte du dich mit deinen Leuten bereit. Gebe ich das gewöhnliche Signal, so kommt ihr herbei. – Wir speisen dort in jenem Pavillon.«

Sechzehntes Buch

Nicht Trompetenruf allein zum Streite,
Auch zur Tafel ruft ihr Feierton;
Ja, der Freude höheres Geleite
Rief dich in so manchen Tönen schon!

Rinaldo ging auf den Pavillon zu. Unweit davon, bei der Fontana, stand Oriane und band Blumen in einen Strauß zusammen. Sie fragte:

»Habt Ihr auch Blumen gesammelt? – Wenigstens für *mich* hättet Ihr es tun können, denn ich habe mich empfindlich an einem Dorn geritzt. Doch wollte ich alles verschmerzen, wenn ich nur wüßte, wie ich mit Euch daran wär'. Denn, seid Ihr ein Zauberer, so fürchte ich Euch, und seid Ihr keiner, so – fürchte ich Euch auch.«

»Die Schönheit«, – antwortete Rinaldo, – »hat, wie Ihr erfahren habt, überall nichts zu fürchten, nicht einmal das, was andere von ihr zu fürchten haben.«

»Fürchtet Ihr mich?«

»Seid Ihr grausam?«

»Zuweilen.«

»So seid Ihr auch zu fürchten.«

»Jetzt will ich einmal nicht grausam, ich will sogar, was ich nur höchst selten bin, freigebig sein. – Ich schenke Euch diesen Strauß, in welchem eine Rose glänzt, die mit meinem Blute gefärbt ist, wenn Ihr mir das Kunststück dagegen mitteilen wollt, mit einem: *Wie?* Börsen zu sichern?«

»Ihr besitzt es schon, auch ohne ein Wie?«

»Ihr weicht aus! – Vertraut Euch mir lieber. Ich spiele gar zu gern die Vertraute.«

»Was ich Euch vertrauen könnte« –

»Ist es von Wichtigkeit?«

»Mein Herz sagt Ja.«

»Das Herz bleibt diesmal ganz aus dem Spiele.«

»Das meinige nicht.«
»Sicher aber das meinige.«
»So habe ich Euch auch nichts zu vertrauen.«
»Wir sind einander fremd, sehen uns, wenn Ihr abreiset, vielleicht nie wieder, und noch dazu, –«
»Ihr brecht ab?«
»Hört Ihr? Die Trompete ruft zur Tafel!«
»Ach! wohin riefen mich nicht schon Trompeten?«
»Auch ins Gefecht?«
»Nur allzuoft.«
»Ihr seid Soldat?«
Der Marquis trat herbei. Man ging zur Tafel. – Rinaldo vergaß sich, war zerstreut, sah gedankenvoll oft vor sich hin und ward scharf beobachtet. – Die Tante schlug vor, Geschichtchen zu erzählen. Man loste. Schon hatten Oriane und der Marquis erzählt, als die Reihe an die Tante kam. – Diese begann:
»Ich will Euch ein Geschichtchen erzählen, das mir mein Bruder erzählt hat. Aber erschrecken dürft ihr Mädchen nicht!«
ORIANE Es ist gewiß eine Gespenstergeschichte?
TANTE Nein.
ORIANE Oder ein Geschichtchen von einem alten Spukschlosse?
TANTE Auch nicht. – Der Held meiner Erzählung ist der Räuberhauptmann Rinaldini.
ORIANE Rinaldini?
TANTE Es ist ein spaßhaftes Histörchen.
ORIANE So laßt es hören!
TANTE Rinaldini saß einst, ohne daß man ihn kannte, an einer Tafel –
RINALDO Mit vier Damen in einem Pavillon. Nicht wahr? – O! ich kenne das Geschichtchen und weiß es auch zu erzählen.
TANTE Erzählt nur ein wenig weiter und ich will Euch gleich sagen, ob Euer Geschichtchen auch das meinige ist.
RINALDO Waren denn vier Damen an Eurer Tafel, an der Rinaldini saß?
TANTE Die Anzahl weiß ich nicht. Es war eine Gesellschaftstafel.

RINALDO In einem Pavillon?

TANTE Auch den Ort weiß ich nicht. Man kannte ihn, wie gesagt, nicht und sprach Verschiedenes von ihm. Man lobte, man schalt ihn. Besonders aber zeichnete sich ein Abbate aus, der ihn mit Schimpfnamen aller Art belegte. Rinaldini ergrimmte und fragte den Abbate, ob er es wohl wagen würde, diese Schimpfnamen dem Geschimpften ins Gesicht zu sagen. »O ja!« – erwiderte dieser, – »Wenn ich den Schuft nur einmal zu sehen bekommen könnte!« – Hier steht er vor Euch! sagte Rinaldini, indem er aufstand. – Der Abbate erblaßte, sank vor ihm auf die Knie nieder und bat demütig um Verzeihung. – Lachend setzte sich Rinaldini wieder nieder und sagte: »Herr Abbate, gut schimpfen könnt Ihr wohl, aber Ihr seid der Held nicht, für den Ihr Euch ausgebt. Ihr sankt sogleich zu Boden, als ich im *Scherz* mich Rinaldini nannte, und ich sehe doch gewiß nichts weniger als diesem furchtbaren Manne gleich. Was würdet Ihr nicht erst getan haben, hätte sich Rinaldini Euch *wirklich* selbst gezeigt!« – Die ganze Gesellschaft lachte laut auf, und der Abbate schlich sich beschämt davon. Man tadelte nun des Abbate Furchtsamkeit, und alle machten sich über ihn lustig. Endlich erhob sich Rinaldini wieder und sagte: »Meine Herren, lacht nicht so sehr. Den Abbate neckte ich; Euch aber sage ich die Wahrheit. Rinaldini hat wirklich mit Euch gegessen.« – Er küßte, als er das sagte, seiner Nachbarin die Hand, die in Ohnmacht sank, und verließ, indem man teils dieser Dame zu Hilfe sprang, teils blaß und zitternd, unbeweglich saß, schnell den Speisesaal.

MARQUIS Das Geschichtchen ist allerliebst! Wie gefällt es.

ORIANE Dennoch wäre ich sicher, ebenso wie jene Dame, in Ohnmacht gesunken, hätten seine Lippen meine Hand berührt.

RINALDO Er hatte vielleicht sich gar in die Dame verliebt.

ORIANE Eine schöne Ehre! – Ich würde meine Hand zwanzig Jahre lang gewaschen und gerieben haben, hätte sie das Unglück gehabt, von einem Räuber geküßt zu werden.

TANTE Man schildert ihn als einen schönen Mann.

ORIANE Wie kann ein Räuberhauptmann schön sein? – Doch,

nun Euer Geschichtchen, Herr Graf! – Ich weiß nicht, wie es kommt, daß man so gern zuhört, wenn etwas von dem bösen Kerl Rinaldini erzählt wird.

TANTE Er gefällt, interessiert. – Nun, das Geschichtchen!

RINALDO Rinaldini, – erzählte man mir in Neapel, – war einst in einer Kirche, ich glaube in Messina oder wo es sonst war. Genug! in einer Kirche war er. Er kniete hinter einer schwarz verschleierten Dame, die sehr emsig betete, die vergaß, daß sie nicht allein war, und in ihrer Andacht laut wurde. Rinaldini hörte, daß sie den Himmel bat, auf einer bevorstehenden Reise ihr Sicherheit und Schutz zu geben, auch gegen Rinaldinis Bande, die damals der Schrecken aller Reisenden war. Er lispelte ihr ins Ohr: »Ihr könnt das näher haben!« – Sie drehte sich herum; er drückte ihr eine seiner Sicherheitskarten, die er gewöhnlich Reisenden gab, die von seinen Leuten nicht beraubt werden sollten, in die Hand, stand auf und verließ die Kirche.

TANTE Abermals ein Galanteriestück!

ORIANE Das ist aber nicht die Geschichte, die Ihr vorhin erzählen wolltet.

RINALDO Sie ist nicht halb so spaßhaft und artig als die beiden, die Ihr schon gehört habt.

ORIANE Wenn auch das nicht, so ist sie doch von dem Manne, von dem man gern erzählen hört.

RINALDO Bei dem Nachtisch will ich sie erzählen.

Die Nichten erzählten nun, und der Marquis gab auch noch eine Geschichte preis, die sehr hübsch war. – Nun aber legte Oriane einen Finger ihrer Rechten auf Rinaldos Hand und bat ihn, sein Versprechen zu erfüllen. Er sah sie an, ergriff einen Becher, nickte ihr eine Gesundheit zu und trank. Sie erwiderte seine Höflichkeit. Er begann:

»Unter vier Damen saß einst in einem Pavillon, an einer Tafel, Rinaldini. Sie wußten nicht, daß er es war, und unterhielten sich mit ihm wie mit einem Manne ihres Standes. Er war galant und artig, nur zuweilen sehr zerstreut, welches man auf die Nähe seiner reizenden Nachbarin schrieb, in deren Augen er wirklich gern den schönsten Erdenhimmel sah. – Man sprach, man unterhielt sich von ihm. Er selbst tat das. »Er ist ein Räuber!« – sagte seine schöne Nachbarin. »Dies leugnet er nicht!« – rief Rinaldini aus und raubte schnell ihr einen Kuß.«

Er sagte dies und küßte Orianen. Sie bog sich rasch zurück und schrie entrüstet:

»Keinen solchen Spaß!«

»Ernst ist es«, – sagte Rinaldo.

»Ernst?« – schrie die Tante.

»Ernst?« – fragte aufspringend der Marquis.

Ruhig blieb Rinaldo, winkte ihnen zu, sich zu setzen, und sagte ganz gelassen:

»Ich bin Rinaldini.«

Wie Bildsäulen saßen alle vor ihm; so standen auch die Diener, zu denen sich Rinaldo wendete und sie lächelnd fragte:

»Greift ihr mich nicht?«

Erschrocken traten diese einige Schritte zurück. Rinaldo warf sich vor Oriane nieder:

»Verzeiht!« – sagte er; – »Euer Bild im Herzen, Euern Kuß auf meinen Lippen, wandere ich in meine Einsamkeit zurück. Dort lächelt keine Oriane mir, dort finde ich nur die Verzweiflung, die dieses unglücklichen Herzens Braut sich nennt!«

Er sprang auf und sagte zu dem Marquis:

»Ich weiß es und erkenne dankbar, daß ich Eurer Gastfreundschaft verbunden bin. Erwidern kann ich sie nicht. In meine Höhlen kommt kein Gast. Dort bin ich stets allein, bewacht von Unruh, Furcht und Sorgen. Doch bitte ich Euch, als ein kleines Andenken mein Roß zu behalten und Euch meiner zuweilen zu erinnern.«

Noch wurde kein Wort gesprochen, das nicht Rinaldo sprach. Er ging zur Tür und rief mit Ausdruck und Gefühl ein: Lebewohl! ihnen zu. – Da sprang der Marquis auf und sagte:

»Ich kann Euch nicht von hier lassen!«

»Nicht?« fragte Rinaldo, indem er wieder zurückkam.

»Wenigstens, – nicht ohne Bedeckung.«

»Für diese ist gesorgt.«
Er gab sein Zeichen. Jordano trat mit zehn Bewaffneten herbei. – Der Marquis sank auf seinen Stuhl zurück; die Diener drängten sich zusammen. Oriane drückte beide Hände vor die Augen und jammerte laut, die Nichten weinten, die Tante zitterte, Rinaldo rief:
»Oriane! Lebe wohl!«
So verließ er mit seinen Leuten den Garten.

Oriane hielt Rechnung mit sich selbst: – Es hätte dir möglich sein können, diesen Mann zu lieben? – Aber wußte ich denn, wer er war? – Da du es aber nun weißt? – Wie? und du könntest dennoch? – – Schweige! – Wohin willst du ihm folgen? Willst du ihn sehen in seinen Räuberhöhlen, wo er als Regent unter Banditen thront? – Nein! Auch nicht einmal dürfen deine Gedanken ihn dorthin begleiten. – Aber du trittst wieder zurück in deine Zirkel; man nennt seinen Namen, du errötest: man sagt dir wohl gar: Auch dich hat er geküßt. – Unbesonnener! was hast du getan? Wie sehr hast du mich und dieses Herz beleidigt!«
Rinaldo fühlte das Unbesonnene seiner Handlung selbst sehr lebhaft. Er schrieb an Orianen, bat um Verzeihung und versicherte seine tiefste Reue. Dieser Brief blieb, wie man leicht denken kann, unbeantwortet.
Die Damen verließen nach einigen Tagen das Schloß des Marquis. Er selbst ging mit ihnen in die Stadt. – Oriane besuchte eine Anverwandte, die Äbtissin des Klaren-Klosters unweit Sesto war.
Dort durchstreifte sie, ihren Gedanken hingegeben, in der Einsamkeit die herrlichen Fluren und reizenden Auen, die das Kloster umzogen, prangend mit Schönheit und Reichtum des fruchtbringenden Herbstes.
Ein Pilger grüßte sie freundlich, redete sie an und fuhr begeistert fort:
»O! welch ein schönes Land! welch frisches, liebliches Grün erquickt das Auge! welch ein Zauber umschwebt diese Fluren!

Die schönen, himmelanstrebenden Bäume, wie so brüderlich vereinigen sie ihre Äste! So verschlingen sich Arme der Liebenden; so umarmt, trotzen sie jedem Sturme! – Jeden Baum umschlingen Reben, so dicht und innig, wie der Liebende die Geliebte umschlingt. In den Wipfeln der Bäume glänzen die schönsten, vollsten Trauben. Sie schenken uns den Nektar, der uns labt und erquickt. Sieh über dich, freundliches Mädchen! Wie unter einem Thronhimmel stehst du hier, und über dir glänzen in gelben, purpurnen, blauen und rosenroten Farben, gleich Gesteinen, die herrlichen Trauben! Hell und sanft schleicht dahin der Fluß. Ruhig spiegelt der bekränzende Wald sich in seinen Silberwellen!«

ORIANE Du schwärmst umher in einer Dichterwelt!

PILGER Nur dichterisch, in wirklichen Gefilden des Paradieses, in welchem ein Engel wandelt. Ach! Oriane –

ORIANE Du nennst meinen Namen? Kennst du mich?

PILGER Dieses Gesicht ist nicht mein wirkliches Gesicht, es gehört der Kunst. Wenn ich mich dir zeige, wie du mich schon sahst, wirst du mich wiedererkennen, aber – dennoch mich fliehen.

ORIANE Was sagt mir mein ahnendes Herz!

PILGER Es sage dir, was deine Augen dir sagen.

Er nahm die Larve vom Gesicht. Laut auf schrie Oriane, bedeckte mit den Händen ihr Gesicht und konnte nicht entfliehen. Rinaldo stand vor ihr.

ORIANE Was suchst du hier?

RINALDO Dich hier zu finden: und ich habe dich gefunden.

ORIANE Du wußtest, wo ich war?

RINALDO Ich weiß, was in der ganzen Gegend hierherum geschieht. Ich wollte dich noch einmal sehen und sprechen, ehe du den Schleier nimmst.

ORIANE Noch war ich dazu nicht entschlossen; jetzt bin ich es, wenn du mich den Klostermauern überlassen willst.

RINALDO Was sagst du?

ORIANE Furchtbarer! Bin ich nicht in deiner Gewalt?

RINALDO So nahm ich's nicht! – – Du in meiner Gewalt? O nein! Die Rollen sind gewechselt. Du befiehlst und ich gehorche.
ORIANE Verlaß mich!
RINALDO So grausam kannst du sein?
ORIANE Darüber willst du klagen? – Was hoffest du denn? Was darfst du hoffen? Vergißt die Welt, was du vergessen hast?
Schnell aus dem Busche trat zwischen beide ein zweiter Pilger, verlarvt und hochgegürtet. Er ergriff Rinaldos Hand, erhob die andere drohend und sagte:
»Hüte dich!«
Rinaldo zog den Dolch. Oriane floh, laut aufschreiend, dem Kloster zu. Der Pilger fuhr fort:
»Den Dolch steck ein!«
»Ich soll – «
»Mir droht kein Dolch.«
»Ich soll sie kennen –«
»Das Mädchen?«
»Deine Stimme.«
»Das glaube ich selbst.«
»Wer bist du?«
»Du bist doch hierherum zu Hause?«
»Nicht fern von hier.«
»In deiner Wohnung siehst du mich ohne diese Larve. – Fort! fort! Hier ist kein Zögern ratsam.«
Rinaldo verlarvte sich. Schweigend ging der Pilger mit ihm. Jener tat verschiedene Fragen, die dieser nur ganz kurz beantwortete. – Sie kamen an die Schlucht, die zu dem Felsengange führte, der, wie wir wissen, hinauf zu der verfallenen Burg ging, die Rinaldo bewohnte. Er fragte:
»Kannst du ohne Furcht durch Schluchten mir und Felsengänge folgen?«
»Ich folge dir«, – war die Antwort.
Er folgte. – Sie erreichten die Ruinen. Rinaldo stand still und sagte:
»Ehe ich dich in meine Wohnung führe, verlange ich von dir genannt zu sein, damit ich höre, daß du mich wirklich kennst.«

»Ich will dich Ritter de la Cintra nennen«, – war die Antwort.
»Jetzt nenne mich bei meinem wahren Namen.«
»Ich weiß, daß du Rinaldini bist.«
»Am Tone deiner Stimme höre ich, daß du Astolfo bist.«
»Der bin ich nicht.«
»So ist es Olimpia, die sich in diese Kutte steckte.«
»Auch diese bin ich nicht.«
»Du bist Olimpia. Ich kann mich gar nicht irren.«
»Du irrst dich. Olimpia bin ich nicht. – Führe mich nur auf dein Zimmer, – wenn es in diesen Ruinen Zimmer gibt, – dort siehst du mein Gesicht.«
Rinaldo ging voran, hinauf die alte Wendeltreppe. Der Pilger folgte ihm. Sie traten in Rinaldos Gemach.
»Hier sieht es ja ganz artig aus!« – sagte der Pilger.
Rinaldo legte Larve und Kutte ab. Der Pilger hob die Finger und zeigte ihm geläufig der korsischen Partei gewählte *Murra**), indem er fragte:
»Kannst du noch nichts erraten?«
»Ich sehe nur« – antwortete Rinaldo, – »daß du zu der unglücklichen korsischen Partei gehörst.«
»Und weiter nichts?«
»Nichts weiter.«
»Hast du denn gar keine Ahnungen, keine Vermutungen?«
»Entlarve dich, wie du versprachst.«
»Du willst aber auch gar nichts tun, etwas durch Raten zu erfahren! So sieh denn mein Gesicht.«
Der Pilger nahm die Larve ab. Rinaldo sah den Gast betroffen an, der vor ihm stand, und langsam drängte sich der verwunderungsvolle, fragende Ausruf über seine Lippen:
»Du bist es?«

Es war Fiametta, die vor ihm stand. – Lächelnd fragte sie: »Nun kennst du mich doch? – Aber siehst du mich auch gern bei dir?«

*) La Murra, eine Zeichensprache mit Händen und Fingern.

»Du dich bei mir?« – fragte er zurück.
»Ich bin doch wohl hier in Sicherheit?«
»So sicher wie ich selbst.«
»Du bist es?«
»Ich glaube es zu sein. – Doch nun erzähle mir, was du mir zu erzählen hast, ohne meine Fragen zu erwarten.«
»Nun dann, ganz kurz! – Wir wurden überfallen; wenn man das einen Überfall nennen kann, unvermutet arretiert zu werden. Auf Ansuchen des französischen Gesandten geschah alles. Der Prinz Nicanor war nicht bei uns. Ich war so glücklich zu entkommen, ehe wir noch nach Cagliari abgeführt wurden. Ich kannte einen geheimen Ausgang aus der Villa. Durch diesen entkam ich. – In Sorini ging ich als Haushälterin bei einem Landpfarrer in Dienst, wo mich die Gräfin Loriona sah, die mich zu ihrer Gesellschafterin erkor. – Sie war Witwe, lebte einsam auf dem Lande und ich zufrieden bei ihr. – Auf einmal durchflog der Ruf die Insel: Rinaldini steht an der Spitze einer – «
»Räuberbande«, – fiel dieser ein.
» – Gesellschaft entschlossener Männer«, – fuhr Fiametta fort. – »Dieses Gerücht drang auch in unsren ländlichen Winkel. Die Gräfin war Tag und Nacht in Unruhe. Stündlich befürchtete sie ausgeplündert, wohl gar ermordet zu werden. Sie jammerte und betete und war in einer Angst, die sich nicht schildern läßt.«
»Wie weit habe ich es gebracht! Alten Weibern sogar preßt mein Name Angstschweiß aus und ermuntert zum Gebet.«
»Ich fürchtete mich nicht. – Kommt er, dachte ich, so heißest du ihn willkommen und gibst ihm, was du hast, wenn er es verlangt, wo nicht, so kannst du es auch behalten.«
»Wie entschlossen!«
»Bei dir muß man es sein. – So aber, wie ich, dachte meine Gräfin nicht: sie grämte sich und härmte sich aufs Krankenlager. Hier lag sie lange, und Rinaldini kam nicht, wie ich es wünschte.«
»Ei! wenn er das gewußt hätte!«
»Über diesen Wünschen und Erwartungen starb die Gräfin, und

ich war so verwegen, den aufzusuchen, der nicht kommen wollte. Dies ist gelungen.«

»Und nun siehst du dich umfangen mit den Höhlen des Unglücks.«

»Wer weiß, in welchem Kerker ich jetzt säß, wär' ich nicht entkommen! Hier finde ich doch wenigstens einen freundlichen Kerkermeister; nicht wahr?«

»Wie aber, wenn man dich nun in einer Gesellschaft findet, mit der man gar nicht lange prozessiert?«

»Mit der korsischen Gesellschaft wird man sich auch nicht in Weitläufigkeiten einlassen. Hat man besonders gewisse Papiere gefunden, so sitzt kein Kopf zu fest, er fällt. Vielleicht hat man unsere Freunde schon nach Korsika abgeführt, vielleicht besteigen sie schon längst in Bastia das Blutgerüst, denn die Franzosen sehen nur gar zu gern Blut. – Ob ich unter den Sarden oder unter den Augen mißhandelter Patrioten sterbe, das ist gleichviel. Wenigstens spannt man in Cagliari mich gewiß nicht auf die Folter, wie es unsere Unterjocher in Bastia und S. Fiorenza getan haben.«

Rinaldo ergriff rasch ihre Hand und sagte:

»Du bleibst bei mir!«

Sie fiel ihm um den Hals und rief:

»Ich bleibe bei dir!«

Die Glocke an der Zugbrücke ertönte. Rinaldo bat Fiametten in ein Nebengemach zu treten und ließ die Brücke fallen. – Jordano kam. Er verlangte Befehle und das Losungswort. Ihm folgten Sanardo und Filippo.

Nebenan war Fiametta eine aufmerksame Zuhörerin des Gesprächs.

RINALDO Nun, Sanardo, bis du wieder aus den Bergen zurück?

SANARDO Hauptmann, es sind treffliche Berge; sie tragen Wein und Öl.

RINALDO Und auch wohl Früchte unseres wilden Gewächses?

SANARDO Ich habe nichts davon bemerkt. Einige verwachsene

Sprößlinge möchte es wohl dort geben, Früchte tragen sie aber gewiß nicht.

RINALDO Wir könnten also dort Pflanzungen anlegen?

SANARDO Treffliche; sobald wir hier etwa delogiert werden sollten; denn man spricht verteufelt laut über uns und mit einer Lizenz, die mir gar nicht behagen will.

RINALDO Wer könnte es aber auch uns recht machen?

JORDANO Die es am wenigsten wollen. Sie tun uns in den Bann und kriechen in ihre Löcher. Ihr Wein hat keine Eskorte, und ihre Kirchen haben Fenster.

SANARDO Es heißt, der Statthalter wolle uns zeigen, wer er wär'.

RINALDO Will er das?

SANARDO Dein Name rouliert im Lande wie Scheidemünze. Man fürchtet dich, und dennoch wünscht jeder dich zu sehen.

RINALDO Ja, ja! – Welch ein Schauspiel voll Wonne für Cagliari, mich auf der Bühne zu sehen, wo das Hochnotpeinliche den Knoten zerhaut. Wie würde der Schmied jubilieren, der die Ketten zu fabrizieren hätte, mit denen man mich an den dreibeinigen Ehrenbogen mit einem Pendens cum latronibus heften würde. Die Inschrift über meinem Scheitel würde gewiß herzbrechend zu lesen sein!

JORDANO Ein Hic jacet könnte sie doch nicht haben.

FILIPPO An eine Fossa, Urna et Ossa würde auch nicht zu denken sein.

JORDANO Leichensteine wirft man uns allen nicht auf den Leib.

FILIPPO Aber zu Leichen können uns wohl Steine machen!

RINALDO Mein Wunsch ist, im Gefecht zu sterben.

FILIPPO Dann aber dürfen sie deinen Körper nicht finden, sonst wirst du dennoch zur Ausstellung gebracht.

SANARDO Ich habe sechs Galeerensklaven angeworben, Kerle wie Riesen, die sich durchgebrochen hatten. Sie waren sehr froh, als ich ihnen unsere Höhlen zeigte. Sie nannten sie Paläste der Freiheit und benetzten die H. Arega mit Tränen. Hauptmann, wenn solche Kerle weinen, da muß ihnen das Wasser bis an die Kehle gehen!

FILIPPO Auf den Galeeren, oft weit genug hinan!

SANARDO Diese fechten sicher für Herd und Höhle, wie der Teufel für Pfuhl und Stuhl und Hölle.

RINALDO Sie sollen uns ihre Kunst zeigen.

SANARDO Dazu kann es bald kommen. In Cagliari gießt man schon Pillen zu einem A is animas!*) für uns. Die Helden in den Wachttürmen drehen die Pillenschachteln, und der Erzbischof von Sassari hat seine Haus-Artillerie dem Gouverneur gratis offeriert; vermutlich, um – die königlichen Kanonen zu schonen, deren Donner wir nicht wert sind.

FILIPPO Oder weil der geistliche Herr auch einmal donnern will.

RINALDO Da sieht's schlimm aus!

JORDANO Das Gewitter zieht sich zusammen.

RINALDO Sorgt für Proviant und Munition und schärft eure Klingen.

SANARDO Außer den Galeerenhelden habe ich auch noch einen Herkules mit mir hierher genommen. Er ist vom Handwerk. – Heda! Kamerad, tritt ein!

LODOVICO Mein Hauptmann!

RINALDO Lodovico!

LODOVICO Da hast du mich wieder, wie ich gewachsen bin!

RINALDO Wie ist es dir ergangen?

LODOVICO Miserabel! – Nach der entdeckten Münzaffäre dachte ich mich zu Cinthio zu schleichen; aber – fort war er. Ist er nicht entkommen, so ist er jetzt sicher dem Himmel näher als wir. Die Soldaten haben seiner ganzen Gesellschaft das Handwerk auf eine verteufelte Manier gelegt. Nero hängt bei Rizini in einer herrlichen Weingegend. Ich sah ihn. Das war für mich ein trauriges Memento mori! – Ein Schleichhändler nahm sich meiner an. Mit einer seiner Kornbarken kam ich nach Sardegna. Hier hörte ich deinen Namen nennen. Ha! dachte ich, hat der Hauptmann die Fehdehandschuhe wieder angezogen, so kann er dich auch brauchen. Ich quittierte meinen Dienst, kroch in die

*) Aufruf der Sarden für die armen Seelen im Fegefeuer.

Berge und suchte dich auf. Da stieß ich auf einen deiner Leute. Männer vom Metier erkennen einander sogleich, und siehe da! – ich bin nun bei dir.

RINALDO Wenn du anderswo nicht besser sein kannst, so ist es mir lieb, daß du bei mir bist! – Geht, Kameraden, macht euch lustig! Bald bin ich bei euch im Tale.

»Du hast gehört«, – sagte Rinaldo zu Fiametten, als die andern fort waren, – »was wir zu hoffen haben. Bleibst du bei mir, so fällt dein Los mit dem meinigen. Wie es auch fallen mag, glücklich fällt es gewiß nicht.«

»Was habe ich zu hoffen?« – fragte Fiametta, warf die Pilgerkutte ab und setzte entschlossen hinzu: »Ich gehe nicht mehr von hier.«

Rinaldo ließ sie in seiner Burg zurück und ging ins Tal zu seinen Leuten. Die Rekruten legten ihren Eid ab, und das Korps exerzierte. – Darauf visitierte Rinaldo die Höhlen und befahl, einen Weg, der nach dem Tale führte, unzugänglich zu machen.

Einer von den ehemaligen Galeerensklaven präsentierte dem Hauptmann Proben seiner Kunst in Verfertigung falscher Pässe und Siegel, die ihn auf die Galeere gebracht hatten. Er hatte es darinnen so weit gebracht, daß seine Geschicklichkeit mit Vergnügen angesehen wurde. Rinaldo beschäftigte ihn sogleich mit Verfertigung einiger Pässe, die er ihm angab.

Es wurden Streifpartien ausgeschickt. Der Hauptmann schärfte allen Behutsamkeit und Schonung der Armen ein. – Seine Vorposten stellte er weiter vor gegen das flache Land zu. Den Hauptposten gegen Marmilla zu vertraute er Jordano an. Filippo stand unweit Baronia, und gegen Mani zu lag Sanardo. – Die Weinlese war ergiebig. Früchte wurden in großer Menge eingebracht.

Der Winter war durchlebt; schon schmolz der Schnee auf den Bergen, und Lenz und Lerchen kamen wieder. – Rinaldo gebot jetzt 160 Köpfen und dehnte sich in den Bergen bis gegen Capra

aus. – Die Bewohner von Oristagni wurden verlegen, man plünderte vor ihren Mauern.
Sanardo war so kühn, der Stadt selbst eine Brandschatzung von 4000 Stück Dukaten anzufordern, und drohte, würde man diese Summe nicht binnen vierundzwanzig Stunden bezahlen, mit Brand. – Der Bischof schrieb um Hilfe; die Bürger bewaffneten sich. Sanardo wiederholte seine Forderung; man trat in Unterhandlung. Es wurden 2000 Stück Dukaten bewilligt, doch verlangte man darüber eine von Rinaldini unterzeichnete Quittung. Ganz lakonisch schrieb dieser der Stadt:
»Soll Rinaldini selbst quittieren, so zahlt ihr viel zu wenig. Nur Sanardo wird über 2000 Stück Dukaten quittieren.«
Diese kecke Antwort brachte die Bewohner von Oristagni auf; sie ergriffen die Waffen, unterstützt von einigen Soldaten, und gingen auf Capra los. – Sanardo zog sich gegen Marmilla und vereinigte sich mit Jordano. Lodovico stieß zu ihnen. Hundert Mann standen gegen dreihundert Bürger und Soldaten. Der Bischof segnete im Tale vor der Stadt die Seinigen ein und gab ihnen eine geweihte Fahne. So versehen rückten sie an. Die Räuber hatten sich verschanzt und erwarteten einen Angriff. Rinaldo eilte ihnen zu, kam an und führte sie sogleich ins blache Feld. Man gab das Signal zum Angriff, Rinaldo blickte über sich und seufzte:
»Jetzt laß mich enden!«
Das Gefecht begann und wurde hitzig. Die Oristagner wichen. Ein Trupp Kavallerie sprengte herbei. Filippo wurde zurückgetrieben. Die Oristagner sammelten sich, rückten vor. Sanardos Leute wichen; umsonst bemühte er sich, sie zu sammeln; sie zerstreuten sich und flohen. Viele fielen.
Hartnäckig focht Rinaldo; überallhin bahnte seine Klinge sich den Weg. Wie Löwen kämpften neben ihm seine Leute. Viele fielen, viele wurden verwundet. Rinaldo wich nicht. – Ein Musketenschuß verwundete ihn: die Klinge entfiel der Hand; blutend lag er mitten unter den Feinden. Lodovico brach ein. Ihm folgten Sanardo, Filippo und andere Entschlossene, ihren

Hauptmann zu retten. Mit Wut wurde um den Verwundeten gefochten. Sie wollten ihn retten oder sterben.
Das Gefecht war mörderisch. Hageldicht stürzten Streiche, ein Kugelregen umsauste die Kämpfenden. Jene wollten behaupten, was diese ihnen zu entreißen suchten.
Endlich wichen die Oristagner. Lodovico ergriff mit Jordanos Beistand den Blutenden und nun flohen alle tief in die Berge, in ihre Schlupfwinkel hinein, wohin die Oristagner sie nicht verfolgen mochten. – Vierzig Mann von Rinaldinis Leuten blieben auf dem Wahlplatz, einige wurden gefangen nach Oristagni geführt, viele waren verwundet. Aber auch die Oristagner beklagten sechzig Tote, und mit Wunden kehrten die meisten zurück.
Rinaldo wurde auf seine Burg gebracht, wo Fiametta den Verwundeten mit vieler Sorgfalt und Liebe wartete und pflegte. Er seufzte:
»Warum konnte ich meines Wunsches nicht froh werden! Warum blieb ich nicht auf dem Wahlplatz!«
»Um unsere Scharte uns wieder auswetzen zu helfen«, – sagte Sanardo.
»Um noch länger unser Hauptmann zu bleiben«, – setzte Filippo hinzu.

Das Gefecht bei Oristagni machte, was man leicht denken kann, in Cagliari Aufsehen. Zum Glück für die Geschlagenen, die jetzt ganz ruhig in ihren Winkeln sich verhielten, hatten sie es mit dem großsprecherischsten Stamm aller Sardenstämme zu tun gehabt, sonst würde ihr Untergang entschieden gewesen sein. Denn als der Gouverneur ernstliche Anstalten gegen die Räuber traf, erhielt er von den Bürgern aus Oristagni die Nachricht:
»Wir haben die Räuber geschlagen. Es ist beinahe keiner dem scharftreffenden Schwerte entflohen, der da sagen könnte: Die Bewohner von Oristagni haben uns geschlagen. Wir melden es dir daher. Die Räuber sind vernichtet, und Rinaldini selbst ist in unserer Gewalt. Respekt und Gruß!«
Die Oristagner wollten nun einmal den berühmten Räuber-

hauptmann in ihrer Gewalt haben, und so gaben sie einem der Gefangenen den Namen Rinaldini. Dieser selbst lächelte und ließ sich Rinaldini nennen. Davon zog er Vorteil. Jeder lief zum Gefängnis, den verrufenen, allbekannten Räuber zu sehen, und wer ihn sah, beschenkte ihn. Die Damen wetteiferten miteinander, dem vermeinten Held des Tages Wein, Kuchen, Torten und Früchte zu senden, und die Bewohner der benachbarten Städte und Dörfer strömten herzu, den Friedensstörer in Ketten zu sehen. Der Kerl, welcher Rinaldinis Rolle spielte, die er spielen mußte, benahm sich dabei so ziemlich. Ganz weislich sprach er nur wenig, stellte sich aber sehr demütig und unterhielt sich gern mit Franziskanern und Kapuzinern von dem, was droben ist.

Die Oristagner waren unentschlossen, auf welche ausgezeichnete Art sie dem Gefangenen sein Recht antun wollten. Schwert, Rad und Scheiterhaufen wollten ihnen nicht genügen, es sollte etwas ganz Sonderbares sein, das dem vermeinten Rinaldini den Garaus machen sollte. Die Richter konnten darüber nicht einig werden. Man wendete sich an den Statthalter in Cagliari. Dieser gab ihnen den Rat, den Verbrecher in Ketten aufzuhängen und dann seinen Kopf auf einen Pfahl zu stecken. – Man schob die Vollziehung dieses Urteils auf und fing wieder an zu deliberieren.

Indessen hatte einer der Gefangenen sich durchgebrochen und war entkommen. Von diesem erfuhren die Räuber, was in Oristagni vorging. Sanardo hatte die Verwegenheit, in korsischer Tracht als ein Reisender nach Oristagni zu gehen. Er ließ sich in den Kerker führen, sprach mit dem vermeinten Rinaldini, der ihn gar wohl erkannte, und steckte ihm eine Lanzette zu. Dieser wußte sie zu gebrauchen, öffnete sich die Pulsadern und eines Morgens fand man den Ungehängten tot auf seinem Lager. Dahin waren nun alle Erwartungen. Ganz still begruben die Oristagner den, über dessen Todesart sie nicht hatten einig werden können. Um aber doch der Nachwelt zu sagen, was sie wissen sollte, legte man auf Unkosten und Rechnung der Stadtkasse eine Platte auf sein Grab und bezeichnete sie mit den Worten:

Rinaldini, Centurio Latronum,
In Domino obdormivit,
In tumulo habitat,
In pace requiescat. Amen!

Darüber erhob sich ein großer Lärm. Der Statthalter befahl, die Platte hinwegzuschaffen. Der Magistrat wollte die Unkosten nicht umsonst gehabt haben und belegte die steinerne Platte mit einer hölzernen.

Rinaldo war hergestellt. In den Bergen wurde es nach und nach wieder lebhaft. Man kam zu sich. Die alte Wirtschaft begann wieder.

An einem schönen Morgen warf Rinaldo seine Doppelflinte auf die Schulter und stieg, als Jäger gekleidet, hinab ins Tal. – Bei einem Grenzsteine saß, vor dem nächsten Dorfe, ein weinender Greis. Mit diesem kam Rinaldo ins Gespräch. Er fragte, was ihm fehle. Der Greis jammerte: »Ach! lieber Herr! mir fehlt nur wenig, aber ich habe auch das Wenige nicht.«

»Rede!«

»Ich bin ein alter, schwacher Mann, habe weder Frau noch Kinder, und ein Hüttchen und ein Gärtchen sind mein ganzer Reichtum. Zu schwach und kraftlos, etwas verdienen zu können, borgte ich von einem reichen Nachbar eine kleine Summe nach der andern, wovon ich spärlich lebte, bis mein Hüttchen und mein Gärtchen aufgezehrt war. Ich dachte, bis dahin wird der liebe Gott dich wohl zu sich genommen haben; aber er hat's nicht getan. Ich lebe noch und habe nichts mehr, wovon ich leben könnte. Morgen wird mein Hüttchen und mein Gärtchen meinem Gläubiger gerichtlich übergeben, und ich weiß nicht, wovon ich mich ernähren soll. Ach! ich soll betteln. Das kann ich nicht! Deshalb weine ich und rufe den Himmel an, mich zu sich zu nehmen.«

»Wieviel bist du deinem Nachbar schuldig?«
»Es sind, leider! 20 Dukaten. – Ich bin ein unglücklicher Mensch! Auch der liebe Gott will mich nicht haben.«
»Er will dir helfen.«
»Mir? – Wie? – Gott wird für mich kein Wunder tun.«
»Er wird dir helfen.«
»Womit?«
»Hier sind 30 Dukaten, bezahle deinen Gläubiger. Von dem Übrigen lebe dankbar gegen Gott. Für mich aber bete.«
»Ach Herr! seid Ihr ein Engel?«
»Ich bin ein unglückseliger Mensch. Hier ist das Geld. – Lebe wohl!«
Er gab ihm die Börse und eilte davon.

Einige hundert Schritte weiterhin fand er ein Bauernmädchen schlafend auf ihrem Graskorbe liegen. Er nahm den Blumenstrauß von ihrem Busen und legte ein Goldstück auf den beraubten Platz. Sie erwachte, fuhr auf und schrie:
»Mein Strauß! Mein Strauß!«
»Ich habe ihn bezahlt«, – sagte Rinaldo, auf das Goldstück zeigend, das von seinem hohen Platze herab auf die Erde gefallen war.
»Den Strauß bezahlt man mir nicht. Ich habe ihn geschenkt bekommen und verkaufe ihn nicht.«
»Wenn's so ist! – Hier ist dein Strauß.«
Er gab ihr den Strauß, hob das Goldstück auf und steckte es zu sich. Das Mädchen sah ihn an und sagte:
»Wenn der Herr es mir recht hätte machen wollen, so mußte er mir den Strauß wiedergeben und dennoch das Goldstück auch lassen.«
»Ich gebe nichts umsonst.«
»Ich aber nehme es. – *Diesen* Strauß kann ich nicht verkaufen, aber einen Strauß, den ich *selbst* binde, den kann ich dem Herrn geben. – Wollt ihr den?
»Zu einem solchen Geschenk gehört auch noch ein Kuß.«
»Verschenkt wird nichts. Aber bezahlt ihn der Herr, so kann er auch den Kuß bekommen.«

J. Penzel del. & sc. 1802.

»Küsse bezahle ich nicht.«
»So habe ich auch keine wegzugeben.«
»Küsse bekommt man allenthalben umsonst.«
»Bei mir nicht. Entweder ich nehme andere dafür, oder Geld.«
»So werden wir des Handels nicht einig!«
»Wer ist denn der Herr?«
»Das siehst du mir nicht an?«
»Er sieht so aus – wie ein Jäger. Aber die Herren Edelleute tragen zuweilen auch solche Kleider, wenn sie mit uns Bauernmädchen ihren Scherz treiben wollen. Dabei kommt aber nichts Gutes heraus. – Hebe Er mir den Korb auf den Rücken, wenn Er so gut sein will!«
»Herzlich gern!«
Das geschah; das Mädchen ging nach dem Dorfe zu. Rinaldo ging mit ihr. – Sie sprachen mancherlei, und das Mädchen erzählte ihm, morgen sei bei ihrem Dorfe großer Markt.
»Es ist« – sagte sie, – »die Jahresfeier des Namenstages der H. Claudia. Auf der großen langen Wiese, auf der ihre Kapelle steht, ist Markt. Da gibt es allerlei zu kaufen, und da hätte ich Euer Geld recht gut anwenden können.«
»Du sollst mich«, – antwortete Rinaldo, – »morgen auf dem Markte finden, und wenn du freundlich bist und artig, kaufe ich dir etwas.«
»Es wär' doch besser, wenn ich es selbst kaufen könnte. Mein Schatz ist gar eifersüchtig. Ein Fremder darf sich mir nicht nahen; das leidet er nicht. Das Goldstück aber hätte ich gefunden gehabt, und er wüßte nicht, wie ich dazu gekommen war.«
Es kamen Bauern. Rinaldo drückte dem Mädchen die Hand und verließ sie, indem er sagte:
»Ich halte Wort!«
Er ging den Rain hinunter nach einem Wäldchen zu, wo er auf eine Eiche stieg und sanft in ihren dichten Zweigen ruhte.

Aus seinem Schlummer weckte ihn ein ziemlich lautes Gespräch. Zwei, dem Anscheine nach, ziemlich verwegene Kerle saßen unter der Eiche, auf welcher sich ein ungebetener Lauscher befand, und instruierten einander sehr laut. Man hörte sie im Doppelgespräch:

»Also – der Marquis hat pränumeriert?«

»Die Hälfte, wie ich dir sage! Hier ist dein Anteil. – Die andere Hälfte bekommen wir, sobald wir ihm den Schatz überliefern.«

»Du mußt mir den ganzen Zusammenhang der Affaire kundmachen.«

»Was ist dabei groß kundzumachen! Der Marquis liebt das Fräulein, und weil sie nicht auf eine andere Art zu haben ist, so läßt er sie entführen. – Morgen ist der Claudiens-Markt auf der großen Wiese bei Lienzo. Dahin kommt gewöhnlich der ganze benachbarte Adel, und dahin kommt auch, wie schon ausgekundschaftet ist, das Fräulein mit ihrer Mutter. Gegen Abend passiert sie auf dem Rückwege das Wäldchen, und dort wird sie entführt.«

»Wenn ich der Marquis Lomanieri wär', ich ließ das Fräulein unentführt.«

»Das will er aber nicht. Sie ist schön; ihr Vater, der alte Baron Moniermi, ist der reichste Edelmann in der ganzen Gegend, und – da ist es schon der Mühe wert, ein Fischchen dieser Art zu erangeln.«

»Es wird einen schönen Lärm geben!«

»Was geht das uns an? – Für die Folgen haftet der Marquis.«

»Gesetzt aber, das Fräulein hat Bedeckung?«

»Die hat sie nicht.«

»Es reitet etwa ein Liebhaber neben ihrem Wagen her? – Dergleichen Herren haben besonders im Angesicht ihrer Liebchen verteufelt viel Courage!«

Sie sprangen auf und liefen schnell davon. – Einige Kohlenbrenner gingen vorüber und sprachen von den morgenden Vergnügungen auf dem Markte zu Lienzo.

Als sie vorüber waren, stieg Rinaldo von der Eiche und schlenderte seinen Ruinen wieder zu. Er hatte mancherlei im Kopfe. Besonders schien er etwas darauf setzen zu wollen, das Fräulein zu retten und die Entführung zu vereiteln.

Er ließ Lodovico und Sanardo kommen und sprach mit ihnen über den Markt zu Lienzo.

SANARDO Den Markt müssen wir allerdings besuchen! Aber zu diesem Besuche dürfen nur die Behutsamsten von uns gewählt werden.

RINALDO Diese magst du selbst wählen.

SANARDO Gut! – Die meisten können als Pilger passieren, denn deren kommen eine große Menge nach Lienzo. Andere sind Kohlenbrenner, Bauern, und einige sind als Zigeuner da. Bei diesem Zuge stecken wir auch einige in Weiberkleider, die, welche die längsten Finger haben.

RINALDO Du instruierst die Burschen.

SANARDO Gut! – Sie sollen ihre Sache schon machen.

RINALDO Ich habe auch etwas vor. – Du, Lodovico, wirst dich immer etwas nahe zu mir halten.

LODOVICO Soll geschehen!

RINALDO Du wirfst dich in Kavaliers-Kleider, was auch ich tun werde. Und weil Fiametta mir täglich anliegt, sie doch auch einmal zu einem kleinen Spaße mitzunehmen, so mag sie dich in Pagentracht begleiten.

FIAMETTA Allerliebst!

RINALDO Ihr seid zu Pferde wie ich, und beide wohlbewaffnet. – Nun wollen wir einmal sehen, wenn etwa Schüsse fallen müßten, ob der Page nicht vom Pferde fällt.

FIAMETTA Keine Sorge! Sie wird sitzen und auch schießen.

RINALDO Winke ich dir, Sanardo, so müssen zehn Mann sich fertig halten, dahin zu gehen, wohin ich sie schicke.

SANARDO Diese zehn sollen die Pilger sein.

RINALDO Ordnet an und setzt alles in Bereitschaft, damit die Expedition gut abläuft. Jordano und Filippo mögen die Pässe besetzen und wachsam sein, damit wir wissen, wo Hilfe steht, und daß keine Bönhasen sich in unsere leeren Nester schleichen können.

Siebzehntes Buch

In den Kreis erwünschter Träume
Tritt die holde Wirklichkeit,
Führt durch blumenvolle Räume
Zu dem Port der Sicherheit.

Aus den benachbarten Städten, Flecken und Dörfern, von Schlössern und aus Hütten strömten Menschen herbei auf den Wiesenmarkt von Lienzo. Käufer, Verkäufer, Pfaffen, Pilger, Edelleute, Damen, Bauern, Zigeuner und Beutelschneider wandelten, wie auf einem Karneval, in buntem Gewühle durcheinander und nebeneinander. Hier wurde gekauft, hier wurde gegessen und getrunken, dort tönte die sardische Pfeife, hier erklangen Zither und Triangel, und tanzlustige Füße stampften den Boden. Hier standen schöne Gezelte, und unter denselben webte die vornehme Welt; dort loderten Feuer, und dampfende Kessel standen darüber, gefüllt mit mancherlei Speisen, leckerhaft und einladend für sardische Gaumen und Magen. Bretterne Baracken und grüne Hütten waren mit Zechenden besetzt. In der Kapelle der heiligen Claudia gab's Messen, geweihte Blumen und Absolutionen. Hier stand ein Wurmdoktor auf einer bretternen Bühne, verkaufte Kräuter, Salben und Öle, indes sein Lustigmacher die Käufer mit derben Schwänken unterhielt und die wunderbarsten Kuren seines Herrn auf Unkosten aller Könige in Europa erzählte. Dort hörte man Bänkelsänger schreckliche Balladen herkreischen. Nahe dabei bat sich ein lebendes Franziskaner-Geripp etwas zu Seelenmessen aus, die er für noch unerlöste Seelen zu lesen versprach. Kurz, das bunte Bild der belebten Welt schwebte auf dieser Wiese im kleinen.

Rinaldos Leute fanden sich zeitig ein, und kaum waren sie angekommen, als schon mancher Marktgast seine Börse nicht mehr sah. Sanardo hinkte als Bettler an Krücken einher. Er bettelte selbst seinen Hauptmann an, der eben in ein Gezelt

J. Penzel del. & sc. 1802.

treten wollte, von dem er Geld erhielt, ohne daß er erkannt worden wär'. Das erfreute des Gauners Herz.
Rinaldo forderte Wein und kam mit einem jungen Manne ins Gespräch, der Uniform trug und in der vornehmen anwesenden Welt bekannt war. Von diesem erfuhr er die Namen der Edelleute und ihrer Damen. Endlich ward ihm auch die Baronin Moniermi nebst ihrer Tochter gezeigt. – Diese waren es ja, die er kennenlernen wollte; und nun ließ er sie nicht aus den Augen.
Er ging zwischen einer Reihe von Buden hin, als er das Bauernmädchen sah, mit der er Tages vorher gesprochen hatte. Er zupfte sie und fragte:
»Habe ich nicht Wort gehalten?«
Liana, so hieß das Mädchen, sah ihn an, musterte ihn vom Kopf bis auf die Füße und sagte lächelnd:
»Habe ich es doch gleich gesagt, daß der Herr kein gemeiner Jäger ist!«
»Es gibt auch vornehme Jäger.«
»O ja! – Warum nicht?«
»Ich bin da, Wort zu halten und dir etwas zu kaufen. Ist dein Schatz in der Nähe?«
»Nein! Der ist unter der Miliz, die den Platz bewacht und Ordnung hält. Nachmittag aber wird er abgelöst, dann wird er bei mir sein.«
»Wähle dir etwas. Was willst du haben?«
»Diese seidenen Tücher gefallen mir.«
»Das beste ist dein. Welches möchtest du haben?«
»Dieses.«
Rinaldo kaufte das bezeichnete Tuch und gab es ihr. Liana nahm es, sah es an und sagte:
»Das Tuch ist recht schön! Aber – wie soll ich nun dazu gekommen sein?«
»Du wirst schon was zu erdenken wissen! Du bist ja ein Mädchen.«
»Hinter der Kapelle bedanke ich mich.«
Sie warf das Tuch über und ging davon. Rinaldo folgte ihr nach.

Hinter der Kapelle stand Liana, ergriff seine Hand, küßte sie und sagte:
»Ich erfülle mein Versprechen und danke für das schöne Tuch.«
»Rinaldo drückte lächelnd ihr die Hand, zog sie zu sich und küßte, indem sie sich wendete, ihr die Wange. – Ein Kapuziner trat herbei; er drohte mit dem Finger. Liana schrie:
»Da haben wir's!«
und sprang davon.
Der Kapuziner kam näher und sagte:
»Ei, ei! So hinter dem Rücken der Heiligen, der diese Kapelle geweiht ist! Das ist nicht gut! So etwas kann nicht erlaubt werden!«
»Es ist nun einmal geschehen!« – antwortete Rinaldo lächelnd.
»So gebe man wenigstens einen Sühnpfennig in den Almosenstock der Kapelle.«
»Das soll geschehen.«
»Und – tue dergleichen nicht wieder.«
»Sie ist ja fort.«
»Kann aber wiederkommen.«
»Jetzt nicht.«
»Nie wieder. – Mein Sohn! sei genügsam. Wiederholter Genuß erweckt endlich Reue und Ekel.«
Er ging und Rinaldo trat in die Kapelle. Nach angehörter Messe bedachte er den Opferstock und sah sich hinter der Kapelle um, sah aber weder den Kapuziner noch, was ihm weit lieber gewesen wär', die schalkhafte Liana.
Er fand sie endlich bei der Bude des Marktschreiers. Leise nahte er sich ihr und zwickte sie sanft. Sie sah sich um und lachte. Bald war sie aus dem Gedränge, und am Ende der Wiese fand er sie wieder. Sie sah sich fragend um:
»Es ist doch kein ehrwürdiger Herr in der Nähe?«
»Ich sehe keinen als mich.«
»Ich bin recht erschrocken, als wir vorhin überrascht wurden. Wir wollen uns hier nicht wieder sprechen. Wenn Ihr aber fleißig auf den Platz kommen wollt, auf welchem ihr mich

gestern saht, so könnt Ihr mich wohl einmal wiederfinden. Doch vorher müßt Ihr mir sagen, wer Ihr seid.«

»Ich bin ein Fremder, und lange werde ich in dieser Gegend nicht mehr bleiben.«

Sie sah zur Erde und zupfte an dem Busentuche. Schweigend nahm sie den Strauß vom Busen, gab ihm denselben und sah ihn seufzend an, indem sie sagte:

»Dieser Seufzer gilt Eurer Abreise. Lebt wohl!«

Damit eilte sie rasch davon und verschwand in dem Menschengedränge.

Auf einmal entstand ein Lärm. Man hatte einen von Rinal dos saubern Gesellen auf der Tat ertappt, als er eben einer Beutel kapern wollte. Man hielt ihn fest. Die Miliz eilte herbei und nahm ihn in Empfang. Sanardo hinkte hinzu und gab einem entschlossenen Burschen einen Wink. Die andern kamen, das Gedränge wurde vermehrt; man preßte die Miliz hart an den Arrestanten, und ehe dieser es sich versah, wurde er so geschickt mit einem Stilett getroffen, daß er tot zu Boden sank. Man schrie, lärmte, fluchte, schimpfte, schlug aufeinander los, der Kerl blieb tot, und die Miliz trug den Kadaver davon.

Trompeten riefen zur Prozession. Die heilige Claudia wurde, auf einem hohen Gerüste sitzend, einhergefahren. Freundliche Mädchen streuten Blumen, Weihrauch dampfte in die Luft, geweihte Kerzen flammten und Hymnen ertönten der Heiligen zu Ehren. Der feierliche Zug ging über die Wiese von der Kapelle aus bis zum Dorfe. Die Zuschauer standen dicht auf beiden Seiten; mitten darunter die Baronin Moniermi, ihre Tochter Erminia und neben ihr Rinaldo ganz absichtlich.

Es konnte nicht an Bemerkungen fehlen; eine gab die andere. Den Blumenstreuerinnen wurden mancherlei Beifallsbezeugungen zugerufen. Rinaldo bemerkte:

»Die Mädchen machen Glück!«

»Sie entzücken« – sagte Erminia, – »dreifach. Durch ihr Amt, durch ihre Blumen und durch sich selbst. Seht nur, wie artig, sogar wie schön einige dieser Mädchen sind!«

»Die Nähe«, – versetzte Rinaldo etwas leise, – »verdunkelt die Ferne.«

Erminia schlug die Augen nieder und sagte noch etwas leiser als er:

»Die Nähe ist nie so gefährlich als die Ferne.«

»Sie täuscht nicht.«

»Sie gibt sich, wie sie sich geben muß. Dabei bleibt ihr kein Verdienst.«

»Sich selbst bleibt sie, mit jedem holden Zauber ihrer Gegenwart.«

»Wir sind hier auf dem Lande.«

»Wo die Natur in schöner, kunstloser Fülle prangt!«

Erminia zeigte schnell auf einen Greis und rief aus:

»O! welch ein schöner Apostel-Kopf! Wär' ich ein Maler, der Kopf stünd' heute noch auf einem Petrus-Rumpfe.«

»Und ich« – setzte Rinaldo hinzu, – würde als Maler auch meine Madonna gefunden haben.«

»Doch unter jenen Mädchen?«

»Auch jetzt noch näher!«

»Ein Künstler darf kein Schmeichler sein!«

Sie sprach etwas zu ihrer Mutter. – Der Zug war vorüber; die Zuschauer gingen auseinander.

In den Gezelten wurden die Tafeln gedeckt. Rinaldo verlor seine Schöne nicht aus dem Gesichte. – Man setzte sich zu Tische. Erminia sah sich um. Rinaldo stand hinter ihr. Sie griff nach einem Stuhle, sie saß; Rinaldo neben ihr; sie neben ihrer Mutter. Bei Tische wurde viel gesprochen. Erminia sprach wenig, noch weniger ihr Nachbar. – Der Nachtisch kam.

»Wir haben viel gehört«, – sagte Erminia.

»Ich« – antwortete Rinaldo, – »war so glücklich, mit meinen Augen zu hören.«

Sie schwieg. – Die Tafel ward aufgehoben. Die Gesellschaft zerstreute sich.

Das Fräulein trat an eine Glücksbude. Er folgte ihr auch dahin. Sie lächelte:

»Ich bin im Spiele nicht glücklich, und dennoch wage ich gern etwas im Spiele des Glücks.«

Sie nahmen beide Lose. Erminia gewann ein Paar Pistolen. Rinaldo einen schönen Fächer.

»Wie sonderbar!« – lächelte das Fräulein.

Rinaldo bot ihr einen Tausch an, der auch sogleich getroffen ward.

»Um zu verwunden«, – sagte er, – »bedürft Ihr keines Gewehrs. Auch Anadyomene ist unbewaffnet, und ihr gehorcht der Erdkreis. – Ich nehme diese Pistolen und weihe sie Eurer Verteidigung.«

ERMINIA Vielen Dank, edler Ritter! – Doch hoffe ich, es wird so arg nicht kommen.

RINALDO Ich halte Wort.

ERMINIA Aber ich muß meinen Ritter auch kennen. Aus dieser Insel seid Ihr nicht.

RINALDO Ich bin ein Römer.

ERMINIA Und ein Ritter?

RINALDO So ist es. Ostiala ist mein Name.

ERMINIA Schon lange auf der Insel?

RINALDO Einige Wochen.

ERMINIA In Geschäften?

RINALDO Auf Reisen.

ERMINIA Doch habt Ihr wohl an Höfen viel gelebt? Wenigstens sagt dies Euer Ton.

RINALDO Ich liebe das Land, die Natur, und verehre die Schönheit.

Das Gespräch war geendigt. – Der Abend nahte sich. Sanardo machte sich kenntlich.

»Die Pilger sind bereit«, – sagte er.

Rinaldo bestimmte den Platz, auf den sie sich begeben sollten, und bezeichnete den Wagen und die Personen, die zu beobachten waren. Lodovico und Fiametta fanden sich ein. Filippo hatte

Händel mit einigen Vagabunden gehabt. Sanardo zog seine Leute zusammen. Sie gingen nach ihren Bergen, Lodovico und Fiametta folgten ihnen, wie Rinaldo befahl.

Der Wagen stand angespannt. Die Baronin und Erminia stiegen ein. Rinaldo ließ sich nicht sehen. – Schon war der Wagen ihm aus den Augen, als er sein Roß bestieg und davonjagte. – Vor dem Walde holte er den Wagen ein.

Es wurde dunkler. Erminia hörte Hufschlag. Sie blickte aus dem Wagen. Rinaldo erschien am rechten Kutschenschlage; das Fräulein rief:

»Ei, seht doch, Mutter! meinen Ritter.«

»Ich halte Wort«, – sagte er. – »Der Wald ist lang, es wird dunkler, und meine und Eure mir geschenkten Pistolen sind geladen.«

Mutter und Tochter dankten sehr höflich. Das Fräulein fuhr fort:

»Schon glaubte ich Euch verschwunden.«

Die Mutter aber fragte sehr naiv:

»Ihr reitet aber doch nicht um?«

»Ein Fremder ist allenthalben daheim«, – antwortete Rinaldo.

Es erfolgte eine Pause. – Im Walde wurde laut gepfiffen. Die Damen fuhren erschrocken zusammen. Rinaldo hörte das ihm bekannte Zeichen. Er wußte nun, daß seine Leute ihm zur Seite im Walde waren.

»Was war das?« – stammelte Erminia.

»Ein Wanderer vielleicht«, – sagte Rinaldo, – »der sich die Zeit vertreibt.«

»O nein! Es war ein Schreckenston für jedes Wanderers Ohr.«

»Fürchtet nichts!«

Ein nahes Geräusch. Es rauschte durch die dürren Blätter des Bodens wie menschliche Fußtritte; es kam näher, zwei Kerle wurden sichtbar. – Sie nahten sich dem Wagen.

»Legt die Waffen ab!« – schrie Rinaldo, indem er mit gezogenem Gewehr auf sie zu ritt.

Der eine wollte Feuer geben. Das Pulver flog von der Pfanne auf, der Schuß versagte.
Besser traf Rinaldo. Der Kerl stürzte sogleich zu Boden. Der andere fiel bittend auf die Knie. Rinaldo ließ ihn von den Bedienten binden und auf den Wagen setzen. Ein Bedienter, den Rinaldo bewaffnete, saß neben ihm; dem Kutscher rief er zu, rasch darauf loszufahren, und seine Gesellen im Walde erhielten von ihm das Zeichen ihrer Entlassung.

Der Wagen hielt vor dem Schlosse des Barons Moniermi. Man stieg aus. – Die Damen klagten dem Baron ihren Unfall und stellten ihm ihren Retter vor. – Der Baron empfing ihn herzlich. Rinaldo nahm bescheiden jede Lobeserhebung an, die man ihm zollte.
Der Gebundene ward vorgeführt. Er sagte aus, was wir schon wissen, und ward ins Schloßgefängnis gebracht. – Man legte sich spät zur Ruhe und stieg des Morgens sehr spät auf.
Rinaldo fand den Baron, seine Frau und Tochter beim Frühstück in einem Pavillon des Gartens.
BARON Mein Herr Ritter, indem ich Euch nochmals danke, bezeige ich Euch zugleich meine Verlegenheit, denn ich muß Euer Schuldner bleiben und weiß nicht, womit ich –
RINALDO Ohne Verlegenheit, Herr Baron! Jeder Mann von Ehre würde getan haben, was ich tat. Ein Reisender muß dergleichen Auftritte beständig vor Augen haben. Es konnten mich Räuber anfallen, und ich würde mich auch gewehrt haben.
ERMINIA Aber ihr wagtet Euer Leben für eine Unbekannte, die –
RINALDO Für eine Dame zu kämpfen, ist Ritterpflicht, gleichviel, sei sie auch eine Unbekannte!
ERMINIA Ihr seid auf Reisen, wir sehen einander vielleicht nie wieder, aber immer wird mein Herz dankbar für meinen Retter schlagen!
BARONIN Mutter und Vater danken Euch die Rettung ihres einzigen Kindes!

Man lustwandelte im Garten umher, und kaum sah Rinaldo sich mit dem Fräulein allein, als es zu einer wechselseitigen Unterhaltung kam.

ER Noch habe ich eine Bitte an Euch, mein Fräulein!

SIE An mich? Geschwind die Bitte!

ER Stellt dem mich vor, für den ich Euch rettete.

SIE Ihr kennt schon meine Eltern.

ER Doch den nicht, dem Euer Herz –

SIE Mein Herz ist noch mein, so wie meine Hand.

ER Ich darf nicht zweifeln, weil Ihr's sagt, wie gern ich auch zweifeln möchte.

SIE Ich wiederhole es, mein Herz ist frei und meine Hand ist mein.

ER Wenn Ihr dereinst diese teuern Pfänder Eurer Liebe verschenkt, so –

SIE Ihr brecht ab?

ER Mein Fräulein! Das, was ich sagen wollte, darf ich als –

Die Mutter kam. – Rinaldo zog die Uhr und sprach von seiner Abreise.

»Wir meinten«, – sagte die Baronin, – »unsern uns so werten Gast einige Tage bewirten zu können.«

»Ich muß«, – versetzte Rinaldo, – »zu meinem Gepäck, zu meinen Leuten. Doch das Vergnügen, mich unter so guten Menschen länger zu sehen, kann ich mir unmöglich rauben. Wir sehen uns wieder. Ich komme zurück.«

Das mußte er versprechen. – Schon als er auf dem Pferde saß, wurden Bitte und Versprechen wiederholt. Erminia bestimmte sogar die Zeit des Wiedersehens.

Rinaldo kam bei seinen Gesellen an. Der Markt hatte etwas eingetragen. Die Teilung ging, wie gewöhnlich, gewissenhaft vor sich. – Einige Tage blieb es ruhig.

Liana fiel dem Hauptmann wieder ein. Er ging aus, sie zu sprechen, und fand sie wirklich da, wo er das erstemal sie gefunden hatte. Sie lächelte ihm entgegen:

»Da sehen wir uns ja doch wieder!«

Im Grünen saßen sie. – Liana sprach von dem Markt und erzählte ihm, wie sie sich divertiert habe. Darauf bemerkte sie:
»Ich sah Euch wohl mit einem schönen Fräulein fleißig sprechen. Die hat sicher etwas mehr als ich von Euch bekommen!«
»Auch nicht einmal, wie du, ein seidenes Tuch!«
»Das macht Ihr mir nicht weis! – Ich denke immer –«
»Was denkst du?«
»Sie wird es, denke ich, mit Euch wie ich mit meinem Lorenzo machen.«
»Wie?«
»Zu meinem Manne mache ich ihn.«
»Und wozu machst du mich?«
»Euch mache ich, wenn Ihr noch dann in der Gegend seid, zu einem Hochzeitsgast.«
Sie stieg auf, nahm ihren Korb und wollte gehen. Eine Frage schwebte ihr auf den Lippen, die sie aber sichtbar unterdrückte. Endlich sagte sie:
»Übers Jahr um diese Zeit wollen wir sehen, wie es mit uns aussieht!«
Rinaldo seufzte. – Liana lächelte:
»Wohin wohl dieser Seufzer flog!«
»Dir nach.«
»Ich nehme ihn mit und gebe Euch einen andern dafür.«
Schnell ging sie fort, doch zweimal blieb sie auf dem Wege stehen und sah sich nach ihm um.

Rinaldo streckte sich ins Gras. Seine Phantasie trug ihn zu der schönen Erminia. Lange verweilte er bei ihr. Unmutig begann er endlich:
»Was willst du tun? – Du willst sie wiedersehen? – Du willst sie täuschen? – Mußt du das nicht? – Wirst du nie dich ändern? – Schämst du dich nicht? – Ende, ende!«
Er sprang auf. Langsam ging er seinem Aufenthalte zu. – Fiametta, in männlicher Tracht, kam ihm entgegen.
»Man fragt nach dir und sucht dich allenthalben«, – sagte sie.

Jordano kam.
»Hauptmann!« begann er, – »Wir suchen dich! – Es kann viel geben.«
»Wieso?«
»Ich habe es ausgekundschaftet. Als Bettler verkleidet schlich ich nach Oristagni, und dort erfuhr ich es. – Ein Schiff ist eingelaufen und hat drei Fässer mit Geld ausgeladen. Dies Geld wird morgen früh zu dem Statthalter nach Cagliari gebracht. – Nun frage ich dich in meinem und deiner Leute Namen: Soll der Statthalter diese Geldfässer bekommen oder nicht? – Was uns betrifft, so meinen wir alle, er soll sie nicht bekommen.«
»Ihr wollt euch also die Hunde selbst an den Leib hetzen?«
»Über lang oder kurz spüren sie uns doch wieder einmal auf.«
»So nehmt das Geld.«
Jordano zog sogleich seine Gesellen zusammen. Gegen Abend rückten sie in die Weinberge vor Marmilla. – Der Tag brach an; sie zogen der Landstraße zu. Alle Büsche und Gräben waren belegt. – Die Geldwagen kamen, begleitet von 20 Reitern. – Jordano brach hervor. Es kam zu einem hartnäckigen Gefecht. Zuletzt behaupteten die Räuber den Platz und führten die Geldwagen in die Gebirge.
Dieses Wagestück brachte ganz Oristagni und Cagliari in Bewegung. – Der Statthalter ließ Soldaten ausrücken. Die Oristagner bewaffneten sich eilig.
Am dritten Tage waren die Berge von dreihundert Soldaten und fünfhundert Mann Miliz umsetzt. Diesen konnte Rinaldo kaum achtzig Mann entgegenstellen.
Die Soldaten drangen gegen die Pässe vor. Sie fanden einen Widerstand, den sie nicht zu finden geglaubt hatten; doch ihr Geschütz entschied, und die Pässe wurden forciert. Jetzt zogen alle Truppen sich in das Gebirg hinein. Rinaldinis Leute flohen in ihre Löcher.
Rinaldo sah, daß er sich nicht halten konnte. Er gab Fiametten Geld und Edelsteine. Er bat sie, sich zu retten. – In eine Pilgerkutte gehüllt floh sie. In Lode hoffte sie ein Schiff zu finden, und

Malta war der Platz, den Rinaldo ihr bestimmte, ihn dort, käm' er in dem bevorstehenden Gefecht davon, zu erwarten.

In einem kleinen Tale mitten im Gebirge zog Rinaldo sein Häuflein zusammen. Hier ward er angegriffen. Drei Stunden dauerte das Gefecht; er mußte weichen und floh mit zwanzig Mann auf seine Burg.

Hier verteilte er, was von Werte noch zu verteilen war, um sie mutig zu machen, für den Besitz ihrer Schätze zu streiten, und erklärte ihnen, daß er entschlossen sei, bis auf den letzten Atemzug sich zu verteidigen. – Alle schwuren ihm zu, mit ihm zu leben und zu sterben. – Wie war aber auf Menschen zu rechnen, die sich selbst keinen Glauben, keine Treue abgewinnen konnten?

Rinaldo mochte wohl selbst ebenso denken, denn er wurde sehr vorsichtig und beobachtete seine Gesellen genau.

Eines Abends schlich er dem verborgenen, unterirdischen Gange zu, der ein Geheimnis für seine Gesellen blieb, wo er seine Kostbarkeiten verborgen hatte, um sein getreues Roß zu füttern, das dort versteckt war. Als er zurückkam, hörte er bei einem Schutthaufen im Schloßhofe sprechen. Er kroch hinter eine Mauer. Da wurde er Zuhörer einer sonderbaren Unterredung zwischen einigen seiner sauberen Kameraden.

»Ich will euch alles« – sagte der eine derselben, der der Sprecher zu sein schien, – »ganz kurz darstellen. Wozu sollen unsere Verteidigungsanstalten dienen? Unsren Schutthaufen werden die Soldaten bald erstürmen. Wir sitzen dann alle auf Rädern. Der Hauptmann selbst ist verloren. Laßt uns an unsere Selbstrettung denken. Wir wollen akkordieren; den Hauptmann liefern wir aus und erhalten Freiheit und Pardon. Dann können wir unser Geld anwenden, wozu wir wollen, und entgehen dem Galgen auf die beste Manier.«

Man sprach hin und her, und endlich gab man dem Sprecher Beifall.

Rinaldo, der so etwas schon längst befürchtet hatte, zog sich in seinen Gang zurück, führte sein gesatteltes Roß sich nach, nahm seine Kostbarkeiten zu sich, setzte sich auf, trabte davon und überließ die Verräter ihrem Schicksal.

Auf dem Schlosse des Barons Moniermi treffen wir den Entflohenen wieder an, wohl aufgenommen, freundlich bewirtet, in Gesellschaft der schönen Erminia, die es sich selbst gestehen mußte, daß sie gern in der seinigen war.

In das Schloß kam die Nachricht, in einer zerstörten Feste sei endlich Rinaldini mit dem Überrest seiner Leute gefangengenommen und nach Oristagni geführt worden.

»Ich habe«, – sagte der Baron, – »ob er gleich ein Räuber ist, dennoch Mitleid mit Rinaldini. Er hat, wie man erzählt, auch eine sehr großmütige Seite gehabt und ist gegen Arme mitleidig gewesen. Das ist es, was mir an ihm gefallen hat!«

»Nur ein großmütiger Mann, Herr Baron«, – begann Rinaldo, – »kann selbst an einem Räuber etwas bewundern, das großmütigen Handlungen ähnlich sieht. Wenigstens hat sicher Rinaldini die meisten derselben mit Eigennutz ausgeübt. Da Tausend so *schlecht* von dir sprechen, – sagte er vielleicht bei sich selbst, – so sollen doch wenigstens auch einige Wenige *gut* von dir reden; dies könnte doch wohl einigen Eindruck machen, einige Entschuldigung geben. – So nehme ich die Sache.«

BARON So werden sie die meisten Menschen nehmen. Ich aber habe noch eine Seite, von der ich sie betrachte. – Vielleicht war Rinaldini durch irgendeinen Unglücksfall in seine Lage gekommen. Die Bahn des Lasters ist breit, er wandelte dieselbe mit Bequemlichkeit. Als er aber dennoch endlich zu sich kam und zurückgehen wollte, war es zu spät.

RINALDO Ja, ja!

BARON Um also nur in etwas gleichsam sich selbst zu entsündigen, – wenn man so reden darf, – wurde er edelmütig.

RINALDO Das ist sehr möglich!

BARON Mir ist es äußerst wahrscheinlich, und ich glaube es sogar.

RINALDO Wenn er aber nun, wie man erzählt, von jeher, ehe er sich am Ziele seiner Räubertaten sah, so handelte?

BARON So brachte er ein gutes Herz mit in seine Wälder, und Gutes zu tun, war ihm gleichsam angeboren.

RINALDO Er soll wirklich mitleidig gewesen sein.

ERMINIA Wenigstens sehr zärtlich. – Von seinen Liebschaften erzählt man viel.

RINALDO Man weiß allenthalben viel von ihm zu erzählen. In Florenz, in Rom, in Neapel und in ganz Sizilien spricht man von ihm. Und, was das Sonderbare ist, man erzählt größtenteils nur Gutes von ihm.

ERMINIA Die Menschen sind sehr gefällig, wenn man nur ihre *Aufmerksamkeit* zu erhalten weiß.

BARON Mein Vater war ein Florentiner. Er verließ sein Vaterland. – Ich hatte in Florenz Familienangelegenheiten zu berichtigen, und als ich dahin ging, machte ich einst in den Apenninen eine merkwürdige Bekanntschaft mit einem Klausner, Donato genannt. Dieser kannte Rinaldini genau. Er hat mit mir viel von ihm gesprochen. – Diese Nachrichten haben mich, ich kann es nicht leugnen, sehr für ihn eingenommen, und ich glaube, ich hätte beinahe selbst gewünscht, seine Bekanntschaft zu machen, wenn er allein und ohne Gesellen zu sehen gewesen wär'. In unserer Nähe will man ihn allenthalben gesehen haben; doch bis zu meinem Schlosse hat er sich nicht verirrt.

Ganz unvermutet gab Rinaldo diesem Gespräch eine andere Wendung, indem er Erminias Stickerei bewunderte.

Nach Tische sprach man von einem Besuche, den man erhalten würde, und ehe Rinaldo noch den Namen des Gastes erfuhr, trat dieser selbst ins Zimmer. Es war der Marquis Reali, den wir kennen. – Betroffen trat er einen Schritt zurück, faßte sich aber schnell, ging auf Rinaldo zu und fragte: »Treffen wir uns hier?«

»Eine Bekanntschaft?« – fragte der Baron.

»Eine interessante Bekanntschaft«, – antwortete der Marquis lächelnd und wendete sich zu den Damen.

Der Baron fixierte den vermeinten Ritter Ostiala, und dieser war nicht ganz ohne Verlegenheit. – Der Marquis stattete Erminien seine Glückwünsche wegen ihrer Befreiung ab und erzählte, der Marquis Lomanieri habe die Insel verlassen.

»Es war« – fuhr er fort, – »in der Tat ein Unternehmen, welches dem Marquis Lomanieri teuer würde zu stehen gekommen sein! Er ist, sagt man, nach Turin gegangen, um dort bei dem König um Gnade zu bitten.«

BARON Meine Berichte an den König werden eher dort eintreffen als er. Ich verlange Satisfaktion und muß und werde sie erhalten.

MARQUIS Gewiß!

BARON Der Marquis darf ungestraft meine Ehre nicht angetastet haben.

MARQUIS Natürlich!

ERMINIA Ohne den tapferen Beistand dieses Herrn, den Ihr kennt – wär' das abscheuliche Unternehmen sicher geglückt.

MARQUIS O! es durfte nicht glücken! Der Himmel hält stets sein schützendes Schild über Schönheit und Tugend.

Der Marquis nahte sich einem Fenster. Rinaldo trat schnell hinzu. – Die Damen zogen sich zurück. Erminiens Augen blieben bei den Sprechenden; der Baron wurde nachdenkend.

»Herr Marquis«, – sagte Rinaldo, – »Ihr kennt mich; Ihr wißt, wer ich bin. Hier kennt man mich als den Retter des Fräuleins und nennt mich Ritter Ostiala. Es steht bei Euch, meinen wahren Namen zu entdecken; ich kann nichts dagegen haben, da ich dies selbst bei meiner Abreise tun wollte. Was ich für den Baron tat, berechtigt mich, Anspruch auf seine Dankbarkeit zu machen. Ihr habt gegen mich keine Verbindlichkeit. Aber ich bitte Euch, bringt uns alle nicht in Verlegenheit! Meine Leute sind in der Nähe, und die Not könnte uns etwas erlauben, was wir und ihr alle bereuen würden.«

»Ich habe Pflichten gegen den Staat«, – erwiderte der Marquis, – »die ich erfüllen muß, will ich nicht selbst schuldig erscheinen. Das Wenigste, was ich tun kann, ist, – dem Baron zu sagen, wer sein Gast ist.«

»Ihr wollt ihn also in Verlegenheit setzen?«
»Kennt Ihr die Befehle der Regierung?«
»Sie werden Euch gebieten, mich ihr zu überliefern?«
»So ist es.«
»Wie könnt Ihr das?«
»Wie?«
»Wagt Ihr nicht Euer Leben? – Ich kann mit Euch nicht scherzen, wenn Ihr es ernstlich meint. Ihr fallt zuerst.«
»Was wagt Ihr, mir zu sagen?« – schrie der Marquis laut und griff an den Degen.
»Mich treibt die Not!«
Der Baron trat herzu.
»Ich will nicht hoffen«, – sagte er, – »daß zwischen Euch ein Mißverständnis –«
MARQUIS Kein Mißverständnis! Wir kennen uns, und mir gebietet die Pflicht –
RINALDO Was sie jetzt, da die Sache so weit gekommen ist, mir selbst gebietet, Euch meinen wahren Namen zu nennen.
BARON Ihr habt uns hintergangen?
ERMINIA Ihr seid der Ritter Ostiala nicht?
RINALDO Der bin ich nicht.
BARON Ihr gabt Euch einen falschen Namen?
MARQUIS Es ist der erste nicht. Der letzte aber kann es sein. – Baron! Ich bin verbunden, diesen Mann –
RINALDO Nun bedarf es weiter keiner Umschweife. – Ich bin Rinaldini.
Das Fräulein sank auf ein Sofa; laut auf schrie die Baronin. Der Baron trat betroffen zurück, indem er sagte:
»Marquis! Ihr habt uns allen keinen Gefallen getan.«
MARQUIS Ihr kennt, wie ich, die Befehle der Regierung. Ich kenne sie auch und weiß, was ich zu tun habe.
RINALDO Tut, was Ihr tun müßt.
BARON Marquis! – In welche Verlegenheit stürzt Ihr uns alle! Meine Dankbarkeit kämpft mit der Pflicht, den Retter meiner Tochter der Obrigkeit zu überliefern.

RINALDO Herr Baron! Ich kann nur mit Gewalt Euch Eurer Verlegenheit entreißen. – Ich öffne dieses Fenster. Ein Schuß, und meine Leute dringen ins Schloß. Mein Leben verkaufe ich teuer. Der Marquis fällt, wenn man sich mir feindlich naht. Furcht kenne ich nicht, und jetzt heißt die Not mich morden.

BARONIN Mein Gott! läßt sich kein Ausweg treffen?

RINALDO Nur einen Ausweg wüßte ich.

BARONIN O! nennt ihn, gebt ihn an!

RINALDO Laßt von meinen Leuten mich hier abholen. Ihr weicht dann der Gewalt und habt keine Verantwortung zu fürchten.

MARQUIS Ihr schwört, daß Eure Leute sich keine Gewalttätigkeiten erlauben.

RINALDO Das kann ich nicht, selbst um Euretwillen nicht. *Gewalt* muß mich befreien, sonst könnte man das Ganze für Spiegelfechterei erklären. Der Marquis läßt sein Leben, und um das meinige wird gekämpft. – So weit habt Ihr es selbst getrieben, Herr Marquis! Ich habe keine Schuld.

Er spannte, als er dies sagte, ein gezogenes Terzerol und riß das Fenster auf.

»Haltet ein!« – schrie Erminia.

BARON Keine Übereilung!

RINALDO Ich werde, was ich tun muß, ewig bereuen. Aber, zwingt man mich nicht, es zu tun?

BARON Marquis! – Nur Ihr könnt uns alle retten.

MARQUIS Wie könnte ich das?

BARON Unter uns bleibt alles. Ihr gebt Euer Ehrenwort, von diesem unglückseligen Vorfalle nie zu sprechen. – Wer könnte uns verraten?

Der Marquis wollte sprechen, als der Kammerdiener der Baronin eintrat und meldete, der Gärtner habe zwei verdächtige Vermummte um die Gartenmauer schleichen sehen.

Dieser glückliche Zufall machte dem Gedrängten Luft. – Der Baron stammelte:

»Der Gärtner soll die Vermummten genau beobachten!«

Der Kammerdiener ging. Rinaldo redete:

»Meine Leute haben den Marquis gesehen, sie ahnen, was mir bevorsteht. Ihr seht, sie sind wachsam. Zum Unglück kommandiert sie Jordano, der unbändigste meiner Gesellen, der mir schon oft großen Kummer durch seine Wildheit verursacht hat.«

BARONIN Er wird doch nichts ohne Order unternehmen?

RINALDO Ich hoffe und wünsche es nicht. Wie kann ich's aber ändern, wenn es geschieht?

BARONIN Gebietet ihm, sich zu entfernen.

RINALDO Ich kann, ich darf das nicht.

BARONIN Marquis! – Ich fordere von Euch –

MARQUIS Wenn ich –

BARONIN Ihr könnt uns retten.

ERMINIA Gebt Euer Wort!

Der Jäger trat ein. Man sehe, sagte er, Bewaffnete im Wäldchen hinter dem Garten.

»Beobachtet sie!« – sagte der Baron ängstlich.

Der Jäger ging. Rinaldo sah den Marquis fragend an. Dieser erklärte sich, sein Wort zu geben, wenn Rinaldo ihm das seinige geben wolle, sich nicht an ihm oder an seinen Gütern zu rächen.

ERMINIA Das wird er nicht tun!

RINALDO Ich gebe Euch, was Ihr verlangt. Nie werde ich mich an Euch oder an Euern Gütern rächen, solange Ihr schweigt. Wolltet Ihr aber –

MARQUIS Ich brach noch nie mein Wort. – Es bleibt alles unter uns.

RINALDO Herr Baron! Laßt mein Pferd vorführen. Ich scheide von Euch mit dankbarem Herzen. Ihr wißt, was Ihr von mir gesprochen habt, ehe Ihr mich kanntet. Ach! was empfand ich, als ich Euch so sprechen hörte! – Der Räuberhauptmann hat ein Herz und weiß dankbar zu sein. Lebt wohl! Mein unglückliches Schicksal treibt mich von allen meinen schönen Plätzen, aus allen Wohnungen des Friedens. Ach! wo schöne, edle Seelen weilen, darf ich nur im Geiste sein. So bin ich stets bei Euch. Beklaget mich, verdammt mich aber nicht! Schenkt Euer Mitleid einem Unglücklichen, der nirgends sicher ist, der nie sich zeigen

darf, ohne Schrecken und Verwirrung zu verbreiten. Diese Gefühle drücken mich zu Boden. Schenkt, wenn Ihr dürft, mir Eure Freundschaft, und lebt wohl!
Tränen in den Augen, verließ er das Zimmer. Ihm folgte der Baron.

Im Wäldchen hinter dem Schlosse wurde geschossen. Dragoner wurden sichtbar.
»Der rechte Flügel meines Schlosses« – sagte der Baron, – »ist an ein altes Gebäude angebaut, das ich aus mehr als einer Ursache noch nicht habe abreißen lassen. Dorthin bringe ich Euch. Dort seid Ihr sicher. Ich selbst werde es weder an Nachfrage noch an Verpflegung fehlen lassen. Den Soldaten jage ich Euch nicht entgegen. Ist der Marquis abgereist, und die Gegend ist von Soldaten geräumt, dann – mögt Ihr reisen.«
Rinaldo dankte dem Baron schweigend, mit Blick und Händedruck, und folgte ihm über den Hof. – Sie kamen in das alte Gebäude. Der Baron verschloß die Türen und ging zur Gesellschaft zurück.
Der Marquis war sehr verstimmt und nahm, mit Wiederholung seines Versprechens, Abschied. Erminia ließ sich zu Bette bringen. Die Baronin klagte Kopfweh.

Rinaldo befand sich in einem getäfelten, mit gemaltem und vergoldetem Schnitzwerke verzierten Zimmer, versehen mit wenigen und alten Möbeln. Auf einigen Wandleuchtern staken Wachslichter, welche die Zeit ihres Nichtgebrauchs ganz braun gemacht hatte. Die Seitentür des Zimmers führte in einen Saal, dessen Wände mit Familiengemälden rundherum umhangen waren.
Diese Gemälde betrachtete Rinaldo eben aufmerksam, als der Baron eintrat.
»In diesem Saale«, – sagte er, – »bin ich oft. Dies sind die Bilder meiner Ahnherren und ihrer Weiber; das meinige schließt diese Reihe. Ich sterbe ohne Sohn. Seit vierhundert Jahren blühte

mein Geschlecht unter der Republik und unter den Herzögen von Florenz. Mein Vater verließ sein Vaterland mit seinen Schätzen, kaufte dieses Schloß und hängte hier die Bilder einer Familie auf. – Dieser hier focht als General der Florentiner gegen die Venetianer; dieser diente unter Doria bei Lepanto. – Dieser war mein Vater. Ihm zur Seite hängen die Bildnisse seiner beiden Weiber. Die erste gab ihm eine Tochter und einen Sohn, der nicht mehr lebt; die zweite gebar mich. – Ehemals lebte hier die ausgestorbene Familie Sestino. Hier ist ihre Hauskapelle.«

Er öffnete die Tür. Sie traten hinein. – Es rauschte hinter einem seidenen Vorhange. Rinaldo sah den Baron an. Dieser nahm ihn bei der Hand und ging mit ihm in den Saal zurück.

Schweigend kamen beide in das Zimmer. – Der Baron ging, kam bald zurück und trug einen Korb mit Speisen und Wein. – Sie setzten sich. Der Baron begann:

»Das Geräusch in der Kapelle machte Euch aufmerksam.«

RINALDO Ist die Kapelle bewohnt?

BARON Die Zimmer hinter der Kapelle sind es.

RINALDO Wie?

BARON Seid unbesorgt! – Dort wohnt ein Wesen, das Ihr nicht zu fürchten habt. Ich bitte Euch aber, sie nicht zu beunruhigen.

RINALDO Sie?

BARON Meine unglückliche Schwester wohnt dort.

RINALDO Eure Schwester?

BARON Ein Geheimnis, von dem selbst meine Frau und meine Tochter nichts wissen. – – Euch teile ich es mit. Warum? sollt Ihr nachher erfahren. – Meine Schwester Isotta war durch ein Gelübde ihrer Mutter zum Klosterleben bestimmt, zu dem sie keine Neigung fühlte. Sie wurde mit einem Prinzen bekannt, und ihre Bekanntschaft hatte Folgen. Ihr Bruder suchte den Liebhaber seiner Schwester auf Befehl der Mutter auf. Vergebens waren Vorstellungen und Bitten; er verlangte Blut. Der Prinz mußte sich mit ihm schlagen und war so unglücklich, seinen Gegner zu erstechen. Die Mutter starb; der Vater vermählte sich zum zweitenmal und verließ Florenz. – Isotta ward hierhergebracht.

Ihren Sohn hat sie nie wieder gesehen. Er wurde auf dem Lande erzogen, ging verloren, und man weiß nicht, hat es nie erfahren können, wohin er gekommen ist.

RINALDO Und der Vater?

BARON Hat, heißt es, sein Grab in den Morgenländern gefunden. – Ich liebe meine unglückliche Schwester Isotta herzlich, und der Zufall will, daß *Ihr dieser Schwester* sehr ähnlich seht. – Ich denke jetzt nicht daran, daß Ihr Rinaldini seid. Ich sehe in Euch nur den Fremden, der meine Tochter gerettet hat. – Wo seid Ihr geboren?

RINALDO In Ostiala. Der Jüngste meiner sechs Geschwister, bin ich eines Bauern Sohn. Ein Klausner in jener Gegend, wo ich die Ziegen hütete, war mein Lehrer. Ihm verdanke ich jeden Unterricht, den ich erhielt. Seine Bücher, besonders die Biographien des Plutarch, erhitzten meine Phantasie, und die Welt der Ritterbücher war meine Lieblingswelt. Wär' ich edler geboren gewesen, wer weiß, welche glänzende Rolle ich gespielt hätte!

Der Baron schwieg. – Er ging endlich zu seiner Schwester und blieb lange bei ihr. Spät trennte er sich von seinem Gaste.

Die Sonne weckte früh den Schläfer, der gegen Morgen erst entschlummert war. Rinaldo stand auf, öffnete ein Fenster und blickte in die schön erleuchteten Fluren. Der Nebel wallte schnell, in hohen Wirbeln, die Berge hinauf. Ein Diamantenmeer flimmerte im Tale. Ergriffen von einem wehmütigen Gefühle, warf sich Rinaldo mit nassen Augen vor dem offenen Fenster nieder. Er seufzte tief auf, hob seine Augen gen Himmel und rief aus:

»O! Gottes Sonne leuchtet dieser Flur so schön! – Auch ich genieße ihre milden Blicke, und dennoch dringt kein Strahl der Freude in dieses klopfende Herz! – Ach! – Ach! überallhin werden diese Strahlen mich begleiten, und überallhin trage ich mein Herz mit mir.

»Klage nicht!« – ertönte eine Stimme hinter ihm.

Er wendete sich, sprang auf; die Tür der Kapelle war geöffnet.

Eine schwarzgekleidete Dame stand vor ihm. Er blickte sie betroffen an. Sie hob die Hand und bedeckte die Augen, indem sie sagte:

»O! dieser Spiegel blendet mich!«

Rinaldo stammelte:

»Ach! gönnt mir Eure Blicke, wie mir die wohltätige Sonne ihre Strahlen gönnt.«

Sie zog die Hand von den Augen und sagte:

»Seit beinahe dreißig Jahren sah ich kein so freundliches Bild als das deinige, Fremdling! Es tut so wohl, und dennoch schmerzt es! Diese Augen sehen mich selbst. In dir sieht sich Isotta. – Verweile hier bei mir. Ich spreche so selten mit einem Menschen. Ach! und in ein Gesicht, wie in das deinige, habe ich noch nie gesehen. – Ich hatte einen Sohn. – Nur wenige Stunden lächelte er mir! – Wie du, so müßte er jetzt aussehen. – Mein Herz will mich täuschen! – Nein! Ich weiß es ja, daß du nicht mein Sohn bist. – Mein Bruder sagte mir, du seist ein Reisender; ein unglücklicher Zweikampf halte dich hier verborgen. – Ach! auch mein Bruder fiel einst im Zweikampf! – – Solange du noch hier bist, mußt du noch viel, recht viel mit mir sprechen. Denn wenn du fortgehst, bin ich wieder allein und spreche nur zuweilen meinen Bruder und einen Klausner – er wohnt auf jenem Berge –, der durch einen verdeckten Gang, den mein Bruder ihm gezeigt hat, zweimal in jeder Woche zu mir kommt.«

Rinaldo ergriff ihre Hand und benetzte sie küssend mit seinen Tränen.

SIE Du weinst?

ER Mein Herz! mein Herz!

SIE Sonst habe ich viel geweint. Jetzt kann ich nicht mehr weinen. Die Quellen meiner Tränen sind vertrocknet. Ich habe keine Tränen mehr, die das Herz erleichtern. Nur Seufzer sind mir noch geblieben. Ich sende sie vergebens meinem Grabe zu!

ER Auch ich!

SIE Auch du!

ER O ja! Auch ich!

SIE So bist du gewiß nicht glücklich.

ER Ich war es nie!

SIE Ich beklage dich. Auch ich bin sehr unglücklich und kann nie wieder glücklich werden. Mein Gatte, mein Sohn, mein Unglück. – Ach! – – O! dieser Blick von dir! – Ach! keinen dieser Blicke mehr! Doch dieser Händedruck soll – – Gerechter Gott! –

ER Was ist dir?

SIE Was sehe ich? – Täusche ich mich nicht? – Nein! Ich sehe – O Gott!

ER Rede! –

SIE Auf deiner rechten Hand, dies sonderbare Mal –

ER Ich habe es mit auf die Welt gebracht.

SIE Dieses, ach! so sonderbare Mal – trug auch mein *Sohn* auf seiner rechten Hand. Ich war so froh, als ich es sah, dereinst ihn daran wiederzuerkennen! Ein zweites Mal, auch diesem gleich, trug mein Kind auf seinem linken Knie.

ER Hier ist das Mal! Ich trage es.

SIE Heilige Jungfrau! – Bist du deiner Mutter gewiß?

ER Eine Bäuerin. Nie nannte man mir eine andere.

SIE Nein! Sie war deine Mutter nicht. Zwei Tage warst du auf der Welt, als man dich mir entriß und dich, ich weiß es nicht wohin, brachte. – Du bist mein Sohn! Nicht diese Zeichen allein, auch mein Herz sagt es noch lauter! O! fühle diesen Schlag! An meine Brust! Du bist mein Sohn!

Der Baron trat ein. Betroffen sah er die Umarmung, blieb stehen und konnte nicht sprechen.

ISOTTA O Gott! – Ich habe wieder Tränen! Du bringst sie mir, diese Freudentränen! – Der Mutter gibst du alles wieder; auch Tränen und – dich selbst! dich selbst! –

BARON Schwester!

ISOTTA Mein Sohn!

RINALDO Meine Mutter!

BARON Ewiger Gott!

ISOTTA Er ist es! Ja, er ist es! Die Zeichen sind an ihm; er ist mein

Ebenbild; für ihn schlägt dieses Herz. – O! guter Gott! Du gabst mir Tränen wieder und den geliebten Sohn! – Wie mächtig ist dein Zauberruf, Natur! O! wer dies nie empfand, der kann's auch nicht begreifen. So belehrt der Himmel nur; so kann der Schöpfer nur belehren. O! halte dich, mein Herz! – O Gott! wie ist – Sie sank in Ohnmacht. – Als sie nach mancherlei Bemühungen wieder zu sich gebracht wurde, bat sie der Baron, auf ihrem Zimmer ein wenig zu ruhen. Sie brachten sie dahin.

Als der Baron und Rinaldo wieder in den Saal zurückkamen, warf dieser sich zitternd auf ein Sofa und stöhnte tief auf:
»O! wie ist mir!«
Der Baron ging schweigend auf und nieder, sagte endlich mit gepreßter Stimme:
»Ich muß mich sammeln. – In einigen Stunden seht Ihr mich wieder.«
Er verließ den Saal. – Rinaldo ging auf sein Zimmer, warf sich aufs Lager und weinte laut.
Als der Baron zurückkam, ging er ganz heiter auf Rinaldo zu, ergriff seine Hand und sagte:
»Was mich betrifft, so habe ich guten Rat für euch alle. Mir folgt ein Mann, der dich auch kennt und der dich sprechen will.«
»Wer ist er?« – fragte Rinaldo und dachte an den Alten von Fronteja.
Dieser aber war es nicht. Onorio trat ein. – Er war der Klausner, dessen Isotta erwähnte, der zuweilen sie besuchte. – Rinaldo flog auf ihn zu. Onorio schloß ihn in seine Arme.
ONORIO Du bist glücklich!
RINALDO Meine Mutter habe ich gefunden!
ONORIO Sie ist es.
RINALDO Du weißt es?
ONORIO Die Bäuerin, die du für deine Mutter hieltst, die dich erzog, war nicht deine Mutter. Das hat sie mir einst selbst gesagt. Übers Gebirg warst du ihr zur Erziehung zugetragen worden. Deine Pflegeeltern waren arme Leute, sie waren gezwungen, die

Kostbarkeiten, die du um dich hattest, zu Gelde zu machen. Sie fürchteten Nachfrage und flohen nach Ostiala, als du zwei Jahre alt warst. So konnte deine Mutter nichts von dir erfahren, und du bliebst der Sohn eines armen Mannes, der aus Not an deinem Eigentume sich vergriffen hatte und dies nicht zu gestehen wagte. – Ich erfuhr dies zu spät. Mein Verdruß trieb mich aus jener Klause, in der du Unterricht von mir empfingst.

RINALDO Und meinen Vater kennst du nicht?

ONORIO Ich hoffe, dein Glück wird dich ihn finden lassen.

RINALDO Du wolltest ja auf Lampidosa bleiben?

ONORIO Ich wollte, aber es sollte nicht sein. – Barbaren störten mich in meiner Ruh, und ich entfloh ihren Nachstellungen nur mit äußerster Gefahr. Dies hat mich bewogen, Lampidosa zu verlassen. Ein Schiff brachte mich auf diese Insel. Der Zufall führte mich in eine Klause, die ich noch bewohne. – Der Baron ist mein Freund; er würdigte mich seines Zutrauens, und Isotta schenkte mir ihr Vertrauen.

RINALDO O! gute Menschen! Ach! hier steht der Räuber zwischen euch.

BARON Behutsam! – Isotta darf nie wissen, nie erfahren, daß du warst, was du nie hättest werden sollen. – Schone deine Mutter!

ONORIO Schone sie, uns alle und dich selbst. – Wir haben keinen Umgang mit dem Räuber, wir lieben unsren Freund. Wir wollen sein voriges Leben nicht kennen.

RINALDO Ach! ich kann ja doch nicht bei euch bleiben.

BARON Nun kommt mein Rat, mein Vorschlag. – Weit entfernt von Italien mußt du der Mutter leben. Sie glaubt dich flüchtig eines Zweikampfs wegen; sie glaube auch, daß du deswegen diese Insel verlassen mußt. Sie gehe mit dem Sohne.

RINALDO Wohin?

BARON Ewiger Frühling lächelt auf den glücklichen Kanarischen Inseln –

RINALDO Dorthin! – O! daß wir doch schon auf dem Meere wären! daß ich, die teure Last in meinen Armen, fröhlich ans Land spräng' und ausrief: Ihr lachenden Gefilde, ein Glücklicher führt Euch seine Mutter zu! – Hinter mir läge dann der Schauplatz meiner Verbrechen, und vor mir lachte mich das Land meiner Entsündigung an. Ein neues Leben hätte einer neuen Welt mich wiedergeboren.

Erst gegen Abend sah Rinaldo seine Mutter wieder, die, gleichsam neu verjüngt, in seinen Armen lag, weidend sich an seinen Blicken. – Die Stunde der Mitternacht trennte endlich beide.
Onorio und der Baron hatten den folgenden Tag mit Isotta alles abgeredet. Diese willigte mit Vergnügen darein, mit ihrem Sohne Sardinien zu verlassen. Der Zweikampf blieb der Vorwand der Verkleidung, mit der Rinaldo sich umgeben mußte. Auch Isotta nahm Pilgerkleider. Beide gaben eine Wallfahrt vor, zum Wunderbilde der hochheiligen Helferin zu Babato auf Malta.
Der Baron besorgte Kleider und füllte die Kasse seiner Schwester wohl. – Endlich hatte er auch ein englisches Schiff gefunden, und der Tag zur Abreise war festgesetzt.
Schmerzlich war die Trennung der Geschwister; Onorios matte Augen glänzten in Tränen; man schluchzte laut und hatte keine Worte als ein dumpfes Lebewohl!
»Reiset glücklich!« – schluchzte endlich der Baron und riß sich aus den Armen los, die ihn scheidend umfingen.
»Reiset glücklich!« – wiederholte Onorio.
»Lebet wohl!« – schluchzte Isotta.
»Lebet wohl!« – stöhnte Rinaldini.

Achtzehntes Buch

Wenn nun alle Sterne prangen,
Die dir glänzen sollen, sinkt
Deine Sonne; aufgegangen
Ist der Mond; die Sichel winkt!

Schon waren Isotta und Rinaldini auf dem Schiffe. Die Anker wurden gelichtet; ein günstiger Wind schwellte die Segel; das Schiff flog aus dem Hafen ins Meer. Das Kastell lag in der Ferne; die Türme wurden kleiner; das Land verschwand.

Einer Wolke gleich lag die Insel den Schiffenden im Rücken. Rund umfangen mit der unermeßlichen Fläche des Meers, umgeben mit dem ausgedehnten Gewölbe des Himmels schwebte lustig dahin das Schiff über die glatten Wellen; ein frischer Süd-Ostwind blies in die runden Segel. Schnell durchschnitt der Kiel die braunen Fluten.

Rinaldo ergriff die Guitarre. Jetzt erwachte sie wieder in ihm, die Liebe zum Gesang, er fühlte sich begeistert; er spielte und sang:

Wie ein Schiff durch Meeres-Wellen,
Schwebt das Leben durch die Zeit.
Dieses Schiffes Segel schwellen
Zufall und Gelegenheit.

Wünsche sitzen an dem Steuer,
Hoffnung hält den Anker fest.
Der ersehnten Liebe Feuer
Wird dem Schifflein sanfter West.

Doch des Unglücks Stürme brechen
Bald herein von Ost und Nord,
Wellen drohen zu zerbrechen
Des bedrohten Schiffes Bord.

Endlich lächelt doch der Hafen
Und das längst ersehnte Land.
Wenn sich Wunsch und Hoffnung trafen
Gab der Zufall oft die Hand.

Stille Sehnsucht blickt zum Strande,
Und die Freude schwebt zum Port;
Beide finden nun am Lande
Den gewünschten Freuden-Ort.

Ha! die klaren Zwillings-Sterne
Lächeln an dem Äther mir.
Fremdes Land! in schöner Ferne,
Such ich meinen Port in dir!

»In der Tat« – sagte der Kapitän, – »das Liedchen hat mir gefallen, und der Herr Passagier singt recht gut! Mein God save the King! schnurre ich wohl auch mit weg, aber so künstlich brächte ich keinen Gesang heraus. – Wir müssen eine Bouteille Zypernwein miteinander ausstechen!«
Das geschah, und der Kapitain erzählte seine See-Abenteuer. – Im Schiffe war die ganze Mannschaft munter und vergnügt.
Diese Freude dauerte aber nur einige Tage. Ganz unerwartet brach eines Tages gegen Abend wütend der Sturm los und schleuderte das Schiff von seinem Laufe weit ab. – Es flog zwischen den Liparischen Inseln durch, nahe an Palmaria vorbei. Umsonst versuchte man einzulaufen. Drei Tage schwebte das Schiff im Sturme umher. Endlich gelang es, aber nur mit großer Anstrengung, bei Capo di Calaro auf Sizilien die Anker auszuwerfen, das Schiff festzumachen.

Isotta war seekrank. Sie mußte ans Land gebracht werden. Bekümmert folgte ihr Rinaldo nach Sinagra, in eine ihm bekannte Gegend.
»So bin ich denn wieder, wo ich war!« – rief er aus. – »Hierher

soll ich die Mutter führen, wo mein Fuß so oft schon wandelte, und ach! in welcher Gestalt! – Wieder in Sizilien! Wieder in Gegenden, die mich einst als Räuber sahen! – Und hier sollte ich unerkannt bleiben können? – – Die Mutter kann ich nicht verlassen! Es komme über mich, was beschlossen ist!«

Er konnte nicht zu Schiffe gehen. Der Kapitän mußte nach zwei Tag ohne ihn wieder in die See stechen.

Isotta wurde kränker. Sinagra lag zu nahe an der Küste; die Kranke mußte tiefer ins Land gebracht werden.

»Ach!« – seufzte Rinaldo. – »Dieses sind die mir so wohlbekannten Berge von Remata.«

Er mietete sich in einem kleinen Landhause ein und nahm eine Wärterin für seine kranke Mutter an.

Täglich schweifte er umher und konnte es sich nicht verwehren, auf bekannten Plätzen zu verweilen. – Zitternd bestieg er die bekannten Berge und blickte nach dem Schlosse, aus welchem sein Bekenntnis einst ihn trieb, als Dianora glücklich sich an seiner Seite wähnte.

»Dort liegt das Schloß!« – seufzte er. – »Ich erblicke die bekannten Mauern, die Brücke, den Turm – und, ach! sehe mich dem allen gegenüber in Angst, Verlegenheit und Besorgnis!«

Langsam ging er weiter und nahte sich schon dem Berge, auf dessen Scheitel das Schloß sich erhob. Die goldenen Fähnchen auf den Türmen blitzten ihm entgegen. – Am Fuße des Berges warf er unter einem Baume sich nieder und wagte es nicht, weiterzugehen. In tiefe Betrachtungen verloren, schlummerte er endlich ein. Ängstliche Träume quälten ihn. Er sah Dianoren, sah seinen Sohn, und dieser zückte gegen ihn den Dolch. Er schrie:

»Halt ein! Ich bin dein Vater. Laß mich leben! Für meine Mutter laß mich leben!«

Er erwachte, trocknete den Schweiß sich von der Stirn, erhob seine Augen – sprang erschrocken auf und schrie:

»Was ist das? – Heiliger Gott! – Dich, – dich sehe ich hier?«

Vor ihm stand der Alte von Fronteja in ländlicher Landestracht.

Er nahte sich ihm.
»Ich kenne diese Stimme!«
»O ja! Du kennst auch mich, wie ich dich kenne!
»Jetzt weiß ich, wer du bist.«
»Ich weiß es, leider! auch.«
»Sehr unkenntlich hast du dich gemacht. Nur ich konnte dich erkennen.«
»Und du bist in Sizilien?«
»So frage ich dich.«
»Sturm und Unglück trieben mich hierher.«
»Ich hoffe – in den Hafen. Wenigstens in Freundes Arme führe dich das ewig über uns waltende Geschick. – Kaum zwanzig Schritte weit von hier liegt meine kleine Wohnung. Dorthin folge mir.«

»Mein Sohn!« – begann der Alte, als sie in seiner Wohnung angekommen waren. – »In diesem kleinen Hause heiße ich auch jetzt dich willkommen! ebenso herzlich, als ich in Palästen dich sonst willkommen hieß. Wie hat mein Herz sich nach dir gesehnt! Deinetwegen habe ich viele Tränen vergossen, die aber alle nun vertrocknen, da ich dich wieder in meine Arme schließen kann. – Wir sehen uns wieder!«
»O! daß wir uns glücklich nennen könnten!« – seufzte Rinaldo.
»Sind wir es nicht?«
»Ach! wer weiß, welch ein neues Unglück uns beweist, daß wir es nicht sind!«
»Was man nicht wünscht, muß man nicht denken. Ich lebe etwas länger schon als du und weiß, was der Mensch zu tun hat, um ruhig zu leben. – Du siehst mich hier als Landmann; was mich umgibt, ist ländlich. Hier denke ich, oder wenigstens doch in diesem Zustande, wenn auch anderswo, zu sterben, ob ich gleich seit meiner Geburt mehr auf seidenen Polstern als auf dem einfachen Lager eines Landsmanns lag.«
»Bist du ein Prinz, wie man sagt?«
»Höre meine Geschichte, und erfahre, wer ich bin; erfahre, was

du jetzt erfahren kannst, und nimm mein Wort, daß du die reinste Wahrheit hörst. Ich will dir nichts verhehlen; du sollst alles wissen. – Höre!«

GESCHICHTE
DES
ALTEN VON FRONTEJA

»Gegen seines Vaters Wissen und Willen trieb den Prinz Anselmo Sansovini sein Mut in den Krieg. Ungestüm klopfte sein Herz den Waffentaten entgegen. Er diente und focht, ein Edelmann, ohne sich zu erkennen zu geben, als Volontair gegen die Türken. In einer heißen Schlacht ward er verwundet und gefangengenommen. – Zufällig sah ihn der Seraskier. Seine Bildung gefiel ihm; er nahm sich seiner an, ließ ihn kurieren und schickte ihn dem Großwesir zu. – Dieser fand ebensoviel Vergnügen an seinem Gefangenen als der Seraskier, unterhielt sich oft mit ihm, bewunderte seine Kenntnisse, seinen Verstand und wurde ganz zu seinem Vorteile von ihm eingenommen.«

»Der Großherr kam eben damals selbst zur Armee. Der Wesir stellte seinen Gefangenen seinem Souverän vor. Auch dieser schenkte demselben seine Gnade und nahm ihn, als er die Armee verließ, mit nach Konstantinopel.«

»Ich vermeide alle Weitläufigkeiten und sage daher nur ganz kurz, daß Anselmo der Liebling des Großherrn und endlich sogar sein Vertrauter wurde.«

»In Adrianopel erhielt er Gelegenheit, eine von den Schwestern des Sultans genauer kennenzulernen, als es hätte sein sollen. Dieser verbotene Umgang drohte bald mit einem lauten Zeugen und erhöhte die Verlegenheit der Liebenden auf den höchsten Grad. Sie wagten endlich einen kühnen Schritt, den besten, den sie, wie sie meinten, wagen konnten und mußten. – Anselmo und Fardina warfen sich dem Sultan zu Füßen. Sie machten ihn selbst zum Vertrauten ihres Glücks und ihres Unglücks.«

»Der Großherr wollte sich anfangs den Ausbrüchen des höchsten Zorns überlassen und fuhr schon nach dem Säbel, sie beide selbst zu bestrafen, als Fardina mit den Worten des Korans ihm zurief: »Gott ist barmherzig, und die Menschen sind sein Ebenbild!« – Der Großherr hörte die Worte des Propheten, faßte sich, zog die Hand von dem Säbel und kündigte ihnen ihr Urteil an.«

»Anselmo, der seinen Stand entdeckt hatte, ward einem venetianischen Schiffe übergeben. Er ging nach Malta, wo er das Kreuz annahm.«

»Fardina ward nach Syrien verwiesen. – Zu Damaskus gebar sie einen Sohn, den der Bassia einem griechischen Priester übergab, der ihn erziehen ließ, und als er acht Jahre alt war, ihn nach Griechenland schickte. Hier ward der Knabe einem weisen Manne übergeben, der die Weisheit der alten und neuen Zeit in sich vereinigte und der seinen Zögling so gelehrig fand, als er es sich nur wünschen konnte.«

»Siebzehn Jahre alt war der Knabe, als er mit seinem Lehrer auf Reisen ging. Beide durchreisten ganz Griechenland, gingen nach Ägypten, durchstreiften die Sandwüsten, besuchten die Oasis des Ammonstempels, bewunderten die Pracht der Pyramiden und studierten unter Thebens Ruinen die Überbleibsel der Mysterien der Ceres und Proserpina.«

»Dieser Knabe, den du jetzt auf Reisen siehst, ist der Mann, der mit dir spricht. *Ich bin es.* – Ich bin Nicanor, der Sohn der Sultanin Fardina.«

Hier entstand eine kurze Pause, nach welcher der Alte in seiner Erzählung fortfuhr:

»Zwanzig Jahre war ich alt, als mich mein Lehrer nach Damaskus führte und mich dem Bassa übergab. Dieser erklärte mir das Geheimnis meiner Geburt und brachte mich zu meiner Mutter.«

Rinaldo seufzte tief auf. Der Alte sah ihn fragend an. Aber erzählte endlich weiter:

»Wie zärtlich empfing mich diese gute Mutter! – Ach! ich fand sie krank.« –

»Krank?« – rief Rinaldo aus.

Der Alte sah vor sich nieder und sprach mit gebrochener Stimme weiter:

»Sie starb in meinen Armen. – Ich küßte ihre brechenden Augen und begleitete die Entseelte zu ihrem kostbaren Mausoleum, bei der Moschee der Sultane. – Sie hinterließ mir ihre Schätze.«

Er verhüllte sein Gesicht, und als er es wieder enthüllte, glänzten Tränen in seinen Augen. – Rinaldos Augen waren naß; er blickte tief gerührt zur Erde. – Endlich faßte der Alte sich wieder und sprach weiter:

»Ich verließ Syrien, durchzog Indien und Persien, studierte die Theologie der Brahminen und die Lehrsätze des Zenda Vesta der Parsen. Selbst China habe ich durchzogen. Ich kannte nun die emblematische Mythologie verschiedener Völker und ging nach Europa zurück.«

»In meinem sechsundzwanzigsten Lebensjahre kam ich nach Malta und warf mich in die Arme meines Vaters. Dieser versah mich mit Empfehlungen und sendete mich nach Rom. – Leider! folgte mir dahin bald die Nachricht von seinem Tode nach. Mir blieb nun von meinen Eltern nichts mehr übrig als ihr mir noch immer heiliges Andenken und ihre Schätze.«

»Rom war kein Ort für meinen Geist, für meine Wissenschaften. Ich ging nach Florenz. Dort wurde ich mit einem Fräulein bekannt, das ihre Eltern zum Kloster bestimmt hatten. Wir sahen, wir liebten uns. – Die Wachsamkeit der Eltern wurde hintergangen. Wir waren glücklich, um unglücklich zu werden. – Ihr Bruder nahm sich der verletzten Ehre seines Hauses an, er hörte nicht auf meine Vorschläge, verwarf meine Bitten, mit seiner Schwester ehelich mich zu vereinigen, und zwang mich zum Zweikampf. Er fiel. – Ich floh in die Schweiz, um den Nachstellungen der Familie zu entgehen. – Ich durchreiste Frankreich, durchzog Spanien und Portugal und ging endlich nach sechs Jahren nach Italien zurück. – In Venedig erfuhr ich, meine Geliebte sei Mutter eines Sohnes geworden. Ihr Vater hatte Florenz verlassen. – Ich eilte dahin. Eine alte Wärterin meiner Geliebten gab mir die Versicherung, mein Sohn werde auf dem Lande erzogen; wohin die Mutter gekommen war, wußte sie nicht. – Vergebens suchte ich zwölf Jahre hindurch

Weib und Kind und fand sie nicht! – Allenthalben suchte ich meinen Sohn auf, mit Vaterliebe, und endlich – fand ich ihn.«

»Du fandest ihn?« – fragte Rinaldo schnell, mit sichtbarer Unruhe.

Der Alte fuhr fort:

»Ja! – Ich fand ihn. – Aber wo?«

»Wo?«

»Ach! ich fand ihn an der Spitze einer Räuberbande.«

»Großer Gott!« – schrie Rinaldo. Gelassen sagte der Alte: »Du – du selbst bist mein Sohn.«

RINALDO Ich bin dein Sohn?«

NICANOR Dies erklärt dir alles, was ich für dich tat und was ich nicht für dich tun konnte.

RINALDO Mein Vater!

NICANOR Mein Sohn! – In meinen Armen starb meine gute Mutter! – Das Schicksal will's, ich soll in meines Sohnes Armen sterben!

RINALDO Ach! mein Vater! Du weißt nicht, kannst nicht ahnen –

NICANOR Ich hoffe es, daß wir uns nun nie wieder trennen werden. Ein Etwas sagt mir, deine Hände werden meine Augen schließen.

RINALDO Nein, Vater! nein! – Der Sohn reifte früher dem Tode.

NICANOR Sei ruhig! Du kannst nun nur in Vaterarmen sterben. Ich drücke dich an dieses Herz, entsage allen Gaukelspielen meines bunten, abenteuerlichen Wallens in dieser Welt und trenne mich nun auch selbst im Tode nicht mehr von dir!

RINALDO O Mutter!

NICANOR Ach!

RINALDO Isotta!

NICANOR Wie? – Isotta nennst du deine Mutter?

RINALDO Isotta Moniermi.

NICANOR Dies ist ihr Name. – Wer sagte dir den Namen deiner Mutter?

RINALDO Sie selbst.

NICANOR Sie selbst? Isotta selbst?

RINALDO O! meine gute Mutter!

NICANOR Wo sprachst du sie? – Lebt sie noch? –

RINALDO Sie lebt.

NICANOR Wo?

RINALDO Nicht weit von hier. – Mit mir kam sie hierher.

NICANOR Nach Sizilien? Hierher? – Und sie lebt? – O! sieh! Die Freude macht mich jung. Ich denke nicht mehr an den Tod. Isotta lebt? Für sie will ich leben! – O! führe mich zu ihr! – Ich übersteige die Gebirge, ich eile ihr zu, ich drücke sie an meine Brust. Isotta! meine Liebe! Dich, dich soll Nicanor wiederfinden? Dich Totgeglaubte soll er sehen, an sein Herz soll er dich drücken? – O! zaudre nicht! Du fühlst es nicht, was ich empfinde! Du hast sie schon gefunden, ich aber suche sie noch. – Fort! Fort zu ihr!

RINALDO O! fasse dich! – Laß mich zu Worte kommen und höre mich.

Rinaldo erzählte seinem Vater alles, was wir schon wissen, schilderte ihm den Zustand seiner Mutter und bat ihn, durch seine schnelle Erscheinung ihr nicht den Tod zu geben. – Nicanor sah wohl ein, daß er seiner Ungeduld, Isotta jetzt zu sehen, entsagen müsse. Beide redeten nun ab, wie sie auf eine solche Erscheinung und Zusammenkunft vorzubereiten sei.

So schieden sie, und Rinaldo eilte zu seiner Mutter.

Er fand sie über seine lange Abwesenheit unruhig. Mit der Erzählung, einen alten Bekannten getroffen zu haben, beruhigte er sie.

Den folgenden Morgen kam ihm Nicanor auf halbem Wege entgegen. Er gab ihm Kräuter und einen Trank.

»Diesen Trank« – sagte er, – »zu verfertigen, lernte ich von einem alten koptischen Priester, der noch die koptische Sprache sprechen konnte und verborgen unter den Ruinen von Theben lebte. Dort suchten ihn nur Kranke auf. Er half denselben. Die Kräuter, die ich dir gebe, wachsen in Hennas blumenreichen Feldern, aber sie wachsen auch um die Quellen des Nils. Ein Abessinier, den ich in Mecca kennenlernte, machte mich mit ihren Kräften bekannt. – Gebrauche beides, stärke deine Mutter, bereite sie vor und laß mich bald wieder meine liebe Isotta umarmen. – Hoffnungen und Wünsche beleben meine Brust wie die Brust eines Jünglings. Des Lebens schönster Traum schlingt seinen Mohnkranz aufs neue um meine Sinne, ich spreche das Zauberwort *Liebe* mit Entzücken aus, und alle meine Sinne wiegen sich in sanfter Zärtlichkeit! – O mein Sohn! die Sehnsucht tötet mich, wenn ich die Treugeliebte nicht bald an diesen klopfenden Busen drücken kann. – Eile! bringe der Geliebten diese heilsamen Tropfen. Gegen Abend sprechen wir uns hier auf diesem Platze wieder.«

Rinaldo erfüllte den Willen seines Vaters. Isotta nahm den Trank und fiel in einen tiefen Schlaf. Gestärkt erwachte sie in einigen Stunden wieder und befand sich wohl. – Mit dieser Nachricht eilte der frohe Sohn zum harrenden Vater. Freudig ergriff dieser seine Hand und rief aus: »Bald werde ich glücklich sein!«

Rinaldo hob seine Blicke zu dem bekannten Schlosse und seufzte: »Auch ich war einst glücklich!«

NICANOR Die Rückerinnerung schenkt schöne Freuden. Sie ist dem Monde gleich, der uns die Sonne gibt.

RINALDO Ist dieses Schloß jetzt bewohnt?

NICANOR Ich glaube wohl, doch weiß ich es nicht gewiß. – Laß uns von deiner Mutter sprechen! – Morgen wird sie ihr Lager verlassen; du bereitest sie ein wenig vor, und ich erscheine.

RINALDO Nur nicht zu rasch!

NICANOR Sei ohne Sorge! Ich kenne die Kräfte des Trankes, und hier gebe ich dir noch ein Elixir. Dieses wird alles vollenden. Nichts Kräftigeres hat die Natur; es ist die Quintessenz von allen ihren heilenden Kräften.

So fand es sich. – Isotta verließ am folgenden Morgen ihr Lager und wußte nichts von Krankheit mehr.

ISOTTA O! mein Sohn, woher hast du diese Wundertropfen?

RINALDO Es gab sie mir ein alter Freund, den ich ganz unvermutet in diesen Bergen fand.

ISOTTA Gott segne ihn; er ist der Retter meines Lebens; er gab dir deine Mutter wieder. – Ich muß ihm danken, führe mich zu ihm! – Der gerettete Kranke versteht es am besten, seinem Arzte zu danken. Wie nennt sich dieser Freund?

RINALDO Nicanor.

ISOTTA Nicanor? – Wie? Nicanor? – Ach! dieser Name sagt mir schon, daß er mein Retter sein konnte. – Nicanor hieß der Mann, der dieses Herzens schönste Freude war. Nicanor hieß dein Vater. – Um dieses Namens willen liebe ihn, mein Sohn!

RINALDO Er ist ein sehr erfahrner Mann. Seine Wissenschaft stammt aus den Morgenländern.

ISOTTA Die kannte auch dein Vater. Sie waren seine Wiege. Dort wuchs er auf, und dort – ruhen auch, – sagt man, – seine Gebeine.

RINALDO Das wißt Ihr nicht gewiß?

ISOTTA Gewißheit habe ich nicht.

RINALDO Vielleicht lebt er noch in jenen Ländern.

ISOTTA Das wünscht mein Herz, und glaubt es doch nicht.

RINALDO Wenn wir ihn nun irgendwo fänden, wenn er auf jenen glücklichen Inseln –

ISOTTA Ich hoffe nichts.

RINALDO Du hast den Sohn gefunden, laß mir, gib dir ihn selbst, den süßen Wahn, den Vater auch zu finden!

ISOTTA O! nähre du diese Hoffnung allein! – Ich habe ihr entsagt. – Zu deinem Freunde führe mich!

RINALDO Er kommt zu uns. Er will die Kranke sehen.

ISOTTA Nicanor! der süße Zufall gab dir diesen Namen, und deine Wissenschaft ein Gott. – Stammt dieser Mann aus diesem Lande? Nennt er sich nur Nicanor?

RINALDO Nicanor Sansovini.

ISOTTA Sansovini? – Nicanor Sansovini? – – Mein Sohn! – Er ist dein Vater.

RINALDO Er ist es.

ISOTTA O Gott! – Ach! Sansovini – Sie sank in ihres Sohnes Arme. Der Vater trat herein bei ihrer letzten Rede. Er drückte

sprachlos sie an seine Brust. Tränen rollten über seine Wangen. Isotta weinte Freudentränen, und mit ihr der gerührte Sohn. – Stumm blieb die ganze Szene, bis Nicanor endlich sprach:
»Die Mutter weinte, als sie den Sohn wiederfand, sie weint, da sie den Gatten findet; wir weinen mit ihr. Es sind Tränen des Entzückens. Die Wahrheit unserer Empfindungen beglaubigt sich in Tränen. Sie sind das älteste Siegel der Wahrheit, ein Pfandbrief, der im Herzen gelöst und mit den Augen ausgeliefert wird.«

Nicanor und Isotta waren nun allein. Rinaldo schweifte auf den Bergen umher.
»Darf ich mit frohem Herzen, o goldene Sonne!« – rief er aus, – »dich wieder begrüßen? Beleben diese mächtigen Strahlen mit frohen Hoffnungen mein Herz, oder sind es bange Erwartungen, die es heben? – Du lächelst ja so mild, freundliches Licht der Welt! Ach ja! du lächelst auch mir!«
Er stieg hinab ins Tal. Dann erstieg er mit zitternden Füßen den Berg, auf welchem das Schloß lag. – Schon war er an der Zugbrücke. – Dort spielte ein freundlicher Knabe mit bunten Steinchen, ein schäkerndes Windspiel neben ihm.
Beherzt sah der Knabe den Fremden an und fragte: »Was willst du, fremder Mann?«
Rinaldo konnte nicht antworten. Tränen erstickten die Sprache; sein Herz drohte den Busen zu zersprengen. – Der Knabe wurde freundlich und sagte:
»Weine nicht! – Ich hole dir Brot und Geld.«
Damit sprang er über die Zugbrücke ins Schloß. Rinaldo warf sich zu Boden und schluchzte laut.
»O! brich, mein Herz! Ihr Augen, schmelzt in Tränen! – Ihr saht meinen Sohn!«
Er wankte auf, lehnte sich an einen Baum und blickte gen Himmel sprachlos, mit bebenden Lippen. – Der Knabe kam zurück, brachte ihm ein Stück Brot und Geld, und sagte freundlich: »Da, nimm! – Weine nicht mehr. Gott wird dir helfen. Er verläßt keinen Menschen.«

»O! guter, lieber Knabe!« – stammelte Rinaldo. – »Ich danke dir! – Ach! du weißt nicht, wem du diese Gabe gibst! – Ich danke dir!«

KNABE Du bist ein armer Mann –

RINALDO Jawohl! ein *armer* Mann bin ich! Doch dieser Augenblick macht mich sehr reich.

KNABE Es ist nur wenig Geld, was ich dir geben kann; es ist das letzte aus meiner Sparbüchse. Morgen bekomme ich erst wieder Geld, und wenn du morgen wiederkommen willst, sollst du mehr bekommen.

RINALDO Gutes Kind! Dies ist schon allzuviel für mich, um mich glücklich zu machen.

KNABE Wo kommst du her?

RINALDO Weit übers Meer.

KNABE Was suchst du hier?

RINALDO Einen Sohn.

KNABE Ist er noch klein?

RINALDO So groß und alt wie du.

KNABE Der muß sich weit verlaufen haben! Ich bleibe fein vor unserm Schlosse und gehe nicht weg von hier.

RINALDO Aber doch zuweilen mit der Mutter?

»Lionardo!« – rief eine weibliche Stimme.

»Die Tante ruft!« – sagte der Knabe und sprang über die Brücke ins Schloß zurück.

Wie verfolgt, eilte Rinaldo hinab ins Tal, über die Berge, in seine Wohnung zurück.

Isotta schlummerte. Nicanor trat ihm fragend entgegen:

»Was hast du?«

»Ach Vater!«

»Was ist dir? – Du zitterst? –«

»Vater! Was ich gesehen habe –«

»Was?«

»Vater! Ich habe meinen Sohn gesehen.«

»Deinen Sohn?«

»Dieses Brot, dieses Geld reichte er mir, hielt mich für einen

Bettler und wußte nicht, wie reich ich war in diesem Augenblick.«
»Du sahst den Sohn allein?«
»Allein. – Gott sah sein Herz. O! wohltätiger, guter Knabe!«
»Gingst du ins Schloß?«
»Nein. – Ich sprach den Knaben vor der Zugbrücke. – O Vater! mein Herz! – Ich sah den Sohn!«
»Werde ruhig!«
»Wie kann ich dieses Herz beruhigen? Es klopft nach meinem Kinde.«
»Fasse dich!«
»Ist das möglich?«
»Übereile dich nicht!«
»Kann Vaterliebe sich übereilen?«
»In deiner Lage, ja! – Entdecke dich dem Knaben nicht, du könntest ihn verlieren, du könntest deine schönsten Hoffnungen vernichten.«
»O mein Lionardo! Dich soll ich nicht an meinen Busen drücken?«
»Nur nicht zu rasch! – Der Knabe ist nicht dein allein.«
»Ich bin Vater.«
»Ist dies des Knaben Glück?«
»Das meinige.«
»So störe das seinige nicht. – Fasse dich, werde ruhig, und dann wollen wir zusammen von den Maßregeln sprechen, die du zu nehmen hast. – Jetzt keine Übereilung! – Dir ist es nicht vergönnt, hier rasch einherzutreten. Dein Schritt sei sicher und nicht übereilt. Hier ist ein rasches Spiel verloren. Gehst du langsam, so ist vielleicht noch alles zu gewinnen. – Noch einmal, Sohn! überlege, und übereile dich nicht.«

Rinaldo konnte kaum den Morgen erwarten. Er eilte nach dem Schlosse.
Der liebe Lionardo saß spielend mit seinem Windspiel vor der Brücke. – Rinaldo nahte sich ihm kaum, als er aufsprang, zu ihm trat und ihm Geld gab.

»Da hast du mehr, als ich dir gestern geben konnte«, – sagte er. Rinaldo dankte, sah auf die Erde und sagte: »Du spielst mit schönen, bunten, glänzenden Steinen!«
»Willst du sie haben?« – fragte der Knabe schnell.
»Ach nein!« – antwortete Rinaldo, – »aber ich mag solche Steinchen gern sehen.«
Indem er das sagte und unter den Steinchen wühlte, schob er einen, der ehemaligen Besitzerin wohlbekannten Ring unter dieselben; ein Saphir, umgeben mit Diamanten; drüber auf Golde, zwischen einem doppelten Triangel, die Devise: Nuestro Amor Es Immortal, welche auch der Siegelring des Alten von Fronteja hatte; in der Mitte das Zeichen des Schweigens, die Rose. – Hierauf unterhielt er sich mit ihm, bis der Knabe, des Fragens und Antwortens müde, wieder nach seinen Steinchen griff. Er fand den Ring, sah ihn verwunderungsvoll an und fragte:
»Was ist das? – Das ist ja ein Ring!«
»Den mußt du deiner Tante bringen«, – sagte Rinaldo. – Die wird sich sehr darüber freuen.«
»Das ist auch wahr!« – rief der Knabe aus und eilte ins Schloß.
Rinaldo zog ein Pulver aus der Tasche und machte sich dadurch noch unkenntlicher, als er schon war. – Lionardo kam mit der Tante zurück. Er zeigte auf den Unbekannten, der vor der Brücke lag, und sagte:
»Der Mann war dabei! – Der Ring lag unter meinen Steinchen.«
»Guter Freund!« – rief die Dame, – »kommt doch näher!«
Rinaldo blickte auf. Es war Violanta, die mit dem Knaben kam. Gelassen sagte er:
»Ich habe es gesehen. Der Kleine hat den Ring unter diesen bunten Steinchen gefunden.«
Violanta trat näher, sah ihn forschend an und fragte: »Der Knabe fand den Ring?«
»Er fand ihn.«
»Und du – machtest keine Ansprüche daran?«
»Er gehörte nicht mir.«

»Auch nicht an das: Nuestro es amor immortal, an den Saphir und die Diamanten? Wie kamst du dazu? – Du scheinst doch arm zu sein?«

»Arm bin ich, und ich bin auch reich. Wer wenig braucht, hat stets Überfluß.«

»Wer bist du?«

»Ein Waller.«

LIONARDO Er sucht seinen Sohn.

VIOLANTA Seinen Sohn?

LIONARDO Ja. – Weit kommt er übers Meer ihn aufzusuchen. Das hat er mir gestern schon erzählt.

VIOLANTA Gestern schon? – Mein Freund, rede er selbst. – Was sucht er hier? Was hat er mit dem Kinde zu sprechen? – Warum kam er heute wieder hierher? Wir haben Mittel, ihn zum Geständnis zu bringen, wenn er nicht sprechen will. Es gibt viel schlechtes Gesindel hier herum, und sein Aufzug – verkündet eben nichts Erfreuliches.

LIONARDO Liebe Tante! sei nicht so zornig. Der arme Mann ist ja unglücklich. Gib ihm etwas, und laß ihn gehen.

VIOLANTA Will Er nicht sprechen?

RINALDO Was soll ich sprechen?

VIOLANTA Er ist verdächtig!

RINALDO Ich? – Ach Gott! – Signora! ist das Unglück verdächtig? Ihr wißt nicht, wie mir zumute ist. – Seid nicht so hart!

LIONARDO Er weint. – Der arme Mann! Ich will ihm noch etwas geben. – Sieh, Tante! sieh! – Er weint!

VIOLANTA Verstellung!

Sie sah hinter sich, winkte und zwei Diener kamen herbei.

»Nehmt diesen Bettler fest!« – sagte sie.

»Laßt ihn gehen!« – schrie der Knabe, indem er sich von Violanten losmachte, und zwischen Rinaldo und die Bedienten trat.

»Was willst du?« – fragte Violanta zornig, indem sie ihn zurückzog.

»Das Kind« – sagte Rinaldo, – »weiß wohl, was es tut. Der Himmel gibt ihm es ein, die Unschuld zu verteidigen. – Signora!

F. Penzel del. & fec. 1802.

übereilt Euch nicht. Die Menschen sind nicht immer, was sie zu sein scheinen. So ist es auch mit mir.«

VIOLANTA Ihr habt Geheimnisse?

RINALDO Habt Ihr keine?

VIOLANTA Warum eine solche Gegenfrage?

RINALDO Erlaubt sie mir. – Wenn ich Eure Geheimnisse ehre, so ehret auch die meinigen. Es sind Geheimnisse eines Unglücklichen, der aber das nicht ist, wofür Ihr ihn haltet.

VIOLANTA Von Euch kommt dieser Ring!

RINALDO Der Knabe fand ihn.

VIOLANTA Wer kann das glauben?

Der Alte von Fronteja trat herzu, in prächtiger spanischer Tracht, wendete sich gegen Rinaldo und sagte:

»Nun weiß ich, wer du bist! Du folgst ohne Widerrede meinen Leuten, oder du bist verloren.«

Der Knabe bat: »Ach! tut dem armen Manne nichts!«

Nicanor küßte den Knaben und sagte freundlich: »Auf deine Vorbitte soll er ohne die verdiente Strafe davonkommen.«

»Ihr kennt ihn?« – fragte Violanta.

»Ich kenne ihn« – sagte Nicanor und streckte die Hand gegen die Gebirge aus.

Rinaldo verstand diesen Befehl. Er ging langsam davon. Lionardo rief ihm nach: »Lebe wohl, du armer Mann!«*)

Rinaldo streckte seine Hand nach ihm aus und schluchzte: »Gott segne dich!«

Nicanor nahm Violantens Arm und ging mit ihr ins Schloß. – Rinaldo sah ihnen nach. – Die Zugbrücke ward aufgezogen.

Er kam in seine Wohnung, reinigte sein Gesicht und sprach ganz gelassen, doch sehr zerstreut, wie diese selbst bemerkte, mit seiner Mutter. Bald aber suchte er das Feuer, setzte sich unter einen Baum, der vor seiner Wohnung stand, und sah, in Gedan-

*) Die Erzählung seiner nachherigen Schicksale, das Leben, Weben und Streben dieses Knaben finden die Leser in dem Buche: Lionardo Monte Bello; oder: der Carbonari-Bund. Leipzig, 1823. Dahin muß ich hier dieselben verweisen.

ken verloren, hinaus in die Ferne. – So bemerkte er kaum, daß ein Mann neben ihm stand, der ihn genau besah. – Endlich fielen Rinaldos Blicke auf den Gaffer. Er fragte: »Was suchst du hier?«

»Ich suche nichts«, – war die Antwort, – »als einen Schatz.«

»Den wirst du hier wohl schwerlich finden.«

»Es träumte mir in voriger Nacht, der Schatz stehe unter diesem Baume, und ich sollte ihn heben.«

»So mußt du nachgraben.«

»Erst will ich darüber mit einem Kapuziner sprechen. Ist ein Teufel dabei, so muß er beschworen werden, sonst bekomme ich nichts.«

Damit ging er fort. Rinaldo sprang auf, seinem Vater entgegen, der eben, wieder in seine ländliche Tracht gekleidet, auf ihn zukam.

»O Vater!« – rief Rinaldo ihm entgegen. – »Ihr wart im Schlosse bekannt, wußtet alles und sagtet mir nichts davon!«

NICANOR Zu seiner Zeit hättest du alles erfahren.

RINALDO Ist Dianora in dem Schlosse?

NICANOR Sie ist im Schlosse. – Seit dem Tode des Prinzen della Roccella verließ sie Lipari und begab sich hierher.

RINALDO Weiß sie, daß ich hier bin?

NICANOR Nein. – Sie wird es aber erfahren.

RINALDO Doch bald?

NICANOR Binnen drei Tagen wirst du sie sprechen. – Ich habe ihr meinen wahren Namen und Stand entdeckt; ich habe ihr gesagt, daß ich meine Gattin gefunden habe und habe die gute Seele bereitwillig gefunden, sich mit uns nach den Kanarischen Inseln einzuschiffen. – Morgen führe ich deine Mutter aufs Schloß. Violanten habe ich alles vertraut. Morgen wirst du sie sprechen. – Jetzt laß uns zu deiner Mutter gehen. Noch darf sie von allem, was vorgeht, nichts erfahren. Alles bleibt unter uns.

Nicanor führte den folgenden Tag seine Gattin auf Dianorens Schloß. – Vor der Brücke erschien Violanta. Freudig eilte Rinaldo auf sie zu, ergriff ihre Hand und drückte sie an sein Herz.

ER Freundin! – Hier sehen wir uns wieder! In diesem Schlosse fand ich Euch einst, gab Euch der Welt zurück und einer Freundin, die Eure Freundschaft erprobt und bewährt gefunden hat.

SIE O! Mann des Unglücks! wie rühren mich deine Leiden! Du durftest dich nicht Vater nennen und empfingst Almosen von deinem Sohne. Die Stimme der Natur sprach laut; er trat zwischen mich und dich und nahm sich deiner mit kindlicher Wärme an. Er wußte nicht, wer es war, den er verteidigte. Sein Gefühl sprach für einen Unglücklichen, und dieser – war sein Vater!

ER Er hat ein gutes Herz! – Ach! hätte er nichts als *dies*, wie zu beneiden wär' er. – O! denket Euch, wie ich gerührt war. – Bald wird er mich Vater nennen dürfen, und seine Mutter werde ich wieder an dieses klopfende Herz drücken.

Etliche Jäger gingen über die Berge. – Violanta trat ins Schloß. Rinaldo folgte ihr.

Sprechend standen sie im Schloßhofe, als Lionardo, der am Fenster stand, seiner Mutter zurief: »Dort steht der arme Mann und spricht mit der Tante.«

Dianora trat ans Fenster, ehe es Nicanor verhindern konnte. Sie sah hinaus, schrie laut auf: »Er ist's!« und sank in Isottens Arme. Nicanor rief Violanten. Rinaldo ging ihr nach. Lionardo jammerte:

»Die Mutter ist erschrocken!«

Sich seiner selbst unbewußt, trat Rinaldo ins Zimmer, als eben Dianora wieder zu sich kam. – Nicanor winkte allen zu, das Zimmer zu verlassen. Er selbst folgte und ließ die Zugbrücke aufziehen. Rinaldo und Dianora waren allein im Zimmer. – Er lag vor ihr. Sie sah zärtlich auf ihn herab. Heftig klopfte ihr Herz. Endlich sprach sie: »So sehen wir uns dennoch wieder!«

Schnell und unruhig trat Violanta ein, indem sie sagte: »Man sieht Soldaten im Tale. Sie beobachten, wie es scheint, das Schloß.«

Rinaldo sprang auf und rief: »Nun! da ich glücklich bin, fehlt Euerm Glücke nichts als mein Tod.«

»Was sprichst du?« – fragte Dianora bestürzt.

Nicanor kam. Er fragte ihn:

»Hast du dich einem Menschen, außer uns, entdeckt?«

Rinaldo erzählte, was ihm gestern mit einem Unbekannten begegnete.

NICANOR Und du ahntest nichts? – Der Kerl hat dich gekannt, war vielleicht einst einer deiner Leute, und der Schatz, von dem er sprach, bist du. Dich will er heben.

RINALDO Er hat sich verrechnet. – Ich fühle, daß mein Dasein Euch stets zum Unglück gereichen wird, und weiß zu sterben.

DIANORA Unglücklicher!

NICANOR Nicht zu rasch! Ein Augenblick darf nichts entscheiden.

Er verließ das Zimmer. Ihm folgte Violanta. – Dianora lag in Rinaldos Armen. Stumm und dennoch sprechend blieb die Szene.

Die Soldaten standen vor dem Schlosse. Ein Kapuziner und der Kerl (als Verräter), der den Schatz heben wollte, waren bei ihnen. Der Offizier verlangte eingelassen zu werden. – Man fragte, was er suche? – Er antwortete, er habe Order, das Schloß zu durchsuchen, und werde seine Befehle vorzeigen.

Nicanor trat auf die Warte und ließ sich mit dem Offizier in eine Unterredung ein.

»Wir wissen«, – sagte dieser endlich, – »daß Rinaldini sich in dieses Schloß geflüchtet hat. Ihn suchen wir. Bei uns sind Leute, die ihn kennen.«

»Mein Sohn!« – sagte Nicanor, indem er ins Zimmer trat, – »du bist verraten. Ich weiß jetzt nicht, was zu tun ist. Sammle dich und überlege.«

Dianora sank auf ein Sofa. Violanta und Isotta eilten herbei. Nicanor und Rinaldo gingen in den Saal.

»Was willst du tun?« – fragte Nicanor.

»Ich will sterben!« – war Rinaldos Antwort.
»Der Tod bleibt dir noch, wenn alles verloren ist.«
Violanta stürzte herbei. Schlüssel klirrten an ihrer Seite, zwei brennende Wachskerzen trug sie in den Händen. Rinaldo erblickte sie kaum so, als er ausrief:
»Wie konnte ich auch etwas vergessen, das Violanta nicht vergaß! – Vater! öffne das Schloß. Die Soldaten finden mich nicht.«
»Fort! fort!« – schrie Violanta.
Rinaldo nahm ihr die Schlüssel ab. Der Alte fragte:
»Wir lassen also die Zugbrücke fallen?«
»Sie falle!« – sagte Rinaldo. – »Mich finden sie nicht.«
Violanta reichte ihm ein Päckchen mit Proviant und kurzem Gewehr, gab ihm Feuerzeug, Kerzen und eine Brechstange, begleitete ihn bis an die Treppe und ging dann dem Alten nach.

Die Leser kennen die unterirdischen Gänge dieses Schlosses, in denen einst Rinaldo Violanten fand. – Hier befand er sich wieder. Die Tür des Eingangs hatte er hinter sich verschlossen und verriegelt. Eben das geschah mit der Tür, die sich an dem Ausgange des Gewölbes befand; – er kam durch das zweite Gewölbe an Violantens Kerker vorbei, hob die eiserne Falltür, stieg die Wendeltreppe hinauf und kam in den einsamen Turm, der allein auf der äußersten Spitze des Berges stand, auf welchem das Schloß lag.
Zwischen den Zinnen dieses Turms hervor überblickte er die Gegend. Alles war rund herum öde und still. Nur das Blöken und Brüllen der weidenden Herden tönte zu ihm hinauf, und in der Entfernung erklangen die Schallmeien der Hirten. – Endlich ertönten die Abendmetten-Glocken der benachbarten Klöster. Es schwebte die goldene Sonne in Feuerpracht dem Meere zu. – Jetzt wurde es noch stiller. Leichte Abendwölkchen schwebten die Berge hinan. – Rinaldo blickte nach dem Schlosse zurück und seufzte: »O Dianora! Ach! mein Lionardo!«
Am Fuße des Berges wandelten menschliche Gestalten umher. – Der Mond ging auf, trat hell und rein an den hellen Äther und

versilberte die Bäche des Tals. – In den Schießlöchern der Warte nisteten Turteltauben. Ihr sanfter Flügelschlag durchtönte die Stille der Nacht.

»Da girrt der Gatte bei der Gattin!« – seufzte Rinaldo; – »da deckt er die liebliche Brut mit sanften Flügeln, und stille Ruhe umschwebt das liebende Pärchen!«

Er blickte über sich:

»Dort schwebst du, stiller Gefährte der Nacht! Heiter ist dein Antlitz. Deine sanften Strahlen erquicken die Fluren. Warum umleuchtest du nicht meine Pfade in den friedlichen Gefilden der glücklichen Inseln, wo man den Verbannten nicht kennt!«

Er sah hinab. Unten am Berge blinkten Gewehre. – Er verließ die Warte und stieg in die finstern, unterirdischen Gänge zurück, durch die er gekommen war. – Vor der zweiten Tür hörte er Geräusch. Man sprach:

»Noch eine Tür! – Sie ist auch von innen verschlossen. – Brecht sie auf!«

Man setzte die Werkzeuge an. – Rinaldo floh die Treppe hinauf, warf die Falltür hinter sich zu und kam in den Turm zurück. – Hier zog er aus dem Päckchen, welches Violanta ihm gegeben hatte, eine Strickleiter hervor, befestigte dieselbe, ließ sich an dem Turme hinab und zog die Leiter nach.

»Sehen Sie, mein lieber fremder Herr!« – sagte der Führer, der die Fremden umherführt. – »Sehen Sie, dieses ist das Schloß der Gräfin Martagno, die so unglücklich war, den Räuberhauptmann Rinaldini zu lieben. – Hier steht die Warte, an der er sich hinabließ, als man ihn suchte. – Hinter diesem Dornenbusche, wo die Aloen stehen, fiel er und gab seinen Geist auf. – Er wollte den Berg hinab. Die Soldaten am Fuße des Berges sahen bei Mondenlicht sich etwas hier bewegen; sie schossen herauf, er sank und verblutete hier sein Leben. Da sich weiter nichts regte, glaubten sie vermutlich nach einem Berghöhlentier geschossen zu haben, und suchten nicht nach. – Als die Soldaten vom Schlosse abgezogen waren und nicht gefunden hatten, was sie zu finden hofften, suchten Rinaldinis Freunde umher, glaubten ihn vielleicht in einer Berghöhle verborgen und fanden ihn entseelt hinter jenem Busche.«

Der Führer zieht den Hut, faltet die Hände, und bewegt die Lippen. Dieses Gebet gilt der Seele des Verschiedenen. Dann fährt er fort:

»Hier an dieser Seite des Turms bemerken Sie ein Kreuz in diesen Stein gehauen, und hier, wo wir stehen, unter uns, liegt Rinaldini. Der Boden ist gleichgemacht, kein Grabeshügel erhebt sich über seinen Gebeinen. Sein Leichnam ruht nicht in geweihter Erde.«

»Unglücklicher!«

»Jawohl, unglücklich!«

»Und sein Vater, seine Mutter, seine Gattin, sein Kind? Wo blieben diese?«

»Sie haben sich eingeschifft, in einen entfernten Weltteil zu gehen*). – Dieses Schloß bleibt unbewohnt, wird verfallen und endlich zum Steinhaufen werden; dieser Turm wird zusammenstürzen und endlich des Unglücklichen Grabhügel sein. – Ruhig modere sein Gebein! Friede sei mit seiner Seele!«

*) Eine ausführlichere Erzählung der Schicksale und Begebenheiten dieser Personen werden in dem Buche: Nicanor, der Alte von Fronteja, die Leser finden, und gewiß nicht ohne Teilnahme lesen.

NACHWORT

Der Roman vom Räuber Rinaldini – sein Autor, sein historisches Vorbild, seine Wirkung

»Wenn Sie den Rinaldo von 3/4 Jahren sähen, Sie lachten sich tot über seinen Witz und sein ganzes Wesen. Er ist Goethes Liebling, der ihn nicht von sich läßt, und ihm dereinst etwas Großes prophezeit. Er selbst nennt sich: ›Naldo Naldini, der Räuberhauptmann‹«.[1] – So äußerte sich Juli 1804 Christian August Vulpius (1762–1827), Goethes Schwager, nach einer Gesprächsnotiz Nikolaus Meyers über seinen 1803 geborenen Sohn, den er nach dem Titelhelden seines zuerst 1799 erschienenen Erfolgsromans – *Rinaldo Rinaldini, der Räuber Hauptmann, Eine romantische Geschichte unseres Jahrhunderts* – auf den Namen ›Rinaldo‹ getauft hatte.

Sicher ist die besondere Nähe zum Weimarer Geheimrat, wie sie sich in der zitierten Mitteilung auf ihre Weise illustriert, mit einer der Gründe dafür, daß sich die Erinnerung an den Roman und seinen Verfasser bis heute gehalten hat. Vulpius hatte sich am 12. Juli 1788 der Hilfe seiner Schwester Christiane bedient, den soeben aus Italien nach Weimar zurückgekehrten Goethe mit einer Bittschrift um eine Anstellung anzugehen: dem gefiel das Mädchen bekanntlich, er nahm es in sein Haus, lebte mit ihm zusammen und heiratete es später. Bis dahin hatte Vulpius den Unterhalt dieser und einer zweiten Schwester, für die er nach dem Tod des Vaters im Jahr 1786 zu sorgen hatte, durch Romanschreibereien zu sichern versucht. Er war seit 1782 literarischer Mitarbeiter an August Ottokar Reichards (1751–1828) *Bibliothek der Romane* und hatte 1784 die ersten selbständigen Romane – *Abenteuer des Ritters Palmendos* und *Eduard Rosenthal, eine abenteu-*

1 Goethes Gespräche, hrsg. v. W. Herwig. Zürich 1965. Bd. 1. S. 962.

erliche Geschichte – auf den Buchmarkt gebracht. Als jedoch dieses Geschäft nicht so recht verfing, trat er als Privatsekretär zunächst in die Dienste des Freiherrn von Soden und dann des Grafen Egloffstein auf Egloffstein.

Goethe verwandte sich für den schriftstellernden ›Schwager‹, indem er sich – erfolglos – beim Verleger Göschen für ihn einsetzte, ausdrücklich aufs Talent des ›jungen Mannes‹ und die ›weitläufigen Bedürfnisse‹ des Buchhandels hinweisend.[2] Da auch eine Anfrage beim Verleger Breitkopf nichts fruchtete, entschloß er sich, Vulpius mit Arbeiten fürs Theater in Weimar zu beschäftigen: in dieser Funktion hatte er Opern- und Schauspieltexte zu bearbeiten: »Grundsätzlich ließ Goethe keine Oper aufführen, die nicht von Vulpius in ›eine anständige Form‹ gebracht worden war. Die Texte der Opern Dittersdorfs und Mozarts, vor allem die Schikanederschen, auch die *Zauberflöte* mußte Vulpius neu bearbeiten, wobei er ziemlich frei, aber geschickt zu Werke ging. Er wurde für Goethe unentbehrlich. Nach Burckhardts Zählung hat er 47 Stücke für die Weimarer Bühne hergerichtet. In der von Vulpius hergestellten Fassung wurden sie aber auch in Berlin, Leipzig und anderen Städten gespielt und erlangten damit über Weimar hinaus Beachtung. Manches ausländische Werk hat Vulpius durch seine verständnisvolle Übersetzung überhaupt erst für das deutsche Theater spielbar gemacht«.[3]

Doch fielen die Honorare für diese Tätigkeiten so kläglich aus, daß sich Vulpius durch Nebenher-Publikationen ein Zubrot verdienen mußte. Nach einigen weiteren Romanen noch in den achtziger Jahren erschienen zwischen 1789 und 1793 vier Bände *Skizzen aus dem Leben galanter Damen* und zwischen 1792 und 1798 gleich zehn Bände *Romantische Geschichten der Vorzeit*, Frucht eigener Geschichtsstudien, die er als Student in Jena und

2 Goethes Briefe der Jahre 1786–1814. Artemis-Ausgabe. Zürich u. Stuttgart [2]1962. Bd. 19. S. 149 f.

3 Fritz Kühnlenz, Weimarer Porträts, Männer und Frauen um Goethe und Schiller. Rudolstadt [5]1975. S. 282.

Erlangen – neben den Rechtswissenschaften, quasi zu ihrer ›Entlastung‹ – betrieben hatte. Erst 1797 gelang es Goethe, Vulpius als Registrator an der herzoglichen Bibliothek in einer festen Stellung unterzubringen. 1800 rückte er zum Sekretär, 1805 zum Bibliothekar auf: »Das Amt lag ihm, da es seinen wissenschaftlichen und literarischen Neigungen entgegenkam. Er konnte dabei auch Forschungen auf den verschiedensten Gebieten, die ihn interessierten, treiben. Seine Verdienste um das Weimarer Bibliothekswesen wurden 1816 durch die Verleihung des Titels ›Rat‹ offiziell anerkannt«.[4]

Mit seinen frühen Ritterromanen wie mit seinem Räuberroman *Rinaldo Rinaldini* folgte Vulpius populären literarischen Zeitströmungen, wie sie sich zum Ende des achtzehnten Jahrhunderts im Zug einer bis dahin unbekannten Eskalation der Romanindustrie und einer aus ihr resultierenden, den kritischen Zeitgenossen schier ungeheuren und ungeheuerlichen Lesewut entwickelt hatten. Ein wichtiger Umschlagplatz dieser Art von Büchern war die Leihbibliothek. Thematisch handelte es sich im speziellen Fall der Räuberromane um die trivialisierte Reproduktion literarischer Stoffe und Motive, wie sie in den siebziger und achtziger Jahren die Sturm-und-Drang-Bewegung – Goethe im *Götz von Berlichingen*, Schiller in seinen *Räubern* – ausgeprägt hatte: dort dramatisch akzentuiert und revolutionär im Sinne der literarischen wie der politischen Neuerung, traten sie hier in den Unterhaltungsroman und lagen im Schlagschatten des Ausbruchs der Revolution in Frankreich von 1789. Den Anfang des fruchtbaren epischen Genres setzte 1793 Heinrich Zschokke (1771–1848) mit *Abällino der große Bandit*; Karl Gottlob Cramer (1758–1817) und Christian Heinrich Spieß (1755–1799), die beiden führenden Romanvielschreiber der Zeit, schlossen sich der neuen Tendenz an, ehe nun auch Vulpius zur Erzählfeder griff.

Der wohlklingende Name *Rinaldo Rinaldini*, der seinen Teil zur Faszinierung des Publikums beitrug, war nicht ausschließlich

4 Ebd. S. 283.

Erfindung des Autors. Halb offen, halb verdeckt, griff Vulpius die Schicksale aktueller Räuberfiguren auf. Die an Räuberexistenzen so reiche Geschichte Italiens kennt einen Tommaso Rinaldini, »der 1786 im Kirchenstaat gegen eine Übermacht von päpstlichen Truppen kämpfte, eine zeitlang die Festung Montebello besetzt hielt und dort als ›Marchese von Montebello‹ junge Leute aus den Nachbardörfern festlich bewirtete, Montebello dann durch Verrat einer von Sebastiano Zulini angeführten Räubergruppe verlor und schließlich in einem Schloß bei Rimini nach hartem Kampf, halbverhungert und schwerverletzt, gefangengenommen wurde«[5]; über sein Ende ist nichts bekannt. Nicht dem Namen, sondern den Taten und Ereignissen nach hielt sich Vulpius freilich noch sehr viel enger – wie 1929 Curt Elwenspoek in einer Untersuchung zum »wahren Gesicht« dieses ›romantischen Räuberfürsten‹ und ›Räuber-Don-Juan‹ nachgewiesen hat – an eine andere zeitgenössische Räuberfigur: den in Unteritalien sich umtreibenden Räuber-Capitano Angelo Duca (1734–1784) – ein sizilianischer Bauer, der um 1780 als ›bandito‹ in die Berge gegangen war, weil ihm einer Lappalie wegen aus adliger Willkür heraus der Verlust von Gut und Leben drohte. Ein Hüterjunge Ducas war zwei Jahre zuvor mit seiner Herde aufs Weidegelände des benachbarten Adligen Francesco Caracciolo, Herzog von Martina, Marchese von Mottula, Herr von Bovino, geraten; daraus war ein Streit mit einem berittenen Feldhüter des Herzogs entstanden, dessen Pferd Duca in einer erhitzten Situation niederschoß. Er hatte guten Grund, sich nicht der Gerichtsbarkeit des adligen Kontrahenten zu stellen. Statt dessen wandte er sich an einen Verwandten des Herzogs, den Fürsten Caracciolo-Torella mit der Bitte um Vermittlung. Dieser steckte ihn in die Livree eines seiner Bedienten und schickte ihn als Postboten in eigener Sache auf den Weg: »Ohne erkannt zu werden, konnte Angelo den Brief übergeben, der freilich eine ganz andere Wirkung ausübte, als der Schreiber

5 Hinweis der ersten dänischen Ausgabe, Kopenhagen 1800–1802; vgl. Vorwort von H.-F. Foltin in seiner Reprintausgabe (Anm. 10), S. XV.

und der Überbringer gehofft hatten. Der Herzog überflog die Zeilen seines Vetters, aber anstatt besänftigt zu sein, bekam er geradezu einen Tobsuchtsanfall. ›Sage deinem Herrn‹, schrie er dem vermeintlichen Lakaien zu, ›daß ich mich nicht eher zufrieden gebe, als bis man mir den Kopf dieses Halunken bringt‹«.[6]
In der realen Figur und deren Motivation zum Räuber, die allerdings bei Vulpius keine größere Rolle spielt, zeigt sich damit ein Moment, das im Roman auf unterschiedlichste Weise ausgebeutet und in zahlreichen Variationen vorgestellt wird: die häufigen Maskierungen Rinaldos, die ihm immer wieder die Möglichkeit geben, sich unerkannt in die Städte und Dörfer zu begeben, unters Volk zu mischen und sogar in die Kreise der Gegner und Verfolger einzudringen. ›Angiolino‹, wie man den Banditen bald zärtlich nannte, schloß sich zunächst einer bereits bestehenden Räubertruppe an, lernte hier sozusagen das Handwerk und entwickelte dann als Chef einer eigenen, äußerst disziplinierten Truppe seinen eigenen Räuberstil, der durch die Vermeidung von Grausamkeiten und Brutalitäten, die Wahrung höflicher Formen bei seinen ›Enteignungen‹, eine gerechte Aufteilung der Beute innerhalb der Gruppe, aber auch durch Verteilungstaten im Namen der Armen im Lande gekennzeichnet war: »Er duldete keine Räubereien, keinen Zank, keinen Streit, keinerlei Ausschweifungen. Vom ersten bis zum letzten Tage seiner Räuberlaufbahn erscheint Angelo Duca durchaus als ein ritterlicher Bandenführer. Raub, Mord, Einbruch, Diebstahl, die bei den übrigen Banden an der Tagesordnung waren, verschmähte er grundsätzlich; er arbeitete stets nur bei Tage und auf öffentlicher Straße; arme Leute blieben unbehelligt. Aber auch den wohlhabenden Reisenden gegenüber wahrte Angelo stets die allerverbindlichsten Formen. Mit einem höflichen Gruß pflegte er die Karawane anzuhalten und in wohlgesetzten Worten um

6 Curt Elwenspoek, Rinaldo Rinaldini, Der romantische Räuberfürst, Das wahre Gesicht des geheimnisvollen Räuber-›Don-Juan‹, durch erstmalige Quellenforschungen enthüllt, mit vielen unveröffentlichten Bildern und Faksimiles. Stuttgart 1929. S. 124 f.

einen Teil ihrer Barschaft zu bitten. Dabei hütete er sich wohl, seine Opfer zu überfordern«.[7]

In einer zeitgenössischen Quelle, auf die sich Vulpius nachweislich gestützt hat, lesen wir im Zusammenhang: »Angiolino del Duca war der Herkules oder Theseus seiner Zeit, oder vielleicht ein Don Quichote, der das Unrecht ausglich, die Unbilden rächte, den Unterdrückten half und den Armen beistand, den aber sein Weg dabei immer zwischen Galgen und Rad durchführte. / Von dem Augenblick an, wo man ihn ergriff und in Ketten legte, bis zu seiner Hinrichtung, betrug er sich mit Würde und Entschlossenheit. Ein jeder nahm Anteil an seinem Schicksal. Man machte ihm seinen Prozeß summarisch; denn hätte man die gewöhnlichen Formalitäten befolgt, so wäre Angiolino nicht durch des Henkers Hände gestorben. Die Neapolitaner sprechen noch mit Enthusiasmus von diesem berühmten Räuber und sehen ihn als einen Märtyrer an, der sein Leben zum Opfer seiner Liebe für das Volk verloren hat. / Angiolino hat nie einen Mord, nicht einmal einen eigentlichen, mit Einbruch verbundenen Raub begangen. Er ließ es dabei bewenden, mündlich oder schriftlich mit der größten Artigkeit zu fordern. Sein Betragen hatte ihm die Herzen so sehr gewonnen, daß, wo er hinkam, ihm alles entgegenging, um ihm Ehre zu erweisen. Seine Leute hatten Ehrfurcht für ihn und erfüllten seine Befehle mit der größten Pünktlichkeit. In einer vorteilhaften Lage hätte dieser Mensch den Neapolitanern wesentliche Dienste leisten können, besonders bei einer Revolution wie die französische, welche sehr notwendig wäre, um die Mißbräuche der Regierung zu verbessern, unter deren Druck das Volk beider Sizilien seufzt«.[8] – Statt des fernliegenden ›Don Quichote‹ könnte man nicht weniger richtig den literarisch näherliegenden Kleistschen ›Michael Kohlhaas‹ in den Vergleich ziehen. – Man sieht jedenfalls: der

7 Ebd. S. 134.

8 Joseph Goranis, französischen Bürgers, geheime und kritische Nachrichten von den Höfen, Regierungen und Sitten der wichtigsten Staaten in Italien. Köln 1794. Zit. nach Elwenspoek (Anm. 6), S. 169 f.

›edle Räuber‹ war in Natur gegeben; er mußte nur aufgenommen, in Vers oder Prosa gebracht werden. Bereits kurz nach der äußerst grausamen Hinrichtung Ducas entstanden in Italien zwei Epen, die sich mit seinem Lebensschicksal befaßten. Das Volk feierte ihn in Liedern. Anekdoten seiner fast durchweg gerechten, stets einfallsreich-humoristischen und oft eulenspiegelhaft eingefärbten Räuberstreiche kursierten in ganz Europa. Aber erst als Rinaldo Rinaldini und mit dem Roman von Vulpius wurde aus Duca das Urbild aller edlen Räuberei – und eine europäische ›Zelebrität‹. Zum wirklich durchschlagenden Erfolg des Buches, das rasch weitere Auflagen und Nachdrucke erlebte und – öfters gleich mehrfach – ins Französische, Englische, Spanische, Holländische, Dänische, Russische, Polnische, Ungarische und auch Italienische übersetzt wurde, trug natürlich die Verwandlung der real verbürgten Figur in einen »sentimentalen, schwärmerischen Charakter, halb Ritter, halb Verbrecher, eine Mischung von Karl Moor und Don Juan«[9] bei. Zwar ist überliefert, daß sich Duca gegen Damen, so sie in seine Überfälle hineingezogen wurden, stets zuvorkommend und rücksichtsvoll verhalten hat, Liebesgeschichten spielten jedoch offensichtlich – ganz im Gegensatz zum *Rinaldo Rinaldini* – keine größere Rolle in seinem Leben. Vulpius griff hier auf die Eigentümlichkeiten und Motive der Ritterromane zurück, in denen ein Gutteil der Handlungsschemata auf die Abwicklung amouröser Angelegenheiten verwandt wurde, garantierten doch gerade sie allerlei Verwicklungen, Rivalitäten, seelische und politische Komplikationen. Und ähnlich aus der Romantradition heraus konstruierte er als Hintergrundstory um den Alten von Fronteja einen jener Geheimbünde, wie sie in der Spätaufklärung in Mode waren und von der Literatur der Zeit in vielfältigster Weise – bis hin zur Turm-Gesellschaft in Goethes *Wilhelm Meister* – aufgegriffen wurden. Im vorliegenden Fall bot diese Konstruktion Möglichkeiten, den Romanhelden seiner einfa-

9 Charakterisierung Wolfgang Menzels. Zit. nach Kühnlenz (Anm. 3), S. 285.

chen bäuerlichen Herkunft zu entledigen und ihn überraschend – als ihr potentielles Werkzeug – in brisante politische Bewegungen einzubringen. Die so bewerkstelligte Anbindung des Helden an den Freiheitskampf in Korsika lieh seinem Räuberwesen eine zusätzliche Bedeutungs-Dimension; sein anhaltendes Zaudern wiederum schuf romanhafte Spannungsmomente, die den Leser wirklich auf die Folter spannen konnten.

Im Schluß der Räuber-Karriere Rinaldinis weicht Vulpius am stärksten von seinem Vorbild ab. Nach Elwenspoek kam ihm auf einer Reise nach Regensburg zufällig sogar eine italienische Flugschrift – wohl die anonyme *Bellissima istoria delle prodezze ed imprese di Angelo del Duca* – in die Hände, der er in der grausamen Wirklichkeit hätte folgen können: statt jedoch Rinaldo unglücklich in Gefangenschaft geraten zu lassen und nach einem Urteil ohne Prozeß auf königliche Order dem Galgen von Salerno auszuliefern, schuf er einen höchst dramatischen Romanausgang, in dem der Alte von Fronteja zum Dolch greift, um Rinaldo der drohenden Festnahme zu entziehen. Diese Lösung schürzte einen tragischen Knoten und affizierte das Mitleid der Leser in einer Weise, die der Disposition der Charakterfigur gerecht wurde. Rettet nicht der geistige und – nach späteren Überarbeitungen – sogar leibliche Vater den Sohn vor einem sehr viel schlimmeren Ende, nahm ihn in Schutz, bewahrte ihn der besseren Erinnerung, die er verdiente? Dies freilich nur für den Schluß des Romans sozusagen im ersten Anlauf der Erstausgabe von 1799, denn: Vulpius zeigte, als das Buch ein Erfolg wurde, keine Skrupel, den Tod seines Helden aufzuheben und ihm unter dem Namen Ferrandino einige weitere Fortsetzungen zu schenken. Das in den Trivialromanen der Zeit beliebte Scheintod-Motiv sprang ihm hier bei. Und als dann mit dieser erweiterten Fassung weiteren Kontinuationen das Wasser abgegraben war, unternahm er 1802 mit einem *Orlando Orlandini, der wunderbare Abentheurer* einen weiteren Versuch der Verlängerung des einmal errungenen Erfolgs.

Auch andere Autoren suchten den Anschluß an das populäre

Muster und kreierten innerhalb kürzester Frist Romane mit Titeln wie: *Dianora, Gräfin von Martagno, Rinaldo Rinaldinis Geliebte*, 1799, *Carolo Carolini, der Räuberhauptmann*, 1800, *Dolko der Bandit, ein Zeitgenosse Rinaldinis*, 1801, *Das Nordhäusische Wundermädchen, ein weiblicher Rinaldo*, 1802, *Der Sohn des Waldes, oder Bastard und Kronenräuber in einer Person, der Vater des berühmten Rinaldo*, 1803, oder *Karlo Orsini, Räuber und Zeitgenosse Rinaldo Rinaldinis.*[10] Nicht zufällig in Jahresabständen aufeinander folgend und den ›Familienkreis‹ des Erfolgshelden ausschreitend, richteten sich diese Publikationen noch an die Leserschaft des Originals und versuchten, diese bei der Stange zu halten. Daß bereits diese Originalfassung in inhaltlicher und formaler Hinsicht zahlreiche Wiederholungen gezeigt hatte, die jetzt erst recht kaum zu vermeiden waren, störte offensichtlich nicht, im Gegenteil: die volle Ausbeutung des Stereotyps bildet ja gerade das Wesensmerkmal dieser Art von Literatur und stellt ein entscheidendes Moment der von ihr angestrebten Leserbindung dar. Ähnliche Vorgänge lassen sich gerade im Bereich der Trivialliteratur des neunzehnten und später unseres Jahrhunderts immer wieder beobachten: die Ausbildung von Serienhelden und fester, auf bestimmte Leserschichten bezogener Romangenres, die in beinah schon unendlichen Heft- und Broschürenreihen auf den Markt geworfen werden, liegt auf diesem Weg.

Die aufgezählte Roman-Liste markiert jedoch nur den engeren Wirkungskreis. Vulpius selbst – der als Weimarer Dramaturg nicht nur fremde Opern- und Theatertexte bearbeitete, sondern auch eigene Stücke verfaßte und damit zur Aufführung kam – schuf ein *Rinaldini*-Drama und fand sich damit parallel zu Bearbeitungen Karl Friedrich Henslers (1759–1825) und Joachim Perinets (1765–1816) fürs Wiener Theater. Die Nachwirkung des Vulpiusschen Romans im neunzehnten Jahrhundert und seine Bedeutung für die Entwicklung der billigen Massenlitera-

10 Diese und weitere Angaben s. H.-F. Foltin im ›Vorwort‹ seiner Reprint-Ausgabe des ›Rinaldo Rinaldini‹ in der Ausgabe von 1799–1801. 3 Bde. Hildesheim, New York 1974. S. XII f.

tur skizziert Hans-Friedrich Foltin im *Vorwort* seiner Reprintausgabe der Erstausgabe des Romans von 1799–1801 mit folgenden Strichen: »Vulpius' letzter Versuch einer Streckung seines Erfolgs fiel bereits in eine Periode, in der sich die Spaltung der deutschen Belletristik in Hoch- und Minderwertiges im Bewußtsein der Öffentlichkeit verschärft hatte und in der Räuberromane von bestimmten Verlagen (z. B. Fürst in Nordhausen) speziell für Leser mit geringer Bildung produziert wurden. Prominente *Rinaldo*-Nachahmer in diesem Rahmen waren G. K. L. Schöpfer (z. B. *Corandini*, 1823; *Rolando Rolandini*, 1824; *Sallo Sallini*, 1828; *Himlo Himlini*, 1833), A. Leibrock (*Quorato Orsini*, 1826; *Marmosino, der edle Bandit*, 1836 usw.). In den letzten Jahrzehnten des Jahrhunderts wurden die Räuber-Stoffe dann in Form von umfangreichen Kolportageromanen ein drittes Mal – hauptsächlich für Arbeiter und Dienstboten – aufbereitet, und noch immer zeigt sich, wie stark Vulpius das Genre in Deutschland geprägt hat (ein Beispiel: *Marino Marinelli, der kühne Seeräuber*, von George F. Born, Berlin ca. 1890).«[11]

Aber auch an ›gehobeneren‹ Folgeerscheinungen hat es nicht gefehlt, wie sich leicht mit einer Fülle rezeptionsgeschichtlicher Fakten nachweisen ließe. Ich beschränke mich hier – abschließend – auf ein aktuelles Beispiel, das seinen besonderen Reiz dadurch erhält, daß sich der Autor – Urs Widmer – als Vorlage an die Bilderbogenfassung vom *Rinaldo Rinaldini* hält, die im frühen neunzehnten Jahrhundert wie Bänkellied und Moritat den Räubernamen in die letzte Stube getragen hat. Widmer löst den Helden aus seiner historischen Folie und läßt ihn mit seinen räuberischen Taten, seiner Liebe und seinem gewaltsamen Ende in die Gegenwart des zwanzigsten Jahrhunderts hereinspielen; das gibt sonderbare Brechungen – und liest sich, was die Einleitung und den Schluß der Geschichte angeht, als artmanneskes modernes Märchen wie folgt:

11 Ebd. S. XIV f.

12 Märchen, Sagen, Abenteuer, Neu erzählt von Autoren unserer Zeit. Hrsg. v. J. Jung. München 1974. Taschenbuch-Ausgabe 1976.

Rinaldo Rinaldini ist edel, hilfreich und gut. Er trägt einen roten Hut. Rinaldo lebt in einer tiefen, warmen Höhle, in den Bergen Siziliens, zusammen mit vierzig anderen Räubern, seinen Freunden. Wenn sie wieder einmal eine Filiale der Banco dello Santo Spirito ausgeplündert und das Geld an die Landarbeiter verteilt haben, dann reiten sie singend durch die Olivenhaine bis zu ihrem Untergrund zurück, zu ihren Frauen, die, in Baby-Dolls, auf Laubbetten auf sie gewartet haben. Rinaldos Freundin heißt Rosalie. Sie hat eine rosa Haut, himmelblaue Augen, warme Hände. Sie ist wie Pfeffer. Rinaldo liebt sie. Sie liegen in der dunklen Höhle beieinander, sie lecken sich in den Ohren, von überall her hören sie das Lachen und Ächzen der anderen Räuber und Mädchen, tausendfach verstärkt durch die Reflexion der Höhlenwände. Nur der wachthabende Räuber sitzt einsam in seiner Pinie, er friert und kratzt sich am Hintern.

(...)

Rinaldo und Rosa fahren mit ihrem Fiat Topolino über die holprigen Wege Siziliens. Sie küssen sich. Sie zeigen sich die Sonne über dem blauen Meer. Sie singen. Am Straßenrand stehen zwei Gestalten, die winken. Rinaldo lächelt. Er bremst. Wir haben leider nur einen Zweiplätzer, meine Herren, sagt Rinaldo. Aber Sie können auf den Trittbrettern mitfahren. Die beiden nicken. Sie sind verdreckt und voller Mückenstiche. Warum sind Sie nackt, fragt Rosa schließlich den, der auf ihrer Seite steht, und was steht auf Ihrem Hintern? Wenn Sie wüßten, wenn Sie wüßten, sagt dieser. Ich bin ein ehrbarer Bürger Siziliens, aber das ist die Höhe! Ich werde diese Banditen zu Tode hetzen lassen! Der Gendarmerieoberst von Palermo gehorcht mir aufs Wort! So? sagt Rinaldo und erhöht die Geschwindigkeit auf 160. Die Brüste der Sekretärin werden vom Fahrtwind nach hinten gedrückt.

Rinaldo und Rosa gehen Zuckerwatte essend über den Jahrmarkt. Sie lachen. Sie gehen in ein Kaspertheater, wo Rinaldo Rinaldinis Taten gezeigt werden. Alle Leute klatschen wie wild.

Rosa klatscht mit leuchtenden Augen, länger als alle anderen. Dann essen sie ein Eis. Dann legen sie sich, abseits, in der schon tiefer stehenden Sonne, unter einen Olivenbaum. Rinaldo kitzelt die Nase Rosas mit einem Grashalm. Er sieht ihre wogende Brust. Er legt seine Hand

darauf, dann aber seufzt er und sagt: »Jetzt müssen wir, sonst reißen uns die Räuber die Höhle über dem Kopf ein.«
Heiß und staubig ist die Straße, über die sie zum Grottensystem zurückfahren. Rosa und Rinaldo sprechen kein Wort. Der wachthabende Räuber im äußersten Ausguck ist nicht da. Wenn die Katze aus dem Haus ist, sagt Rinaldo Rinaldini, dann tanzen die Mäuse. Zu Fuß gehen sie dann den vertrauten Geheimpfad hoch. Auch der Räuber vom inneren Ausguck ist zum Tanz gegangen. Endlich tritt ihnen einer der Räuber entgegen, mit seinem Schnauzbart, seinem Hut, seiner Indianerdecke. Aber was ist mit ihm? Er geht anders, er ist dicker geworden.
Verrat, ruft Rosa als erste. Sie hat den verkleideten Gendarmerieoberst von Palermo erkannt. Rinaldo zieht die Pistole. Jetzt sieht er auch die Leichen der toten Kameraden. Er wirft sich hinter einen Felsen. Flieh, ruft er Rosa zu, flieh. Leb wohl! Weinend schießt er alle Magazine leer, während Rosa den Waldhang hinunterstürzt. Ich werde sie nie wiedersehen, denkt Rinaldo, während er auf die Schatten schießt, die er nun in allen Baumwipfeln erkennt. Als sie verschwunden ist, wirft er die Pistole weg und steht auf. Hocherhobenen Hauptes geht er auf die übriggebliebenen Poliziottos zu.
Rinaldo wird mit verbundenen Augen zum Richtplatz geführt. Eine vieltausendköpfige Menge umsteht das Richtgerüst. Verkehrspolizisten regeln den Verkehr. Rinaldo wird die Schlinge um den Hals gelegt. Die Televisione Italiana will von ihm ein letztes Wort. Freunde, sagt er, dieser Klüngel von Großgrundbesitzern, Weinfabrikanten, Chemiedirektoren und Kultusministern wird nicht mehr lange das Recht haben, ehrbare Räuber aufzuhängen, denn . . . Da aber haut ihm der neben ihm stehende Polizist eine aufs Maul, und man schreitet zur Exekution.

ZU DIESER AUSGABE

Wir folgen im Text unserer Neuausgabe der fünften, ganz neu vom Verfasser bearbeiteten Auflage des *Rinaldo Rinaldini* aus dem Jahre 1824 – sozusagen der Ausgabe letzter Hand. Es war äußerst schwierig, ein vollständiges Textexemplar und vor allem ein Exemplar mit allen Abbildungen aufzutreiben: schließlich stellte ein Privatsammler, Herr Dr. F. G. Miller aus Düsseldorf, seine Ausgabe zur Verfügung; ihm sei an dieser Stelle sehr herzlich gedankt. Was die Illustration angeht, ist festzuhalten, daß die Kupfer der Erstausgabe noch stark nachbarockisieren, während die späteren stärker den Geschmack des neunzehnten Jahrhunderts treffen; für das Frontispiz wurde die 1845 bei Fr. Henne in Stuttgart erschienene Ausgabe beigezogen. Dem Wandel der Bebilderung entspricht der des Romanschlusses: analog zur Erstauflage greift zunächst auch in den folgenden Auflagen der Alte von Fronteja zum Dolch und bereitet dem Romanhelden ein Ende im Stil des bürgerlichen Trauerspiels; in der Ausgestaltung dieses dramatischen Romanausgangs stellt er sich nun freilich der Polizei von Neapel, um sich vor dem Gericht des Königs zu rechtfertigen. Jetzt aber – ab der fünften Auflage – wird Rinaldo, der historischen Wahrheit sehr viel näher, das Opfer einer Kugel seiner Verfolger; der Alte emigriert mit der Mutter, dem Weib und dem Kind des räuberhaften Sohnes nach Amerika, ergreift also das Auswandererschicksal, wie es in jenen Jahren so vielen Deutschen aufgezwungen wurde. – Vulpius starb am 26. Juni 1827. Die letzten Lebensjahre konnte er sich, zwar durch einen Schlaganfall gehindert, aber in den Ruhestand versetzt, ganz der Schriftstellerei widmen. Sein Grab in Weimar liegt »direkt am Aufgang zur Goethe- und Schiller-Gruft«.

Karl Riha

Deutsche Literatur

Clemens Brentano. Gockel Hinkel Gackeleia
Märchen. Mit Initialen und Lithographien von Caspar Braun nach Entwürfen von Clemens Brentano. Mit einem Nachwort von Franz Deibel. it 47

Georg Büchner/Ludwig Weidig. Der Hessische Landbote
Texte, Briefe, Prozeßakten. Kommentiert von Hans Magnus Enzensberger. it 51

Georg Büchner. Lenz
Erzählung. Mit Materialien zum Text. it 429

Adelbert von Chamisso. Peter Schlemihls wundersame Geschichte
Nachwort von Thomas Mann. Illustriert von Emil Preetorius. it 27

Matthias Claudius. Der Wandsbecker Bote
Mit einem Vorwort von Peter Suhrkamp und einem Nachwort von Hermann Hesse. Mit den Abbildungen der Erstausgabe. it 130

Annette von Droste-Hülshoff. Die Judenbuche. Ein Sittengemälde aus dem gebirgigen Westfalen. it 399

Joseph Freiherr von Eichendorff. Aus dem Leben eines Taugenichts
Mit Illustrationen von Adolf Schrödter und einem Nachwort von Ansgar Hillach. it 202

Joseph Freiherr von Eichendorff. Gedichte
Mit Illustrationen von Otto Ubbelohde. it 255

Joseph Freiherr von Eichendorff. Novellen und Gedichte. Ausgewählt und eingeleitet von Hermann Hesse. Mit Zeichnungen von Otto Ubbelohde. it 360

Erasmus von Rotterdam. Lob der Torheit
Mit den Handzeichnungen von Hans Holbein dem Jüngeren. Übersetzt und herausgegeben von Uwe Schultz. it 369

Theodor Fontane. Effi Briest
Mit Lithographien von Max Liebermann. it 138

Theodor Fontane. Der Stechlin
Mit einem Nachwort von Walter Müller-Seidel. it 152